Conversações com Goethe
nos últimos anos de sua vida

FUNDAÇÃO EDITORA DA UNESP

Presidente do Conselho Curador
Mário Sérgio Vasconcelos

Diretor-Presidente
Jézio Hernani Bomfim Gutierre

Superintendente Administrativo e Financeiro
William de Souza Agostinho

Conselho Editorial Acadêmico
Danilo Rothberg
João Luís Cardoso Tápias Ceccantini
Luiz Fernando Ayerbe
Marcelo Takeshi Yamashita
Maria Cristina Pereira Lima
Milton Terumitsu Sogabe
Newton La Scala Júnior
Pedro Angelo Pagni
Renata Junqueira de Souza
Rosa Maria Feiteiro Cavalari

Editores-Adjuntos
Anderson Nobara
Leandro Rodrigues

JOHANN PETER ECKERMANN

*Conversações com Goethe
nos últimos anos de sua vida*

1823-1832

Coordenação da série e tradução

Mario Luiz Frungillo

© 2016 Editora Unesp

Título original: *Gespräche mit Goethe in den letzten Jahren seines Lebens*

Direitos de publicação reservados à:

Fundação Editora da Unesp (FEU)
Praça da Sé, 108
01001-900 – São Paulo – SP
Tel.: (0xx11) 3242-7171
Fax: (0xx11) 3242-7172
www.editoraunesp.com.br
www.livrariaunesp.com.br
feu@editora.unesp.br

CIP – Brasil. Catalogação na publicação
Sindicato Nacional dos Editores de Livros, RJ

E21c

Eckermann, Johann Peter
    Conversações com Goethe nos últimos anos de sua vida: 1823-1832 / Johann Peter Eckermann; tradução Mario Luiz Frungillo. – 1.ed. – São Paulo: Editora Unesp, 2016.

    Tradução de: *Gespräche mit Goethe in den letzten Jahren seines Lebens*

    ISBN 978-85-393-0629-9

    1. Goethe, Johann Wolfgang von. – Crítica e interpretação.   2. Goethe, I. Título.

16-33046   CDD: 809
                                                                     CDU: 82.09

Editora afiliada:

Johann Wolfgang von Goethe não deve sua fama como gênio universal apenas à sua obra literária. Homem de múltiplos talentos e interesses, dedicou-se também à reflexão sobre a literatura e as artes e a estudos e pesquisas no campo das ciências da natureza. Mas, se sua obra literária é bastante divulgada e conhecida, as obras não literárias, de importância fundamental para quem queira conhecer o autor e sua época mais a fundo, ainda são de conhecimento restrito aos especialistas.

O objetivo desta coleção é oferecer ao leitor brasileiro um acesso tão amplo quanto possível à variedade de sua obra não literária. Ela foi planejada em três grandes seções, tendo como abertura as *Conversações com Goethe* de Johann Peter Eckermann. A primeira seção reunirá as principais obras de caráter autobiográfico e os relatos de viagem, a segunda será dedicada aos escritos de estética e a terceira às suas incursões no campo das ciências da natureza.

Sumário

Apresentação . 9

Primeira parte 1836

Prólogo . *21*

Introdução . *25*

1823 . *45*

1824 . *91*

1825 . *137*

1826 . *173*

1827 . *197*

Segunda parte 1836

1828 . *269*

1829 . *301*

1830 . *371*

1831 . *421*

Johann Peter Eckermann

Terceira parte 1848

Prefácio . *491*

1822 . *497*

1823 . *501*

1824 . *515*

1825 . *531*

1826 . *563*

1827 . *567*

1828 . *629*

1830-1832 . *661*

Apresentação

Mario Luiz Frungillo

As duas primeiras partes das *Conversações com Goethe nos últimos anos de sua vida* foram publicadas pela primeira vez, em dois volumes, pelo editor F. A. Brockhaus, de Leipzig, em 1836. Embora tenham tido uma recepção favorável desde seu aparecimento, não foram um sucesso imediato de vendas, e os 3 mil exemplares da edição de Brockhaus só se esgotaram em 1868.

A terceira parte só apareceria em 1848. Nesse meio-tempo, Eckermann, desconfiando de que Brockhaus o enganava na prestação de contas e no pagamento de seus direitos, moveu um processo judicial contra ele — processo que, dois anos depois, foi decidido em favor do editor. Por esse motivo, a terceira parte das *Conversações* foi publicada por uma editora menor, a Heinrischshofen'sche Buchandlung, de Magdeburgo. Só em 1868, quatorze anos depois da morte de Eckermann, Brockhaus, tendo adquirido os direitos sobre a terceira parte, iria publicar uma edição das três partes em conjunto, prefaciada pelo filho do autor, Karl. Depois da publicação da terceira parte, Eckermann ainda pensara em uma quarta, dedicada principalmente à composição da segunda parte do *Fausto*, mas o projeto, do qual restaram apenas umas poucas notas, não chegou a se realizar.

Poucos livros foram tão influentes e decisivos quanto este no estabelecimento da imagem que a posteridade teve de Goethe. Ao lê-lo, acompanhamos o poeta em plena atividade nos seus anos de velhice, finalizando algumas de suas obras mais importantes, sobretudo a *Teoria das cores* e a

Johann Peter Eckermann

segunda parte do *Fausto*; nos damos conta da vastidão de seus interesses, conhecemos um pouco de sua vida em família e em sociedade. A feição de diário escolhida por Eckermann contribui muito para dar vivacidade ao relato, e a fidelidade do retrato foi reconhecida por pessoas da intimidade de Goethe, como sua nora Ottilie e o Chanceler von Müller, ele próprio autor de um livro de natureza semelhante, publicado postumamente em 1870. Também para alguns assuntos relacionados à biografia de Goethe, para suas opiniões sobre diversos assuntos e à composição de suas obras, esta é a única fonte de que dispomos. Um breve passeio pela bibliografia imensa sobre o autor alemão dará prova de que esta é uma fonte indispensável.

Mas justamente algumas de suas melhores qualidades foram responsáveis por uma diminuição do papel de seu autor e alguns equívocos na recepção da obra. Para o dramaturgo Friedrich Hebbel, as *Conversações* são, na verdade, um extenso monólogo de Goethe, e o poeta Heinrich Heine chamou Eckermann de seu papagaio. O livro chegou a ser considerado obra do próprio Goethe, o que vem bem expresso no prefácio que Franz Deibel escreveu para sua edição do livro em 1908, inclusive invertendo o título: "As conversações de Goethe com Eckermann são a estátua monumental que o homem Goethe erigiu para si mesmo. A mesma matéria vital que em suas obras ganharam uma configuração artística definitiva e perfeita enche, em uma outra forma, codeterminada por seu meio, o ouvinte, estas anotações de conhecimentos e testemunhos."[1] Nesse modo de ver, Eckermann é apenas um *meio* de que Goethe se serve para se expressar. Embora adiante Deibel chegue a afirmar que o autor das *Conversações* não é um "mero fonógrafo", o que reconhece nele não chega a constituir um elogio a sua capacidade criativa: Deibel afirma que sua liberdade de espírito seria produto da longa convivência com Goethe e de um remoto parentesco entre a natureza do mestre e a do discípulo, para terminar com um daqueles "elogios que matam", de que falava o poeta Mario Quintana: "Não apenas um ouvinte nato, mas também um hábil perguntador, ele se tornou um colaborador passivo das conversações".[2] Deibel chega a lamentar que em

---

1 Deibel, Einleitung [zur früheren Ausgabe]. In: Eckerman, *Gespräche mit Goethe in den letztere Jahren seines Lebens*, p.723.
2 Idem, p.729.

Conversações com Goethe nos últimos anos de sua vida

algumas passagens do livro Eckermann se coloque em excessiva evidência, como na longa introdução autobiográfica ou, por exemplo, quando descreve sua paixão pela prática do arco e flecha, ou ainda quando exibe seus conhecimentos sobre pássaros.

Considerações desse tipo exprimem um desdém pela figura do "instrumento" de que Goethe teria se servido para exprimir suas opiniões derradeiras. Para esse tipo de recepção, Eckermann seria uma personalidade nula, desprovida de qualquer interesse, cabendo-lhe por único mérito a sorte de ter sido escolhido como auxiliar por Goethe e ter-lhe servido de meio de expressão. E não se pode negar que o próprio Goethe talvez o visse assim, pois, quando consultado por Eckermann sobre a possibilidade da composição do livro com vistas a uma publicação, manifestou sua concordância com a ressalva de que desejava conferir e autenticar o texto, alegando que com isso o livro ganharia em credibilidade, mas também, certamente, movido pelo desejo de garantir que este não contivesse nada que não pudesse ser atribuído a si próprio. E também se manifestou contrário a uma publicação imediata, exigindo que a obra só viesse a público depois de sua morte.

Ao relatar essa passagem, Eckermann não esconde sua frustração, pois com a publicação do livro esperava firmar sua reputação como escritor. O que ele não diz claramente no texto, mas pode ser constatado em sua correspondência com a noiva e com outras pessoas de suas relações, é que esperava também que o livro o ajudasse a lançar as bases de "felicidade burguesa", algo que nunca aconteceu.

Considerar a obra como simples reprodução de um monólogo de Goethe, além de não fazer justiça a seu autor, dá uma ideia equivocada de seu método de trabalho. A imediatez da composição é apenas aparente. Eckermann, de fato, se baseou em seu diário para compor as *Conversações*, mas suas anotações eram, em grande parte, muito sumárias para poderem ser simplesmente transcritas em uma redação mais cuidada. Seu método, como ele próprio esclarece em carta de 5 de março de 1844 a Heinrich Laube, era reconstruir, a partir de tais anotações, os diálogos que teve com Goethe. Nessa carta ele nega que o livro seja simplesmente o resultado de sua boa memória, pois, se fosse assim, o resultado seria algo "sem qualquer efeito mais elevado, semelhante à realidade inteiramente comum das fotografias". E prossegue:

> Se fosse assim, o grande e o pequeno, o suficiente e o insuficiente, o adequado e o inadequado se misturariam nele de um modo todo confuso, casual, como nos são dados por um dia comum. Mas eu tinha em vista objetivos mais elevados e se, de minha parte, nada foi inventado, *tudo é absolutamente verdadeiro*, é também *selecionado*. Por esse motivo, procurei evitar escrever de imediato as impressões que recebia, antes esperava dias e semanas para que o que fosse insignificante se perdesse e restasse apenas o que era relevante. Sim, o melhor de tudo só foi escrito depois de passado mais de um ano, algumas coisas até bem mais tarde. A conversação de 11 de março de 1828 publicada no *Hansa--Album* eu só escrevi em 1842, ou seja, depois de quatorze anos.[3]

Um de seus grandes talentos, portanto, está na composição de diálogos verossímeis, que soam como se fossem reproduzidos no calor da hora. Isso se mostra especialmente na terceira parte, para a qual Eckermann não dispunha de material suficiente, e o completou com as anotações feitas em francês por Frédéric Soret, traduzidas e adaptadas, recriando os diálogos onde este empregava o discurso indireto. Assim, a terceira parte destoa das outras, além de se colocar fora da ordenação cronológica das duas primeiras. Por isso, algumas edições, seguindo o que já haviam feito o tradutor inglês John Oxendorf em 1850 e o francês Émile Delerot em 1863, reorganizaram a matéria, dissolvendo a terceira parte na ordem cronológica das outras duas, o que, no entanto, tem por consequência fazer o livro começar ainda antes do primeiro encontro entre Eckermann e Goethe. Outras edições simplesmente suprimem a terceira parte inteira.

Como consequência, conforme demonstrou o cotejo das *Conversações* com a vasta documentação disponível, constituída pelos diários de Goethe, sua vastíssima correspondência e reminiscências de outras pessoas que conviveram com ele, a datação nem sempre é exata; muitas coisas se passaram

---

3 Michel, Carta a Henrich Laube, citada em: Entstehung und Charakter der *Gespräche mit Goethe*. In: _____. *Gespräche mit Goethe in den Letzten Jahre seines Lebens*, p.918.

em outras datas que não aquelas indicadas, além do que Eckermann por vezes fundiu nas reminiscências de um único dia acontecimentos que se deram em dias diferentes. E há pelos menos um episódio que talvez não resistisse à suspeita de falsificação: numa passagem muito discutida da terceira parte, a conversação de 7 de outubro de 1827, Goethe narra sua ansiedade pelo encontro com sua amada dos primeiros tempos de Weimar. Durante muito tempo a crítica especializada quebrou a cabeça tentando decifrar o que parecia ser um ponto obscuro de sua biografia. A crítica mais recente levantou a hipótese de que, nessa passagem, não é Goethe que fala de si, e sim Eckermann que, escamoteando uma passagem espinhosa de sua própria vida, sua paixão pela atriz Auguste Kladzig, a transforma numa reminiscência de Goethe.

Foi principalmente com base nessas divergências e inexatidões que o germanista Julius Petersen, em seu livro *Die Entstehung der Eckermannschen Gespräche und ihre Glaubwürdigkeit* [A origem das *Conversações* de Eckermann e sua credibilidade, 1924], procurou discutir a confiabilidade da obra, entrando em longa polêmica com o crítico Heinrich Hubert Houben, biógrafo do autor, a quem se devem algumas revelações de como funcionava seu processo de criação.

De qualquer forma, Eckermann já havia indicado, em sua introdução ao livro, que o retrato de Goethe aqui apresentado é, além de incompleto, "filtrado" por sua própria personalidade. Acentua também sua subjetividade, ao atribuir o impulso de escrevê-lo a seu desejo de fixar os ensinamentos que recebia como forma de se apropriar deles. Para que não restassem dúvidas a respeito, afirma com todas as letras: "este é o *meu* Goethe". Essa afirmação parece ter também o intuito de acentuar um fato muitas vezes desprezado a respeito do caráter das *Conversações*: a despeito de frequentemente parecer, sim, um extenso monólogo de Goethe, a despeito de Eckermann aparentemente se anular a fim de colocar Goethe em primeiro plano, as *Conversações* são obra sua, são a obra de sua vida, sem a qual, apesar de seus outros escritos, dele talvez não se guardasse nenhuma lembrança maior do que a de ter sido um auxiliar indispensável na organização da última edição feita em vida dos escritos de Goethe e na edição de suas obras póstumas.

13

Johann Peter Eckermann

Se de um lado fica evidenciado que a composição da obra é fruto de um penoso e demorado método de composição, e se já ficou demonstrado que, especialmente na terceira parte, esse processo se intensifica, chegando Eckermann a atribuir a Goethe o episódio vivido por ele mesmo com a atriz Auguste Kladzig, cabe recolocar a questão da credibilidade do livro. A resposta talvez possa ser encontrada naquela sua afirmação: este é o *meu* Goethe. Eckermann é, de fato, o autor de seu livro, não um mero "meio" ou "instrumento" de seu objeto. Se fatos e datas são reordenados, não se pode negar, por outro lado, sua fidelidade, sim, sua devoção a Goethe, que o impede de qualquer falsificação. Mesmo o episódio da atriz Auguste Kladzig, como nota Fritz Bergemann, tem por base um fundo de verdade: a crença de Goethe na influência remota das almas, de que ele trata em *As afinidades eletivas* e em *Os anos de peregrinação de Wilhelm Meister*.[4]

A devoção de Eckermann por seu objeto, devoção que o impede de ser infiel a Goethe, tem sua origem não apenas na admiração incondicional por seu ídolo, mas também na gratidão que demonstra por ele. De fato, seu encontro com Goethe e o acolhimento que recebeu por parte dele abriram-lhe portas que de outra maneira lhe teriam ficado sempre fechadas. Ao longo destas páginas o vemos conviver com algumas das figuras mais importantes de sua época e participar ativamente da finalização de alguns dos projetos literários e científicos de Goethe. O preço a pagar foi alto, e nem sempre declarado. Se ele deixa transparecer sua frustração com o adiamento de suas ambições literárias, tanto pelo veto de Goethe à publicação das *Conversações* enquanto vivesse quanto pelas tarefas concernentes à edição das obras do ídolo, tarefas das quais este o encarregara, silencia sobre outras que certamente não foram menos dolorosas. Suas condições precárias de sobrevivência e as exigências que lhe foram impostas pela convivência e colaboração intensa com Goethe fizeram seu noivado com Johanna Bertram se arrastar por dez longos anos, depois dos quais seu casamento, realizado em 1831, durou apenas três, pois a esposa morreu em 1834, pouco tempo depois de dar à luz o filho Karl. Na correspondência

---

4 Bergemann, Einleitung zur neuen Ausgabe. In: Eckerman, *Gespräche mit Goethe in den letztere Jahren seines Lebens*, p.736.

entre os dois ficaram registrados o descontentamento e a revolta da noiva com as ambições frustradas e os planos adiados.

Assim, quando fala de si, Eckermann não está, de modo algum, inserindo sua própria biografia na biografia de Goethe, pois a imagem que brota dessas páginas é mais harmônica, menos tensa do que foi a realidade. Mas está escrevendo fragmentos do romance de sua própria vida, ressaltando os aspectos positivos, minimizando os negativos. Com todas as suas peculiaridades, este livro fornece um retrato dos mais ricos, vivos e matizados, embora subjetivos, de Goethe. Continua, assim, a ser uma leitura fascinante e indispensável a quem queira conhecer melhor a vida e a obra do mestre alemão.

Nota sobre a tradução

O texto utilizado para a tradução foi o estabelecido por Christoph Michel, com a colaboração de Hans Grüters (Frankfurt: Deutscher Klassiker Verlag, 2011). Foram também consultadas a edição de Fritz Bergemann (Frankfurt: Insel Taschenbuch, 1981) e a tradução italiana de Ada Vigliani (*Conversazioni con Goethe negli ultimi anni della sua vita*. A cura di Enrico Ganni. Prefazione de Hans-Ulrich Treichel. Nota alle illustrazioni di Luca Bianco. Milão: Einaudi, 2008). Todas essas edições foram também de grande valia para a elaboração das notas e da apresentação acima. Para dirimir várias dúvidas, foram de grande proveito a tradução inglesa, de John Oxendorf (*Conversations of Goethe with Johann Peter Eckermann*. Edited by J. K. Moorhead. Nova York: Da Capo Press, 1998); a francesa, de Émile Délerot (*Conversations de Goethe pendant les derniéres années de sa vie: 1823-1832*. Recueillies par Eckermann. Paris: Charpentier, 1863); e a brasileira, de Marina Leivas Bastian Pinto (*Conversações com Goethe*. Rio de Janeiro: Pongetti, 1950).

Referências bibliográficas

BERGEMANN, F. Einleitung zur neuen Ausgabe. In: ECKERMAN, J. P. *Gespräche mit Goethe in den letztere Jahren seines Lebens*. Herausgegeben von Fritz Bergemann. Frankfurt: Insel Taschenbuch, 1981.

DEIBEL, F. Einleitung [zur früheren Ausgabe]. In: ECKERMAN, J. P. *Gespräche mit Goethe in den letztere Jahren seines Lebens.* Herausgegeben von Fritz Bergemann. Frankfurt: Insel Taschenbuch, 1981.

MICHEL, C. Entstehung und Charakter der Gespräche mit Goethe. In: _____. *Gespräche mit Goethe in den Letzten Jahre seines Lebens.* Herausgegeben von Christoph Michel unter Mitwirkung von Hans Grüters. Frankfurt: Deutscher Klassiker Verlag, 2011.

Primeira parte
1836

Dedicado a Sua Majestade Imperial,
a senhora grã-duquesa regente
de Sachsen-Weimar e Eisenach,

MARIA PAVLOVNA,

grã-princesa da Rússia,

com toda a humildade e gratidão.[1]

---

1 Filha do czar Paulo (Pável) I, Maria Pavlovna casou-se em 1804 com Karl Friedrich, o príncipe herdeiro do ducado de Weimar, e tornou-se grã-duquesa em 1828. [Esta e as demais notas são do tradutor.]

Prólogo

Esta reunião de palestras e conversações com Goethe deve sua origem, em grande parte, a meu impulso natural de apropriar-me pela escrita de todas as experiências que me pareçam valiosas ou dignas de nota.

Além disso, sempre senti a necessidade de instrução, tanto da primeira vez em que me encontrei com aquele homem extraordinário quanto depois de já ter convivido com ele ao longo de vários anos, e era com prazer que recolhia o teor de suas palavras e o anotava a fim de guardá-lo para o resto de minha vida.

Quando, porém, me recordo da abundante riqueza de suas palavras, que tanto me alegraram durante um período de *nove* anos, e considero quão pouco delas logrei recolher por escrito, sinto-me qual uma criança que tenta apanhar com as mãos estendidas a refrescante chuva primaveril, mas deixa escapar a maior parte por entre os dedos.

Contudo, como se costuma dizer, os livros têm seus destinos, e se tal adágio se aplica tanto à origem deles quanto à sua futura jornada pelo grande e vasto mundo, deveria aplicar-se também à gênese do presente volume. Muitos meses transcorreram sob uma constelação desfavorável, durante os quais uma indisposição, as obrigações e os trabalhos necessários à existência cotidiana impediram de vir a lume uma única linha; logo a seguir, porém, sob uma nova conjunção favorável dos astros, bem-estar, ócio e vontade de escrever se aliaram para permitir um gratificante passo à frente. Ademais,

Johann Peter Eckermann

durante uma convivência tão prolongada, não é natural que sobreviessem períodos de indiferença? E quem seria capaz de sempre valorizar o momento presente tanto quanto ele o merece?

Tudo isso é dito com o propósito específico de justificar algumas lacunas importantes que o leitor inclinado a seguir a sucessão de datas encontrará aqui. Em tais lacunas muita coisa boa se perdeu, em especial algumas palavras favoráveis de Goethe sobre seus numerosos amigos ou referentes à obra deste ou daquele escritor alemão vivo, enquanto outras de caráter semelhante foram anotadas. Mas, como eu já disse, os livros têm seus destinos no momento mesmo em que nascem.

De resto, é com profunda gratidão que reconheço dever a uma Providência superior tudo aquilo de que pude me apropriar nestes volumes e que em certa medida devo considerar o ornamento de minha vida, e nutro até mesmo alguma esperança de que o mundo me agradecerá por havê-lo compartilhado.

Estou convencido de que estas conversações não apenas proporcionam algum esclarecimento e muitos ensinamentos inestimáveis sobre a vida, a arte e a ciência, como também creio que esses esboços colhidos da imediatez da vida contribuirão consideravelmente para completar a imagem de Goethe que cada um terá formado a partir de sua multifacetada obra.

Mas estou também longe de acreditar que a interioridade total de Goethe esteja retratada aqui. Podemos com razão comparar esse espírito, esse homem extraordinário, a um diamante de muitas faces que, dependendo da direção, reflete variadas cores. E assim como em cada circunstância e para cada pessoa ele era um homem diferente, também no meu caso particular posso dizer, se bem que em um sentido bem modesto: este é o *meu* Goethe.

E essa afirmação é válida não apenas para o modo como ele se apresentava a mim, mas principalmente para o modo como fui capaz de compreendê-lo e representá-lo. Em casos assim ocorre um espelhamento, e é muito raro que, ao passar através de outro indivíduo, nenhuma particularidade do original se perca e nada de estranho lhe seja acrescentado. As imagens físicas de Goethe que nos deram Rauch, Daw, Stieler e David[1] são todas

---

1 Christian Daniel Rauch (1777-1857), escultor berlinense, é autor de diversas esculturas de Goethe, especialmente um busto esculpido no ano de 1820 e

em alto grau verdadeiras e, no entanto, trazem consigo em maior ou menor intensidade a marca da individualidade de quem as produziu. E se podemos dizer isso das representações físicas, com muito mais razão o diremos das coisas fugidias e impalpáveis do espírito! Mas, seja qual for o resultado em meu caso particular, creio que todo aquele a quem compete um veredito, seja por seus dotes intelectuais, seja por suas relações pessoais com Goethe, não deixará de reconhecer minha aspiração à maior fidelidade possível.

Após essas observações referentes ao modo de apreender meu objeto, devo ainda dizer o seguinte a respeito do conteúdo do livro.

Aquilo a que chamamos *verdadeiro*, mesmo quando nos referimos a um único objeto, não é absolutamente algo pequeno, estreito, limitado; ao contrário, mesmo em se tratando de uma coisa simples, é também algo muito vasto, algo que, semelhante às variadas manifestações de uma lei natural de ampla e profunda abrangência, não é fácil de se traduzir em palavras. Não se pode liquidá-lo com uma simples sentença, nem com sentenças em cima de sentenças, nem com uma sentença e uma contrassentença; com tudo isso não chegamos a nada além de aproximações, jamais à própria meta.

Assim, para dar apenas um exemplo, as declarações isoladas de Goethe a respeito da poesia parecem muitas vezes unilaterais, quando não abertamente contraditórias. Ora ele põe todo o peso na matéria dada pelo mundo, ora na interioridade do poeta; ora todo o bem está no objeto, ora no tratamento dado a ele: ora provém de uma forma perfeita e ora inteiramente do espírito, em detrimento da forma.

Contudo, todos esses ditos e contraditos são faces isoladas do que chamamos *verdadeiro*, que em seu conjunto definem a essência da Verdade em si e nos proporcionam uma aproximação a ela, razão pela qual evitei, nesse caso e em outros semelhantes, omitir as *aparentes* contradições, tais como se manifestaram em distintas ocasiões e no decorrer de diferentes anos e

---

uma estatueta de 1828, muito elogiada, mas não muito apreciada pelo próprio Goethe; George Dawe (1781-1829), pintor inglês, autor de um retrato a óleo (1819); Karl Joseph Stieler (1781-1858), pintor da corte de Munique, autor de um retrato a óleo feito a pedido de Ludwig I da Baviera em 1828; Pierre Jean David d'Angers (1789-1856), escultor francês, autor de um busto colossal em mármore do ano de 1829.

momentos diversos. Para tanto, confio na perspicácia e na inteligência do leitor culto, que não se deixará confundir por esse ou aquele detalhe, mas não perderá de vista o todo e saberá arranjar e unificar tudo da maneira mais adequada.

Do mesmo modo, talvez se encontrem nesta obra algumas coisas que à primeira vista possam parecer insignificantes. Mas se a um olhar mais aprofundado se constatar que tais passagens insignificantes frequentemente servem de suporte a alguma coisa importante e não raro justificam algo que virá mais à frente, ou que também acrescentam algum pequeno traço ao desenho do caráter, tais passagens poderão ser, se não consagradas, ao menos justificadas como uma espécie de necessidade.

E com isso dou um caloroso adeus a este livro tão longamente acalentado e, no momento de seu ingresso no mundo, desejo-lhe a sorte de ser agradável e de inspirar e disseminar coisas boas.

Weimar, 31 de outubro de 1835.

Introdução

O autor dá notícia de sua pessoa, de sua origem e do nascimento de suas relações com Goethe

Nasci no início dos anos de 1790[1] em Winsen sobre o Luhe, uma cidadezinha situada entre Luneburgo e Hamburgo, na fronteira entre a charneca e o pôlder, em uma choça, como talvez seja lícito chamar uma casinha que contava com um único cômodo aquecido e não possuía nenhuma escadaria, apenas uma escadinha de mão colocada ao lado da porta de entrada, pela qual se podia subir ao depósito de feno.

Como filho caçula de um segundo casamento, quando nasci meus pais já estavam em idade avançada e cresci quase solitariamente ao lado deles. Do primeiro casamento de meu pai viviam ainda dois filhos, um dos quais, após várias viagens de barco como marujo, foi feito prisioneiro em um rincão distante do mundo e desapareceu, enquanto o outro, depois de repetidas estadas na Groenlândia à caça de baleias e focas, retornara a Hamburgo, onde vivia em condições modestas. Do segundo casamento de meu pai eu tinha ainda duas irmãs mais velhas que em meu 12º ano de vida já haviam deixado a casa paterna e trabalhavam ora em nossa cidadezinha, ora em Hamburgo.

A principal fonte de sustento de nossa pequena família era uma vaca que não apenas atendia às nossas necessidades diárias de leite, como também nos

---

1 Eckermann evita conscientemente mencionar a data precisa de seu nascimento (21 de setembro de 1791), segundo alguns intérpretes, para evitar uma semelhança com o início da autobiografia de Goethe *Poesia e verdade*.

permitia criar um novilho por ano e, além disso, em certas épocas, ganhar alguns trocados com a venda de parte do leite. Possuíamos também um acre de terra que nos abastecia de legumes durante o ano todo. Trigo para o pão e farinha para os bolos, no entanto, tínhamos de comprar.

Minha mãe tinha uma habilidade especial para fiar a lã; também cortava e costurava gorros que tinham grande aceitação por parte das damas burguesas, e tanto uma quanto a outra atividade eram-lhe fonte de alguma renda.

A verdadeira ocupação de meu pai era um pequeno negócio que variava de acordo com as estações do ano e o obrigava a se ausentar com frequência, fazendo longas excursões a pé pelas redondezas. No verão, viam-no percorrer a charneca de um vilarejo a outro, levando às costas uma caixinha leve de madeira e vendendo fitas, linhas e sedas de porta em porta. Ao mesmo tempo, aproveitava para comprar meias de lã e *Beiderwand* (um tecido feito com a lã parda das ovelhas da charneca e fios de linho) que ele depois tornaria a vender de porta em porta nas Vierlanden, do lado de lá do Elba. No inverno, negociava com penas de escrever rústicas e panos de linho não alvejados, que comprava nos vilarejos da charneca e do pôlder e levava para Hamburgo sempre que surgia uma oportunidade de viajar de barco até lá. Em todos esses casos, porém, seus lucros deviam ser bem pequenos, pois vivíamos em constante pobreza.

Para falar agora de *minhas* ocupações infantis, elas também variavam de acordo com as estações. Quando chegava a primavera e as costumeiras inundações do Elba refluíam, eu saía diariamente para colher os juncos atirados pelas águas para cima dos diques e outras elevações, que serviam de excelente estrame para nossa vaca. Quando, então, brotava o primeiro verdor nas vastas pastagens, eu passava longos dias a cuidar das vacas em companhia de outros garotos. No verão, trabalhava no cultivo de nossa terra, e durante todo o ano ia buscar lenha seca no bosquezinho que ficava a menos de uma hora de caminhada para abastecer nosso fogão. Na época da colheita de grãos eu podia ser visto nos campos semanas a fio, ocupado em selecionar as espigas e, mais tarde, quando o vento outonal sacudia as árvores, catava bolotas que vendia a granel aos moradores abastados, que com elas alimentavam seus gansos. Mas depois que cheguei a uma idade apropriada, passei a acompanhar meu pai de vilarejo em vilarejo, ajudando-

-o a carregar sua trouxa. Conto essa época entre minhas mais caras lembranças de juventude.

Nessas condições e com essas tarefas, ao mesmo tempo que frequentava de modo descontínuo a escola e aprendia a ler e escrever sofrivelmente, cheguei aos meus 14 anos, e deve-se admitir que de uma tal situação até o estabelecimento de relações íntimas com Goethe ia um grande passo e as perspectivas eram pequenas. Eu também não fazia a menor ideia de que no mundo havia algo como a poesia e as belas-artes, e assim, para minha sorte, não podia haver em mim nenhum anseio ou desejo obscuro por elas.

Já se disse que os animais são ensinados por seus órgãos, e dos seres humanos poderíamos comentar que muitas vezes algo que fazem de maneira puramente casual lhes ensina o que de mais elevado dorme dentro deles. Algo assim se passou comigo e, embora se tratasse de um acontecimento em si mesmo insignificante, mudou o curso de minha vida e me marcou de maneira inesquecível.

Uma noite eu estava à mesa em companhia de meus pais, com a lâmpada acesa. Meu pai acabara de retornar de Hamburgo e nos contava sobre o andamento de seus negócios. Como gostava de fumar, ele trouxera consigo um pacotinho de tabaco que estava em cima da mesa, diante de meus olhos, e tinha um cavalo no rótulo. Achei muito bonita a imagem daquele cavalo e, como tinha à mão pena, papel e tinta, senti um impulso irresistível de copiá-lo. Meu pai continuava a falar de Hamburgo enquanto eu, sem ser notado, me entretinha a desenhar o cavalo. Ao terminá-lo, pareceu-me que a cópia saíra idêntica ao original, e senti uma felicidade até então desconhecida para mim. Mostrei aos meus pais o desenho que fizera e eles não puderam deixar de elogiar e de ficar admirados. Passei a noite quase sem dormir, presa de uma alegre excitação; não parava de pensar no cavalo que desenhara e esperava com impaciência pela manhã, para poder novamente contemplá-lo e novamente sentir a alegria que me causara.

Daquele dia em diante, o impulso de reproduzir imagens despertado em mim não mais me abandonou. Mas como em meu vilarejo eu não pudesse encontrar nenhum tipo de ajuda nesse sentido, fiquei muito feliz quando nosso vizinho, um oleiro, me deu alguns cadernos com motivos ornamentais que lhe serviam de modelos para a decoração de seus pratos e tigelas.

Munido de pena e tinta, eu copiava cuidadosamente aqueles motivos, e assim preenchi dois cadernos que passaram de mão em mão, até chegar à máxima autoridade do vilarejo, o grão-bailio Meyer. Ele mandou chamar--me, deu-me presentes e me fez os mais amáveis elogios. Perguntou-me se eu tinha vontade de me tornar pintor; se assim fosse, depois de minha confirmação ele me confiaria aos cuidados de um competente mestre de Hamburgo. Respondi-lhe que tinha vontade, sim, e que discutiria o assunto com meus pais.

Para estes, porém, que eram ambos camponeses e viviam em um lugar onde quase não havia outra atividade além da agricultura e da criação de animais, um pintor não passava de alguém que lambuzava de tinta portas e casas. Assim, fizeram de tudo para dissuadir-me, dizendo ser não apenas um ofício muito sujo, mas também muito perigoso, em cuja prática eu poderia quebrar o pescoço e as pernas, como acontecia com tanta frequência, sobretudo em Hamburgo, com suas casas de sete andares. E como eu mesmo não tinha em melhor conta o ofício de pintor, perdi a vontade de abraçar essa profissão e tirei da cabeça o oferecimento do bom grão-bailio.

Apesar disso, eu atraíra a atenção de pessoas eminentes; elas não me perdiam de vista e buscavam auxiliar-me de algum modo. Permitiram-me frequentar as aulas particulares ministradas às poucas crianças pertencentes a famílias distintas, aprendi francês, um pouco de latim e de música; também me providenciaram roupas melhores e o ilustre superintendente Parisius[2] não desdenhou de oferecer-me um lugar à sua própria mesa.

Desde então tomei gosto pela escola; procurava prolongar o quanto podia aquela situação favorável, e meus pais consentiram de bom grado em que eu só fosse confirmado aos 16 anos.

Mas então surgiu o problema de saber o que seria feito de mim. Se tudo corresse de acordo com meus desejos, eu seria enviado para um ginásio a fim de prosseguir com estudos científicos, mas isso estava fora de questão, pois não apenas nos faltavam de todo os recursos para tanto, como também a imperiosa precariedade de minhas condições exigia que eu encontrasse o

---

2 Johann Christian Parisius (1752-1834), superintendente e primeiro pregador em Winsen.

quanto antes uma colocação que me permitisse não apenas prover às minhas próprias necessidades, como também ajudar um pouco meus velhos e necessitados pais.

Tal colocação me foi oferecida logo após minha confirmação, quando um funcionário da Justiça me propôs prestar-lhe serviços de amanuense e outras tarefas de pouca monta, o que aceitei com alegria. Durante aquele último ano e meio de assídua dedicação à escola, eu não apenas adquirira uma bela caligrafia, como também me exercitara na composição de trabalhos escritos dos mais variados tipos, razão pela qual podia me considerar muito bem qualificado para semelhante cargo. Enquanto o ocupei, fiz também pequenos trabalhos de advocacia, tendo muitas vezes redigido, segundo as fórmulas tradicionais, tanto a peça de acusação quanto a petição. Isso durou dois anos, ou seja, até o ano de 1810, quando a comarca hanoveriana de Winsen sobre o Luhe foi dissolvida e, como pertencente ao Departamento do Baixo-Elba, incorporada ao império francês.

Consegui então um emprego no escritório da direção dos impostos diretos em Luneburgo, e quando no ano seguinte este também foi fechado, transferi-me para o escritório da subprefeitura de Ulzen, onde trabalhei até o final do ano de 1812, e então o sr. prefeito Von Düring me promoveu e nomeou-me secretário municipal em Bevensen, posto que ocupei até a primavera de 1813, quando a aproximação dos cossacos nos trouxe esperanças de libertação do domínio francês.

Demiti-me e retornei à minha terra sem outro plano ou ideia que não o de juntar-me o quanto antes às fileiras de combatentes patrióticos que silenciosamente começavam a se formar por toda parte. Pondo em prática meus planos, no fim do verão incorporei-me de fuzil e bandoleira como voluntário ao batalhão de caçadores de Kielmannsegg, com os quais tomei parte, servindo na companhia do capitão Knop, da campanha do inverno de 1813 e 1814 através de Mecklemburgo, Holstein, até as portas de Hamburgo contra as tropas do marechal Davoust. Depois marchamos através do Reno contra o general Maison, e no verão percorremos de ponta a ponta as férteis Flandres e Brabante.

Ali, diante dos grandes quadros dos mestres flamengos, um novo mundo se abriu para mim; passava dias inteiros em igrejas e museus. Eram, de fato, os primeiros quadros que eu via em toda a minha vida, e agora compreendia o que significava ser um pintor, via os progressos exitosos e recompensados dos discípulos, e quase chorei por me ter sido vedado seguir semelhante caminho. Então tomei uma decisão imediata: em Tournay travei relações com um jovem artista, providenciei um lápis e uma folha de papel para desenho em formato grande e sentei-me diante de um quadro para copiá-lo. Meu grande anelo supria o que me faltava em prática e instrução, e logrei produzir um esboço satisfatório das figuras; já havia começado a sombrear o desenho da esquerda para a direita quanto uma ordem de marcha veio interromper minha ditosa ocupação. Anotei às pressas com letras isoladas as gradações de luz e sombra das partes ainda inacabadas do trabalho, na esperança de que daquele modo pudesse concluí-lo nas horas de maior tranquilidade. Enrolei meu desenho e o guardei em uma aljava que, juntamente com o fuzil, levava às costas durante a longa marcha de Tournay a Hamelin.

Ali, no outono de 1814, dissolveu-se o batalhão de caçadores. Voltei para minha terra; meu pai falecera, minha mãe ainda vivia e morava com minha irmã mais velha, que se casara e tomara posse da casa paterna. Recomecei imediatamente a desenhar, primeiro concluindo o quadro que trouxera de Brabante e depois, à falta de modelos adequados, dedicando-me às pequenas gravuras de Ramberg,[3] que copiava a lápis em formato ampliado. Não tardei, porém, a constatar que me faltavam o preparo e os conhecimentos necessários; sabia tão pouco da anatomia humana quanto da animal, e nem um pouco a mais do tratamento adequado às diferentes espécies de árvores e terrenos, e assim custava-me um esforço indescritível produzir, a meu modo, algo que minimamente se assemelhasse aos meus modelos.

Não demorei, portanto, a compreender que, se queria me tornar um artista, teria de começar de maneira um pouco diferente, e que continuar a tentar e tatear a meu próprio modo era apenas trabalho perdido. Meu plano era procurar um mestre competente e começar do começo.

Sobre quem deveria ser esse mestre, o único que me vinha à mente era Ramberg, de Hanôver; também pensava que me seria mais fácil fixar residência naquela cidade por ter ali um querido amigo de infância bem

---

3 Johann Heinrich Ramberg (1763-1840), pintor e ilustrador.

estabelecido, cuja amizade, e o fato de que frequentemente me convidava a visitá-lo, me dava esperanças de poder contar com seu apoio.

Assim, não hesitei por muito tempo; arrumei minha trouxa e, em pleno inverno de 1815, percorri solitariamente as quase quarenta horas de caminhada através da erma charneca encoberta por pesada camada de neve, e em poucos dias cheguei são e salvo a Hanôver.

Fui sem demora procurar Ramberg e lhe expus meus propósitos. Quando lhe apresentei amostras de meu trabalho, ele pareceu não duvidar de meu talento, mas advertiu-me de que a arte vem depois do pão, de que o domínio da técnica leva muito tempo e a possibilidade de ganhar a vida com a arte é muito remota. Entretanto, mostrou-se disposto a ajudar-me como pudesse; escolheu entre a enorme profusão de seus desenhos algumas folhas adequadas representando partes do corpo humano e incumbiu-me de copiá-las.

Assim, passei a morar na casa de meu amigo, e copiava os originais de Ramberg. Fiz progressos, pois as folhas que ele me dava para copiar eram cada vez mais complexas. Desenhei toda a anatomia do corpo humano e não me cansava de refazer os difíceis desenhos de mãos e pés. Assim transcorreram alguns meses felizes. Estávamos já em maio quando comecei a adoecer; junho se aproximava e eu já não tinha mais condições de manejar o lápis, de tanto que me tremiam as mãos.

Recorremos a um bom médico. Ele considerou meu estado perigoso. Explicou que, em consequência da campanha militar, toda a minha transpiração fora retida, provocando um acúmulo nocivo de calor em meus órgãos internos; se tivesse esperado mais duas semanas para procurar ajuda, teria infalivelmente partido desta para a melhor. Prescreveu-me banhos quentes e outros medicamentos eficazes para reativar as funções de minha pele. Os encorajadores sinais de melhora não se fizeram esperar, mas a continuidade de meus estudos artísticos estava fora de questão.

Até então eu gozara de um tratamento e de cuidados muito afetuosos em casa de meu amigo. De sua parte, ele jamais pensara ou insinuara que eu fosse ou pudesse vir a ser-lhe um peso. Eu, porém, pensava o contrário, e assim como essa constante preocupação secreta provavelmente acelerara a erupção de minha latente enfermidade, ela agora me acometia com toda a sua violência quando me vinham à mente as grandes despesas necessárias ao meu pleno restabelecimento.

Naquele tempo de grandes aflições íntimas e externas, surgiu-me a possibilidade de trabalhar em uma comissão ligada à chancelaria de guerra, encarregada de providenciar a equipagem do exército hanoveriano; não era, pois, de estranhar que eu cedesse à força das circunstâncias e, renunciando à carreira artística, me candidatasse ao posto e o assumisse com a maior alegria.

Minha convalescença foi rápida, e retornou-me uma sensação de bem-estar e de alegria como havia muito eu não experimentava. Vi-me em condições de compensar um pouco meu amigo pelos cuidados que tão generosamente me dispensara. A novidade do trabalho com o qual tinha de me familiarizar mantinha meu espírito em atividade. Meus superiores pareciam-me pessoas dotadas das mais nobres convicções, e com meus colegas, dos quais alguns haviam feito a campanha no mesmo regimento que eu, logo estabeleci relações da mais cordial intimidade.

Tendo obtido aquela posição segura, pude então olhar com mais liberdade ao redor de mim a fim de descobrir as belezas da capital, e nas horas de folga não me cansava de passear por suas encantadoras redondezas. Estabelecera relações íntimas com um dos discípulos de Ramberg, jovem e promissor artista, que se tornou um companheiro constante de caminhadas. E como tivera de renunciar, por causa de minha saúde e de minha situação geral, a prosseguir no exercício da arte, era um grande consolo para mim poder ao menos conversar com ele diariamente a respeito de nossa amiga comum. Interessava-me por suas composições, cujos esboços ele sempre me mostrava e que discutíamos em detalhes. Ele me introduziu na leitura de alguns escritos muito instrutivos; li Winckelmann,[4] li Mengs,[5] mas,

---

4 Johann Joachim Winckelmann (1717-1768), arqueólogo, bibliotecário, antiquário e teórico das artes alemão, é considerado um dos fundadores da arqueologia científica e da história da arte. Suas obras *Gedanken über die Nachahmung der Griechischen Werke in der Malerei und Bildhauerkunst* [Ideias sobre a imitação das obras gregas na pintura e na escultura, 1755] e *Geschichte der Kunst des Altertums* [História da arte da Antiguidade, 1764] forneceram as bases teóricas para o Classicismo alemão.

5 Anton Raphael Mengs (1728-1779), pintor alemão de origem boêmia. Suas obras teóricas, escritas em italiano, espanhol e alemão, foram publicadas em duas coletâneas póstumas, em Madri (1780) e Parma (1787), e em alemão em 1786;

Conversações com Goethe nos últimos anos de sua vida

como me faltasse o conhecimento direto dos objetos de que tais autores tratavam, só pude assimilar o que havia de mais geral nessas leituras e, no fundo, pouco aproveitava delas.

Nascido e criado na capital, meu amigo estava, sob todos os aspectos, à minha frente no que se refere à formação intelectual, e também tinha um belo conhecimento de literatura que me faltava por completo. Naquele tempo, Theodor Körner[6] era o festejado herói do dia; meu amigo deu-me a ler seu livro de poemas *Lira e gládio*, que também a mim impressionou profundamente e me despertou a maior admiração.

Muito já se falou do efeito *artístico* de um poema, ao qual sempre se deu a primazia; creio, porém, que o efeito produzido pelo *conteúdo* é o mais poderoso e o que mais importa. Sem o saber, fiz essa experiência com aquele livrinho *Lira e gládio*. Pois tendo no peito o mesmo ódio de Körner aos nossos opressores de tantos anos, tendo igualmente lutado na guerra de libertação, tendo experimentado as mesmas situações das marchas penosas, dos bivaques noturnos, do serviço nos postos avançados e dos combates, e tendo no meio disso tudo pensado e sentido de modo semelhante ao seu, tudo isso fez que aqueles poemas provocassem um eco profundo e poderoso em meu íntimo.

E como fosse raro que algo relevante me impressionasse sem me estimular profundamente e despertar minha produtividade, com os poemas de Theodor Körner não foi diferente. Lembrei-me de que em minha infância e nos anos que se seguiram a ela eu também escrevera pequenos poemas, aos quais não dera maior atenção, pois naquela época não atribuía grande valor a esse tipo de coisas que surgiam com tanta facilidade, e também porque a apreciação adequada do talento poético sempre exige alguma maturidade intelectual. Mas em Theodor Körner esses dotes agora me pareciam invejáveis, dignos do mais elevado louvor, e senti despertar em mim um poderoso impulso de verificar se me seria possível em alguma medida imitá-lo.

---

elas constituíram, ao lado das de Winckelmann, a base teórica para o Classicismo alemão.

6 Theodor Körner (1791-1813), poeta e dramaturgo alemão morto no campo de batalha em Gadebusch aos 22 anos de idade. O volume *Leyer und Schwert* [Lira e gládio] contendo seus poemas patrióticos foi publicado postumamente em 1814.

O retorno de nossos patrióticos combatentes que haviam lutado na França ofereceu-me a desejada oportunidade. Tendo ainda vivas na lembrança as indescritíveis fadigas às quais um soldado tem de se submeter no campo de batalha, enquanto o acomodado burguês que permaneceu em sua casa não é privado de nenhum conforto, pareceu-me boa ideia expressar esse contraste em um poema e assim, influindo sobre os espíritos, preparar uma recepção mais calorosa às tropas que retornavam.[7]

Mandei imprimir às minhas próprias expensas algumas centenas de exemplares do poema e os distribuí pela cidade. A acolhida superou minhas expectativas; provocou uma grande afluência de novas amizades, todos compartilhavam de meus sentimentos e opiniões, encorajavam-me a novas tentativas e concordavam em que eu dera provas de um talento que merecia ser cultivado. O poema foi divulgado em revistas, reimpresso em diversas localidades e vendido em exemplares avulsos, e ainda tive a felicidade de vê-lo posto em música por um compositor muito apreciado, apesar de, no fundo, por sua extensão e sua dicção extremamente retórica, ser pouco apropriado para o canto.

Desde então, não se passou uma semana sem que eu me alegrasse com o nascimento de um novo poema. Contava então 24 anos de idade; em mim vivia um mundo de sentimentos, impulsos e boa vontade; contudo, faltavam-me inteiramente a cultura intelectual e o conhecimento. Aconselharam-me a estudar nossos grandes poetas, sobretudo Schiller e Klopstock. Adquiri suas obras, li-as, admirei-as, sem no entanto tirar grande proveito delas; o caminho daqueles talentos passava muito ao largo de minha própria natureza, sem que eu então o soubesse.

Por essa época, ouvi pela primeira vez o nome de Goethe e, em um primeiro momento, adquiri um volume de suas poesias. Li e reli seus versos, experimentando uma felicidade que as palavras não podem exprimir. Era como se só agora eu começasse a despertar e a tomar verdadeira consciência

---

7 O poema foi intitulado *Den 18. Juni 1815. Den braven Jägern gewidmet* [18 de junho de 1815. Dedicado aos bravos caçadores]. A data se refere à batalha de Waterloo. Não foi incluído na coletânea de poemas de Eckermann publicada em 1821 e é dado como perdido.

de mim; parecia-me que aqueles poemas refletiam minha própria interioridade até então desconhecida. Em nenhum deles encontrei qualquer coisa de estranho e de erudito, para cuja compreensão meus pensamentos e sentimentos humanos por si sós não bastassem, em lugar algum havia nomes de divindades estrangeiras e antiquadas sobre as quais eu não soubesse o que pensar; ao contrário, o que encontrei neles foi o coração humano com todas as suas aspirações, alegrias e sofrimentos, encontrei uma natureza alemã clara como o dia de hoje, uma realidade pura à luz de uma suave transfiguração.

Vivi semanas e meses inteiros imerso nesses poemas. Então obtive um exemplar do *Wilhelm Meister*, depois sua autobiografia e suas obras dramáticas. Lia o *Fausto* em todos os dias festivos, e de início me apavoravam os abismos da natureza humana e da depravação contidos na obra, embora sua essência enigmática-significativa sempre me atraísse. A admiração e o amor cresciam a cada dia, eu vivia e me movia continuamente naquelas obras, e não pensava nem falava senão em Goethe.

O proveito que tiramos do estudo das obras de um grande escritor pode ser de natureza muito variada; mas o principal ganho provavelmente reside em que não apenas nos tornamos mais conscientes de nossa própria interioridade, como também do multifacetado mundo ao nosso redor. Esse foi o efeito que as obras de Goethe tiveram sobre mim. Elas também me levaram a observar e a compreender melhor os caracteres e objetos sensíveis; pouco a pouco adquiri um conceito da unidade ou da mais íntima harmonia de um indivíduo consigo mesmo, e assim se tornou cada vez mais acessível para mim o enigma da grande variedade tanto dos fenômenos naturais quanto dos artísticos.

Depois de ter adquirido um conhecimento relativamente seguro das obras de Goethe e de ter, ao mesmo tempo, feito várias tentativas de exercitar-me na prática da poesia, voltei minha atenção para alguns dos maiores poetas estrangeiros e de épocas passadas, e li nas melhores traduções não apenas as principais peças de Shakespeare, como também Sófocles e Homero.

Logo, porém, me dei conta de que de todas essas grandes obras eu só assimilava o humano-universal, enquanto a compreensão do que havia nelas de peculiar, tanto em sentido linguístico quanto histórico, pressupunha conhecimentos científicos e, sobretudo, uma cultura que normalmente só se pode adquirir nas escolas e nas universidades.

Além disso, não faltou quem me fizesse ver que era um esforço vão tentar seguir por meu próprio caminho, pois sem aquilo a que se dá o nome de cultura clássica um poeta jamais lograria se utilizar de sua própria língua com habilidade e expressividade, tampouco produzir algo de relevante pelo conteúdo e pelo espírito.

Tendo lido também muitas biografias de homens importantes na tentativa de descobrir o caminho que haviam seguido em sua formação até lhes ser possível realizar algo digno de valor, constatei que era comum a todos eles haver passado pela escola e pela universidade e decidi fazer o mesmo, apesar de minha idade um pouco avançada e das circunstâncias tão adversas.

Procurei sem demora um excelente filólogo, professor do liceu de Hanôver, para que me desse aulas particulares de latim e também de grego, preenchendo com esse estudo todo o tempo livre que me restava depois de minhas seis horas diárias de trabalho.

Assim procedi durante um ano inteiro. Fiz bons progressos, mas, com meu indescritível anseio de aprender, parecia-me que tudo caminhava muito lentamente e que eu precisava recorrer a outros meios de prosseguir. Pensei que, se pudesse frequentar todo dia o liceu por quatro ou cinco horas e, assim, viver imerso em um ambiente culto, eu faria progressos muito maiores e tanto mais rápido alcançaria meus objetivos.

Minha opinião foi corroborada pelos conselhos de várias pessoas conhecedoras do assunto, e assim tomei a decisão de pô-la em prática, não encontrando dificuldades em obter a permissão de meus superiores, pois a maior parte das aulas do liceu acontecia fora de meu horário de trabalho.

Inscrevi-me, portanto, para a admissão, e em uma manhã de domingo apresentei-me, acompanhado por meu professor, ao digníssimo diretor do liceu, para realizar os exames necessários. O diretor interrogou-me com toda a brandura possível, mas como eu não estava preparado para as tradicionais questões escolares, e apesar de toda a minha dedicação me faltasse de todo a prática, não me saí tão bem quanto seria de desejar. Mas quando meu professor assegurou que eu sabia mais do que demonstrava

Conversações com Goethe nos últimos anos de sua vida

meu desempenho naquela prova, e tendo levado em conta meus esforços incomuns, o diretor admitiu-me na *Secunda*.[8]

Desnecessário dizer que, com quase 25 anos e já empregado no serviço do rei, eu fazia uma figura muito singular entre aqueles rapazinhos mal saídos da infância, de modo que a nova situação de início me pareceu um pouco estranha e desconfortável; mas minha grande sede de conhecimentos ajudou-me a superar e a suportar tudo. Além disso, de modo geral eu não tinha do que me queixar. Os professores me respeitavam, os alunos mais velhos e os melhores da classe me recebiam com toda a amabilidade e mesmo alguns poços de insolência tinham consideração o bastante para me poupar de seus acessos de petulância.

De modo geral, eu estava muito feliz com a realização de meus desejos, e segui esse novo caminho com todo afinco. Acordava às 5 horas da manhã e me entregava aos meus preparativos. Das 8 às 10 frequentava a escola. Da escola ia para o escritório cumprir minhas tarefas, que me mantinham ocupado até por volta das 13 horas. Então voltava correndo para casa, engolia o almoço e pouco depois das 13 horas estava de novo na escola. As aulas duravam até as 16 horas, até as 19 eu tornava a me dedicar ao trabalho e reservava o resto da noite para preparativos e aulas particulares.

Mantive essa vida e essa lida durante alguns meses, mas minhas forças não eram suficientes para tanto esforço, e a velha verdade se confirmou: ninguém pode servir a dois amos. A falta de ar livre e movimento, a falta de tempo e de tranquilidade para comer, beber e dormir pouco a pouco minaram minha saúde; sentia o corpo e a alma embotados, e logo me vi diante da imperiosa necessidade de renunciar à escola ou ao trabalho. Sendo a segunda alternativa impossível, pois tornaria minha existência inviável, não restou outra saída a não ser escolher a primeira, e assim, no início da primavera de 1817 deixei a escola. Meu singular destino na vida parecia ser, de fato, *experimentar várias coisas*, e de modo algum me arrependi de ter experimentado também frequentar por algum tempo o liceu.

Entretanto, eu dera um bom passo adiante, e como não perdia de vista a universidade, não me restava alternativa a não ser continuar com as aulas particulares, o que fiz com vontade e amor.

---

8 A sexta e a sétima classe dos antigos liceus.

Superados os incômodos do inverno, tive uma primavera e um verão especialmente alegres; estava sempre em contato com a natureza, que naquele ano me falava intimamente ao coração, e escrevi muitas poesias, tendo como elevado modelo sobretudo os versos juvenis de Goethe.

Com a volta do inverno, comecei a pensar seriamente sobre como viabilizar minha entrada na universidade dentro do prazo máximo de um ano. No conhecimento da língua latina eu já progredira a ponto de ser capaz de traduzir em versos alguns de meus trechos favoritos das odes de Horácio, das éclogas de Virgílio e das *Metamorfoses* de Ovídio, além de ler com alguma facilidade as *Orações* de Cícero e as histórias bélicas de Júlio César. Nada disso ainda me permitia considerar-me suficientemente preparado para os estudos acadêmicos, mas contava poder progredir bastante em um ano e mais tarde preencher minhas lacunas já na própria universidade.

Encontrara alguns protetores entre as pessoas proeminentes de Hanôver; essas pessoas prometeram ajudar-me, mas somente se eu me decidisse por uma carreira que me permitisse ganhar o pão de cada dia.[9] Isso, porém, era contrário à minha natureza, e eu estava firmemente convencido de que o ser humano só deve cultivar o que esteja em consonância com um incessante impulso íntimo. Mantive-me, portanto, fiel a meus propósitos, e meus protetores retiraram-me seu auxílio, não me concedendo, por fim, nada além de uma mesa franca.

Não me restava alternativa a não ser a de realizar meus planos com recursos próprios e concentrar-me em uma produção literária de alguma relevância.

A culpa, de Müllner,[10] e *A avó*, de Grillparzer[11] estavam na ordem do dia e despertavam um vivo interesse. Meu sentimento natural era avesso a tais produtos artificiais, menos ainda me agradava a ideia de destino que

---

9 No original, *Brotstudium*, algo como "curso ganha-pão". As opções, nesse caso, seriam: Teologia, Direito e Medicina.

10 Adolf Müllner (1774-1829), escritor e jurista alemão. Sua peça *Die Schuld* [A culpa] foi representada pela primeira vez em 1813.

11 Franz Grillparzer (1791-1872), dramaturgo austríaco. Sua peça *Die Ahnfrau* [A avó] foi representada pela primeira vez em 1817.

continham, pois, segundo meu modo de ver, exerciam sobre o povo uma influência imoral. Decidi manifestar-me contrariamente a tais obras e demonstrar que o destino reside nos caracteres. Mas não queria combatê-las com palavras, e sim com a ação. Era necessário produzir uma peça em que se demonstrasse a verdade da premissa segundo a qual o ser humano planta no presente sementes que futuramente germinarão e darão frutos bons ou maus, de acordo com a semeadura. Não dispondo de suficientes conhecimentos de história universal, tive de inventar eu mesmo as personagens e o transcorrer da ação.[12] Guardei comigo essa ideia por cerca de um ano, imaginei em todos os detalhes cada cena e cada ato e finalmente, no inverno de 1820 a escrevi em algumas semanas nas horas matinais. Ao fazê-lo experimentei a maior felicidade, pois via que tudo vinha à luz com grande naturalidade e facilidade. Mas, ao contrário dos poetas a que me referi, eu me mantinha demasiadamente ligado à vida real e perdia de vista o teatro. Assim, tudo que consegui foi antes uma serena descrição de situações que uma ação tensa de rápido desenvolvimento, cuja expressão só se tornava poética e ritmada quando personagens e situações assim o exigissem. Personagens secundárias ganharam espaço excessivo e a peça toda, uma extensão desmesurada.

Mostrei-a aos amigos e conhecidos mais próximos, mas eles não a compreenderam como eu desejava; disseram que algumas cenas eram mais apropriadas a uma comédia e, também, que eu havia lido muito pouco. Como esperava melhor acolhida, senti-me de início secretamente ofendido; mas aos poucos fui me convencendo de que meus amigos não estavam de todo errados e que, embora as personagens fossem corretamente concebidas, o todo bem planejado, realizado com algum engenho e alguma facilidade, conforme eu desejara, meu drama, considerando a vida nele representada, se encontrava em um nível ainda muito baixo, e portanto era impróprio para ser dado a público.

Nada disso era de se estranhar, dada minha origem e meus poucos estudos. Decidi reescrever a peça para adequá-la ao teatro, porém não sem

---

12 A peça foi intitulada *Graf Eduard. Ein Trauerspiel in fünf Aufzügen* [O conde Eduard. Uma tragédia em cinco atos], e permaneceu inédita.

antes avançar em meus estudos e me tornar capaz de alcançar um nível mais alto. O desejo de cursar a universidade, onde esperava adquirir tudo quanto me faltava e através da qual supunha poder alcançar uma posição mais elevada na vida, transformou-se em paixão. Decidi publicar minhas poesias, pensando que isso talvez pudesse ajudar-me. E por não dispor de uma reputação capaz de me garantir bons honorários por parte do editor, escolhi a via da subscrição, mais vantajosa para minha situação.

Iniciada por meus amigos, a subscrição teve o sucesso esperado. Tornei a comunicar a meus superiores minha intenção de mudar-me para Göttingen e apresentei meu pedido de demissão. Convencidos de que eu falava sério e não me deixaria dissuadir, eles facilitaram meus projetos. Por intervenção de meu chefe, o então coronel Von Berger, a chancelaria de guerra aceitou minha demissão e concedeu-me, a título de auxílio para meus estudos, um estipêndio de 150 táleres anuais pelo prazo de dois anos.

Eu estava feliz com o sucesso dos planos que acalentara durante tantos anos. Mandei imprimir e distribuir os poemas o mais rapidamente possível e, descontados todos os custos, obtive um ganho de 150 táleres. Em maio de 1821 parti para Göttingen, deixando em Hanôver a mulher a quem amava.[13]

A primeira tentativa de ingressar na universidade fracassara devido à minha obstinação em recusar uma carreira com vistas apenas a garantir meu sustento. Agora, porém, mais ajuizado graças à experiência e consciente dos indescritíveis embates que teria de travar tanto com meus amigos mais próximos quanto com pessoas influentes, fui inteligente o bastante para me conformar às opiniões de um mundo mais poderoso que eu e declarar-me disposto a escolher uma carreira que fosse também um ganha-pão, dedicando-me ao estudo da Jurisprudência.

Tanto meus poderosos protetores quanto todos aqueles que se interessavam sinceramente por minha subsistência e não tinham a mínima ideia

---

13 A mulher a quem amava: Johanna Bertram (1801-1834), de quem Eckermann era noivo desde 1819. Casaram-se em 1831. Johanna morreu três anos depois, ao dar à luz o único filho do casal, Karl.

Conversações com Goethe nos últimos anos de sua vida

da força de minhas necessidades espirituais julgaram muito sensata essa escolha. De uma hora para outra toda oposição se desvaneceu e onde quer que fosse eu encontrava uma amigável acolhida e um solícito incentivo aos meus propósitos. Para fortalecer-me em tão bons projetos, não deixaram de me assegurar que o estudo da Jurisprudência proporcionava os maiores ganhos ao espírito. Através dele, diziam-me, eu teria uma visão das relações burguesas e mundanas que de outro modo jamais me seria facultada. Esse estudo também não era tão extensivo que não pudesse permitir a prática de outras atividades pretensamente mais elevadas. Mencionaram o nome de várias pessoas famosas que haviam estudado Direito e ao mesmo tempo obtido largos conhecimentos em outros campos do saber.

O que nem eu nem meus amigos levávamos em consideração era que aquelas pessoas não apenas haviam ingressado na universidade trazendo consigo uma sólida bagagem de conhecimentos escolares, como também haviam empregado em seus estudos um tempo muito maior do que me seria permitido pela imperiosa precariedade de minhas condições.

E assim, do mesmo modo que enganara os outros, eu me enganava a mim mesmo e, por fim, cheguei a acreditar que poderia estudar Direito com toda a seriedade e, ao mesmo tempo, alcançar meus verdadeiros objetivos.

Presa desse delírio de buscar o que não desejava nem possuir nem utilizar, imediatamente após minha chegada à universidade, iniciei o estudo da Jurisprudência. Devo dizer que tal ciência não me pareceu ser de natureza inacessível para mim, creio mesmo que, se não tivesse a cabeça totalmente ocupada com outros projetos e ambições, de bom grado eu teria me entregado a ela. Mas passava-se comigo o mesmo que com uma moça que encontra todos os pretextos para se opor a um bom partido apenas porque seu coração, infelizmente, já pertence a um amante secreto.

Durante as preleções sobre as Instituições e as Pandectas, muitas vezes eu me distraía a imaginar cenas e atos dramáticos. Fazia o maior esforço para manter minha mente concentrada nas lições, mas ela sempre se voltava, imperiosa, para outros assuntos. Não pensava em mais nada a não ser na poesia, na arte e em meu elevado desenvolvimento humano, que eram afinal os motivos pelos quais havia anos eu desejava apaixonadamente frequentar a universidade.

41

Johann Peter Eckermann

Quem mais me incentivou em meus propósitos imediatos em meu primeiro ano de estudos foi Heeren.[14] Suas aulas de Etnografia e História deram-me uma base sólida para outras disciplinas afins, e também, sob outro ponto de vista, tirei o maior proveito da clareza e da solidez de sua exposição. Assistia às aulas com amor e nunca saí de uma delas sem me sentir tomado da maior admiração e simpatia por aquele homem extraordinário.

Iniciei o segundo ano acadêmico pondo de lado, sensatamente, o estudo da Jurisprudência, que era de fato importante demais para ser tratado como atividade secundária, e um obstáculo muito grande aos meus propósitos se tratado como atividade principal. Dediquei-me à Filologia. E assim como no primeiro ano muito devia a Heeren, nesse segundo igualmente devia a Dissen.[15] Isso não apenas porque suas preleções davam aos meus estudos o tão buscado e desejado alimento, fazendo-me sentir a cada dia mais incentivado e esclarecido, fornecendo-me, com suas referências, uma orientação segura para futuras produções, mas também porque tive a felicidade de travar relações pessoais com aquele homem respeitável e de ser por ele guiado, fortalecido e encorajado em meus estudos.

Além de tudo isso, o convívio diário com algumas cabeças privilegiadas que havia entre os estudantes, o debate contínuo em torno de temas elevados, durante excursões e, na maioria das vezes, até altas horas da noite, foram de inestimável valia para mim e tiveram uma influência das mais benéficas para meu desenvolvimento intelectual, que se tornava mais livre a cada dia.

Entretanto, o fim de meus recursos pecuniários se aproximava. Em compensação, durante aquele ano e meio eu adquirira diariamente novos tesouros de saber; um acúmulo continuado sem aplicação prática não estava em conformidade com minha natureza e com meu modo de viver, e assim me dominava um ímpeto de recobrar minha liberdade e reavivar meus desejos de novos estudos através de algumas produções literárias.

---

14 Arnold Hermann Ludwig Heeren (1760-1842), professor de Filosofia e História em Göttingen.

15 Ludolf Dissen (1784-1837), professor de Filologia em Göttingen.

Eu pensava em trabalhar, levando-as a bom termo, não apenas minha obra dramática, cujo tema não deixara de interessar-me, mas cuja forma e conteúdo precisavam ganhar em consistência, como também algumas ideias relacionadas aos fundamentos da poesia, que se haviam desenvolvido sobretudo em oposição a concepções então dominantes.

Assim, no outono de 1822 eu deixei a universidade e fui morar no campo, nos arredores de Hanôver. Escrevi em primeiro lugar aqueles ensaios teóricos, os quais eu esperava pudessem ajudar em especial os jovens talentos não apenas na produção, mas também na crítica de obras literárias, e dei-lhes o título de *Contribuições à poesia*.[16]

Em maio de 1823 eu terminara esse trabalho. Em minha situação, era importante não apenas encontrar um bom editor, como também receber um bom honorário, e assim, tomando uma rápida decisão, enviei o manuscrito a Goethe, pedindo-lhe algumas palavras de recomendação ao sr. Von Cotta.

Dentre todos os poetas, Goethe continuava a ser aquele para o qual todos os dias eu voltava meus olhos como minha infalível estrela guia, aquele cujas opiniões estavam em harmonia com minha maneira de pensar e sempre me abriam as mais amplas perspectivas, aquele cuja arte consumada no trato dos mais variados assuntos eu procurava cada vez mais estudar e imitar, aquele pelo qual meu profundo amor e minha profunda admiração eram de natureza quase apaixonada.

Pouco depois de minha chegada a Göttingen, eu lhe enviara um exemplar de minhas poesias, juntamente com um breve bosquejo de minha vida e de meus estudos, e grande foi minha alegria não apenas quando recebi dele algumas palavras por escrito, como também ao saber por alguns viajantes que ele tinha uma opinião favorável a meu respeito e pretendia ocupar-se de mim nos fascículos de *Arte e antiguidade*.[17]

---

16 O título completo em alemão era *Beiträge zur Poesie mi besonderer Hinweisung auf Goethe* [Contribuições à poesia com especial referência a Goethe]. Foi publicado em 1824 por Johann Friedrich von Cotta, um dos mais renomados editores alemães, que desde 1806 era o editor de Goethe.

17 *Kunst und Altertum* [Arte e antiguidade] foi uma revista editada por Goethe entre os anos de 1816 e 1832.

Receber essas notícias, na situação em que eu me encontrava, fora da maior importância para mim, e também agora me encorajava a enviar-lhe, cheio de confiança, o manuscrito recentemente concluído.

Não havia em mim outro desejo senão o de estar por alguns momentos em presença dele; e assim, com o fito de realizar esse desejo, em fins de maio eu me pus a caminho a pé através de Göttingen e do Vale do Werra até chegar a Weimar.

Nessa caminhada, que o intenso calor por vezes tornava penosa, eu tinha em meu íntimo o tempo todo a consoladora impressão de ser guiado por alguma entidade propícia, e de que aquela viagem teria consequências importantes para minha vida futura.

1823

Weimar, terça-feira, 10 de junho de 1823

Cheguei aqui há poucos dias; hoje estive pela primeira vez na casa de Goethe. Sua recepção foi extremamente cordial e sua pessoa causou-me tal impressão que conto este dia entre os mais felizes de minha vida.

Ontem, quando pedi para ser recebido, mandou-me dizer que ao meio-dia de hoje eu seria bem-vindo. Apresentei-me, então, no horário combinado e encontrei um criado à espera para conduzir-me à sua presença.

O interior da casa deu-me uma impressão das mais agradáveis; sem ser suntuosa, tudo nela era extremamente nobre e simples; várias cópias em gesso de estátuas antigas colocadas ao lado da escadaria testemunhavam a inclinação especial de Goethe para as artes plásticas e a antiguidade grega. No térreo, vi algumas mulheres que andavam de um lado para o outro, muito atarefadas; vi também um dos belos filhos de Ottilie,[1] que se aproximou de mim confiante, fitando-me com os olhos muito abertos.

Depois de olhar um pouco ao redor, subi as escadas até o primeiro andar, acompanhado pelo criado muito conversador. Ele abriu uma sala em cujo

---

1 Ottilie von Goethe (nascida Von Pogwisch, 1796-1872), esposa de August von Goethe (1789-1830), único dos filhos de Goethe com Christiane Vulpius a atingir a idade adulta. Posteriormente referida por Eckermann muitas vezes como "sra. Von Goethe". De seu casamento com August nasceram três filhos: Walther Wolfgang (1818-1885), Wolfgang Maximilian (1820-1883) e Alma (1827-1844).

limiar a palavra SALVE augurava uma acolhida amigável. Conduziu-me através dessa sala e abriu uma segunda, um pouco mais espaçosa, onde me pediu que aguardasse enquanto ia anunciar-me ao patrão. Reinava ali uma atmosfera extremamente fresca e agradável, sobre o piso estendia-se um tapete, um canapé vermelho e poltronas da mesma cor completavam a alegre mobília; ao lado havia um piano e das paredes pendiam gravuras e quadros de variados gêneros e tamanhos.

Através de uma porta aberta na outra extremidade dessa sala via-se outro cômodo, também adornado com pinturas, que o criado atravessou para ir anunciar-me.

Não demorou muito até que Goethe aparecesse vestindo uma sobrecasaca azul e calçando sapatos; uma nobre figura! A impressão foi surpreendente. Mas ele logo dissipou qualquer constrangimento com algumas palavras muito amáveis. Sentamo-nos no sofá. Eu estava tomado de uma feliz perplexidade vendo-o ali tão próximo de mim, e pouco ou nada podia dizer.

Ele se pôs imediatamente a falar de meu manuscrito.

— Estive em sua companhia até agora há pouco — disse. — Passei a manhã toda a ler seu manuscrito; ele não precisa de recomendação, recomenda-se por si próprio. — Goethe elogiou a clareza da exposição e a fluência das ideias, achou tudo muito bem pensado e fundamentado. — Vou despachá-lo com toda a presteza — acrescentou. — Ainda hoje escreverei a Cotta pelo estafeta, e amanhã lhe envio o pacote pelo correio.

Manifestei meu agradecimento por palavras e olhares. A seguir, falamos a respeito de minhas próximas viagens. Disse-lhe que meu verdadeiro objetivo era a região do Reno, onde pensava me estabelecer em alguma localidade conveniente e escrever um novo trabalho. Antes, porém, pretendia partir daqui para Iena, onde pensava esperar pela resposta do sr. Von Cotta.

Goethe perguntou-me se já tinha conhecidos em Iena; respondi-lhe que esperava ser recebido pelo sr. Von Knebel[2] e ele então prometeu escrever-me uma carta de recomendação a fim de assegurar-me uma melhor acolhida.

---

2 Karl Ludwig von Knebel (1744-1834), escritor amigo de Goethe, havia sido preceptor do príncipe Konstantin em Weimar. Em 1774, de passagem por Frankfurt, apresentou Goethe ao futuro grão-duque Karl August, o que ocasionou a

Conversações com Goethe nos últimos anos de sua vida

— Pois bem, pois bem! — disse então. — Quando estiver em Iena, estaremos próximos um do outro e poderemos nos visitar e nos escrever caso haja alguma novidade.

Ficamos ali sentados um ao lado do outro por bastante tempo, em uma disposição de ânimo tranquila e afetuosa. Eu lhe tocava os joelhos; absorto em sua contemplação, esquecia-me de falar, não me cansava de olhá-lo. Seu rosto tão enérgico e moreno, tão cheio de rugas, e cada ruga tão cheia de expressividade! E tanto decoro em tudo, tanta solidez, serenidade e grandeza! Falava pausadamente e com naturalidade, como se espera de um velho monarca. Podia ver-se que ele repousa em si mesmo e se eleva acima de louvor e censura. Sentia-me indescritivelmente bem em sua presença; sentia-me descansado, como alguém que depois de muitas fadigas e uma longa espera por fim vê seus mais caros desejos realizados.

Ele pôs-se então a falar a respeito de minha carta, e disse-me que eu tinha razão, que quando alguém é capaz de tratar de *uma* questão com clareza, também é capaz de tratar de vários outros assuntos.

— Não se pode saber para onde o vento irá soprar — disse então —; tenho alguns bons amigos em Berlim, e nos últimos dias pensei muito no senhor.

Disse isso e sorriu amavelmente consigo mesmo. Chamou-me então a atenção para as coisas que eu não deveria deixar de ver em Weimar durante os dias em que permanecesse aqui, e prometeu-me escrever ao sr. secretário Kräuter[3] pedindo-lhe para me servir de guia. Primeiro de tudo, eu não deveria deixar de visitar o teatro. Quis saber onde eu me hospedava, disse que desejava me ver ainda uma vez e que mandaria avisar-me no momento apropriado.

Despedimo-nos amavelmente; eu estava muito feliz, pois suas palavras exprimiam benevolência e eu sentia que ele tinha as melhores intenções a meu respeito.

---

primeira visita de Goethe a Weimar em 1775, e sua decisão de se estabelecer na cidade.

3 Friedrich Theodor David Kräuter (1790-1856), secretário da biblioteca de Goethe, mais tarde bibliotecário do grão-duque Karl Friedrich, e após a morte de Goethe, curador de seu acervo.

Johann Peter Eckermann

Quarta-feira, 11 de junho de 1823

Esta manhã recebi novo convite para ir à casa de Goethe, e dessa vez por meio de um cartão escrito de próprio punho. Assim, estive novamente com ele por uma horinha. Pareceu-me hoje muito diferente de ontem, mostrou-se brusco e resoluto a respeito de todas as coisas, como um rapazinho.

Quando veio ao meu encontro, trazia consigo dois grossos volumes.

— Não é bom que o senhor parta tão bruscamente, é melhor que possamos nos conhecer mais de perto. Gostaria de vê-lo e de falar-lhe mais vezes. Mas como as generalidades são um campo demasiado vasto, pensei em algo específico, um *tertius* que nos servisse de ponto de confluência e debate. Esses dois volumes contêm os *Frankfurter Gelehrten Anzeigen*[4] dos anos de 1772 e 1773, e neles se encontram quase todas as pequenas resenhas que escrevi naquela época. Elas não estão assinadas, mas como o senhor conhece meu estilo e meu modo de pensar, saberá distingui-las das outras. Gostaria que examinasse mais de perto esses trabalhos de minha juventude e me dissesse sua opinião a respeito deles. Gostaria de saber se valeria a pena incluí-los em uma edição futura de minhas obras. Para mim são coisas já demasiado distantes para que eu possa julgá-las. Mas vocês, que são mais jovens, devem saber se têm valor e em que medida ainda podem ter utilidade no estágio atual da literatura. Já mandei fazer cópias deles, que o senhor receberá para poder compará-las com o original. Posteriormente, no momento de uma edição mais cuidadosa, se poderá julgar se não seria bom deixar de fora ou retocar uma ou outra coisinha, sem prejudicar o caráter do todo.

Respondi-lhe que me ocuparia de muito bom grado daquelas resenhas, e que meu único desejo ao fazê-lo seria o de proceder de acordo com suas intenções.

---

4 Revista literária fundada em Frankfurt entre 1772 a 1790. Seus primeiros editores foram o amigo de Goethe Johann Heinrich Merck (1741-1791) e seu cunhado Johann Georg Schlosser (1739-1799) e, a partir de 1773, o escritor e teólogo Karl Friedrich Bahrdt (1741-1792). É considerada o principal veículo de divulgação do *Sturm und Drang* [Tempestade e Ímpeto, movimento literário romântico alemão]. Eckermann antecipa em alguns meses o fato narrado (talvez para dar a impressão de uma aproximação mais espontânea com Goethe). De fato, as resenhas lhe foram confiadas por Goethe alguns dias mais tarde, a 16 de junho.

— Depois de se familiarizar com o trabalho — respondeu-me —, verá que está perfeitamente à altura dele e o realizará com a maior naturalidade.

Disse-me então que pensava em viajar para Marienbad dali a oito dias, e gostaria muito que eu permanecesse em Weimar até sua partida para podermos conversar e nos conhecer melhor.

— Quero também — acrescentou — que não fique apenas alguns dias ou semanas em Iena, mas que se instale lá por todo o verão, até meu retorno de Marienbad no início do outono. Já escrevi para lá solicitando que lhe providenciem um alojamento e outras coisas necessárias a uma estada confortável e prazerosa. Lá o senhor encontrará as mais variadas fontes e recursos para novos estudos, além de um ambiente muito culto e sociável, sem contar que a região possui tamanha diversidade que lhe oferecerá a oportunidade para uns cinquenta passeios diferentes, todos eles muito agradáveis e a maioria propícia a uma meditação tranquila. Terá o ócio e a oportunidade para escrever novos trabalhos, ao mesmo tempo que se ocupa de meus assuntos.

Não me ocorreu nenhuma objeção a proposta tão boa, e aceitei com a maior alegria. Ao me despedir, Goethe foi especialmente amável e marcou novo encontro para depois de amanhã.

Segunda-feira, 16 de junho de 1823

Nos últimos dias, estive repetidas vezes com Goethe. Hoje, na maior parte do tempo, nos ocupamos de diversos afazeres. Dei-lhe minha opinião sobre as resenhas para o *Frankfurter Gelehrten Anzeigen*, às quais chamei de ecos de seus anos acadêmicos, referência que pareceu merecer sua aprovação, pois estabelecia o ponto de vista a partir do qual se deveriam considerar aqueles trabalhos juvenis.

Entregou-me então os primeiros onze fascículos de *Kunst und Altertum* para que os leve comigo a Iena como uma segunda tarefa, junto com as resenhas de Frankfurt.

— Gostaria que estudasse bem esses fascículos — disse-me ele — e não apenas preparasse um índice geral de seu conteúdo, como também apontasse os trabalhos que não possam ser considerados bem-acabados, assim poderei ter um quadro dos fios que devo retomar e continuar a tecer. Isso facilitará muito meu trabalho e também será de grande proveito para o senhor, pois através dessa ocupação prática terá uma visão mais acurada e assimilará melhor o conteúdo dos ensaios do que normalmente o poderia fazer através de uma leitura comum por interesse pessoal.

Achei tudo isso muito bom e correto e disse-lhe que assumiria de bom grado mais aquela tarefa.

Quinta-feira, 19 de junho de 1823

Hoje pretendia já estar em Iena, mas ontem Goethe me disse, em um tom entre imperioso e persuasivo, que eu poderia ficar até domingo e então partir com o postilhão. Ontem entregou-me as cartas de recomendação e também uma endereçada à família Frommann.[5]

— O senhor se sentirá bem nesse círculo — disse ele —, passei lá alguns belos serões. Também Jean Paul, Tieck, os irmãos Schlegel[6] e todos quantos têm um nome na Alemanha lá estiveram e mantiveram boas relações com aquela família; ainda hoje é um ponto de encontro de muitos eruditos, artistas e outras pessoas distintas. Escreva-me dentro de algumas semanas para Marienbad, dando-me notícias de como está e se Iena lhe agrada. Eu disse também a meu filho que o visite lá durante minha ausência.

Senti-me tão grato a Goethe por tantas atenções, e fez-me muito bem constatar que ele me conta entre as pessoas de seu círculo e deseja que assim me considerem.

No sábado, 21 de junho, despedi-me de Goethe e no dia seguinte parti para Iena, onde me instalei em uma edícula na casa de pessoas muito boas

---

5 Carl Friedrich Ernst Frommann (1765-1837), editor e livreiro de Iena. Casado com Johanna Wesselhöfft (1765-1830), com quem teve um filho, Friedrich Johannes (1797-1886). Já quase sexagenário, Goethe sentiu-se fortemente atraído pela filha do primeiro casamento de Johanna, Wilhelmine (Minna) Herzlieb (1789-1865), a quem dedicou vários poemas.

6 Jean Paul (Johann Paul Friedrich Richter, 1763-1825), escritor alemão; Ludwig Tieck (1773-1853) foi um dos mais importantes escritores do período romântico; os irmãos August Wilhelm (1767-1845) e Friedrich (1772-1800), fundadores da revista *Athenäum*, estão entre os mais influentes críticos do Romantismo.

e honradas. Graças à recomendação de Goethe, as famílias Von Knebel e Frommann me dispensaram uma acolhida muito amigável e um convívio muito instrutivo. Fiz grandes progressos com os trabalhos que trouxe comigo e, além disso, logo tive a alegria de receber uma carta do sr. Von Cotta na qual ele não apenas se declarava disposto a publicar meu manuscrito, como também me assegurava um honorário bastante estimável, acrescentando ainda que me permitiria supervisionar a impressão em Iena.

Assim, minha existência estava garantida por pelo menos um ano, e eu sentia o impulso mais vívido de aproveitar esse tempo para produzir algo novo e assim lançar as bases de meu futuro sucesso como escritor. Com minhas *Contribuições à poesia*, esperava ter deixado para trás a teoria e a crítica; com essa obra, buscara esclarecer-me a respeito das regras principais, e agora toda a minha natureza íntima me impelia para a atividade prática. Tinha planos para inúmeras poesias de maior ou menor extensão, e também para peças dramáticas de gêneros variados, e sentia que tudo dependia apenas de encontrar o caminho a seguir para trazê-las a lume uma após a outra com tranquilidade e alguma satisfação.

Com o passar do tempo, Iena passou a me desgostar, pois era demasiado tranquila e monótona. Desejava viver em uma grande cidade na qual não apenas houvesse um bom teatro, como também uma vida social intensa e livre, que me permitisse assimilar os mais importantes aspectos da vida e, assim, desenvolver rapidamente minha cultura interior. Em uma cidade assim, eu esperava também poder viver em completo anonimato e poder me isolar a qualquer momento para produzir minhas obras sem ser perturbado.

Entrementes, eu concluíra o sumário dos quatro primeiros volumes de *Kunst und Altertum* que Goethe me pedira e o enviara para Marienbad junto com uma carta endereçada a ele na qual lhe expunha francamente meus desejos e planos. Não demorou muito a que recebesse as seguintes linhas:

O sumário chegou em boa hora e corresponde por completo aos meus desejos e objetivos. Se, ao retornar, eu encontrar as Resenhas de Frankfurt redigidas de maneira igualmente satisfatória, o senhor fará jus à minha maior gratidão, à qual já pago tributo em silêncio, refletindo com simpatia sobre suas ideias, condições, desejos, objetivos e planos a fim de poder tratar mais detalhadamente com o senhor a respeito de seu bem-estar. Por agora não direi mais nada. A partida de Marienbad me dá muito que pensar e que fazer, é muito penoso permanecer por um tempo tão reduzido em companhia de pessoas excelentes.

Espero encontrá-lo naquela serena atividade da qual, no fim das contas, proporciona do modo mais puro e seguro a experiência e o conhecimento do mundo. Até breve; alegro-me com a perspectiva de uma convivência mais longa e íntima.

Marienbad, 14 de agosto de 1823.

Goethe

Essas linhas de Goethe, que eu recebera com a maior felicidade, tranquilizaram-me por um momento. Decidi não dar nenhum passo de modo espontâneo e confiar-me inteiramente ao seu conselho e à sua vontade. Entrementes, escrevi alguns pequenos poemas, terminei de redigir as resenhas de Frankfurt e expressei minha opinião sobre elas em uma breve dissertação que enderecei a Goethe. Esperava ansioso seu retorno de Marienbad, pois também a impressão de minhas *Contribuições à poesia* estava no fim e eu pretendia de todo modo fazer uma breve excursão ao Reno ainda naquele outono a fim de descansar.

Iena, segunda-feira, 15 de setembro de 1823

Goethe chegou bem de Marienbad, mas, como a edícula que possui aqui não lhe oferece o necessário conforto, pretende ficar apenas por alguns dias. Está forte e saudável, a ponto de poder caminhar horas a fio, e é uma verdadeira alegria observá-lo.

Depois de trocarmos uma alegre saudação, Goethe imediatamente começou a tratar dos assuntos que me diziam respeito.

— Falarei sem rodeios — disse ele. — Quero que neste inverno o senhor fique comigo em Weimar. — Foram suas primeiras palavras. Depois, falando mais com mais detalhes, prosseguiu: — Quanto à crítica e à poesia, o senhor não poderia estar melhor preparado, tem uma predisposição natural para elas; é seu *métier*, o senhor deve perseverar nele e isso em breve lhe garantirá uma existência segura. Contudo, há ainda algumas outras coisas que não fazem propriamente parte desse ofício, mas que o senhor também precisa saber. Não deve, todavia, perder um tempo excessivo com elas, e as deixe rapidamente para trás. É o que poderá fazer neste inverno entre nós em Weimar, e quando chegar a Páscoa se surpreenderá com os progressos que terá feito. Terá o melhor de tudo, pois disponho dos melhores recursos. Com isso estará apto para a vida, irá se sentir à vontade e seguro para frequentar qualquer ambiente.

Fiquei feliz com a proposta e respondi que me conformaria inteiramente a suas opiniões e desejos.

— Encontrarei um alojamento para o senhor próximo de minha casa — prosseguiu ele. — Durante todo o inverno, o senhor não deverá ter um único momento desprovido de significado. Muitas coisas boas estão reunidas em Weimar, e pouco a pouco o senhor encontrará nas altas esferas uma sociedade em tudo igual à melhor de todas as grandes cidades. Mantenho também relações pessoais com alguns homens excelentes que o senhor pouco a pouco ficará conhecendo e cujo convívio lhe será muito instrutivo e proveitoso.

Goethe mencionou vários nomes famosos e descreveu em poucas palavras os méritos particulares de cada um deles.

— Onde mais o senhor encontrará tantas vantagens reunidas em uma cidade tão pequena? — prosseguiu. — Possuímos também uma biblioteca muito seleta e um teatro que, no que de fato importa, não é inferior ao de nenhuma outra cidade alemã. Eu repito: fique conosco não apenas neste inverno; fixe residência em Weimar. Lá há portões e estradas que levam para os quatro cantos do mundo. No verão o senhor viajará, e pouco a pouco verá tudo que desejar. Vivo em Weimar há cinquenta anos, e quantos lugares diferentes já não visitei! Mas sempre voltei de bom grado a Weimar.

Sentia-me feliz por estar novamente em presença de Goethe e por novamente ouvi-lo falar, sentia por ele uma profunda devoção. "Se tiver e puder ter somente *a ti*", pensei, "tudo o mais estará bem para mim." Assim, disse-lhe mais uma vez estar pronto a fazer tudo que ele considerasse o melhor, tendo em conta minha situação particular.

Iena, quinta-feira, 18 de setembro de 1823

Ontem pela manhã, antes de Goethe partir para Weimar, tive a felicidade de estar com ele por mais uma horinha. Ele teve comigo uma conversa da maior importância, inestimável para mim e que terá uma influência benéfica sobre toda a minha vida. Todos os jovens poetas da Alemanha deveriam conhecê-la, seria de grande proveito para eles.

Goethe começou perguntando-me se havia escrito algum poema neste verão. Respondi que, embora tivesse escrito alguns, não sentira nenhuma satisfação em fazê-lo.

— Tome cuidado — disse ele — com trabalhos de vulto. É esse precisamente o mal que acomete nossos melhores poetas, justamente aqueles dotados do maior talento e movidos pelos melhores propósitos. Eu mesmo não fui imune a ele, e sei o quanto me prejudicou. Quanta coisa não foi por água abaixo! Se tivesse feito tudo de realmente bom que poderia ter feito, não caberia nem em cem volumes.

— O presente exige seus direitos; todas as ideias e sentimentos que diariamente se impõem a um poeta querem e devem ser expressos. Mas, se temos em mente uma obra maior, nada mais pode se desenvolver ao lado dela, todas as ideias serão repelidas e durante todo o tempo os prazeres da vida nos estarão vedados. Quanto esforço e dispêndio de energia intelectual não são necessários para ordenarmos e darmos acabamento a um vasto conjunto, quanta força, que vida tranquila, sem perturbações, não precisamos ter para exprimi-lo com a devida fluência. E se errarmos a mão no conjunto, todo esforço estará perdido; se, por outro lado, ao tratar um objeto tão vasto, não conseguirmos dominar por completo a matéria em cada uma de suas partes, o conjunto terá falhas pontuais e seremos censurados por isso; e assim, por todo o seu trabalho e sacrifício, o poeta colherá, em vez de recompensas e alegrias, apenas desgostos e a paralisia de suas forças. Se, ao contrário, ele se ocupar todo dia com o tempo presente e tratar com uma

Conversações com Goethe nos últimos anos de sua vida

disposição viva aquilo que se oferece a ele, fará seguramente algo de bom, e se uma ou outra vez não for bem-sucedido, não se perde nada com isso.

— Veja, por exemplo, August Hagen, de Königsberg, um talento maravilhoso; já leu seu *Olfried e Lisena*?[7] Alguns trechos dessa obra não poderiam ser melhores do que são; as situações no Báltico e as cenas que se passam naquela localidade, tudo magistral. Mas são apenas belos trechos, o todo não agrada a ninguém. E quanto esforço e energia ele não despendeu naquilo! Ficou quase esgotado. Agora escreveu uma tragédia! — Goethe sorriu e se calou por um momento. Eu tomei a palavra e disse que, se não estava enganado, em *Kunst und Altertum* ele aconselhara Hagen a tratar apenas de objetos *pequenos*.

— Eu o aconselhei, realmente — respondeu-me. — Mas alguém faz aquilo que nós velhos dizemos? Cada um acredita saber mais que todos os outros, e com isso alguns se perdem e outros persistem no erro por um longo tempo. Mas agora não é mais tempo de errar, para isso existimos nós, os velhos, e de que nos serviriam todas as tentativas e erros, se vocês jovens seguirem o mesmo caminho? Nunca avançaríamos! Devem-se relevar nossos erros, pois nós velhos não encontramos o caminho aberto, mas daqueles que chegam mais tarde ao mundo se exige mais, eles não devem continuar a errar e a tentar, devem aproveitar o conselho dos velhos e continuar pelo bom caminho. Não basta que se deem passos que um dia talvez levem ao objetivo, cada passo deve ser ele mesmo um objetivo e valer por si.

— Guarde consigo essas palavras e veja o quanto pode assimilar delas. Eu, na verdade, não temo pelo senhor, mas com meus conselhos talvez possa ajudá-lo a superar mais rápido uma etapa que não condiz com sua atual situação. Como eu lhe disse, dedique-se por ora apenas a objetos de pequenas dimensões, dê vazão rapidamente àquilo que se lhe oferece no cotidiano, desse modo sempre produzirá algo de bom e todos os dias lhe trarão alguma alegria. Publique-os primeiro em almanaques e revistas,

---

7 Ernst August Hagen (1797-1880), escritor alemão, professor de Literatura Alemã e História da Arte. Goethe se referiu mais de uma vez elogiosamente ao seu poema épico *Olfried und Lisena. Ein romantisches Gedicht in zehn Gesängen* [Olfried e Lisena. Um poema romântico em dez cantos], publicado em 1820, mas aconselhou o autor a se dedicar no futuro a "narrativas simples e breves".

mas não se submeta a demandas de estranhos, siga sempre suas próprias inclinações.

— O mundo é tão grande e rico, e a vida tão variada, que nunca lhe faltarão motivos para um poema. Mas devem ser sempre poemas de circunstância, ou seja, a realidade deve fornecer-lhe a motivação e a matéria. Um caso particular se torna universal e poético justamente por ser tratado pelo *poeta*. Todos os meus poemas são poemas de circunstância, foram inspirados pela realidade e nela têm seu solo e seu fundamento. Não dou valor a poemas apanhados no ar.

— Não se diga que falta interesse poético à realidade; pois um poeta se confirma como tal justamente quando tem engenho o bastante para descobrir um lado interessante em um objeto comum. A realidade deve fornecer os motivos, os pontos a ser expressos, o verdadeiro núcleo; mas a partir deles é tarefa do poeta dar forma a um belo e vívido conjunto. O senhor conhece Fürnstein,[8] a quem chamam poeta da natureza. Ele fez um poema sobre o cultivo do lúpulo, e não se poderia fazer melhor. Agora eu lhe confiei a tarefa de escrever canções sobre os diversos ofícios, em especial uma canção dos tecelões, e estou certo de que se sairá bem; pois conviveu com essa gente desde a juventude, conhece o assunto como a palma de sua mão, saberá se fazer senhor da matéria. E a vantagem de trabalhos breves é justamente esta, a de que só precisamos escolher, e somente escolheremos, assuntos que conhecemos e dominamos. Mas em uma obra poética de vulto isso não é possível, não há saída, tudo o que pertence ao encadeamento do todo e está implicado no plano tem de ser representado, e com a maior veracidade. Mas na juventude o conhecimento das coisas ainda é unilateral, enquanto uma grande obra exige plurilateralidade, e é aí que muitos fracassam.

Eu disse a Goethe ter o desejo de compor um grande poema sobre as estações do ano, no qual se entrelaçassem todas as ocupações e divertimentos de todas as classes sociais.

— É esse justamente o caso — respondeu-me ele. — O senhor pode ser bem-sucedido em muita coisa, mas em outras que ainda não pesquisou e

---

8 Anton Fürnstein (1783-1841), "poeta da natureza" de origem boêmia.

não conhece o bastante poderá malograr. Talvez seja bem-sucedido com o pescador e fracasse com o caçador. Mas se alguma coisa não for bem realizada, o todo em si será falho, por melhor que possam ser algumas de suas partes, e o senhor não terá produzido uma obra perfeita. Se, contudo, representar autonomamente as partes para as quais está preparado, terá feito algo de bom.

— Quero adverti-lo sobretudo contra grandes invenções *próprias*, pois nesse caso pretende-se dar uma opinião sobre as coisas, e na juventude raramente as opiniões são amadurecidas. Além disso: caracteres e opiniões se desprendem do poeta como faces dele próprio e o privam de plenitude para outras produções. E, por fim: quanto tempo não se despende com a invenção, a ordenação e o encadeamento interno, sem que por isso alguém nos dê seu reconhecimento, mesmo pressupondo que levemos nosso trabalho a bom termo.

— No caso de um tema *dado*, tudo é diferente e mais fácil. Os fatos e os caracteres são fornecidos de antemão e ao poeta cabe apenas dar vida ao todo. Além disso, ele também preserva sua plenitude, pois pouco precisa acrescentar de seu; e o dispêndio de tempo e energias é muito menor, pois seu único esforço é o da execução. Eu o aconselho mesmo que se dedique a temas já trabalhados. Quantas *Ifigênia* já não foram feitas, e todas diferem umas das outras; pois cada um vê e apresenta as coisas de um modo diverso, ou seja, à sua própria maneira.

— Mas por ora deixe de lado qualquer trabalho de vulto. O senhor se esforçou durante muito tempo, é hora de conquistar a alegria de viver, e o melhor meio para isso é se ocupar com objetos menores.

Durante essa conversação, estivemos a andar de um lado para outro de seu gabinete; eu nada podia fazer senão concordar com tudo, pois sentia em todo o meu ser a verdade contida em cada uma de suas palavras. A cada passo me sentia mais leve e mais feliz, pois devo confessar que diversos planos grandiosos sobre os quais eu ainda não tinha suficiente clareza representavam um peso nada desprezível para mim. Agora os pus de lado para repousarem até que os possa retomar e delinear com serenidade o objeto e cada uma das partes depois da outra, à medida que, pelo estudo do mundo, eu me tornar senhor de cada parte da matéria.

As palavras de Goethe fizeram-me sentir alguns anos mais sábio e adiantado, e reconhecer no fundo de minha alma o que significa haver encontrado um verdadeiro mestre. É uma vantagem inestimável.

Quanto não poderei ainda aprender neste inverno ao lado dele, e quanto não poderei ganhar com sua convivência, mesmo nos momentos em que ele não disser nada de importante! Sua pessoa, sua simples proximidade parece-me ser formadora, mesmo quando ele não diz nenhuma palavra.

Weimar, quinta-feira, 2 de outubro de 1823

Com um tempo muito agradável, fiz ontem a viagem de Iena até aqui. Logo após minha chegada, dando-me as boas-vindas a Weimar, Goethe enviou-me uma assinatura para o teatro. Aproveitei o dia de ontem para cuidar de minhas acomodações, uma vez que na casa de Goethe havia uma grande agitação por conta da chegada do embaixador francês, o conde Reinhard,[9] de Frankfurt, e do conselheiro de Estado prussiano Schultz,[10] de Berlim, que vieram fazer-lhe uma visita.

Hoje de manhã estive, então, com Goethe. Ele se alegrou com minha chegada e foi muito bondoso e amável. Quando fiz menção de retirar-me, disse-me que antes queria apresentar-me ao conselheiro Schultz. Levou-me à sala contígua, onde encontrei o conselheiro ocupado a examinar algumas obras de arte, e onde Goethe nos apresentou e nos deixou a sós para que continuássemos a conversa.

— É muito alvissareiro — disse-me Schultz — que o senhor permaneça em Weimar e auxilie Goethe na edição de seus escritos ainda inéditos. Ele já me falou das vantagens que lhe promete sua colaboração, e que agora espera também concluir algumas coisas novas.

---

9 Karl Friedrich Reinhard (1761-1837), diplomata a serviço da França, mantinha correspondência regular com Goethe desde 1807.

10 Christoph Ludwig Friedrich Schultz (1781-1834), conselheiro de Estado em Berlim, adepto da *Teoria das cores* de Goethe, com quem mantinha relações de amizade desde 1814.

Respondi-lhe que não tenho outro objetivo na vida senão o de ser útil à literatura alemã, e que a esperança de atuar em benefício dela *aqui* me levava a pôr de lado temporariamente meus próprios projetos literários.

— Além disso — acrescentei —, uma colaboração prática com Goethe deverá ter uma influência das mais benéficas sobre minha formação, e eu espero alcançar, em alguns anos, a maturidade necessária para levar a cabo de maneira muito melhor aquilo que agora só em um grau muito mais modesto eu teria condições de realizar.

— A influência pessoal de um homem e de um mestre tão extraordinário como Goethe — disse Schultz — é certamente inestimável. Eu também vim aqui para me revigorar ao contato desse grande espírito.

Ele então me perguntou sobre a publicação de meu livro, a respeito do qual Goethe já lhe escrevera no verão passado. Eu respondi que em alguns dias esperava receber os primeiros exemplares de Iena e que não deixaria de reservar-lhe um e o enviaria para Berlim, caso ele não estivesse mais por aqui.

Despedimo-nos com um cordial aperto de mão.

Terça-feira, 14 de outubro de 1823

Esta tarde estive pela primeira vez em uma grande recepção na casa de Goethe para um chá. Fui o primeiro a chegar e alegrei-me à vista das salas brilhantemente iluminadas cujas portas abertas permitiam passar de uma à outra. Em uma das últimas encontrei Goethe, que veio ao meu encontro muito alegre. Vestia um traje negro e usava a estrela, que lhe cai tão bem. Estivemos ainda por um tempo a sós e em seguida nos dirigimos ao chamado *Deckenzimmer*,[11] onde o quadro das bodas aldobrandinas,[12] pendurado

---

11 Literalmente: "quarto do teto", assim chamado por causa do teto de estuque ornamentado no estilo do Barroco tardio.

12 Reprodução em aquarela feita por Johann Heinrich Meyer na Itália, em 1796, de um afresco do período augustano representando a preparação de um ritual de casamento. Deve seu nome ao cardeal Pietro Aldobrandini, seu primeiro proprietário depois de sua descoberta em 1606. Desde 1818 está no Museu do Vaticano.

59

acima do canapé vermelho, atraiu-me especialmente a atenção. Com as cortinas verdes afastadas, o quadro se oferecia aos meus olhos em plena luminosidade, e alegrei-me de poder contemplá-lo com tranquilidade.

– De fato – disse Goethe –, os antigos não tinham apenas grandes propósitos, eles também os traziam à luz. Nós, os modernos, ao contrário, embora também possamos ter grandes propósitos, raramente somos capazes de realizá-los com a mesma força e vivacidade com as quais os imaginamos.

A seguir chegaram Riemer, Meyer e também o chanceler Von Müller,[13] além de várias outras damas e cavalheiros distintos da corte. Apareceram ainda o filho de Goethe e a sra. Von Goethe, a quem fui apresentado pela primeira vez. Aos poucos as salas iam se enchendo e em todas elas reinava uma atmosfera muito viva e alegre. Estavam presentes também alguns belos jovens estrangeiros, com os quais Goethe conversava em francês.

A sociedade me agradava, tudo era tão livre e espontâneo, todos ficavam em pé, sentavam-se, gracejavam, falavam com uns e outros, sempre segundo sua livre inclinação. Conversei animadamente com o jovem Goethe sobre *O quadro* de Houwald,[14] encenado dias atrás. Tínhamos opiniões semelhantes a respeito da peça, e foi um prazer ouvir o jovem Goethe comentar as situações nela representadas com tanto espírito e ardor.

Goethe, por sua vez, foi extremamente amável com seus convidados. Dirigia-se ora a este, ora àquele, e parecia sempre preferir ouvir e deixar seus comensais falarem a falar muito ele próprio. A sra. Von Goethe a toda hora se aproximava, dava-lhe o braço, achegava-se a ele e o beijava. Pouco

---

13 Friedrich Wilhelm Riemer (1774-1845), preceptor de August von Goethe de 1803 a 1808, desde 1812 professor do liceu e a partir de 1814 bibliotecário em Weimar, consultor de Goethe e editor, juntamente com Eckermann, de seu espólio; Johann Heinrich Meyer (1759-1832), pintor e historiador da arte suíço, desde 1807 diretor da escola de desenho em Weimar, consultor de Goethe para assuntos referentes às artes plásticas; chanceler Friedrich von Müller (1779-1849), jurista e, desde 1815, responsável pela administração da justiça em Weimar. Executor testamentário de Goethe. Em 1870, foram publicadas suas *Conversações de Goethe com o chanceler Von Müller (1812-1832)*.

14 Christoph Ernst von Houwald (1778-1845), escritor e dramaturgo alemão. Sua tragédia *Das Bild* [O quadro] foi escrita em 1821.

antes, eu dissera a ele que o teatro me dava o maior prazer e me divertia tanto que eu me entregava à pura impressão que a peça me causava sem refletir muito a seu respeito. Ele me aprovou e disse ser o que me convinha em minha atual condição.

Aproximou-se de mim com a sra. Von Goethe.

— Esta é minha nora — disse —, já se conhecem? — Respondemos que acabávamos de ser apresentados. — Eis aí um entusiasta do teatro como você, Ottilie — disse ele então, e ambos nos alegramos com nossa preferência comum. — Minha filha não perde uma noite — acrescentou.

— Só vale a pena quando se representam peças boas e divertidas — redargui —; quando a peça é ruim, é necessária alguma paciência.

— Mas é muito bom — disse Goethe — que não se possa sair do teatro e se tenha de ver e ouvir também uma peça ruim. Tomamos um genuíno ódio pelo que é ruim e com isso aprendemos a discernir melhor o que é bom. Com a leitura não é assim: se não gostamos de um livro, logo o deixamos de lado, mas no teatro temos de aguentar.

Eu lhe dei razão e pensei comigo que em qualquer ocasião o velho sempre tem algo de bom a dizer.

Separamo-nos e nos misturamos aos outros que conversavam alto e alegremente naquela e nas outras salas. Goethe foi ter com as senhoras; eu me juntei a Riemer e Meyer, que nos contaram muitas coisas da Itália.

Mais tarde, o conselheiro de Estado Schmidt[15] sentou-se ao piano e tocou peças de Beethoven, que todos os presentes pareciam ouvir com profunda atenção. Uma dama muito espirituosa contou em seguida vários fatos interessantes a respeito da personalidade de Beethoven.[16] Assim, pouco a pouco, chegamos às 22 horas de uma noite que para mim foi das mais agradáveis.

---

15 Christian Friedrich Schmidt (1780-1850), jurista e pianista.

16 Eckermann evita mencionar o nome dos convidados mais ilustres. A "dama espirituosa" era Maria Kunigunde von Savigny (1780-1863), que estava acompanhada pelo marido, Friedrich Carl von Savigny (1779-1861), jurista e homem de Estado, e pela filha Bettina (1805-1835). Os Savigny haviam conhecido Beethoven em Viena em 1810.

Johann Peter Eckermann

Domingo, 19 de outubro de 1823

Hoje almocei pela primeira vez em casa de Goethe. Além dele estavam presentes apenas a sra. Von Goethe, a srta. Ulrike[17] e o pequeno Walter, e assim estivemos muito à vontade entre nós. Goethe se mostrou um perfeito pai de família; fazia os pratos, trinchava com muito jeito as aves assadas e ainda servia o vinho. Nós outros palrávamos alegremente sobre o teatro, os jovens ingleses e outros acontecimentos do dia; a srta. Ulrike estava muito alegre e divertida. Goethe se manteve na maior parte do tempo calado, apenas de vez em quando interpunha alguma observação interessante e, correndo os olhos pelos jornais, nos comunicava alguma notícia, especialmente as que diziam respeito ao avanço dos gregos.[18]

Veio à baila então a necessidade de que eu aprenda inglês, o que Goethe me aconselhou vivamente a fazer, sobretudo por causa de Lord Byron, uma personalidade tão eminente como ainda não houve e dificilmente haverá igual. Foram lembrados um a um os professores locais, mas não se encontrou nenhum que tivesse uma pronúncia boa o bastante, e por isso se julgou melhor recorrer a algum jovem inglês.

Terminado o almoço, Goethe mostrou-me alguns experimentos relativos à teoria das cores. O assunto, porém, me era completamente estranho, e eu entendi tão pouco o fenômeno em si quanto o que Goethe me disse a respeito dele; mas espero no futuro ter tempo livre e ocasião de me familiarizar um pouco com essa ciência.

Terça-feira, 21 de outubro de 1823

Esta tarde estive com Goethe. Falamos sobre a *Pandora*.[19] Perguntei-lhe se esse poema pode ser considerado uma obra concluída ou se havia ainda outras partes dela. Respondeu-me que não havia mais nada, pois essa pri-

---

17 Ulrike von Pogwisch (1798-1875), irmã mais nova de Ottilie, vivia na casa de Goethe desde 1818.

18 Refere-se ao desenrolar da guerra de libertação dos gregos contra os turcos (1821-1830), na qual morreu Lord Byron.

19 *Pandora's Wiederkunft. Ein Festspiel von Goethe* [O retorno de Pandora. Uma peça festiva de Goethe], publicada pela primeira vez na revista *Prometheus* de Viena em 1808.

meira parte ficara tão extensa que ele não pudera continuá-la. Além disso, o que já está feito pode perfeitamente ser considerado como um todo, de modo que ele se dá por satisfeito com ela.

Eu lhe disse que só pouco a pouco pudera penetrar o sentido desse poema tão difícil, só depois de havê-lo lido e relido a ponto de quase sabê-lo de cor. Goethe sorriu.

— Acredito — disse —, todas as suas partes estão como que *encravadas* umas nas outras.

Disse-lhe não ter ficado muito satisfeito com as observações de Schubarth,[20] para quem nesse poema está reunido tudo quanto fora expresso parcialmente em *Werther*, em *Wilhelm Meister*, no *Fausto* e nas *Afinidades eletivas*, tornando com isso o assunto muito difícil e incompreensível.

— Schubarth — disse Goethe — às vezes vai fundo demais; mas é muito capaz, e tudo que faz é sempre muito incisivo.

Falamos de Uhland.[21]

— Onde vejo grandes efeitos — disse Goethe —, pressuponho também grandes causas, e pela vasta popularidade de que goza Uhland, deve haver nele algo de excelente. Aliás, quase não tenho nenhuma opinião sobre suas poesias. Abri o livro com a melhor das intenções, mas deparei-me logo de cara com poemas tão fracos e deploráveis que perdi o gosto de continuar a ler. Passei então a suas baladas, nas quais de fato encontrei um grande talento, e pude comprovar que sua fama não deixa de ter seus motivos.

Perguntei então a Goethe o que pensava a respeito dos versos da tragédia alemã.

— Dificilmente se chegará a um acordo a esse respeito na Alemanha — respondeu-me. — Cada um faz como quer e como em certa medida convém ao assunto. O hexâmetro iâmbico, em todo caso, seria o mais digno, mas para nós alemães é demasiado longo, por falta de adjetivos quase sempre já

---

20 Karl Ernst Schubarth (1796-1861), filólogo alemão. Autor de *Zur Beurteilung Goethes, mit Beziehung auf Verwandter Literatur und Kunst* [Para um juízo de Goethe, com uma relação à literatura e a arte afins, 1812].

21 Ludwig Uhland (1787-1862), poeta, jurista, historiador da literatura e político, principal representante do Romantismo suábio.

Johann Peter Eckermann

dissemos tudo em um pentâmetro. Os ingleses, por causa de seus muitos monossílabos, conseguem ainda menos.

Depois, Goethe mostrou-me algumas gravuras em cobre e falou sobre a antiga arquitetura alemã, acrescentando que, pouco a pouco, me mostrará muitas outras coisas desse gênero.

— Podemos ver nas obras da arquitetura alemã antiga — disse ele — a plena floração de uma época extraordinária. Quem se vê de repente confrontado com uma tal floração não pode sentir senão espanto; mas quem lança um olhar para a vida interior secreta das plantas, para o despertar de suas forças, e acompanha o desenvolvimento gradual da floração, vê as coisas com outros olhos, sabe o que vê.

— Providenciarei para que no decorrer do inverno o senhor possa adquirir algum conhecimento desse importante assunto, a fim de que, quando viajar para o Reno no próximo verão, possa apreciar melhor as catedrais de Estrasburgo e de Colônia.

Alegrei-me com suas palavras, e senti-me grato.

Sábado, 25 de outubro de 1823

Ao cair da noite, estive meia horinha com Goethe. Encontrei-o sentado em uma poltrona de madeira diante de sua mesa de trabalho; estava em um estado de espírito maravilhosamente sereno, como alguém tomado de uma paz celestial ou que se recorda de uma doce felicidade um dia experimentada que uma vez mais lhe paira diante da alma em total plenitude. Disse a Stadelmann[22] que colocasse uma cadeira para mim ao lado da sua.

Falamos de teatro, meu principal interesse neste inverno. *A noite da terra*, de Raupach,[23] foi a última peça a que assisti. Disse-lhe minha opinião a respeito: que a peça não se realizara conforme fora concebida pela mente do poeta; que nela a ideia se sobrepõe à vida; que é antes lírica que dramática;

---

22 Karl Wilhelm Stadelmann (1782-1844), criado na casa de Goethe nos anos de 1814-1815 e 1817-1824.

23 Ernst Benjamin Salomo Raupach (1784-1852), dramaturgo alemão. Sua peça *Erdennacht* [A noite da terra] foi escrita em 1820.

Conversações com Goethe nos últimos anos de sua vida

e que toda a trama urdida e desenvolvida ao longo de cinco atos ganharia se fosse reduzida a dois ou três. Goethe acrescentou que a ideia de toda a peça gira em torno do par aristocracia-democracia, desprovido de um interesse humano-universal.

Em contrapartida, elogiei as peças de Kotzebue[24] a que assistira, ou seja, *A parentela* e *Reconciliação*. Elogiei o frescor de seu olhar sobre a vida real, a destreza com que a toma por seus aspectos interessantes e a veracidade por vezes vigorosa de sua representação. Goethe concordou.

– Algo que dura vinte anos – disse ele – e goza da simpatia do povo deve ter algum valor. Sempre que permaneceu em sua esfera e não foi além de sua capacidade, Kotzebue produziu algo de bom. Com ele se passava o mesmo que com Chodowiecki;[25] era bem-sucedido nas cenas da vida burguesa, mas quando pretendia retratar heróis romanos ou gregos fracassava.

Goethe mencionou ainda outras boas peças de Kotzebue, especialmente *Os dois Klingsberg*.

– Não se pode negar – acrescentou – que observou de perto a vida e manteve os olhos bem abertos. Não podemos deixar de reconhecer aos nossos poetas trágicos de hoje o espírito e alguma poesia – prosseguiu Goethe –; mas à maioria deles falta a capacidade da representação leve e vívida; eles buscam alcançar o que está além de suas forças, e nesse sentido eu os chamaria de talentos *forçados*.

– Eu duvido – observei – que esses poetas sejam capazes de escrever uma peça em prosa, e essa seria, em minha opinião, a verdadeira pedra de toque de seu talento.

Goethe concordou comigo e acrescentou que os versos intensificavam ou até mesmo suscitavam o sentido poético.

Falamos então um pouco a respeito de trabalhos em projeto. Referimo-nos à sua viagem à Suíça através de Frankfurt e Stuttgart, que descreveu

---

24 August Friedrich Ferdinand von Kotzebue (1761-1819), escritor e dramaturgo alemão. Suas peças *Die Verwandschaften* [A parentela] e *Die Versöhnung* [Reconciliação] foram escritas em 1798. *Die beiden Klingsberg* [Os dois Klingsberg], citada mais adiante, é de 1801.

25 Daniel Nikolaus Chodowiecki (1726-1801), pintor, desenhista, gravador, o mais conhecido ilustrador de livros de sua época. Goethe o conhecera em Berlim em 1778.

em três cadernos e quer enviar-me a fim de que eu leia todas as partes e lhe sugira um modo de reuni-las em um todo.[26]

— O senhor verá — disse-me — que tudo foi lançado ao papel segundo as sugestões do momento; sem projeto nem acabamento artístico, tudo foi feito *como quando se despeja a água de um balde.*

Deleitei-me com essa comparação, que me pareceu perfeitamente adequada para descrever algo feito sem nenhum planejamento.

Segunda-feira, 27 de outubro de 1823

Hoje de manhã recebi convite para um chá e um concerto à noite na casa de Goethe. O criado mostrou-me a lista das pessoas a ser convidadas, e pude constatar que será uma sociedade muito numerosa e brilhante. Ele me disse que uma jovem polonesa recém-chegada tocará algumas peças ao piano. Aceitei com alegria o convite.

Em seguida trouxeram-me o programa do teatro. Dele consta *A máquina de xadrez.*[27] A peça me era desconhecida, mas minha senhoria se derramou em elogios a ela e fiquei com muita vontade de vê-la. Como, além disso, não me senti bem durante todo o dia, fui pouco a pouco me convencendo de que estaria mais à vontade assistindo a uma divertida comédia que em companhia de uma sociedade tão seleta.

Ao entardecer, uma hora antes da representação, fui ver Goethe. Na casa já havia uma grande animação; ao passar pelo salão ouvi que afinavam o piano, preparando-o para o entretenimento musical.

Encontrei Goethe sozinho em seu gabinete, já em traje de gala; tive a impressão de que chegava em boa hora.

— Fique desde já — disse-me ele —, vamos conversar até que os outros também cheguem.

---

26 A *Reise in die Schweiz im Jahre 1797* [Viagem à Suíça no ano de 1797), descrevendo a segunda viagem feita por Goethe àquele país, em companhia do grão-duque Karl August, foi editada por Eckermann e publicada postumamente no final de 1832.

27 *Die Schachmaschine* [A máquina de xadrez], adaptação de uma comédia inglesa por Heinrich Beck (1760-1803), dramaturgo e ator.

Pensei comigo: "Agora não tens escapatória, terás de ficar; em companhia de Goethe estás à vontade, mas assim que chegarem as damas e os cavalheiros estranhos, te sentirás fora de teu elemento".

Fiquei a passear ao lado de Goethe de um lado para o outro do gabinete. Logo o teatro se tornou o centro de nossa conversação e mais uma vez tive ocasião de repetir que para mim se trata de uma fonte sempre renovada de prazer, sobretudo porque no passado eu jamais tivera a oportunidade de assistir a uma peça, de modo que agora todas elas têm para mim o efeito de uma novidade.

— Na verdade — acrescentei —, a atração que exerce sobre mim é tão grande que hoje me sinto inquieto e dividido, apesar da perspectiva de uma reunião tão interessante em sua casa esta noite.

— Sabe de uma coisa? — disse-me ele, parando e me contemplando amistosamente de olhos muito abertos. — Vá. Não faça cerimônia. Talvez a alegre comédia desta noite lhe seja mais agradável, mais própria ao seu estado de ânimo. Aqui em casa ouviria música, mas para isso não lhe faltarão oportunidades.

— Sim — respondi —, irei. Rir talvez seja o melhor para mim hoje.

— Então — disse Goethe — fique comigo até as 18 horas, assim ainda podemos conversar um pouquinho.

Stadelmann trouxe duas velas, que colocou sobre a mesa de trabalho de Goethe, e este me pediu que sentasse diante das velas, pois queria dar-me algo para ler. E o que colocou diante de meus olhos? Sua mais nova e mais cara poesia, a *Elegia de Marienbad*.[28]

---

28 Escrita no início de setembro de 1823. A jovem senhora de quem se fala a seguir é Ulrike von Lewetzow (1804-1899), que Goethe conheceu durante sua estada em Marienbad, no ano de 1821, e por quem se apaixonou. Foi sua última grande paixão (estava com 74 anos). Em 1823, o grão-duque pediu em seu nome a mão da jovem de 19 anos, que recusou. O poema expressa sua dor pela recusa. Com o título de "Elegia", foi publicado em 1827 como peça central da *Trilogie der Leidenschaft* [Trilogia da paixão], da qual fazem parte também *An Werther* [A Werther, escrita em março de 1824] e *Aussöhnung* [Reconciliação, escrita em agosto de 1823]. Há uma boa edição em português: Johann Wolfgang von Goethe. *Trilogia da paixão*. Tradução e ensaio de Leonardo Fróes. Rio de Janeiro: Rocco, 1999.

Devo recordar aqui algumas coisas a respeito do conteúdo desse poema. Logo após o retorno de sua última visita àquele balneário, espalhou-se aqui o boato de que ele teria conhecido lá uma jovem senhora encantadora tanto pelo corpo quanto pelo espírito, e se apaixonara por ela. Sempre que ouvia sua voz na alameda das fontes, ele punha o chapéu e saía em seu encalço. Não perdera uma única oportunidade de estar com ela, vivera dias muito felizes; fora-lhe muito penoso separar-se dela, e nessa apaixonada disposição de espírito escrevera um belíssimo poema que, no entanto, tratava como uma relíquia sagrada e guardava em segredo.

Eu dei crédito a tal boato porque correspondia totalmente não apenas à sua robustez física, como também à energia produtiva de seu espírito e à sadia vitalidade de seu coração. Tinha um grande desejo de conhecer a poesia, mas, é claro, sentira escrúpulos de pedir a Goethe que a mostrasse para mim. Devia, portanto, celebrar o favor do momento, que a punha diante de meus olhos.[29]

Ele escrevera os versos de próprio punho em letras latinas sobre um resistente papel velino preso por uma fita de seda a uma capa de marroquim vermelho, evidenciando já pelo exterior que preza esse seu manuscrito acima de todos os outros.

Li o poema com a maior alegria e em cada linha encontrei a confirmação daquele boato tão espalhado. Mas já os primeiros versos dão a entender que as relações não haviam se estabelecido naquela ocasião, e sim sido *renovadas*.[30] O poema gira do início ao fim ao redor de seu próprio eixo e parece sempre voltar ao ponto de partida. O fecho, estranhamente destacado do restante, tinha um efeito bastante incomum e profundamente comovente.

Quando terminei de ler, Goethe voltou para perto de mim.

— E então? — disse ele. — Aposto que lhe mostrei algo de bom. Em alguns dias o senhor deve vaticinar a respeito.

---

29 A expressão *Gunst des Augenblickes* [favor do momento] é retirada do verso 104 da *Elegia*.

30 Eckermann deduz, erroneamente, que o primeiro verso do poema, *Was soll ich nun vom Wiedersehen hoffen?* [Que devo agora esperar do reencontro?], se referia a um reencontro entre o poeta e sua amada em Marienbad depois de um ano de separação. Mas os primeiros versos foram escritos em Marienbad, antes de sua partida para Karlsbad, onde iria reencontrar a moça.

Conversações com Goethe nos últimos anos de sua vida

Fiquei muito feliz por Goethe me dispensar com essas palavras de uma apreciação imediata do poema, pois a impressão era muito nova e muito fugaz para que eu pudesse dizer algo adequado a seu respeito.

Goethe prometeu-me permitir que o lesse de novo em uma ocasião mais tranquila. Entrementes, chegara a hora de ir ao teatro e me despedi com um cordial aperto de mão.

A máquina de xadrez pode ser uma peça excelente e ter sido excelentemente representada, mas eu estava longe dali, meus pensamentos estavam com Goethe.

Depois do teatro passei em frente à sua casa, tudo estava banhado em luz, eu ouvi a música e me arrependi de não ter ficado.

No dia seguinte, disseram-me que a jovem dama polonesa, mme. Szymanowska,[31] em cuja honra fora oferecida a recepção, tocara magistralmente o piano, para encanto de toda a sociedade. Fiquei também sabendo que Goethe a conheceu neste verão em Marienbad e que ela viera fazer-lhe uma visita.

Ao meio-dia, Goethe mandou-me um pequeno manuscrito: *Estudos*, de Zauper,[32] no qual encontrei observações muito argutas. Enviei-lhe em retribuição algumas poesias que escrevi no último verão em Iena, a respeito das quais já lhe falara.

Quarta-feira, 29 de outubro de 1823

Esta tarde, quando se acendiam as luzes, fui à casa de Goethe. Encontrei-o de espírito muito vivo e desperto, seus olhos cintilavam ao reflexo da luz, toda a sua expressão era de alegria, vigor e juventude.

---

31 Maria Szymanowska (1795-1831), pianista polonesa. Goethe a conhecera no verão de 1823 em Marienbad e ficara fascinado com seu virtuosismo. Dedicou a ela o poema *Reconciliação*, terceira parte da *Trilogia da paixão*.

32 Josef Stanislaus Zauper (1784-1850), professor do liceu em Pilsen. Escreveu *Grundzüge einer deutschen teoretisch-praktischen Poetik, aus Goethes Werken entiwickelt* [Fundamentos de uma poética teórico-prática alemã desenvolvida a partir das obras de Goethe, 1821] e *Studien über Goethe. Als Nachtrag zur deutschen Poetik aus Goethe* [Estudos sobre Goethe. Suplemento à poética alemã a partir de Goethe, 1822].

Ele logo se pôs a falar das poesias que lhe enviei ontem, enquanto andávamos de lá para cá em seu gabinete.

— Agora eu entendo — começou ele — o que o senhor me disse em Iena a respeito de escrever um poema sobre as estações do ano. Agora o aconselho a fazê-lo; comece logo pelo inverno. O senhor parece ter um sentido e um olhar especiais para os objetos da natureza.

— Quero apenas lhe dizer duas palavras sobre as poesias. O senhor está agora em um ponto em que é necessário abrir caminho para o que há de verdadeiramente elevado e difícil na arte, para a compreensão da individualidade. Precisa empregar a força para se libertar da ideia; o senhor tem talento e já progrediu muito, agora *tem* de fazê-lo. Esteve por esses dias em Tierfurt, e gostaria de lhe propor que o tomasse como tarefa. Talvez possa ainda ir três ou quatro vezes a Tierfurt e observar bem o lugar, até apreender seu lado mais característico e reunir todos os motivos; mas não tema o esforço, estude bem tudo e represente-o; o tema o merece. Eu mesmo já o teria feito há muito, mas não posso, vivi pessoalmente todos aqueles importantes eventos, estou por demais envolvido neles e sinto-me tolhido pela profusão de detalhes.[33] Mas o senhor foi até lá como um estranho. Peça ao castelão que lhe conte todas as coisas passadas e veja de tudo apenas o que continua presente, o que mais salta aos olhos, o que for mais significativo.

Prometi-lhe que tentaria, embora não pudesse negar ser uma tarefa demasiado distante de meu horizonte e muito difícil.

— Sei muito bem que é difícil — disse Goethe —, mas a apreensão e a representação do particular são também a verdadeira vida da arte. Além disso: enquanto nos atemos ao universal, qualquer um pode nos imitar; mas o particular ninguém mais nos imita, e por quê? Porque ninguém mais o experimentou.

---

33 Referência à "grande era" de Tierfurt, quando Anna Amalia, mãe do grão-duque, passava ali o verão, reunindo em torno de si artistas, escritores e filósofos como Goethe, Johann Gottfried Herder (1744-1803), Christoph Martin Wieland (1733-1813), Karl Siegmund von Seckendorff (1744-1785) e Karl Ludwig von Knebel (1744-1834). É evocada no longo poema *Auf Miedings Tod* [À morte de Mieding].

Conversações com Goethe nos últimos anos de sua vida

— Também não há razão para temer que o particular não encontre nenhuma ressonância. Qualquer caráter, por mais peculiar que seja, e tudo o que há para ser representado, desde a pedra até o homem, tem sua universalidade; pois tudo se repete e não há nada no mundo que pudesse existir *uma única* vez. É justamente nesse nível da representação individual – continuou Goethe – que começa aquilo a que se chama *composição*.

Isso não me pareceu imediatamente claro, mas evitei fazer perguntas. Talvez, pensei, ele tenha em mente a fusão artística do ideal com o real, a união do que se encontra fora de nós com o que trazemos dentro de nós desde que nascemos. Mas talvez também tenha em mente outra coisa. Goethe prosseguiu:

— E então coloque sempre ao final de todas as poesias a data em que as escreveu.

Olhei-o interrogativamente. Por que isso teria tanta importância?

— Será – acrescentou ele – como que um diário de seus estados de espírito. E isso não é nada insignificante. Eu o faço há anos e sei bem o quanto é importante.

Entrementes era chegada a hora do teatro, e eu me despedi de Goethe.

— O senhor está indo para a Finlândia! – exclamou ele, gracejando. É que hoje se representa *João, duque da Finlândia*, da sra. Von Weissenthurn.[34]

Não faltavam à peça situações impressionantes, mas era tão carregada de sentimentalismo, e eu via em tudo tanta intencionalidade, que no todo não me causou boa impressão. Mas o último ato me agradou sobremaneira, e me fez reconciliar com a obra.

Depois de assistir a essa peça, fiz as seguintes observações: personagens esboçadas de maneira apenas medíocre por um poeta ganham com a representação teatral, pois os atores, como pessoas vivas, as transformam em seres vivos e lhes conferem algum tipo de individualidade. Mas personagens magistralmente criadas por um grande poeta, que já estão todas lá com sua individualidade muito nítida, necessariamente perdem com a

---

34 Johanna Veronika Franul von Weissenthurn (1773-1847), atriz e dramaturga alemã que atuava em Viena. A peça mencionada é *Johann Herzog von Finnland* [João, duque da Finlândia].

Johann Peter Eckermann

representação, pois os atores em regra não se ajustam a elas e são muito poucos os que podem negar a tal ponto sua própria individualidade. Se no ator não se encontra nenhuma semelhança com a personagem, ou se ele não possui o dom de despir-se de sua própria individualidade, o que se produz é um híbrido e a personagem perde sua pureza. É por isso que em uma peça de um poeta verdadeiramente grande só em algumas figuras isoladas se manifesta sua intenção original.

Segunda-feira, 3 de novembro de 1823

Em torno das 17 horas, fui à casa de Goethe. Enquanto subia as escadas, ouvi gracejarem e conversarem em voz alta no salão. O criado me disse que a jovem dama polonesa havia sido convidada para o almoço e que todos ainda se encontravam reunidos. Fiz menção de me retirar, mas ele me disse ter ordens de anunciar-me e que minha presença talvez agradasse ao patrão, pois já era tarde. Deixei então que me anunciasse e esperei por um breve espaço de tempo, transcorrido o qual Goethe veio receber-me muito alegre e levou-me para seu gabinete. Parecia contente com minha visita. Mandou trazerem uma garrafa de vinho da qual ia me servindo e, de quando em quando, também a si próprio.

— Antes que me esqueça — disse então, enquanto procurava por alguma coisa em sua mesa —, aqui está uma entrada para o concerto. Mme. Szymanowska dará um concerto público amanhã à noite no salão da Câmara Municipal e o senhor não deve perdê-lo.

Respondi que não cometeria uma segunda vez a mesma tolice da semana passada. Disseram-me que tocou muito bem, acrescentei.

— Muitíssimo bem! — disse Goethe.

— Tão bem quanto Hummel? — perguntei.[35]

— O senhor não deve esquecer — disse Goethe — que ela não é apenas uma grande virtuose, mas também uma bela mulher e isso faz que tudo

---

35 Johann Nepomuk Hummel (1778-1837), compositor e pianista austríaco, desde 1819 mestre de capela em Weimar.

nos pareça mais gracioso; ela possui uma técnica magistral, consegue nos deixar maravilhados!

— E sua execução se destaca também pela energia?

— Sim, toca com energia — disse Goethe —, e isso é o mais notável nela, pois não é algo que se encontre normalmente em mulheres.

Disse-lhe que ficaria muito feliz de poder enfim ouvi-la.

Chegou então o secretário Kräuter trazendo informes sobre assuntos relativos à biblioteca. Quando ele saiu, Goethe louvou-lhe a grande capacidade e segurança no trabalho.

Eu trouxe então à baila a viagem que Goethe fizera à Suíça no ano de 1797, passando por Frankfurt e Stuttgart, cujas anotações estão contidas em três cadernos manuscritos que ele me confiara havia poucos dias, os quais eu já estudara em detalhes. Lembrei-lhe de como ele discutira longamente com Meyer a respeito dos *objetos* das artes plásticas.

— Sim — disse Goethe —, o que pode ser mais importante que os objetos, e de que vale toda a teoria da arte sem eles? Se o objeto não vale nada, todo o talento é desperdiçado. E é justamente por faltarem objetos dignos aos artistas modernos que toda a arte de nosso tempo deixa tanto a desejar. Todos nós sofremos com isso; também eu não pude negar minha modernidade.

— Pouquíssimos artistas — continuou — têm uma visão clara do problema e sabem o que pode ser satisfatório para eles. Então pintam, por exemplo, meu *Pescador*[36] sem nem se preocuparem com o fato de que ele não pode ser pintado. Pois essa balada expressa tão somente o sentimento da água, seu aspecto gracioso, o que nos convida a nos banharmos no verão; não há nela nada além disso, como se poderia então pintá-la?

Falei então do prazer que me proporcionara constatar como durante sua viagem ele se interessara por tudo e a tudo compreendera: a forma e a localização das montanhas e as espécies de pedra que havia nelas; o solo, os rios, as nuvens, o ar, o vento e o clima; e também as cidades, a origem delas e suas sucessivas configurações; a arquitetura, a pintura, o teatro; as instituições urbanas e a administração; o comércio, a economia, a cons-

---

36 Trata-se da balada *Der Fischer* [O pescador], de 1778. Todas as várias ilustrações conhecidas dessa balada são posteriores a 1828.

trução de estradas; as raças humanas, as formas de vida, as peculiaridades; e, ainda, a política, os assuntos militares e centenas de outras coisas mais.

Goethe respondeu:

— Mas o senhor não encontrará uma palavra sobre música, pois ela estava fora de minha esfera. Em uma viagem, cada um deve saber o que deve ver e qual é seu objetivo.

O senhor chanceler entrou. Tratou de alguns assuntos com Goethe, depois dirigiu-se a mim, falando com muita benevolência e perspicácia sobre um breve escrito meu que lera havia poucos dias. Em seguida, retornou à companhia das senhora na sala ao lado, de onde nos vinha o som de um piano.

Depois que saiu, Goethe teceu vários elogios a seu respeito e, por fim, disse-me:

— Todas essas pessoas excelentes com as quais o senhor agora mantém relações cordiais são o que eu chamo de uma pátria, para a qual sempre retornamos de bom grado.

Respondi-lhe que já começo a sentir a influência benéfica de minha permanência aqui, que pouco a pouco vou me libertando de minhas propensões idealistas e teóricas e aprendendo cada vez mais a dar o devido valor ao momento presente.

— Seria ruim se não o conseguisse — disse Goethe. — Persevere nesse caminho e aferre-se ao presente. Cada situação, cada momento tem um valor infinito, pois é o representante de toda uma eternidade.

Fez-se uma breve pausa, depois da qual me pus a falar de Tierfurt e da maneira pela qual deve ser representada. Trata-se de um objeto multifacetado, disse eu, e é difícil encontrar-lhe uma forma definitiva. Creio que me sentiria mais à vontade se tratasse dele em prosa.

— Não é significativo o bastante para isso — disse Goethe. — Pensando no todo, talvez a chamada forma didático-descritiva fosse a melhor escolha, mas também ela não pode ser considerada definitivamente adequada. O melhor que tem a fazer é representar o objeto em dez ou doze poemas breves, rimados, mas variando a forma e a versificação de acordo com a exigência de cada um dos aspectos e pontos de vista; assim logrará circunscrever e iluminar o conjunto.

Considerei esse conselho muito oportuno.

– Ora, o que o impede de adotar também um procedimento dramático e compor, por exemplo, um diálogo com o jardineiro? Por meio dessa fragmentação, pode-se facilitar o trabalho e expressar melhor o que é característico de cada uma das várias faces do objeto. Um conjunto extenso e abrangente, ao contrário, é sempre difícil, e raramente resulta em algo perfeito.

Quarta-feira, 10 de novembro de 1823

Desde alguns dias Goethe não se sente bem; ao que parece, contraiu um forte resfriado. Tosse muito, embora alto e com força; mas tossir parece ser-lhe doloroso, pois ao fazê-lo leva a mão ao coração.

Esta noite, antes do teatro, estive com ele por meia horinha. Estava sentado em uma cadeira de braços, com as costas afundadas em uma almofada; parecia falar com dificuldade.

Depois de conversarmos um pouco, ele me pediu para ler um poema, com o qual pensa abrir um novo número de *Arte e antiguidade,* ora em fase de preparação. Permaneceu sentado em sua cadeira e me indicou o lugar em que se encontrava. Tomei uma lâmpada e me sentei à sua escrivaninha, um pouco afastado dele, para ler.

O poema tinha um caráter singular, e só aquela única leitura já me fez sentir estranhamente tocado e comovido, sem, contudo, compreendê-lo de todo. Tratava da glorificação do pária[37] e tinha a forma de uma trilogia. O tom predominante parecia-me vir de um mundo estranho, e o modo de representação era tal que me tornava difícil conferir vivacidade ao objeto. Também a presença de Goethe era um obstáculo a um maior aprofundamento; ora eu o ouvia tossir, ora suspirar, e assim meu ser estava dividido; uma parte de mim lia, a outra sentia sua presença. Assim, tive de ler e reler o poema, a fim de poder compreendê-lo minimamente. Contudo, quanto

---

37 A trilogia do pária compreende os poemas *Des Paria Gebet* [A prece do pária], *Legende* [Lenda] e *Dank des Paria* [Agradecimento do pária]. Os poemas foram escritos entre os anos de 1821 e 1823 e publicados pela primeira vez em *Kunst und Altertum* IV (janeiro de 1824).

mais lhe penetrava o sentido, mais significativo me parecia e mais elevado seu valor artístico.

Terminando de ler, discuti com Goethe tanto o objeto quanto o tratamento que ele lhe dera, e algumas indicações suas fizeram que muita coisa se me apresentasse com maior vivacidade.

— De fato — disse ele —, o tratamento é bastante conciso e é preciso aprofundar-se muito no poema para assimilá-lo. A impressão que me dá é a de uma espada de Damasco, forjada com fios de aço. Mas a verdade é que eu guardei esse tema comigo durante *quarenta* anos, e assim ele teve tempo de se purificar de tudo que lhe era impróprio.

— Causará um grande efeito — disse eu — quando o público vier a conhecê-lo.

— Ah, o público! — suspirou Goethe.

— Não seria bom — perguntei — facilitar a compreensão, como se faz com a explicação de um quadro, quando se procura vivificar o objeto presente por meio da exposição das etapas precedentes de sua realização?

— Não penso assim — disse Goethe. — Com a pintura é diferente; como a poesia também é feita de palavras, uma palavra anula a outra.

Parece-me que Goethe definiu muito bem aqui o escolho contra o qual normalmente soçobram os explicadores de poesia. Mas ainda assim se deve perguntar se não seria possível evitar esse escolho e auxiliar a compreensão de um poema por meio de palavras, sem ferir em nada a delicadeza de sua vida íntima.

Quando me despedi, ele me pediu que trouxesse para casa as laudas de *Arte e antiguidade*, a fim de estudar mais a fundo o poema; e também as *Rosas do Oriente* de Rückert,[38] poeta pelo qual ele demonstra ter o maior apreço e em que parece depositar as maiores esperanças.

---

38 Friedrich Rückert (1788-1866), poeta, tradutor e orientalista. Suas *Östliche Rosen* [Rosas do Oriente] foram publicadas em 1822. Goethe escreveu uma resenha muito favorável dos poemas em *Kunst und Altertum* III (1822) e recomendou-os "a todos os músicos" como matéria para suas composições. Rückert é, de fato, um dos poetas favoritos dos compositores de *Lied*. Dentre suas obras mais famosas estão as *Kindertotenlieder* [Canções sobre a morte das crianças, 1833-1834], extenso conjunto de poemas escritos após a perda de dois de seus filhos em um

Conversações com Goethe nos últimos anos de sua vida

Quarta-feira, 12 de novembro de 1823

Ao anoitecer fui visitar Goethe, mas ao chegar fui informado de que ele estava em companhia do ministro de Estado prussiano Von Humboldt,[39] o que me alegrou, pois tive a certeza de que essa visita de um velho amigo lhe proporcionará a mais benéfica distração.

Fui então ao teatro, onde um excelente elenco representava primorosamente *As irmãs de Praga*,[40] sendo impossível não rir durante todo o espetáculo.

Quinta-feira, 13 de novembro de 1823

Há alguns dias, em uma tarde muito agradável, eu caminhava pela estrada de Erfurt quando veio juntar-se a mim um homem já entrado em anos, por cuja aparência julguei ser um cidadão abastado. Mal começáramos a conversar e já nos pusemos a falar de Goethe. Perguntei-lhe se o conhecia pessoalmente.

— Se o conheço! — respondeu-me com visível satisfação. — Por vinte anos fui seu camareiro![41] — E então se derramou em elogios ao seu antigo patrão. Pedi-lhe que me contasse algo a respeito da juventude de Goethe, no que ele aquiesceu com alegria.

— Quando comecei a trabalhar em sua casa — disse-me —, ele tinha uns 27 anos; era muito magro, ágil e gracioso, eu o poderia carregar com facilidade.

Perguntei-lhe se também naquela primeira fase de sua permanência aqui Goethe era muito alegre.

---

curto intervalo de tempo. Cinco desses poemas foram postos em música entre 1901 e 1904 por Gustav Mahler (1860-1911).

39 Wilhelm von Humboldt (1767-1835), eminente filólogo, linguista, tradutor, crítico, político, fundador da Universidade de Berlim, irmão do naturalista, geógrafo, oceanógrafo, climatólogo e explorador Alexander von Humboldt (1769-1859). A amizade entre Goethe e os irmãos Humboldt datava de 1794.

40 *Die Schwester von Prag* [As irmãs de Praga], ópera cômica do compositor Wenzel Müller (1767-1835) composta em 1794 sobre o libreto de Joachim Perinet (1763-1816).

41 Trata-se de Christoph Erhard Sutor (1754-1838), que trabalhou em casa de Goethe entre os anos de 1776 e 1795.

Johann Peter Eckermann

— De fato — respondeu-me —, era alegre com os alegres, mas sem nunca ultrapassar os limites; quando isso acontecia, tornava-se muito sério.

Sempre trabalhando, pesquisando e com seu interesse voltado à arte e à ciência, essa era em geral a maneira de ser de seu patrão. À noite era comum que o duque viesse visitá-los, e então os dois ficavam até altas horas da noite conversando sobre temas eruditos, com o que o camareiro por vezes sentia que o tempo não passava, entediava-se e se perguntava se o duque não iria mais embora.

— E já naquela época — acrescentou — ele se interessava pelas ciências naturais. Certa vez ele tocou a campainha no meio da noite e, quando entrei em seu quarto, ele havia empurrado a cama de rodinhas de um dos lados do quarto para debaixo da janela e estava lá deitado a observar o céu. "Não viu nada no céu?", perguntou-me e, como eu respondesse negativamente, disse-me: "Vá até a Guarda e pergunte ao sentinela se não viu nada". Eu fiz o que me dizia, mas o sentinela também não vira nada. Foi o que eu disse ao patrão, que continuava lá deitado e olhando fixamente o céu. "Ouça", disse-me ele, "estamos vivendo um momento importante; neste momento deve estar ocorrendo um terremoto; se não está, ainda irá ocorrer." Dito isso, fez-me sentar ao seu lado na cama e me mostrou os sinais que o haviam levado àquela conclusão.

Perguntei ao bom velho que tempo fazia então.

— Estava muito nublado — respondeu-me — e não havia a mais leve brisa, tudo estava muito calmo e abafado.

Perguntei-lhe então se dera imediatamente crédito ao que Goethe lhe dizia.

— Sim — respondeu-me —, eu logo lhe dei crédito, pois o que ele previa sempre se confirmava. No dia seguinte — prosseguiu — meu patrão contou na corte o que observara, e uma senhora sussurrou ao ouvido de sua vizinha: — Ouça! Goethe está devaneando! — Mas o duque e os outros homens acreditaram nele, e logo se comprovou que ele estava certo; pois algumas semanas depois chegou a notícia de que naquela mesma noite uma parte de Messina fora destruída por um terremoto.[42]

---

42 O terremoto de Messina ocorreu em 5-7 de fevereiro de 1783.

Conversações com Goethe nos últimos anos de sua vida

Sexta-feira, 14 de novembro de 1823

Ao anoitecer, Goethe enviou-me um convite para visitá-lo. Humboldt estaria na corte, e assim eu lhe seria ainda mais bem-vindo. Encontrei-o sentado em sua cadeira de braços, como há alguns dias; estendeu-me a mão amigavelmente, proferindo algumas palavras com uma divina afabilidade. Um grande biombo estava colocado ao lado de sua cadeira e o resguardava das luzes acesas sobre a mesa. O senhor chanceler veio juntar-se a nós. Sentamo-nos próximo a Goethe e conversamos sobre assuntos leves, para que ele pudesse limitar-se a ouvir. Logo chegou também seu médico, o conselheiro áulico Rehbein.[43] Tomou o pulso de Goethe e achou-o, como ele mesmo disse, muito animado e leviano, o que nos alegrou e deu a Goethe oportunidade de gracejar.

— Se pelo menos cessasse a dor do lado do coração — queixou-se.

Rehbein sugeriu colocar um emplastro; falamos do efeito benéfico desse tipo de medicação e Goethe concordou em utilizá-la. Depois, Rehbein dirigiu a conversação para Marienbad, o que pareceu despertar em Goethe boas recordações. Fizeram-se planos para uma nova estada no próximo verão, à qual também o grão-duque não deveria faltar, e essa perspectiva colocou Goethe na mais alegre das disposições de ânimo. Falou-se também de mme. Szymanowska, lembraram-se os dias de sua presença entre nós e como naquela ocasião os homens a haviam cortejado.

Depois que Rehbein se foi, o chanceler entregou-se à leitura dos poemas indianos,[44] enquanto Goethe passou a discutir comigo a *Elegia de Marienbad*.

Às 8 horas da noite, o chanceler se retirou, e eu também me preparava para ir embora, mas Goethe pediu-me que ficasse mais um pouco. Tornei a sentar-me. Começamos a falar de teatro e da representação de *Wallenstein*[45]

---

43 Wilhelm Rehbein (1776-1825), desde 1816 médico da corte em Weimar.

44 Trata-se da *Trilogia do pária* já referida acima.

45 Trata-se da última parte da trilogia *Wallenstein* de Schiller, levada à cena pela primeira vez em Weimar sob a direção de Goethe. É formada por *Wallensteins Lager* [O acampamento de Wallenstein, primeira representação em outubro de 1798], *Die Piccolomini* [Os Piccolomini, primeira representação em janeiro de 1799] e *Wallensteins Tod* [A morte de Wallenstein, primeira representação em abril de 1799].

programada para amanhã, o que nos deu oportunidade para conversar sobre Schiller.

— Em relação a Schiller — eu disse —, acontece comigo algo peculiar; é com grande amor e admiração que leio algumas cenas de suas grandes peças, mas quando encontro nelas algum atentado à verdade da natureza não consigo continuar. Isso acontece até mesmo com o *Wallenstein*. Não posso deixar de pensar que o pendor filosófico de Schiller prejudicou sua poesia, pois o levou a colocar a ideia acima da natureza, chegando mesmo a aniquilar a natureza por meio da ideia. O que ele pensava tinha de acontecer, fosse de acordo ou contrário à natureza.

— É triste — disse Goethe — ver um homem tão extraordinariamente dotado se atormentar com raciocínios filosóficos que em nada lhe podem ser úteis. Humboldt mostrou-me cartas que Schiller lhe escreveu naquela época infeliz de suas especulações. Nelas, pode-se ver o quanto ele se torturou com o propósito de libertar totalmente a poesia sentimental da ingênua.[46] Mas não pôde encontrar um chão para aquele tipo de poesia, o que lhe causou uma indescritível desorientação. E isso — acrescentou Goethe com um sorriso — como se a poesia sentimental pudesse existir prescindindo de um solo ingênuo do qual, por assim dizer, pudesse brotar!

— Era avesso à índole de Schiller — continuou Goethe — proceder com um mínimo de inconsciência ou, digamos, instintivamente; ao contrário, tinha sempre de refletir sobre tudo o que fazia; isso também o fazia sentir necessidade de falar extensamente sobre seus projetos poéticos, e por essa razão discutiu comigo cena a cena suas últimas peças.

— Quanto a mim, era completamente contrário à minha natureza conversar com quem quer que fosse, mesmo com Schiller, sobre meus projetos poéticos. Guardava tudo comigo em silêncio e, em regra, ninguém tinha conhecimento de nada antes de estar pronto. Quando mostrei a Schiller meu poema *Hermann e Doroteia*[47] já concluído ele ficou surpreso, pois eu não lhe dissera sequer uma sílaba sobre ter semelhante projeto.

---

46 Referência ao tratado *Über naive und sentimentalische Dichtung* [Sobre a poesia ingênua e sentimental, 1795], de Schiller.

47 *Hermann und Dorothea*, poema épico em nove cantos de Goethe escrito entre 1796 e 1797 e publicado nesse mesmo ano.

Conversações com Goethe nos últimos anos de sua vida

— Mas estou curioso de ouvir o que o senhor me dirá amanhã sobre *Wallenstein*! Terá grandes figuras diante dos olhos e a peça lhe causará uma impressão que o senhor provavelmente não espera.

Sábado, 15 de novembro de 1823

À noite fui ao teatro, onde assisti pela primeira vez a uma representação de *Wallenstein*. Goethe não exagerara; a impressão que senti foi grande e excitou-me no mais profundo de meu ser. Os atores, na maior parte ainda do tempo em que Schiller e Goethe exerciam sobre eles uma influência pessoal, fizeram desfilar diante de meus olhos um conjunto de personagens notáveis, de um modo tal que durante a leitura não apareciam à minha imaginação em toda a sua individualidade e, assim, a peça se desenrolou diante de mim com uma força extraordinária, e não pude tirá-la da cabeça a noite toda.

Domingo, 16 de novembro de 1823

À noite em casa de Goethe. Ele continuava a sentar-se em sua cadeira de braços e parecia um pouco fraco. Sua primeira pergunta foi sobre *Wallenstein*. Descrevi-lhe a impressão que a peça me causara; ele me ouvia com visível alegria.

O sr. Soret[48] veio juntar-se a nós, conduzido pela sra. Von Goethe, e permaneceu por uma horinha, trazendo consigo, por incumbência do grão-duque, algumas medalhas de ouro, e mostrá-las e comentá-las parecia proporcionar a Goethe uma agradável distração.

A sra. Von Goethe e o sr. Soret saíram para a corte, e me deixaram novamente a sós com Goethe.

---

48 Frédéric Jacob Soret (1795-1865), desde 1822 preceptor do príncipe herdeiro Karl Alexander de Weimar. Compartilhava com Goethe um profundo interesse pelas ciências naturais e traduziu, em colaboração com ele, sua *Metamorfose das plantas*. Conforme se pode ler no prólogo à terceira parte das *Conversações*, Eckermann incluiu nela parte das anotações de Soret.

Lembrando-se de sua promessa de mostrar-me novamente sua *Elegia de Marienbad* em um momento adequado, Goethe levantou-se, colocou uma vela sobre sua escrivaninha e entregou-me o poema. Fiquei feliz de tê-lo outra vez diante dos olhos. Goethe tornou a sentar-se em silêncio e deixou-me entregue a um tranquilo exame do poema.

Depois de ler algumas linhas, quis dizer-lhe algo a respeito delas, mas pareceu-me que ele dormia. Assim, aproveitei o momento propício para ler e reler várias vezes o poema, desfrutando de um prazer raro. A mais juvenil chama do amor, atenuada pela elevação moral do espírito, tal me parecia ser a característica geral do poema. De resto, tive a impressão de que os sentimentos ali expressos eram mais fortes que os que estamos acostumados a encontrar nos demais poemas de Goethe; deduzi dever-se isso à influência de Byron, e Goethe não o negou.

— O senhor está vendo o produto de um estado de intensa paixão — acrescentou —; quando me encontrava em tal estado, não renunciaria a ele por nada neste mundo, mas agora não gostaria de revivê-lo por preço algum.

— Escrevi o poema imediatamente após minha partida de Marienbad, quando ainda sentia em todo o seu frescor tudo quanto ali vivenciara. Escrevi a primeira estrofe na primeira parada, às 8 horas da manhã, e continuei a compô-lo na carruagem, e aproveitava cada parada para escrever o que havia composto de memória, de modo que, ao anoitecer, eu o tinha posto inteiro no papel. O poema possui, por isso, certa imediatez, como se houvesse sido feito de um jato, e isso, creio, o beneficia como um todo.

— Ao mesmo tempo — disse eu — há em toda a sua feitura muitas peculiaridades, e ele não se parece com nenhum de seus outros poemas.

— Talvez — disse Goethe — seja esse o motivo. Eu apostei no momento presente, assim como apostamos em uma única carta uma soma considerável, e procurei, sem exagero, atingir com ele a maior altura possível.

Julguei suas palavras da maior importância, pois lançam luz sobre seu processo de criação e tornam possível esclarecer sua tão admirada versatilidade.

Entrementes, soavam as 9 horas; Goethe pediu-me que chamasse seu criado Stadelmann, no que o atendi prontamente.

Ele ordenou ao criado que lhe aplicasse no lado esquerdo do peito o emplastro prescrito pelo médico. Permaneci por um momento junto da janela. Atrás de mim ouvia-o queixar-se a Stadelmann de que sua enfermidade não se curava e ia adquirindo um caráter crônico. Terminada a aplicação do emplastro, sentei-me ao seu lado por mais algum tempo. Então ele se queixou também a mim de não dormir havia algumas noites e não sentir nenhuma vontade de comer.

— Assim vai se passando o inverno — disse — e não consigo fazer nada, não consigo compor nada, meu espírito não tem a menor energia.

Procurei tranquilizá-lo, pedindo-lhe que não pensasse tanto em seu trabalho, pois aquele mal-estar em breve passaria.

— Ah — respondeu-me —, paciência é o que não me falta, já passei muitas vezes por situações semelhantes e já aprendi a suportá-las e a ser paciente.

Ele vestia um pijama de flanela branca, um cobertor de lã branca lhe envolvia os joelhos e os pés.

— Não irei para a cama — disse —, ficarei a noite toda sentado em minha cadeira, pois não consigo dormir de verdade.

Já era tarde, ele me estendeu sua querida mão e eu me fui.

Quando entrei no quarto dos criados para apanhar meu casaco, encontrei Stadelmann muito abalado. Disse-me que se assustara com o patrão. Quando este chegava a se queixar, era mau sinal. Notara também que seus pés, até então um pouco inchados, subitamente se tinham tornado muito finos. No dia seguinte iria bem cedo procurar o médico e pô-lo a par daqueles maus sinais. Procurei tranquilizá-lo, mas minhas palavras não puderam dissipar seus temores.

Segunda-feira, 17 de novembro de 1823

Esta noite, quando cheguei ao teatro, muitas pessoas vieram falar comigo, apreensivas, pedindo notícias do estado de Goethe. Os rumores sobre sua enfermidade tinham se espalhado bastante rápido pela cidade, atribuindo-lhe uma gravidade maior que a que realmente tinha. Alguns me disseram que ele sofria de um edema pulmonar. Estive pesaroso durante toda a representação.

Quarta-feira, 19 de novembro de 1823

Ontem andei preocupado o dia todo. Além de seus familiares, ninguém mais foi autorizado a vê-lo.

Hoje, ao anoitecer, fui à sua casa e permitiram-me vê-lo. Encontrei-o ainda sentado em sua poltrona, sua aparência era ainda a mesma de quando o deixara no domingo, mas estava de espírito alegre.

Falamos especialmente de Zauper e dos resultados muito diferentes que pode ter o estudo da literatura dos antigos.

Sexta-feira, 21 de novembro de 1823

Goethe mandou chamar-me. Para minha grande alegria, encontrei-o novamente em pé a passear por seu gabinete. Deu-me um livro: *Gazéis*, do conde Platen.[49]

— Eu pretendia — disse-me — escrever algo a respeito do livro em *Arte e antiguidade*, pois os poemas o merecem. Mas meu estado de saúde não me permite fazer nada. Veja se consegue penetrar-lhes o sentido e retirar deles algo de bom.

Prometi que tentaria.

— Os gazéis — prosseguiu Goethe — têm a peculiaridade de exigir uma grande abundância de conteúdo; a rima que constantemente se repete pressupõe sempre uma grande provisão de ideias semelhantes. Por isso não são para qualquer um; estes, porém, devem agradá-lo.

O médico chegou e eu me fui.

Segunda-feira, 24 de novembro de 1823

Sábado e domingo estudei os poemas. Esta manhã escrevi minhas impressões sobre eles e as enviei a Goethe, pois ficara sabendo que desde

---

49 August von Platen-Hallermünde (1796-1835), poeta e dramaturgo alemão. De seus *Gazéis* saíram duas séries: *Ghaselen* (1821) e *Neue Ghaselen* [Novos gazéis, 1823]. Foi também grande sonetista. A "pequena resenha" de Eckermann mencionada mais à frente apareceu em *Kunst und Altertum* IV (1824).

alguns dias ele não recebe ninguém, já que o médico o proibiu terminantemente de falar.

Hoje ao anoitecer, porém, ele mandou me chamar. Ao entrar, encontrei uma cadeira posta ao lado da sua; ele me estendeu a mão e foi extremamente amável e bondoso. Logo se pôs a falar sobre minha pequena resenha.

— Fiquei muito feliz com ela — disse-me —, o senhor tem um belo dom. Quero dizer-lhe uma coisa — continuou. — Se alhures lhe oferecerem algum trabalho literário, recuse-o, ou pelo menos me comunique antes, pois, uma vez que está ligado a mim, não gostaria que também se comprometesse com outras pessoas.

Respondi-lhe que me dedicaria exclusivamente a ele e por agora não pretendia estabelecer nenhuma outra relação.

Ele se mostrou feliz com isso, e disse a seguir que neste inverno ainda teremos alguns belos trabalhos a realizar juntos.

Falamos então a respeito dos gazéis e Goethe regozijou-se com a perfeição desses poemas, e por nossa atual literatura ainda produzir algumas coisas de valor.

— Gostaria — prosseguiu — de recomendar-lhe nossos novos talentos para que os estude atentamente. Quero que se mantenha informado sobre tudo de importante que surja em nossa literatura e me mostre o que tiver mérito, para que possamos divulgá-lo em *Arte e antiguidade* e dar o devido reconhecimento ao que é bom, nobre e valioso. Pois na minha idade e com todas as minhas milhares de obrigações, nem com toda a boa vontade posso me encarregar disso sem contar com a ajuda de alguém.

Prometi-lhe fazer o que me pedia, e ao mesmo tempo fiquei feliz por ver que Goethe tem em maior apreço do que eu imaginava nossos jovens escritores.

Dias depois, Goethe enviou-me os mais recentes periódicos literários para auxiliar-me na tarefa proposta. Durante alguns dias não fui visitá-lo nem fui chamado. Ouvi dizer que seu amigo Zelter[50] viera fazer-lhe uma visita.

---

50 Karl Friedrich Zelter (1758-1832), diretor da Academia de Canto de Berlim e professor da Academia de Belas-Artes de Berlim. Foi um dos amigos mais íntimos de Goethe.

Johann Peter Eckermann

Segunda-feira, 1º de dezembro de 1823

Hoje recebi um convite para almoçar com Goethe. Ao chegar, encontrei Zelter sentado a seu lado. Ambos deram alguns passos em minha direção e me estenderam as mãos.

— Esse é meu amigo Zelter — disse Goethe. — O senhor só tem a ganhar em conhecê-lo; em breve o enviarei a Berlim, e lá ele lhe dará a melhor das acolhidas.

— Deve ser bom estar em Berlim — eu disse.

— Sim — disse Zelter rindo —, lá se pode aprender e *des*aprender muita coisa.

Sentamo-nos e conversamos sobre os mais variados assuntos. Perguntei por Schubarth.

— Costuma visitar-me pelo menos uma vez por semana — disse Zelter. — Casou-se, mas está sem colocação, pois entrou em atrito com os filólogos de Berlim.[51]

Zelter perguntou-me então se conhecia Immermann.[52]

— Já ouvi mencionarem seu nome diversas vezes — respondi —, mas até agora ainda não conheço nenhum de seus escritos.

— Conheci-o em Münster — disse Zelter —, é um jovem muito promissor e seria desejável que seus afazeres lhe deixassem mais tempo livre para a arte.

Goethe também elogiou seu talento.

— Vamos acompanhar sua evolução; se ele aceitará apurar seu gosto e, quanto à forma, orientar-se por aqueles que são reconhecidos como os me-

---

51 Em seu escrito *Zur Beurteilung Goethe* [Para um juízo de Goethe, cf. n.20, p.63], Schubarth polemizara com o filólogo Friedrich August Wolf (1759-1824), que em seus *Prolegomena ad Homerum* defendera a tese segundo a qual os poemas homéricos eram uma reunião de cantos épicos de diversos autores. Sua polêmica se dirigia igualmente aos germanistas que consideravam também a *Canção dos Nibelungos* o resultado da combinação de diferentes obras de autoria distinta. Em 1821, publicou também suas *Ideen über Homer und sein Zeitalter* [Ideias sobre Homero e sua época]. A tese da autoria única dos poemas homéricos e da *Canção dos Nibelungos* era compartilhada por Goethe.

52 Karl Leberecht Immermann (1796-1840), poeta, dramaturgo e romancista alemão. Autor, entre outras obras, dos romances *Die Epigonen* [Os epígonos, 1836] e *Münchhausen. Eine Geschichte in Arabesken* [Münchhausen, uma história em arabescos, 1838-1839].

lhores modelos. A originalidade de suas aspirações tem lá suas qualidades, mas facilmente o faz desencaminhar-se.

O pequeno Walter chegou saltitante e encheu seu avô e Zelter de perguntas.

– Espírito irrequieto – disse Goethe –, basta você chegar para acabar com qualquer conversação.

No entanto, tem muito amor ao menino e se mostrou incansável em fazer-lhe as vontades.

A sra. Von Goethe e a srta. Ulrike entraram na sala; também veio o jovem Goethe de uniforme e espada, pronto para ir à corte. Sentamo-nos à mesa. A srta. Ulrike e Zelter estavam especialmente alegres e troçaram um do outro da maneira mais encantadora durante toda a refeição. A pessoa e a presença de Zelter fizeram-me muito bem. Mostrou-se um homem feliz e saudável, sempre entregue ao momento presente, e nunca lhe faltavam as palavras convenientes. Além disso, era uma criatura cheia de bondade e de satisfação, e sua espontaneidade era tal que lhe permitia dizer qualquer coisa, inclusive as mais duras. Sua peculiar liberdade de espírito era contagiante e em sua presença logo deixávamos de lado quaisquer precauções limitadoras. Em silêncio, desejei conviver com ele por muito tempo, e estou certo de que me faria um grande bem.

Terminada a refeição, Zelter partiu. Fora convidado a passar o serão com a grã-duquesa.

Quinta-feira, 4 de dezembro de 1823

Esta manhã, o secretário Kräuter trouxe-me um convite para almoçar com Goethe. Transmitiu-me também a sugestão de Goethe para que desse a Zelter um exemplar de minhas *Contribuições à poesia*. Concordei e levei-lhe o exemplar na estalagem em que está hospedado. Em contrapartida, Zelter emprestou-me um volume dos poemas de Immermann.

– Eu lhe daria de bom grado meu exemplar – disse-me –, mas, como pode ver, o autor o dedicou a mim, e por isso o tenho como uma lembrança que gostaria de conservar.

Antes do almoço, fiz com Zelter um passeio através do parque até Oberweimar. Alguns lugares o fizeram se lembrar dos tempos passados, e ele me contou muitas coisas a respeito de Schiller, Wieland[53] e Herder,[54] com os quais mantivera uma estreita amizade, o que considerava um dos privilégios de sua vida.

A seguir, falou longamente sobre composição e recitou vários poemas de Goethe.

— Quando quero pôr um poema em música — disse —, procuro primeiro penetrar profundamente o sentido das palavras e imaginar a situação do modo mais vivo. Então o leio em voz alta, até sabê-lo de cor, e enquanto o declamo diversas vezes para mim mesmo, a melodia surge por si só.

O vento e a chuva nos obrigaram a retornar mais cedo do que gostaríamos. Eu o acompanhei até a porta da casa de Goethe, onde ele foi encontrar-se com a sra. Von Goethe com o fito de cantar com ela algumas canções antes de se porem à mesa.

Às 2 horas da tarde, cheguei para o almoço. Encontrei Zelter já ao lado de Goethe, a olhar gravuras de paisagens italianas. A sra. Von Goethe entrou e fomos para a mesa. Hoje não contamos com a presença da srta. Ulrike nem do jovem Goethe, que apenas entrou para dizer bom-dia, tomando a seguir o rumo da corte.

As conversas à mesa hoje foram especialmente variadas. Zelter e Goethe contaram algumas anedotas muito originais que revelavam as qualidades de seu amigo comum Friedrich August Wolf, de Berlim. Depois se falou muito dos Nibelungos, sobre Lord Byron e sua esperada visita a Weimar, assuntos dos quais a sra. Von Goethe participou vivamente. A festa de São Roque em Bingen[55] também foi um assunto muito agradável, que fez lembrar a Zelter duas belas mocinhas, cujo encanto se gravara fundo em sua memó-

---

53 Christoph Martin Wieland (1733-1813), escritor alemão, desde 1772 em Weimar, como preceptor dos filhos da duquesa Anna Amalia. Autor de numerosas obras, dentre as quais se podem citar os romances *Agathon* [Agatão, 1766], *Die Abderiten* [Os abderitas, 1774] e o poema narrativo *Oberon* (1780). Suas traduções pioneiras de Shakespeare tiveram influência decisiva sobre o *Sturm und Drang*.

54 Johann Gottfried Herder (1744-1803), poeta, teólogo, filósofo e tradutor, um dos escritores e pensadores mais influentes da literatura alemã.

55 Em 1814, Zelter e Goethe passaram algumas semanas em Wiesbaden e participaram da festa de inauguração da capela de São Roque em Bingen, que foi descrita por Goethe no escrito *Sankt Rochus-Fest zu Bingen* [A festa de São Roque em Bingen, 1817].

Conversações com Goethe nos últimos anos de sua vida

ria e cuja lembrança ainda hoje o faz feliz. Depois se debateu alegremente a divertida canção *Sorte de guerra*[56] de Goethe. Zelter deu mostras de seu inesgotável repertório de anedotas sobre soldados feridos e belas mulheres, com o intuito de demonstrar a veracidade do poema. O próprio Goethe disse que não precisara ir muito longe buscar todas aquelas realidades, pois as vivenciara pessoalmente em Weimar. A sra. Von Goethe se manteve o tempo todo em alegre oposição a eles, pois se recusava a admitir que as mulheres fossem de fato como aquele "torpe" poema as retrata.

E assim, hoje mais uma vez, passamos à mesa algumas horas das mais agradáveis.

Quando mais tarde me encontrei a sós com Goethe, ele me perguntou o que eu achara de Zelter.

— E então? — quis saber. — Gostou dele?

Disse-lhe que tinha uma personalidade extremamente benfazeja.

— À primeira vista ele pode parecer muito duro, por vezes até rude. Mas é só aparência. Conheço muito poucas pessoas que possam ser tão *ternas* quanto Zelter. Mas não podemos esquecer que ele viveu mais de meio século em Berlim. E, pelo que pude ver, aquela gente é tão petulante que com delicadeza não se consegue muita coisa com ela, é preciso não ter papas na língua e ser por vezes um pouco grosseiro se se quiser manter à tona.

---

56 *Kriegsglück* [Sorte de guerra], poema de Goethe escrito em 1814.

1824

Terça-feira, 27 de janeiro de 1824

Goethe me falou a respeito da continuação da história de sua vida, de cuja composição se ocupa atualmente.[1] Disse que esse período tardio de sua vida não pode ser tratado com a mesma abundância de detalhes que o de sua juventude em *Verdade e poesia*.[2]

— Eu preciso — disse — tratar esses anos tardios antes como anais; neles aparecerá mais minha atividade que minha vida. Aliás, a época mais significativa da vida de um indivíduo são seus anos de desenvolvimento, que no

---

1 Trata-se dos *Tag- und Jahres-Heften oder Annalen als Ergänzung meiner sonstigen Bekenntnisse* [Cadernos diários e anuais, ou Anais para a complementação de minhas outras confissões], descrição sumária de sua vida, com a qual Goethe se ocupou entre 1817 e 1826 e que foi publicada em 1830.

2 Trata-se de *Aus meinem Leben. Dichtung und Wahrheit* [De minha vida. Poesia e verdade], a autobiografia de Goethe. As três primeiras partes foram escritas entre 1809 e 1813 e publicadas em 1811 (livros I-V), 1812 (livros VI-X) e 1814 (livros XI-XV). A quarta parte (livros XVI-XX) foi escrita em 1821, 1824-1825 e 1830-1831, sendo publicada postumamente na edição de 1833. Inicialmente o subtítulo deveria ser *Wahrheit und Dichtung* [Verdade e poesia], conforme referido por Eckermann ao longo de todo o livro, mas, segundo Friedrich Wilhelm Riemer, foi mudado para *Dichtung und Wahrheit* para evitar o encontro do "d" final de "und" com o inicial de "Dichtung", caso a ordem original fosse mantida.

meu caso se encerram com os alentados volumes de *Verdade e poesia*. Mais tarde começa o conflito com o mundo, e este só tem interesse quando dele provém alguma coisa.

— De resto, que é a vida de um letrado alemão? No meu caso, o que poderia haver de bom nela não pode ser publicado, e o que é publicável não vale o esforço. Além do mais, onde estão os ouvintes aos quais se poderia narrá-lo com algum prazer?

— Quando volto o olhar para meus anos de juventude e maturidade e, em minha velhice, penso em como são poucos os companheiros de minha juventude que ainda restam, sempre me vem à mente uma estadia em um balneário no verão. Assim que chegamos, travamos conhecimento e amizade com algumas pessoas que já estão ali há algum tempo e partirão nas próximas semanas. A perda é dolorosa. Então nos voltamos para a segunda geração, à qual nos ligamos intimamente e com a qual continuamos a conviver por certo período. Mas também esta se vai e nos deixa sozinhos com a terceira, que chega já próximo à nossa partida, e com a qual não temos mais nada a ver.

— Sempre me consideraram uma pessoa especialmente favorecida pela fortuna; também não quero me lamentar e me queixar do transcorrer da minha vida. Mas no fundo não passou de fadigas e trabalho, e posso dizer que em meus 75 anos não cheguei a ter quatro semanas de verdadeiro conforto. Minha vida foi o eterno rolar de uma pedra que sempre tinha de ser novamente empurrada para o alto. Meus *Anais* deixarão claro o que estou dizendo. As exigências feitas à minha capacidade de trabalho, tanto aquelas vindas de fora quanto as de dentro de mim, eram demasiadas.

— Minha verdadeira felicidade consistia em minhas reflexões e criações poéticas, mas como foram perturbadas, limitadas e impedidas por meu cargo público! Se tivesse podido me manter mais distante da ação e das atividades e dos negócios públicos e viver mais tempo em solidão, teria sido mais feliz e teria, como poeta, realizado muito mais coisas. Mas logo em seguida ao meu *Götz* e ao meu *Werther* se deveria confirmar em mim a palavra de um sábio que disse: sempre que fazemos algo para o bem do mundo, este saberá cuidar para que não o façamos uma segunda vez.

— Um nome famoso, uma posição proeminente na vida são coisas boas. Mas, apesar de todo o meu renome e minha posição, tudo o que consegui

Conversações com Goethe nos últimos anos de sua vida

foi ter de calar-me a respeito da opinião dos outros a fim de não ferir ninguém. E esse seria um péssimo divertimento se não me trouxesse a vantagem de, agindo desse modo, saber o que pensam os outros sem que eles saibam o que eu penso.

Domingo, 15 de fevereiro de 1824

Hoje, antes do almoço, Goethe convidou-me para um passeio. Quando entrei em seu gabinete, encontrei-o tomando o desjejum; parecia estar de excelente humor.

— Recebi uma visita agradável — disse-me alegremente —, há pouco esteve aqui Meyer,[3] um jovem muito promissor da Vestfália. Escreveu alguns poemas que despertam grandes expectativas. Tem apenas 18 anos, mas já está incrivelmente adiantado.

— Fico feliz — disse Goethe, rindo — por não ter mais 18 anos. Quando tinha essa idade, também a Alemanha tinha apenas 18, então ainda se podia fazer alguma coisa; mas agora as exigências são inacreditavelmente grandes, e todos os caminhos já foram trilhados.

— A própria Alemanha conquistou uma posição tão proeminente em todas as áreas que já não podemos ter uma visão geral de tudo, e agora também temos de ser, além de gregos e latinos, também ingleses e franceses. Sim, e como se não bastasse agora também cometemos a loucura de apontar para o Oriente; com tudo isso, um jovem só pode mesmo ficar completamente confuso.

— A fim de consolá-lo, mostrei-lhe minha colossal Juno, como símbolo de que é preciso permanecer com os gregos e buscar neles a tranquilidade. É um jovem esplêndido! Se conseguir evitar a dispersão, poderá vir a se tornar alguém.

— Mas, como disse, dou graças aos céus por não ser mais jovem em uma época já tão pronta e acabada. Não conseguiria permanecer aqui. Mas

---

3 Friedrich Adolf Karl Meyer (1805-84), filólogo; entre 1846 e 1851, foi bibliotecário e professor particular em Heildelberg e, depois de 1861, conselheiro de embaixada em Berlim.

mesmo se fugisse para a América, chegaria tarde demais, pois também lá tudo já está demasiado claro.

Domingo, 22 de fevereiro de 1824

À mesa com Goethe e seu filho; este último nos contou algumas historinhas engraçadas de seu tempo de estudante, sobretudo de sua estada em Heidelberg. Nas férias fazia algumas excursões ao Reno, das quais guardou uma boa lembrança, entre elas especialmente a de um estalajadeiro em cujo estabelecimento pernoitou em companhia de outros dez colegas, e que lhes serviu vinho de graça, só pelo prazer de presenciar aquilo a que se chama uma patuscada.

Depois do almoço, Goethe nos mostrou desenhos coloridos de paisagens italianas, em especial do Norte italiano, com as montanhas da vizinha Suíça e do Lago Maggiore. As ilhas Borromeu se refletiam na água, às margens se viam barcos e equipamentos de pesca, e Goethe nos contou que aquela é a região de seus *Anos de peregrinação*. A noroeste, na direção do Monte Rosa, se via o promontório que limita com o lago, um escuro massivo de cor negro-azulada que ele adquire pouco antes do pôr do sol.

Observei que para alguém como eu, nascido na planície, a sombria imponência daquelas massas despertava um sentimento ominoso, e que não tinha vontade alguma de vaguear por aqueles desfiladeiros.

— Esse sentimento — disse Goethe — é normal. Pois no fundo a única situação conveniente a uma pessoa é aquela na qual e para a qual ela nasceu. Quem não é impelido para o estrangeiro por grandes objetivos será muito mais feliz permanecendo em casa. De início, a Suíça me provocou uma impressão tão forte que me deixou desorientado e inquieto; só depois de repetidas estadas lá, só anos depois, quando observei as montanhas apenas de um ponto de vista mineralógico, pude encará-las com tranquilidade.

Em seguida, examinamos uma grande série de gravuras feitas a partir de quadros de novos artistas de uma galeria francesa. Em quase todos eles a invenção era fraca, e em quarenta peças não achamos mais que quatro ou cinco realmente boas. As boas eram: uma mocinha que dita uma carta de amor; uma mulher em uma *maison à vendre* que ninguém quer comprar; uma pescaria; músicos diante de uma imagem da mãe de Deus. Uma paisagem à maneira de Poussin[4] também não era má, e sobre ela Goethe comentou:

— Esses artistas compreenderam o conceito geral das paisagens de Poussin, e continuam a trabalhar com esse conceito. Não podemos considerar seus quadros bons nem maus. Não são maus, porque através deles transparece um grande modelo. Mas também não podemos considerá-los bons, pois em geral falta aos artistas a grande personalidade de Poussin. Com os poetas não é diferente, e há alguns, por exemplo, que se destacariam muito pouco escrevendo à grandiosa maneira de Shakespeare.

Por fim, examinamos e discutimos longamente o modelo de Rauch para a estátua de Goethe destinada a Frankfurt.[5]

Terça-feira, 24 de fevereiro de 1824

Hoje, às 13 horas, estive com Goethe. Ele me mostrou manuscritos que ditou para o primeiro fascículo do quinto volume de *Arte e antiguidade*. Constatei que ele acrescentou um apêndice à minha crítica do *Pária* alemão, fazendo referência tanto à tragédia francesa quanto à sua própria trilogia lírica, de modo que em certa medida esse conjunto formava um todo cerrado.

— O senhor fez bem — disse Goethe — ao aproveitar a ocasião de sua resenha para se familiarizar com o contexto indiano; pois no fim das contas só guardamos de nossos estudos aquilo que aplicamos na prática.

Eu lhe dei razão e disse que tivera essa experiência quando frequentara a academia, pois só guardara das lições dos professores aquilo que uma inclinação interior me levava a aplicar na prática; ao passo que mais tarde me esquecera por completo de tudo quanto não pudera exercitar praticamente.

— Com Heeren — disse — estudei história antiga e moderna, mas não sei mais uma palavra a respeito. Mas se fosse estudar uma época da história

---

4 Nicolas Poussin (1594-1665), pintor francês, um dos expoentes do Classicismo na pintura.

5 Rauch: cf. n.1, p.22-3.

com o intuito de representá-la dramaticamente, decerto guardaria comigo para sempre o resultado desse estudo.

— Nas academias, em geral — disse Goethe —, estuda-se muito e demais, e demasiadas inutilidades. E os professores costumam expandir excessivamente suas matérias, muito além das necessidades dos alunos. Antes a Química e a Botânica eram ensinadas como partes da Farmacologia, e isso bastava aos estudantes de Medicina. Mas agora a Química e a Botânica se tornaram ciências independentes e ilimitadas, cada uma delas podendo preencher uma vida humana inteira, e querem impingi-las aos estudantes de Medicina! Isso, porém, não leva a nada, uma se sobrepõe à outra e faz esquecê-la. Uma pessoa sensata esquece tudo quanto possa levar à dispersão e se limita a *uma* só matéria, tornando-se competente nela.

A seguir, Goethe mostrou-me uma breve crítica sua sobre o *Caim* de Byron, que li com grande interesse.

— Podemos ver — disse ele — o quanto a insuficiência dos dogmas da Igreja deram o que fazer a um espírito livre como Byron, e como ele procura, através de uma peça dessa natureza, se livrar de uma doutrina que lhe fora imposta. O clero inglês certamente não lhe será grato por isso; mas muito me admiraria se ele não continuasse a se ocupar de temas bíblicos correlatos e deixasse escapar um objeto como a queda de Sodoma e Gomorra.

Depois dessas considerações literárias, Goethe chamou minha atenção para as artes plásticas, mostrando-me um mármore antigo ao qual já se referira com admiração alguns dias atrás. Encantou-me observar a ingenuidade do motivo representado. Eu tinha diante dos olhos um homem que baixava um pesado vasilhame que tinha sobre os ombros para dar de beber a um garoto. Mas ele ainda não se colocou em uma posição adequada, o menino não consegue alcançá-lo com a boca, a água não flui e, apoiando as mãozinhas no vasilhame, o menino ergue o olhar para o homem, como se lhe pedisse que o incline mais um pouco.

— Então, que lhe parece? — perguntou-me Goethe. — Nós modernos — continuou — sentimos a grande beleza de um motivo de tanta pureza natural, de tão pura ingenuidade, temos até o conhecimento e a ideia de como executá-lo, mas não o fazemos, a razão predomina e fica sempre faltando essa encantadora graça.

A seguir, examinamos uma medalha de Brandt,[6] de Berlim, representando o jovem Teseu retirando de sob a pedra as armas de seu pai. A posição da figura mereceu nossos elogios, mas sentimos a falta de uma tensão dos membros proporcional ao peso da pedra. Também não pareceu boa ideia representar o rapaz já segurando as armas com uma das mãos enquanto a outra ainda sustém a pedra; pois, pela natureza das coisas, ele deveria primeiro pôr de lado a pesada pedra para só depois pegar as armas.

— Em contrapartida — disse Goethe —, vou mostrar-lhe uma antiga gema, na qual a mesma cena foi representada por um artista antigo.

Pediu a Stadelmann que fosse buscar uma caixa onde se encontravam guardadas algumas centenas de cópias de gemas antigas, que trouxera de Roma por ocasião de sua viagem à Itália. Vi então o mesmo tema tratado por um antigo artista grego, e quanta diferença! O jovem empurra a pedra com toda força, está preparado para a tarefa, pois pode-se ver que o peso da pedra já foi vencido e ela se encontra a ponto de ser atirada para o lado. O jovem emprega toda a sua força física contra a pesada massa e somente seu olhar está voltado para baixo, para as armas que estão aos seus pés.

Regozijou-nos a grande veracidade natural com a qual o motivo fora tratado.

— Meyer costuma dizer — acrescentou Goethe, rindo —: *"Se não fosse tão difícil pensar!"*. Mas o pior — continuou, gracejando — é que pensar nunca ajuda a pensar; temos de acertar naturalmente, de modo que as boas ideias sempre se apresentem a nós como livres filhas de Deus e nos interpelem dizendo: aqui estamos!

Quarta-feira, 25 de fevereiro de 1824

Hoje Goethe mostrou-me dois poemas extraordinários, ambos com um alto grau de moralidade em sua tendência, mas de um realismo e uma naturalidade tão sem reservas em seus motivos particulares que pertencem ao número daqueles que o mundo costuma chamar de imorais, e por esse motivo ele os mantivera em segredo e não pensara em publicá-los.

---

6 Henri François Brandt (1789-1845), medalhista suíço estabelecido em Berlim desde 1817. Em 1825, cunhou a medalha comemorativa dos cinquenta anos do encontro entre Goethe e o grão-duque Karl August.

— Se o espírito e a alta cultura pudessem se tornar um bem comum — disse ele —, o jogo seria fácil para o poeta; ele poderia ser sempre inteiramente verdadeiro e não precisaria ter medo de dizer o que de melhor lhe ocorresse. Mas tal como as coisas são, ele tem de se manter sempre dentro de certo nível; de pensar que suas obras podem cair nas mãos de um mundo muito heterogêneo e, por isso, tem motivos para tomar o cuidado de não desagradar à maioria das pessoas de bem com sua excessiva franqueza. Além disso, o tempo é uma coisa muito estranha. É um tirano que tem seus caprichos e em cada século mostra uma cara diferente para aquilo que alguém diz ou faz. O que era permitido a um grego antigo dizer não *nos* é mais conveniente dizer, e o que agradava aos vigorosos contemporâneos de Shakespeare não pode mais ser tolerado por um inglês de 1820, de modo que nos últimos tempos há a perceptível necessidade de um *Family-Shakespeare*.

— Muito também depende da forma — acrescentei. — Um desses dois poemas é bem menos ofensivo, justamente por ser escrito no tom e na métrica dos antigos. Cada um dos motivos pode ser em si desagradável, mas o tratamento confere tanta grandeza e dignidade ao todo que temos a impressão de ouvir um vigoroso poeta antigo, e de termos sido enviados de volta ao tempo dos heróis gregos. O outro poema, por sua vez, escrito no tom e na métrica do mestre Ariosto, é muito mais melindroso. Trata de uma aventura dos dias de hoje na linguagem de hoje e, penetrando assim sem nenhum disfarce nosso presente, suas audácias nos parecem muito mais arriscadas.

— O senhor tem razão — disse Goethe —, as diferentes formas poéticas guardam em si grandes efeitos misteriosos. Se minhas *Elegias romanas* fossem transpostas para o tom e a métrica do *Don Juan* de Byron, seu conteúdo pareceria extremamente suspeito.

Foram trazidos os jornais franceses. O fim da campanha francesa na Espanha, sob o comando do duque de Angoulême,[7] despertou um vivo interesse em Goethe.

---

7 Trata-se da intervenção sangrenta e ilegal do exército francês na Espanha entre abril e setembro de 1823 para sustentação do regime absolutista do rei Ferdinando VII, sob o comando de Louis-Antoine de Bourbon, duque de Angoulême (1775-1844).

Conversações com Goethe nos últimos anos de sua vida

— Os Bourbon merecem os maiores louvores por terem dado esse passo — disse ele —, pois só conquistando o exército é que conquistariam o trono. E isso foi feito. O soldado retorna cheio de fidelidade ao seu rei, pois por sua própria vitória e pela derrota da Espanha, que era comandada por tantos chefes, ele se convenceu da diferença que há entre obedecer a um único comando ou a vários. O exército reafirmou sua velha reputação e revelou que continua a ser valoroso em si mesmo e que também sem Napoleão pode vencer.

Goethe voltou então seus pensamentos para a história e discorreu longamente a respeito do exército prussiano na Guerra dos Sete Anos, que se habituara a constantes vitórias sob o comando de Frederico, o Grande, e ficara mal acostumado, razão pela qual, por excesso de autoconfiança, foi posteriormente derrotado em muitas batalhas. Tinha presentes todos os detalhes e não pude deixar de admirar sua privilegiada memória.

— Eu tenho a grande vantagem — prosseguiu — de ter nascido em uma época em que os grandes acontecimentos históricos estavam na ordem do dia e se estenderam por toda a minha longa vida, de modo que fui uma testemunha viva da Guerra dos Sete Anos, da independência da América, da Revolução Francesa e, por fim, de toda a época de Napoleão até a derrocada do herói e os acontecimentos que se seguiram a ela. Com isso, cheguei a conclusões e opiniões muito diferentes daquelas que pode ter quem nasce agora e terá de estudar aqueles grandes eventos em livros que não os compreenderam.

— Não podemos prever o que nos reservam os próximos anos; mas temo que tão cedo não teremos a paz. Ao mundo não é dado moderar-se; nem aos grandes, para que não abusem de seu poder, nem às massas, para que se contentem com uma situação modesta na expectativa de melhoras graduais. Se pudéssemos tornar a *humanidade* perfeita, também se poderia pensar em uma situação perfeita; mas, do modo como as coisas são, haverá um eterno vaivém, uma parte irá sofrer, enquanto a outra gozará de bem-estar; o egoísmo e a inveja continuarão a desempenhar seu papel de demônios malignos e a luta entre os partidos não terá jamais um fim.

— O mais sensato é que cada um exerça o ofício para o qual nasceu e que aprendeu, sem impedir que os outros façam sua parte. Que o sapateiro continue com suas fôrmas, o camponês atrás de seu arado e o príncipe saiba governar. Pois também esse ofício exige um aprendizado e não deve ser confiado a alguém que não o compreenda.

Goethe retornou então aos jornais franceses:

– Deixemos falar os liberais, pois quando são sensatos os ouviremos de bom grado; mas aos monarquistas, em cujas mãos está o exercício do poder, não convém falar, o que têm de fazer é agir. Que coloquem as tropas em marcha, ordenem decapitações e enforcamentos, isso está certo; mas não lhes cai bem debater ideias e justificar suas medidas em jornais destinados ao grande público. Se houvesse um público de monarcas, poderiam se dirigir a ele.

– Em tudo quanto tive de decidir e levar a cabo – continuou Goethe –, sempre me portei como um monarquista. Deixei os outros falarem e fiz o que me parecia ser o melhor. Analisava atentamente minha tarefa e sabia aonde queria chegar. Se errasse sozinho, saberia reparar o erro; mas se o compartilhasse com outras três ou mais pessoas, seria impossível repará-lo, pois cada cabeça é uma sentença.

Mais tarde, à mesa, Goethe estava de excelente humor. Mostrou-me o álbum da sra. Von Spiegel,[8] no qual escrevera belíssimos versos. Durante dois anos ela lhe reservara um espaço em branco, e ele estava feliz de poder finalmente cumprir uma antiga promessa. Depois de ler o poema dedicado à sra. Von Spiegel, folheei o álbum, encontrando alguns nomes importantes. Logo na folha seguinte havia um poema de Tiedge, no mesmo tom e espírito de sua *Urania*.[9]

– Em um acesso de ousadia – disse Goethe –, estive a ponto de acrescentar-lhe alguns versos meus; mas estou feliz de não ter feito isso, pois

---

8 A sra. Wilhelmine Emilie von Spiegel (1787-1870), esposa do mordomo-mor da corte de Weimar Karl Emil von Spiegel (1782-1849), havia pedido a Goethe um poema para seu álbum já em 1821.

9 Christoph August Tiedge (1752-1841), poeta alemão. Sua *Urania; über Gott, Unsterblichkeit und Freiheit, ein lyrisch-didaktisches Gedicht in 6 Gesängen* [Urânia. Sobre Deus, a Imortalidade e a Liberdade. Um poema lírico-didático em seis cantos, 1800] alcançou até o ano de 1819 seis edições.

não seria a primeira vez que, por conta de expressões inconsideradas, eu melindrei algumas boas pessoas e estraguei o efeito de algumas das melhores coisas que fiz.

— Porém, não foi por pouco tempo que eu tive de aturar a *Urania* de Tiedge; pois houve uma época que não se cantava nem declamava outra coisa que não a *Urania*. Onde quer que a gente fosse, havia sempre uma *Urania* sobre a mesa; a *Urania* e a imortalidade eram o assunto de qualquer conversa. Eu não queria de maneira alguma renunciar à felicidade de acreditar na continuidade de uma existência futura; sim, eu gostaria de dizer, como Lorenzo de Médici, que aqueles que não acreditam em uma *outra* vida estão mortos também para *esta*; ocorre, porém, que essas coisas incompreensíveis estão muito distantes para poderem ser objeto de reflexão cotidiana e de especulações nocivas ao pensamento. Além do mais, quem acredita em uma existência futura deve se regozijar em silêncio, mas não há motivo algum para se vangloriar disso. Contudo, a respeito da *Urania* de Tiedge eu percebo que, assim como os nobres, também os piedosos formam uma espécie de aristocracia. Conheci mulheres estúpidas que se orgulhavam de compartilhar com Tiedge a crença na imortalidade, e tive de aturar ser interrogado por algumas delas de um modo bastante presunçoso a esse respeito. Eu, porém, as irritei com a seguinte resposta: seria ótimo se, depois do fim dessa vida, tivéssemos a felicidade de viver uma outra; eu, porém, imploraria para não encontrar lá quem tivesse acreditado nisso nessa vida aqui. Pois então é que começariam de fato minhas penas! Os crentes viriam ter comigo para dizer: e então, tínhamos ou não tínhamos razão? Não o havíamos predito? Aconteceu ou não? E nem no além o tédio teria fim.

— Ocupar-se com a ideia de imortalidade — continuou Goethe — é para as classes privilegiadas e, sobretudo, para mulheres que não têm o que fazer. Mas uma pessoa capaz, que pretenda ser alguém digno de consideração já nessa vida e diariamente tem de se esforçar, de lutar e de agir, deixar de lado o mundo do além para ser ativo e útil neste. Além disso, a ideia de imortalidade é para aqueles que, em matéria de felicidade, não se saíram lá muito bem nessa vida, e eu aposto: se o bom do Tiedge tivesse uma melhor sorte, ele teria também melhores ideias.

Johann Peter Eckermann

Quinta-feira, 26 de fevereiro de 1824

À mesa com Goethe. Depois que termináramos de comer e a mesa fora retirada, ele pediu a Stadelmann que trouxesse grandes pastas com gravuras. As pastas tinham juntado alguma poeira e, não havendo à mão um pano próprio para limpá-las, Goethe irritou-se e repreendeu o criado.

— Estou lhe falando pela última vez — disse ele. — Se você não for hoje mesmo comprar os panos que já lhe pedi tantas vezes, amanhã eu mesmo irei, e você verá que estou falando sério. — Stadelmann saiu.

— Certa vez me aconteceu algo parecido com o ator Becker — continuou Goethe alegremente, dirigindo-se a mim. — Ele se recusava a representar um cavaleiro no *Wallenstein*, e eu mandei dizer-lhe que se *ele* não representasse o papel, eu mesmo o faria. Funcionou. Pois no teatro todos me conheciam; sabiam que eu não brincava com essas coisas e era doido o bastante para manter a palavra e cometer os maiores absurdos.

— E o senhor teria mesmo representado o papel? — perguntei.

— Sim — disse Goethe —, eu o teria representado, e teria suplantado o sr. Becker, pois o conhecia melhor que ele.

Em seguida, abrimos as pastas e nos pusemos a examinar as gravuras e desenhos. Nessas ocasiões, Goethe procede com o maior desvelo em relação a mim, e eu sinto que sua intenção é levar-me a um nível mais elevado de compreensão na apreciação da arte. Mostra-me apenas aquilo que é perfeito em seu gênero, esclarecendo-me a intenção e os méritos do artista, de modo que eu possa refazer o pensamento dos melhores e sentir igual a eles.

— É desse modo — disse-me ele hoje — que se forma aquilo a que chamamos de gosto. Pois não se pode formar o gosto através das realizações medíocres, apenas por meio das que atingem a excelência. Por isso eu lhe mostro apenas o melhor; e se o senhor se ativer a elas, ganhará uma medida para o restante, que aprenderá a não sobrevalorizar, e sim a reconhecer em seu justo valor. E o faço ver o melhor em cada um dos gêneros, a fim de que se dê conta de que nenhum deles deve ser desprezado, pois todos podem nos dar prazer, desde que um grande talento o leve ao seu ápice. Esse quadro de um artista francês, por exemplo, é galante como nenhum outro, e por isso é uma peça exemplar em seu gênero.

Conversações com Goethe nos últimos anos de sua vida

Goethe estendeu-me a folha e eu a examinei com prazer. Em um aposento encantador de um palácio de veraneio, cujas portas e janelas abertas proporcionavam uma vista para os jardins, via-se um gracioso grupo de pessoas. Uma bela mulher de seus 30 anos, sentada, segurava um caderno de notas, parecendo ter acabado de cantar algo. Um pouco mais ao fundo, sentada ao seu lado, uma mocinha de uns 15 anos se apoia nela. Atrás, junto à janela aberta, outra jovem; tem nas mãos um alaúde e parece tirar dele algumas notas. Nesse momento, acaba de entrar um jovem para o qual se voltam os olhares das mulheres; ele parece haver interrompido a diversão musical e, fazendo uma leve mesura diante delas, dá a impressão de dizer algumas palavras de desculpa, às quais as mulheres ouvem com prazer.

— Parece-me — disse Goethe — que essa gravura é tão galante quanto qualquer peça de Calderón, e assim o senhor viu o que há de melhor no gênero. E dessas aqui, o que me diz?

Com essas palavras, passou-me algumas águas-fortes de Roos,[10] o famoso pintor de animais; apenas carneiros, em todas as situações e posições. A simplicidade das fisionomias, a feiura e o desalinho dos pelos, tudo fora representado com extrema veracidade, como se fosse a própria natureza.

— Sempre senti medo — disse Goethe — ao observar esses animais. Sua expressão limitada, obtusa, sonhadora, sonolenta me desperta simpatia; sentimos um receio de nos transformar em animais, e quase acreditamos que o artista tenha ele mesmo sido um. Em todo caso, é extremamente espantosa a maneira pela qual ele consegue imaginar e sentir o que se passa no fundo da alma dessas criaturas, e fazer transparecer seu caráter íntimo em seu invólucro exterior com tanta veracidade. E assim podemos constatar o que um grande talento é capaz de realizar quando se dedica exclusivamente a objetos congeniais à sua natureza.

— Mas — perguntei — esse artista não teria pintado também cães, gatos e predadores com a mesma veracidade? E com todo esse grande dom de penetrar os sentimentos alheios, não terá também pintado caracteres humanos com a mesma fidelidade?

---

10 Johann Heinrich Roos (1631-1685), pintor e desenhista alemão, ficou conhecido como "o Rafael da pintura de animais".

— Não — disse Goethe —, tudo isso estava fora de sua esfera; em compensação, não se cansava de repetir sempre os piedosos devoradores de relva, tais como carneiros, cabras, vacas e outros semelhantes; esse era o verdadeiro âmbito de seu talento, do qual jamais se afastou durante toda a sua vida. E fez muito bem! Era inata nele a empatia com as condições desses animais, foi-lhe dado conhecer sua psicologia, e isso também lhe proporcionou esse olhar tão compreensivo para o seu aspecto físico. Outras criaturas, porém, talvez não lhe fossem tão transparentes, e por isso lhe faltava tanto a vocação quanto a inclinação para representá-las.

Essas palavras de Goethe fizeram-me recordar de outras semelhantes, que me vieram à mente com toda vivacidade. Assim, por exemplo, não havia muito, ele me dissera que o conhecimento do mundo é inato ao grande poeta e, portanto, ele não necessita nem de muita experiência nem de um grande empirismo.

— Escrevi meu *Götz von Berlichingen* — dissera-me ele então — quando era um jovem de 22 anos, e dez anos mais tarde a veracidade de minha representação causou-me admiração. Claro que não havia visto nem vivenciado nada daquilo e, portanto, devo ter possuído por antecipação o conhecimento de tão variadas situações humanas.

— Na verdade, eu só tinha prazer na representação de meu mundo interior antes de conhecer o exterior. Quando mais tarde constatei, na realidade, que o mundo era exatamente como eu o havia pensado, ele se tornou aborrecido e eu não senti mais nenhuma vontade de representá-lo. Eu diria que, se tivesse esperado até ter conhecimento do mundo para representá-lo, minha representação teria se tornado paródia.

— Há em cada caráter — dissera ele em outra ocasião — certa necessidade, certa consequência, em virtude das quais se encontram em um ou em outro traço essencial alguns traços secundários. A observação nos ensina isso muito bem, mas em alguns indivíduos o conhecimento desses fatos pode ser inato. Não me preocupa saber se em mim o inato se combina à vivência, mas de uma coisa estou certo: se falei durante um quarto de hora a uma pessoa, quero depois deixá-la falar por duas horas inteiras.

Goethe disse ainda, referindo-se a Lord Byron, que para ele o mundo era transparente, e por isso podia representá-lo por antecipação. Exprimi

Conversações com Goethe nos últimos anos de sua vida

algumas dúvidas a esse respeito: seria Byron capaz de representar alguma espécie de animal inferior, uma vez que sua individualidade me parecia ser poderosa demais para se dedicar com amor a tais objetos? Goethe assentiu e respondeu que a antecipação só chega até o ponto em que o objeto é afim ao talento, e ambos concordamos em que o próprio talento para a representação será de maior ou menor dimensão na proporção em que a antecipação for limitada ou ampla.

— Quando Sua Excelência afirma — disse eu — que o mundo é inato ao poeta, não estará se referindo apenas ao mundo interior, não ao empírico, dos fenômenos e conveniências, sendo, portanto, necessária a observação da realidade para o poeta lograr uma representação veraz deste mundo?

— Assim é, de fato — respondeu Goethe. — A esfera do amor, do ódio, da esperança, do desespero, de quaisquer que sejam os estados e paixões da alma, é inata ao poeta e ele é capaz de representá-lo. O que, contudo, não é inato: como presidir um tribunal ou como proceder no Parlamento ou na coroação de um imperador; e para não pecar contra a veracidade de tais coisas, o poeta tem de conhecê-las seja pela experiência, seja pela tradição. Foi desse modo que eu pude, no *Fausto*, dominar perfeitamente, por antecipação, o sombrio estado de fastio vital do herói e os sentimentos de amor de Gretchen; mas para dizer, por exemplo:

> Quão triste ascende a esfera mutilada
> Da rubra lua ao céu, em ignição tardia,[11]

era necessária alguma observação da natureza.

— Em todo o *Fausto*, porém — eu disse —, não há uma só linha que não revele inequivocamente um cuidadoso estudo do mundo e da vida, mas

---

11 *"Wie traurig steigt die unvollkommene Scheibe/ Des roten Monds mit später Glut heran."* (*Fausto I*, V. Versos 3851-3852.) Na citação de Eckermann há uma variação no segundo verso: *"Des späten Monds mit feuchter Glut heran"* [Da tardia lua ao céu, em ignição úmida]. Para todas as citações do *Fausto* foi utilizada a seguinte edição: Johann Wolfgang von Goethe. *Fausto. Uma tragédia. Primeira e Segunda Parte.* Tradução do original alemão de Jenny Klabin Segall. Apresentação, comentários e notas de Marcus Vinicius Mazzari. São Paulo: Editora 34, 2v., 2004-2007.

jamais nossa atenção é chamada para esse fato, como se tudo lhe tivesse sido dado por assim dizer de presente, sem o concurso de uma riquíssima experiência.

— Pode ser — respondeu Goethe —, mas se eu não trouxesse antecipadamente o mundo em mim, não seria nada além de um cego de olhos abertos, e todo estudo e toda experiência não passariam de um esforço vão e morto. A luz aí está e as cores nos rodeiam, mas se não tivéssemos nem cor luz nem cor em nossos próprios olhos, também não nos daríamos conta das que existem fora de nós.

Sábado, 28 de fevereiro de 1824

— Há pessoas excelentes — disse Goethe — que não conseguem fazer nada de improviso, de qualquer maneira, cuja natureza, ao contrário, exige que penetrem calma e profundamente em seu objeto. Talentos assim muitas vezes nos deixam impacientes, pois raras vezes conseguimos deles o que desejaríamos ter de imediato, mas é apenas assim que se chega ao ápice da criação.

Perguntei-lhe então sobre Ramberg.

— Trata-se de um artista de espécie completamente diversa — disse Goethe —, um talento muito agradável, um improvisador sem igual. Certa vez, em Dresden, ele me pediu que lhe desse alguma tarefa. Sugeri-lhe Agamemnon retornando de Troia à sua pátria, descendo da carruagem e tendo um mau pressentimento ao cruzar a soleira de seu palácio. O senhor deve convir que se trata de um assunto dos mais difíceis, que exigiria de qualquer outro artista a mais madura reflexão. Mas, mal eu acabara de falar, Ramberg já começara a desenhar, e não pude deixar de admirar sua compreensão imediata e certeira do assunto. Não posso negar que gostaria de possuir algumas folhas desenhadas pela mão de Ramberg.

Falamos então de outros artistas que produzem suas obras com leviandade e terminam por cair no maneirismo.

— O maneirismo — disse Goethe — almeja uma realização imediata e não tem nenhum prazer no trabalho. Mas é na execução que um talento genuíno, verdadeiramente grande, encontra sua maior felicidade. Roos é in-

Conversações com Goethe nos últimos anos de sua vida

cansável no minucioso desenho dos pelos e da lã de suas cabras e carneiros, e podemos ver nos infinitos detalhes que, enquanto trabalhava, ele gozava da mais pura felicidade e nem pensava em quando o concluiria.

— Talentos inferiores não se contentam com a arte como tal; durante o trabalho, só têm olhos para o lucro que esperam obter da obra concluída. Mas com objetivos e orientações tão mundanas não se produz nada de grande.

Domingo, 29 de fevereiro de 1824

Ao meio-dia, fui à casa de Goethe, que me convidara a um passeio antes do almoço. Quando entrei, encontrei-o tomando seu desjejum e sentei-me diante dele, trazendo à conversa os trabalhos que nos ocupam conjuntamente com vistas à nova edição de suas obras. Tentei convencê-lo a incluir nessa nova edição tanto os *Deuses, heróis e Wieland* quanto as *Cartas do pastor.*[12]

— De meu ponto de vista atual — disse Goethe —, eu realmente não tenho nenhuma opinião a respeito dessas produções de minha juventude. Vocês, os mais jovens, é que devem decidir. Contudo, não quero criticar aqueles começos; é verdade que eu ainda tateava no escuro e avançava seguindo um ímpeto inconsciente, mas tinha um sentimento do que era correto, uma varinha mágica que me mostrava onde havia ouro.

Acrescentei que esse era o caso de todo grande talento, pois do contrário, ao despertar em um mundo heterogêneo, ele não poderia escolher o certo e evitar o errado.

Nesse meio-tempo haviam atrelado os cavalos, e tomamos a estrada de Iena. Falamos de diversos assuntos, Goethe mencionou os últimos jornais franceses.

---

12 A sátira a Wieland *Götter, Helden und Wieland* [Deuses, heróis e Wieland] foi escrita e publicada anonimamente em 1774. Os escritos *Der Brief des Pastors zu *** an den neuen Pastor zu **** [A carta do pastor de *** para o novo pastor de ***, 1772-3] e *Zwo wichtige bisher unerörtete biblische Fragen* [Duas importantes questões bíblicas até agora ainda não comentadas, 1773] foram também publicadas e recolhidas postumamente no volume LVI das obras reunidas, impresso em 1842.

— A constituição da França — disse ele —, feita para um povo que tem em si tantos elementos de corrupção, se baseia em fundamentos muito diferentes dos da constituição inglesa. Na França tudo se pode obter por meio do suborno; a própria Revolução Francesa foi, toda ela, conduzida por meio de subornos.

Em seguida, Goethe deu-me a notícia do falecimento de Eugène Napoleão (duque de Leuchtenberg) que recebera esta manhã e parecia entristecê-lo profundamente.[13]

— Era um grande caráter — disse Goethe —, daqueles que se tornam a cada dia mais raros, e o mundo está mais pobre de uma grande personalidade. Conheci-o pessoalmente; estive com ele em Marienbad ainda no verão passado. Era um belo homem de seus 42 anos, mas parecia ter mais, o que não era de admirar se levarmos em conta tudo o que teve de superar e como em sua vida *uma* campanha e *um* grande feito se sucediam uns aos outros. Em Marienbad, discutimos muito a respeito de um plano que ele me expôs. Tratava-se de unir o Reno ao Danúbio por meio de um canal. Um empreendimento gigantesco, considerados os obstáculos oferecidos pela região. Mas nada parecia impossível a um homem que havia servido a Napoleão e sacudido o mundo sob seu comando. Carlos Magno já tinha o mesmo plano e chegou a dar início aos trabalhos, mas o empreendimento logo teve de ser paralisado: a areia não oferecia apoio, e as massas de terra sempre desabavam de ambas as margens.

Segunda-feira, 22 de março de 1824

Antes do almoço, fui com Goethe ao seu jardim.[14]

A localização desse jardim, na outra margem do Ilm, próximo ao parque, na encosta ocidental de uma colina, é bastante acolhedora. Protegido

---

13 Eugène de Beauharnais, duque de Leuchtenberg e vice-rei da Itália (1781-1824), enteado de Napoleão.

14 O jardim à beira do Ilm, com uma casinha (a *Gartenhaus*, "casinha no jardim", ou *Gartenhaus am Stern*, "casinha do jardim junto ao Stern") de que se fala mais várias vezes ao longo do livro. Foi a principal morada de Goethe entre 1776 e 1782. Depois de seu regresso da Itália, foi pouco utilizada.

dos ventos norte e leste, recebe a influência animadora e aconchegante do sul e do oeste, o que faz dele um lugar dos mais aprazíveis, sobretudo no outono e na primavera.

A cidade, localizada a noroeste, fica tão próxima que em poucos minutos podemos alcançá-la e, no entanto, quando olhamos ao redor não vemos em parte alguma um edifício ou a ponta de uma torre que pudesse fazer pensar na vizinhança de uma cidade; as altas e frondosas árvores do parque encobrem toda a vista daquele lado. Com o nome de Stern, esse parque se estende para o norte, bem próximo à estrada que passa imediatamente diante da entrada do jardim.

Para oeste e sudoeste, tem-se uma vista livre para um espaçoso prado, através do qual, à distância de uma boa flechada, o Ilm serpenteia tranquilamente. Para além do rio, a margem se ergue formando uma colina, em cujas encostas e cimo verdeja o vasto parque colorido pela variegada folhagem dos altos amieiros, freixos, álamos e bétulas, delimitando o horizonte em direção ao sul e ao oeste em uma aprazível extensão.

Essa vista do parque por sobre o prado, especialmente no verão, dá a impressão de estarmos nas proximidades de uma floresta que se estende a perder de vista. Esperamos ver surgir a qualquer momento um cervo ou uma corça na superfície do prado. Sentimo-nos transportados para a paz da mais profunda solidão natural, pois o grande silêncio não é interrompido por longos intervalos de tempo a não ser pelo gorjeio solitário do melro ou pelo canto alternado de um tordo dos bosques.

Desses sonhos de completa solitude vêm nos despertar, porém, o bater das horas no relógio da torre, os gritos dos pavões nas alturas do parque ou o rufar dos tambores e o soar das cornetas do regimento na caserna. E na verdade não são nada desagradáveis; pois esses sons nos provocam a reconfortante sensação de estarmos perto da hospitaleira cidade que julgávamos a milhas de distância.

Em certos dias e épocas do ano esses prados são tudo, menos solitários. Ora se veem camponeses que vão ao mercado de Weimar ou se encaminham para o trabalho e de lá retornam; ora gente de todo tipo que passeia ao longo das curvas do Ilm, especialmente em direção a Oberweimar, que em certos dias é uma localidade das mais visitadas. Ou então é a época da ceifa do feno que enche esses espaços de uma alegre vivacidade. Mais ao longe veem-se os rebanhos de carneiros a pastar e talvez também as nutridas vacas suíças da granja vizinha.

Hoje, porém, não havia ainda vestígio de nenhuma dessas repousantes aparições estivais. Sobre o prado, mal se distinguiam alguns pontos verdejantes, as árvores do parque ainda exibiam seus galhos castanhos e brotos; mas o trinado dos tentilhões e o canto dos melros e tordos que se ouviam aqui e ali anunciavam a aproximação da primavera.

Havia um agradável ar estival; soprava um ameno vento sudoeste. Pequenas nuvens de temporal passavam isoladas no céu sereno, lá no alto se viam alguns fiapos de cirros se desfazendo. Observamos atentamente as nuvens e vimos que as que se aglomeravam nos estratos inferiores também se dissolviam, donde Goethe concluiu que o barômetro deveria estar subindo.

Goethe discorreu então longamente sobre as subidas e descidas do barômetro, a que ele chamava afirmação e negação da água. Falou de como a inalação e a exalação da terra obedece a leis eternas, sobre a possibilidade de um dilúvio em caso de uma contínua afirmação da água. Além disso: que embora cada lugar possua uma atmosfera própria, o estado barométrico da Europa apresenta uma grande homogeneidade. A natureza é incomensurável, e é muito difícil encontrar a norma em meio a tão grandes irregularidades.

Enquanto me ensinava a respeito de fenômenos tão elevados, íamos e vínhamos pelo largo caminho coberto de areia do jardim. Aproximamo-nos da casa, que ele mandara o criado abrir para mais tarde me mostrar seu interior. Vi o exterior pintado de branco totalmente circundado de roseiras sustentadas por latadas que subiam até a altura do telhado. Rodeei a casa e observei com particular interesse, nos ramos das roseiras junto às paredes, um grande número de ninhos de pássaros variados, que se haviam conservado desde o verão passado e agora, com a falta da folhagem, se ofereciam à vista. Eram principalmente ninhos de pintarroxos e de variadas espécies de toutinegras, construídos ora mais no alto, ora mais embaixo, conforme o costume de cada espécie.

Goethe levou-me para o interior da casa, que eu não pudera conhecer no último verão. No térreo encontrei apenas *um* cômodo habitável, de

Conversações com Goethe nos últimos anos de sua vida

cujas paredes pendiam alguns mapas e gravuras; havia ainda um retrato a aquarela de Goethe em tamanho natural, pintado por Meyer logo após os dois amigos haverem retornado da Itália. Goethe aparece em sua robusta meia-idade, muito moreno e um tanto corpulento. A expressão do rosto, ao qual falta vivacidade, é de grande seriedade; temos a impressão de ver um homem que sente na alma o peso de seus feitos futuros.

Subimos pelas escadas ao andar superior, onde encontrei três quartos e um gabinetezinho, todos muito pequenos e desprovidos de verdadeiro conforto. Goethe disse que anos atrás fora muito feliz morando e trabalhando ali com toda tranquilidade.

A temperatura nesses quartos estava um pouco fria, e nós voltamos para a cálida atmosfera lá de fora. Passeando de um lado a outro do caminho principal ao sol do meio-dia, nos pusemos a conversar sobre a literatura de hoje, sobre Schelling[15] e, entre outras coisas, algumas novas peças de Platen.

Mas logo nossa atenção se voltou para a natureza ao redor. As coroas imperiais e os lírios já brotavam com vigor, e também as malvas já verdejavam de ambos os lados do caminho.

A parte superior do jardim, localizada na encosta da colina, se constitui de um gramado com algumas árvores frutíferas dispersas e isoladas. Alguns caminhos, que serpenteiam encosta acima, contornam o topo e tornam a descer, despertaram-me o desejo de subir e olhar ao redor. Goethe precedeu-me na subida a passos rápidos, e foi com alegria que constatei sua robustez.

Lá em cima, junto à sebe, encontramos uma pavoa que parecia ter vindo do parque ducal para o lado de cá; Goethe contou-me então que nos dias de verão costuma atrair os pavões e habituá-los ao lugar com alguns de seus alimentos favoritos.

Descendo para o outro lado pelo caminho que serpenteia encosta abaixo, encontrei uma pedra rodeada de arbustos na qual estavam gravados os

---

15 Friedrich Wilhelm Joseph Schelling (1775-1854), filósofo alemão. Foi chamado por Goethe a ensinar na Universidade de Iena. Em 1816, no entanto, Goethe negou ao "filósofo catolicizante" a desejada dupla cátedra de Filosofia e Teologia. Desde 1818, cessara a correspondência amigável e marcada por mútua admiração entre eles, a qual só seria retomada, por iniciativa de Schelling, em 1827.

111

versos do conhecido poema "Aqui neste silêncio pensava o amante em sua amada", e tive a sensação de encontrar-me em solo clássico.[16]

Pouco mais adiante chegamos a um grupo de árvores de altura mediana, formado por carvalhos, pinheiros, bétulas e faias. Sob os pinheiros, encontrei alguns egregófitos regurgitados por uma ave de rapina; mostrei-os a Goethe, e ele me disse ter muitas vezes encontrado restos semelhantes naquele lugar, donde concluí serem aqueles pinheiros um pouso predileto de algumas das corujas que se veem com frequência por aquelas bandas.

Contornamos o grupo de árvores e nos encontramos novamente no caminho principal, próximo à casa. O heterogêneo grupo de carvalhos, pinheiros, bétulas e faias que acabáramos de circundar forma ali um semicírculo cujo interior abobadado lembra uma gruta, e ali nos sentamos em pequenas cadeiras dispostas em torno a uma mesa redonda. O sol estava tão forte que a parca sombra daquelas árvores despidas de suas folhas já era sentida como um ato de benemerência.

— Nos dias de calor mais intenso do verão — disse Goethe —, não conheço melhor refúgio que esse lugar. Eu mesmo plantei essas árvores há quarenta anos, tive a alegria de vê-las crescer e já gozo faz um bom tempo do frescor de sua sombra. A folhagem desses carvalhos e dessas faias é impenetrável mesmo ao sol mais forte; nos dias quentes de verão, gosto de me sentar aqui depois do almoço, quando nesses gramados e em todo o parque reina um silêncio que faria os antigos dizer: *Pan está dormindo*.

Entretanto ouvimos soar duas horas na cidade e retornamos.

Terça-feira, 30 de março de 1824

À noite em casa de Goethe. Estava a sós com ele e falamos de assuntos variados enquanto bebíamos uma garrafa de vinho. Conversamos sobre a oposição entre o teatro francês e o alemão.

---

16 *"Hier im Stillen gedachte der Liebende seiner Geliebte."* Primeiro verso do poema *Erwählter Fels* [Rochedo eleito], epigrama de 1782 dedicado a Charlotte von Stein (1742-1827), dama de companhia da duquesa Anna Amalia, confidente da duquesa Luise de Sachsen-Weimar-Eisenach e amiga próxima de Goethe. Seu amor por ela está expresso em uma longa correspondência da qual se preservaram mais de 1.700 cartas.

— Será difícil — disse Goethe — que o público alemão chegue a ser capaz de um julgamento isento, do tipo que encontramos na Itália e na França. O principal obstáculo para isso é que em nossos palcos se representa uma mistura de tudo que existe. No mesmo lugar onde ontem assistimos a *Hamlet* vemos hoje *Staberle*,[17] e onde amanhã a *Flauta mágica* nos encantará, seremos obrigados a aturar depois de amanhã as farsas do novo queridinho da hora.[18] Isso provoca uma tal confusão no julgamento do público, uma miscelânea de gêneros diversos que o impede de aprender a julgar e compreender de modo conveniente. Cada um então terá suas próprias exigências individuais e seus desejos pessoais, com os quais retornará ao lugar onde os viu levados a cena. Da mesma árvore da qual hoje colheu figos, quer voltar a colhê-los amanhã, e faria cara feia se durante a noite ela tivesse produzido abrunhos. Mas quem gosta de abrunhos deve ir buscá-los no abrunheiro.

— Schiller teve a boa ideia de construir um teatro exclusivo para as tragédias, e também de representar toda semana uma peça apenas para homens. Mas isso só seria possível em uma grande capital, não era um projeto realizável aqui, em nossas modestas condições.

Falamos das peças de Iffland[19] e de Kotzebue, que Goethe considera excelentes em seu gênero.

— Precisamente por causa daquele erro de julgamento que não diferencia entre os gêneros é que as peças desses autores foram muitas vezes criticadas de maneira injusta. Mas teremos de esperar muito até que torne a aparecer um par de talentos tão populares.

Elogiei os *Solteirões* de Iffland, que me agradara muito no palco.

— É sem dúvida a melhor peça de Iffland — disse Goethe —, a única em que ele se eleva da prosa ao ideal.

---

17 Meister Staberl, Parapluimachers [Mestre Staberle, fazedor de guarda-chuvas] era uma figura cômica popular criada pelo dramaturgo vienense Adolf Bäuerle (1784-1859). Sua peça *Staberls Hochzeit* [As bodas de Staberl] permaneceu no programa do teatro de Weimar de 1822 a 1827.

18 *Das neue Sonntagskind* [O queridinho da hora, 1793], ópera cômica em dois atos de Wenzel Müller com libreto de Joachim Perinet, foi representada em Weimar na tradução de Christian August Vulpius, cunhado de Goethe, permanecendo em cartaz de 1824 a 1846.

19 August Wilhelm Iffland (1759-1814), ator e dramaturgo alemão. Sua peça *Die Hagestolzen* [Os solteirões] foi representada pela primeira vez em 1793.

Falou-me a seguir de uma peça que fizera com Schiller como sequência dos *Solteirões*, mas apenas em conversas, sem chegar a escrevê-la. Apresentou-me a ação cena por cena; era muito graciosa e alegre, e foi um grande prazer ouvi-lo.

Goethe falou-me então sobre algumas peças novas de Platen.

— Percebe-se nessas peças a influência de Calderón. São muito engenhosas e em certo sentido perfeitas, apenas lhes falta um peso específico, certa gravidade no conteúdo. Não são de feitio a despertar um interesse profundo e duradouro no espírito do leitor, antes tocam apenas de leve e de passagem nossas cordas mais íntimas. Semelham a uma rolha que boia na água sem produzir qualquer impressão, tão de leve repousa sobre a superfície.

— O alemão exige certa gravidade, certa grandeza de pensamento, certa plenitude interior, e é por isso também que Schiller goza de tão elevada estima. Não duvido de modo algum do caráter valoroso de Platen, mas ele não se manifesta aqui, talvez por conta de uma concepção desgarrada de arte. Ele põe em movimento uma rica cultura, espírito, agudeza certeira e muita perfeição artística, mas isso tudo não basta, sobretudo para nós alemães.

— Principalmente: é o caráter pessoal do escritor que lhe confere relevância junto ao público, não as artes de seu talento. Napoleão dizia de Corneille: *"S'il vivait, je le ferais Prince!"*,[20] mas não o lia. Lia Racine, mas deste não dizia a mesma coisa. Assim também, a alta reputação de La Fontaine entre os franceses não se deve ao seu talento poético, e sim à grandeza de caráter que se manifesta em seus escritos.

Falamos então sobre as *Afinidades eletivas*, e Goethe contou-me de um viajante inglês que pretendia divorciar-se ao retornar à Inglaterra. Riu de semelhante tolice e mencionou vários exemplos de cônjuges que, depois de separados, não podiam viver longe um do outro.

— O falecido Reinhard,[21] de Dresden — disse ele —, muitas vezes se admirou por eu expressar princípios tão rígidos com relação ao matrimônio, quando sou tão liberal em tudo o mais.

---

20 [Se ele fosse vivo, o tornaria príncipe!]

21 Franz Volkmar Reinhard (1753-1812), teólogo, desde 1791 vigário da corte de Dresden.

Essas palavras de Goethe me pareceram profundamente dignas de nota, pois revelam muito bem o que ele quis dizer com aquele romance tantas vezes mal interpretado.

Falamos a seguir de Tieck e de sua opinião pessoal a respeito de Goethe.

— Tenho um apreço sincero por Tieck, e no geral ele também tem uma opinião favorável a meu respeito; mas em suas relações comigo há algo que não deveria haver. E isso não é culpa minha nem dele, as causas são outras.

— Trata-se do seguinte: quando os Schlegel começaram a se tornar importantes, eu lhes parecia demasiado poderoso, e para contrabalançar-me eles precisavam encontrar outro talento que pudessem opor a mim. Encontraram-no em Tieck, e a fim de que ele parecesse aos olhos do público suficientemente importante em comparação comigo, tinham de fazer dele mais do que ele realmente era. Isso prejudicou nossas relações, pois, sem o saber, Tieck se apresentara aos meus olhos em uma posição equívoca.

— Tieck é um talento de elevada importância e ninguém melhor que eu próprio pode reconhecer seus méritos extraordinários; mas quando o colocam acima dele mesmo e o querem equiparar a mim, estão cometendo um erro. Posso dizer isso com toda a franqueza, pois não me diz respeito, não fui eu quem me fiz. Seria como se eu quisesse me comparar a Shakespeare, que também não se fez e que no entanto é um ser de uma espécie superior, para quem eu levanto o olhar e a quem reverencio.

Esta tarde Goethe estava especialmente vigoroso, alegre e disposto. Foi buscar um manuscrito de poemas inéditos e os leu para mim. Foi um prazer único ouvi-lo, pois não apenas a força original e o frescor dos poemas me levaram a um alto grau de entusiasmo, como também Goethe revelou, ao lê-los, uma face ainda desconhecida para mim e da mais alta significação. Que maleabilidade e potência na voz! Que expressividade e que vivacidade em seu grande rosto enrugado! E que olhos!

Quarta-feira, 14 de abril de 1824

Às 13 horas com Goethe para um passeio. Falamos sobre o estilo de vários escritores.

— Para os alemães — disse Goethe —, a especulação filosófica é de todo um estorvo, que muitas vezes confere ao seu estilo um caráter impalpável, incompreensível, prolixo e intrincado. Quanto mais aderem a certas escolas filosóficas, pior escrevem. Mas aqueles alemães que, como homens de negócios ou do mundo, se ocupam apenas com o lado prático das coisas, são os que escrevem melhor. Do mesmo modo, o estilo de Schiller é mais brilhante e preciso quando ele não filosofa, como constato ainda hoje em suas importantíssimas cartas com as quais me ocupo presentemente.

— Há também entre as mulheres alemãs algumas criaturas geniais, que escrevem em um estilo admirável, superando até mesmo alguns de nossos autores renomados.

— Os ingleses, em geral, escrevem bem, pois são oradores natos e pessoas de um senso prático todo voltado à realidade.

— Os franceses, também no estilo não negam seu caráter geral. São de natureza sociável e como tal jamais esquecem o público ao qual se dirigem; esforçam-se por ser claros, a fim de convencer seu leitor, e elegantes, a fim de agradá-lo.

— De modo geral, o estilo de um escritor é uma cópia fiel de sua vida interior; se alguém quiser escrever em um estilo *claro*, que tenha antes clareza de alma, e se quiser escrever em um estilo *grandioso*, que tenha um caráter grandioso.

Goethe falou a seguir sobre seus inimigos e disse que essa estirpe não se extingue.

— Eles são uma legião — disse —, mas não é impossível classificá-los em certa medida.

— Em primeiro lugar eu mencionaria meus *inimigos por estupidez*; são pessoas que não me compreenderam e me criticam sem me conhecer. Essa massa considerável já me proporcionou uma boa dose de tédio ao longo de minha vida; mas devemos perdoá-los, pois não sabiam o que faziam.

— Uma segunda grande multidão é formada por aqueles que me têm *inveja*. Não me perdoam a felicidade e a honrosa posição que conquistei graças ao meu talento. Demolem minha fama e gostariam de me destruir. Se eu fosse infeliz e miserável, eles parariam.

— Depois vem o grande número daqueles que se tornaram meus inimigos por *falta de sucesso próprio*. Há alguns bons talentos entre eles, mas não podem me perdoar por fazer-lhes sombra.

— Em quarto lugar, eu mencionaria os que têm um *motivo* para serem meus inimigos. Pois como sou um ser humano e, como tal, sujeito a falhas e fraquezas humanas, também minhas obras não estão livres delas. Mas como sempre levei a sério minha cultura, esforçando-me incessantemente para me aprimorar, e como estive sempre em busca de progredir, aconteceu muitas vezes de me criticarem por uma falha que eu há muito já superara. Essas boas pessoas, porém, foram as que menos me feriram; atiravam em mim quando eu já me encontrava a milhas de distância. Além disso, uma obra acabada sempre se tornou para mim inteiramente indiferente; não continuava a me ocupar com ela, estava sempre pensando em algo novo.

— Outra grande massa é a daqueles que se mostram meus inimigos por *divergência de pensamento* e *diferenças de propósitos*. Costuma-se dizer sobre as folhas das árvores que não existem duas exatamente iguais, e assim também entre milhares de pessoas não se podem encontrar duas que se harmonizem por completo em suas convicções e em sua forma de pensar. Tomando isso por pressuposto, é compreensível que eu me surpreenda menos com o grande número de meus oponentes que com a grande quantidade de amigos e adeptos que ainda possuo. Minha própria época distanciou-se de mim, pois tinha uma orientação toda subjetiva, enquanto eu, com minhas aspirações objetivas, estava em desvantagem e inteiramente só.

— Nesse sentido, Schiller tinha uma grande vantagem sobre mim. Um general bem-intencionado certa vez me deu claramente a entender que eu deveria fazer como Schiller. Eu então fiz-lhe ver pela primeira vez os verdadeiros méritos de Schiller, pois os conhecia melhor que ele. Continuei tranquilo em meu caminho, sem me preocupar com o sucesso, e prestei tão pouca atenção aos meus inimigos quanto me foi possível.

Voltamos para casa e tivemos uma refeição das mais alegres. A sra. Von Goethe contou muitas coisas de Berlim, de onde chegou recentemente; falou de modo bastante afetuoso da duquesa de Cumberland,[22] que lhe

---

22 Friederike Luise Karoline Sophie Charlotte Alexandrine von Cumberland (1778-1841), nascida princesa de Meclenburg-Strelitz, casou-se em 1815, em terceiras núpcias, com Ernst August, duque de Cumberland, futuro rei de Hanôver. Goethe a conhecera no ano de 1793, durante o cerco à cidade de Mainz. Nos anos de 1790

Johann Peter Eckermann

dispensou grandes amabilidades. Goethe recordou com especial simpatia dessa senhora que, quando ainda era uma jovem princesa, se hospedara por algum tempo em casa de sua mãe.

À noite, tive em casa de Goethe um prazer musical dos mais elevados, pois ouvi cantar trechos do *Messias* de Haendel por alguns excelentes cantores reunidos sob a direção de Eberwein.[23] A condessa Caroline von Egloffstein,[24] a srta. Von Froriep,[25] além da sra. Von Pogwisch[26] e da sra. Von Goethe, se juntaram aos cantores e contribuíram amavelmente para a satisfação de um antigo desejo de Goethe.

Goethe, sentado a alguma distância, absorto na audição da música, teve uma noite feliz, cheia de admiração pela esplêndida obra.

Segunda-feira, 19 de abril de 1824

O maior filólogo de nossa época, Friedrich August Wolf, de Berlim, está aqui, a caminho do sul da França. Em sua honra, Goethe ofereceu hoje um jantar em que estavam presentes seus amigos de Weimar: o superintendente geral Röhr,[27] o chanceler Von Müller, o diretor de obras públicas Coudray,[28] o professor Riemer e o conselheiro áulico Rehbein, além de mim. À mesa, a conversação foi das mais alegres; Wolf tinha sempre uma

---

e 1792, juntamente com sua irmã, a futura rainha Luise da Prússia, foi hóspede em casa da mãe de Goethe, durante as festividades de coroação dos imperadores Leopold II e Franz II.

23 Franz Karl Adalbert Eberwein (1786-1868), regente de orquestra em Weimar.

24 Karoline von Egloffstein (1789-1868), dama de companhia de Maria Pavlovna. Juntamente com sua mãe, Henriette (1773-1864), e sua irmã mais nova, a pintora Julie von Egloffstein (1792-1869), pertencia ao círculo de amigos íntimos de Goethe.

25 Emma von Froriep (1779-1847), filha do médico e homem de negócios Ludwig Friedrich von Froriep.

26 Henriette von Pogwisch (1776-1851), dama de companhia da duquesa Luise. Era mãe de Ottilie von Goethe.

27 Johann Friedrich Röhr (1777-1848), primeiro pregador e superintendente geral (deão) em Weimar.

28 Clemens Wenzeslaus Coudray (1775-1845), arquiteto, desde 1816 diretor de obras públicas em Weimar.

tirada das mais engraçadas; Goethe, no melhor dos humores, fazia sempre o papel do oponente.

— Com Wolf — disse-me ele mais tarde —, não posso fazer outra coisa senão desempenhar o papel de Mefistófeles. Não há outra forma de levá-lo a revelar seus tesouros íntimos.

Os espirituosos chistes à mesa eram demasiado fugazes, muito frutos do momento para que os pudéssemos guardar na memória. Wolf foi um portento em respostas e ditos agudos e contundentes, mas pareceu-me que Goethe mostrou ter alguma superioridade sobre ele.

As horas à mesa passaram como se tivessem asas e, antes que nos déssemos conta, eram já 18 horas. Fui com o jovem Goethe ao teatro, onde se representava a *Flauta mágica*. Mais tarde vi também Wolf no camarote com o grão-duque Carl August.

Wolf permaneceu em Weimar até o dia 25, quando prosseguiu sua viagem para o sul da França. Seu estado de saúde era tão delicado que Goethe não escondeu sua profunda preocupação a respeito.

Domingo, 2 de maio de 1824

Goethe repreendeu-me por não haver visitado uma distinta família da cidade.

— O senhor teria — disse-me ele — gozado de algumas noites prazerosas ao longo do inverno, e também teria travado conhecimento com alguns estrangeiros ilustres; tudo isso o senhor perdeu, sabe-se lá por conta de que caprichos.

— Dada minha natureza excitável — respondi —, minha disposição de interessar-me pelas coisas mais variadas e de integrar-me a situações estranhas, nada poderia me ter sido mais incômodo e prejudicial que uma quantidade muito grande de novas impressões. Não fui educado para viver em sociedade e essa não é minha origem. As condições de minha vida passada eram tais que me parece só ter começado a viver desde esse curto espaço de tempo em que tenho privado de sua convivência. Por isso, tudo para mim é novo. Cada noite no teatro, cada conversa com o senhor marca uma época em minha vida interior. O que deixa indiferentes as pessoas cultivadas e acostumadas a outra forma de vida tem uma influência avassaladora sobre mim; e como é grande meu desejo de aprender, minha alma agarra tudo com certa energia e lhe suga tanto alimento quanto possível. Sendo essa minha situação íntima, durante o inverno passado eu me teria satisfeito completamente com o teatro e a convivência consigo, e não poderia dedicar-me a novas amizades e outras relações sem me arruinar intimamente.

— Que estranho filho de Deus é o senhor — disse Goethe, rindo —; mas faça como quiser, eu o deixo à vontade.

— Além disso — continuei —, em sociedade, sempre carrego comigo minhas inclinações e aversões pessoais, e uma certa necessidade de amar e ser amado. Procuro uma personalidade que se harmonize com minha própria natureza; a essa eu gostaria de me entregar, sem ter de me importar com os outros.

— Essa tendência de sua natureza — respondeu Goethe — não é nada sociável; mas de que nos serviria toda a nossa cultura se não quiséssemos superar nossas inclinações naturais? É uma grande estupidez exigir que as pessoas se harmonizem conosco. Eu jamais fiz isso. Sempre vi cada pessoa como um indivíduo que existia por si, que eu procurava sondar e conhecer em sua singularidade, sem exigir dele maior simpatia. Com isso consegui me relacionar com qualquer tipo de gente, e é só daí que vem o conhecimento de variados caracteres, como também a necessária desenvoltura na vida. E é justamente diante de naturezas que nos opõem resistência que temos de reunir nossas forças para podermos estabelecer uma convivência com elas, e com isso todas as nossas diferentes facetas são ativadas e levadas ao desenvolvimento e ao aprimoramento, até o ponto de nos sentirmos preparados para qualquer *vis-à-vis*. O senhor deveria fazer o mesmo. Tem mais preparo para isso do que imagina; além do mais, não há saída, o senhor precisa se lançar ao grande mundo, quer queira, quer não.

Guardei comigo essas boas palavras, com o propósito de orientar-me por elas na medida do possível.

Ao entardecer, Goethe mandou convidar-me para um passeio. Nosso caminho nos levou através de Oberweimar até o alto da colina, de onde temos a vista do parque a oeste. As árvores floresciam, as bétulas já exibiam sua folhagem e o prado era um perfeito tapete verde acariciado pelos raios do sol poente. Buscamos por grupos pitorescos e nossos olhos eram poucos para contemplá-los. Percebemos que as árvores que florescem em branco não podem ser pintadas, pois não produzem uma imagem; assim como as bétulas verdejantes não se prestam a ocupar o primeiro plano de um quadro, pois a frágil folhagem não consegue estabelecer um equilíbrio com o tronco branco; não constituem corpos suficientemente grandes a ponto de poderem ser destacados em contraste com poderosas massas de luz e sombra.

— É por isso — disse Goethe — que Ruysdael[29] jamais colocou uma bétula verdejante em primeiro plano, apenas *troncos* de bétulas, partidos, desprovidos de folhagem. Um tronco assim é perfeito para um primeiro plano, pois sua silhueta clara se destaca poderosamente.

Depois de tocar de leve em diversos assuntos, falamos na falsa tendência de alguns artistas que pretendem transformar a religião em arte, quando, ao contrário, deveriam ter a arte por religião.

— A religião — disse Goethe — tem a mesma importância para a arte que qualquer outro interesse da vida. Deve ser considerada apenas matéria, com os mesmos direitos de todas as outras matérias da vida. Também a crença ou a descrença não são os órgãos pelos quais se devem compreender as obras de arte, são outras as energias e capacidades humanas que se requerem para isso. A arte, porém, deve criar para os órgãos com os quais a compreendemos; se não o fizer, errará o alvo e passará ao largo de nós sem produzir o efeito pretendido. Claro que um tema religioso pode ser também um bom assunto para a arte, mas só quando é também universalmente humano. Por isso uma Virgem com o Menino é um tema excelente, já abordado centenas de vezes e que sempre se torna a ver com prazer.

Entretanto contornáramos o bosque, o Webicht e nas proximidades de Tiefurt tomamos o caminho de volta a Weimar, tendo diante dos olhos o sol poente. Goethe ficou por algum tempo perdido em seus pensamentos, e então me falou pelas palavras de um poeta antigo:

Mesmo quando se põe, ainda é o mesmo sol.[30]

---

29 Jakob van Ruysdael (1628[9]-1682), pintor paisagista holandês. Sobre ele, Goethe escreveu o ensaio *Ruysdael als Dichter* [Ruysdael como poeta].

30 Goethe encontrou esse verso no final de um ensaio do conde Serguei Semiônovitch Uvarov sobre o poeta épico grego tardio Nono (século IV-V) — autor de *Dionisíaca* —, intitulado *Nonnos de Panópolis. Contribuição à história da poesia grega*, e o tomou

— Quando se tem 75 anos de idade — prosseguiu ele alegremente —, é impossível não pensar na morte vez por outra. A mim esse pensamento deixa muito tranquilo, pois tenho a firme convicção de que nosso espírito é um ser de natureza indestrutível; é algo que atua continuamente de eternidade a eternidade. É como o sol, que apenas aos nossos olhos terrenos parece se pôr, mas na realidade jamais se põe, continua a brilhar ininterruptamente.

Entretanto, o sol acabara de se pôr atrás do Ettersberg; ali, no meio do bosque, sentíamos a friagem noturna e apressamos nosso retorno a Weimar e à sua casa. Goethe pediu-me para subir por um momento, no que o atendi. Estava muitíssimo bem-humorado e bastante amável. Falou-me longamente sobre sua *Teoria das cores*, sobre seus obtusos adversários e disse estar consciente de ter dado uma contribuição relevante a essa ciência.

— Para se marcar época no mundo — disse ele a propósito —, são necessárias, como é sabido, duas coisas; a primeira é ter uma boa cabeça, a segunda, que se tenha uma grande herança. Napoleão herdou a Revolução Francesa; Frederico, o Grande, a guerra da Silésia; Lutero, o obscurantismo dos padres; *a mim* coube o equívoco da teoria de Newton. A geração atual não tem ideia do que eu realizei nesse campo; mas as épocas futuras haverão de reconhecer não ter sido má a herança que recebi.

Hoje de manhã, Goethe enviou-me um maço de papéis relacionados ao teatro; dentre eles se destacavam algumas anotações esparsas, contendo as regras e os estudos que fizera com Wolff e Grüner[31] a fim de qualificá-los como bons atores. Essas notas pareceram-me de grande importância e muito instrutivas para jovens atores, motivo pelo qual decidi reuni-las e compor com elas uma espécie de catecismo teatral. Goethe aprovou meu projeto e discutimos o assunto em detalhes. Isso nos deu a oportunidade de recordar alguns atores notáveis que saíram de sua escola, e eu aproveitei a ocasião para perguntar-lhe sobre, entre outros, a sra. Von Heygendorff.[32]

---

erroneamente por um verso do próprio Nonnos. Trata-se, na verdade, de um verso ligeiramente alterado de um epigrama de Estratão de Sardes (117-138 d.C.).

31 Pius Alexander Wolff (1782-1818) e Karl Franz Grüner (c. 1780-1845), atores em Weimar e diversas outras cidades.

32 Henriette Karoline Friederike Jagemann von Heygendorff (1777-1848), atriz e cantora em Weimar, amante do duque Karl August. Foram desentendimentos com ela que levaram Goethe a deixar a direção do teatro em Weimar.

Conversações com Goethe nos últimos anos de sua vida

— Pode ser que eu tenha tido influência sobre ela — disse Goethe —, mas não é de fato uma discípula minha. Ela como que nasceu no palco, teve desde sempre muita segurança em tudo e era decididamente muito apta e preparada, como um peixe na água. Não precisava de meus ensinamentos, fazia tudo correto por instinto, talvez sem nem mesmo o saber.

Falamos então sobre seus anos como diretor de teatro, e do tempo infinito que custaram à sua atividade literária.

— É verdade que eu poderia ter empregado aquele tempo para escrever algumas boas peças, mas, bem pesadas as coisas, não me arrependo. Sempre considerei minha atuação e minhas realizações simbólicas, e no fundo não faz a menor diferença se fiz potes ou pratos.

Quinta-feira, 6 de maio de 1824

Quando cheguei a Weimar no último verão, não era minha intenção, como já disse antes, permanecer aqui, queria apenas conhecer Goethe pessoalmente e em seguida partir para o Reno, onde pensava me estabelecer por um tempo mais prolongado em algum local adequado.

Contudo, devido à grande benevolência de Goethe, fiquei preso a Weimar e, além disso, minha relação com ele adquiriu cada vez mais um aspecto prático, pois ele me envolveu cada vez mais profundamente em seus interesses e me confiou algumas tarefas não destituídas de importância no preparo de uma edição completa de suas obras.

Assim, no decorrer do inverno passado, eu reuni, entre outras coisas, diversas seções de *Xênias mansas*[33] que se encontravam em desorganizadíssimos pacotes, preparei um volume de novas poesias, além do já citado catecismo teatral e do esboço de um estudo sobre o diletantismo nas diversas artes.

Mas estava ainda vivo em mim aquele propósito de ver o Reno e, a fim de que não continuasse por mais tempo a levar comigo o aguilhão de um

---

33 *Xenien* [Xênias] se chamava uma série de epigramas escritas e publicadas em colaboração por Goethe e Schiller no *Musenalamanch* [Almanaque das Musas] nos anos de 1795 e 1796. A série *Zahme Xenien* [Xênias mansas] foi escrita por Goethe a partir de 1815. Como a série anterior, são peças polêmicas dirigidas ao ambiente artístico, científico e literário da época.

Johann Peter Eckermann

anelo insatisfeito, o próprio Goethe aconselhou-me a aproveitar alguns meses desse verão para visitar a região.

Desejava, porém, decididamente, que eu retornasse a Weimar. Alegou que não seria bom romper uma relação apenas iniciada e que, para prosperar, tudo na vida precisa ter continuidade. Deu-me claros sinais de ter escolhido a mim e a Riemer para auxiliá-lo ativamente no preparo da nova edição de suas obras, e até mesmo para assumirmos sozinhos a empresa, caso ele, com sua idade avançada, venha a faltar.

Esta manhã ele me mostrou grandes pacotes de sua correspondência, que mandara separar na assim chamada sala dos bustos.[34]

— Aqui estão todas as cartas — disse ele — que desde o ano de 1780 venho recebendo dos homens mais importantes da nação; nelas está contido um verdadeiro tesouro de ideias, e sua futura publicação fica confiada a vocês. Por agora, mandarei fazer um armário onde essas cartas ficarão guardadas, junto com meu espólio literário. Antes de sua viagem, quero que vocês dois examinem e ordenem tudo cuidadosamente, para que eu possa ficar tranquilo e tenha uma preocupação a menos.

Revelou-me, então, que pretende visitar de novo Marienbad neste verão, mas só poderá ir no final de julho, e comunicou-me confidencialmente todos os seus motivos. Expressou o desejo de que eu estivesse de volta ainda antes de sua partida, para que possamos nos falar.

Algumas semanas depois, fui visitar pessoas queridas em Hanôver e passei os meses de junho e julho no Reno, onde travei valiosas relações com alguns amigos de Goethe, sobretudo em Frankfurt, Heidelberg e Bonn.

Terça-feira, 10 de agosto de 1824

Regressei há uns oito dias de minha viagem ao Reno. Goethe demonstrou uma viva alegria por minha chegada, e eu, de minha parte, não estava menos feliz por estar mais uma vez junto dele. Tinha muitas coisas a me

---

34 *Büsten-Zimmer* [sala dos bustos], assim chamada pela grande quantidade de reproduções de bustos antigos que continha. Também era chamada *Brücken-Zimmer* [sala da ponte], pois unia a parte anterior à posterior da casa.

dizer e a me comunicar, e assim nos primeiros dias estive junto dele quase todo o tempo. Ele desistiu de sua intenção de ir a Marienbad, não quer ir a parte alguma neste verão.

— Uma vez que o senhor está de volta — disse-me ontem —, poderei ter um belo agosto.

Há alguns dias, ele me mostrou os inícios de uma continuação de *Verdade e poesia*, um caderno de folhas *in quarto* mais fino que um dedo. Algumas passagens já estão concluídas; a maior parte, porém, ainda consiste apenas de esboços. Já está decidida, contudo, uma divisão em cinco livros, e as folhas contendo o esquema geral estão organizadas de tal forma que, com algum estudo, é possível ter-se uma ideia geral do todo.

A parte já concluída me parece tão excelente, e o conteúdo já esquematizado de tão grande importância, que eu lamento vivamente ver paralisada uma obra que promete tanto ensinamento e tanto prazer, e vou insistir com Goethe de todas as formas para que logo lhe dê continuidade e a conclua.

O plano geral tem muito de um romance. Uma relação amorosa terna, galante, apaixonada, alegre ao começar, idílica em seu desenrolar, trágica no fim, em virtude de uma tácita renúncia mútua, se entretece ao longo de quatro livros e os une em um todo coerente. A magia do caráter de Lili,[35] descrito em detalhes, é capaz de prender qualquer leitor, assim como prendeu de tal forma o amante em seus laços que ele só conseguiu se salvar por meio de uma nova fuga.

A época da vida ali descrita é também de natureza intensamente romântica, ou adquire esse caráter por desenvolver-se em torno da personagem principal. Mas o que lhe confere especial significado e importância é o fato de, por anteceder de imediato a época de Weimar, ser decisiva para toda a vida de Goethe. Portanto, se algum período de sua vida tem interesse e nos faz desejar uma descrição detalhada, decerto é este.

A fim de despertar em Goethe uma nova vontade e um novo amor pelo trabalho interrompido e intocado há anos, não apenas aproveitei a ocasião

---

35 Anna Elisabeth (Lili) Schönemann (1758-1817). Goethe a conheceu no início de 1775, e amou-a intensamente. No mesmo ano ficaram noivos, mas poucos meses depois Goethe, sempre pouco inclinado a ligações duradouras, rompeu o relacionamento. A ela foi dedicado um grande número de seus poemas.

para discuti-lo oralmente com ele, como também lhe entreguei hoje as seguintes notas, com o intuito de lhe pôr diante dos olhos o que já está pronto e as partes que ainda precisam de elaboração e de posterior ordenamento.

Primeiro livro

Este livro, de acordo com o propósito inicial, pode ser considerado concluído, e contém uma espécie de exposição, pois nele se expressa claramente o desejo de participação nos negócios do mundo, cuja realização, com o chamado a Weimar, encerra todo o período. Para que se ligue mais intimamente ao todo, porém, sugiro já dar início nele à relação com Lili, que atravessa os quatro livros seguintes, e continuá-la até o momento do refúgio em Offenbach. Assim, este primeiro livro ganharia em volume e significado, e assim também se evitaria sobrecarregar em demasia o segundo.

Segundo livro

A vida idílica em Offenbach abriria então este segundo livro e conduz a relação amorosa até o momento em que ela começa a assumir um caráter inquietante, sério, trágico mesmo. Cabem aqui perfeitamente as considerações de assuntos sérios, como nos promete o esquema em relação a Stilling,[36] e as intenções apenas esboçadas com grande economia de palavras fazem pensar que também ele será muito instrutivo e de elevada significação.

Terceiro livro

O terceiro livro, que contém o plano para uma continuação do *Fausto*, entre outras coisas, deve ser considerado um episódio que se liga aos outros livros pela *tentativa de separar-se de Lili*, ainda a ser escrita.

A dúvida sobre se esse plano para o *Fausto* deve ser revelado ou guardado em segredo tem de ser esclarecida quando dispusermos dos fragmentos já

---

36 Johann Heinrich Jung, chamado Jung-Stilling (1740-1817), médico oftalmologista e escritor de tendências pietistas. Amigo de juventude de Goethe em Estrasburgo. Autor do romance autobiográfico *Heinrich Stillings Jugend* [A juventude de Heinrich Stilling, 1777].

Conversações com Goethe nos últimos anos de sua vida

prontos e pudermos examiná-los; só então teremos clareza sobre se devemos ou não deixar de lado todas as esperanças de uma continuação do *Fausto*.

Quarto livro

O terceiro livro se encerra com a tentativa de separar-se de Lili. Este quarto se inicia, então, muito adequadamente, com a chegada dos Stolberg e de Haugwitzen,[37] o que motiva a viagem à Suíça e, com ela, sua primeira fuga de Lili. O detalhado esquema existente deste quarto livro nos promete as coisas mais interessantes e faz desejar vivamente uma execução o mais detalhada possível. A paixão irreprimível por Lili, irrompendo a todo instante, também o aquece com a chama de um amor juvenil, lançando uma luz muito singular, agradável, mágica sobre o estado do viajante.

Quinto livro

Este belo livro também já está quase concluído. Pelo menos a sequência e o fim, que roçam, sim, que chegam mesmo a expressar a essência insondável e sublime do destino, podem ser considerados como perfeitamente acabados, e também falta muito pouco à *Introdução*, da qual já há um esquema muito claro. Seu acabamento, contudo, é tanto mais necessário e desejável por se falar aqui pela primeira vez das relações em Weimar e pela primeira vez despertar o interesse por elas.

Segunda-feira, 16 de agosto de 1824

A convivência com Goethe nesses dias foi muito rica, mas eu estava ocupado demais com outros assuntos para que me fosse possível escrever aqui alguma coisa de importante da abundância de suas conversações.

Encontram-se em meu diários apenas as seguintes notas isoladas, tendo eu, porém, me esquecido de suas conexões e motivos.

---

37 Os condes Christian (1748-1821) e Friedrich Leopold Stolberg (1750-1819), e o conde Christian August Heinrich Kurt von Haugwitz (1752-1832), amigos de Goethe, chegaram a Frankfurt em maio de 1775.

"Os homens são vasos flutuantes que se chocam uns com os outros."

"Pela manhã somos mais sensatos, mas também mais receosos; pois o receio também é sensatez, embora apenas passiva. A estupidez não conhece receios."

"Não precisamos levar para a velhice os erros da juventude; pois a velhice carrega consigo suas próprias falhas."

"A vida na corte se parece com uma peça musical, na qual cada um tem de observar seus compassos e suas pausas."

"Os cortesãos morreriam de tédio se não soubessem preencher seu tempo com cerimônias."

"Não é bom aconselhar um príncipe a renunciar, nem mesmo às coisas mais ínfimas."

"Quem quer formar atores precisa ter uma paciência infinita."

Terça-feira, 9 de novembro de 1824

À noite com Goethe. Falamos a respeito de Klopstock[38] e Herder, e o ouvi com prazer explicar-me os grandes méritos daqueles dois homens.

— Nossa literatura — disse ele — não se teria tornado o que é sem esses dois poderosos precursores. Quando surgiram, estavam à frente de seu tempo e também o arrastaram atrás de si; mas agora foi o tempo que *os* ultrapassou e eles, que um dia foram tão necessários e importantes, agora cessaram de ser *meios*. Um jovem que hoje quisesse alimentar sua cultura com Klopstock e Herder ficaria muito para trás.

---

38 Friedrich Gottlieb Klopstock (1724-1803), poeta alemão, autor de um grande número de odes e do poema épico em vinte cantos *Der Messias* [O messias, 1748-1773], no qual trabalhou ao longo de mais de vinte anos.

Falamos sobre o *Messias* de Klopstock e de suas *Odes*, e refletimos sobre seus méritos e suas falhas. Concordamos em que Klopstock não tinha nem a inclinação nem a faculdade de observar e compreender o mundo sensível e para a pintura dos caracteres, faltando-lhe, portanto, o que há de mais essencial para um poeta épico e dramático, ou até, poderíamos dizer, para um poeta, pura e simplesmente.

— Ocorre-me a propósito aquela ode — disse Goethe — em que ele faz a musa alemã disputar uma corrida com a inglesa e, de fato, quando consideramos a imagem oferecida pelas duas moças a correrem uma ao lado da outra, esticando as pernas e levantando poeira com os pés, temos de deduzir que o bom Klopstock jamais tivera aquela cena viva diante de seus olhos e nem sequer formara uma imagem sensível daquilo que estava descrevendo, do contrário não teria errado a mão a tal ponto.

Perguntei a Goethe o que pensava de Klopstock em sua juventude, e como o via naquela época.

— Eu o venerava — disse ele — com a piedade que me era peculiar; respeitava-o como a um tio. Reverenciava o que fazia e jamais me ocorreu refletir a respeito ou criticá-lo. Deixei-me influenciar pelo que tinha de excelente e, quanto ao resto, segui meu próprio caminho.

Voltamos a falar de Herder, e perguntei a Goethe qual de suas obras ele julga a melhor.

— Suas *Ideias para a história da humanidade* — respondeu Goethe — são indiscutivelmente sua melhor obra. Mais tarde ele revelou seu lado negativo, e deixou de ser agradável.

— Apesar da grande importância de Herder — disse eu —, não posso concordar com ele quando mostra tão pouca capacidade de julgamento em certos assuntos. Não posso perdoá-lo, por exemplo, tendo em vista o estágio em que se encontrava então a literatura alemã, por haver devolvido o manuscrito de *Götz von Berlichingen*, sem lhe reconhecer os méritos e cheio de anotações mordazes. Aparentemente, faltava-lhe de todo a sensibilidade para certos assuntos.

— Sim, nesse sentido Herder era difícil — replicou Goethe —; se estivesse aqui presente em espírito — acrescentou com vivacidade —, não nos compreenderia.

Johann Peter Eckermann

— Em compensação, tenho de louvar Merck[39] — disse eu —, que o incentivou a publicar o *Götz*.

— Era, de fato, um homem singular, notável — respondeu-me Goethe. — "Publique isso!", dizia, "Não serve para nada, mas publique!" Opôs-se a que eu o reelaborasse, e tinha razão; pois teria saído algo diferente, mas não melhor.

Quarta-feira, 24 de novembro de 1824

À noite, antes do teatro, visitei Goethe e o encontrei muito bem-disposto e alegre. Perguntou-me sobre os jovens ingleses que se encontram entre nós e eu lhe disse que tinha a intenção de ler com o sr. Doolan uma tradução alemã de Plutarco. Isso levou a conversa para a história romana e a grega, e Goethe disse o seguinte sobre ambas:

— A história romana, de fato, perdeu em atualidade para nós. Tornamo-nos demasiado humanos para que os triunfos de César não nos causem repulsa. Também a história grega oferece pouca coisa agradável. Quando aquele povo se voltava contra inimigos externos, era grande e brilhante, mas o desmembramento dos estados e as eternas guerras intestinas, que levavam os gregos a voltarem suas armas uns contra os outros, também são insuportáveis no mais alto grau. Além disso, a história de nossos próprios dias é também ela grandiosa e notável; as batalhas de Leipzig e Waterloo se destacam de tal maneira que deixam na sombra a de Maratona e outras semelhantes. Também nossos heróis individuais não ficam nada atrás: os marechais franceses, Blücher e Wellington[40] podem perfeitamente figurar ao lado dos heróis da Antiguidade.

A conversa se voltou para a literatura francesa atual e o interesse dos franceses por obras alemãs, que cresce dia a dia.

---

39 Johann Heinrich Merck (1741-1791), literato e naturalista alemão, amigo íntimo de juventude de Goethe.

40 Gebhard Leberecht von Blücher, príncipe de Wahlstatt (1741-1819), comandante das tropas alemãs durante as guerras de libertação. Arthur Wellesley, duque de Wellington (1769-1852), general inglês, comandou as tropas que venceram os franceses sob Napoleão na batalha de Waterloo (1815).

Conversações com Goethe nos últimos anos de sua vida

— Os franceses — disse Goethe — fazem muito bem em começar a estudar e traduzir nossos escritores; pois, limitados como são quanto à forma e aos motivos, não lhes resta outro meio senão se voltarem para o exterior. Podem acusar a nós alemães de alguma deficiência quanto à forma, mas lhes somos superiores quanto à matéria. As peças de Kotzebue e Iffland são tão ricas em motivos que eles poderão se abeberar nelas por muito tempo antes que se esgotem. Mas é nossa idealidade filosófica que lhes é especialmente bem-vinda; pois todo ideal é útil para fins revolucionários.

— Os franceses — continuou Goethe — têm entendimento e espírito, mas nenhuma base sólida e nenhuma piedade. O que lhes serve no momento, o que pode favorecer-lhes o partido é o que consideram correto. Assim, não nos louvam por nos reconhecerem os méritos, mas apenas quando nossas opiniões podem fortalecer-lhes o partido.

Falamos a seguir de nossa própria literatura e sobre os obstáculos que se oferecem aos nossos jovens poetas de hoje.

— O grande problema da maioria de nossos jovens poetas — disse Goethe — é uma subjetividade desprovida de significância, e uma incapacidade de encontrar a matéria apropriada quando se trata de ser objetivo. No melhor dos casos, encontram uma matéria que lhes é afim, que lhes fala à sua subjetividade; mas escolher a matéria por si mesma, por seu teor poético, mesmo quando é repulsiva à sua subjetividade, isso nem pensar.

— Mas, como eu disse, se grandes estudos e boas condições de vidas só formassem personalidades notáveis, estaríamos muito bem servidos, pelo menos no que diz respeito a poetas líricos.

Sexta-feira, 3 de dezembro de 1824

Recebi por esses dias a proposta de fornecer a um jornal inglês, sob condições muito vantajosas, informes mensais sobre as mais recentes produções da literatura alemã. Estava muito inclinado a aceitar o oferecimento, mas pensei que talvez fosse bom discutir o assunto com Goethe.

Com esse fim, fui à sua casa na hora em que as luzes começavam a ser acesas. Com as cortinas abaixadas, ele estava sentado diante de uma mesa grande em que fora servida a refeição, e sobre a qual havia duas velas acesas que iluminavam tanto seu rosto quanto um busto colossal que tinha diante de si sobre a mesa, e em cuja contemplação estava absorto.

— E então — disse Goethe apontando para o busto, depois de me saudar amigavelmente —, de quem se trata?

— Parece ser um poeta — respondi —, creio que italiano.

— É Dante — disse Goethe. — Está muito bem feito, é uma bela cabeça, embora não de todo agradável. Já está velho, curvado, irritadiço, os traços flácidos e caídos, como se acabasse de retornar do Inferno. Tenho uma medalha feita em sua época, na qual tudo é muito mais belo.

Goethe levantou-se e apanhou a medalha.

— Veja só que nariz enérgico, como o lábio superior avulta energicamente e de que modo tão belo o queixo resoluto se funde aos ossos do maxilar! Já nessa imagem colossal o entorno dos olhos e a fronte permaneceram quase os mesmos, mas todo o resto é mais fraco e mais velho. Com isso, contudo, não quero censurar a obra recente, pois de modo geral ela tem muitos méritos e é digna de muitos elogios.

Goethe perguntou então como passara os últimos dias e o que pensara e fizera. Respondi-lhe que me fora oferecido, sob condições muito favoráveis, redigir informes mensais para um jornal inglês sobre as mais recentes produções das belas-letras alemãs, e que estava muito inclinado a aceitar o oferecimento.

A essas palavras o rosto de Goethe, que até esse momento se mostrara tão amigável, assumiu uma expressão de grande aborrecimento, e em cada um de seus trejeitos eu podia ler a desaprovação de meus intentos.

— Gostaria — disse ele — que seus amigos o tivessem deixado em paz. Por que se ocupar com coisas que estão fora de seu caminho e que são tão contrárias às inclinações de sua natureza? Temos ouro, prata e papel-moeda, e cada um tem seu valor e sua cotação, mas para avaliar a cada um de modo correto é preciso justamente conhecer-lhe a cotação. Com a literatura não é diferente. O senhor talvez saiba avaliar os metais, mas não o papel-moeda, isso não é de sua alçada e, portanto, sua crítica será injusta, o senhor aniquilará com a coisa. Mas se quiser ser justo, reconhecer e aceitar cada um em seu gênero próprio, terá antes de se colocar em posição de equilíbrio

Conversações com Goethe nos últimos anos de sua vida

diante de nossa literatura média, o que o obrigará a dedicar-se a estudos nada insignificantes. Terá de olhar para trás e verificar o que pretendiam e o que realizaram os Schlegel, e o mesmo vale para os autores mais recentes, Franz Horn, Hoffmann, Clauren[41] etc. Terá de ler todos eles. E isso ainda não basta. Terá também de levar em conta os periódicos, desde as folhas matutinas até os vespertinos, a fim de tomar conhecimento imediato de tudo quanto é publicado, e com isso desperdiçará seus melhores dias e horas. Também não poderá limitar-se a folhear os novos livros que tiver de comentar com alguma minúcia, terá de estudá-los atentamente. Onde isso iria acabar? E, por fim, quando considerar ruim o que é ruim, não poderá dizê-lo, se não quiser correr o risco de entrar em guerra com todo o mundo.

— Não, conforme eu lhe disse, recuse a proposta, está fora de seu caminho. Principalmente, precavenha-se contra a dispersão e concentre suas energias. Se tivesse sido tão sensato trinta anos atrás, eu teria feito coisas muito diferentes. Quanto tempo não desperdiçamos, Schiller e eu, com as *Horas* e o *Almanaque das musas*![42] Justamente por esses dias, relendo nossas cartas, recordei-o vivamente, e não posso pensar sem desgosto naqueles empreendimentos, que só serviram para que o mundo se aproveitasse de nós, e que para nós mesmos de nada valeram. O talento pensa, de fato, poder fazer o mesmo que vê os outros fazerem, mas isso não acontece, e ele acabará por se arrepender de seu *faux-frais*. O que ganhamos quando enrolamos nossos cabelos por uma noite? Temos papelotes nos cabelos, só isso, e na noite seguinte eles estarão novamente lisos.

— O importante — prosseguiu Goethe — é que o senhor forme um capital que jamais se esgote. O senhor o conseguirá com seus estudos recém-

---

41 Franz Christoph Horn (1781-1837), romancista e crítico; Ernst Theodor Amadeus Hoffmann (1776-1822), jurista, compositor, crítico musical, pintor e escritor, uma das personalidades mais singulares e importantes do Romantismo alemão; Heinrich Clauren, pseudônimo de Karl Gottlob Samuel Heun (1771-1854), autor de contos e romances sentimentais.

42 *Die Horen* (o nome faz referência às Horas, deusas gregas que presidiam as estações do ano) e *Musen-Almanach* [Almanaque das musas], revistas editadas por Schiller entre os anos de 1795 e1799.

Johann Peter Eckermann

-iniciados da língua e da literatura inglesa. Persevere neles e aproveite a cada momento a excelente oportunidade oferecida pela presença aqui dos jovens ingleses. As línguas antigas, em sua maior parte, lhe escaparam na juventude, por isso, procure apoio na literatura de uma nação tão valorosa quanto a inglesa. Nossos romances, nossas tragédias, de onde nos vieram senão de Goldsmith, Fielding[43] e Shakespeare? E ainda em nossos dias, onde na Alemanha o senhor encontrará três heróis literários que possam comparar-se a Lord Byron, Moore e Walter Scott?[44] Portanto, repito, fortaleça-se no inglês, concentre suas forças em algo produtivo, e deixe de lado tudo que não possa acrescentar-lhe nada e não lhe convenha.

Fiquei feliz por ter consultado Goethe e em meu íntimo estava totalmente tranquilo e decidido a agir em todos os sentidos segundo seu conselho.

O sr. chanceler Von Müller fez-se anunciar e se reuniu a nós. E com isso a conversa mais uma vez se voltou para o busto de Dante que tínhamos diante de nós, e sobre sua vida e obra. Falamos especialmente da obscuridade daquelas obras, que seus próprios patrícios jamais compreenderam, sendo, portanto, ainda mais difícil para um estrangeiro penetrar aquelas trevas.

— Fica-lhe — disse Goethe dirigindo-se com afabilidade a mim — terminantemente proibido por seu confessor o estudo desse poeta.

Goethe observou ainda que a rima difícil tem uma parcela considerável de culpa naquela impenetrabilidade. Mas, de resto, falou de Dante com a maior reverência, e chamou-me a atenção que ele não se contentasse com a palavra "talento", preferindo referir-se a ele como uma "natureza", com o que parecia querer designar algo de mais abrangente, mais profético, um olhar mais profundo e mais vasto em torno de si.

---

43 Oliver Goldsmith (1728-1774), escritor inglês, autor do romance *The Vicar of Wakefield* [O vigário de Wakefield, 1766] e do poema pastoril *The Desert Village* [A aldeia abandonada, 1770]; Henry Fielding (1707-1754), romancista inglês, autor, entre outros, de *Tom Jones* (1749).

44 Thomas Moore (1779-1852), poeta, cantor e cancionista irlandês; Walter Scott (1771-1832), poeta e romancista escocês. É considerado o criador do romance histórico.

Conversações com Goethe nos últimos anos de sua vida

Quinta-feira, 9 de dezembro de 1824

Ao entardecer, fui à casa de Goethe. Ele me estendeu a mão amigavelmente e saudou-me com o elogio de minha poesia para o jubileu de Schellhorn.[45] De minha parte, dei-lhe a notícia de que havia escrito recusando a proposta inglesa.

— Graças a Deus — disse ele —, o senhor está de novo livre e em paz. Pois quero agora mesmo adverti-lo contra uma outra coisa. Virão compositores em busca de uma ópera; mas seja igualmente firme mais uma vez, pois se trata de mais uma coisa que não leva a nada e com a qual se perde tempo.

Goethe contou-me então que por intermédio de Nees von Esenbeck[46] enviara ao autor do *Pária*, em Bonn, o cartaz da peça, a fim de que o poeta pudesse saber que ela foi representada aqui.[47]

— A vida é curta — acrescentou ele —, temos de tentar proporcionar-nos prazeres mútuos.

Ele tinha diante de si os jornais berlinenses e contou-me da grande inundação em Petersburgo. Estendeu-me a folha para que eu a lesse. Falou então sobre a má localização de Petersburgo e riu aprovadoramente sobre uma frase de Rousseau, que dissera não ser possível evitar um terremoto construindo uma cidade ao lado de uma montanha cuspidora de fogo.

— A natureza segue seu curso — disse ele — e tudo quanto nos parece uma exceção obedece à regra.

Falamos a seguir das grandes tempestades que se abateram sobre os litorais, e também de outras manifestações violentas da natureza relatadas pelos jornais, e eu perguntei a Goethe se são conhecidas as interrelações entre tais fenômenos.

— Ninguém sabe nada — respondeu Goethe. — Temos uma intuição demasiado vaga desses mistérios para que possamos dizer algo a respeito.

---

45 Franz Wilhelm Schellhorn (1750-1836), secretário da câmara de Weimar. O poema de Eckermann, *Lied, beim festlichen Mittagsmahl zur Feier des Dienstjubiläums des Herrn Rat Schiellhorn* [Canto de celebração do banquete comemorativo do jubileu de serviço do sr. conselheiro Schellhorn], foi publicado em seu volume de poemas *Gedichte* (1838).

46 Christian Gottfried Daniel Nees von Esenbeck (1776-1858), médico e botânico.

47 A tragédia *Der Paria* [O pária], de Michael Beer (1800-1833).

O diretor de obras públicas Coudray fez-se anunciar, e também o professor Riemer; ambos vieram juntar-se a nós e mais uma vez veio à baila a catástrofe climática de Petersburgo, tendo Coudray nos esclarecido por meio de desenhos da planta da cidade as influências do Neva e dos demais acidentes geográficos sobre ela.

1825

Segunda-feira, 10 de janeiro de 1825

Por conta de seu grande interesse pela nação inglesa, Goethe pediu-me que lhe fossem apresentados um a um os jovens ingleses que estão hospedados na cidade. Hoje às 17 horas ele me esperava, a mim e ao sr. H., o oficial engenheiro de quem eu lhe dera as melhores referências. À hora combinada, fomos à sua casa e o criado nos conduziu até uma sala agradavelmente aquecida, na qual Goethe costuma passar as tardes e as noites. Havia sobre a mesa três velas acesas; mas Goethe não se encontrava ali, ouvimos sua voz na sala ao lado.

Entrementes, o sr. H. olhava em torno e notou, além dos quadros e de um grande mapa orográfico que pendiam das paredes, uma estante onde havia várias pastas que eu lhe disse conterem muitos desenhos de mestres famosos e gravuras feitas a partir dos melhores quadros de todas as escolas, que Goethe viera colecionando ao longo da vida e cuja contínua contemplação lhe proporcionava a melhor das distrações.

Depois de esperarmos por alguns minutos, Goethe entrou e saudou-nos cordialmente.

— Posso falar-lhe em alemão sem reservas — disse ele, dirigindo-se ao sr. H. —, pois pelo que ouço o senhor já está bem familiarizado com a língua.

O sr. H. respondeu amigavelmente com poucas palavras, e Goethe convidou-nos a nos sentarmos.

A personalidade do sr. H. deve ter feito boa impressão a Goethe, pois sua grande amabilidade e sua serena delicadeza se mostravam hoje em sua verdadeira beleza no trato com o estrangeiro.

— O senhor fez bem em vir para nosso meio a fim de aprender o alemão, pois não apenas aprenderá o idioma com facilidade e rapidez, como também poderá levar de volta à Inglaterra, em seu espírito, os elementos sobre os quais ele repousa, como nosso solo, clima, modo de viver, costumes, relações sociais, constituição e coisas semelhantes.

— Atualmente é grande na Inglaterra o interesse pela língua alemã — respondeu o sr. H. — e se torna a cada dia mais comum, de modo que quase não há um jovem inglês de boa família que não estude alemão.

— A esse respeito, porém — replicou Goethe —, nós alemães estamos meio século adiantados em relação ao seu país. Há cinquenta anos que me ocupo com a língua e a literatura inglesas, e conheço bastante bem tanto os escritores como a vida e a organização de sua terra. Se algum dia eu fosse à Inglaterra, não seria um estrangeiro lá.

— Mas, como eu disse, seus jovens patrícios fazem bem em vir agora para nosso meio e também em aprender nossa língua. Pois não apenas nossa literatura em si o merece, como também não se pode negar que alguém que compreende bem o alemão pode prescindir de várias outras línguas. Não falo do francês, que é a língua da conversação, indispensável sobretudo nas viagens, pois todos a compreendem e por meio dela podemos nos arranjar perfeitamente em todos os países sem a ajuda de um bom intérprete. Mas no que se refere ao grego, ao latim, ao italiano e ao espanhol, podemos ler as melhores obras dessas nações em traduções alemãs de tão boa qualidade que, se não tivermos um objetivo específico, não temos motivo para despender tanto tempo com o penoso aprendizado daquelas línguas. É da natureza dos alemães respeitar em sua maneira de ser tudo quanto seja estrangeiro e se adaptar a suas peculiaridades. Isso e a grande flexibilidade de nosso idioma tornam as traduções alemãs inteiramente fiéis e perfeitas.

— Também não se pode negar que, de modo geral, podemos ir longe com uma boa tradução. Frederico, o Grande, não sabia latim, mas lia seu Cícero em tradução francesa tão bem quanto nós outros na língua original.

Voltando a conversa para o teatro, Goethe perguntou ao sr. H. se ele costuma frequentá-lo.

Conversações com Goethe nos últimos anos de sua vida

— Vou ao teatro todas as noites — respondeu este — e creio que daí se tira um grande proveito para a compreensão da língua.

— É interessante — disse Goethe — como o ouvido e a faculdade de compreensão em geral se antecipam à capacidade de falar, e uma pessoa pode em pouco tempo compreender tudo sem conseguir exprimir tudo.

— Todos os dias tenho a oportunidade de constatar o quanto isso é verdadeiro — respondeu o sr. H. —, pois compreendo perfeitamente tudo o que é dito e tudo quanto leio, e posso mesmo perceber quando alguém se expressa de modo incorreto em alemão. Mas quando falo, engasgo e não consigo dizer exatamente o que quero. Uma conversação leve na corte, um gracejo com as damas, um diálogo durante a dança e coisas assim não me trazem dificuldades. Mas quando quero expressar em alemão minha opinião sobre algum assunto importante, ou dizer algo singular ou espirituoso, engasgo e não consigo continuar.

— O senhor pode se consolar e se tranquilizar a esse respeito — respondeu Goethe —, pois exprimir coisas incomuns nos causa dificuldades em nossa própria língua materna.

Goethe perguntou então ao sr. H. o que lera de literatura alemã.

— Li *Egmont* — respondeu este — e encontrei tanto prazer nesse livro que retornei a ele três vezes. Também *Torquato Tasso* me agradou imensamente. Agora estou lendo *Fausto*, mas o acho um tanto difícil.

Goethe riu dessas últimas palavras.

— De fato — disse ele —, eu não lhe aconselharia o *Fausto* por ora. É uma coisa maluca e ultrapassa todas as sensações habituais. Mas, uma vez que o senhor mesmo se decidiu a lê-lo sem me consultar, veja se consegue ir adiante. Fausto é um indivíduo tão singular que são muito poucos os que sentem empatia com o que se passa em seu íntimo. Também o caráter de Mefistófeles é algo muito difícil tanto por conta de sua ironia quanto como resultado vivo de uma intensa observação do mundo. Mas veja que luzes se acendem para o senhor com a leitura. O *Tasso*, ao contrário, está muito mais próximo do sentimento humano comum, e também sua forma detalhada facilita a compreensão.

— Contudo — replicou o sr. H. —, na Alemanha o *Tasso* é considerado difícil, e todos se espantam quando digo que o leio.

Johann Peter Eckermann

— O principal no *Tasso* — disse Goethe — é que seu leitor não seja mais criança e tenha frequentado uma boa sociedade. Um jovem de boa família com espírito e delicadeza suficientes e a necessária cultura exterior adquirida no convívio com pessoas maduras das classes mais elevadas não achará o *Tasso* difícil.

A conversa se voltou para o *Egmont*, e Goethe disse o seguinte:

— Escrevi o *Egmont* no ano de 1775, portanto há cinquenta anos. Mantive-me muito fiel aos fatos históricos e busquei a maior veracidade possível. Quando, dez anos depois, estava em Roma, li nos jornais que as cenas revolucionárias que eu descrevera se repetiam tais e quais na Holanda. Concluí daí que o mundo é sempre o mesmo e que minha representação devia ter alguma vida.

Entre essa e outras conversas chegara a hora do teatro; levantamo-nos e Goethe despediu-se cordialmente de nós.

No caminho de volta para casa, perguntei ao sr. H. o que achara de Goethe.

— Jamais vi outro homem — respondeu-me ele — que aliasse a uma tão amável gentileza uma tão grande dignidade inata. Não importa quão alto se coloque, ou quão baixo desça, ele é sempre grande.

Terça-feira, 18 de janeiro de 1825

Hoje às 5 horas da tarde fui à casa de Goethe, que não via há alguns dias, e passei uma bela noite em sua companhia. Encontrei-o sentado ao crepúsculo em seu gabinete de trabalho a conversar com seu filho e com seu médico, o conselheiro áulico Rehbein. Sentei-me com eles à mesa. Conversamos ainda por algum tempo ao crepúsculo, então trouxeram velas e tive a satisfação de ver Goethe cheio de vigor e alegria.

Perguntou-me, como sempre, com interesse quais as novidades desses últimos dias e eu lhe contei que conhecera uma poetisa.[1] Louvei seu talento incomum, e Goethe, que também já conhecia algumas de suas produções, concordou com meus elogios.

---

1 Trata-se possivelmente de Agnes Franz (1794-1843), autora do volume de poesias *Die Heimkehr* [A volta para casa].

Conversações com Goethe nos últimos anos de sua vida

— Uma de suas poesias — disse-me ele —, em que descreve uma região de sua terra natal, tem um caráter muito peculiar. Tem um pendor para descrever circunstâncias exteriores, e também não lhe faltam qualidades interiores. Claro que se podem fazer-lhe certas críticas, mas o melhor é deixá-la prosseguir e não se enganar no caminho que seu talento lhe mostrará.

Falamos então das poetisas em geral, e o conselheiro áulico Rehbein observou que o talento poético das mulheres muitas vezes lhe pareceu uma espécie de instinto sexual do espírito.

— Ouça só esta — disse Goethe rindo e olhando para mim —: *instinto sexual do espírito!* Como o médico define a coisa!

— Não sei se me exprimo bem — continuou Rehbein —, mas é algo assim. Normalmente essas criaturas não gozaram da felicidade do amor e então buscam um sucedâneo em uma inclinação espiritual. Se tivessem se casado na época certa e tido filhos, jamais pensariam em escrever poesias.

— Não quero verificar — disse Goethe — o quanto o senhor tem razão nesse caso; mas, quanto a outros talentos femininos, sempre achei que eles cessavam com o casamento. Conheci moças que desenhavam maravilhosamente, mas assim que se tornaram esposas e mães, acabou-se; tinham de cuidar das crianças e não pegaram mais em um lápis.

— Mas nossas poetisas — continuou ele com vivacidade — poderiam sempre escrever e fazer versos o quanto quisessem, desde que nossos homens não escrevessem como mulheres! Mas é isso que me desagrada. Basta olhar para nossas revistas e almanaques para ver o quanto tudo é fraco e se torna cada vez mais fraco. Se publicássemos hoje um capítulo de Cellini[2] no *Morgenblatt*, o quanto não se destacaria!

— Enquanto isso — continuou ele com vivacidade —, deixemos o barco correr e alegremo-nos com nossa vigorosa mocinha de Halle que, com espírito viril, nos introduziu no mundo sérvio.[3] Os poemas são excelentes!

---

2 Benvenuto Cellini (1500-1571), escultor, ourives e escritor italiano, cuja autobiografia foi traduzida para o alemão por Goethe e publicada em 1796 na revista *Die Horen*.

3 Therese Albertine Luise von Jakob (1797-1870), que escrevia sob o pseudônimo de Talvj, formado com as iniciais de seu nome. Goethe correspondeu-se com ela entre abril e dezembro de 1824, depois de ela lhe haver enviado suas traduções de poemas recolhidos no acervo do linguista sérvio Vuk Stefanović Karadžić (1787-1864), que vivia em Leipzig.

Alguns dentre eles se poderiam colocar ao lado do *Cântico dos cânticos*, e isso não é pouca coisa. Terminei de escrever o ensaio sobre esses poemas e ele já foi publicado.

Com essas palavras, ele me estendeu as quatro primeiras provas do novo fascículo de *Arte e antiguidade* no qual encontrei o referido ensaio.

— Caracterizei cada poema em breves palavras de acordo com seu conteúdo principal e o senhor se regozijará com tantos motivos deliciosos. Rehbein também não é desconhecedor da poesia, pelo menos no que se refere ao conteúdo e à matéria, e talvez ouça de bom grado o senhor nos ler essas passagens.

Li pausadamente o conteúdo de cada poema. As situações indicadas eram tão eloquentes, tão bem delineadas, que a cada palavra um poema inteiro se formava diante de meus olhos. Sobretudo encantadores me pareceram os seguintes:

1.
O pudor de uma moça sérvia, que jamais ergue os belos cílios.

2.
Conflito interior do apaixonado que, como padrinho de casamento, deve conduzir a amada aos braços de um terceiro.

3.
Preocupada com o amado, a moça não quer cantar, para não parecer alegre.

4.
Lamento sobre a inversão dos costumes, que leva um jovem a cortejar a viúva, e o velho, a donzela.

5.
Lamento de um jovem porque a mãe dá excessiva liberdade à filha.

6.
Conversa alegre e íntima da moça com o cavalo, que lhe revela as inclinações e intenções de seu amo.

7.

A moça não aceita o homem a quem não ama.

8.

A bela servidora da taberna; seu amado não se encontra entre os fregueses.

9.

Encontrar e despertar ternamente o amado.

10.

Qual será a profissão do esposo?

11.

Alegrias do amor perdidas por tagarelice.

12.

O enamorado chega do estrangeiro, observa-a durante o dia, surpreende-a durante a noite.

Observei que esses simples motivos despertavam tanta vida em mim como se eu lesse as próprias poesias e que, por isso, não sentia nenhuma necessidade de conhecer o texto completo.

— O senhor tem toda razão — disse Goethe —, é assim mesmo. Mas daí o senhor pode constatar a grande importância dos motivos, que ninguém quer compreender. Nossas mulheres não têm a menor noção disso. Essa poesia é bonita, dizem elas, e pensam apenas nos sentimentos, nas palavras, nos versos. Mas a ninguém ocorre que a verdadeira força e eficácia de um poema residem na situação, nos motivos. E por isso são escritas milhares de poesias cujo motivo é nulo, e somente pelos sentimentos e pelos versos sonoros dão a ilusão de uma espécie de existência. Os diletantes, em especial as mulheres, têm conceitos de poesia totalmente fracos. Costumam pensar que se dominassem a técnica já teriam a essência e seriam artistas consumados; mas se enganam redondamente.

O professor Riemer fez-se anunciar; o conselheiro Rehbein despediu-se. Riemer juntou-se a nós. A conversa a respeito dos motivos das poesias de amor sérvias continuou. Riemer já estava a par do assunto e observou que não apenas se poderiam escrever poesias segundo as indicações de conteúdo acima referidas, como também aqueles motivos já haviam sido utilizados e desenvolvidos por poetas alemães sem conhecimento prévio dos poemas sérvios. Lembrou a respeito alguns de seus próprios poemas, e a mim também ocorreram durante a leitura algumas poesias de Goethe, que mencionei.

— O mundo permanece sempre o mesmo — disse Goethe —, as circunstâncias se repetem, um povo vive, ama e sente como outro, por que não deveria um poeta escrever como outro? As situações da vida se assemelham, por que não deveriam se assemelhar também as situações das poesias?

— E justamente essa semelhança da vida e dos sentimentos — disse Riemer — nos coloca em condições de compreender a poesia de outros povos. Não fosse assim, jamais saberíamos, diante de um poema estrangeiro, do que se trata.

— Sempre achei estranhos os eruditos — disse eu, tomando a palavra — que parecem pensar que o poetar não parte da vida para o poema, e sim do livro para o poema. Eles sempre dizem: "Isso ele tirou dali, e aquilo de acolá"! Se encontram, por exemplo, alguma passagem em Shakespeare que também se encontra nos poetas antigos, isso significa que ele os copiou daqueles poetas? Assim, há uma cena em Shakespeare na qual, contemplando uma bela jovem, se diz serem felizes os pais que a chamam de filha, e feliz o jovem que a levar consigo como esposa. E, só porque em Homero acontece o mesmo, Shakespeare o terá encontrado em Homero! Que estranho! Como se fosse necessário ir tão longe em busca de tais coisas, como se não as tivéssemos diariamente diante de nossos olhos, e não as sentíssemos e não as expressássemos!

— Ah! — disse Goethe. — Isso é ridículo ao extremo.

— O próprio Lord Byron — continuei — não se mostra muito sensato quando disseca seu *Fausto* e diz que o senhor encontrou isso aqui e aquilo acolá.

— Eu nem sequer li a maior parte daquelas maravilhas citadas por Lord Byron — disse Goethe —, muito menos pensei nelas ao escrever o *Fausto*. Mas Lord Byron só é grande quando escreve poesias, assim que se põe a refletir torna-se uma criança. E por isso também não sabe se defender contra ataques incompreensivos de igual teor que lhe são desferidos em seu próprio país; ele deveria refutá-los com mais vigor. Deveria dizer: "Isso que aí está é meu! E tanto faz se o tomei da vida ou de um livro, o que importa é se o utilizei corretamente". Walter Scott se utilizou de uma cena de meu *Egmont*, tinha o direito de fazê-lo e, uma vez que o fez com inteligência, é digno de louvor. Ele também copiou o caráter de minha Mignon em um de seus romances. Foi com a mesma sabedoria? Essa é outra questão. O diabo transformado de Lord Byron é uma continuação de Mefistófeles,[4] e isso está correto! Se quisesse se esquivar disso por um capricho de originalidade, teria obtido um resultado pior. Assim também meu Mefistófeles canta uma canção de Shakespeare, e por que não deveria fazê-lo? Por que eu teria de me dar ao trabalho de compor uma canção própria, se a de Shakespeare me servia à perfeição e dizia justamente o que era preciso? Por isso, se o prólogo de meu *Fausto* tem algumas semelhanças com o *Livro de Jó*, isso também está correto e, portanto, eu mereço antes louvores que reproches.

Goethe estava no melhor dos humores. Mandou vir uma garrafa de vinho, da qual serviu a mim e a Riemer; ele mesmo bebeu água de Marienbad. A noite parecia ter sido destinada a repassar com Riemer o manuscrito da continuação de sua autobiografia, com vistas a melhorar a expressão deste ou daquele trecho.

— Eckermann pode permanecer e nos ouvir — disse Goethe, palavras que muito me agradaram. Então entregou o manuscrito a Riemer, que começou pelo ano de 1795.

No decorrer do verão, eu já tivera a alegria de ler e reler o relato ainda inédito de todos aqueles anos de sua vida até a época mais recente. Mas ouvi-los ler em voz alta em presença de Goethe proporcionou-me um prazer todo novo. Riemer estava atento à expressão e eu tive a oportunidade de admirar sua grande habilidade e sua riqueza de vocabulário e de frases. Em Goethe, porém, estava vívida a época descrita, ele se deleitava com as lembranças e completava oralmente o que estava escrito, através de uma

---

4 O próprio Byron, em carta a Shelley, descreveu sua peça *The deformed transformed* [O deformado transformado, 1821] como uma espécie de drama fáustico.

narrativa detalhada, mencionando pessoas e fatos isolados. Foi uma noite deliciosa! Seus contemporâneos mais proeminentes foram lembrados diversas vezes; mas a conversa sempre retornava a Schiller, cuja vida estava intimamente ligada a essa época entre 1795 e 1800. O teatro fora objeto de sua ação conjunta, e também algumas obras excepcionais de Goethe foram escritas naquele período. O *Wilhelm Meister* é concluído, logo a seguir *Hermann e Doroteia* é esboçado e escrito, Cellini foi traduzido para as *Horas*, as *Xênias* são compostas a quatro mãos para o *Almanaque das musas* de Schiller, não faltavam pontos de contatos diários. Sobre tudo isso se falou nessa noite e não faltaram motivos para Goethe fazer observações interessantíssimas.

— *Hermann e Doroteia* — disse ele, entre outras coisas — é quase o único entre meus poemas extensos que ainda me alegram; não posso lê-lo sem uma íntima comoção. Gosto dele especialmente na tradução latina; assim me parece mais elegante, é como se, pela forma, retornasse à sua origem.

Também se falou repetidamente de *Wilhelm Meister*.

— Schiller — disse ele — censurava-me ter entremeado nele o trágico, que não seria adequado ao romance. Mas ele estava equivocado, como todos nós sabemos. Nas cartas que me enviou se encontram as mais importantes observações e opiniões sobre o *Wilhelm Meister*. Essa, aliás, é uma daquelas obras incomensuráveis, cuja chave eu mesmo não possuo. Procuram nele um núcleo, isso é difícil e não é nem mesmo bom. Eu devia ter pensado que uma vida rica e multifacetada que se desenrola diante de nossos olhos já teria em si um significado, mesmo carecendo de uma tendência declarada, que afinal existe apenas para fins de conceituação. Mas caso se deseje absolutamente algo desse gênero, que se tenham presentes as palavras que Friedrich dirige ao nosso herói no final do romance: "Você me faz pensar em Saul, filho de Kis, que saiu em busca das mulas de seu pai e encontrou um reino". Atenham-se a isso. Pois no fundo a obra em conjunto parece querer dizer tão somente que, apesar de todas as sandices e confusões, o homem, guiado por mão superior, chega a uma conclusão feliz'.

Falamos a seguir da grande cultura que se disseminou entre as classes médias de toda a Alemanha nesses últimos cinquenta anos, e Goethe atribuiu-lhes os méritos menos a Lessing que a Herder e Wieland.

Conversações com Goethe nos últimos anos de sua vida

— Lessing — disse ele — era um altíssimo intelecto, e apenas um que se lhe equiparasse poderia verdadeiramente aprender com ele. Para inteligências medianas, ele era perigoso.

Mencionou então um jornalista que, formado segundo o modelo de Lessing, desempenhou certo papel em fins do século passado, mas não dos mais nobres, pois ficara muito aquém de seu grande predecessor.

— Toda a Alemanha meridional — disse Goethe — deve seu estilo a Wieland. Ela aprendeu muitas coisas com ele, entre as quais a faculdade de se expressar corretamente não é a menos importante.

Ao mencionar as *Xênias*, Goethe elogiou especialmente as de autoria de Schiller, chamando-as de agudas e contundentes, e classificou as suas próprias de inocentes e insignificantes.

— "O zodíaco", que é de Schiller — disse —, eu leio sempre com admiração. As influências benéficas que a seu tempo ele exerceu sobre a literatura alemã são inestimáveis.

A esse propósito, foram lembrados os nomes de várias pessoas contra as quais as *Xênias* foram dirigidas; mas esses nomes desapareceram de minha memória.

Depois que, interrompido por essas e uma centena de outras observações e interpolações de Goethe, o referido manuscrito foi lido e discutido até a parte que trata do final do ano de 1800, ele pôs de lado os papéis e mandou servir na ponta da grande mesa à qual estávamos sentados uma pequena refeição. Nós comemos com vontade, mas Goethe não tocou na comida; aliás, nunca o vi cear. Ficou sentado junto a nós, ora servia o vinho, ora limpava as velas e além disso tudo nos deleitava o espírito com palavras admiráveis. A recordação de Schiller era-lhe tão vívida que a conversação dessa última parte da noite foi dedicada inteiramente a ele.

Riemer recordou-se da personalidade de Schiller.

— A estrutura de seus membros, seu modo de andar pela rua, todos os seus movimentos — disse — eram sobranceiros, apenas seus olhos eram suaves.

— Sim — disse Goethe —, todo o resto nele era sobranceiro e majestoso, mas os olhos eram suaves. E seu talento era como seu corpo. Ele apanhava um grande tema com audácia, observava-o, virava-o deste lado para aquele, examinava-o de um modo e de outro e o manejava de uma maneira e de outra. Via seu objeto apenas exteriormente, não se importava com seu silencioso desenvolvimento interior. Seu talento era antes instável. Por isso também nunca se decidia e nunca dava nada por pronto. Com frequência, modificava um papel ainda pouco antes do ensaio.

— E do mesmo modo como sempre se lançava com audácia ao trabalho, ele também pouco se preocupava em trabalhar os motivos da ação. Só eu sei a dificuldade que tive quando ele escreveu o *Tell* e queria fazer Gessler simplesmente colher uma maçã do pé e mandar tirá-la da cabeça do garoto com uma flechada. Isso era totalmente contrário à minha natureza, e eu o convenci a introduzir ao menos um motivo para essa crueldade, fazendo o filho de Tell se gabar diante do governador da habilidade de seu pai, dizendo que ele acertaria uma maçã no pé de uma distância de cem passos. De início Schiller resistiu, mas acabou por ceder aos meus argumentos e pedidos e fez o que eu lhe aconselhara.

— Já quanto a mim, o exagero com que introduzia os motivos terminou por afastar minhas peças do teatro. Minha *Eugenie* é uma cadeia de puros motivos, e no palco não produz um resultado feliz.

— O talento de Schiller era como que feito para o teatro. A cada peça ele avançava e se tornava mais perfeito; mas era estranho como, desde *Os bandoleiros*, certa tendência para as crueldades como que se colara a ele e não o abandonou de todo nem mesmo em seus melhores dias. Eu ainda me lembro perfeitamente de como, na cena da prisão em *Egmont*, quando o veredito é lido para o protagonista, ele colocou Alba mascarado e envolto em um capote no fundo do palco, a se deleitar com o efeito que a sentença de morte teria sobre Egmont. Com isso, pretendia que Alba fosse representado como um homem cheio de maldade e tomado por uma sede insaciável de vingança. Mas eu protestei e a figura não entrou em cena. Schiller era um grande homem singular.

— A cada semana era outro, e mais perfeito; sempre que o reencontrava, ele me parecia ter progredido em cultura, erudição e discernimento. Suas cartas são a mais bela recordação que tenho dele, e estão entre as melhores coisas que escreveu. Guardo sua última carta como uma relíquia sagrada entre meus tesouros.

Goethe levantou-se e foi buscá-la.

– Leia e comprove – disse, estendendo-me o papel.

Era uma bela carta, escrita por mão audaz. Continha um juízo sobre as notas que Goethe escrevera para *O sobrinho de Rameau*, nas quais faz uma apreciação da literatura francesa da época e cujo manuscrito ele confiara à avaliação de Schiller. Li a carta para Riemer.[5]

– O senhor pode ver como seu juízo é certeiro e coeso, e como sua caligrafia não deixa ver nenhum sinal de fragilidade. Era um homem esplêndido, e nos deixou em pleno vigor. Essa carta é de 24 de abril de 1804. – Schiller morreu a 9 de maio.

Revezamo-nos em examinar a carta e nos regozijamos com a clareza de expressão e com a bela caligrafia. Goethe ainda dedicou algumas palavras de afetuosa recordação a seu amigo até que, já tarde, próximo às 11 horas da noite, nos despedimos.

Quinta-feira, 24 de fevereiro de 1825

– Se ainda estivesse encarregado da direção do teatro – disse Goethe esta noite –, eu traria à cena o *Doge de Veneza* de Byron. É verdade que a peça é excessivamente longa e teria de ser abreviada; mas não haveria necessidade de cortes e supressões, o que se teria a fazer é algo diferente: assimilar o conteúdo de cada cena e apenas refazê-lo com maior concisão. Com isso a peça se tornaria mais concentrada, sem que a prejudicássemos com alterações, e produziria um efeito muito mais intenso sem perder nada da essência de sua beleza.

Essas observações de Goethe me deram uma nova visão de como se poderia proceder no teatro em uma centena de casos semelhantes, e regozijei-

---

5 *Le Neveu de Rameau* [O sobrinho de Rameau], diálogo escrito por Denis Diderot (1713-1784) entre 1762 e 1773 e publicado postumamente em 1821. A tradução de Goethe *Rameaus Neffe. Ein Dialog. Aus dem Manuskript übersetzt u. mit Anmerkungen begleitet von Johann Wolfgang Goethe* [O sobrinho de Rameau. Um diálogo. Traduzido do manuscrito e acompanhado de anotações por Johann Wolfgang Goethe] foi publicada em Leipzig no ano de 1805.

-me imensamente com essa máxima, que só poderia vir de uma boa cabeça, de um poeta consciente de seu ofício.

Continuamos a falar de Lord Byron e recordei que em suas conversações com Medwin[6] ele dissera ser algo de extremamente difícil e ingrato escrever para o teatro.

— Tudo depende — disse Goethe — de o poeta acertar com os rumos tomados pelo gosto e pelo interesse do público. Se a orientação do talento coincidir com a do público, tudo estará garantido. Houwald acertou esse rumo com seu *Retrato*, daí o aplauso geral. Talvez Lord Byron não tenha sido tão feliz porque suas tendências se afastavam das do público. Não é a grandeza do poeta o que mais importa nesse caso, pois um cuja personalidade não se eleve muito sobre a do público em geral pode, justamente por isso, conquistar-lhe a preferência.

Continuamos a falar de Lord Byron e Goethe louvou-lhe o extraordinário talento.

— Em nenhuma outra pessoa no mundo — disse — encontrei em tão grande medida aquilo a que chamo invenção quanto nele. Sua maneira de desatar um nó dramático quase sempre supera todas as expectativas, e é sempre melhor do que havíamos pensado.

— Sinto o mesmo em relação a Shakespeare — acrescentei —, especialmente quando Falstaff se vê entalado em suas próprias mentiras eu me pergunto de que maneira o faria se safar, mas Shakespeare supera de longe todas as minhas ideias. Quando o senhor diz o mesmo de Lord Byron, faz-lhe o maior elogio que ele poderia receber. No entanto — acrescentei — o poeta, que tem uma visão clara do começo e do fim, está em grande vantagem em relação ao leitor limitado.

Goethe mostrou-se de acordo comigo e então riu de Lord Byron pois ele, que em toda a sua vida jamais se acomodara e jamais perguntara por qualquer lei, ao final se submeteu à estúpida lei das *três unidades*.

---

6 Thomas Medwin (1788-1869), poeta e tradutor inglês, primo de Percy Bisshe Shelley, de quem escreveu uma biografia. Eckermann se refere ao *Journal of the conversations of Lord Byron: Noted during a residence with his Lordship at Pisa, in the years 1821 and 1822. By Thomas Medwin* [Diário das conversações de Lord Byron. Anotado durante uma estadia com Sua Excelência em Pisa nos anos de 1821 e 1822].

Conversações com Goethe nos últimos anos de sua vida

— Ele compreendeu tão pouco a razão dessa lei — disse — quanto todo o resto do mundo. A *apreensibilidade* é o motivo, e as três unidades são boas apenas quando levam a ela. Mas quando são prejudiciais à apreensibilidade, é sempre insensato tomá-las por lei e obedecê-las. Mesmo os gregos, de quem nos vieram essa regra, não a obedeceram sempre; no *Faetonte* de Eurípides, e em outras peças, há mudança de lugar, e por aí podemos ver que eles davam maior importância à boa representação de seu objeto que ao respeito cego por uma lei que em si não tem maior significado. As peças de Shakespeare ultrapassam tanto quanto possível essa unidade de tempo e lugar; mas são apreensíveis, não há nada mais apreensível que elas, e por isso mesmo os gregos as achariam irrepreensíveis. Os poetas franceses tentaram seguir com extremo rigor a lei das três unidades, mas pecaram contra a apreensibilidade por não resolverem dramaticamente uma regra dramática, e sim por meio de narração.

Isso me fez pensar nos *Inimigos* de Houwald, drama com o qual o autor muito prejudicou a si mesmo, preservando, no primeiro ato, a unidade de lugar em detrimento da apreensibilidade e assim sacrificando a eficácia de sua peça a um capricho pelo qual ninguém lhe demonstra gratidão. Lembrei, por outro lado, *Götz von Berlichingen*, que ultrapassa tanto quanto possível a unidade de tempo e lugar; mas ao mesmo tempo presentifica de tal modo a ação diante de nossos olhos, oferecendo tudo à nossa contemplação imediata, que alcança um alto grau de dramaticidade e é apreensível como poucas peças no mundo. Também observei que a unidade de tempo e lugar seria natural e de acordo com o pensamento dos gregos quando se tratasse de um acontecimento de extensão reduzida o bastante para poder ser representado em detalhes diante de nossos olhos dentro daquela delimitação de tempo; mas quando se tratasse de uma ação extensa, que se desenrolasse em diversos lugares, não haveria motivo para limitá-la a um *único* lugar, ainda mais que, nos palcos de hoje, não há impedimento algum para várias trocas de cena.

Goethe continuou a falar de Lord Byron:

— A limitação que ele se impôs pela observação da regra das três unidades — disse — faz, contudo, muito bem à sua natureza sempre em busca do ilimitado. Se ele tivesse sabido se limitar assim também no âmbito moral!

Não poder fazê-lo foi sua ruína, e bem se pode dizer que ele sucumbiu ao seu caráter desenfreado.

— Ele não tinha nenhuma clareza sobre si mesmo. Viveu sempre apaixonadamente o dia presente sem saber nem refletir sobre o que fazia. Permitindo-se tudo, e nada concedendo aos outros, acabou por arruinar-se a si mesmo e por atrair a inimizade do mundo. Com *English Bards and Scotch Reviewers*,[7] ele ofendeu logo de início os melhores literatos. Apenas para continuar a viver depois disso, teria de dar um passo atrás. Em suas obras seguintes, continuou na oposição e em sua atitude crítica; não poupou o Estado e a Igreja. Esses ataques irrefletidos o expulsaram da Inglaterra e, com o tempo, também o teriam expulsado da Europa. Todo lugar era estreito demais para ele, e mesmo com a mais ilimitada liberdade pessoal ele se sentia oprimido; o mundo era para ele uma prisão. Sua partida para a Grécia não foi uma decisão voluntária, foi seu desentendimento com o mundo que o levou para lá.

— Ter se declarado livre da tradição e do patriotismo não apenas levou à ruína pessoal um homem tão excelente, como também sua tendência revolucionária e a constante agitação do espírito inerente a ela impediram seu talento de se desenvolver de modo pleno. Também sua eterna atitude de oposição e crítica são altamente prejudiciais às suas obras em si excelentes, pois não apenas o mal-estar do poeta se comunica ao leitor, como também toda ação de oposição deságua na negatividade, e a negatividade é nada. Quando digo que o mau é mau, o que se ganha com isso? Mas se eu chamo mau ao bom, então causo muito dano. Quem quer verdadeiramente exercer alguma influência, não deve jamais condenar nem se preocupar com o que está errado, mas sempre fazer o bem. Pois o que importa não é demolir, e sim construir algo em que a humanidade encontre uma pura alegria.

Regozijei-me com tão belas palavras e alegrei-me com a maravilhosa máxima.

---

7 *English Bards and Scotch Reviewers* [Bardos ingleses e resenhadores escoceses, 1809]: sátira em versos por meio da qual Byron rebateu as críticas fortemente desfavoráveis, especialmente as da *Edinburgh Review*, com que foi recebido seu primeiro volume de versos, *Fugitive Pieces* [Peças fugazes, 1807].

— Lord Byron — prosseguiu Goethe — deve ser assim considerado: como homem, como inglês e como grande talento. Suas boas qualidades devem ser atribuídas principalmente ao homem; as más, ao fato de ser inglês e par da Inglaterra; e seu talento é incomensurável.

— Todos os ingleses são, como tais, desprovidos de verdadeira reflexão; a dispersão e o espírito de partido não lhes permitem alcançar um tranquilo aperfeiçoamento. Mas são grandes como homens práticos.

— Assim, Lord Byron jamais chegou a refletir sobre si próprio; é por isso também que todas as suas reflexões são malogradas, como demonstra seu lema: *"Muito dinheiro e nenhuma autoridade!"*. Pois dinheiro demais paralisa a autoridade.

— Mas foi bem-sucedido em tudo que produziu, e podemos de fato dizer que nele a inspiração tomou o lugar da reflexão. Ele tinha de poetar o tempo todo! E tudo quanto vinha daquele ser humano, especialmente do coração, era excelente. Produzia suas obras como as mulheres belas crianças; não pensam no que fazem e nem sabem como o fazem.

— É um grande talento, um talento *inato*, e jamais vi alguém que possuísse maior força verdadeiramente poética que ele. Na compreensão do mundo exterior e na visão clara de eventos passados, é tão grande quanto Shakespeare. Mas, como puro indivíduo, Shakespeare lhe é superior. Disso tinha Byron perfeita consciência, e portanto não fala muito em Shakespeare, embora saiba de cor passagens inteiras de suas obras. Ele o teria renegado de bom grado, pois a alegria de Shakespeare é uma pedra em seu caminho; ele sente que não pode muito contra ela. Não renega Pope, pois não precisa temê-lo. Cita-o e lhe demonstra respeito sempre que possível, pois sabe muito bem que para ele Pope é apenas um muro de arrimo.

Goethe parecia inesgotável ao falar de Byron, e eu não me fartava de ouvi-lo. Depois de algumas breves digressões, ele continuou:

— A alta posição como par de Inglaterra foi muito prejudicial a Byron; pois todo talento é inibido pelo mundo exterior, que dizer então quando se trata de alguém de tão elevado nascimento e tão grandes posses? Uma condição média é muito mais propícia ao talento; essa é a razão pela qual encontramos todos os grandes artistas e poetas nas classes médias. A tendência de Byron ao ilimitado não lhe teria sido tão perigosa se ele proviesse de uma linhagem mais baixa e dispusesse de bens mais modestos. Ele, porém estava em condições de realizar qualquer capricho, e isso o fez enredar-se em contendas sem fim. Além disso, como poderia qualquer classe impor respeito e inspirar consideração a alguém que pertencia ele próprio a uma classe tão alta? Byron sempre dizia tudo quanto lhe ia pela alma, e isso o colocou em um insolúvel conflito com o mundo.

— Notamos com espanto — continuou Goethe — que parte considerável da vida de um inglês rico e distinto é despendida com raptos e duelos. O próprio Lord Byron conta que seu pai raptou três mulheres. Como esperar de um homem desses um filho sensato?

— No fundo, ele sempre viveu em estado de natureza e, dada sua maneira de ser, tinha de considerar diariamente a necessidade de legítima defesa. Essa é a razão para seus infindáveis exercícios de tiro. Tinha de contar com a possibilidade de ser a qualquer momento desafiado para um duelo.

— Não podia viver só. Por isso, apesar de todas as suas excentricidades, era indulgente ao extremo com sua sociedade. Certa noite, ele leu sua maravilhosa poesia sobre a morte do general Moore[8] para seus amigos da nobreza, que não sabiam o que dizer dela. Isso não o incomodou, e ele tornou a guardá-la. Como poeta, ele se revela verdadeiramente um cordeiro. Outro o teria mandado para o diabo.

Quarta-feira, 20 de abril de 1825

Esta tarde, Goethe mostrou-me a carta de um jovem estudante que lhe pede o plano para a segunda parte do *Fausto*, pois tem o propósito de concluir ele próprio a obra. Seco, benevolente e sincero, ele expõe com franqueza seus desejos e intenções e diz, por fim, sem rebuços que, embora todos os outros esforços feitos atualmente no campo da literatura nada signifiquem, com ele uma nova literatura florescerá em todo o seu viço.

---

8 A ode *To the Burial of Sir John Moore* [Ao sepultamento de Sir John Moore], de Charles Wolfe (1791-1823), é aqui erroneamente atribuída a Byron, seguindo um equívoco de Thomas Medwin. A tradução de Eckermann foi publicada em 1838 em seu volume de poemas com o título de *Das Begäbnis von Sir John Moore. Aus dem Englischen* [O sepultamento de Sir John Moore. Tradução do inglês].

Se alguma vez na vida eu tivesse me visto diante de um jovem que se preparasse para dar continuidade às conquistas de Napoleão, ou de um jovem diletante da arquitetura que se aprestasse a completar a construção da catedral de Colônia, eu não ficaria mais espantado e não os consideraria mais doidos e ridículos que esse jovem poeta amador, louco o bastante para se julgar capaz de escrever, por pura inclinação, a segunda parte do *Fausto*.

Sim, creio mesmo ser mais possível concluir a catedral de Colônia que continuar o *Fausto* segundo a concepção de Goethe! Pois da catedral podemos, em todo caso, nos aproximar matematicamente, afinal a temos diante de nossos olhos, visível, e podemos tocá-la com as mãos. Mas com que linhas ou medidas poderíamos alcançar uma obra invisível do espírito, que repousa por completo na subjetividade, na qual tudo depende do *apercu*, que como material exige uma grande vida inteiramente vivida, e para cuja execução é necessária uma técnica levada à maestria por longos anos de prática?

Quem considera ser fácil, ou sequer possível, uma empresa dessa envergadura, dispõe decerto de um talento muito pequeno, pois não tem a menor ideia do que sejam o sublime e o difícil; e podemos afirmar com segurança que, se Goethe concluísse seu *Fausto* deixando uma lacuna de apenas alguns poucos versos, um jovem como esse não seria capaz de preencher convenientemente nem mesmo essa pequena lacuna.

Não quero investigar de onde vem a presunção de nossos jovens de ser-lhes inato aquilo que até hoje só se podia alcançar através de longos anos de estudos e experiência, mas creio ao menos poder afirmar que as manifestações hoje tão frequentes na Alemanha de uma tendência a se saltar atrevidamente todas as etapas de um lento desenvolvimento oferecem poucas esperanças de futuras obras-primas.

— No Estado — disse Goethe —, a infelicidade é ninguém querer viver e gozar, mas todos quererem governar; na arte, ninguém querer se alegrar com as obras produzidas, mas querer cada um produzi-las ele próprio.

— Também não há quem pense em se deixar auxiliar por uma obra de arte a encontrar seu próprio caminho, todos querem logo produzir uma.

— Além disso, não há nenhuma seriedade que se dirija ao todo, nenhuma intenção de fazer algo pelo bem de todos, o que se quer é tão somente chamar a atenção para a própria pessoa e colocá-la na maior evidência possível aos olhos do mundo. Em toda parte se pode ver esse esforço equivocado, em toda parte se imitam os modernos virtuoses, que não escolhem as peças de seu repertório por sua capacidade de proporcionar aos ouvintes um puro prazer musical, e sim as que lhes permitem oferecer à admiração do público suas próprias habilidades. Em toda parte, é o indivíduo que quer exibir seu esplêndido talento, em parte alguma se encontra um esforço honesto por colocar em segundo plano sua própria pessoa em prol do todo e da causa a que deveria servir.

— A consequência disso é que as pessoas, sem o saber, se entregam a uma produção de fancaria. As crianças já começam a fazer versos; seguindo por esse caminho, quando se tornam adolescentes, pensam já saberem alguma coisa até que, homens feitos, tomam consciência do que realmente existe de excelente, e se horrorizam por tantos anos perdidos com esforços de todo inúteis.

— Sim, muitos jamais chegam ao conhecimento do que seja a perfeição e de sua própria incapacidade, e até o fim de seus dias se ocupam em produzir obras medíocres.

— O certo é que, se fosse possível dar a cada um, desde cedo, a consciência de quantas obras excelentes já existem no mundo, e de tudo o que é necessário para produzir algo digno de ser colocado ao lado delas, das centenas de jovens que hoje escrevem versos mal restaria um único dotado de persistência, talento e coragem suficientes para continuar tranquilamente na busca de atingir semelhante maestria.

— Muitos jovens pintores jamais pegariam em um pincel se soubessem e compreendessem desde cedo o que fez de fato um mestre como Rafael.

A conversa se voltou para as tendências equivocadas em geral, e Goethe prosseguiu:

— Assim, também minha inclinação para a prática da arte figurativa era na verdade um equívoco, pois eu não tinha nenhuma disposição natural para ela, a partir da qual se pudesse desenvolver em mim algo do gênero. Eu tinha certa ternura pelas paisagens pitorescas e, por isso, minhas primeiras tentativas foram de fato promissoras. A viagem à Itália destruiu o prazer que eu sentia com tal prática; uma visão mais ampla tomou seu lugar, mas

Conversações com Goethe nos últimos anos de sua vida

aquela capacidade originária do amor se perdeu e, como não me foi possível desenvolver um talento artístico nem do ponto de vista da técnica nem da estética, meus esforços deram em nada.

— Diz-se com razão — prosseguiu Goethe — que a educação de todas as forças humanas em conjunto seria desejável e o melhor que poderia acontecer. Mas o ser humano não nasceu para isso, cada um tem de se formar como um ser particular, buscando, no entanto, alcançar a compreensão do que vem a ser a reunião de todos.

A esse respeito recordei o *Wilhelm Meister*, no qual também se diz que somente a reunião de todos os seres humanos constitui a humanidade, e que só somos dignos de consideração na mesma medida em que sabemos apreciar os outros.

Lembrei-me também da passagem dos *Anos de peregrinação* na qual Jarno aconselha todos a abraçarem apenas um ofício, afirmando ser esta a época das especialidades e que devemos considerar feliz todo aquele que compreende isso e trabalha nesse sentido para si e para os outros.

É necessário, no entanto, perguntar que ofício deve alguém escolher para nem ultrapassar os limites nem fazer muito pouco.

Aquele a quem caberá compreender, julgar, dirigir *muitas* atividades, deverá buscar adquirir o domínio de tantas atividades quantas forem possíveis. Assim, um príncipe, um futuro estadista, não poderá prescindir de uma formação versátil, pois a versatilidade faz parte de seu ofício.

Do mesmo modo deve o poeta buscar um conhecimento multifacetado; pois a matéria que ele deve saber manejar e expressar é o mundo inteiro.

Mas o poeta não deve pretender ser um pintor, antes deve se contentar em reproduzir o mundo através das palavras; assim também deve deixar ao ator a tarefa de colocá-lo diante de nossos olhos através de sua representação pessoal.

Pois é preciso distinguir *conhecimento* de *atividade prática*, e devemos ter em conta que toda arte, quando se trata de exercê-la, se torna algo muito difícil e grandioso, sendo necessária uma vida inteira para se alcançar a maestria.

Assim, Goethe buscou um conhecimento variadíssimo, porém se limitou apenas a uma atividade. Ele praticou apenas uma arte, e praticou-a com maestria: *escrever em alemão*. Que a matéria da qual se ocupou seja de natureza variada é uma outra história.

Do mesmo modo, é preciso distinguir *formação* de atividade prática.

Assim, faz parte da formação do poeta que seu olho seja treinado em todos os sentidos para a apreensão dos objetos em sua exterioridade. E se Goethe chama de equivocada sua tendência para a prática das artes plásticas, referindo-se à época em que pensou fazer dela sua atividade, ela, por outro lado, estava em seu perfeito lugar quando se tratava de sua formação como poeta.

— A objetividade de minha poesia — disse Goethe — eu a devo ao meu olhar particularmente atento e exercitado; e não posso deixar de atribuir um grande valor ao conhecimento que ele me proporcionou.

Mas devemos nos cuidar de estabelecer limites demasiadamente vastos à nossa formação.

— Os naturalistas — disse Goethe — são os primeiros a caírem nessa tentação, pois é necessária uma formação verdadeiramente universal e harmônica para a observação da natureza.

Por outro lado, precisamos nos precaver contra a limitação e a unilateralidade sempre que se tratar dos conhecimentos indispensáveis ao exercício de nossa atividade.

Um poeta que queira escrever para o teatro precisa ter conhecimento do palco, a fim de poder avaliar os meios de que pode dispor e para saber distinguir perfeitamente entre o que deve ser feito e o que deve ser evitado; assim também, para o compositor de óperas não pode faltar o conhecimento da poesia, a fim de que possa distinguir entre o bom e o ruim, e não desperdice sua arte com algo indigno dela.

— Carl Maria von Weber — disse Goethe — não deveria ter composto *Euryanthe*; deveria ter visto logo que se tratava de um material ruim com o qual nada se poderia fazer.[9] Podemos pressupor esse conhecimento como

---

9 Carl Maria von Weber (1786-1826), compositor alemão, conhecido sobretudo por sua ópera *Der Freischütz* [O franco-atirador, 1821]. Sua ópera *Euryanthe*, com libreto de Helmine von Chézy (1783-1856), foi representada pela primeira vez em 1823.

uma parte indissociável da arte do compositor. Assim também o pintor deve possuir o conhecimento necessário para distinguir os objetos; pois faz parte de seu *métier* saber o que deve ou não pintar.

— De modo geral — disse Goethe — a maior das artes é, afinal, limitar-se e isolar-se.

Assim, desde o momento que começou nossa convivência, ele procurou proteger-me de todas as dispersões e manter-me concentrado em uma única atividade. Sempre que me mostrei inclinado a bandear-me para as ciências naturais, aconselhou-me a deixá-las de lado e ater-me por agora apenas à poesia. Se manifestasse o desejo de ler um livro que, em sua opinião, não me levaria muito longe no caminho que estou a trilhar, ele sempre o desaconselhava, dizendo-me que não me seria de nenhuma utilidade prática.

— Gastei tempo demais — disse-me certo dia — com coisas que nada tinham a ver com minha verdadeira atividade. Quando penso em tudo que Lope de Vega produziu, o número de minhas obras poéticas parece-me muito pequeno. Eu deveria ter me limitado mais ao meu verdadeiro *métier*.

— Se não tivesse me ocupado tanto com pedras — disse ele em outra ocasião — e empregado meu tempo com algo melhor, poderia possuir a mais bela coleção de diamantes.

Pelos mesmos motivos ele aprecia e louva seu amigo Meyer, por ter se dedicado a vida toda ao estudo da arte, razão pela qual se deve reconhecer que ele possui os mais profundos conhecimentos nessa matéria.

— Também eu trilhei desde cedo esse caminho — disse Goethe —, e empreguei quase metade da vida na observação e no estudo de obras de arte, mas sob certos aspectos não posso comparar-me a Meyer. Por isso, evito mostrar de imediato um novo quadro a esse meu amigo. Antes de fazê-lo, procuro saber até onde sou capaz de avaliá-lo por mim mesmo. Quando creio estar plenamente seguro a respeito de suas qualidades e defeitos, eu o mostro a Meyer que, é claro, tem um olhar muito mais aguçado e, ao examiná-lo, sempre lhe descobre novos aspectos. E isso me faz ver o que significa ser verdadeiramente grande em *uma única* matéria determinada, e o que é necessário para sê-lo. Há em Meyer um conhecimento da arte que abarca milênios inteiros.

Poderíamos, porém, perguntar por que justamente Goethe, que se mostra tão intimamente convencido de que uma pessoa deve se dedicar a uma única atividade, empregou toda a sua vida em atividades tão diversas.

A isso eu respondo que, se Goethe tivesse vindo hoje ao mundo e encontrado as produções poéticas e científicas de sua nação no elevado nível que alcançaram hoje, em grande parte graças a seus próprios esforços, não teria achado motivo para dedicar-se a tantas atividades diferentes, e teria certamente se limitado a uma única.

Pois não era apenas uma inclinação natural sua realizar pesquisas em diversos campos e procurar esclarecer para si mesmo as coisas terrenas; era também uma necessidade da época que ele desse expressão ao que havia observado.

Quando entrou em cena, recebeu duas pesadas heranças: o *erro* e a *insuficiência*, os quais lhe cabia eliminar, o que lhe custou os esforços de toda uma vida nas mais variadas direções.

Alguém poderia pensar que, se a teoria de Newton não tivesse parecido a Goethe um grande erro, extremamente nocivo ao espírito humano, ele jamais teria pensado em escrever uma *Teoria das cores* e dedicar tantos anos de trabalho a uma atividade tão secundária? De modo algum! Foi seu senso de verdade que, em conflito com o erro, o levou a fazer sua pura luz brilhar também em meio a essas trevas.

Podemos dizer o mesmo a respeito de sua teoria das metamorfoses, graças à qual dispomos agora de um exemplo de abordagem científica; certamente jamais lhe ocorreria escrever obra semelhante se tivesse visto seus contemporâneos já trilhando o caminho que levaria àquele objetivo.

Sim, o mesmo vale até para seus variados esforços poéticos! Pois temos todas as razões para perguntar se ele haveria jamais escrito um romance caso já houvesse em sua nação uma obra como o *Wilhelm Meister*. E também temos todas as razões para perguntar se, sendo assim, ele não teria talvez se dedicado exclusivamente à poesia dramática.

Não podemos adivinhar tudo o que ele teria produzido e que influência teria exercido caso se dedicasse a uma única atividade; é certo, porém, que, olhando para o conjunto, nenhuma pessoa dotada de entendimento desejaria que Goethe não tivesse realizado tudo quanto seu Criador achou por bem inspirar-lhe.

Conversações com Goethe nos últimos anos de sua vida

Quinta-feira, 12 de maio de 1825

Goethe falou com o maior entusiasmo sobre Menandro.

— Depois de Sófocles — disse ele —, não sei de outro de quem gostasse tanto. Ele é completamente puro, nobre, grande e alegre, sua graça é inatingível. É de se lamentar que tenhamos tão poucas obras suas, mas esse pouco já é inestimável e uma pessoa de talento tem muito a aprender com ele.

— Tudo sempre depende — continuou Goethe — de que aquele com quem desejamos aprender seja afim à nossa natureza. Assim é que Calderón, por exemplo, por maior que seja e por mais que eu o admire, não teve nenhuma influência sobre mim, nem para o bem nem para o mal. Para Schiller, porém, ele seria um perigo, tê-lo-ia feito trilhar descaminhos e, portanto, foi uma sorte que só depois de sua morte Calderón tenha tido uma aceitação geral na Alemanha. Calderón é infinitamente grande na técnica e na teatralidade; Schiller, por sua vez, muito mais capaz, sério e profundo em suas intenções, e assim, seria uma pena se ele tivesse perdido algo dessas virtudes sem, no entanto, alcançar a grandeza de Calderón em outros aspectos.

Falamos de Molière.

— Molière — disse Goethe — é tão grande que sempre nos espantamos a cada vez que o relemos. É um homem sem igual, suas peças raiam o trágico, são arrebatadoras e ninguém tem a coragem de imitá-lo. Seu *Avarento*, no qual o vício anula todo o amor filial, é sobretudo grande e trágico no mais alto sentido. Mas quando, em uma adaptação alemã, se transforma o filho em um parente qualquer, torna-se uma peça fraca e não significa mais coisa alguma. As pessoas temem ver o vício se mostrar em sua verdadeira natureza, mas o que seria o trágico, então, e o que produziria um efeito universalmente trágico senão aquilo que não podemos suportar?

— Todo ano leio algumas peças de Molière, assim como também de tempos em tempos estudo as gravuras feitas a partir das obras dos grandes mestres italianos. Pois nós, homens pequenos, não somos capazes de guardar em nós a grandeza dessas coisas, e por isso precisamos de tempos em tempos retornar a elas a fim de renovar a impressão que nos causam.

— Sempre se fala em originalidade, mas que significa isso? Logo que nascemos o mundo já começa a exercer sua influência sobre nós, e assim continua até o fim. E em tudo! Que podemos chamar de nosso além da energia, da força, da vontade? Se eu pudesse dizer tudo o que devo aos meus grandes predecessores e contemporâneos, de meu não restaria muita coisa.

— Em todo caso, não é de modo algum indiferente a época de nossa vida em que sofremos influência de uma personalidade notável alheia ao nosso meio.

— Para mim, foi da maior importância o fato de Lessing, Winckelmann e Kant serem mais velhos que eu, e de terem os dois primeiros influenciado minha juventude, enquanto o último influenciou minha velhice.

— E também: que Schiller fosse bem mais jovem e cheio de um ímpeto juvenil quando eu já começava a me cansar do mundo; do mesmo modo: que os irmãos Von Humboldt e os irmãos Schlegel começassem suas carreiras diante de minhas vistas, foi da maior importância. Daí me vieram vantagens indizíveis.

Depois de Goethe ter falado desse modo a respeito da influência de pessoas notáveis sobre ele, a conversa se voltou para a influência que ele exerceu sobre outros, e eu mencionei Bürger,[10] cujo caso me parece problemático, na medida em que, sendo um talento natural puro, não se mostra nele nenhum traço de influência por parte de Goethe.

— Bürger — disse Goethe — tinha, como talento, algumas afinidades comigo, mas a árvore de sua cultura moral se enraizava em um solo totalmente diferente e tinha uma tendência totalmente distinta. E na linha ascendente de sua formação, cada um prossegue conforme começou. Assim, um homem que aos 30 anos pôde escrever um poema como seu *Frau Schnips* tinha de seguir por uma trilha que se distanciava um pouco da minha. Ele também conquistou, graças ao seu grande talento, um público ao qual satisfazia

---

10 Gottfried August Bürger (1747-1794), poeta alemão. Filho de um pastor, teve rigorosa educação religiosa de inspiração pietista, da qual posteriormente se afastou. Viveu um escandaloso casamento a três, explicitamente abordado em sua poesia amorosa, o que muito contribuiu para sua má reputação. Em seu poema *Frau Schnips. Ein märlein, halb lustig, halb ernsthaft, samt angehöriger Apologie* [A senhora Schnips. Uma fabulazinha meio divertida, meio séria, com a devida apologia, 1777], narra a história de uma mulher de vida dissoluta que, depois de morta, pede entrada no céu. Tendo-a recusada, invoca em sua defesa os pecados daqueles que a repelem, e acaba sendo perdoada pelo próprio Cristo.

plenamente, por isso não tinha motivos para se orientar pelas características de um companheiro de geração com o qual não tinha maiores relações.

– De modo geral – continuou Goethe –, só aprendemos com quem amamos. Talvez se encontrem entre os jovens talentos em formação alguns que alimentem tais sentimentos por minha pessoa, mas entre meus contemporâneos muito raramente os encontrei. Não saberia mesmo mencionar um único homem notável a quem eu agradasse sem reservas. Já em meu *Werther* censuraram tantas coisas que, se eu fosse suprimir todas as passagens criticadas, não sobraria uma única linha de todo o livro. Mas todas essas críticas não me prejudicaram em nada, pois os julgamentos subjetivos de indivíduos isolados, embora notáveis, eram contrabalançados pelas massas. E quem não espera ter um milhão de leitores não deveria escrever nenhuma linha.

– Já faz vinte anos que o público discute sobre quem é maior: Schiller ou eu, e as pessoas deveriam se regozijar por haver dois sujeitos a respeito dos quais podem discutir.

Sábado, 11 de junho de 1825

Hoje, à mesa, Goethe falou bastante do livro do major Parry[11] sobre Lord Byron. Teceu-lhe grandes elogios e observou que nessa obra Lord Byron aparece muito mais perfeito e muito mais lúcido a respeito de si e de seus propósitos que em tudo quanto já se havia escrito sobre ele até hoje.

– Para ser capaz de compreender seu amigo com tanta clareza e de retratá-lo com tanta perfeição, o major Parry deve ser ele próprio um homem notável, um homem de elevado caráter. Há uma passagem de seu livro que me agrada especialmente, é muito bem-vinda e digna de um grego, de um Plutarco. "Faltavam ao nobre Lord", diz Parry, "todas aquelas virtudes que são o ornamento da burguesia, e que ele estava impedido de adquirir pelo

---

11 William Parry, armeiro no regimento de Byron em Missolonghi. O livro a que Goethe se refere é *The Last Days of Lord Byron with His Lordship's Opinions on Various Subjects, particularly on the State and Prospects of Greece* [Os últimos dias de Lord Byron, com a opinião de Sua Excelência sobre diversos assuntos, especialmente sobre a situação e as perspectivas da Grécia, 1825].

nascimento, pela educação e pela forma de viver. Pois bem, todos aqueles que o julgam desfavoravelmente, que lamentam, censurando-o, não encontrarem nele aquilo que têm motivos para apreciar em si mesmos, são da classe média. Essas bravas pessoas não pensam que ele, em sua posição elevada, possuía méritos dos quais elas não podem fazer a menor ideia." E então, o que acha disso? – perguntou-me Goethe. – Algo assim não se ouve todos os dias, não é mesmo?

– Alegra-me – disse eu – ver expressa publicamente uma opinião capaz de imobilizar e abater de uma vez por todas todos os críticos mesquinhos e difamadores de uma personalidade muito superior a eles próprios.

Falamos a seguir da relação de temas da história mundial com a poesia, em especial sobre como a história de determinado povo pode ser mais propícia a um poeta que a outro.

– O poeta – disse Goethe – deve abordar o particular e, quando este for algo sadio, expressará através dele o universal. A história inglesa é excelente para a representação poética, pois é algo sólido, sadio e, portanto, universal, que se repete. A história francesa, ao contrário, não serve para a poesia, pois representa uma época da vida que não retorna. A literatura desse povo, tendo por base aquela época, constitui um particular que envelhecerá com o tempo.

– Não podemos ainda julgar a época atual da literatura francesa – disse Goethe mais tarde. – O elemento alemão que penetrou nela produz uma grande fermentação cujos resultados só poderemos verificar depois de vinte anos.

Falamos então sobre pensadores da estética que se esforçam por expressar a essência da poesia e do poeta através de definições abstratas, sem no entanto chegarem a um resultado claro.

– Como se houvesse tanta coisa assim a definir! – disse Goethe. – Sentimento vivo das situações e capacidade de exprimi-lo fazem o poeta.

Quarta-feira, 15 de outubro de 1825

Esta tarde, encontrei Goethe em um estado de ânimo muito elevado e tive a alegria de mais uma vez ouvir de sua boca palavras cheias de signi-

Conversações com Goethe nos últimos anos de sua vida

ficado. Falamos sobre a situação da literatura mais recente, a respeito da qual Goethe se expressou da seguinte maneira:

— A falta de caráter dos indivíduos que pesquisam e escrevem — disse ele — é a fonte de todo mal em nossa literatura mais recente. Especialmente a crítica dá mostras dessa falta, para prejuízo do mundo, pois ou ela propaga o falso por verdadeiro ou, por causa de uma verdade miserável, nos priva de algo grande que nos traria maiores benefícios.

— Até agora o mundo acreditou no caráter heroico de uma Lucrécia, de um Múcio Cévola,[12] e se deixou inflamar e entusiasmar por eles. Mas agora vem a crítica histórica e diz que aquelas pessoas jamais viveram, e devem ser vistas apenas como ficções e fábulas inventadas pela grande inteligência romana.[13] Mas de que nos serve uma verdade tão miserável? E se os romanos foram grandes o bastante para inventá-las, nós deveríamos ao menos ser grandes o bastante para acreditar nelas.

— Assim, até hoje sempre me alegrei com um acontecimento grandioso do século XIII, quando o imperador Frederico II esteve às voltas com o papa[14] e a Alemanha do Norte estava aberta a qualquer ataque inimigo. E, de fato, hordas asiáticas a invadiram e chegaram até a Silésia; mas uma grande vitória do duque de Liegnitz as deixou apavoradas. Elas então se

---

12 Ambas as histórias se encontram na obra *Ab urbe condita* [História de Roma desde sua fundação], de Tito Lívio (c. 59 a.C.-17 d.C.). Lucrécia suicidou-se após ser violentada por Sexto Tarquínio, filho do rei Tarquínio, o Soberbo, dando ensejo à revolta que pôs fim ao reinado dos Tarquínios e à instauração da república em Roma. Múcio Cévola foi preso após um atentado contra o rei etrusco Porsena, que havia sitiado Roma. Ao ser interrogado, deu mostras de grande coragem e resolução na defesa da cidade, colocando a mão direita no fogo de um altar e a mantendo ali até que fosse consumida pelas chamas, sem demonstrar sentir qualquer dor. Impressionado, Porsena pôs fim ao sítio de Roma.

13 Goethe se refere à *Romische Geschichte* [História romana, 1812] do historiador Barthold Georg Niebuhr (1776-1831), à qual, no entanto, havia elogiado justamente por sua crítica das fontes históricas.

14 Gregório IX, cujo papado durou de 1227 a 1241, foi um decidido inimigo de Frederico II, e em 1227 o excomungou por protelar seu compromisso assumido em 1225 de partir para as Cruzadas, que adiara diversas vezes por estar ocupado com a reorganização do reino da Sicília.

dirigiram à Morávia, onde, porém, foram batidas pelo conde Sternberg.[15] Até agora esses bravos viviam em minha mente como grandes salvadores da nação alemã. Mas agora vem a crítica histórica e diz que aqueles heróis se sacrificaram inutilmente, pois o exército asiático já fora chamado de volta e teria se retirado de maneira voluntária. Com isso se inutiliza e aniquila um grande feito nacional, o que nos causa um terrível mal-estar.

Depois dessas observações a respeito dos críticos históricos, Goethe falou sobre pesquisadores e literatos de outra espécie.

— Eu jamais teria vindo a conhecer a baixeza dos homens e o quão pouco eles verdadeiramente se importam com objetivos elevados — disse ele — se não tivesse me aproximado deles através de meus experimentos em ciências naturais. Então pude ver que, para a maioria, a ciência só tem algum significado na medida em que podem viver dela, e que alguns chegam mesmo a idolatrar o erro quando podem retirar dele sua subsistência.

— Na literatura não é diferente. Também nesse campo os objetivos elevados, um verdadeiro sentido para o que é verdadeiro e útil e para sua propagação, são fenômenos muito raros. Um protege e apoia o outro porque quer também ser protegido e apoiado por ele; aquilo que é verdadeiramente grande lhes é repulsivo e bem que gostariam de removê-lo do mundo para poderem adquirir eles próprios alguma importância. Assim é a massa, e alguns talentos isolados não são muito melhores.

— Com seu grande talento e sua erudição universal, *** poderia ter dado muito à nação. Mas sua falta de caráter o privou de uma influência extraordinária e a ele próprio da estima da nação.[16]

---

15 Segundo uma antiga tradição, depois que Henrique, o Pio, foi morto na batalha de Liegnitz (1241), os mongóis que em 1240 haviam atacado a Polônia, a Morávia e a Silésia foram derrotados por Jaroslav von Sternberg na batalha de Olmütz (1241). Essa tradição foi refutada por Heinrich Julius Klaproth em seu livro *Beleuchtung und Widerlegung der "Forschungen über die Geschichte der mittelasiatishcen Völker" von J. J. Schmidt* [Análise e refutação das "Investigações sobre a história dos povos centro-asiáticos", de J. J. Schmidt, 1825]. Segundo Klaproth, a retirada dos mongóis se deveu a disputas em torno da sucessão no trono.

16 Goethe se refere provavelmente ao especialista em estudos da Antiguidade Karl August Böttiger (1760-1835), que chegou a pertencer ao círculo dos amigos

Conversações com Goethe nos últimos anos de sua vida

— O que nos falta é um homem como Lessing. Pois o que o faz tão grande senão seu caráter, sua firmeza? Haverá muitos outros igualmente inteligentes e igualmente cultos, mas onde encontrar um caráter como o dele?

— Muitos possuem bastante engenho e grandes conhecimentos, mas são também cheios de vaidade e, quando se trata de conquistar a admiração das massas míopes para suas engenhosas cabeças, não mostram nem pudor nem temor, nada é sagrado para eles.

— Por isso, a sra. Von Genlis tinha toda razão em se opor às liberdades e insolências de Voltaire.[17] Pois no fundo, por mais engenhosas que possam ser, o mundo nada ganha com elas; sobre elas nada se pode fundar; aliás, podem mesmo ser extremamente perniciosas, pois confundem as pessoas e as privam do necessário arrimo.

— Além do mais, que sabemos nós, quanto avançamos com todo o nosso engenho?

— O homem não nasceu para solucionar os problemas do mundo, mas para buscar descobrir em que consistem os problemas e, então, manter-se dentro dos limites do compreensível.

— Suas faculdades não são suficientes para medir os movimentos do universo, e pretender levar a razão ao cosmos é, dada sua ínfima posição, um esforço vão. A razão dos homens e a razão da divindade são duas coisas muito diferentes.

— Assim que concedemos a liberdade aos homens, acabou-se a onisciência de Deus; pois a partir do momento em que a divindade sabe o que farei, estou obrigado a agir segundo o que ela sabe.

— Digo isso apenas como um sinal do quão pouco nós sabemos, e de que não é bom tocar em mistérios divinos.

---

de Goethe, mas com ele se desaveio por conta de sua indiscrição e de seu caráter dúbio. Eckermann justificou os asteriscos em carta a Varnhagen von Ense dizendo que com eles quisera poupar os filhos de uma pessoa já morta.

17 Stéphanie Félicité de Genlis (1746-1830), escritora francesa. Católica fervorosa, era crítica severa do pensamento iluminista de Voltaire. Dela Goethe havia lido as *Mémoires inédits sur le dix-huitième siécle et la Révolution Française depuis 1765 junsqu'à nos jours* [Memórias inéditas sobre o século XVIII e a Revolução Francesa de 1765 aos nossos dias, 1825].

Johann Peter Eckermann

— Também só devemos expressar máximas elevadas na medida em que elas sejam benéficas para o mundo. As outras devemos guardar conosco, mas elas podem e devem lançar sua luz sobre o que fazemos como se fosse o suave raio de um sol oculto.

Domingo, 25 de dezembro de 1825

Hoje à tarde, por volta das 18 horas, fui à casa de Goethe, onde o encontrei sozinho, e passei algumas belas horas com ele.

— De algum tempo para cá — disse ele —, tenho a mente sobrecarregada; de toda parte vieram-me tantas coisas boas que, ocupado tão somente em expressar minha gratidão, esqueci-me da vida. Os privilégios de edição de minhas obras chegavam todos os dias das cortes e, como as condições são diferentes em cada uma delas, cada caso exigia uma resposta correspondente.[18] Chegaram ainda as propostas de inúmeros livreiros, que também tinham de ser analisadas, negociadas e respondidas. Também meu jubileu me trouxe tantas milhares de manifestações de benevolência que ainda não terminei de enviar todas as cartas de agradecimento.[19] Afinal, não quero ser vazio e genérico, e sim dizer a cada um algo cortês e adequado. Mas pouco a pouco volto a ser livre e sinto-me novamente disposto ao convívio social.

— Por esses dias fiz uma constatação que quero lhe comunicar: tudo o que fazemos tem uma consequência. Mas o que é sensato e direito nem sempre traz algo de propício, e o equivocado nem sempre algo de prejudicial, antes ocorre exatamente o contrário.

---

18 Como à época ainda não existisse uma regulamentação geral sobre direitos autorais, Goethe se dirigira à Confederação alemã solicitando garantias contra edições não autorizadas. A confederação recusou, alegando não ter competência para adotar sanções em cada um dos estados membros, mas os representantes dos 39 Estados se declararam prontos a intervir junto aos seus governos para garantir os privilégios de impressão, que até o final do ano de 1825 haviam sido todos enviados, com exceção do da Prússia, que chegou no início de 1826.

19 Jubileu: o quinquagésimo aniversário de sua chegada a Weimar, e também de sua entrada no serviço da corte, que ocorrera apenas no ano seguinte, mas foi comemorado juntamente com o primeiro.

— Há algum tempo, cometi um erro justamente nas negociações com livreiros, e lamentei tê-lo cometido. Mas agora as circunstâncias mudaram tanto que eu teria cometido um grande erro se não tivesse antes cometido aquele. Isso acontece com muita frequência na vida, e é por isso que mesmo os homens do mundo, cientes desse fato, põem mãos à obra com grande ousadia e audácia.

Guardei comigo essa observação, que é algo novo para mim. Levei então a conversa para alguma de suas obras, e tratamos também da elegia *Alexis e Dora*.[20]

— Nesse poema — disse Goethe —, muitas pessoas criticaram o final fortemente apaixonado e expressaram o desejo de que a elegia terminasse de maneira suave e tranquila, sem aquela explosão de ciúme; mas eu não podia dar razão àquelas pessoas. O ciúme ali é algo tão evidente, tão natural, que faltaria algo ao poema se ele não aparecesse. Eu mesmo conheci um jovem que, tomado de um amor apaixonado por uma moça rapidamente conquistada, exclamou: "Ela não fará com outro exatamente o que faz comigo?".

Concordei plenamente com Goethe e recordei as singulares situações dessa elegia, na qual em tão pouco espaço e com tão parcimoniosas pinceladas tudo é tão bem delineado que acreditamos ver nela o ambiente doméstico e a vida inteira das personagens.

— A representação parece tão verdadeira — eu disse —, como se o senhor tivesse trabalhado a partir de uma situação de fato vivida.

— Agrada-me imensamente saber que assim lhe parece — disse Goethe. — Entretanto, são muito poucas as pessoas dotadas de uma fantasia para a verdade do real, preferem antes situações e países estranhos, dos que não fazem a menor ideia e os quais sua fantasia lhes permite figurar da maneira mais bizarra.

— Há ainda outros que se colam totalmente ao real e, por lhes faltar de todo a poesia, fazem a ele as mais estritas exigências. Assim é que alguns desejariam que, nessa elegia, eu tivesse dado a Alexis um criado que lhe carregasse as trouxinhas; mas as pessoas não pensam que isso destruiria tudo quanto há de poético e idílico na situação.

---

20 *Alexis und Dora*, poema publicado pela primeira vez em 1796, classificado inicialmente como "Idílio".

De *Alexis e Dora*, a conversa passou para o *Wilhelm Meister*.

— Há críticos muito esquisitos — prosseguiu Goethe. — Eles lamentaram que nesse romance o herói passe tanto tempo em más companhias. Mas foi justamente por ter tomado essa chamada má sociedade como um recipiente no qual depositar tudo quanto tinha a dizer da boa que eu ganhei um corpo poético, e ainda por cima multifacetado. Se, porém, tivesse pretendido descrever a boa sociedade através da boa sociedade, ninguém conseguiria ler o livro.

— As aparentes frivolidades do *Wilhelm Meister* sempre têm por base algo mais elevado, e tudo depende de se ter olhos, conhecimento do mundo e amplitude de visão o bastante para discernir o grande no pequeno. Para outros, a vida descrita pode bastar como vida.

Goethe mostrou-me, então, uma importantíssima obra inglesa, que representava todo o Shakespeare por meio de gravuras. Cada página continha uma peça em seis pequenas ilustrações sob as quais se transcreviam alguns versos, fazendo surgir-nos diante dos olhos a ideia central e as situações mais significativas de cada uma das obras. Desse modo, todas as tragédias e comédias imortais se transmitiam como mascaradas ao nosso espírito.

— Nós nos espantamos — disse Goethe — ao observar essas ilustraçõezinhas! Só então nos damos conta de como Shakespeare é infinitamente rico e grande! Não há um só motivo da vida humana que ele não tenha representado e expresso! E tudo com tanta leveza e liberdade!

— Não podemos dizer nada a respeito de Shakespeare, tudo é insuficiente. No *Wilhelm Meister* eu tateei ao redor dele, mas isso não significa grande coisa. Ele não é um poeta do teatro, jamais pensou no palco, o palco era demasiado estreito para seu grande espírito; sim, mesmo todo o mundo visível era demasiado estreito para ele.

— Ele é rico demais, poderoso demais. Uma natureza produtiva só deve ler *uma* de suas peças por ano se não quiser soçobrar. Eu fiz bem em livrar-me dele por meio de meu *Götz von Berlichingen* e de meu *Egmont*, e Byron fez muito bem em não demonstrar um respeito excessivo por ele e seguir seu próprio caminho. Quantos excelentes alemães não se arruinaram por sua causa, e por causa de Calderón!

— Shakespeare — prosseguiu Goethe — serviu-nos maçãs de ouro em bandejas de prata. Através do estudo de suas peças, podemos adquirir talvez a bandeja de prata, mas para servir nelas não temos senão batatas, e esse é que é o mal!

Ri e regozijei-me com a excelente metáfora.

A seguir, Goethe leu-me uma carta que Zelter lhe escrevera a respeito de uma representação do *Macbeth* em Berlim, em que a música estava em descompasso com o elevado espírito e o caráter da peça, e sobre a qual Zelter tecia vários comentários. A leitura de Goethe restituiu à carta toda a sua vivacidade e ele com frequência se detinha a fim de regozijar-se comigo com a precisão de algumas passagens.

— *Macbeth* — disse Goethe a propósito — é para mim a melhor peça de Shakespeare, é nela que ele mostra todo o seu entendimento a respeito do palco. Mas se quiser conhecer sua liberdade de espírito, leia *Troilo e Créssida*, na qual ele trata a matéria da *Ilíada* à sua própria maneira.

A conversa se voltou para Lord Byron, sobre a desvantagem em que se encontra diante da inocente alegria de Shakespeare e como, por conta de sua atuação reiteradamente negativa, foi alvo de frequentes censuras, raras vezes injustificadas.

— Se Byron houvesse tido ocasião — disse Goethe — de descarregar no Parlamento, através de vigorosos pronunciamentos, suas veleidades de oposição, teria sido um poeta muito mais puro. Mas como quase não chegou a falar no Parlamento, guardou consigo tudo quanto em seu coração era contrário à sua pátria, e não lhe restou outro meio de se libertar a não ser transfigurando-o e exprimindo-o poeticamente. Por conta disso, eu chamaria uma grande parte de suas ações negativas de *discursos parlamentares reprimidos*, e creio que não seria uma denominação inadequada.

Passou então a falar de um dos nossos poetas recentes que em pouco tempo angariou uma significativa reputação, mas cuja tendência negativa não encontrava aprovação.[21]

---

21 Um de nossos poetas: o conde August von Platen. Em carta a Varnhagen von Ense, Eckermann declarou ter omitido o nome para não ferir o hipocondríaco e infeliz Platen acrescentando às muitas ofensas que ele recebia de seus compatriotas mais essa que, além de tudo, talvez fosse injusta. Somente depois da morte de Platen é que Eckermann esclareceria a alusão, para desfazer o boato de que o poeta referido seria Heinrich Heine.

— Não se pode negar — disse Goethe — que ele possui algumas qualidades brilhantes; mas falta-lhe *o amor*. Ama muito menos seus leitores e seus colegas de ofício que a si mesmo, e assim pode-se aplicar a ele o dito do apóstolo: "Ainda que eu falasse a língua dos homens e dos anjos, se não tivesse *amor* seria um bronze que soa ou um címbalo que tine". Ainda outro dia li algumas poesias de *** e não pude deixar de reconhecer seu rico talento. Mas, como disse, falta-lhe o *amor*, e assim ele jamais terá a influência que deveria. Será temido e se tornará o deus daqueles que gostariam de ser negativos como ele sem ter o mesmo talento.

1826

Domingo, 29 de janeiro de 1826

O maior dos improvisadores alemães, o dr. Wolff de Hamburgo, se encontra há alguns dias entre nós e já fez algumas exibições públicas de seu raro talento.[1] Na noite de sexta-feira, ele ofereceu um esplêndido espetáculo de improvisação diante de uma numerosa plateia e em presença da corte de Weimar. Na mesma noite recebeu um convite para ir[2] no dia seguinte ao meio-dia à casa de Goethe.

Conversei com o dr. Wolff ontem, depois de ele se ter apresentado diante de Goethe ao meio-dia. Estava muito feliz e declarou que aquelas horas marcariam época em sua vida, pois em poucas palavras Goethe lhe havia indicado um novo rumo, acertando na mosca com as críticas que lhe fizera.

Quando cheguei esta tarde à casa de Goethe, a conversa logo se voltou para Wolff.

— O dr. Wolff — eu disse´— está muito feliz com os bons conselhos que lhe deu Sua Excelência.

---

1 Oskar Ludwig Bernhard Wolff (1799-1851) era considerado o maior dos improvisadores alemães. Em 1826 se tornou professor de Línguas Modernas em Weimar e, em 1832, professor de História da Literatura em Iena.

2 O convite partiu de Ottilie, e não do próprio Goethe, que alguns dias antes recusara um pedido de Wolff para ser recebido, e este só se viu em sua presença por haver, casualmente, errado de porta ao entrar.

— Fui sincero com ele — disse Goethe — e, se minhas palavras surtiram efeito e o inspiraram, isso é um ótimo sinal. Ele decididamente possui talento, quanto a isso não há dúvida, mas sofre da doença universal de nossa época: a subjetividade, da qual eu gostaria de curá-lo. Dei-lhe uma tarefa, a fim de testá-lo. "Descreva-me", disse-lhe, "seu retorno a Hamburgo." Ele se prontificou a fazê-lo e, sem demora, pôs-se a recitar versos melodiosos. Não pude deixar de admirá-lo, mas não pude louvá-lo. Não foi o retorno a Hamburgo que ele me descreveu, e sim os sentimentos de um filho retornando aos seus pais, parentes e amigos, e seu poema serviria tanto para um retorno a Merseburgo ou Iena quanto a Hamburgo. E, no entanto, Hamburgo é uma cidade tão extraordinária, tão singular, oferecia-lhe um campo tão rico para admiráveis descrições se ele tivesse sabido e ousado abordar apropriadamente seu objeto!

Observei que o público é o culpado por semelhantes tendências à subjetividade, pois aplaude com veemência qualquer expressão de sentimentalismo.

— Pode ser — disse Goethe —, mas se dermos ao público o que há de melhor, ele ficará ainda mais satisfeito. Tenho a certeza de que, se um talento improvisador como Wolff fosse capaz de descrever a vida de grandes cidades como Roma, Nápoles, Viena, Hamburgo e Londres com toda a veracidade e com tanta vivacidade que lhes parecesse vê-las com seus próprios olhos, ele os encantaria e arrebataria a todos. Se conseguir transpor o caminho que leva à objetividade, ele estará salvo, só depende dele, pois fantasia não lhe falta. Mas é preciso que ele se decida rapidamente e ouse fazê-lo.

— Temo que seja mais difícil do que se pensa — disse eu —, pois exige uma transformação completa no modo de pensar. Se ele o conseguir, em todo caso haverá uma paralisação momentânea de sua produção, e será preciso exercitar-se longamente até que a objetividade se torne familiar e como que uma segunda natureza para ele.

— Sem dúvida — disse Goethe — é um passo gigantesco; mas basta-lhe ter coragem e decidir-se rapidamente. É como o medo da água que sentimos antes de nos banhar, basta um salto súbito e logo nos sentiremos em nosso elemento.

Conversações com Goethe nos últimos anos de sua vida

— Quando alguém quer aprender a cantar — prosseguiu Goethe —, todos os sons que lhe habitam a garganta lhe saem fáceis e naturais, enquanto os outros, que não lhe habitam a garganta, são de início extremamente difíceis. Mas para se tornar um cantor é preciso dominá-los, pois *todos* os sons têm de estar à sua disposição. O mesmo acontece com o poeta. Enquanto expressar apenas seus poucos sentimentos subjetivos, ainda não será digno desse nome; mas assim que se mostra capaz de apropriar-se do mundo e de exprimi-lo, ele se tornou um poeta. E então ele será inesgotável e sempre novo, ao passo que sua natureza subjetiva em pouco tempo terá expressado toda a sua pequena interioridade e por fim desanda em maneirismo.

— Sempre se fala no estudo dos antigos; mas que significa isso senão: volte-se para o mundo real e procure exprimi-lo; pois foi isso o que fizeram também os antigos enquanto viveram.

Goethe levantou-se e pôs-se a andar de cá para lá na sala, enquanto eu, como ele prefere, permaneci sentado em minha cadeira junto à mesa. Por um momento ele se deteve ao lado da estufa, então, como alguém a quem ocorreu alguma ideia, veio para junto de mim e, pondo o dedo sobre os lábios, disse o seguinte:

— Quero lhe revelar algo que o senhor verá se confirmar muitas vezes em sua vida. Todas as épocas em estado de retrocesso e dissolução são subjetivas; as épocas que progridem, ao contrário, têm uma tendência objetiva. Nossa época está em franco retrocesso, pois é subjetiva. Isso o senhor pode ver não apenas na poesia, mas também na pintura e em muita coisa mais. Todo esforço produtivo, por sua vez, se volta da interioridade para o mundo exterior, como o senhor pode ver em todas as grandes épocas, que estavam verdadeiramente em estado de busca e progresso, e eram todas de natureza objetiva.

Essas palavras deram ocasião a uma conversa das mais espirituosas, na qual se recordaram sobretudo as grandes eras do século XV e XVI.

A seguir a conversa se voltou para o teatro e o que há de frágil, sentimental e deplorável na produção recente.

— Atualmente me consolo e me fortaleço com Molière — disse eu. — Traduzi seu *Avarento* e agora me ocupo com seu *Médico à força*. Que homem grande, que homem puro é Molière!

— Sim — disse Goethe —, *homem puro* é a palavra certa para ele; nada em Molière é distorcido ou deformado. E que grandeza! Ele domina os costumes de seu tempo, ao passo que nossos Iffland e Kotzebue se deixam dominar pelos costumes de seu tempo, e são limitados e tolhidos por eles. Molière castigava as pessoas, mostrando-as como eram na verdade.

— Eu daria alguma coisa — disse eu — para poder assistir às peças de Molière no palco em toda a sua pureza; mas para o público, tal qual o conheço, elas seriam algo demasiado forte e natural. Não seria esse excessivo refinamento a consequência da assim chamada literatura ideal de certos autores?

— Não — disse Goethe —, ela vem da própria sociedade. E depois, o que fazem nossas mocinhas no teatro? Não é lugar para elas, o lugar delas é no convento, o teatro é apenas para homens e mulheres familiarizados com os assuntos humanos. Quando Molière escreveu, as mocinhas estavam no convento e ele não tinha de se preocupar com elas.

— Mas como dificilmente levaremos nossas mocinhas para lá, e como se continuará a produzir peças fracas, apropriadas a elas, o melhor é ser sensato e fazer como eu, que não vou ao teatro.

— Só tive um verdadeiro interesse pelo teatro enquanto pude influir nele na prática. Alegrava-me poder levar o espetáculo a um nível elevado, e durante as representações eu me importava menos com as peças que em ver se os atores desempenhavam bem seu papel ou não. As críticas que tinha a fazer, eu as enviava na manhã seguinte por escrito ao diretor, e podia estar certo de ver na próxima apresentação que os erros seriam evitados. Mas agora que já não posso influir praticamente no teatro, não tenho mais nenhum motivo para frequentá-lo. Eu teria de conformar-me às imperfeições, sem poder corrigi-las, e isso não é comigo.

— O mesmo se dá com a leitura das peças. Os jovens poetas alemães sempre me enviam tragédias, mas que devo fazer com elas? Sempre li as peças alemãs apenas para ver se poderia mandar representá-las, no mais elas me eram indiferentes. E que faria eu, em minha atual situação, com as peças desses jovens? Nada ganho em lê-las como *não* deveriam ter sido escritas, e não posso ajudar os jovens poetas com algo já pronto e acabado. Se em vez de me enviarem suas peças já impressas me enviassem o *plano* para uma peça, eu ao menos lhes poderia dizer "faça-a" ou "não a faça", "faça assim" ou "faça de outro modo", e isso sim teria sentido e utilidade.

— Todo o mal vem do fato de que a cultura poética está tão disseminada na Alemanha que ninguém mais faz um verso ruim. Os jovens poetas que me enviam suas obras não são inferiores aos seus antecessores e, ao verem que estes recebem tão grandes elogios, não entendem por que não os elogiam da mesma forma. E, no entanto, não se pode fazer nada para encorajá-los, justamente porque agora há centenas de talentos semelhantes, e não se deve fomentar o supérfluo quando ainda há tanta coisa de útil a ser feita. Seria bom se houvesse um único desses que se sobressaísse aos outros, pois ao mundo só serve o extraordinário.

Quinta-feira, 16 de fevereiro de 1826

Esta noite, às 19 horas, fui à casa de Goethe, que encontrei sozinho em seu gabinete. Sentei-me à mesa com ele e contei-lhe que ontem na hospedaria encontrei o duque Wellington, de passagem para Petersburgo.

— E então — perguntou-me Goethe, animado —, como é ele? Fale-me dele. Parece-se com seu retrato?

— Sim — respondi —, mas melhor! Mais singular! Quando pomos os olhos em seu rosto, todos os seus retratos se transformam em nada. E basta olhá-lo uma única vez para nunca mais esquecê-lo, tão forte é a impressão que nos causa. Seu olho é castanho e brilha com a maior serenidade, sentimos o efeito de seu olhar. Sua boca é eloquente, mesmo quando fechada. Ele parece ser alguém que refletiu muito, vivenciou a maior grandeza, e agora trata o mundo com grande calma e serenidade, alguém a quem nada mais afeta. Pareceu-me duro e resistente como uma espada damascena. Aparenta já ser bem entrado nos 50 anos, de postura ereta, esbelto, não muito alto e antes magro que robusto. Eu o vi quando entrava na carruagem e dava ordem de partir. Sua saudação ao passar através da multidão e tocar o chapéu com o dedo, em uma mesura muito discreta, era de uma amabilidade incomum.

Goethe ouvia minha descrição com visível interesse.

— Então o senhor viu mais um herói, e isso sempre significa algo.

Falamos então de Napoleão, e eu lamentei não o ter visto.

— De fato — disse Goethe —, *também* valia a pena. — Esse compêndio do mundo!

— Ele parecia ser alguma coisa? — perguntei.

— Ele era — respondeu Goethe —, e via-se que era; isso era tudo.

Eu tinha levado um poema muito curioso, do qual já lhe falara havia algumas noites; um poema dele próprio, de que, porém, ele não mais se lembrava, tão longe ia já o tempo em que o escrevera. Impresso no início de 1766 nos *Visíveis*, um periódico publicado em Frankfurt naquela época, fora trazido a Weimar por um velho criado de Goethe, e viera ter às minhas mãos por intermédio de um de seus descendentes. Sem dúvida a mais antiga das poesias conhecidas de Goethe. Tinha por tema a *Descida de Cristo ao inferno*, e parecia-me curioso constatar nela a familiaridade do jovem autor com as formas de representação religiosa.[3] Por sua tendência, o poema poderia ser de Klopstock,[4] mas sua composição era de natureza completamente diversa; era mais forte, mais livre e mais leve, e de maior energia, melhor ímpeto. Um ardor extraordinário lembrava uma juventude vigorosa, efervescente. À falta de matéria, girava em torno de si mesmo e saíra mais longo do que convinha.

Mostrei a Goethe a folha de jornal toda amarelada, quase já a se desfazer e, ao passar os olhos sobre ela, tornou a lembrar-se do poema.

— É possível que me tenha sido inspirado pela srta. Von Klettenberg; sob o título se lê: *feito a pedido*, e não sei que outra pessoa de minhas relações poderia ter me solicitado algo semelhante.[5] Naquele tempo faltavam-me temas, e eu ficava feliz só de encontrar um motivo para versejar. Uns dias atrás, caiu-me nas mãos um poema daquela época, escrito em inglês, no qual

---

3 *Poetische Gedanken über die Höllenfahrt Jesu Christi* [Pensamentos poéticos sobre a descida de Jesus Cristo ao inferno], poema escrito provavelmente em 1764 ou 1765, foi publicado à revelia de Goethe no 12º volume da revista *Sichtbaren* [Visíveis].

4 Em *Poesia e verdade*, Goethe menciona como modelo o poema *Das jüngste Gericht* [O Juízo Final] de Elias Schlegel, tio de Friedrich e August Wilhelm Schlegel.

5 Susanne Katharina von Klettenberg (1723-1775), amiga íntima da mãe de Goethe, personalidade profundamente religiosa, próxima dos círculos pietistas. Também esteve muito próxima de Goethe durante sua longa enfermidade nos anos de 1768 e 1769. Serviu de modelo à "bela alma", cujas confissões constituem o Livro VI de *Os anos de aprendizado de Wilhelm Meister*.

Conversações com Goethe nos últimos anos de sua vida

eu me queixo da falta de assuntos poéticos.[6] Nós alemães estamos em grande desvantagem nesse campo: nossa pré-história é envolta em trevas demasiado espessas, e a história posterior, por falta de uma dinastia única, não oferece um interesse nacional comum. Klopstock experimentou com Armínio, mas é um assunto demasiado remoto, não diz nada a ninguém, ninguém sabe o que fazer com ele, e por isso sua representação permaneceu sem efeito e sem popularidade.[7] Com meu *Götz von Berlichingen*, dei um lance feliz, era sangue do meu sangue e carne da minha carne, e com ele se podia fazer algo.

— Mas com *Werther* e *Fausto*, tive novamente de recorrer ao meu próprio coração, pois não se tratava de tradição muito antiga. Só uma vez abordei a vida dos diabos e das bruxas; estava feliz de ter consumido minha herança nórdica e sentei-me à mesa dos gregos. Mas se soubesse tão bem como hoje quantas coisas admiráveis foram criadas ao longo de séculos e milênios, não teria escrito uma única linha, teria feito outra coisa.

Domingo de Páscoa, 26 de março de 1826

Hoje, à mesa, Goethe estava no melhor e mais cordial dos humores. Havia recebido uma folha muito valiosa para ele, a dedicatória manuscrita de Byron para seu *Sardanápalo*,[8] que nos mostrou durante a sobremesa, ao

---

6 Poema em inglês: *A Song Over the Unconfidence Towards My Self. To Dr. Schlosser* [Uma canção sobre a falta de confiança em mim mesmo. Ao dr. Schlosser]. Foi enviada como anexo a uma carta de Goethe endereçada à sua irmã Cornelia em 11 de maio de 1766 e dedicada ao marido dela, Johann Georg Schlosser. Mais que à falta de assuntos poéticos, refere-se a uma crise de criatividade durante um acesso de melancolia, e das dúvidas em relação a si mesmo dela decorrentes.

7 Entre 1769 e 1787, Klopstock escreveu uma trilogia dramática sobre a figura de Hermann (Armínio, 16 a.C.-21 d.C.), chefe da tribo germana dos queruscos, que no ano 9 d.C., na Batalha da Floresta de Teutoburgo, derrotou três legiões romanas sob o comando de Públio Quintílio Varo.

8 Devido ao atraso no recebimento da autorização de Goethe, a dedicatória só apareceu na segunda edição do *Sardanápalo*, publicada em 1823 [Dedicatória de *Sardanápalo*. Ao ilustre Goethe, um desconhecido tem a presunção de oferecer a homenagem de um vassalo literário ao seu senhor e soberano – o primeiro entre os escritores vivos; – aquele que criou a literatura de seu próprio país – e deu lustro à europeia. – A obra indigna que o autor ousa destinar-lhe tem o título de *Sardanápalo*].

mesmo tempo que atormentava sua nora para que lhe devolvesse a carta que Byron lhe enviara de Gênova.

— Veja, minha filha – dizia ele –, eu pude reunir tudo quanto diz respeito às minhas relações com Byron, até mesmo essa extraordinária folha me chegou hoje às mãos como que por milagre, só me falta agora aquela carta.

Mas a adorável admiradora de Byron não queria renunciar à carta.

— O senhor a deu de presente para mim, meu querido pai – disse ela –, e eu não a devolverei; e se quiser que cada qual se reúna ao seu igual, é melhor dar-me também essa preciosa folha de hoje, e eu guardarei todas juntas.

Isso Goethe não queria de modo algum, e a encantadora disputa prosseguiu ainda por mais um tempo, até se dissolver em uma alegre conversação generalizada.

Depois de nos levantarmos da mesa e de as mulheres haverem se retirado ao andar de cima, eu permaneci a sós com Goethe. Ele foi ao seu gabinete de trabalho buscar uma pasta vermelha e a abriu, depois de nos colocarmos à janela.

— Veja – disse ele –, aqui eu guardo tudo quanto diz respeito às minhas relações com Byron. Aqui está sua carta de Livorno, esta é uma cópia impressa de sua dedicatória, este é meu poema, aqui o que escrevi para as conversações de Medwin; falta-me apenas sua carta de Gênova, mas ela não a quer devolver.[9]

Goethe contou-me então sobre um amigável pedido que lhe chegara hoje da Inglaterra com relação a Lord Byron, e que o deixara agradavelmente tocado.[10] Seu espírito, naquele momento, estava todo tomado por Byron e ele se derramou em milhares de palavras interessantíssimas sobre ele, sua obra e seu talento.

---

9 A carta de Gênova é datada de 6 de abril de 1823. A recusa de Ottilie em devolvê-la se deve ao fato de que seu portador fora Charles Sterling, filho do cônsul inglês de Gênova, de quem ela se enamorara. A carta de Livorno é datada de 22 de julho de 1823. O poema *An Lord Byron* [A Lord Byron] foi escrito em 1823. A *Goethes Beitrag zum Andenken Lord Byrons* [Contribuição de Goethe à memória de Lord Byron] foi publicada em inglês e alemão nas *Conversações* de Medwin em 1824.

10 Goethe foi convidado a participar do comitê para a construção de um monumento funerário a Lord Byron.

Conversações com Goethe nos últimos anos de sua vida

— Os ingleses — disse, entre outras coisas — podem pensar o que quiserem de Byron, mas o certo é que não têm outro poeta comparável a ele. Ele é diferente de todos os outros, e quase sempre maior.

Segunda-feira, 15 de maio de 1826

Falei com Goethe a respeito de Stephan Schütze, sobre o qual ele disse algumas palavras cheias de benevolência.[11]

— Na semana passada, durante os dias de minha enfermidade — disse ele —, li suas *Horas alegres*. O livro me proporcionou um grande prazer. Se Schütze vivesse na Inglaterra, teria feito época; pois nada falta ao seu dom de observação e representação a não ser a contemplação de uma vida interessante.

Quinta-feira, 1º de junho de 1826

Goethe falou sobre o *Globe*.[12]

— Os colaboradores — disse — são gente do mundo, alegre, lúcida, ousada no mais alto grau. Nas críticas são finos e galantes, enquanto os eruditos alemães sempre imaginam terem de odiar quem não pensa como eles. Considero o *Globe* um dos mais interessantes periódicos, e não poderia passar sem ele.

Quarta-feira, 26 de julho de 1826

Esta tarde, tive a felicidade de ouvir Goethe dizer algumas coisas sobre o teatro.

---

11 Stephan Schütze (1771-1834), conselheiro áulico e escritor, vivia em Weimar desde 1804 e era amigo de Eckermann. Os três volumes de suas *Heiteren Stunden* [Horas alegres] foram publicados entre os anos de 1821 e 1823.

12 *Le Globe. Journal Philosophique e littéraire*. Goethe o recebeu de forma regular de 1824 a 1830 (quando passou a ser publicado diariamente). O periódico de tendência liberal era sua principal fonte de informações sobre o Romantismo francês e também sobre os acontecimentos políticos e econômicos da França.

Contei-lhe que um de meus amigos planeja levar os *Two Foscari* de Byron para o palco.[13] Goethe duvidou do sucesso da empreitada.

— É de fato tentador – disse ele. – Quando a leitura de uma peça nos causa uma forte impressão, pensamos que o mesmo deveria ocorrer se a levássemos ao palco, e nos iludimos com a ideia de que lograríamos fazê-lo sem grande esforço. Mas aí acontece algo muito estranho. Uma peça que não foi originalmente destinada pela intenção e habilidade do poeta para o palco não se presta para ele, e não importa o que façamos com ela, sempre resta algo de inadequado e irredutível. Quanto esforço não despendi com meu *Götz von Berlichingen*! Mas não funciona verdadeiramente como uma peça de teatro. É demasiado longa, tive de dividi-la em duas partes, das quais apenas a última é efetivamente teatral, enquanto a primeira pode ser considerada apenas uma exposição. Se a primeira parte fosse representada só uma vez, a fim de mostrar os antecedentes da trama, e em seguida se representasse repetidamente a segunda, pode ser que funcionasse. Algo semelhante se passa com o *Wallenstein*; as representações dos *Piccolomini* não se repetem, mas *A morte de Wallenstein* sempre se revê com prazer.

Perguntei-lhe o que deveria ter uma peça para ser teatral.

— Ela precisa ser simbólica – respondeu-me Goethe. – Quer dizer: cada ação precisa ser significativa em si e levar a outra ainda mais importante. O *Tartufo* de Molière é, nesse sentido, um grande exemplo. Pense só na primeira cena; que exposição aquela! Tudo é extremamente significativo desde o início, e leva a deduzir que algo ainda mais importante está por vir. A exposição da *Minna von Barnhelm* de Lessing também é excelente, mas esta do *Tartufo* é única no mundo; é o que há de maior e melhor no gênero.

Falamos das peças de Calderón.

— Em Calderón – disse Goethe –, o senhor encontrará a mesma perfeição teatral. Suas peças são totalmente adequadas ao palco, não há um único lance que não seja calculado para obter o efeito desejado. Calderón é aquele gênio que possui também o maior entendimento.

— É estranho – disse eu – que as peças de Shakespeare não sejam efetivamente peças teatrais, uma vez que Shakespeare de fato as escreveu para seu teatro.

---

13 *The Two Foscari* [Os dois Foscari], peça escrita por Lord Byron em 1821.

Conversações com Goethe nos últimos anos de sua vida

— Shakespeare — respondeu Goethe — escreveu suas peças a partir de sua própria natureza, e assim sua época e as instalações dos palcos de então não lhe faziam grandes exigências; contentavam-se com as peças tais como Shakespeare as representava. Mas, se Shakespeare escrevesse para a corte de Madri ou para o teatro de Luís XIV, talvez tivesse se adaptado a uma forma dramática mais rigorosa. Mas isso não é de lamentar nem um pouco; pois o que Shakespeare perdeu como poeta do palco para nós, ele ganhou como poeta em si. Shakespeare é um grande psicólogo e aprendemos com suas peças o que se passa no íntimo dos seres humanos.

Conversamos sobre as dificuldades de uma boa direção de teatro.

— A dificuldade — disse Goethe — é delegar o que é casual e não se deixar desviar de seus mais altos princípios. Esses princípios mais altos são: um bom repertório das melhores tragédias, óperas e comédias, ao qual devemos nos ater e que devemos considerar como permanentes. Como casuais eu conto: uma peça nova que se quer ver, um ator convidado, e coisas parecidas. Não podemos nos deixar desviar por coisas desse tipo, e sim retornar sempre ao nosso repertório. Nossa época é tão rica em peças verdadeiramente boas, nada é mais fácil para um conhecedor que formar um bom repertório. Mas nada é mais difícil que mantê-lo.

— Quando Schiller e eu dirigíamos o teatro, tínhamos a vantagem de encenar a temporada de verão em Lauchstedt. Tínhamos ali um público seleto que não queria senão o que houvesse de melhor, e assim sempre retornávamos a Weimar com as melhores peças já ensaiadas e podíamos repetir aqui durante o inverno todas as representações do verão. Ademais, o público de Weimar tinha confiança em nossa direção e, mesmo que não pudesse apreciar certas peças, estava convencido de que nossas escolhas se orientavam por propósitos elevados.

— Nos anos 1790 — prosseguiu Goethe —, minha época de interesse genuíno pelo teatro tinha passado, e eu já não escrevia mais para o palco, queria me dedicar inteiramente ao épico. Schiller despertou-me o interesse já extinto, e foi por ele e por sua causa que voltei a me dedicar ao teatro. Na época de meu *Clavigo*, teria sido fácil para mim escrever uma dúzia de peças; temas não me faltavam e a produção me saía fácil; poderia ter feito uma peça por semana, e ainda hoje me irrito por não havê-lo feito.

183

Johann Peter Eckermann

Quarta-feira, 8 de novembro de 1826

Hoje Goethe voltou a falar com admiração de Lord Byron.

— Reli seu *Deformed Transformed*[14] — disse ele — e devo dizer que seu talento me parece maior a cada vez. Seu diabo se inspirou em meu Mefistófeles, mas não é uma imitação, é algo inteiramente original e novo, e tudo conciso, vigoroso e espirituoso. Não há nela uma só passagem fraca, nenhuma grande o suficiente para caber uma cabeça de alfinete em que não se encontre inventividade e espírito. Nada lhe obstrui o caminho, a não ser a hipocondria e o negativismo; não fosse isso, ele teria sido tão grande quanto Shakespeare e os antigos.

Mostrei-me surpreso.

— Sim — disse Goethe —, pode acreditar no que lhe digo, estive novamente a estudá-lo, e a cada vez que o faço tenho de reconhecê-lo.

Em uma conversa anterior, Goethe dissera:

— Lord Byron tem empirismo em demasia.

Eu não compreendera de todo o que ele quis dizer, mas guardei-me de perguntar-lhe e refleti em silêncio sobre o assunto. Porém, com a reflexão não cheguei a nenhum resultado e tive de esperar que o avanço de minha cultura ou uma ocasião propícia me desvendasse o segredo. E tal ocasião se apresentou quando, em uma noite no teatro, fiquei impressionado com uma excelente representação de *Macbeth* e, no dia seguinte, tomei nas mãos as obras de Lord Byron a fim de ler seu *Beppo*. Mas, depois de *Macbeth*, não podia encontrar sabor nesse poema e, quanto mais eu lia, mais compreendia o que Goethe quisera dizer com aquelas palavras.

Em *Macbeth*, eu experimentara em mim a ação de um espírito que, por ser tão grande, poderoso e elevado, não poderia vir senão do próprio Shakespeare. Era algo inato a uma natureza altamente dotada, que fazia se destacar de todos o indivíduo que a possuía, fazendo dele um grande poeta. O que o mundo e a experiência forneceram a essa peça estava subordinado ao espírito poético e servia apenas para permitir-lhe falar e prevalecer. O grande poeta dominava e nos elevava ao seu lado até as alturas de sua visão.

---

14 *The Deformed Transformed* [O disforme transformado], peça escrita por Byron em 1824.

Conversações com Goethe nos últimos anos de sua vida

Ao ler o *Beppo*,[15] ao contrário, senti a predominância de um mundo empírico infame, ao qual em certa medida se associara o espírito que o colocava diante de nossos sentidos. Não era mais a grandeza e a pureza inatas da mente de um poeta altamente dotado que eu encontrava, antes parecia-me que o modo de pensar do poeta, em contato permanente com o mundo, se tornara da mesma qualidade que ele. Parecia ter o mesmo nível que todas as pessoas mundanas distintas e espirituosas, e não se distinguia delas a não ser por seu grande talento de representação, de modo que poderia ser considerado o porta-voz delas.

E assim eu senti ao ler o *Beppo*: Lord Byron tem demasiado empirismo, e não porque ele nos coloca diante dos olhos um excesso de vida real, e sim porque sua natureza poética mais elevada parece se calar, sim, parece mesmo expulsa por um modo de pensar empírico.

Quarta-feira, 29 de novembro de 1826

Li agora também o *Deformed Transformed* de Lord Byron, e depois de nos levantarmos da mesa conversei com Goethe a respeito dessa obra.

— E então? Não é verdade que as primeiras cenas são grandes, poeticamente grandes? O restante, porém, quando tudo se dispersa e se parte para o cerco de Roma, eu não chamaria de poético, mas devo admitir que é engenhoso.

— No mais alto grau — disse eu —, mas quando não se tem respeito por nada, ser engenhoso não é arte alguma.

Goethe riu.

— O senhor não está de todo errado — disse ele —, contudo, é forçoso admitir que o poeta diz mais do que gostaríamos; ele diz a verdade, mas isso nos causa incômodo e preferiríamos que se mantivesse de boca fechada. Há coisas no mundo que o poeta faria melhor em acobertar que em revelar; mas esse é o caráter de Byron, e o aniquilaríamos se exigíssemos dele que procedesse de outra forma.

---

15 *Beppo: A Venetian Story* [Beppo: uma história veneziana], poema narrativo de Byron publicado em 1818.

185

— Sim — eu disse —, engenhoso ele é, no mais alto grau. Como é excelente, por exemplo, esta passagem:

The Devil speaks truth much oftener than he's deemed,
He hath an ignorant audience.[16]

— Isso é de fato tão grande e livre quanto qualquer fala de meu Mefistófeles. E por falar em Mefistófeles — prosseguiu Goethe —, quero mostrar-lhe algo que Coudray trouxe de Paris. Que acha disso?

Mostrou-me uma litografia representando as cenas em que Fausto e Mefistófeles passam à noite a todo galope diante de um patíbulo, a caminho do cárcere de onde pretendem libertar Gretchen. Fausto monta um cavalo preto, que se lança em uma desabalada carreira e parece, tanto quanto ele próprio, assustado com os fantasmas que rondam a forca. Cavalgam tão velozes que só a custo Fausto consegue se manter sobre a sela; o forte vento contrário levou-lhe o boné que, preso ao pescoço por um cordão, esvoaça às suas costas. Tem o rosto voltado para Mefistófeles, com uma expressão de temerosa interrogação, e ouve suas palavras. Este se mostra tranquilo, inabalável, como um ser superior. Não monta um cavalo vivo, pois não ama o que vive. Também não tem necessidade, pois apenas sua própria vontade já o leva com a velocidade desejada. Ele tem um cavalo apenas porque é preciso imaginá-lo a cavalgar, e para tanto bastou-lhe catar do solo um esqueleto ainda preso à pele. Tem uma cor clara e, na escuridão da noite, parece fosforescer. Não tem nem arreios nem sela, não precisa disso. Durante a conversa, o cavaleiro sobrenatural, leve e negligentemente montado, se volta para Fausto; para ele não existe o vento contrário, nem ele nem seu cavalo nada sentem, nem um único pelo se move.

Essa engenhosa composição nos encheu de alegria.

— Tenho de admitir — disse Goethe — que não imaginei a cena com tanta perfeição. Aqui está mais uma folha. O que me diz desta?

Nela vi a frenética cena da bebedeira na taberna de Auerbach, representada como a quintessência do todo, o momento mais importante, quando

---

16 [O diabo fala mais frequentemente a verdade do que esperaríamos dele;/ ele tem um público ignorante.]

Conversações com Goethe nos últimos anos de sua vida

o vinho derramado se inflama e a bestialidade dos bebedores se manifesta dos mais variados modos. Tudo é paixão e movimento, apenas Mefistófeles se mantém em sua costumeira alegre serenidade. O frenético maldizer, a gritaria e a faca empunhada por seu vizinho mais próximo nada significam para ele. Sentou-se sobre um canto de mesa e balança as pernas; basta seu dedo levantado para abafar as chamas e as paixões.

Quanto mais olhávamos para aquelas excelentes ilustrações, mais nos convencíamos do grande entendimento do artista, que não desenhou uma única figura igual a outra e em cada uma delas representou um estágio diferente do desenrolar da ação.

— O sr. Delacroix — disse Goethe — é um grande talento que encontrou justamente no *Fausto* seu próprio alimento.[17] Os franceses lhe reprovam a selvageria, mas nesse caso ela é mais que apropriada. Espera-se que ilustre todo o *Fausto*, e de antemão me regozijo, sobretudo com a cozinha da bruxa e as cenas do Brocken. Pode-se ver que ele mergulhou profundamente na vida, e para isso a cidade de Paris lhe ofereceu a melhor oportunidade.

Observei que aquelas ilustrações colaboravam muito para a melhor compreensão do poema.

— Sem dúvida — disse Goethe —, pois a imaginação singularmente perfeita de um artista como esse nos obriga a imaginar as situações tão bem quanto ele próprio o fez. E se, de minha parte, tenho de admitir que o sr. Delacroix superou minha própria fantasia em algumas das cenas criadas por mim, maiores motivos terá o leitor para achar tudo muito vívido e além de sua imaginação.

Segunda-feira, 11 de dezembro de 1826

Encontrei Goethe em uma disposição muito alegre e animada.

— Alexander von Humboldt esteve comigo por algumas horas hoje de manhã — disse ele, recebendo-me com grande vivacidade. — Que homem!

---

17 Eugène Delacroix (1798-1863), pintor francês, um dos maiores nomes do Romantismo. As duas litografias, juntamente com outras quinze, foram publicadas em 1818 na edição francesa do *Fausto*, traduzido por Frédéric Albert Alexandre Stapfer (1802-1892). Constam do primeiro volume da edição brasileira citada (cf. n.11, p.105).

Conheço-o já faz tanto tempo, mas outra vez fiquei surpreso com ele. Podemos dizer que em conhecimento e saber vivo não tem igual. E uma versatilidade como jamais encontrei em mais ninguém! Seja qual for o assunto, está sempre em casa e nos cumula de tesouros espirituais. Parece uma fonte com muitas bicas, sempre a jorrar, refrescantes e inesgotáveis, sob as quais só precisamos colocar nossas vasilhas. Ficará aqui por alguns dias, e já posso sentir que para mim será como se tivesse vivido alguns anos.

Quarta-feira, 13 de dezembro de 1826

À mesa, as mulheres elogiaram um retrato feito por um jovem pintor. E o mais admirável, acrescentaram, é que ele aprendeu tudo sozinho. Podia-se notá-lo especialmente pelas mãos, que não tinham sido desenhadas de modo correto e segundo as regras da arte.

— Podemos ver — disse Goethe — que o jovem pintor tem talento, mas não se deve louvá-lo, e sim censurá-lo por ter aprendido tudo sozinho. Um talento não nasce para ser abandonado a si próprio, e sim para recorrer à arte e a bons mestres que façam dele alguém de valor. Um dia desses li uma carta de Mozart que escrevia o seguinte a um barão que lhe enviara algumas composições suas: "Devemos censurar a vocês diletantes, pois com vocês normalmente se passam duas coisas: não dispõem de ideias próprias e se apossam das alheias; ou, quando têm ideias próprias, não sabem o que fazer com elas". Não é maravilhoso? E essas sábias palavras de Mozart a respeito da música não valem também para todas as outras artes?

E Goethe prosseguiu:

— Leonardo da Vinci diz: "Se seu filho não tem senso bastante para realçar seus desenhos por meio de um forte sombreado, a ponto de podermos pegá-los com as mãos, então ele não tem talento".

— E Leonardo da Vinci diz também: "Se seu filho domina perfeitamente a perspectiva e a anatomia, confie-o a um bom mestre".

— E atualmente — disse Goethe — nossos jovens artistas, ao deixaram seus mestres, quase nada sabem de ambas. Tanto mudaram os tempos!

— Aos nossos jovens pintores — prosseguiu Goethe — faltam alma e espírito; suas invenções não dizem nada e não têm efeito algum; pintam espadas que não cortam e flechas que não atingem o alvo, e muitas vezes me invade a sensação de que todo o espírito desapareceu do mundo.

— E, no entanto — observei —, era de crer que todos os eventos bélicos dos últimos anos houvessem excitado o espírito.

— Excitaram mais a vontade que o espírito — disse Goethe —, e antes o espírito político que o artístico, e em consequência disso toda ingenuidade e toda sensualidade se perderam totalmente. Mas como pode um pintor pretender fazer alguma coisa que nos alegre sem esses dois requisitos?

Eu disse que por esses dias lera em sua *Viagem à Itália* sobre um quadro de Correggio[18] representando um desmame do Menino Jesus, no qual o vemos no colo de Maria, hesitante entre o seio da mãe e uma pera que lhe é oferecida, sem saber qual dos dois escolher.

— Sim — disse Goethe —, eis aí um quadrinho! Aí há espírito, ingenuidade, sensualidade, tudo combinado. E o tema religioso se tornou universalmente humano e serve como símbolo de uma fase da vida pela qual todos nós passamos. Um quadro assim é eterno, pois tanto recua ao passado mais remoto da humanidade quanto avança até o mais distante futuro. Se, por outro lado, se pintasse o Cristo chamando a si as criancinhas, isso resultaria em um quadro que nada teria a dizer, pelo menos nada de significativo.

— Eu acompanhei — disse Goethe — o desenvolvimento da pintura alemã ao longo de mais de cinquenta anos, e não apenas acompanhei como também procurei, de minha parte, influir sobre ela, e posso dizer que, do modo como estão hoje as coisas, não há muito o que esperar. É preciso que surja um grande talento que se aproprie de tudo o que há de bom em nossa época e com isso supere a tudo. Todos os meios estão aí, e o caminho está indicado e aberto. Atualmente podemos contemplar até mesmo todas as obras de Fídias, o que era impensável em nossa juventude. Agora, como eu disse, não nos falta nada a não ser um grande talento, e esse, espero, surgirá; talvez já esteja no berço e vocês ainda possam testemunhar seu esplendor.

---

18 Antonio Allegri, dito Correggio (1489-1534), foi um pintor renascentista italiano. O quadro a que Eckermann se refere é provavelmente uma das três versões da *Madonna del Latte* [Virgem amamentando].

Johann Peter Eckermann

Quarta-feira, 20 de dezembro de 1826

Após o almoço, comuniquei a Goethe uma descoberta que me promete grandes alegrias. Em uma vela acesa, notei que a parte inferior e transparente da chama apresenta o mesmo fenômeno que faz o azul do céu, ou seja, a escuridão sendo vista através de uma turvação iluminada.

Perguntei a Goethe se conhecia esse fenômeno da vela e se tratava dele em sua *Teoria das cores*.

— Sem dúvida — disse ele. Pegou um volume da *Teoria das cores* e leu-me os parágrafos nos quais encontrei uma descrição completa do fenômeno que observara.

— Fico muito feliz — disse ele — que o senhor tenha observado esse fenômeno sem conhecê-lo de minha *Teoria das cores*; pois assim o senhor o compreendeu e pode dizer que o possui. Também adquiriu um ponto de vista a partir do qual pode passar aos outros fenômenos. Quero mostrar--lhe agora mesmo mais um.

Deveriam ser umas 4 horas da tarde; o céu estava encoberto e mostrava os primeiros sinais do crepúsculo. Goethe acendeu uma vela e levou-a para uma mesa perto da janela. Colocou-a sobre uma folha de papel branco e sobre esta uma varinha, de modo que o brilho da vela lançasse uma sombra da varinha em direção à luz do dia.

— E então — disse Goethe —, que me diz dessa sombra?

— A sombra é azul — respondi.

— Aí tem novamente o azul — disse Goethe —, mas o que vê olhando desse outro lado da varinha para a vela?

— Outra sombra.

— Mas de que cor?

— A sombra é de um amarelo-avermelhado — respondi. — Mas qual a origem desse duplo fenômeno?

— Isso agora é com o senhor — disse Goethe. — Procure uma explicação. Encontrá-la é possível, mas difícil. Não olhe em minha *Teoria das cores* antes de perder toda a esperança de encontrá-la por si mesmo.

Prometi fazê-lo, com muita alegria.

— Quero agora — continuou Goethe — mostrar-lhe em escala ampliada o fenômeno na parte inferior da chama, quando uma claridade transparente se põe diante da escuridão e produz a cor azul.

Pegou uma colher, encheu-a de álcool e acendeu o fogo. Outra vez surgiu uma claridade transparente através da qual a escuridão parecia azul. Se eu voltasse o álcool inflamado para a escuridão da noite, o azul ganhava em intensidade; se o voltasse contra a claridade, ele se atenuava ou desaparecia por completo.

Senti uma grande alegria ao observar o fenômeno.

— Sim — disse Goethe —, o que há de grande na natureza é ela ser tão simples e sempre repetir seus maiores fenômenos em pequenas dimensões. A mesma lei que faz o céu ser azul se observa na parte inferior da chama de uma vela, tanto no álcool inflamado quanto na fumaça iluminada que sobe de um vilarejo, atrás do qual se veem montanhas escuras.

— Mas como os discípulos de Newton explicam esse fenômeno tão simples? — perguntei.

— Isso o senhor nem precisa saber — respondeu Goethe. — É demasiado estúpido, e é inacreditável o mal que faz a uma boa cabeça ocupar-se com algo estúpido. Não se preocupe com os newtonianos, contente-se com a teoria pura e estará bem servido.

— A atenção dispensada ao que é errado — disse eu — talvez seja nesse caso tão desagradável e prejudicial quanto estudar uma péssima tragédia a fim de esclarecê-la em todos os seus aspectos e pôr a nu todas as suas fragilidades.

— É exatamente a mesma coisa — disse Goethe —, e não devemos nos ocupar com isso sem necessidade. Considero a matemática a mais elevada e a mais útil das ciências, desde que aplicada em seu devido lugar; mas não posso considerar louvável que a empreguem de modo abusivo em coisas que estão totalmente fora de seu âmbito e nas quais essa nobre ciência logo se torna um absurdo. E como se tudo que se pudesse demonstrar em termos matemáticos existisse. Seria uma tolice alguém não acreditar no amor de sua namorada só porque ele não pode ser demonstrado matematicamente! Seu dote ela pode demonstrar pela matemática, mas não seu amor. Também não foram os matemáticos que descobriram a metamorfose das plantas! Eu o fiz sem a matemática, e os matemáticos tiveram de aceitá-la. E para compreender os fenômenos da *Teoria das cores* não é necessário mais que uma observação pura e uma cabeça sadia; mas ambas são mais raras do que se pensa.

— E que dizem os franceses e os ingleses de hoje sobre a *Teoria das cores*? — perguntei.

— Ambas as nações — respondeu Goethe — têm suas vantagens e desvantagens. Os ingleses têm de bom considerar tudo por seu lado prático; mas são pedantes. Os franceses têm uma boa cabeça, mas para eles tudo tem de ser positivo, e quando não é, eles o fazem ser. Mas com a teoria das cores estão em um bom caminho, e um dos melhores entre eles está muito próximo de alcançá-la.[19] Ele diz: as cores são inerentes às coisas. Pois, assim como existe na natureza um princípio acidulante, existe também um princípio corante. Com isso ainda não se explicam os fenômenos, mas ele coloca o problema no interior da natureza e assim o liberta das limitações da matemática.

Trouxeram os jornais berlinenses, e Goethe se sentou para lê-los. Deu-me também uma folha e, lendo as notícias sobre o teatro, constatei que na Casa de Ópera e no Teatro Real se representam peças tão ruins quanto as daqui.

— Como poderia ser diferente? — disse Goethe. — Sem dúvida, é impossível reunir um repertório tão bom a ponto de se poder representar toda noite uma boa peça sem recorrer à ajuda das boas peças inglesas, francesas e espanholas. Mas onde está a necessidade da nação de assistir sempre a uma boa peça? A época em que Ésquilo, Sófocles e Eurípides escreveram era muito diferente: tinha o espírito por trás de si e queria sempre apenas o que fosse verdadeiramente grande e melhor. Mas em nossos tristes tempos, onde está a necessidade do melhor? Onde estão os órgãos capazes de apreciá-los?

— Além disso — continuou Goethe —, querem sempre coisas novas! O público é o mesmo, em Berlim ou Paris. Em Paris, escreve-se e representa-se

---

19 Um dos melhores: possivelmente H. S. Le Prince, de cuja obra *Nouvelle Chroagénésie, ou Réfutation du traité d'optique de Newton* [Nova croagenesia, ou refutação do tratado de óptica de Newton, 1819] Goethe cita algumas passagens em *Zur Naturwissenschaft überhaupt* [Sobre a ciência da natureza em si, 1821].

um sem-número de novas peças a cada semana, e é forçoso suportar cinco ou seis muito ruins antes de ser recompensado por uma boa.

— Para se manter um teatro alemão hoje em um nível elevado, o único meio é recorrer a atores convidados. Se ainda estivesse na direção de nosso teatro, ocuparia o inverno todo com representações de excelentes espetáculos estrangeiros. Com isso, não apenas se repetiriam sempre todas as boas peças, como também o interesse passaria das peças para a representação, seria possível comparar e julgar, o público ganharia em perspicácia e nossos próprios atores em estímulo e espírito de competição com a expressiva representação de um excelente ator convidado. Como eu disse: atores convidados e mais atores convidados, e vocês se surpreenderiam com o proveito que daí tirariam o teatro e o público.

— Eu vejo chegar o tempo em que uma cabeça capaz e preparada para isso assumirá a direção de *quatro* teatros ao mesmo tempo e os suprirá a todo momento com atores convidados, e estou certo de que se sairá melhor dirigindo esses *quatro* que se dirigisse só um.

Quarta-feira, 27 de dezembro de 1826

Em casa, refleti com afinco sobre o fenômeno da sombra azul e da amarela e, embora durante um bom tempo ele permanecesse um enigma para mim, a continuada observação acabou fazendo que se acendesse uma luz e, pouco a pouco, convenci-me de havê-lo compreendido.

Hoje à mesa, eu disse a Goethe que havia desvendado o enigma.

— Isso seria um grande feito — disse ele. — Poderá demonstrá-lo depois de comermos.

— Prefiro escrevê-lo — respondi —, pois para uma demonstração oral sempre me faltam os termos adequados.

— Pode escrevê-lo depois — disse Goethe —, mas antes disso deveria fazê-lo diante de meus olhos e demonstrá-lo oralmente, para que eu veja se está no caminho certo.

Depois do almoço, estando ainda o dia muito claro, Goethe perguntou-me:

— Não poderia fazer agora o experimento?

— Não — respondi.

— Por que não? — perguntou Goethe.

— Ainda está muito claro — respondi. — É preciso esperar o início do crepúsculo, para que a luz da vela produza uma sombra forte, mas é necessário também que haja claridade suficiente para que a luz do dia possa incidir sobre ela.

— Hum! — disse Goethe. — Não está em um mau caminho.

Finalmente começou a escurecer, e eu disse a Goethe que chegara a hora. Ele acendeu a vela de cera e deu-me uma folha de papel branco e uma varinha.

— Agora, faça o experimento e explique-o — disse ele.

Coloquei a vela sobre a mesa perto da janela, pus a folha de papel próximo à luz e, quando coloquei a varinha no meio do papel entre a luz do dia e a da vela, o fenômeno se manifestou em toda a sua beleza. A sombra do lado da luz era claramente amarela, a outra, do lado da janela, perfeitamente azul.

— E então — disse Goethe —, qual a origem da sombra azul?

— Antes de explicar-lhe, quero esclarecer a lei fundamental da qual deduzo ambos os fenômenos. Luz e treva — disse eu — não são cores, e sim dois extremos, no meio dos quais se encontram e surgem as cores como decorrência de modificações em ambos os extremos. Dos extremos luz e treva surgem em primeiro lugar as cores amarela e azul. A amarela nos limites da luz, quando observada através de um elemento turvo, a azul nos limites da treva, quando observada através de uma transparência iluminada.

— Se observamos então nosso fenômeno, podemos ver que a varinha lança uma sombra pronunciada graças à força da luz da vela. Essa sombra apareceria sob a forma de uma negra treva, se eu fechasse as venezianas e obstruísse a luz do dia. Mas a luz penetra livremente através das janelas abertas e constitui um meio iluminado através do qual eu vejo a treva da sombra, e assim surge, em conformidade com a lei, a cor azul.

Goethe riu.

— Isso explicaria a sombra azul — disse ele —, mas como o senhor explica a amarela?

— Pela lei da luz turva — respondi. — A vela acesa lança sobre o papel branco uma luz que já tem um leve sopro do amarelo. A influência do dia é forte o bastante para lançar uma fraca sombra da varinha sobre a luz da vela que, até onde ela alcança, turva a luz e assim surge, em conformidade com a lei, a cor amarela. Se eu enfraqueço a turvação, levando a sombra o mais perto possível da luz, o que se mostra é uma pura claridade amarela; mas se eu fortaleço a turvação, afastando a sombra o mais possível da luz, o amarelo escurece até se tornar avermelhado, ou mesmo vermelho.

Goethe riu mais uma vez, e de um modo muito misterioso.

— E então — disse eu —, estou certo?

— O senhor viu muito bem o fenômeno e o descreveu de um modo muito bonito — respondeu Goethe —, mas não o explicou. Sua explicação é inteligente, até engenhosa, mas não é correta.

— Então me ajude — disse eu — e desvende-me o enigma, pois estou muito impaciente.

— O senhor o saberá — disse Goethe —, mas não hoje, e não por essa via. Quero em breve mostrar-lhe outro fenômeno que deverá tornar-lhe a lei evidente. O senhor está perto da solução, e prosseguindo nessa direção não há como avançar mais. Mas se compreender a nova lei, será introduzido em uma região inteiramente nova e terá deixado muita coisa para trás. Em um dia de céu azul, chegue uma horinha mais cedo para o almoço, e eu lhe mostrarei um fenômeno muito evidente, através do qual o senhor compreenderá de imediato a mesma lei que rege esse que observou hoje.

— Fico muito feliz — disse ele — com seu interesse pelas cores; poderá tornar-se uma fonte de indescritíveis alegrias para o senhor.

À noite, depois de despedir-me de Goethe, não podia tirar o fenômeno da cabeça, e até em sonhos me ocupei dele. Mas mesmo nessas condições não vi mais claramente e não avancei um passo em direção à solução do enigma.

— Com meus cadernos de ciências naturais — disse Goethe há algum tempo — também vou avançando muito devagar.[20] Não por acreditar poder contribuir significativamente com o progresso da ciência, e sim por causa

---

20 Os fascículos de *Zur Naturwissenschaft überhaupt* [Sobres as ciências naturais em si], publicados por Goethe entre 1817 e 1823, continham seus escritos sobre ciência. Sua publicação, contudo, não chegou a ser retomada.

Johann Peter Eckermann

das muitas relações agradáveis que estabeleço graças a ela. A ocupação com a natureza é a mais inocente que há. Em matéria de estética, não se pode pensar agora em manter nenhuma relação ou correspondência. Todos só querem saber a que cidade do Reno eu me referi em *Hermann e Doroteia*! Como se não fosse melhor imaginar uma qualquer! Querem verdade, querem realidade e com isso estragam a poesia.

1827

Quarta-feira, 3 de janeiro de 1827

Hoje à mesa falamos sobre o excelente discurso de Canning a favor de Portugal.[1]

— Existem pessoas — disse Goethe — que classificam esse discurso de grosseiro; mas essas pessoas não sabem o que querem, têm a mania de combater tudo o que é grande. Não se trata de oposição, apenas de espírito de *frondeur*. Têm a necessidade de odiar algo de grande. Quando Napoleão ainda estava neste mundo, odiavam-no, e tinham nele uma boa válvula de escape. Mas tão logo ele desapareceu, passaram a combater a Sagrada Aliança e, no entanto, jamais se inventou nada de maior e mais benéfico para a humanidade. Agora é a vez de Canning. Seu discurso a favor de Portugal é o produto de uma grande consciência. Ele sente muito bem a extensão de seu poder e a grandeza de sua posição, e tem razão ao falar o que sente. Mas esses *sans-culottes* são incapazes de compreendê-lo, e o que nos parece

---

1 Em 12 de dezembro de 1826, o ministro do exterior inglês George Canning (1770-1827) proferiu na Câmara Baixa um discurso em favor da regente Maria Isabel de Bragança (1801-1876) e da constituição portuguesa e contra o apoio secreto da corte de Madri aos inimigos da constituição, contribuindo para evitar um levante contra ela.

grande a eles lhes parece grosseiro. A grandeza lhes é incômoda, não têm nenhum pendor para reverenciá-la, não a podem suportar.

Quinta-feira, noite de 4 de janeiro de 1827

Goethe elogiou muito as poesias de Victor Hugo.

— Ele é de fato um talento — disse — sobre o qual a literatura alemã teve influência. Sua juventude poética infelizmente foi prejudicada pelo pedantismo da facção classicista; mas agora ele tem o *Globe* ao seu lado e com isso ganhou a partida. Eu o compararia a Manzoni.[2] É dotado de muita objetividade e parece-me de uma importância absolutamente igual à dos srs. De Lamartine[3] e Delavigne. Observando-o bem, vejo claramente de onde provêm ele e outros talentos vigorosos semelhantes a ele. Todos descendem de Chateaubriand, que é de fato um enorme talento retórico--poético.[4] Mas para ter uma ideia de como escreve Victor Hugo, leia esta poesia sobre Napoleão: *Les Deux isles*.[5]

Goethe estendeu-me o livro e sentou-se perto da estufa. Eu li.

— Não tem imagens primorosas? — disse Goethe. — Não trata seu assunto com grande liberdade de espírito?

Voltou para meu lado.

— Veja só esta passagem, como é bela!

Ele leu a passagem sobre as nuvens carregadas, das quais sai o raio que atinge o herói de baixo para cima.

— Como é belo! Pois é uma imagem verdadeira, que se pode encontrar em uma montanha, do alto da qual muitas vezes vemos a tempestade abaixo de nós, e onde os raios se lançam de baixo para cima.

---

2 Alessandro Manzoni (1785-1873), escritor italiano, autor do romance *I promessi sposi* [Os noivos, 1827, versão definitiva de 1840-1842].

3 Alphonse de Lamartine (1790-1869), poeta romântico francês; Casimir Delavigne (1793-1843), poeta e dramaturgo francês.

4 François-René de Chateaubriand (1768-1848), um dos líderes do Romantismo francês.

5 *Les Deux isles* [As duas ilhas], ode de 1825 dedicada a Napoleão. As duas ilhas do título são a Córsega e Santa Helena.

— O que acho louvável nos franceses — eu disse — é que sua poesia jamais abandona o solo firme da realidade. Podemos traduzir as poesias em prosa sem que percam o essencial.

— Isso se deve — disse Goethe — ao fato de que os poetas franceses possuem conhecimentos, ao passo que os tolos alemães pensam que perderiam o talento se se esforçassem por adquirir conhecimento, embora todo talento necessite se alimentar de conhecimentos e só através deles logre empregar suas forças. Mas deixemo-los de lado, não podemos ajudá-los, e o verdadeiro talento uma hora ou outra encontra seu caminho. Os muitos jovens poetas que pululam por aí não são talentos de fato; não dão mostras senão de uma incapacidade que é estimulada a produzir pelo alto nível da literatura alemã.

— Não é de estranhar — prosseguiu Goethe — que os franceses deixem o pedantismo para se alçarem a uma espécie mais livre de poesia. Diderot e outros espíritos semelhantes a ele já haviam procurado romper esse círculo ainda antes da Revolução. A Revolução, e depois dela a época do reinado de Napoleão, foram propícias à causa. Pois ainda que os anos de guerra não tenham permitido que brotasse um verdadeiro interesse poético e, portanto, tenham sido momentaneamente contrários às musas, formou-se nessa época uma multidão de espíritos livres que agora, retornada a paz, puderam refletir e se destacar como talentos notáveis.

Perguntei a Goethe se a facção dos classicistas também se opusera ao excelente Béranger.[6]

— O gênero no qual Béranger compôs suas obras — disse Goethe — é mais antigo, tradicional, um gênero com o qual as pessoas estavam acostumadas; mas em algumas coisas ele também se movimentou mais livremente que seus antecessores, e por isso também foi hostilizado pela facção dos pedantes.

A conversa se voltou para a pintura e para os danos causados pela escola antiga.

---

6 Pierre-Jean de Béranger (1780-1857), poeta francês, entre 1815 e 1833 publicou diversos volumes de *Chansons* [Canções] em tom popular.

— O senhor não pretende ser um conhecedor — disse Goethe —, mas vou mostrar-lhe um quadro do qual, embora seja obra de um dos melhores pintores alemães vivos, os erros mais significativos contra as primeiras leis da arte imediatamente lhe saltarão aos olhos. O senhor verá como os detalhes são belos, mas o todo não lhe agradará, e o senhor não saberá o que pensar a respeito. E isso não porque o mestre que o pintou não tenha talento suficiente, e sim porque seu espírito, que deveria orientar o talento, está tão obscurecido quanto a cabeça dos demais pintores antigos, de modo que ele ignora os mestres perfeitos e retorna aos predecessores imperfeitos, tomando-os por modelos.

— Rafael e seus contemporâneos romperam caminho através de um limitado maneirismo para a liberdade e a natureza. E os jovens artistas de hoje, em vez de dar graças a Deus e aproveitarem essas vantagens e prosseguirem nesse excelente caminho, retornam à antiga limitação. Isso é péssimo e mal conseguimos compreender esse obscurecimento da inteligência. E, não encontrando apoio na própria arte para prosseguir nesse caminho, vão buscá-lo na religião e na facção; pois, com toda a sua fragilidade, jamais sobreviveriam sem o apoio de ambas.

— Ao longo da história da arte — disse Goethe — existe uma filiação. Sempre que observamos um grande mestre, constatamos que ele aproveitou o que havia de bom em seus predecessores, e que foi isso justamente o que o fez grande. Homens como Rafael não brotam do chão. Têm suas raízes na Antiguidade e no que de melhor se fez antes deles. Se não tivessem aproveitado as vantagens de sua época, pouco teríamos a dizer deles.

A conversa se voltou para a antiga poesia alemã; mencionei Fleming.[7]

— Fleming — disse Goethe — é um talento verdadeiramente belo, um pouco prosaico, burguês; já não nos serve de apoio. É singular — continuou — que, mesmo tendo escrito um pouco de tudo, nenhuma de minhas poesias poderia constar do hinário luterano.

Eu ri e lhe dei razão, dizendo comigo mesmo que nessa curiosa afirmação havia mais do que se poderia pensar à primeira vista.

---

7 Paul Fleming (1609-1640), poeta barroco alemão.

Conversações com Goethe nos últimos anos de sua vida

Domingo à noite, 12 de janeiro de 1827

Encontrei em casa de Goethe um entretenimento musical vespertino que lhe fora oferecido pela família Eberwein e alguns membros da orquestra. Entre os poucos ouvintes estavam: o superintendente geral Röhr, o conselheiro áulico Vogel[8] e algumas senhoras. Goethe pediu para ouvir o quarteto de um renomado jovem compositor, que foi a primeira peça a ser executada.[9] Para grande satisfação de Goethe, Carl Eberwein, um rapazinho de 12 anos, tocou piano, e de fato o tocou excelentemente, de modo que o quarteto foi bem executado sob todos os aspectos.

— É curioso — disse Goethe — até onde a técnica mais avançada e a mecânica podem levar os compositores de hoje; suas obras já não são música, ultrapassam o nível dos sentimentos humanos e com nosso espírito e nosso coração não podemos mais atribuir um sentido a tais produções. Que lhe pareceu? Para mim, entrou por um ouvido e saiu pelo outro.

Respondi que comigo se passara o mesmo.

— E, no entanto, o alegro tem caráter. Esses intermináveis rodopios e rodeios fizeram-me como que ver diante de mim a dança das bruxas do Blocksberg,[10] e assim, apesar de tudo, encontrei uma imagem à qual sobrepor aquela estranha música.

Depois de uma pausa, durante a qual conversávamos e foram servidos refrescos, Goethe pediu a mme. Eberwein que cantasse alguns *Lieder*. Ela iniciou com o belo *Lied À meia-noite*, na versão composta por Zelter, que impressionou profundamente a todos.[11]

— Esse *Lied* não perde a beleza — disse Goethe —, não importa quantas vezes o ouçamos. Sua melodia tem algo de eterno, indestrutível.

---

8 Karl Vogel (1798-1864) sucedera Rehbein, morto em 1826, como médico particular de Goethe.

9 Jovem compositor: Felix Mendelssohn-Bartoldy (ignora-se o motivo pelo qual Eckermann omite seu nome). A obra mencionada deve ser o "Quarteto em si menor op. 3", dedicado a Goethe.

10 *Fausto I*, versos 3835-4222.

11 *Um Mitternacht* [À meia-noite], poema de 1818 musicado no mesmo ano por Zelter.

Seguiram-se alguns *Lieder* do ciclo da *Pescadora*, compostos por Max Eberwein.[12] *O rei dos elfos* foi calorosamente aplaudido;[13] em seguida, a ária *Eu disse à minha boa mãe* recebeu um elogio unânime: essa composição parece tão certeira que ninguém pode imaginá-la diferente.[14] Goethe também se mostrou extremamente satisfeito.

Como fecho do belo sarau, mme. Eberwein cantou, a pedido de Goethe, alguns *Lieder* do *Divã*, na conhecida composição de seu marido. A passagem que diz: "Gostaria de tomar emprestada a graça de Jussuf"[15] agradou especialmente a Goethe.

— Por vezes — disse-me ele —, Eberwein supera a si mesma.

Pediu então ainda um *Lied*: "Ah, por tuas asas molhadas", que também foi de molde a despertar os mais profundos sentimentos.[16]

Depois que os comensais se foram, permaneci ainda por algum tempo a sós com Goethe.

— Esta noite — disse ele — observei que esses *Lieder* do *Divã* não têm mais nenhuma relação comigo. Tudo o que contêm de oriental e de apaixonado cessou de viver em mim; é como a casca trocada de uma serpente que ficou pelo caminho. Mas o *Lied À meia-noite* não perdeu sua relação comigo, é uma parte ainda viva de meu ser e continua a viver em mim.

— Aliás, é comum acontecer que minhas obras se tornem totalmente estranhas para mim. Um dia desses estava lendo algo em francês e, durante a leitura, pensei: o homem se expressa de um modo muito inteligente, você

---

12 *Die Fischerin* [A pescadora], *Singspiel* (peça que misturava partes recitadas e cantadas). Representada pela primeira vez em Tierfurt no ano de 1781.

13 O poema *Erlkönig* [O rei dos elfos], do referido *Singspiel* foi musicado por, entre outros, Franz Schubert. A composição de Eberwein de que se fala aqui se perdeu.

14 *Ich hab's gesagt der guten Mutter* [Eu disse à minha boa mãe], canção popular lituana inserida por Goethe em *A pescadora*.

15 *"Jussufs Reize möcht' ich borgen/ Deine Schönheit zu erwiedern"* [Gostaria de tomar emprestada a graça de Jussuf/ para retribuir à tua beleza] são os versos finais do poema *Liebe um Liebe* [Amor por amor, 1815] do *Divã ocidental-oriental*.

16 *"Ach um deine feuchten Schwingen"* [Ah, por tuas asas molhadas], verso inicial do poema *Suleika* (1815), do *Divã ocidental-oriental*. Assim como o precedente, esse poema é de autoria de Marianne von Willemer, coautora de outras passagens da mesma coletânea.

Conversações com Goethe nos últimos anos de sua vida

mesmo não o diria de outra maneira. E quando olhei com maior atenção, era uma passagem traduzida de meus próprios escritos.

Segunda-feira à noite, 15 de janeiro de 1827

Após a finalização da "Helena",[17] Goethe se dedicou no verão passado à continuação dos *Anos de peregrinação*. Ele sempre me dava notícias a respeito do progresso desse trabalho.

— Para aproveitar melhor o material existente — disse-me certo dia —, eu desfiz toda a primeira parte e agora, através da mescla do velho com o novo, vou compor duas partes. Vou mandar copiar tudo o que já foi impresso; as passagens em que tenho algo de novo a inserir estão assinaladas e, quando o copista chegar a um desses sinais, eu ditarei o que deve ser acrescentado, e assim me vejo forçado a não deixar o trabalho estagnar.

Um outro dia, ele me disse:

— A parte impressa dos *Anos de peregrinação* já foi inteiramente copiada; as passagens em que tenho de introduzir matéria nova estão ocupadas por folhas de papel azul, de modo que tenho visível diante de meus olhos o que ainda resta a fazer. À medida que avanço, as folhas azuis desaparecem, o que me enche de alegria.

Semanas atrás ouvi de seu secretário[18] que ele trabalha em uma nova novela; por isso, guardei-me de visitá-lo todas as noites, e me contentei em vê-lo à mesa uma vez por semana.

Essa novela foi concluída há algum tempo, e esta noite ele me mostrou as primeiras folhas dela.

Fiquei feliz, e li até a notável passagem em que todos estão ao redor do tigre morto e o guardião traz a notícia de que o leão se deitou ao sol lá em cima, junto às ruínas.

Durante a leitura, admirei a extraordinária clareza com que tudo, até os espaços mais restritos, nos é colocado diante dos olhos. A saída para a

---

17 *Fausto II*, terceiro ato.

18 Secretário: Johann August Friedrich John (1794-1854), trabalhou para Goethe de 1819 a 1829.

203

Johann Peter Eckermann

caça, os desenhos das antigas ruínas do castelo, a feira anual, o caminho através do campo que leva até as ruínas, tudo se oferece tão nitidamente à nossa vista que não podemos deixar de imaginar a representação senão da maneira desejada pelo poeta. Ao mesmo tempo, tudo fora escrito com tanta segurança, inteligência e maestria que, enquanto lia, não podia nem intuir o que estava por vir, nem adiantar uma linha que fosse.

— Sua Excelência — disse eu — deve ter trabalhado segundo um esquema bem definido.

— Sim, de fato trabalhei — respondeu Goethe —; havia trinta anos já que eu planejava desenvolver esse assunto, e desde então o trazia na cabeça. Mas com esse trabalho aconteceu uma coisa muito singular. Naquela época, logo após ter concluído *Hermann e Doroteia*, pensava em tratar o material sob a forma épica, em hexâmetros, e com esse fim elaborei um esquema detalhado. Quando agora retornei ao assunto para escrever a obra, não encontrei o esquema antigo e, assim, tive de fazer um novo, e fazê-lo de acordo com a forma modificada que desejava lhe dar. Mas agora, depois de terminar o trabalho, eis que torno a encontrar aquele velho esquema, e me alegro de não havê-lo tido em mãos mais cedo, pois só me teria atrapalhado. A ação e a sequência do desenvolvimento permaneceram as mesmas, mas nos detalhes era tudo muito diferente; tudo fora inteiramente pensado para um tratamento em hexâmetros e, portanto, não seria de modo algum utilizável para essa representação em prosa.

A conversa se voltou para o conteúdo.

— Uma bela situação — disse eu — aquela em que Honório está diante da princesa e ao lado do tigre morto, enquanto a mulher, chorando e lamentando, se aproxima com o menino e também o príncipe e sua comitiva de caçadores vêm correndo se juntar a esse grupo singular. Isso daria um quadro magnífico, que eu gostaria de ver pintado.

— Sem dúvida — disse Goethe — seria um belo quadro; mas — prosseguiu ele, depois de refletir um pouco — o tema seria quase rico demais, e seriam tantas as figuras que se tornaria muito difícil para o artista agrupar e distribuir as luzes e sombras. Só imaginei como um quadro o momento anterior, quando Honório se ajoelha ao lado do tigre e a princesa está diante dele, montada em seu cavalo; este se poderia pintar.

Senti que Goethe tinha razão e acrescentei que esse momento era de fato o núcleo de toda a situação, do qual depende todo o resto.

Notei também, pelo que lera, que essa novela tem um caráter muito diferente do daquelas que estão inseridas nos *Anos de peregrinação*, pois nela tudo é representação do mundo exterior, tudo é real.

— O senhor tem razão — disse Goethe —; nela o senhor não encontrará quase nada da interioridade que, em minhas outras obras, é quase excessiva.

— Agora estou curioso por saber — disse eu — como irão dominar o leão; que isso será feito de modo muito diferente eu quase posso intuir, mas o *como* permanece completamente oculto para mim.

— Também não seria bom se o intuísse — disse Goethe —, e hoje não o quero revelar. Quinta à noite eu lhe darei a conclusão; até lá, o leão ficará ao sol.

Eu trouxe então à baila a segunda parte do *Fausto*, sobretudo a "Noite de Valpúrgis Clássica",[19] que existia ainda apenas sob a forma de um esboço, e da qual Goethe me dissera havia algum tempo que publicaria como esboço. Eu tomara a decisão de aconselhá-lo a não fazer isso, pois eu temia que, caso viesse a ser publicada, permaneceria para sempre inacabada. Entrementes Goethe deve ter pensado o mesmo, pois antecipou-se a mim dizendo ter decidido não publicar aquele esboço.

— Fico muito contente em sabê-lo — disse eu —, pois agora tenho a esperança de que o senhor a concluirá.

— Três meses me bastariam para fazê-lo — disse ele —, mas onde encontrar a necessária tranquilidade? Cada novo dia me enche de solicitações; fica difícil retirar-me e isolar-me por tanto tempo. Esta manhã o grão-duque herdeiro esteve aqui, a grã-duquesa anunciou que virá amanhã ao meio-dia. Tenho de considerar tais visitas como um alto favor, embelezam-me a vida; mas ocupam-me demasiado a mente, tenho sempre de pensar em algo novo para oferecer a pessoas tão ilustres, e em como as entreter condignamente.

— Mas — disse eu — no inverno passado o senhor concluiu a "Helena", e naquela época não havia menos empecilhos que agora.

---

19 *Fausto II*, segundo ato.

— Sem dúvida — disse Goethe —, também é possível, tem de ser, mas é difícil.

— Sempre é uma vantagem — eu disse — que o senhor tenha um esquema tão detalhado.

— O esquema existe de fato — disse Goethe —, mas o mais difícil ainda está por fazer; e para a elaboração tudo depende muito da sorte. A "Noite de Valpúrgis Clássica" tem de ser escrita em versos rimados e, no entanto, ter um caráter antigo. Não é fácil encontrar esse tipo de verso. E o diálogo, então!

— Não está já criado no esquema?

— *O que* fazer, sim — respondeu Goethe —, mas não *como* fazê-lo. E pense só em tudo quanto se diz naquela noite louca! O discurso de Fausto a Prosérpina para convencê-la a entregar Helena, que discurso não terá de ser para ser capaz de comover a própria Prosérpina e levá-la às lágrimas![20] Nada disso é fácil de fazer e depende muito da sorte, e quase totalmente da disposição de ânimo e da energia do momento.

Quarta-feira, 17 de janeiro de 1827

Ultimamente Goethe nem sempre se sentia bem, e nos acostumamos a comer em seu gabinete de trabalho com saída para o jardim. Hoje a mesa foi posta mais uma vez na chamada Sala Urbino,[21] o que eu recebi como um bom sinal. Quando entrei, encontrei Goethe em companhia de seu filho; ambos me deram amigáveis boas-vindas, à sua maneira ingênua e afetuosa; Goethe parecia estar muito alegre, o que se podia notar em seu semblante cheio de vivacidade. Através da porta que dá para o assim chamado *Decken-zimmer*, vi o sr. chanceler Von Müller debruçado sobre uma grande gravura; ele logo veio se juntar a nós e alegrou-me saudá-lo como a um agradável comensal. A sra. Von Goethe ainda era esperada, mas enquanto isso nos

---

20 Não chegou a ser escrito.

21 Sala Urbino: assim chamada porque nela se encontrava o retrato de Francesco Maria II della Rovere, duque de Urbino (1549-1631), pintado por Federico Barocci (c. 1535-1612).

sentamos à mesa. Falou-se com admiração a respeito da gravura, e Goethe disse-me tratar-se de uma obra do famoso Gérard, de Paris, que a enviara como um presente a ele havia poucos dias.[22]

— Vá logo vê-la — acrescentou — e encha os olhos enquanto a sopa não vem.

Satisfiz-lhe o desejo e minha vontade; alegrei-me tanto à vista da admirável obra de arte quanto da inscrição com a qual o pintor a dedicava a Goethe como prova de sua consideração. Mas não pude examiná-la por muito tempo, pois a sra. Von Goethe entrou e eu me apressei em retornar ao meu lugar.

— Não é de fato uma grande obra? — disse Goethe. — Podemos estudá-la por dias e semanas sem nos darmos conta de toda a sua riqueza de ideias e de suas perfeições. Isso — disse ele — fica-lhe reservado para outro dia.

Estivemos todos muito alegres à mesa. O chanceler nos mostrou uma carta enviada por um homem notável de Paris, que durante a ocupação francesa exercia aqui o difícil posto de embaixador e, desde então, mantivera relações de amizade com Weimar. Ele se recordava do grão-duque e de Goethe e congratulava Weimar, onde o gênio podia manter uma relação tão íntima com o poder supremo.

A sra. Von Goethe acrescentou muita graça à conversação. Referiu-se a algumas aquisições, a propósito das quais fez troça com o jovem Goethe, que parecia não compreender suas razões.

— Não devemos mimar demais as belas mulheres — disse Goethe —, pois elas facilmente ultrapassam todos os limites. Já na ilha de Elba, Napoleão ainda recebia contas de modistas que tinha de quitar. Mas nesses assuntos ele devia fazer antes pouco que muito. Tempos antes, nas Tulherias, um comerciante de artigos da moda lhe mostrou algumas mercadorias preciosas, em presença de sua esposa. Mas quando Napoleão não fez nenhuma menção de comprá-las, o homem deu a entender que, nesse particular, ele fazia muito pouco por sua esposa. Napoleão não disse uma palavra, mas

---

22 Trata-se da gravura *Entrada de Henrique IV em Paris a 22 de março de 1514*, de Paolo Toschi (1790-1854), segundo um quadro de François Pascal de Gérard (1770-1837).

olhou-o de uma tal maneira que o homem logo juntou suas coisas e não tornou a aparecer ali.

— Ele já era cônsul? — perguntou a sra. Von Goethe.

— Talvez já imperador — respondeu Goethe —, pois, do contrário, seu olhar não teria sido tão terrível. Mas não posso deixar de rir do homem a quem o olhar assustou tanto que provavelmente já se via decapitado ou fuzilado.

Estávamos no melhor dos humores e continuamos a falar de Napoleão.

— Eu gostaria — disse o jovem Goethe — de ter todos os seus feitos representados em excelentes quadros ou gravuras, e decorar com eles uma grande sala.

— Teria de ser uma sala bem espaçosa — replicou Goethe —, e nem assim os quadros caberiam nela, tão grandiosos são os feitos dele.

O chanceler falou da *História dos alemães* de Luden, e eu me admirei da perspicácia e da penetração do jovem Goethe em estabelecer as conexões das críticas feitas ao livro pelos jornais com a época em que ele foi escrito e com os sentimentos nacionalistas e os escrúpulos que animavam o autor.[23] Concluiu-se que foram as guerras napoleônicas que forneceram a chave para a compreensão das de César.

— Antes — disse Goethe — o livro de César não era nada além de um exercício escolar erudito.

Dos antigos tempos germânicos a conversa se voltou para o gótico. Falou-se de uma estante de livros com características góticas; daí se passou para o gosto moderno de decorar salas inteiras segundo o estilo alemão antigo ou o gótico e, assim, viver em um ambiente de eras passadas.

— Em uma casa — disse Goethe — na qual os aposentos são tão numerosos que se podem deixar alguns deles vazios e só entrar neles três ou quatro vezes ao ano, ainda se pode cultivar esse tipo de capricho e contar com uma sala gótica, assim como me parece muito bonito que mme. Panckoucke, de

---

23 Heinrich Luden (1780-1847), professor de História em Iena. Entre 1825 e 1837, publicou sua *Geschichte des Teutschen Volkes* [História do povo alemão] em doze volumes.

Paris, tenha uma sala chinesa.[24] Mas ornamentar sua sala de visitas com objetos tão estranhos e antiquados não me parece nada louvável. É sempre uma espécie de mascarada que, a longo prazo, não pode fazer bem em nenhum sentido, ao contrário, certamente haverá de ter uma influência nociva sobre as pessoas que se ocupam com isso. Pois está em contradição com os animados dias em que vivemos e, sendo fruto de um modo de sentir e de pensar vazio e oco, só poderá agravá-lo. Pode-se muito bem, em uma divertida noite de inverno, ir a uma mascarada fantasiado de turco, mas que pensaríamos de uma pessoa que usasse tal fantasia o ano inteiro? Pensaríamos que, se ainda não está louco, tem tudo para ficar.

Achamos muito convincentes as palavras de Goethe sobre objetos que influenciam tanto a vida e, como nenhum dos presentes poderia tomá-las como uma leve censura contra si mesmo, apreendemos sua verdade com a mais serena disposição de ânimo.

A conversa se voltou para o teatro, e Goethe provocou-me por havê-lo sacrificado na noite de segunda-feira passada.

— Ele está aqui já faz três anos — disse Goethe aos presentes — e foi a primeira vez que, em consideração a mim, faltou ao teatro; devo ter isso em alta conta. Eu o havia convidado e ele prometera vir, mas eu tinha dúvidas sobre se manteria a palavra, especialmente quando soaram as seis e meia e ele ainda não chegara. Eu teria até mesmo me alegrado se não viesse, pois poderia dizer: eis aí um homem louco o bastante para colocar o teatro acima de seus amigos mais queridos e que não se deixa desviar por nada de sua obstinada inclinação. Mas eu o recompensei! Não é verdade? Não lhe mostrei algo de muito belo?

Goethe se referia à sua nova novela.

Falamos então do *Fiesco*[25] de Schiller, que foi representada domingo passado.

---

24 Ernestine Panckoucke (†1860) era mulher de um rico livreiro de Paris, e estabeleceu contato epistolar com Goethe em 1825. Sua nora traduziu em prosa alguns poemas de Goethe.

25 *Die Verschwörung des Fiesco zu Genua. Ein republikanisches Trauerspiel* [A conjuração de Fiesco em Gênova. Uma tragédia republicana], peça de Schiller levada à cena pela primeira vez em 1783 no teatro da corte em Bonn.

— Foi a primeira vez que vi a peça — eu disse — e por muito tempo fiquei me perguntando se não se poderia atenuar as cenas mais cruas; mas penso que não se poderia fazer muita coisa nesse sentido sem ferir o caráter do todo.

— O senhor tem toda razão, não é possível — replicou Goethe. — Schiller discutiu isso comigo muitas vezes, pois ele mesmo não suportava suas primeiras peças e, enquanto estávamos à frente do teatro, jamais permitiu que as representássemos.[26] Mas tínhamos uma carência de peças, e de bom grado incluiríamos aquelas três poderosas peças de seus inícios de carreira em nosso repertório. Mas não foi possível, havia uma interdependência muito grande entre as partes; o próprio Schiller se desesperou de levar a cabo a empresa e viu-se obrigado a deixar as peças como estavam.

— É uma pena — disse eu —, pois, apesar de todas as suas cruezas, eu as prefiro mil vezes às peças fracas, flácidas, forçadas e artificiais de alguns de nossos trágicos contemporâneos. Pois em Schiller é sempre um grande espírito e um grande caráter que fala.

— Também penso assim — disse Goethe. — Schiller podia proceder como bem entendesse, ele jamais faria algo que não fosse infinitamente maior que as melhores produções desses novos poetas; sim, até mesmo quando cortava as unhas Schiller era maior que esses senhores.

Rimos e nos regozijamos com essa impressionante comparação.

— Mas eu conheci pessoas — prosseguiu Goethe — que jamais ficaram satisfeitas com as primeiras peças de Schiller. Certo verão, em uma estação de águas, eu seguia por um caminho muito estreito e fechado que levava a um moinho. Encontrei o príncipe ***[27] e, como naquele mesmo instante algumas mulas carregadas de sacos de farinha viessem da direção oposta, tivemos de recuar e entrar em uma casinha. Aqui, em uma salinha minúscula, segundo o costume desse príncipe, logo entabulamos uma profunda conversação sobre coisas divinas e humanas; falamos sobre *Os bandoleiros*

---

26 Primeiras peças: *Die Räuber* [Os bandoleiros, 1781], *Die Verschwörung des Fiesco zu Genua* (1783) e *Kabale und Liebe. Ein bürgerliches Trauerspiel in fünf Akten* [Kabala e amor. Uma tragédia burguesa em cinco atos, 1784].

27 O príncipe russo Nicolai Abramovitch Putiatin (1749-1830), de Kiev, que caíra em desgraça na Rússia e vivia em Dresden desde 1793.

de Schiller e o príncipe disse o seguinte: "Se eu fosse Deus prestes a criar o mundo e pudesse prever o momento em que Schiller escreveria *Os bandoleiros*, não o teria criado".

Todos rimos.

— Que me dizem disso? — perguntou Goethe. — Era uma aversão um tanto exagerada e dificilmente explicável.

— Nossos jovens — disse eu —, sobretudo nossos estudantes, estão livres de tal aversão. Quando se representam as peças melhores e mais maduras de Schiller e de outros autores, se veem muito poucos jovens ou estudantes na plateia, por vezes nem mesmo um único; mas quando se representam *Os bandoleiros* ou *Fiesco*, o teatro é tomado quase que exclusivamente por eles.

— Há cinquenta anos — disse Goethe — acontecia o mesmo que agora, e provavelmente não será diferente daqui a cinquenta anos. O que foi escrito por um jovem é melhor apreciado por jovens. E não se deve pensar que o mundo progrediu tanto em cultura e bom gosto que mesmo os jovens já teriam ultrapassado essas épocas de crueza! Ainda que o mundo progrida como um todo, a juventude tem de começar do começo e perfazer como indivíduos as épocas da cultura mundial. Isso já não me incomoda mais e há tempos eu escrevi uma estrofe que diz o seguinte:

Que a fogueira de São João arda livremente.
E a alegria jamais seja perdida!
Vassouras sempre serão gastas pelo uso
E crianças continuação a ser paridas.[28]

— Bastou-me olhar pela janela para ter nas vassouras que varrem as ruas e nas crianças que correm de um lado para outro o símbolo do mundo sempre se desgastando e se renovando. Brincadeiras infantis e divertimentos juvenis se preservam e se reproduzem de século para século; pois, por mais absurdos que possam parecer à madureza, crianças permanecem sendo crianças e são iguais em todas as épocas. Por isso também não se devem

---

28 *"Johannisfeuer sei unverwehrt,/ Die Freude nie verloren!/ Besen werden immer stumpf gekehrt/ Und Jungens immer geboren."*

proibir as fogueiras de São João nem arruinar o prazer que as crianças encontram nelas.

Em alegre conversação sobre esse tema e outros semelhantes, as horas do jantar passaram rapidamente. Nós, os mais jovens, subimos então ao andar superior, enquanto o chanceler permaneceu em companhia de Goethe.

Quinta-feira, noite de 18 de janeiro de 1827

Goethe prometera-me para esta noite o desfecho da *Novela*. Fui à sua casa às 18h30 e o encontrei em seu aconchegante gabinete de trabalho. Sentei-me com ele à mesa e, depois de discutirmos os acontecimentos imediatos do dia, Goethe levantou-se e deu-me as desejadas últimas folhas.

— Tome, leia o final — disse ele.

Eu comecei. Goethe ora passeava de um lado para outro da sala, ora parava junto da estufa. Eu lia em voz baixa para mim mesmo, como de costume.

A folha da última noite terminava no momento em que o leão, fora dos muros das velhas ruínas, repousava ao sol, ao pé de uma faia centenária, enquanto se tomavam as providências para subjugá-lo. O príncipe envia os caçadores em seu encalço, mas o estrangeiro pede que poupem a vida de seu leão, pois está certo de poder reconduzi-lo à jaula por meios mais suaves. "Essa criança", ele diz, "o fará através de ternas canções e do som de sua flauta doce." O príncipe o permite e, depois de ordenar as necessárias medidas de segurança, retorna à cidade com sua comitiva. Honório, com um grupo de caçadores, ocupa o desfiladeiro a fim de afugentar de volta o leão acendendo uma fogueira, caso ele se encaminhe para baixo. A mãe e o menino, guiados pelo guardião do castelo, sobem até as ruínas onde o leão se encontra junto ao muro, do lado oposto.

Sua intenção é atrair o poderoso animal para o espaçoso pátio do castelo. A mãe e o guardião se escondem na Sala dos Cavaleiros meio arruinada, enquanto o menino vai sozinho ao encontro do leão, através da sombria abertura do muro que cerca o pátio. Faz-se uma pausa cheia de expectativa, não se sabe o que acontecerá ao menino, os sons de sua flauta emudecem. O guardião se culpa por não o haver acompanhado; a mãe permanece tranquila.

Conversações com Goethe nos últimos anos de sua vida

Por fim, ouvem-se de novo os sons da flauta, mais e mais próximos, o menino torna a passar pela abertura do muro de volta ao pátio, obedientemente seguido pelo leão com seus passos pesados. Depois de darem uma volta em torno do pátio, o menino se senta em um local banhado de sol, o leão se deita pacificamente ao seu lado e coloca a pesada pata no seu colo. Um espinho se espetara nela; o menino o retira e, desatando o lencinho de seda que traz em volta do pescoço, ata com ele a pata do animal.

A mãe e o guardião, que acompanham a cena lá de cima, da Sala dos Cavaleiros, sentem-se imensamente felizes. O leão está seguro e dominado e, assim como alternara os sons de sua flauta com ternas canções piedosas a fim de apaziguar a fera, o menino conclui a novela cantando os seguintes versos:

> E assim os anjos de bom grado
> Aconselham os bons meninos,
> A fim de evitar os maus desejos,
> E incentivar as boas ações.
> Assim, pios pensamentos e melodias
> Conjuram o tirano das florestas
> Para o prender
> Aos joelhos do amado filho.[29]

Não foi sem comoção que li as cenas do desfecho. Mas não sabia o que dizer, estava surpreso, porém não satisfeito. Parecia-me que o final era solitário demais, ideal demais, lírico demais, e como se pelo menos algumas das outras personagens devessem reaparecer e rematar o todo conferindo maior amplitude ao final.

Goethe percebeu que uma dúvida se agitava em meu peito, e procurou dissipá-la.

— Se eu fizesse reaparecer algumas personagens ao final — disse ele —, o desfecho se teria tornado prosaico. Que deveriam elas dizer e fazer, se

---

29 *"Und so geht mit guten Kindern/ Sel'ger Engel gern zu Rat,/ Böses Wollen zu verhindern,/ Zu befördern schöne Tat./ So beschwören, fest zu bannen/ Liebem Sohn ans zarte Knie/ Ihn des Waldes Hochtyrannen/ Frommer Sinn und Melodie."*

tudo já estava findo? O príncipe e sua comitiva retornaram à cidade, onde sua ajuda era necessária; Honório, depois de ouvir que o leão está em segurança lá em cima, seguirá com seus caçadores; mas logo o homem virá da cidade com a jaula, a fim de levar o leão de volta dentro dela. Tudo isso é previsível, e portanto não é necessário dizê-lo e descrevê-lo. Se fizesse isso, me tornaria prosaico. Mas um desfecho ideal, ou melhor, lírico, era necessário e tinha de ser feito; pois após o patético discurso do homem, que já é prosa poética, tinha de haver uma intensificação, eu tinha de passar para a poesia lírica, ou melhor, para o próprio cântico.

— E, para ter uma metáfora do desenrolar dessa novela — continuou Goethe —, imagine uma planta verdejante que brota da raiz, lançando então de um vigoroso caule folhas verdes para todos os lados, para terminar enfim em uma flor. A flor era inesperada, surpreendente, mas tinha de vir; sim, toda a folhagem existia apenas em função dela, e sem ela o esforço não teria sido recompensado.

Ao ouvir essas palavras, respirei suavemente, foi como se uma venda me caísse dos olhos e uma intuição da excelência dessa maravilhosa composição começasse a brotar em minha consciência.

Goethe prosseguiu:

— Mostrar como o indomável, o invencível pode ser melhor subjugado pelo amor e pela piedade que pela violência era a tarefa dessa novela, e esse belo objetivo, representado pelo menino e pelo leão, incentivou-me a escrevê-la. Esse é o ideal, essa é a flor. E a verde folhagem da exposição inteiramente real existe apenas em função deles, e só tem algum valor em função deles. Pois para que serve o real em si? Alegramo-nos ao vê-lo representado com veracidade, ele pode até mesmo nos proporcionar um conhecimento mais preciso de algumas coisas, mas somente no ideal brotado do *coração* do poeta é que reside o verdadeiro ganho para nossa natureza mais elevada.

O quanto Goethe tinha razão eu o senti vivamente, pois o desfecho de sua *Novela* continuava a agir sobre mim, e me trouxera um sentimento de piedade em uma magnitude que há muito eu não experimentava. "Como devem ainda ser puros e profundos", pensei comigo mesmo, "os sentimentos de um poeta em uma idade tão avançada, para permitir-lhe produzir algo tão belo!" Não pude deixar de expressar meus pensamentos a Goethe, e de alegrar-me infinitamente com a existência dessa obra única em seu gênero.

— Fico feliz — disse Goethe — por saber que o senhor está satisfeito, e me alegro por ter finalmente me libertado de um tema que carrego comigo já faz trinta anos. Schiller e Humboldt, a quem comuniquei meu projeto na época, o desaconselharam, pois não podiam ver o que havia nele, e somente o próprio poeta sabe o encanto que é capaz de conferir ao seu tema. Por isso, não se deve jamais consultar ninguém quando se quer escrever algo. Se Schiller me tivesse perguntado *antes* de escrever seu *Wallenstein* se devia fazê-lo, eu o teria seguramente desaconselhado, pois jamais poderia pensar que de tal tema se poderia fazer uma peça tão formidável. Schiller se pronunciou contra um tratamento em hexâmetros de meu tema, como eu desejava fazer então, logo após haver concluído *Hermann e Doroteia*; sugeriu-me a estância de oito versos. Mas, como o senhor pode ver, eu me saí melhor com a prosa. Pois é necessária uma descrição muito exata da localidade, que seria inibida naquela forma estrófica. Além disso, o caráter inicialmente muito real da novela, e seu desfecho ideal podem ser melhor expressos em prosa, assim como também as canções se destacam em toda a sua beleza da prosa, o que não seria possível nem em hexâmetros nem nas estrofes de oito versos.

Vieram à baila os outros contos e novelas dos *Anos de peregrinação*, e observamos que cada um deles se diferencia dos demais por seu caráter e tom peculiares.

— Vou explicar-lhe a razão disso — disse Goethe. — Eu me lancei ao trabalho como um pintor que, para determinados temas, evita certas cores e faz predominar outras. Para uma paisagem matinal, por exemplo, ele coloca bastante azul em sua paleta, e pouco amarelo. Mas se pintar um entardecer utilizará bastante amarelo e quase nada de azul. Eu procedo de maneira semelhante com minhas diferentes produções literárias, e é devido a isso que se pode reconhecer o caráter particular de cada uma delas.

Pensei comigo que essa é uma máxima extremamente inteligente e regozijei-me por vê-la pronunciada por Goethe.

Expressei ainda minha admiração pela riqueza de detalhes, em especial nas descrições de paisagens dessa última novela.

— Eu jamais observei a natureza com objetivos poéticos — disse Goethe. — Mas, como meus desenhos de paisagem na juventude e minhas pesquisas no ramos das ciências naturais mais tarde me obrigavam a uma constante e detalhada observação dos objetos naturais, eu pouco a pouco aprendi a conhecer de cor a natureza em seus mínimos detalhes, de modo que sempre que preciso deles como poeta os tenho à minha disposição e raramente falto com a verdade. Schiller não possuía essa capacidade de observação da natureza. Tudo quanto há de cor local suíça em seu *Guilherme Tell* lhe foi comunicado por mim; mas ele era um espírito tão admirável que mesmo com essas informações já podia produzir algo cheio de realidade.

A conversa se voltou então totalmente para Schiller, e Goethe assim prosseguiu:

— A verdadeira produtividade de Schiller residia no ideal, e pode-se dizer que ele não tem igual nem na literatura alemã nem em qualquer outra. De Lord Byron ele tem quase tudo, mas este lhe é superior em conhecimento do mundo. Eu gostaria muito que Schiller tivesse vivido para conhecer Lord Byron, e talvez me admirasse de ouvir o que ele teria a dizer de um espírito que lhe era tão afim. Será que Byron publicou algo quando Schiller ainda vivia?

Eu pensava que não, mas não podia afirmá-lo com certeza. Goethe apanhou então o *Konversationslexikon*[30] e leu o artigo sobre Byron, não se escusando de fazer algumas observações de entremeio. Constatou-se que Byron nada publicara antes de 1807 e que, portanto, Schiller nada conhecera de sua obra.

— Toda a obra de Schiller — continuou Goethe — é perpassada pela ideia de liberdade, e essa ideia foi tomando outra configuração à medida que Schiller expandia sua cultura e ele próprio se tornava outro. Em sua juventude, era a liberdade física que o preocupava e se manifestava em sua obra poética; posteriormente, era a liberdade ideal.

---

30 Literalmente: Dicionário de conversação. Trata-se de uma obra de referência, uma espécie de enciclopédia surgida no século XVIII. O nome se origina do propósito inicial de fornecer ao usuário os conhecimentos necessários para manter a conversação nos salões. No caso da obra consultada por Goethe e Eckermann, trata-se do *Konversationslexykon* publicado pela editora Brockhaus de Leipzig, mais provavelmente em sua sétima edição (1827-1830).

Conversações com Goethe nos últimos anos de sua vida

— A liberdade é algo estranho, e cada um pode ter o suficiente dela, desde que saiba se contentar e se conformar. E de que nos serve um excesso de liberdade do qual não podemos desfrutar? Olhe essa sala e a câmara aqui ao lado, onde o senhor pode ver minha cama através da porta aberta. Nenhuma das duas é grande, e se tornam ainda menores por conta dos vários utensílios, livros, manuscritos e objetos de arte, mas elas me bastam, permaneci nelas durante todo o inverno, sem quase nunca pôr os pés nos cômodos da frente. O que aproveitei afinal de minha espaçosa casa e da liberdade de ir de um cômodo a outro, se não tinha necessidade de utilizá-los?

— Se tivermos liberdade suficiente para viver uma vida saudável e exercer nossa profissão, já temos o bastante, e isso qualquer um pode ter com facilidade. Além do mais, só somos livres sob certas condições que temos de preencher. O burguês é tão livre quanto o nobre, desde que se mantenha nos limites que lhe foram determinados por Deus pela classe em que nasceu. O nobre é tão livre quanto o príncipe; pois desde que observe na corte apenas o pequeno cerimonial, pode sentir-se igual a ele. O que nos torna livres não é o fato de não reconhecermos nada acima de nós, e sim o de reverenciar algo que está acima de nós. Pois, ao reverenciá-lo, nos elevamos à sua altura, e com nosso reconhecimento revelamos que trazemos em nós a dignidade e que somos merecedores de ser seus iguais. Em minhas viagens, encontrei muitas vezes comerciantes do norte da Alemanha que acreditavam ser meus iguais apenas por grosseiramente se sentarem à minha mesa. Com isso não se igualavam a mim, mas o teriam feito se soubessem me respeitar e tratar de modo adequado.

— Mas se Schiller se ocupava tanto com essa liberdade física em sua juventude, isso se devia em parte à natureza de seu espírito, mas principalmente à opressão que ele sofreu na Escola Militar. Em sua maturidade, porém, quando dispunha de bastante liberdade física, ele se voltou para a liberdade ideal e eu quase diria que essa ideia o matou; pois por conta dela ele fazia exigências à sua natureza física que eram demasiadas para suas próprias forças.

— Quando da chegada de Schiller a Weimar, o grão-duque lhe determinou um rendimento anual de *mil* táleres e se comprometeu a dar-lhe o dobro em caso de ele ser impedido de trabalhar por doença. Schiller recusou essa

Johann Peter Eckermann

última oferta e jamais fez uso dela. "Eu possuo talento", dizia, "e saberei arranjar-me." Mas nos últimos anos, com o crescimento de sua família, ele precisava escrever duas peças por ano a fim de garantir a subsistência, e para consegui-lo obrigava-se a trabalhar mesmo nos dias e nas semanas em que não se sentia bem; seu talento tinha de obedecer-lhe e estar à sua disposição a qualquer hora.

— Schiller nunca bebeu muito, era bastante moderado; mas nesses momentos de debilidade física ele buscava aumentar suas forças por meio de um pouco de licor ou de alguma outra bebida alcoólica. Isso, porém, lhe arruinava a saúde e era também muito prejudicial às suas próprias produções.

— Pois eu atribuo a essa fonte o que algumas cabeças privilegiadas criticam em suas obras. Todas aquelas passagens que essas pessoas afirmam não ser perfeitas eu as chamo de trechos patológicos, pois foram escritos nos dias em que lhe faltavam as forças para encontrar os motivos corretos e verdadeiros. Tenho todo o respeito pelo imperativo categórico, sei de todo o bem que nos pode vir dele, mas não é preciso levá-lo às últimas consequências, caso contrário essa ideia da liberdade ideal certamente não nos conduzirá a nada de bom.

Entre essas interessantes observações e outras conversas do mesmo teor a respeito de Lord Byron e de famosos literatos alemães, dos quais Schiller afirmara preferir Kotzebue, pois ele ao menos produzia alguma coisa, rapidamente escoaram as horas vespertinas, e Goethe entregou-me a *Novela*, para que eu a apreciasse de novo na tranquilidade de minha casa.

Noite de domingo, de 21 de janeiro de 1827

Esta noite, às 19h30, fui à casa de Goethe e passei uma horinha em sua companhia. Ele me mostrou um volume das novas poesias de mlle. Gay e teceu-lhe muitos louvores.[31]

— Os franceses — disse ele — se destacam, e vale a pena prestar-lhes atenção. Tenho estudado com afinco para formar uma ideia do atual estágio da

---

31 Delphine Gay (1804-1855), poetisa francesa, autora de *Essais poètiques* [Ensaios poéticos, 1824].

Conversações com Goethe nos últimos anos de sua vida

literatura francesa a fim de, se conseguir, me pronunciar a respeito. Acho interessantíssimo observar como só agora começam a influir sobre eles aqueles elementos que entre nós já há muito se consolidaram. Claro que um talento mediano está sempre preso à sua época e precisa se nutrir daqueles elementos que se encontram nela. Excetuando-se a religiosidade mais recente, tudo na França se encontra exatamente como entre nós, apenas se manifesta de forma um pouco mais galante e espirituosa.

— E que diz Sua Excelência de Béranger e do autor das peças de *Clara Gazul*?[32] — perguntei.

— Para esses eu abro uma exceção — disse Goethe. — Esses são grandes talentos que têm um fundamento em si mesmos e mantêm sua independência em relação à mentalidade da hora.

— Fico muito satisfeito em ouvir isso — disse eu —, pois tinha uma opinião semelhante a respeito dos dois.

A conversa passou da literatura francesa para a alemã.

— Mas quero mostrar-lhe algo — disse Goethe — que deve interessá-lo. Dê-me um desses dois volumes que estão à sua frente. O senhor já conhece Solger?[33]

— Sim — respondi —, e o aprecio muito. Possuo sua tradução de Sófocles e o tenho em alta conta tanto pela tradução quanto por seu prefácio a ela.[34]

— O senhor sabe que ele morreu já faz alguns anos — disse Goethe — e que agora foi publicada uma reunião dos escritos de seu espólio e de suas cartas. Em suas investigações filosóficas sob forma de diálogos platônicos ele não é muito feliz, mas suas cartas são excelentes. Em uma delas, ele escreve a Tieck sobre *As afinidades eletivas*, e essa carta eu quero ler para o senhor, pois dificilmente se poderia dizer algo melhor sobre aquele romance.

---

32 Autor de *Clara Gazul*: Prosper Mérimée (1803-1870). Em *Arte e antiguidade* VI, n.2, Goethe resenhou tanto seu *Théatre de Clara Gazul* (1825) quanto seu poema *La Guzla ou choix de poésies illyriques recueilles dans la Dalmatie* [La Guzla ou antologia de poesias ilíricas recolhidas na Dalmácia, 1827].

33 Karl Wilhelm Ferdinand Solger (1780-1819), filólogo e crítico, desde 1811 professor de Filosofia em Berlim.

34 Tradução de Sófocles: *Des Sophocles Tragödien* [As tragédias de Sófocles], publicada em Berlim em 1808.

Goethe leu-me a excelente análise e nós a discutimos ponto por ponto, admirando tanto as opiniões, que davam testemunho de um grande caráter, como a coerência de suas deduções e conclusões. Embora admita que nas *Afinidades eletivas* os fatos derivam da natureza das personagens, Solger, no entanto, censura o caráter de Eduard.

— Não posso levar a mal que ele não goste de Eduard, eu também não gosto, mas tinha de fazê-lo como o fiz para poder produzir aqueles fatos. De resto, essa personagem é de grande veracidade, pois encontramos muita gente nas classes superiores nas quais, exatamente como nele, a obstinação ocupa o lugar do caráter.

Solger elogiava sobretudo a figura do arquiteto, pois, enquanto todas as outras personagens do romance se mostram enamoradas e frágeis, ele é o único a se manter forte e livre. E o que há de belo em sua natureza não é tanto o fato de não trilhar os mesmos descaminhos que as demais personagens, e sim de ter sido concebido pelo poeta com tanta grandeza que *não poderia* trilhá-los.

Regozijamo-nos com essas afirmações.

— Isso é de fato muito bonito — disse Goethe.

— Também eu — acrescentei — sempre considerei muito significativo e estimável o caráter do arquiteto, mas jamais me ocorrera que sua excelência estava justamente no fato de ele *não poder*, dada sua natureza, enredar-se naquelas complicações amorosas.

— Não se espante — disse Goethe —, pois eu mesmo não pensei nisso quando o fiz. Mas Solger tem razão, isso é próprio daquela personagem.

— Esse estudo — prosseguiu Goethe — foi escrito já no ano de 1809, e eu teria me alegrado se pudesse então ter ouvido palavras tão favoráveis sobre *As afinidades eletivas*, pois naquela época, e mesmo posteriormente, não me foram dedicados muitos comentários agradáveis sobre aquele romance.

— Posso ver por essas cartas que Solger me tinha em grande estima; em uma delas, ele se queixa por eu não lhe ter respondido quando me enviou seu Sófocles. Meu Deus! Com a vida que levo! Não é de estranhar. Conheci alguns grandes homens a quem se enviava muita coisa. Eles preparavam algumas fórmulas e frases feitas com as quais respondiam a todos, e assim escreviam centenas de cartas, todas iguais, todas puro palavreado. Eu jamais o faria. Quando não podia dizer nada de especial e de apropriado a alguém, preferia não lhe escrever. Frases feitas e superficiais me pareciam indignas, e assim se deu que não pude responder a alguns homens excelentes a quem teria escrito de bom grado. O senhor mesmo já pôde ver como são as coisas, quantas remessas eu recebo diariamente dos quatro cantos do mundo, e deve convir que seria necessário mais que *uma* vida para que se pudesse responder a todas, ainda que apenas de passagem. Mas eu lamento por Solger; é um homem excepcional e merecia mais que qualquer outro um gesto amigável.

Eu trouxe então à baila a *Novela*, que tornara a ler e estudar em casa.

— Todo o início — disse eu — é apenas exposição, mas nele não é apresentado nada senão o necessário, e com tanta graça que não pensamos que possa estar lá senão por si mesmo e por seu próprio valor.

— Fico feliz — disse Goethe — por ser essa sua opinião. Mas há ainda algo a ser feito. Pois, segundo as leis de uma boa exposição, eu tenho de colocar os donos dos animais em cena logo de início. Quando a princesa e seu tio passam a cavalo diante da tenda, as pessoas têm de sair dela e pedir à princesa que lhes conceda a felicidade de fazer-lhes uma visita.

— Sim — eu disse —, o senhor tem razão; pois, uma vez que na exposição já se faz alusão a todo o resto, essas personagens também têm de ser mencionadas, e uma vez que elas normalmente permanecem junto ao caixa, nada mais natural que elas não deixarem a princesa passar sem lhe dirigir a palavra.

— Como o senhor pode ver — disse Goethe —, em uma obra como essa, mesmo quando já a damos por acabada, sempre resta algum detalhe a ser melhorado.

Goethe então me falou de um estrangeiro que o tem visitado ultimamente e disse que ele pretende traduzir algumas de suas obras.

— É uma boa pessoa — disse Goethe —, mas do ponto de vista literário é um verdadeiro diletante. Pois ainda nem aprendeu o alemão e já fala das traduções que pretende fazer e dos retratos com os quais pretende ilustrá-las. Mas faz parte da natureza dos diletantes desconhecer as dificuldades inerentes à sua tarefa e estar sempre pensando em realizar algo além de suas forças.

Johann Peter Eckermann

Noite de quinta-feira, 29 de janeiro de 1827

Hoje, por volta das sete horas da noite, fui à casa de Goethe, levando o manuscrito da *Novela* e uma edição das obras de Béranger. Lá encontrei o sr. Soret a conversar com ele sobre a literatura francesa contemporânea. Ouvi-os com interesse; afirmavam que, no que se refere à composição de bons versos, os talentos mais jovens aprenderam muito com Delille.[35] Como o sr. Soret, natural de Genebra, não domina plenamente o alemão, e Goethe se expressa com bastante facilidade em francês, a conversação transcorreu nessa língua, só sendo utilizado o alemão nos momentos em que eu participei dela. Tirei do bolso o Béranger e o entreguei a Goethe, que desejava reler aquelas excelentes canções. O sr. Soret achou que o retrato que antecedia aos poemas não era fiel. Goethe ficou feliz por ter nas mãos o gracioso volume.

— Essas canções — disse ele — são perfeitas e devem ser consideradas o que há de melhor em seu gênero, especialmente quando imaginamos como soaria o *iodelei* do refrão, sem o qual, para canções, seriam demasiado sérias, demasiado engenhosas, demasiado epigramáticas. Béranger sempre me faz pensar em Horácio e Hafiz, ambos também homens à frente de sua época que, caçoando e brincando, denunciaram a degradação dos costumes. Béranger tem a mesma posição em seu meio. Mas, tendo ascendido a partir de origens humildes, não tinha o mesmo ódio à licenciosidade e à vulgaridade que os outros dois, e as trata até mesmo com certa simpatia.

Muitas outras coisas semelhantes foram ditas de Béranger e de outros autores franceses contemporâneos, até o momento em que o sr. Soret saiu para a corte e deixou-me a sós com Goethe.

Sobre a mesa havia um pacote selado. Goethe pôs a mão sobre ele.

— O que é isso? — perguntou. — É a "Helena", que segue para o prelo de Cotta.

A essas palavras, senti algo além de minha capacidade de expressá-lo, senti a importância do momento. Pois, assim como acontece com um navio recém-construído que parte para sua primeira viagem sem que possamos dizer que

---

35 Jacques Delille, poeta francês (1738-1813).

Conversações com Goethe nos últimos anos de sua vida

destino lhe está reservado, também se acontece com a criação intelectual de um grande mestre que se mostra ao mundo pela primeira vez para exercer sua influência sobre várias épocas e para criar e viver múltiplos destinos.

— Até agora — disse Goethe — ainda havia encontrado uma infinidade de miudezas a acrescentar e melhorar. Mas é preciso finalmente dar um basta, e estou alegre de mandá-la para o correio e poder, de alma liberta, dedicar-me a alguma outra coisa. Que cumpra seu destino! Conforta-me saber que hoje na Alemanha a cultura se encontra em um nível tão incrivelmente alto e, assim, não precisamos temer que uma obra como essa permaneça incompreendida e não exerça sua influência por um longo tempo.

— Toda uma Antiguidade está contida nela — disse eu.

— Sim — disse Goethe —, os filólogos terão muito trabalho com ela.

— A parte antiga — eu disse — não me preocupa. — Há o grande detalhamento, o desenvolvimento bastante minucioso dos pormenores, graças ao qual tudo diz exatamente o que deve dizer. Mas a parte moderna, romântica, é muito difícil, pois tem por trás de si metade da história do mundo; com uma matéria tão vasta, o tratamento é puramente alusivo e faz grandes exigências ao leitor.

— Mas — disse Goethe — tudo nela fala aos sentidos e, tendo sido pensado para o teatro, saltará aos olhos de qualquer um. Nada pretendi além disso. Basta que a massa dos espectadores se deleite com o *espetáculo*; aos iniciados não escapará o sentido mais elevado, como, de resto, ocorre com a *Flauta mágica* e outras coisas semelhantes.

— No palco — disse eu — causará uma impressão incomum uma peça que se inicia como tragédia e termina como ópera. Mas não é tarefa fácil representar a grandeza dessas personagens e declamar as falas e os versos tão sublimes.

— A primeira parte — disse Goethe — exige os melhores artistas trágicos, assim como a parte operística requer os melhores cantores e cantoras. O papel de Helena não pode ser representado por uma única grande artista, serão necessárias duas; pois raras vezes ocorre de uma cantora impor-se igualmente como grande artista trágica.

— A peça como um todo — disse eu — oferecerá a oportunidade para grande pompa e variedade na decoração e no vestuário, e não posso negar

223

que me alegrarei em vê-la no palco. Se ao menos um grande compositor assumisse a tarefa!

— Teria de ser um — disse Goethe — que, como Meyerbeer, tivesse vivido por um longo tempo na Itália e aliasse sua natureza alemã ao estilo e à maneira italiana. Mas isso se arranjará, não tenho dúvida; o que mais me alegra é ver-me livre. E de fato regozijo-me também um pouco com a ideia de que o coro não queira retornar aos ínferos, e se entregue aos elementos na alegre superfície da terra.

— É uma nova forma de imortalidade — disse eu.

— Mas então — prosseguiu Goethe —, que me diz da *Novela*?

— Eu a trouxe comigo — respondi. — Depois de lê-la mais uma vez, penso que Sua Excelência não deveria fazer a modificação que planejava. Produz um efeito muito bom o aparecimento daquelas pessoas junto ao tigre morto como seres totalmente estranhos e desconhecidos, com seus trajes e maneiras diferentes e extravagantes, anunciando-se como proprietários dos animais. Mas se o senhor as introduzisse antes, já na exposição, esse efeito seria inteiramente atenuado, se não aniquilado.

— O senhor tem razão — disse Goethe —, devo deixar como está. Sem dúvida, o senhor tem toda razão. Provavelmente já no primeiro esboço eu não tinha a intenção de introduzir mais cedo aquelas pessoas, caso contrário não as teria deixado de fora. As modificações que planejara eram uma exigência da razão, que quase me levou a cometer um erro. Mas trata-se de um caso muito particular de estética esse que nos obriga a desrespeitar uma regra para não cometer um erro.

Falamos então sobre o título que deveria ser dado à novela; fizemos algumas sugestões, algumas eram boas para o início, outras boas para o final, mas não se encontrou nenhuma adequada ao todo e que, portanto, fosse a mais acertada.

— Sabe de uma coisa? — disse Goethe. — Vamos chamá-la de *Novela*; pois que é uma novela senão a ocorrência de um evento inaudito? Esse é o conceito exato e, assim, muita coisa que circula na Alemanha sob o título de novela não é novela alguma, é simplesmente conto, ou que outro nome o senhor preferir. E é também naquele sentido original de um evento inaudito que se apresenta a novela nas *Afinidades eletivas*.

Conversações com Goethe nos últimos anos de sua vida

— Pensando bem — disse eu —, um poema sempre surge sem título e é o que é sem título, de modo que podemos considerar que o título não faz parte da coisa.

— E não faz mesmo parte — disse Goethe. — Os poemas antigos não tinham título algum, esse é um costume dos modernos, que em época recente atribuíram títulos também aos poemas dos antigos. Mas esse costume se originou da necessidade de nomear e distinguir as coisas em uma literatura que se tornou muito vasta.

— Aqui tem algo novo — disse Goethe —, leia.

Com essas palavras, entregou-me a tradução de uma poesia sérvia feita pelo sr. Gerhard.[36] Li-a com grande prazer, pois era uma poesia muito bela e a tradução, tão simples e clara que em nenhum momento éramos perturbados em nossa compreensão do objeto. A poesia se intitulava *A chave da prisão*. Nada direi do desenvolvimento da ação; mas o desfecho me pareceu abrupto e insatisfatório.

— Aí é que está sua beleza — disse Goethe —, pois assim ela deixa um espinho no coração e estimula a fantasia do leitor a imaginar por si mesmo todas as possibilidades de continuação. O desfecho fornece material para toda uma tragédia, mas da mesma espécie de muitas outras. O que há de verdadeiramente novo e belo é aquilo que é representado no poema, e o poeta procedeu muito sabiamente ao desenvolvê-lo por completo, deixando o resto por conta do leitor. Publicaria de bom grado o poema em *Arte e antiguidade*, mas é demasiado longo; em compensação, pedi a Gerhard esses três poemas rimados que publicarei no próximo fascículo. Vejamos o que o senhor acha deles; ouça.

Goethe leu então primeiro o poema do velho que ama uma jovem, a seguir o brinde das mulheres que bebem e, por fim, a enérgica *Dance para nós, Teodoro*. Leu cada um deles com uma entonação e uma ênfase diversa, e de modo tão excelente que dificilmente se poderia ouvir algo de mais perfeito.

---

36 Wilhelm Gerhard (1780-1858), comerciante de Weimar, secretário de legação em Leipzig, escritor e tradutor. O volume *Vilia, serbische Volks- und Heldenlieder* [Vilia. Canções populares e heroicas sérvias] foi publicado em 1828.

Não pudemos deixar de louvar o sr. Gerhard por sua felicidade ao escolher, para cada caso, a versificação e o refrão adequados à matéria, e por transpor tudo com tal leveza e perfeição que não se poderia imaginar nada melhor.

– Por aí se vê – disse Goethe – o que o exercício da técnica pode fazer por um talento como o sr. Gerhard. Também lhe é benéfico o fato de seu ofício não ser de natureza propriamente erudita, e sim de um tipo que o põe todo dia em contato com a vida prática. Ele fez também várias viagens à Inglaterra e a outros países que, dado seu senso de realidade, o colocam em vantagem diante de nossos jovens poetas eruditos. Se ele se ativer sempre às boas tradições e trabalhar sempre a partir delas, dificilmente produzirá algo de ruim. As invenções próprias, ao contrário, exigem sempre muito e são algo muito difícil.

Dessas considerações passamos a falar das produções de nossos jovens poetas, observando que quase nenhum deles oferece exemplos de boa prosa.

– A explicação é muito simples – disse Goethe. – Para escrever boa prosa, é preciso ter algo a dizer. Quem, porém, nada tem a dizer pode ainda assim compor versos e rimas, pois nesse caso uma palavra puxa a outra e o resultado sempre será algo que no fundo não é nada, mas aparenta ser.

Quarta-feira, 31 de janeiro de 1827

À mesa com Goethe.

– Desde o último dia em que nos vimos – disse Goethe – tenho lido muito, e coisas bastante variadas, entre elas um romance chinês, com o qual ainda me ocupo e que me parece em alto grau digno de atenção.[37]

– Um romance chinês? – perguntei. – Deve ser algo muito estranho.

– Menos do que se poderia pensar – disse Goethe. – São pessoas que pensam, agem e sentem quase do mesmo modo que nós, e logo nos sentimos iguais a eles, com a diferença de que entre eles as coisas se passam

---

37 Romance chinês: *Iu-kiao-li ou Les Deux cousines* [Iu-kiao-li ou As duas primas, 1826], traduzido em francês por Jean-Pierre Abel-Rémusat (1788-1832), bibliotecário e sinólogo francês.

de modo mais claro, puro e decoroso. Entre eles tudo é racional, burguês, sem grande paixão ou arroubo poético, muito semelhante ao meu *Hermann e Doroteia* e aos romances ingleses de Richardson. Mas, por outro lado, há uma diferença, porque entre eles a natureza exterior sempre convive com as figuras humanas. Ouvimos sempre o barulho dos peixes dourados no tanque, os passarinhos sempre cantam nas ramagens, o dia sempre está alegre e ensolarado, a noite sempre clara; fala-se muito na lua, mas ela não muda a paisagem, sempre se imagina sua luz tão clara como o próprio dia. E o interior das casas é tão simpático e gracioso como em suas pinturas. Por exemplo: "Eu ouvia o riso das belas mocinhas e, quando as avistei, elas estavam sentadas em finas cadeiras de bambu". Eis aí uma situação das mais encantadoras, pois não podemos pensar em cadeiras de bambu que fossem desprovidas da maior graça e leveza. Além disso, há um sem-número de lendas que acompanham a narrativa e são utilizadas à maneira de provérbios, como, por exemplo, a de uma moça que tinha pés tão leves e graciosos que poderia equilibrar-se sobre uma flor sem lhe partir o caule. E a de um jovem de tanta virtude e valor que em seu trigésimo ano lhe foi concedida a honra de uma audiência com o imperador. E ainda a de casais de namorados tão castos em seu longo relacionamento que, em certa ocasião, forçados pelas circunstâncias a pernoitarem a sós em um mesmo quarto, passaram as horas a conversar, sem se tocarem. E mais uma infinidade de lendas, todas elas tendo por tema a moral e a conveniência. E é justamente graças a essa rigorosa moderação em tudo que o império chinês perdura há milênios e se manterá ainda por muito tempo.

— Encontro um contraste notável com esse romance chinês — continuou Goethe — nas canções de Béranger, quase todas de fundo imoral, licencioso, e que me causariam funda repulsa não fosse o grande talento de Béranger, que, ao tratar desses temas, os torna suportáveis e mesmo graciosos. Mas diga-me o senhor mesmo, não é muito curioso que a matéria do poeta chinês seja tão altamente moral, e a do principal poeta francês contemporâneo, seu extremo oposto?

— Um talento como o de Béranger — disse eu — nada saberia fazer com assuntos morais.

— Tem razão — disse Goethe —, é justamente nas perversões de nossa época que Béranger revela e desenvolve sua melhor natureza.

— Mas — eu disse — não seria esse romance chinês um dos melhores?

— De modo algum — disse Goethe —, os chineses os têm aos milhares e já os tinham quando nossos antepassados ainda viviam nas florestas.

— A cada vez me convenço mais — disse Goethe — de que a poesia é um bem comum da humanidade, e que ela se manifesta em toda parte e em todas as épocas em centenas e milhares de seres humanos. Há quem a faça um pouco melhor que os outros, e se mantenha à superfície por mais tempo, mas isso é tudo. O sr. Von Mathisson[38] não precisa pensar que seria ele, eu não preciso pensar que serei eu, cada um deveria dizer a si mesmo que o dom da poesia não é algo assim tão raro, e não há nenhum bom motivo para uma pessoa alimentar grandes ilusões apenas por escrever um bom poema. Mas se nós alemães não olharmos para fora do estreito círculo de nossas próprias cercanias, cairemos facilmente nessa pedante presunção. Por isso, é com prazer que observo as nações estrangeiras, e aconselho a todos que façam o mesmo. A literatura nacional hoje já não significa grande coisa, é chegada a época da literatura mundial, e todos devem trabalhar no sentido de apressá-la. Mas também nessa apreciação do estrangeiro não devemos nos prender a nenhum caso em particular e tomá-lo por modelo. Não devemos pensar que sejam os chineses, ou os sérvios, ou Calderón, ou os *Nibelungos*; se necessitarmos de algum modelo devemos sempre retornar aos gregos antigos, em cujas obras encontramos com frequência representado o belo ser humano. Todo o resto, devemos considerar apenas historicamente e, tanto quanto possível, nos apropriar do que encontrarmos de bom.

Alegrou-me ouvir Goethe discorrer extensamente sobre um assunto de tal importância. O som dos sinos de trenós que passavam na rua nos atraiu para a janela, pois aguardávamos a volta do grande cortejo que partira de manhã para o Belvedere. No entanto, Goethe prosseguiu em suas instrutivas considerações. Falou de Alessandro Manzoni e contou-me que o conde

---

38 Friedrich von Mathisson (1761-1831), escritor, diretor de teatro e bibliotecário em Stuttgart.

Reinhard o vira há pouco tempo em Paris, onde Manzoni fora bem recebido pela sociedade como um jovem escritor de renome, e que atualmente ele leva uma vida feliz em sua quinta nas proximidades de Milão, com sua jovem família e sua mãe.

— A Manzoni — prosseguiu — não falta senão saber que grande poeta ele é, e os direitos a que, como tal, faz jus. Tem um respeito excessivo pela história e, por esse motivo, sempre gosta de acrescentar algumas discussões a suas peças, a fim de demonstrar o quanto se mantém fiel às minúcias da história. Ora, mesmo que seus enredos sejam históricos, suas personagens não o são, tampouco como o são meu Thoas e minha Ifigênia. Nenhum poeta jamais conheceu as personagens históricas que representa, mas, se as tivesse conhecido, dificilmente se poderia servir delas assim como eram. O poeta precisa saber que efeitos quer produzir e dispor segundo eles a natureza de suas personagens. Se eu quisesse fazer Egmont tal qual a história o descreve, como pai de uma dúzia de filhos, seus atos levianos pareceriam muito absurdos. Por isso, eu precisava de um outro Egmont, que estivesse mais de acordo com suas ações e com meus objetivos poéticos; e esse é, como diz Clärchen, o *meu* Egmont.

— Além disso, para que serviriam os poetas se se limitassem a repetir a obra de um historiador? O poeta tem de ir além e, tanto quanto possível, nos oferecer algo de mais elevado e melhor. As personagens de Sófocles têm todas algo da elevada alma do grande poeta, assim como as de Shakespeare, algo da sua. E isso está certo e é assim que se deve fazer. Shakespeare vai ainda mais longe e transforma seus romanos em ingleses e, mais uma vez, com razão, caso contrário sua nação não o teria compreendido.

— Também nisso — prosseguiu Goethe — os gregos eram tão grandes que se importavam menos com a fidelidade ao fato histórico que com a maneira pela qual o poeta o tratava. Felizmente dispomos hoje do magnífico exemplo de Filoctetes, um tema que foi tratado pelos três grandes trágicos, em último lugar, e melhor, por Sófocles. Por sorte a excelente peça desse poeta chegou até nós; já dos Filoctetes de Ésquilo e de Eurípides foram encontrados fragmentos pelos quais se pode ter uma boa visão de como trataram do assunto. Se dispusesse de tempo, eu restauraria essas peças,

Johann Peter Eckermann

da mesma maneira que fiz com o *Faetonte* de Eurípides,[39] um trabalho que nada teria de desagradável e de inútil.

— Com esse tema a tarefa era bastante simples: trata-se de ir buscar Filoctetes com seu arco na Ilha de Lemnos. Mas o modo pelo qual isso deveria ocorrer era problema do poeta, e oferecia a qualquer um a oportunidade de demonstrar a força de sua invenção, e a cada um a possibilidade de superar o outro. Ulisses deve ir buscá-lo, mas ele deve ou não ser reconhecido por Filoctetes, e de que forma ele deveria ser irreconhecível? Ulisses deve ir sozinho ou deve ter companhia, e quem deve acompanhá-lo? Em Ésquilo seu companheiro é desconhecido, em Eurípides é Diomedes e em Sófocles, o filho de Aquiles. Além disso, em que estado devem encontrar Filoctetes? A ilha deve ser habitada ou não, e se for habitada, terá uma alma piedosa o acolhido, ou não? E assim centenas de outras coisas que dependem todas do arbítrio do poeta, e por cuja escolha ou rejeição cada um poderá demonstrar uma sabedoria mais alta que a dos outros. É disso que se trata, e os poetas de hoje deveriam fazer o mesmo, ao invés de ficar se perguntando se um determinado tema já foi trabalhado ou não, razão pela qual eles buscam ao sul e ao norte por eventos inauditos, que muitas vezes são bárbaros demais, e em consequência disso funcionam tão somente como eventos em si. Porém, fazer algo a partir de um tema simples e por meio de um tratamento magistral exige espírito e um grande talento, e isso é o que falta.

Novamente fomos atraídos à janela por trenós que passavam na rua; mas outra vez não era o esperado cortejo vindo do Belvedere. Falamos e gracejamos sobre coisas sem importância; então perguntei a Goethe como ia o trabalho com a novela.

— Por esses dias eu a deixei descansando — respondeu ele —, mas ainda há algo que deve acontecer na exposição. O leão deve rugir quando a princesa passa a cavalo diante da tenda; o que me permitirá inserir algumas boas reflexões sobre o terror que esse poderoso animal inspira.

— É uma ideia muito feliz — disse eu —, pois não apenas resultará em uma exposição boa e necessária em si, em sua colocação, mas também fará

---

39 Goethe se refere ao seu ensaio *Phaeton, Tragödie des Euripides. Versuch einer Wiederherstellun aus Bruchstücken* [Faetonte, tragédia de Eurípides. Tentativa de reconstituição a partir de fragmentos], publicado em *Arte e antiguidade* IV, n.2 (1823).

que o efeito do que vem a seguir ganhe em intensidade. Até agora o leão parecia ser quase demasiadamente dócil, pois não mostrava um traço sequer de ferocidade. Mas se rugir, ele nos fará ao menos intuir o terror que pode inspirar, e quando, mais tarde, ele seguir docilmente a flauta do menino, isso produzirá um efeito muito mais intenso.

— Essa maneira de modificar e de melhorar — disse Goethe —, levando à perfeição algo ainda imperfeito através de contínuas invenções, é a correta. Mas renovar constantemente e dar continuidade a algo já consumado, como fez, por exemplo, Walter Scott com minha Mignon, a cujas particularidades ele acrescenta a de ser surda-muda, é uma maneira de modificar que eu não posso louvar.

Noite de quinta-feira, 1º de fevereiro de 1827

Goethe contou-me de uma visita do príncipe herdeiro da Prússia, acompanhado pelo grão-duque.

— Também os príncipes Carl e Wilhelm da Prússia estiveram comigo hoje de manhã — disse ele. — O príncipe herdeiro ficou com o grão-duque por três horas, e conversamos sobre vários assuntos, o que me permitiu formar um alto conceito do espírito, do gosto, dos conhecimentos e do modo de pensar desse jovem príncipe.

Goethe tinha diante de si um volume da *Teoria das cores*.

— Ainda lhe devo uma resposta sobre o fenômeno da sombra colorida — disse ele. — Mas como isso pressupõe muitas coisas, e está interligado a várias outras, não quero dar-lhe hoje uma explicação destacada do conjunto, pensei antes que seria bom lermos, nas noites em que nos reunimos, toda a *Teoria das cores*. Com isso teríamos também sempre um objeto sólido de conversação, e o senhor assimilaria a teoria completa sem nem notar que o fazia. Aquilo que lhe foi transmitido começa a viver e a se tornar produtivo em seu espírito, o que me permite prever que essa ciência em breve se tornará propriedade sua. Leia, então, a primeira seção.

Com essas palavras, Goethe pôs o livro aberto diante de mim. Senti-me muito feliz com seu bom propósito para comigo. Li os primeiros parágrafos sobre as cores psicológicas.

— Como o senhor pode ver, não há nada fora de nós que não esteja ao mesmo tempo em nós e, assim como o mundo exterior tem suas cores, também o olho as tem. Como para essa ciência é muito importante uma nítida separação entre o objetivo e o subjetivo, era lícito começar com as cores que pertencem ao olho, a fim de que, em todas as percepções, sempre distingamos se a cor também existe fora de nós, ou se se trata meramente de uma cor aparente, produzida pelo próprio olho. Penso que, assim, comecei a exposição dessa ciência pelo ponto mais apropriado, identificando corretamente, em primeiro lugar, o órgão por meio do qual devem ocorrer todas as percepções e observações.

Continuei a ler, até chegar aos interessantes parágrafos sobre as cores exigidas, onde é ensinado que o olho tem necessidade de variação, pois não se fixa de bom grado em uma única cor; ao contrário, logo exige outra, e com tanta vivacidade que, se não a encontrar de fato, cria ele mesmo uma.

Tais observações trouxeram à baila uma grande lei que circula através de toda a natureza e sobre a qual repousa toda a vida e toda a alegria da vida.

— Isso — disse Goethe — se passa não apenas com os outros sentidos, mas também com nossa mais elevada essência espiritual; sendo, porém, a visão um sentido tão privilegiado, é principalmente através das cores que a lei da variação exigida se manifesta com toda nitidez e se torna evidente à nossa consciência. Temos danças que nos agradam no mais alto grau por causa da alternância entre o tom maior e o menor, ao passo que aquelas que se mantêm apenas em tom maior ou menor logo nos cansam.

— A mesma lei — eu disse — parece ser a base de um bom estilo, levando-nos a evitar a repetição de um som que acabou de se ouvir. Também no teatro se poderia tirar o maior proveito dessa lei, se a soubermos aplicar convenientemente. As peças, sobretudo as tragédias, nas quais se mantém sempre o mesmo tom, têm algo de pesado e cansativo, e se a orquestra toca uma música triste e deprimente também nos entreatos de uma peça triste, sentimo-nos atormentados por um sentimento insuportável ao qual fugiríamos de bom grado fosse lá como fosse.

— Talvez — disse Goethe — também as cenas alegres inseridas nas tragédias de Shakespeare se baseiem nessa lei da variação exigida; mas ela não parece aplicável à alta tragédia dos gregos, pois nesta um tom fundamental prevalece ao longo de todo o conjunto.

Conversações com Goethe nos últimos anos de sua vida

— A tragédia grega — eu disse — não tem uma extensão tão grande a ponto de produzir o cansaço pela predominância de um único tom; além disso, os coros se alternam aos diálogos e o sentido sublime é de uma espécie que não se pode tornar pesado, pois sempre tem por base uma realidade concreta, quase sempre de natureza serena.

— Talvez o senhor tenha razão — disse Goethe — e valeria a pena examinar até que ponto a tragédia grega está sujeita a essa lei universal da variação exigida. Mas por aí o senhor pode ver como tudo está interligado, e como até mesmo uma lei da teoria das cores pode levar a um exame da tragédia grega. Temos apenas de nos cuidar de ir longe demais com uma lei dessas e de pretender fazer dela o fundamento de muitas outras coisas; o mais seguro é utilizá-la e aplicá-la sempre como analogia, como exemplo.

Falamos sobre o método pelo qual Goethe expõe sua teoria das cores, sempre deduzindo tudo das grandes leis primevas e referindo a elas todos os fenômenos particulares, o que tem por resultado a apreensibilidade e um grande proveito para o espírito.

— Talvez seja verdade — disse Goethe — e talvez o senhor tenha razão em louvar-me por isso, mas tal método também exige discípulos que não vivam distraídos e sejam capazes de apreender as coisas em seus fundamentos. Algumas pessoas excelentes se acercaram de minha teoria das cores, o mal é que não se mantêm no caminho certo e, antes que eu me dê conta, se desviam e passam a perseguir uma ideia, ao invés de terem sempre em vista o objeto, como é preciso.[40] Mas uma boa cabeça que também se importasse com a verdade poderia sempre produzir muita coisa.

Falamos de professores que, mesmo depois de encontrarem o melhor, continuam a ensinar a teoria de Newton.[41]

— Não é de admirar — disse Goethe. — Essas pessoas persistem no erro porque devem a ele sua existência. Teriam de reaprender, e isso é muito incômodo.

---

40 As "pessoas excelentes", segundo vários comentadores, são os filósofos Leopold von Henning (1791-1866) e Arthur Schopenhauer (1788-1860), e o naturalista Johannes Müller (1801-1858).

41 Entre esses professores, Jakob Friedrich Fries (1773-1843), de Iena, que atacara Goethe e fora acusado por este de precipitação e de desenvolver teorias absurdas.

— Mas — disse eu — como é que seus experimentos podem comprovar a verdade, se o fundamento de sua teoria é errôneo?

— É que não comprovam a verdade — disse Goethe — e nem é esse seu propósito, tudo o que lhes importa é comprovar sua opinião. Por isso também escondem qualquer experimento que pudesse trazer a verdade à luz do dia e revelar a insustentabilidade de sua teoria.

— Além disso, se levarmos em conta os estudantes, qual deles está preocupado com a verdade? São pessoas como as outras, que se dão por satisfeitas se puderem participar empiricamente da tagarelice. Isso é tudo. Os seres humanos têm uma natureza absolutamente singular: assim que um lago se congela, reúnem-se às centenas sobre ele e se divertem sobre a superfície lisa; mas a quem ocorreria investigar o quão profundo é esse lago e que espécies de peixes nadam sob o gelo? Niebuhr acaba de descobrir um tratado comercial entre Roma e Cartago datado de uma época muito remota,[42] que demonstra que toda a *História* de Lívio a respeito da situação original do povo romano não passa de fábula, pois através daquele tratado se pode constatar que desde muito cedo Roma já se encontrava em um estágio cultural muito mais avançado do que se evidencia da obra de Lívio. Mas se o senhor pensa que a descoberta desse tratado provocará uma grande reforma no atual método de ensino de história romana, está muito enganado. Lembre-se do lago congelado; assim são as pessoas, eu aprendi a conhecê-las, elas são assim, e não de outra maneira.

— Mas, no entanto — disse eu —, o senhor não deve se arrepender de haver escrito a *Teoria das cores*; pois com isso não apenas lançou as bases de uma sólida edificação para essa magnífica ciência, como também produziu um modelo de tratamento científico pelo qual sempre se poderá orientar o tratamento de objetos semelhantes.

— Eu não me arrependo de modo algum — disse Goethe —, embora tenha empenhado nela os esforços da metade de uma vida. Eu poderia talvez ter escrito uma dúzia a mais de tragédias, isso é tudo, e não faltará quem o faça depois de mim.

---

42 Em sua *História romana*, que Goethe, contudo, havia anteriormente criticado (cf. n.13, p.165).

Conversações com Goethe nos últimos anos de sua vida

— Mas o senhor tem razão, penso que também o tratamento seja bom; há método nele. Seguindo o mesmo modelo, escrevi ainda uma teoria dos sons,[43] e minha *Metamorfose das plantas* também se baseia no mesmo modelo de observação e dedução.

— Com a *Metamorfose das plantas* ocorreu-me algo muito singular; eu cheguei a ela do mesmo modo que Herschel a suas descobertas.[44] Pois Herschel era tão pobre que não podia comprar nem mesmo um telescópio, e teve de construir ele próprio o seu. Mas essa foi sua sorte; pois esse telescópio de fabricação própria era melhor que qualquer outro, e por meio dele Herschel fez suas grandes descobertas. Eu cheguei à botânica por uma via empírica. Pois sei agora muito bem que, no que concerne à formação dos sexos, a teoria era extensa o bastante para desencorajar-me de abordá-la. Isso me impeliu a investigar meu objeto seguindo um caminho próprio e buscar o que seria comum a todas as plantas sem exceção. Foi assim que descobri a lei da metamorfose.

— Mas não pretendo prosseguir investigando cada fenômeno isolado da botânica, esse não é meu caminho, eu o deixo a cargo de outros muito mais habilitados que eu. Importa-me apenas relacionar os fenômenos particulares a uma lei básica geral.

— Assim também a mineralogia me interessou apenas em um duplo sentido: em primeiro lugar por sua grande utilidade prática e, para além disso, pela possibilidade de por meio dela encontrar uma documentação a respeito da formação do mundo primevo, esperanças derivadas da teoria de Werner.[45] Mas como, depois da morte daquele excelente homem, tudo

---

43 A ideia surgiu em 1810, durante uma conversa com Zelter, a quem Goethe enviou, juntamente com uma carta de 6-9 de setembro de 1826, uma descrição em forma de tabela.

44 Em 1781, o astrônomo inglês William Herschel (1738-1822) descobriu, por meio de um telescópio de fabricação própria, o planeta Urano e, posteriormente, vários satélites de Saturno e Urano.

45 Abraham Werner (1750-1817), mineralogista, fundou a escola dos "netunistas", segundo a qual as rochas da crosta terrestre são resquícios de um mar primevo que a recobria. A ela se contrapunha a escola dos "vulcanistas", também chamados de "plutonistas", segundo a qual a crosta terrestre é resultado de erupções vulcânicas. No século XVIII, essas teorias adquiriam uma conotação política: o vulcanismo se

nessa ciência foi colocado de cabeça para baixo, e eu não me ocupo mais publicamente dessa matéria, apenas persisto em silêncio nas minhas próprias convicções.

— Na teoria das cores, resta-me ainda investigar a formação do arco-íris, com a qual me ocuparei logo a seguir. Trata-se de uma tarefa extremamente difícil que, no entanto, espero cumprir. Por esse motivo, será um prazer para mim repassar consigo toda a teoria das cores, pois assim, e graças ao seu interesse pelo assunto, poderei refrescar minha memória.

— No campo das ciências naturais — prosseguiu Goethe —, fiz experimentos em todas as direções; mas minha atenção sempre se voltou para os objetos que me circundavam aqui na terra e podiam ser imediatamente apreendidos pelos sentidos; essa é também a razão pela qual jamais me ocupei da astronomia, pois para isso os sentidos apenas não bastam, sendo necessário recorrer a instrumentos, cálculos e à mecânica, que me ocupariam a vida inteira e não eram algo para mim.

— Se realizei alguma coisa a respeito dos objetos que encontrei pelo caminho, foi por ter a sorte de viver em uma época mais rica que qualquer outra em grandes descobertas a respeito da natureza. Ainda criança, tomei contato com a teoria da eletricidade que Franklin acabara de descobrir.[46] E assim, durante toda a minha vida, até o presente momento, uma grande descoberta se seguiu a outra, e todas essas descobertas não apenas me fizeram desde cedo interessar-me pela natureza, como também permaneceram para mim uma fonte do mais vivo estímulo.

— Agora se fazem progressos nos caminhos abertos por mim que eu sequer podia imaginar, e sinto-me como alguém que caminha em direção à aurora e subitamente se espanta com a luz do sol nascente.

---

tornou metáfora das transformações sociais violentas, decorrentes de revoluções, ao passo que o netunismo representava a ideia de uma evolução progressiva e não conflituosa da realidade social. Goethe representou o embate entre netunistas e vulcanistas na "Noite de Valpúrgis Clássica" da segunda parte do *Fausto*, no qual os filósofos pré-socráticos Tales e Anaxágoras defendem, respectivamente, os pontos de vista do netunismo e do vulcanismo (versos 7851-7950).

46 Foi no ano do nascimento de Goethe, 1749, que Benjamim Franklin (1706-1790) inventou o para-raios.

Entre os alemães, Goethe citou, então, com admiração, o nome de Carus, D'Alton e Meyer, de Königsberg.[47]

— Eu me daria por satisfeito — disse ele — se as pessoas, depois de descobrir o correto, não lhe dessem as costas e não o obscurecessem; pois a humanidade necessita de algo positivo que lhe seja passado de geração a geração, e seria bom que esse algo positivo fosse também o correto e o verdadeiro. Nesse sentido, eu ficaria feliz se chegássemos a um claro entendimento nas ciências naturais e não voltássemos a transcender depois que tudo estivesse feito nos limites do apreensível. Mas as pessoas não têm sossego e, antes que nos demos conta, a confusão volta a imperar.

— Agora estão remexendo o Pentateuco, e se há um campo no qual a crítica destrutiva é prejudicial é nas questões religiosas, pois nelas tudo se baseia na fé, à qual, uma vez perdida, não se pode voltar.

— Na poesia, a crítica destrutiva não é tão prejudicial. Wolf demoliu Homero, mas não pode causar mal algum aos poemas;[48] pois tais poemas têm o maravilhoso poder dos heróis do Walhalla, que se fazem em pedaços pela manhã e ao meio-dia se sentam à mesa com os membros novamente ilesos.

Goethe estava no melhor dos humores e fiquei feliz por ouvi-lo mais uma vez falar de assuntos tão significativos.

— Prossigamos silenciosamente no caminho certo — disse ele —, e deixemos que os outros sigam o seu; é o melhor que temos a fazer.

Quarta-feira, 7 de fevereiro de 1827

Hoje Goethe expressou sua reprovação a certos críticos que não se mostram satisfeitos com Lessing e lhe fazem exigências descabidas.

---

47 Carl Gustav Carus (1789-1869), médico, pintor e crítico de arte, amigo de Goethe, que escreveu um prefácio para suas *Briefe über Landschaftsmalerei* [Cartas sobre a pintura de paisagens, 1824]; Eduard Joseph Wilhelm d'Alton (1772-1840), osteologista de Bonn, se correspondia com Goethe; Ernst Meyer (1791-1858), botânico de Königsberg, escrevera uma resenha positiva da *Metamorfose das plantas* de Goethe.

48 Nos *Prolegomena ad Homerum* (1795), cf. n.51, p.86.

— Se acham as peças de Lessing ruins e indigentes em comparação com as dos antigos — disse ele —, que podemos lhes responder? Lamentem o homem extraordinário por ter vivido em uma época tão miserável que não lhe pode oferecer matéria melhor que a tratada em suas peças! Lamentem-no por ter se envolvido, com *Mina von Barnhelm*, nos assuntos dos saxões e dos prussianos, à falta de algo melhor! Também o fato de ter constantemente polemizado e não poder deixar de fazê-lo se deve aos defeitos de sua época. Em *Emilia Galotti*, ele voltou sua lança contra os príncipes, em *Nathan, o sábio*, contra os padres.

Sexta-feira, 16 de fevereiro de 1827

Contei a Goethe que nos últimos dias li o ensaio de Winckelmann sobre a imitação das obras de arte gregas, confessando ter tido muitas vezes a impressão de que naquela época Winckelmann não tinha perfeita clareza a respeito de seu objeto.

— O senhor tem razão — disse Goethe —, sentimos por vezes que ele está a tatear; mas sua grandeza reside em que seu tatear sempre aponta para algo; ele se assemelha a Colombo quando ainda não descobrira o Novo Mundo, mas intuitivamente já o tinha em mente. Quando o lemos nada *aprendemos*, porém nos *tornamos* algo.

— Meyer avançou mais, e levou o conhecimento da arte ao seu ápice. Sua história da arte é uma obra eterna; mas ele não se teria tornado o que é se em sua juventude não se tivesse formado na leitura de Winckelmann e não tivesse continuado no caminho aberto por ele. É mais um exemplo do que pode fazer um grande precursor e da importância de se fazer um uso adequado de sua obra.

Quarta-feira, 11 de abril de 1827

Fui hoje por volta da 1 da tarde à casa de Goethe, que me convidara para um passeio antes do almoço. Seguimos pela estrada de Erfurt. O tempo estava muito bonito, os campos de cereais em ambos os lados do caminho nos deleitavam os olhos com o verde mais vívido; por seus sentimentos,

Goethe parecia alegre e jovem como a primavera que se inicia; mas velho pela sabedoria de suas palavras.

— Eu sempre digo e repito — começou — que o mundo não poderia existir se não fosse tão simples. Esse solo miserável é cultivado já faz mil anos e suas forças são sempre as mesmas. Um pouco de chuva, um pouco de sol, e a cada primavera seu verdor se renova, e assim sucessivamente.

Não encontrei nada que pudesse opor ou acrescentar a essas palavras. Goethe deixou correr o olhar por sobre os campos verdejantes, e então, tornando a dirigir-se a mim, continuou a falar de outras coisas da seguinte forma.

— Nesses últimos dias li algo bastante singular: as cartas de Jacobi e seus amigos.[49] Trata-se de um livro notável, e o senhor deve lê-lo, não a fim de aprender algo com ele, mas para lançar um olhar sobre a situação da cultura e da literatura da época, da qual hoje em dia ninguém tem ideia. Vemos uma porção de pessoas de certa importância, mas nenhum sinal de uma orientação semelhante e de um interesse comum, cada um seguindo seu próprio caminho completamente fechado em si mesmo, sem compartilhar minimamente os esforços dos outros. A mim pareceram semelhantes às bolas de bilhar que correm às cegas sobre o pano verde umas em meio às outras sem tomar conhecimento umas das outras e que, a cada vez que se tocam, se distanciam mais umas das outras.

Ri com a excelente comparação. Perguntei sobre as pessoas envolvidas na correspondência, e Goethe citou-me seus nomes, dizendo sempre algo de particular sobre cada uma delas.

— Jacobi era na verdade um diplomata nato, um belo homem esbelto de talhe e caráter fino e distinto, que estaria perfeitamente em seu lugar como embaixador. Como poeta e filósofo, faltava-lhe algo para ser ambas as coisas.

— Suas relações para comigo eram de natureza particular. Pessoalmente me queria bem, sem compartilhar de meus anseios ou mesmo aprová-los.

---

49 Friedrich Heinrich Jacobi (1743-1819), filósofo, jurista e escritor alemão. Sua *Friedrich Heinrich Jacobi's auserlesener Briefwechsel* [Correspondência selecionada de Friedrich Heinrich Jacobi] foi publicada entre os anos de 1825 e 1827.

Assim, era necessária a amizade para nos manter unidos. Minha relação com Schiller, por outro lado, era única, justamente porque encontrávamos em nossos anseios comuns o mais forte laço de união, e assim não tínhamos necessidade daquilo a que comumente se dá o nome de amizade especial.

Perguntei se também Lessing comparece naquelas cartas.

— Não — respondeu Goethe —, mas Herder e Wieland sim.

— Herder não se sentia confortável naquele círculo; ele vivia em uma esfera demasiado elevada para não sentir, com o tempo, que aquela vacuidade se tornava um fardo para ele; também Hamann tratava aquelas pessoas com superioridade de espírito.[50]

— Wieland, como sempre, aparece nessas cartas como alguém pleno de serenidade e que se sente perfeitamente em casa. Não se aferrando a nenhuma opinião em particular, tinha flexibilidade o bastante para compartilhar de todas. Era como um caniço que se balançava para um lado e para o outro ao sabor do vento das opiniões, mas sempre se mantendo firme em suas raízes.

— Minhas relações pessoais com Wieland foram sempre muito boas, sobretudo nos primeiros tempos, quando ele pertencia exclusivamente a mim. Foi graças ao meu incentivo que ele escreveu seus pequenos contos. Mas quando Herder chegou a Weimar, Wieland me foi infiel, Herder o tomou de mim, pois possuía um enorme poder de sedução.

A carruagem tomou o caminho de volta. Vimos a leste um grande acúmulo de nuvens de chuva.

— Aquelas nuvens — eu disse — já estão tão bem formadas que a qualquer momento ameaçam se transformar em chuva. Será que elas se dissipariam se o barômetro subisse?

— Sim — disse Goethe —, elas seriam desfeitas de cima para baixo e se desfiariam como um novelo. A tal ponto chega minha fé no barômetro. Sim, eu sempre digo e afirmo: se na noite da grande inundação de Petersburgo o barômetro tivesse subido, as ondas não teriam chegado aonde chegaram.

---

50 Johann Georg Hamann (1730-1788), escritor e filósofo alemão. Crítico do Iluminismo, foi um dos precursores do *Sturm und Drang*, tendo exercido grande influência sobre Herder, Schelling, Hegel e sobre o próprio Goethe.

— Meu filho acredita na influência da lua sobre o clima, e o senhor talvez também acredite, e não posso censurá-los por isso, pois a lua parece ser um astro por demais importante para que lhe possamos negar uma decisiva influência sobre nosso planeta; mas a mudança do clima, a subida ou a decida do barômetro não depende das fases da lua, é puramente telúrica.

— Imagino a terra, com seu envoltório de gases, como um grande ser vivo eternamente ocupado em aspirar e expirar. Se a terra aspira, ela atrai a si o envoltório de gases, que então se aproxima de sua superfície e se adensa até formar as nuvens e a chuva. A esse estado eu chamo de afirmação da água; mas se ele se prolongasse além do normal, afogaria a terra. Ela, porém, não o permite; torna a expirar e impele os vapores de água para cima, onde eles se espalham por todo o espaço da atmosfera superior e se rarefazem a tal ponto que não apenas o sol os atravessa com sua luminosidade, como também a eterna treva do espaço infinito é vista através deles como um vívido azul.

— A esse estado da atmosfera eu chamo de negação da água. Pois, se no estado anterior, não apenas a água que está acima da terra cai em abundância, como também a umidade da terra não pode evaporar e secar, nesse outro estado não só não cai nenhuma umidade de cima, como também a própria umidade da terra se evapora e sobe para o alto, de modo que, a perdurar essa situação além do normal, a terra correria o risco de secar e esturricar, mesmo sem sol.

Assim falou Goethe a respeito desses importantes assuntos, e eu o ouvia com a maior atenção.

— A coisa é bem simples — prosseguiu ele —, e eu me apego ao que é simples e palpável, procuro segui-lo, sem me deixar confundir por exceções isoladas. Barômetro acima: secura, vento leste; barômetro abaixo: umidade, vento oeste; eis a lei dominante à qual me apego. Mas se alguma vez, com o barômetro no alto, soprar um vento leste e houver névoa úmida, e se tivermos céu azul com vento oeste, isso não me preocupa e não perturba minha fé na lei dominante, apenas constato a existência de influências colaterais que não podemos desvendar de imediato.

— Quero dizer-lhe uma coisa que o senhor deve guardar para toda vida. Existem na natureza o acessível e o inacessível. Devemos discernir um do outro, refletir sobre eles e respeitá-los. Já nos é de grande valia se souber-mos sempre o quão difícil é distinguir onde um termina e o outro começa. Quem não o sabe talvez se torture a vida inteira diante do inacessível, sem jamais ao menos se aproximar da verdade. Mas quem o sabe e é sensato, irá se ocupar apenas do acessível e, percorrendo tal região em todas as direções e se fortalecendo, poderá até mesmo obter algo do inacessível, tendo, no entanto, de admitir por fim que aqui algumas coisas só podem ser desven-dadas até certo ponto, e que a natureza sempre guarda algo de problemático atrás de si, que as habilidades humanas são insuficientes para investigar.

Enquanto ele assim falava, chegamos de volta à cidade. A conversa derivou para assuntos insignificantes e, enquanto isso, aquelas elevadas concepções continuavam a se agitar em meu íntimo.

Quando chegamos de volta, era muito cedo para nos sentarmos logo à mesa, e antes que o fizéssemos Goethe mostrou-me ainda uma paisagem de Rubens, representando uma tarde de verão. Em primeiro plano, à esquerda, viam-se lavradores que voltavam para casa; no centro do quadro, um reba-nho de ovelhas seguia seu pastor em direção à aldeia; no fundo do quadro, à direita, havia uma carroça de feno, e em torno dela os trabalhadores ocu-pados em descarregá-la; próximo a eles, os cavalos desatrelados comiam a relva; um pouco mais longe, espalhadas no prado e entre os arbustos, várias éguas pastavam com seus potros, e podia-se ver que também durante a noite eles permaneceriam ao ar livre. Diferentes aldeias e uma cidade ocupavam o luminoso horizonte do quadro, que expressava da maneira mais graciosa a ideia de atividade e repouso.

O conjunto me parecia composto com tanta veracidade e os detalhes se ofereciam com tanta fidelidade ao meu olhar que eu expressei a opinião de que Rubens reproduzira aquelas imagens inteiramente de acordo com a natureza.

— De maneira alguma — disse Goethe. — Um quadro tão perfeito jamais foi visto na natureza, nós devemos essa composição ao espírito poético do pintor. Mas o grande Rubens era dotado de uma memória tão extraordiná-ria que trazia a natureza inteira na cabeça, e a tinha sempre ao seu dispor em todas as suas minúcias. Daí vem a veracidade do todo e das partes, de modo a nos fazer crer que tudo seja uma pura cópia da natureza. Hoje já

Conversações com Goethe nos últimos anos de sua vida

não se pintaria uma paisagem assim, essa forma de sentir e de ver a natureza desapareceu por completo, falta poesia a nossos pintores.

— Além disso, nossos jovens talentos são abandonados a si mesmos, faltam os mestres vivos que os introduzissem nos segredos da arte. Claro que com os mortos também se pode aprender algo, mas já ficou demonstrado que esse algo é antes a captação dos detalhes que a penetração nas profundezas do modo de pensar e dos procedimentos de um mestre.

A sra. e o sr. Von Goethe entraram, e nos sentamos à mesa. A conversa girou sobre fatos divertidos do dia: teatro, bailes, a corte. Mas logo retornamos aos assuntos mais sérios e nos vimos profundamente envolvidos em uma discussão sobre doutrinas religiosas da Inglaterra.

— Vocês precisariam ter estudado a história eclesiástica, como eu faço há cinquenta anos — disse Goethe —, para poder compreender como tudo se interrelaciona. Por outro lado, é muito interessante observar as doutrinas com as quais os maometanos iniciam sua educação. Como fundamento da religião, eles em primeiro lugar firmam seus jovens na convicção de que nada acontece ao homem que já não estivesse determinado há muito tempo por uma divindade que a tudo governa; com tal convicção eles estão armados e tranquilizados para toda a vida, e não precisam de quase mais nada.

— Não quero investigar o que há de verdadeiro ou falso, útil ou nocivo nessa doutrina; mas no fundo, sem que nos seja ensinado, há em cada um de nós algo dessa crença. A bala em que meu nome não está escrito não me atingirá, diz o soldado na batalha, e como poderia ele, sem essa confiança, manter a coragem e a serenidade em meio aos maiores perigos? A doutrina da fé cristã, segundo a qual nenhum pardal cai do teto sem a vontade de vosso pai, brotou da mesma fonte, e alude a uma providência que mantém sob seus olhos o que há de mais ínfimo, e sem cuja vontade e permissão nada pode acontecer.

— Em seguida, os maometanos começam suas aulas de Filosofia com a doutrina segundo a qual não existe nada de que não se poderia afirmar o contrário; e assim eles exercitam o espírito da juventude dando-lhes por tarefa encontrar a opinião contrária a cada uma das afirmações que lhes fazem, do que se origina uma grande habilidade de pensamento e de discurso.

— Então, depois da afirmação do contrário de cada uma das frases proferidas, surge a *dúvida* sobre qual das duas é a verdadeira. Mas na dúvida não há persistência, ela antes estimula o espírito a uma investigação mais acurada e ao *experimento*, através do qual, se levado a cabo com perfeição, se atinge o objetivo, que é a *certeza*, em que o homem encontra sua plena tranquilidade.

— Vocês podem ver que nada falta a essa doutrina e que nós, com todos os nossos sistemas, não avançamos além dela, e ninguém, em absoluto, pode ir mais longe.

— Isso me faz lembrar dos gregos — disse eu —, cujo método de ensinamento filosófico deve ter sido semelhante, como nos demonstra a tragédia deles, cuja essência repousa, durante todo o transcorrer da ação, inteiramente sobre a contradição, uma vez que nenhuma das personagens pode afirmar algo da qual uma outra não fosse sagaz o bastante para dizer o contrário.

— O senhor está inteiramente com a razão — disse Goethe —; não falta nem mesmo a dúvida, que é despertada no espectador ou no leitor; assim também, ao final, alcançamos, pela ação do destino, a certeza, que se liga à moral e advoga sua causa.

Levantamo-nos da mesa e Goethe levou-me ao jardim, para continuarmos nossa conversa.

— É interessante — disse eu — como Lessing, em seus escritos teóricos, no *Laocoonte*, por exemplo, nunca nos leva diretamente aos resultados, mas sempre nos conduz por aquele caminho filosófico que passa através da opinião, da contraopinião e da dúvida, antes de nos permitir por fim alcançar algum tipo de certeza. Mais que receber grandes opiniões e verdades que estimulem nosso próprio pensamento e sejam capazes de nos tornar a nós próprios produtivos, observamos a operação do pensamento e da descoberta.

— Talvez o senhor tenha razão — disse Goethe. — O próprio Lessing teria declarado certa vez que, se Deus lhe quisesse dar a verdade, ele declinaria desse presente, privilegiando o esforço de procurá-la por si mesmo.

— Aquele sistema filosófico dos maometanos oferece um parâmetro adequado pelo qual podemos medir a nós mesmos e aos outros a fim de verificar em que grau de virtude espiritual nos encontramos de fato.

Conversações com Goethe nos últimos anos de sua vida

— Lessing, por sua natureza polêmica, prefere se manter na região das contradições e da dúvida; seu objetivo é o discernimento, e para isso se presta maravilhosamente sua grande inteligência. O senhor mesmo poderá constatar que comigo as coisas se passam de maneira muito diferente; sempre evitei as contradições, as dúvidas eu sempre procurei dissipar em meu íntimo, e sempre externei tão somente os resultados que encontrei.

Perguntei a Goethe qual dos filósofos contemporâneos ele considera o maior.

— Kant — disse ele — é o maior, sem dúvida. Ele é também aquele cuja doutrina se comprovou pela continuada influência e a que penetrou mais profundamente em nossa cultura alemã. Ele o influenciou sem que o senhor o tivesse lido. Agora o senhor não precisa mais dele, pois o que ele poderia dar-lhe o senhor já possui. Se mais tarde quiser ler algo dele, eu lhe recomendaria sua *Crítica da faculdade de juízo*, na qual tratou excelentemente da retórica, sofrivelmente da poesia e precariamente das artes plásticas.

— Sua Excelência manteve algum dia relações pessoais com Kant? — perguntei.

— Não — respondeu-me Goethe —, ele jamais tomou notícia de mim, embora eu, por minha própria natureza, trilhasse um caminho semelhante ao seu. Escrevi minha *Metamorfose das plantas* antes de saber o que quer que fosse de Kant e, no entanto, ela está completamente em consonância com sua doutrina. A distinção entre sujeito e objeto, e também a opinião de que toda criatura existe para si mesma, e de que o sobreiro não brotou para que pudéssemos obter cortiça para arrolhar nossas garrafas, isso Kant tinha em comum comigo e eu me alegrei por partilhar com ele o mesmo solo. Mais tarde, escrevi a *Teoria do experimento*, que pode ser considerada como uma crítica do sujeito e do objeto e como uma mediação entre os dois.[51]

— Schiller costumava desaconselhar-me o estudo da filosofia kantiana. Ele dizia que Kant nada poderia dar-me. Ele, por sua vez, o estudava com afinco, e também eu o estudei, não sem proveito.

---

51 *Der Versuch als Vermittler von Objekt und Subjekt* [O experimento como mediador entre objeto e sujeito], escrito em 1792 e publicado em 1823.

Johann Peter Eckermann

Enquanto assim conversávamos, passeávamos pelo jardim. Nesse ínterim, as nuvens haviam se adensado e começava a gotejar, o que nos obrigou a voltar para casa, onde continuamos a conversar ainda por mais algum tempo.

Quarta-feira, 20 de junho de 1827

A mesa familiar estava posta para cinco pessoas, os aposentos estavam vazios e frescos, o que, com o calor que fazia, era muito agradável. Entrei no aposento contíguo à sala de jantar, onde há o tapete trabalhado à mão e o colossal busto de Juno. Não havia ainda muito tempo que estava sozinho ali, a andar de um lado para o outro, quando Goethe entrou e saudou-me afetuosamente à sua maneira cordial. Ele se sentou em uma cadeira junto da janela.

— Apanhe também uma cadeira — disse ele — e venha sentar-se ao meu lado, vamos conversar um pouquinho até chegarem os outros. Estou feliz que o senhor tenha travado relações com o conde Sternberg em minha casa;[52] ele já seguiu viagem e eu agora estou de volta às minhas atividades costumeiras e à minha tranquilidade.

— A personalidade do conde — eu disse — pareceu-me excepcional, e seus grandes conhecimentos também; pois não importava sobre que assunto se conversasse, ele estava sempre em casa, e tinha facilidade de se expressar a respeito de tudo com profundidade e bom senso.

— Sim — disse Goethe —, é um homem excepcional, e tem um grande círculo de influências e relações na Alemanha. Como botânico, tornou-se conhecido em toda a Europa por sua *Flora subterrânea*; é também um importante mineralogista. O senhor conhece a história dele?

— Não — respondi —, mas gostaria de saber mais a seu respeito. Eu o vi como conde e homem mundano e, ao mesmo tempo, como um profundo e versátil erudito. Isso é um enigma que eu gostaria de ver decifrado.

---

52 Goethe e o conde Kaspar Maria von Sternberg (1761-1838) se conheceram em 1822 e desde então trocaram intensa correspondência. Seu livro *Versuch einer geognostich-botanischen Darstellung der Flora der Vorwelt* [Tentativa de uma representação geognóstica e botânica da flora do mundo pré-histórico] foi publicado em dois volumes em Praga entre os anos de 1820 e 1825.

Então Goethe contou-me que o conde fora destinado, na adolescência, à carreira eclesiástica, e iniciara seus estudos em Roma. A seguir, porém, como a Áustria lhe retirasse certos favores, fora para Nápoles. Goethe então me contou, de um modo profundo, interessante e expressivo, uma notável história de vida, de uma espécie que teria ornado seus *Anos de peregrinação*, mas que não me sinto capaz de reproduzir aqui. Senti-me extremamente feliz em ouvi-lo e agradeci-lhe do fundo de minha alma. A conversa voltou-se, então, para as escolas da Boêmia e suas grandes qualidades, especialmente no que se refere a uma sólida formação estética.

Nesse ínterim, entraram na sala o sr. e a sra. Von Goethe e a srta. Ulrike von P.,[53] e todos nos sentamos à mesa. A conversa foi alegre e variada, mas com muita frequência retornava ao tema dos sectários de algumas cidades do norte da Alemanha. Mencionou-se como esse segregacionismo pietista desunira e fragmentara famílias inteiras. Eu pude contar uma história semelhante, de como quase perdi um excelente amigo porque ele não conseguira converter-me a suas convicções. Ele estava, disse eu, completamente impregnado pela crença de que nenhum mérito e nenhuma boa obra nada significam, e que as pessoas só podem alcançar um bom relacionamento com Deus através da graça de Cristo.

— Uma amiga minha — disse a sra. Von Goethe — disse-me algo semelhante, mas até agora eu não sei o que vêm a ser essas boas obras e essa graça.

— Da maneira pela qual essas coisas correm o mundo e são discutidas hoje em dia — disse Goethe —, tudo isso não passa de uma mixórdia, e talvez nenhum de vocês saiba de onde elas vêm. Vou explicar-lhes. A doutrina das boas obras, segundo a qual as pessoas podem expiar um pecado e alcançar a misericórdia divina por meio de boas ações, doações e instituições beneficentes é católica. Mas os reformadores, por oposição, renegaram essa doutrina e colocaram em seu lugar a de que as pessoas devem apenas e tão somente almejar reconhecer os méritos de Cristo e partilhar de sua graça, o que, obviamente, também o induziria às boas obras. É disso que se trata; mas hoje em dia tudo se mistura e confunde, e ninguém sabe de onde as coisas vêm.

---

53 Ulrike von Pogwisch, irmã de Ottilie.

Johann Peter Eckermann

Observei, mais em pensamentos que em palavras, que as diferentes opiniões em assuntos religiosos desde sempre serviram mais para dividir as pessoas e fazer inimigos, e que até mesmo o primeiro assassinato se devera a um desentendimento quanto ao modo de adorar a Deus. Disse que por aqueles dias havia lido o *Caim* de Byron e apreciara especialmente o terceiro ato e a motivação do assassinato.

— Não é mesmo? — disse Goethe. — A motivação é excelente! É de uma beleza única, como não há igual no mundo.

— O *Caim* — eu disse — foi de início proibido na Inglaterra, mas hoje em dia qualquer um pode lê-lo, e os jovens viajantes ingleses sempre levam consigo um volume com as obras completas de Byron.

— E proibi-lo, aliás, é uma estupidez — disse Goethe —, pois no fundo não há nada em todo o *Caim* que os próprios bispos ingleses não ensinem.

O chanceler pediu para ser anunciado e veio sentar-se à mesa conosco. Os netos de Goethe, Walter e Wolfgang, também entraram, pulando um atrás do outro. Wolf aninhou-se no colo do chanceler.

— Vá buscar seu álbum — disse Goethe — e mostre ao chanceler sua princesa e o que o conde Sternberg escreveu nele.

Wolf saiu pulando e logo voltou com o álbum. O chanceler contemplou o retrato da princesa com os versos que Goethe escrevera junto dele.[54] Depois folheou o álbum, encontrou a inscrição de Zelter e leu em voz alta:

— "*Aprenda a obedecer!*"

— É a única coisa sensata que há em todo o álbum — disse Goethe, rindo. — Sim, Zelter é sempre grandioso e excelente! Estou agora repassando com Riemer suas cartas, que contêm coisas inestimáveis. De especial valor são as cartas que me escreveu durante suas viagens; pois, como excelente arquiteto e músico, nunca lhe faltavam objetos interessantes com os quais

---

54 Marie Louise Alexandrine (1808-1877), a segunda filha do grão-duque Karl August, se casara em julho de 1827 com o príncipe Karl da Prússia. Sob seu retrato, Goethe escrevera os versos "*Lieblich und zierlich,/ Ruhig und hold;/ Sind ihr die Treuen/ Sicher wie Gold.*" [Amável e graciosa,/ Serena e benévola;/ Os fiéis lhe são/ constantes como o ouro].

Conversações com Goethe nos últimos anos de sua vida

exercitar seu juízo crítico. Assim que chega a uma cidade, tem diante de si os edifícios a lhe falar de suas qualidades e defeitos. Logo a seguir as sociedades musicais o convidam e se mostram ao mestre em suas virtudes e fraquezas. Se um estenógrafo tivesse transcrito as conversas que ele mantinha com seus alunos de música, nós hoje possuiríamos algo único em seu gênero. Pois nessas matérias Zelter é grande e genial, e sempre acerta na mosca.

Quinta-feira, 5 de julho de 1827

Hoje no parque, ao cair da tarde, encontrei Goethe que voltava de um passeio de carruagem. Ao passar ele me acenou, pedindo que fosse visitá-lo. Imediatamente desviei meus passos em direção à sua casa, onde encontrei o diretor de obras públicas Coudray. Goethe apeou e o acompanhamos escada acima. Sentamo-nos na chamada Sala de Juno, diante de uma mesa redonda. Não havia ainda muito tempo que estávamos conversando quando o chanceler veio juntar-se a nós. A conversa voltou-se para assuntos políticos: a missão diplomática de Wellington em Petersburgo e suas possíveis consequências, Kapodístrias,[55] a libertação adiada da Grécia, o confinamento dos turcos em Constantinopla, e coisas semelhantes. Falou-se também dos primeiros tempos de Napoleão, mas sobretudo do duque de Enghien e seu imprudente comportamento revolucionário.

A seguir nos ocupamos de assuntos mais pacíficos, e falamos longamente sobre o túmulo de Wieland em Osmannstedt. O diretor Coudray contou que estava providenciando uma guarnição de ferro para o túmulo. Deu-nos uma ideia precisa de seu projeto, desenhando para nós em uma folha de papel as formas que o gradil deverá ter.

Depois que o chanceler e Coudray saíram, Goethe pediu-me para ficar ainda mais um pouco em sua companhia.

— Para alguém como eu — disse ele —, que vive em milênios, é sempre estranho ouvir falar em estátuas e monumentos. Não posso pensar em

---

55 Ioánnis Antonios Kapodístrias (1776-1831), político grego, se tornara o primeiro presidente da república grega em 14 de abril de 1827.

Johann Peter Eckermann

uma estátua esculpida em honra de um grande homem sem vê-la, com os olhos do espírito, derrubada e destruída por futuros soldados. Já posso ver o gradil de Coudray para o túmulo de Wieland transformado em ferraduras nas patas da montaria de algum futuro cavaleiro, e posso dizer que já presenciei um fato semelhante ainda em Frankfurt. Além disso, o túmulo de Wieland está situado muito próximo do Ilm; em seu rápido curso o rio não precisará nem de um século para erodir a margem e alcançar o morto.

Gracejamos, de bom humor, sobre a terrível inconstância das coisas terrenas; a seguir pegamos o desenho de Coudray e nos deleitamos com os traços delicados e enérgicos do lápis inglês, que fora tão dócil aos propósitos do desenhista e lhe transpusera a ideia diretamente para o papel sem a menor perda.

Isso levou a conversa para a arte do desenho e Goethe mostrou-me um excelente, de um mestre italiano, representando Jesus no templo entre os doutores da lei.[56] Mostrou-me também uma gravura feita a partir do quadro pronto, e pudemos fazer várias observações, sempre ressaltando as qualidades do desenho.

— Ultimamente — disse Goethe —, tive a sorte de comprar barato muitos desenhos excelentes de mestres famosos. Esses desenhos são inestimáveis, não apenas porque nos dão a pura intenção do autor, mas também porque nos colocam imediatamente no estado de espírito em que o artista se encontrava no momento da criação. Em cada traço desse desenho do Menino Jesus no Templo percebemos a grande clareza e a serena e silenciosa resolução na alma do artista, e esse benéfico estado de espírito se comunica a nós no momento em que contemplamos a imagem. Além disso, as artes plásticas têm a grande vantagem de ser de natureza puramente objetiva e de nos atrair sem excitar demasiadamente nossos sentimentos. Temos diante de nós uma obra como esta e ela ou não nos diz absolutamente nada, ou o faz de um modo absolutamente decisivo. Um poema, ao contrário, causa uma impressão muito mais vaga, excita os sentimentos, e a cada vez de um modo diferente, segundo a natureza ou a capacidade do ouvinte.

---

56 Desenho de Giuseppe Maria Crespi, dito o Espanhol (1665-1747).

Conversações com Goethe nos últimos anos de sua vida

— Li — disse eu — por esses dias o excelente romance *Roderick Random* de Smolett;[57] ele produz uma impressão muito próxima à de um desenho. Representação imediata, nem sinal de uma tendência ao sentimentalismo, ao contrário, a vida real se apresenta a nós como ela é, por vezes, bastante repulsiva e abominável, mas o todo sempre causa uma impressão agradável, por causa de seu decidido realismo.

— Muitas vezes ouvi elogiarem *Roderick Random* — disse Goethe — e acredito no que o senhor diz; mas nunca o li. Conhece o *Rasselas* de Johnson?[58] Leia-o e diga-me sua opinião.

Prometi que o faria.

— Também em Lord Byron — disse eu — encontro com frequência representações de grande imediatez, que nos oferecem o objeto em estado puro e nos excitam os sentimentos de um modo em nada diferente daquele pelo qual o faz o desenho de um bom pintor. *Don Juan* é especialmente rico em passagens desse tipo.

— Sim — disse Goethe —, nisso Lord Byron é grande; suas representações possuem uma realidade delineada com tanta facilidade que parecem improvisadas. Conheço pouco *Don Juan*, só de suas outras obras guardo algumas passagens na memória, sobretudo cenas marítimas, nas quais aqui e ali reponta uma vela, trechos magníficos que nos fazem até mesmo acreditar que sentimos soprar a brisa marinha.

— Em seu *Don Juan* — eu disse —, admiro especialmente a representação da cidade de Londres, que pensamos ver com nossos próprios olhos através de seus versos ligeiros. E ele não tem lá muitos escrúpulos de saber se um objeto é poético ou não, apossa-se e utiliza-se de tudo conforme lhe aparece, até das perucas frisadas nas vitrines dos cabeleireiros e dos homens que abastecem de óleo os postes de luz.

— Nossos estetas alemães — disse Goethe — falam muito de objetos poéticos e apoéticos, e em certo sentido não deixam de ter razão; mas no

---

57 Tobias Smollett (1721-1771), escritor inglês de origem escocesa. Seu romance *The adventures of Roderick Random* [As aventuras de Roderick Random] foi publicado em 1748.

58 *The History of Rasselas, Prince of Abyssinia* [A história de Rasselas, príncipe da Abissínia], romance filosófico de Samuel Johnson (1709-1784) publicado em 1759.

fundo *nenhum* objeto real é apoético, desde que o poeta saiba se utilizar dele adequadamente.

— De fato! — respondi. — E eu gostaria que essa opinião se transformasse em máxima universal.

Falamos então dos *Dois Foscari*, e eu disse que Byron faz excelentes retratos de mulheres.

— Suas mulheres são boas — disse Goethe. — Mas também é esse o único recipiente que restou a nós modernos para despejarmos nossa idealidade. Com os homens, não há nada a fazer. Em Aquiles e Ulisses, o mais bravo e o mais astuto, Homero se antecipou a todos.

— De resto — continuei —, os *Dois Foscari* têm algo de angustiante por conta das contínuas cenas de tortura, e é quase impossível de compreender como pôde Byron viver tanto tempo guardando em seu íntimo esses temas torturantes para escrever a peça.

— Aí Byron está totalmente em seu elemento — disse Goethe. — Ele foi sempre um autotorturador e esses objetos eram seu tema favorito, como o senhor pode comprovar em todas as suas obras, entre as quais não se encontra um único tema alegre. Mas não é fato que também a forma de representação nos *Dois Foscari* merece todos os louvores?

— É excelente — disse eu. — Cada palavra tem sua força, sua importância, e atinge seu alvo; de resto, até hoje não encontrei nenhuma linha frouxa em Byron. Tenho sempre a impressão de vê-lo emergir das ondas do mar, fresco e impregnado pelas forças primevas da criação.

— Tem toda razão — disse Goethe —, é assim mesmo.

— Quanto mais o leio — continuei —, mais admiro a grandeza de seu talento, e o senhor tinha toda razão em erigir-lhe, na "Helena", o monumento imortal do amor.[59]

— Como representante da moderna era da poesia — disse Goethe —, eu não podia me utilizar senão dele, que sem dúvida deve ser considerado o maior talento do século. Além disso, Byron não é antigo nem romântico, ele é como o próprio dia de hoje. Era de alguém assim que eu precisava. Ele era também inteiramente adequado, por sua natureza insatisfeita e suas

---

59 Na personagem de Eufórion, no terceiro ato da segunda parte do *Fausto*.

tendências guerreiras, que o levaram à morte em Missolunghi. Escrever um estudo sobre Byron não é nada confortável nem aconselhável, mas não deixarei de homenageá-lo ocasionalmente e de me referir no futuro às suas obras em particular.

Uma vez que faláramos da "Helena", Goethe prosseguiu:

— De início, eu tinha pensado em um desfecho completamente diferente; eu o imaginara de várias maneiras, uma delas muito boa, mas não quero revelá-la. Com o tempo, contudo, veio-me a ideia daquele final com Lord Byron e Missolunghi, e de bom grado eu pus de parte todos os outros. Mas o senhor deve ter notado que durante o canto fúnebre o coro muda inteiramente de papel; até aquele ponto, e desde o início, ele preservava seu estilo antigo, e jamais negava sua natureza feminina juvenil, mas daquele ponto em diante ele se torna subitamente grave e altamente reflexivo, exprimindo coisas nas quais jamais pensara e jamais poderia ter pensado.

— Sim — respondi —, eu de fato já o notara; mas desde que vira a paisagem de Rubens com as sombras duplas, e desde que o conceito das ficções se tornou claro para mim, coisas desse tipo já não me perturbam mais. Essas pequenas contradições não podem ser levadas em conta diante da elevada beleza que se obteve graças a elas. Era necessário que o cântico fosse entoado, e uma vez que não havia outro coro ali presente, as jovens tinham de fazê-lo.

— Quero só ver o que os críticos alemães irão dizer — disse Goethe. — Se terão liberdade e ousadia suficientes para passar por cima disso? Para os franceses, a razão será um obstáculo, e não lhes ocorrerá que a fantasia tem suas próprias leis às quais a razão não deve nem pode desvendar. Se a fantasia não produzisse coisas que permanecerão eternamente problemáticas para a razão, não lhe restaria muito a fazer. É nisso que a poesia se diferencia da prosa, na qual a razão sempre está em casa, e sempre poderá e deverá estar.

Era com prazer que ouvia considerações tão importantes, e as guardei comigo. Logo a seguir despedi-me, pois já eram quase dez horas. Estávamos com as luzes apagadas, a clara noite de verão fulgia ao norte, por sobre o Ettersberg.

Johann Peter Eckermann

Noite de segunda-feira, 9 de julho de 1827

Encontrei Goethe só, examinando os moldes de gesso tomados ao gabinete de Stosch.[60]

— Fizeram-me a gentileza de enviar-me de Berlim essa coleção inteira para que eu a pudesse ver; já conheço a maioria dessas belas peças, mas aqui as posso ver na instrutiva sequência estabelecida por Winckelmann; também me utilizo da descrição feita por ele e confiro sua opinião nos casos em que eu próprio tenho dúvidas.

Não havíamos ainda conversado por muito tempo quando chegou o chanceler, que e veio juntar-se a nós. Contou-nos algumas notícias que lera nos jornais, entre elas a de um guarda de jardim zoológico que, sentindo desejo de comer carne de leão, matara um e cozinhara um grande pedaço de sua carne.

— Muito me admira que ele não pegasse um macaco — disse Goethe —, pois essa deve ser uma iguaria muito delicada e saborosa.

Falamos sobre a fealdade desses animais, e que são tanto mais desagradáveis quanto mais se assemelham à raça humana.

— Não posso compreender — disse o chanceler — como certos príncipes toleram a proximidade de tais animais e até se deleitam com ela.

— Os príncipes — disse Goethe — são tão atormentados por pessoas repulsivas que consideram a presença desses animais ainda mais repulsivos um remédio contra as impressões desagradáveis que elas lhes causam. Nós outros temos razão em considerar repulsivos os macacos e a gritaria dos papagaios, pois vemos esses animais em um lugar para o qual não foram feitos. Mas se tivéssemos a oportunidade de cavalgar elefantes sob as palmeiras, certamente tomaríamos os macacos e os papagaios como fazendo parte daquele ambiente, e talvez até nos deleitássemos com eles. Mas, como eu disse, os príncipes têm razão em afugentar o que é repulsivo com algo ainda mais repulsivo.

---

60 A coleção de camafeus do barão Phillip von Stosch (1691-1757) fora catalogada por Winckelmann e desde 1770 pertencia ao Museu Real de Berlim.

Conversações com Goethe nos últimos anos de sua vida

— Isso — eu disse — me faz pensar em uns versos dos quais o senhor talvez já nem se lembre mais:

Se os homens querem ser feras,
Ponham-lhes animais na sala de estar,
A repulsa assim se atenuará;
Afinal, somos todos filhos de Adão.[61]

Goethe riu.

— Sim — disse ele —, é isso mesmo. Uma grosseria só pode ser afugentada por outra grosseria maior. Lembro-me de que, em certa ocasião, nos meus primeiros tempos aqui, quando ainda havia entre a nobreza alguns senhores verdadeiramente bestiais, um nobre rico, diante de uma fina sociedade e de algumas mulheres reunidas à mesa, falava de coisas muitíssimo grosseiras, causando desconforto e enfado a todos que tinham de ouvi-lo. Com palavras não se podia fazer nada contra ele. Então um senhor distinto e decidido, que estava sentado de frente para ele, encontrou outro meio: proferiu em alto e bom som uma indecência que assustou a todos, inclusive o grosseirão, que se sentiu suplantado e não tornou a abrir a boca. Nesse ponto a conversa, para a alegria de todos, tomou um rumo mais refinado e alegre, e todos agradeceram àquele resoluto cavalheiro por sua inaudita ousadia, em vista do excelente efeito que ela produzira.

Depois de nos regozijarmos com essa divertida anedota, o chanceler pôs-se a falar sobre a situação atual dos partidos da oposição e da situação em Paris, recitando quase literalmente um vigoroso discurso contra os ministros que um democrata extremamente corajoso fizera ao defender-se diante do tribunal. Tivemos então mais uma oportunidade de admirar sua excelente memória. Goethe e ele discutiram longamente a respeito do acontecido, em especial sobre a lei de censura à imprensa; tratava-se de um tema muito rico e, como sempre, Goethe se revelou um aristocrata mode-

---

61 *"Wollen die Menschen Bestien sein,/ So bringt nur Tiere zur Stube herein,/ Das Widerwärtige wird sich mindern;/ Wir sind eben alle von Adams Kindern."*

rado, enquanto seu amigo, como de costume, parecia tomar resolutamente o partido do povo.

— Não temo pelos franceses em nenhum sentido — disse Goethe —; eles se encontram em um estágio tão elevado do ponto de vista da história do mundo que seu espírito não pode de forma alguma ser reprimido. A lei de censura só trará benefícios, uma vez que as limitações não se referem a nada de essencial, apenas a algumas personalidades. Uma oposição que não tenha limites se torna vulgar. Mas a limitação a obriga a ser engenhosa, e isso é uma grande vantagem. Expressar diretamente e com rudeza sua opinião só pode ser desculpado e considerado bom quando se tem inteiramente razão. Mas um partido não pode ter inteiramente razão justamente porque é um partido, e por isso lhe convém se expressar de modo indireto, e disso os franceses são desde sempre um grande exemplo. Ao meu criado, eu digo sem rodeios: "Hans, descalce-me as botas", e ele compreende. Mas se estou com um amigo e desejo que me preste um serviço, não posso me expressar de maneira tão direta, tenho de pensar em uma forma gentil e amigável pela qual possa convencê-lo de me prestar esse favor de amizade. Essa necessidade estimula o espírito e por tal motivo, como já disse, até aprecio a limitação da liberdade de imprensa. Os franceses desfrutaram até hoje da fama de ser a nação mais espirituosa que há, e merecem continuar a sê-lo. Nós alemães preferimos dizer de modo direto nossa opinião e até agora não aprendemos a dizê-la indiretamente.

— Os partidos parisienses — continuou Goethe — poderiam ser ainda maiores do que são se fossem ainda mais liberais e livres e se se concedessem mutuamente mais do que o fazem. Do ponto de vista da história mundial, eles estão em um estágio mais avançado que os partidos ingleses, cujo Parlamento se constitui de poderosas forças que se opõem umas às outras e se paralisam, e onde uma grande inteligência individual tem dificuldade em penetrar, como podemos constatar por Canning e pelos ataques mesquinhos que são feitos a esse grande estadista.

Levantamo-nos a fim de ir embora. Mas Goethe estava tão animado que continuamos a conversar em pé por mais algum tempo. Depois ele se despediu afetuosamente de nós e eu acompanhei o chanceler até sua casa. A noite estava bonita e enquanto caminhávamos falamos muito a respeito de

Conversações com Goethe nos últimos anos de sua vida

Goethe. Recordamos com especial prazer sua máxima de que uma oposição sem limites se torna vulgar.

Domingo, 15 de julho de 1827

Esta noite, por volta das 8 horas, fui à casa de Goethe, a quem encontrei recém-chegado de seu jardim.

— Veja aquilo — disse ele. — Um romance em três volumes, e de quem? De Manzoni![62]

Examinei os volumes belamente encadernados, que continham uma dedicatória a Goethe.

— Manzoni trabalha com muita dedicação — disse eu.

— Sim, isso é evidente — disse Goethe.

— Não conheço nada de Manzoni — continuei —, a não ser sua *Ode a Napoleão*, que li novamente um dia desses em tradução de Sua Excelência, e que me causou grande admiração.[63] Cada estrofe é um quadro!

— O senhor tem razão — disse Goethe —, a ode é magnífica. Mas pensa que alguém fala dela na Alemanha? É como se ela nem sequer existisse e, no entanto, é o melhor poema que já foi escrito sobre o tema.

Goethe continuou a ler os jornais ingleses, com os quais o encontrei ocupado ao chegar. Peguei um volume das traduções de romances alemães por Carlyle, aquele que contém as obras de Musäus e de Fouqué.[64] O escritor inglês, muito familiarizado com nossa literatura, escreveu ele próprio uma introdução às obras traduzidas contendo uma biografia e uma crítica de cada autor. Li a introdução a Fouqué, e constatei com alegria que a

---

62 Romance em três volumes: *I promessi sposi* [Os noivos] em sua primeira versão, publicada em 1827.

63 A ode *Cinque maggio* [Cinco de março], de Alessandro Manzoni, foi traduzida por Goethe em 1822 e publicada em *Arte e antiguidade* IV, n.1 (1823).

64 Thomas Carlyle, *German Romance. Specimen of Its Chief Authors* [O romance alemão. Exemplos de seus maiores autores, 1827, em quatro volumes] e *The Life of Schiller* [A vida de Schiller, 1825]; Johann Karl August Musäus (1735-1787), escritor, crítico literário e filólogo, publicou uma célebre coletânea de contos de fadas; Friedrich Baron de la Motte Fouqué (1777-1843), escritor alemão do período romântico. Sua obra mais célebre é o conto de fadas *Undine* [Ondina, 1811].

biografia foi escrita com espírito e profundidade, e que o ponto de vista crítico a partir do qual esse escritor deve ser apreciado era delineado com grande entendimento e uma compreensão serena e benevolente de seu mérito poético. De início, o espirituoso inglês compara nosso Fouqué à voz de um cantor que não possui um espectro muito amplo, apenas umas poucas notas, mas boas e de um belíssimo timbre. Posteriormente, procurando dar maior abrangência ao seu juízo, ele se utiliza de uma metáfora eclesiástica, dizendo que, no templo da poesia, Fouqué não detém a posição de um bispo ou qualquer outro da mais alta hierarquia, contentando-se antes com as funções de um capelão, em cujo posto mediano, porém, faz uma bela figura.

Enquanto eu terminava de ler, Goethe retirou-se para seus aposentos dos fundos. Enviou-me seu criado com o convite, que aceitei, para reunir-me a ele por um instante.

— Sente-se por um momento — disse Goethe —, vamos conversar mais um pouco. Recebi também uma tradução de Sófocles, é boa de ler e parece ser um trabalho muito louvável; quero compará-la à de Solger. Então, que me diz de Carlyle?

Disse-lhe o que havia lido sobre Fouqué.

— Não é mesmo muito bonito? — perguntou-me. — Sim, do outro lado do mar também há pessoas inteligentes que nos conhecem e sabem nos honrar.

— Contudo — prosseguiu —, não nos faltam a nós alemães boas cabeças em outras especialidades. Li nos Anuários de Berlim a resenha de um historiador sobre Schlosser que é realmente grandiosa. Estava assinada por Heinrich Leo, de quem ainda nunca ouvira falar e sobre quem precisamos nos informar.[65] Ele supera os franceses, o que, de um ponto de vista historiográfico, não é pouca coisa. Os franceses se prendem demasiado à reali-

---

65 Friedrich Christoph Schlosser (1776-1861), historiador alemão. A resenha publicada nos *Jahrbüchern für wissenschaftliche Kritik* [Anuários de crítica científica] de março de 1827 tinha por objeto sua obra *Universalhistorische Übersicht der Geschichte der alten Welt und ihrer Kultur* [Compêndio universal de história do mundo antigo e de sua cultura, nove tomos publicados entre 1826 e 1834] e era assinada pelo historiador e político Heinrich Leo (1799-1878).

dade e o ideal não lhes entra na cabeça, e é justamente isso que os alemães possuem com toda liberdade. Ele tem opiniões certíssimas sobre o sistema de castas indiano. Fala-se muito em aristocracia e democracia, mas o que acontece é simplesmente o seguinte: na juventude, quando não possuímos nada, ou não sabemos dar valor à posse pacífica, somos democratas. Mas se depois de uma longa vida conquistamos uma propriedade, não só a queremos bem assegurada, como também desejamos que nossos filhos e netos possam desfrutar com tranquilidade daquilo que conquistamos. Por isso, na velhice somos sempre aristocratas, sem exceção, mesmo que na juventude tenhamos pendido para convicções opostas. Leo discute esse fato com muita inteligência.

— Mas a estética é nosso ponto mais fraco e teremos de esperar muito até encontrar alguém como Carlyle. Contudo, é muito bonito que agora, graças às estreitas relações entre franceses, ingleses e alemães, nós nos possamos corrigir mutuamente. Essa é a grande utilidade de uma literatura mundial, que se tornará cada vez mais evidente. Carlyle escreveu uma biografia de Schiller e fez dele um juízo que um alemão dificilmente faria. Nós, por nossa vez, temos perfeita clareza a respeito de Shakespeare e Byron e talvez saibamos avaliar-lhes os méritos melhor do que um inglês o faria.

Quarta-feira, 18 de julho de 1827

— Devo comunicar-lhe — foram hoje as primeiras palavras de Goethe à mesa — que o romance de Manzoni suplanta tudo o que conhecíamos até agora no gênero. Não preciso lhe dizer senão que tudo o que é interior, tudo o que saiu da alma do poeta, é simplesmente perfeito, e tudo o que é exterior, todas as descrições de localidades e coisas parecidas, não ficam nada a dever às qualidades interiores. E isso não é pouco.

Fiquei surpreso e feliz por ouvi-lo falar assim.

— A impressão que nos causa a leitura — prosseguiu Goethe — é de uma espécie que nos leva da comoção à admiração e da admiração de volta à comoção, de modo que não podemos escapar desses dois grandes efeitos. Penso que não é possível se atingir um ponto mais alto. Só com esse romance é que podemos reconhecer de fato quem é Manzoni. Nele se mostra a perfeição interior, que ele jamais tivera oportunidade de desvelar em suas obras dramáticas. Quero ler logo a seguir o melhor romance de Walter Scott, talvez *Wawerley*, que ainda não conheço, para ver como Manzoni se sai em comparação com esse grande escritor inglês. A cultura interior de Manzoni aparece aqui em um grau tão elevado que dificilmente poderá ser igualada; ela nos dá a felicidade que proporciona um fruto em sua plena madureza. E possui uma claridade no tratamento e na representação do pormenor que se parece com o próprio céu da Itália.

— Há também algum traço de sentimentalidade nele? – perguntei.

— De modo algum – respondeu-me Goethe. – Ele tem sentimento, mas nenhuma sentimentalidade; as situações são sentidas com virilidade e pureza. Não quero dizer mais nada por hoje, ainda estou no primeiro volume, mas em breve o senhor ouvirá mais sobre esse assunto.

Sábado, 21 de julho de 1827

Ao entrar no gabinete de Goethe hoje, encontrei-o a ler o romance de Manzoni.

— Já estou no terceiro volume – disse-me ele, pondo o livro de lado – e me ocorreram muitas novas ideias. Como o senhor sabe, Aristóteles diz que uma tragédia só é boa se nos provocar o *temor*. Mas isso não vale apenas para a tragédia, e sim para alguns outros gêneros de poesia. O senhor o encontra em meu poema *O deus e a dançarina*,[66] o senhor o encontra em toda boa comédia, nas tramas do enredo, sim, até mesmo nas *Sete moças de uniforme*[67] o senhor o encontra, uma vez que jamais sabemos como terminará o divertimento para aquelas boas mocinhas. Esse temor pode ser de duas espécies, ele pode se manifestar como angústia ou como medo. Esse último sentimento desperta em nós quando vemos um perigo moral se aproximar das personagens e abrir suas asas sobre elas como, por exemplo, em *As afinidades eletivas*. A angústia, por sua vez, toma conta do leitor ou do

---

66 *Der Gott und die Bajadere* [O deus e a dançarina], balada escrita em 1797.

67 *Sieben Mädchen in Uniform* [Sete moças de uniforme], farsa de Louis Angely (1787-1835), escritor e comediógrafo alemão, baseada em um original francês.

espectador quando as personagens são ameaçadas por um perigo físico. Por exemplo, nos *Dois galeotes*[68] e no *Franco-atirador*;[69] sim, na cena da "garganta do lobo" não se trata nem mesmo de angústia, mas da total aniquilação de todos os que a assistem.

— Pois é dessa angústia que Manzoni faz uso com maravilhosa felicidade, dissolvendo-a em comoção e nos levando, através desse sentimento, à admiração. O sentimento de angústia é de natureza temática e se manifestará em qualquer leitor, mas a admiração nos vem da percepção da excelência do procedimento do autor em cada caso, e apenas o conhecedor poderá desfrutar desse sentimento. Que me diz dessa estética? Se fosse mais jovem, eu escreveria algo seguindo essa teoria, embora não nas mesmas dimensões desse romance de Manzoni.

— Estou muito curioso de saber o que os cavalheiros do *Globe* dirão desse romance; eles são inteligentes o bastante para reconhecer sua excelência; e a tendência da obra também levará água ao moinho daqueles liberais, embora Manzoni mantenha uma atitude bastante moderada. Mas os franceses raramente acolhem uma obra por pura inclinação como nós; eles não se acomodam de bom grado ao ponto de vista do autor e mesmo no melhor deles sempre encontram algo que não está perfeitamente de acordo com seu modo de pensar e que ele poderia ter feito de outra maneira.

Goethe contou-me então algumas passagens do romance para me dar uma ideia do espírito em que foi escrito.

— São quatro os elementos — prosseguiu ele então — que favoreceram especialmente a Manzoni e são responsáveis pela excelência de sua obra. O primeiro é o fato de ele ser um extraordinário historiador, o que conferiu ao seu romance a grande dignidade e a grande solidez que o colocam muito acima de tudo o que normalmente entendemos por um romance. Em segundo lugar, a religião católica lhe foi muito propícia, fornecendo-

---

68 *Die beiden Gallerensklaven oder Die Mühle von Saint Alderon* [Os dois galeotes ou O moinho de Saint Alderon], melodrama de Joseph Schubert (1754-1837) com libreto de Theodor Hell (1775-1856).

69 *Der Freischütz* [O franco-atirador], ópera de Carl Maria von Weber (cf. n.9, p.158) com libreto de Johann Friedrich Kind (1768-1843).

-lhe várias situações de natureza poética das quais, se fosse protestante, ele não disporia. Em terceiro lugar, foi muito benéfico ao livro o autor ter sofrido tanto com conflitos revolucionários, os quais, embora ele próprio não tenha se envolvido neles, atingiram seus amigos e levaram alguns deles à ruína. E, por fim, em quarto lugar favorece esse romance que sua ação se passe na encantadora região do Lago de Como, cujas impressões se impregnaram no escritor desde a juventude, e que, portanto, ele conhece de cor e salteado. Daí vem também um dos grandes méritos do romance, que é sua clareza e a admirável minúcia na descrição das localidades.

Segunda-feira, 23 de julho de 1827

Hoje, quando pedi para ser anunciado na casa de Goethe, em torno das 8 horas da noite, disseram-me que ele ainda não regressara de seu jardim. Assim, fui até lá e o encontrei no parque, sentado em um banco sob frescas tílias, com o neto Wolfgang ao seu lado.

Goethe pareceu alegrar-se à minha aproximação e fez-me sinal de que me sentasse ao seu lado. Mal trocamos as primeiras palavras de saudação e já voltamos a falar de Manzoni.

— Eu lhe disse recentemente — começou Goethe — que o historiador favorecia o poeta nesse romance, mas agora, no terceiro volume, parece-me que o historiador pregou uma peça ao poeta, pois nele o sr. Manzoni despe de vez a casaca de poeta e por um bom tempo o temos diante de nós na nudez do historiador. Isso se passa durante as descrições da guerra, da fome e da peste, coisas já de si repulsivas e que se tornam insuportáveis pelo acúmulo de detalhes em uma narrativa que se assemelha à seca crônica histórica. O tradutor alemão deverá procurar corrigir esses defeitos, ele terá de condensar em grande parte a descrição da guerra e da fome e reduzir a um terço a da peste, preservando apenas o suficiente para enredar nelas as personagens. Se Manzoni tivesse ao seu lado um bom amigo que o aconselhasse, teria facilmente evitado esses erros. Mas, como historiador, tinha demasiado respeito pela realidade. Isso já é um problema em suas obras dramáticas, mas nelas ele o resolve acrescentando-lhes notas nas quais reúne todo o supérfluo material histórico. No caso de seu romance, porém, ele não soube encontrar uma solução que o livrasse de todo o acúmulo de material histórico. É muito estranho. Mas, assim que as personagens voltam à cena, o poeta reaparece em toda a sua glória e reconquista toda a nossa admiração.

Levantamo-nos e dirigimos nossos passos para sua casa.

— É quase incompreensível — disse Goethe — que um poeta como Manzoni, capaz de compor uma obra tão admirável, possa apenas por um momento pecar contra a poesia. Mas o caso é muito simples, e podemos explicá-lo da seguinte maneira:

— Manzoni é um poeta nato, assim como Schiller também era. Mas nossa época é tão ruim que o poeta dificilmente encontra uma natureza aproveitável na vida humana que o rodeia. A fim de se elevar, Schiller recorreu a duas grandes coisas: a filosofia e a história. Manzoni recorre somente à história. O *Wallenstein* de Schiller é tão grande que não há nada igual em seu gênero; mas o senhor constatará que justamente esses dois grandes auxiliares, a história e a filosofia, prejudicam a obra em várias de suas partes e a impedem de realizar-se plenamente como poesia. Assim também Manzoni sofre com a sobrecarga da história.

— Sua Excelência — disse eu — diz coisas da maior importância, e estou feliz de ouvi-lo.

— Manzoni — disse Goethe — nos ajuda a ter boas ideias.

Ele pretendia continuar a exprimir suas considerações, mas o chanceler veio nos encontrar no portão do jardim de Goethe e assim a conversa se interrompeu. Como bem-vindo companheiro ele se juntou a nós, e acompanhamos Goethe através da pequena escada, passando pela sala dos bustos até a sala retangular, onde as persianas estavam abaixadas e duas velas estavam acesas sobre a mesa ao lado da janela. Sentamo-nos à mesa, onde Goethe e o chanceler passaram a tratar de outros assuntos.

Segunda-feira, 24 de setembro de 1827

Fui com Goethe a Berka. Partimos logo depois das 8 horas. Fazia uma bela manhã. De início a estrada nos levou montanha acima e, como não encontramos na natureza nada digno de atenção, Goethe pôs-se a falar de assuntos literários. Um conhecido poeta alemão passara havia poucos dias por Weimar, e levara seu álbum para Goethe.[70]

— O senhor não imagina quanto coisa fraca há nele – disse. – Os poetas todos escrevem como se estivessem doentes e o mundo inteiro fosse um hospital. Todos falam dos sofrimentos e misérias da terra e das alegrias do além-túmulo e, insatisfeitos como são todos, um provoca no outro insatisfação ainda maior. É um verdadeiro abuso da poesia que, afinal de contas, nos foi dada para compensar os pequenos conflitos da vida e tornar os homens satisfeitos com o mundo e com sua situação. Mas a geração de agora teme qualquer força genuína e só nas fraquezas encontra conforto e sentido poético.

— Encontrei uma boa fórmula – disse Goethe – de irritar esses senhores. Quero chamar seus poemas de *poesia de hospital*; e chamarei de verdadeiramente *tirteia* aquela que não apenas entoa cantos de batalha, como também dá coragem aos homens para vencer os embates da vida.[71]

As palavras de Goethe mereceram minha total concordância.

Aos nossos pés, na carruagem, havia um cesto de vime com duas alças que me chamou a atenção.

— Trouxe-o de Marienbad – disse Goethe –, onde se podem encontrar cestos como esse em todos os tamanhos, e acostumei-me tanto a ele que não posso viajar sem levá-lo comigo. O senhor pode ver que, quando está vazio, ele pode ser dobrado e ocupa pouco espaço; quando cheio, expande-se para todos os lados e nele cabem mais coisas do que se pode imaginar. É mole e flexível, mas tão forte e resistente que se podem carregar nele os objetos mais pesados.

— É bem pitoresco, e até parece antigo – disse eu.

— O senhor tem razão, ele faz pensar um pouco na antiguidade, pois não apenas é tão racional e adequado aos seus fins quanto é possível ser,

---

70 Trata-se de Wilhelm Müller (1794-1827), poeta e bibliotecário de Dessau. Por causa de seus *Lieder der Griechen* [Canções dos gregos, 1821-1824] era chamado de "*Griechen-Müller*" [O Müller dos gregos]. Hoje em dia é conhecido sobretudo pelos dois ciclos de poemas *Die schöne Müllerin* [A bela moleira] e *Winterreise* [Viagem de inverno] musicados por Franz Schubert.

71 Poesia tirteia: referência ao poeta espartano Tirteu (século VII).

Conversações com Goethe nos últimos anos de sua vida

como também sua forma é extremamente simples e agradável, e por isso poderíamos dizer que atinge o ponto mais alto da perfeição. Foi-me bastante útil em minhas pesquisas mineralógicas nas montanhas da Boêmia. Hoje ele contém nossa merenda. Se eu tivesse trazido um martelo, não nos faltaria oportunidade de coletar aqui ou ali algum fragmento e levá-lo de volta cheio de pedras.

Chegáramos ao topo e tínhamos a vista livre para as colinas atrás das quais se situa Berka. Um pouco à esquerda avistávamos o vale que leva a Hetschburg e onde, na outra margem do Ilm, existe um monte que nos mostrava seu lado de sombra e que, por conta dos vapores que pairavam no vale do Ilm, parecia *azul* aos meus olhos. Olhando o mesmo ponto através de meu binóculo, o azul se atenuava. Disse a Goethe o que observara.

— Por aí podemos ver — disse eu — como, mesmo com as cores, puramente objetivas, a subjetividade desempenha um papel importante. Um olho fraco aumenta a opacidade, enquanto outro mais aguçado a remove ou, pelo menos, diminui.

— Sua observação é totalmente correta — disse Goethe —, através de uma luneta podemos fazer desaparecer até mesmo o azul das montanhas mais distantes. Sim! Em qualquer fenômeno a subjetividade desempenha um papel mais importante do que se pensa. Wieland já sabia disso muito bem, pois costumava dizer: *"Podemos divertir muito bem as pessoas, desde que elas sejam divertíveis"*.

Rimos da serena espirituosidade dessas palavras.

Nesse ínterim, havíamos descido para o pequeno vale, onde a estrada passa através de uma ponte de madeira coberta sob a qual a água da chuva que corre em direção a Hetschburg escavara um leito agora seco. Alguns operários estavam ocupados em assentar nas laterais da ponte tijolos feitos de arenito avermelhado que atraíram a atenção de Goethe. À distância de um arremesso de pedra para além da ponte, onde a estrada sobe suavemente a colina que separa os viajantes de Berka, Goethe deu ordem de parar.

— Vamos descer aqui por um momento — disse ele — e saborear uma pequena merenda ao ar livre.

Descemos da carruagem e olhamos ao redor. O criado estendeu uma toalha sobre uma daquelas pilhas de pedras quadradas que se costumam encontrar ao longo das estradas e desceu da carruagem o cesto de vime, do qual retirou pãezinhos frescos, perdizes assadas e pepinos em conserva. Goethe partiu uma perdiz em duas e deu-me uma das metades. Eu comi em pé, passeando de um lado para o outro; Goethe se sentara no canto de uma pilha de pedras.

A frialdade das pedras ainda molhadas de orvalho não deve lhe ser confortável, pensei, e lhe comuniquei minha preocupação; Goethe, porém, assegurou-me que não lhe fazia mal algum, o que me tranquilizou, e considerei isso mais um sinal de como intimamente ele se sentia robusto.

Nesse meio-tempo, o criado retirara da carruagem uma garrafa de vinho e nos serviu.

— Nosso amigo Schütze — disse Goethe — não está errado em fazer toda semana um passeio ao campo; vamos tomá-lo como exemplo e, se o tempo se mantiver minimamente bom, esta não será nossa última excursão.

Alegrei-me com essa promessa.

Passei um dia interessantíssimo com Goethe em Berka e em Tonndorf. Ele parecia inesgotável em comentários cheios de espírito; também me falou de várias ideias para a *Segunda parte do Fausto*, na qual começava a trabalhar com afinco, e eu lamento imensamente não encontrar em meu diário nada além dessa simples anotação.

Segunda parte
1836

1828

Domingo, 15 de junho de 1828

Não havia muito tempo que estávamos à mesa quando o sr. Seidel fez-se anunciar em companhia dos tiroleses.[1] Os cantores foram instalados no pavilhão do jardim, através de cujas portas abertas podíamos vê-los e ouvir seu canto com nitidez. O sr. Seidel sentou-se à mesa conosco. As canções e o *iodelei* dos alegres tiroleses deleitou-nos a nós, os jovens; a srta. Ulrike e eu apreciamos especialmente o *Buquê* e *Trago-te em meu coração*,[2] e pedimos que nos providenciassem os respectivos textos. Goethe não parecia nem de longe tão encantado quanto nós.

— O quanto são saborosas as cerejas e as amoras — disse ele —, às crianças e aos pardais é que se deve perguntar.

Entre uma e outra canção, os tiroleses tocaram também várias danças nacionais em uma espécie de cítara horizontal acompanhada por uma flauta transversal de som límpido.

O jovem Goethe é chamado e retorna depois de um breve instante. Dirige-se então para onde estavam os tiroleses e os dispensa. Em seguida,

---

1 Max Hohann Seidel (1795-1855), ator tirolês que vivia em Weimar desde 1822. Os outros tiroleses eram os irmãos Franz, Balthasar e Anton Leo. Os grupos folclóricos itinerantes eram muito difundidos na Alemanha.

2 *Der Strauss* [O buquê] e *Du, du liegst mir im Herzen* [Trago-te em meu coração].

senta-se conosco à mesa. Falamos de *Oberon*[3] e da multidão que vem de toda parte para assistir a essa ópera, tão numerosa que pelo meio do dia já não é mais possível comprar ingressos. O jovem Goethe dá por encerrada a refeição.

— Querido pai — diz ele —, vamos nos levantar. Talvez os cavalheiros e as damas queiram ir mais cedo ao teatro.

Goethe parece estranhar tanta pressa, pois ainda não são 4 horas da tarde, mas concorda e se levanta, e nós nos espalhamos pelas salas. O sr. Seidel aproxima-se de mim e de mais algumas pessoas e nos diz em voz baixa, e com uma expressão de tristeza no rosto:

— É em vão que vocês se alegram pela ida ao teatro, não haverá representação, *o grão-duque faleceu*. Ele morreu durante a viagem de Berlim para cá.

A perplexidade tomou conta de nós. Goethe entra, fazemos como se nada tivesse acontecido e falamos de coisas insignificantes. Goethe me leva até a janela e fala dos tiroleses e do teatro.

— Hoje o senhor utiliza meu camarote — disse —, ainda tem tempo até as 6 horas. Deixe os outros irem e fique comigo, vamos conversar mais um pouco.

O jovem Goethe tenta dispersar os visitantes a fim de comunicar o acontecido a seu pai antes da volta do chanceler, que estivera ali mais cedo para lhe dar a notícia. Goethe não entende a estranha pressa e a insistência de seu filho e se aborrece com ele.

— Não querem antes tomar seu café? — pergunta. — Ainda nem são 4 horas.

Entretanto, os outros se retiraram e também eu apanhei meu chapéu.

— Como? Também o senhor já vai? — perguntou Goethe, olhando-me com estranheza.

— Sim — disse o jovem Goethe —, Eckermann também tem algo a fazer antes do teatro.

— Sim — disse eu —, também tenho algo a fazer.

---

3 *Oberon, or The Elf King's Oath* [Oberon, ou o juramento do rei dos elfos]: ópera romântica de Carl Maria von Weber com libreto de James Robinson Planché (1796-1880), baseado no poema homônimo de Christoph Martin Wieland.

— Então vão — disse Goethe, balançando a cabeça, pensativo —, mas não estou entendendo vocês.

Fomos com a srta. Ulrike para os aposentos do andar de cima; o jovem Goethe ficou no térreo para dar a triste notícia a seu pai.

Tornei a encontrar-me com Goethe já tarde da noite. Antes ainda de entrar em seu gabinete, eu o ouvi suspirar e falar alto consigo mesmo. Ele parecia sentir que se abrira uma lacuna irreparável em sua existência. Recusou todas as consolações e não queria tomar conhecimento delas.

— Eu pensava — disse — que iria *antes* dele; mas Deus faz o que acha melhor, e a nós mortais não resta senão suportar e nos mantermos de pé o melhor e pelo maior tempo possível.

A grã-duquesa mãe recebeu a notícia em Wilhelmsthal, sua residência de verão, os membros mais jovens da corte a receberam na Rússia. Goethe logo partiu para Dornburg a fim de se poupar das tristes impressões diárias e de se restabelecer, dedicando-se a novas atividades em uma localidade diferente. Através de novos estímulos literários que lhe vieram da França e o tocavam de perto, ele retornara ao estudo da botânica, para o qual aquela estada rural muito o favorecia, pois a cada passo dado ao ar livre via-se rodeado de uma exuberante floração de uvas trepadeiras e flores em botão.

Visitei-o lá algumas vezes em companhia de sua nora e de seu neto. Ele parecia muito feliz e não podia deixar de louvar sua situação e as magníficas instalações do castelo e dos jardins. E de fato! Olhando-se das janelas, desfrutava-se naquelas alturas de uma encantadora vista. Lá embaixo, o vale em toda a sua variada vivacidade, com o Saale a serpentear em meio às pradarias. De frente, para o leste, colinas recobertas de florestas sobre as quais o olhar se perdia nas lonjuras, fazendo-nos sentir ser aquele um ponto privilegiado para, durante o dia, observarmos as ligeiras pancadas de chuva que se perdiam à distância e, à noite, contemplarmos as hostes de estrelas a leste e o sol nascente.

— Aqui — disse Goethe — passo dias e noites muito agradáveis. Muitas vezes acordo antes do romper da aurora e fico deitado com a janela aberta gozando do esplendor dos três planetas que por esta época podemos ver bem juntinhos uns dos outros, e de me restaurar com a luz crescente da aurora. Passo então quase o dia inteiro ao ar livre em um diálogo espiritual com os ramos das videiras que me dizem muitos bons pensamentos e dos quais eu poderia lhes contar muitas coisas extraordinárias. Também voltei a escrever poemas que não são nada maus, e tudo o que eu queria é que me fosse dado continuar a viver desse modo.

Quinta-feira, 11 de setembro de 1828

Hoje às 2 horas da tarde, com um tempo maravilhoso, Goethe voltou de Dornburg. Estava forte e moreno de sol. Logo nos sentamos à mesa na sala com vista para o jardim, cujas portas estavam abertas. Ele nos contou de algumas visitas que recebera e de presentes que lhe haviam dado, e parecia comprazer-se com alguns leves gracejos que entremeava à conversa. Mas se olhássemos mais profundamente, não podíamos deixar de notar aquele constrangimento de que se sente tomado alguém que retorna a uma antiga situação, condicionada por determinadas relações, considerações e exigências.

Estávamos ainda nos primeiros pratos quando chegou uma mensagem da grã-duquesa mãe expressando sua alegria pelo retorno de Goethe e comunicando-lhe que na próxima terça-feira teria o prazer de visitá-lo.

Desde a morte do grão-duque, Goethe ainda não vira ninguém da família regente. Mantivera uma constante correspondência com a grã-duquesa mãe e, portanto, decerto haviam se falado longamente a respeito da perda sofrida. Mas agora era iminente um reencontro pessoal, o que não poderia ocorrer sem alguma dolorosa comoção de ambas as partes e que, por isso, não podia deixar de ser esperado com alguma apreensão. Da mesma forma, Goethe ainda não se avistara com os herdeiros do grão-duque e não pudera apresentar suas homenagens aos novos regentes da corte. Era o que estava por vir e, se isso não poderia de forma alguma embaraçar o experiente homem do grande mundo que ele era, certamente o embaraçaria como homem de talento que prefere viver sempre de acordo com suas inclinações inatas e com suas atividades.

Além disso, ameaçavam-no visitas vindas de toda parte. O encontro de renomados pesquisadores da natureza em Berlim pusera em movimento

Conversações com Goethe nos últimos anos de sua vida

vários homens notáveis, alguns dos quais, tendo de passar por Weimar, haviam anunciado sua visita e cuja chegada era esperada. Semanas inteiras de perturbações que lhe ocupariam a mente e o afastariam de seu caminho costumeiro e todo tipo de aborrecimentos, causados por visitas de resto tão estimáveis, tudo isso devia assombrar Goethe de antemão, como fantasmas, assim que ele pôs o pé na soleira e percorreu os aposentos de sua casa.

Mas o que fazia essas atividades iminentes ainda mais inoportunas era um fato que eu não posso deixar de mencionar. A quinta remessa de suas obras, que deveriam conter, entre outras, os *Anos de peregrinação*, tinha de ser enviada ao prelo antes do Natal. Goethe começou a remodelar por completo esse romance originalmente publicado em um único volume, e fundiu tanta matéria nova à antiga que na nova edição o romance deverá ocupar *três* volumes. Boa parte do trabalho já está feita, mas há ainda muito por fazer. O manuscrito está cheio de lacunas em branco à espera de serem preenchidas. Ora falta algo à exposição, ora é preciso encontrar uma costura mais adequada para tornar menos perceptível ao leitor que se trata de um trabalho coletivo; aqui há alguns fragmentos de grande significação aos quais falta o começo, e outros aos quais falta o final, e assim há nos três volumes muita coisa a ser melhorada a fim de tornar esse livro notável a um tempo atraente e agradável.

Na primavera passada, Goethe entregara-me o manuscrito para que eu o revisasse; naquela ocasião, discutimos em profundidade esse importante assunto tanto oralmente quanto por escrito; eu o aconselhara a dedicar todo o verão à finalização da obra, deixando de lado, enquanto isso, todos os outros trabalhos; também ele estava convencido dessa necessidade e estava firmemente decidido a fazê-lo. Mas então o grão-duque falecera; com isso se abrira uma imensa lacuna em toda a existência de Goethe, era impossível continuar a ocupar-se com uma composição que exigia tanta serenidade e tanta tranquilidade de pensamento, ele precisava antes ver de que modo assimilaria o golpe e se restabeleceria dele.

Mas agora, retornando no início do outono de sua estada em Dornburg e reentrando nos aposentos de sua morada em Weimar, a lembrança da finalização dos *Anos de peregrinação*, para a qual lhe restava o breve prazo de poucos meses, deveria reviver em sua alma em conflito com as variadas importunações que o esperavam e se constituíam em um empecilho à pura e plena disposição e atuação de seu talento.

Levando em conta tudo o que foi dito acima, se poderá compreender quando digo que, apesar de seus alegres e ligeiros gracejos à mesa, não se podia deixar de perceber em Goethe uma profunda preocupação íntima.

Mas há ainda outro motivo pelo qual eu menciono essas circunstâncias. Está relacionado com uma observação feita por Goethe que me pareceu muito digna de nota e expressava sua situação e seu caráter peculiar, sobre a qual quero falar agora.

O professor Abeken,[4] de Osnabrück, enviara-me alguns dias antes de 28 de agosto um pacote, pedindo-me que o entregasse a Goethe em uma hora conveniente no dia de seu aniversário. Era uma lembrança relacionada a Schiller, que certamente seria fonte de muita alegria.

Quando hoje, à mesa, Goethe contou a respeito dos muitos presentes que lhe haviam sido enviados a Dornburg por seu aniversário, eu lhe perguntei o que continha o pacote de Abeken.

— Era um pacote singular — respondeu —, que me trouxe muita alegria. Uma amável senhora, em casa de quem Schiller tomara chá, tivera a boa ideia de anotar o que ele dissera. Ela o compreendera muito bem e o reproduzira fielmente, e é algo muito bom de se ler depois de tanto tempo, pois com isso somos transportados de imediato a uma situação que passou junto com milhares de outras igualmente interessantes, mas que nesse caso por sorte foi preservada no papel em toda a sua vivacidade.

— Schiller aparece aqui, como sempre, em plena posse de sua elevada natureza; ele é tão grande em uma mesa de chá quanto teria sido no Conselho de Estado. Nada o embaraça, nada o limita, nada tolhe o voo de seus pensamentos; todas as grandes ideias que vivem nele sempre se expressam livremente, sem compromissos e sem hesitações. Era um homem de verdade,

---

4 Bernhard Rudolph Abeken (1780-1866). Depois da morte de Schiller, foi durante algum tempo preceptor de seus filhos. Era casado com Christiane von Wurmb, a "amável senhora" de que se fala mais adiante, cujas *Erinnerungen aus Schillers Gespräche* [Recordações das conversações de Schiller] foram publicadas em 1830 no volume *Schillers Leben* [Vida de Schiller], organizado por Karoline von Wolzogen.

Conversações com Goethe nos últimos anos de sua vida

e é assim que deveríamos ser! Mas nós, ao contrário, sentimo-nos sempre condicionados; as pessoas, as coisas que nos cercam têm influência sobre nós; se é de ouro, a colher de chá nos embaraça porque deveria ser de prata e assim, paralisados por milhares de considerações, não logramos dar livre curso ao que poderia haver de grande em nossa natureza. Somos escravos das circunstâncias e parecemos grandes ou pequenos, dependendo de estas nos constrangerem ou nos darem espaço para nos expandirmos.

Goethe calou-se, a conversa mudou de direção, mas eu guardei em meu coração essas extraordinárias palavras, que também tocavam e exprimiam meu próprio íntimo.

Quarta-feira, 1º de outubro de 1828

O sr. Hönninghaus,[5] de Krefeld, diretor de uma grande casa comercial, e ao mesmo tempo amante das ciências naturais, sobretudo da mineralogia, homem de variada instrução, obtida através de longas viagens e estudos, esteve hoje como convidado à mesa de Goethe. Retornava da reunião dos naturalistas em Berlim, e ambos conversaram sobre diversos assuntos relacionados a ela, especialmente sobre mineralogia.

Falaram também dos vulcanistas e sobre as maneiras pelas quais as pessoas formam suas opiniões e hipóteses sobre a natureza. Na ocasião, foram lembrados grandes naturalistas e também Aristóteles, sobre quem Goethe se expressou da seguinte maneira:

— Aristóteles — disse ele — viu a natureza melhor que qualquer outro homem moderno, mas formava suas opiniões de modo muito apressado. Com a natureza é preciso proceder vagarosa e despreocupadamente, se quisermos tirar alguma coisa dela.

— Quando, ao realizar minhas pesquisas de ciências naturais, formei minhas opiniões, não esperava que a natureza me desse imediatamente razão; continuei a sondá-la através de observações e experimentos e me dei por satisfeito quando ela me fez a gentileza de confirmar minhas opiniões.

---

5 *Friedrich Wilhelm Hönninghaus* (1771-1854), comerciante, paleontólogo e naturalista, partidário do vulcanismo.

Johann Peter Eckermann

Quando não o fazia, ela me levava a uma nova percepção, que eu tornava a sondar e que ela talvez se mostrasse mais inclinada a confirmar.

Sexta-feira, 3 de outubro de 1828

Hoje, durante o almoço, conversei com Goethe a respeito da *Guerra dos cantores no Wartburg* de Fouqué,[6] que eu lera a seu pedido. Concordamos em que esse poeta se ocupou a vida toda com estudos da antiguidade germânica sem que ao final houvesse adquirido com isso uma verdadeira cultura.

– O que há de aproveitável para nós nas névoas dos velhos tempos germânicos – disse Goethe – é tão pouco quanto o que há nas canções sérvias e em poesias populares semelhantes. Nós as lemos e por algum tempo nos interessamos por elas, mas apenas para abandoná-las e deixá-las para trás. As pessoas, em geral, já são suficientemente entristecidas por suas paixões e seus destinos, e para isso não precisam da ajuda das trevas de sua pré-história bárbara. Elas precisam de clareza e de algo que traga a serenidade, e para isso é necessário voltar-se para épocas artísticas e literárias nas quais pessoas privilegiadas haviam alcançado uma cultura consumada, por isso sentiam-se bem consigo mesmas e eram capazes de derramar sobre seus semelhantes a bênção de sua própria cultura.

– Mas, se quiser ter uma boa impressão de Fouqué, leia sua *Ondina*, que é realmente preciosa. É verdade que se trata de um tema excelente, e não podemos nem mesmo dizer que o poeta se aproveitou por completo de todas as possibilidades que ele lhe oferecia; mas ainda assim a *Ondina* é uma boa obra e lhe dará prazer.

– Não tenho tido sorte com a literatura alemã atual – disse eu. – Cheguei às poesias de Egon Ebert[7] depois da leitura de Voltaire, que eu conhecera através de suas pequenas poesias dedicadas a diversas pessoas, e que certamente estão entre as melhores que ele jamais escreveu. Agora, com Fouqué,

---

6 *Der Sängerkrieg auf der Wartburg* [A guerra dos cantores no Wartburg, 1828], peça de Friedrich de la Motte Fouqué. Eckermann escreveu uma resenha muito desfavorável da obra que, no entanto, permaneceu inédita.

7 Karl Egon Ebert (1801-1882), escritor nascido em Praga.

Conversações com Goethe nos últimos anos de sua vida

não foi diferente. Tendo me aprofundado na *Fair Maid of Perth* de Walter Scott,[8] também a primeira obra que li desse grande autor, tive de deixá-la de lado e me dedicar à *Guerra dos cantores no Wartburg*.

— Nossos alemães de hoje — disse Goethe — de fato não suportam a comparação com esses grandes estrangeiros; mas é bom que o senhor pouco a pouco tome conhecimento de tudo que há de nacional e estrangeiro, a fim de descobrir onde se deve verdadeiramente buscar a cultura universal elevada de que um poeta precisa.

A sra. Von Goethe se aproximou e sentou-se conosco à mesa.

— Mas — prosseguiu Goethe alegremente — a *Fair Maid of Perth* de Walter Scott é de fato excelente, não é verdade? Que perfeição! Que mão! No todo, a concepção segura e, nos detalhes, nenhum traço que não atinja o alvo. E que detalhes! Tanto nos diálogos quanto nas descrições, sempre igualmente excelentes. Suas cenas e situações se assemelham a quadros de Teniers;[9] no conjunto das disposições, mostram o cume da arte, as personagens individuais são de uma eloquente veracidade e a realização se estende com amor artístico até as minúcias, de modo que não nos restaria um traço a acrescentar. Até onde o senhor já o leu?

— Cheguei até o ponto — respondi — em que Henri Smith conduz a bela citareira à sua casa através de ruas e atalhos e onde, para seu desgosto, ele encontra o chapeleiro Proutfut e o boticário Dwinning.

— Sim — disse Goethe —, essa passagem é boa! Que o honrado armeiro seja obrigado a contragosto a levar consigo não apenas a moça suspeita, mas, por fim, até mesmo o cãozinho, é um dos grandes lances que se podem encontrar em qualquer romance. Isso demonstra um conhecimento da natureza humana para o qual os mais profundos mistérios foram revelados.

— Não posso deixar de considerar como um dos achados mais felizes — disse eu — o fato de Walter Scott fazer do pai da moça um fabricante de luvas que, através do comércio de peles e de couro, manteve e ainda mantém relações de longa data com os *highlanders*.

---

8 *St. Valentine's Day; or The Fair Maid of Perth* [O dia de São Valentim; ou a bela jovem de Perth, 1828].

9 David Teniers (1610-1690), pintor holandês.

— Sim — disse Goethe —, é um lance de primeiríssima ordem. Dele provêm para todo o livro as melhores relações e situações, que, ao mesmo tempo, graças a ele adquirem todas elas uma base real e, assim, trazem consigo a mais convincente veracidade. Em qualquer passagem de Walter Scott, o senhor pode constatar uma grande segurança e profundidade no desenho, que se devem ao seu grande conhecimento do mundo real, conquistado graças a estudos e observações feitos ao longo de toda uma vida, e à discussão cotidiana das mais significativas situações. E que dizer de seu grande talento e de sua natureza abrangente? O senhor se recorda do crítico inglês que compara os poetas a vozes de cantores, afirmando que alguns dispõem de apenas umas poucas notas, enquanto outros dominam perfeitamente o maior espectro entre os graves e os agudos. Walter Scott pertence a essa última espécie. Na *Fair Maid of Perth* o senhor não encontrará uma única passagem fraca que lhe dê a impressão de que seus conhecimentos e seu talento não foram suficientes. Ele sempre está à altura de seu tema, em todos os sentidos. O rei, o irmão do rei, o príncipe herdeiro, o chefe da hierarquia eclesiástica, o nobre, o magistrado, os cidadãos e os trabalhadores, os *highlanders*, todos são desenhados com mão igualmente segura e apreendidos com a mesma verdade.

— Os ingleses — disse a sra. Von Goethe — têm uma afeição especial pela personagem de Henri Smith, e Walter Scott também parece ter feito dele o herói do livro. Não é meu favorito; prefiro o príncipe.

— O príncipe — eu disse —, apesar de toda a sua rudeza, jamais deixa de ser amável, e é desenhado com tanta perfeição como qualquer outro.

— A maneira pela qual ele, montado a cavalo, ordena que a bela citareira apoie seu pé no dele a fim de trazê-la para junto de si e beijá-la é um lance de extrema ousadia inglesa. Mas vocês mulheres sempre erram ao tomar partido; vocês costumam ler um livro em busca de alimento para o coração, de um herói a quem possam amar! Mas não é assim que se deve ler, e não importa em nada se essa ou aquela *personagem* lhes agrada, e sim se o *livro* lhes agrada.

— Nós mulheres somos assim, querido papai — disse a sra. Von Goethe, inclinando-se sobre a mesa e apertando-lhe a mão.

— E tão amáveis que devemos deixá-las fazer o que bem entendem — disse Goethe.

Conversações com Goethe nos últimos anos de sua vida

Goethe apanhou o último número do *Globe* que lhe estava ao alcance da mão. Eu continuei a conversar com a sra. Von Goethe a respeito de alguns jovens ingleses que conhecera no teatro.

— Que homens são esses senhores do *Globe* — disse Goethe com ardor —, não fazemos ideia de como se tornam maiores e mais notáveis a cada dia, e de como estão todos imbuídos do mesmo espírito. Na Alemanha, seria simplesmente impossível haver uma folha igual. Somos todos particularistas, a concordância de opiniões é impensável entre nós, cada um professa a opinião de sua província, de sua cidade, ou mesmo de sua própria individualidade, e ainda teremos de esperar muito tempo até adquirirmos algo como uma perfeita cultura universal.

Terça-feira, 7 de outubro de 1828

Hoje tivemos uma companhia das mais alegres à mesa. Além dos amigos de Weimar, estavam presentes também alguns naturalistas que retornavam de Berlim, dentre os quais eu conhecia o sr. Martius, de Munique, que se sentou ao lado de Goethe.[10] Conversou-se e gracejou-se sobre os assuntos mais variados. Goethe estava de excelente humor e extremamente comunicativo. Falamos sobre o teatro, em especial sobre a última ópera encenada — o *Moisés* de Rossini. O tema foi criticado, a música foi criticada e elogiada. Goethe assim se exprimiu a respeito:

— Não entendo como vocês, meus caros, podem separar o assunto e a música, e apreciar cada um deles em si. Vocês dizem que o assunto não presta, mas que o ignoraram e apreciaram a magnífica música. Eu realmente admiro a constituição da natureza de vocês, e como seus ouvidos são capazes de ouvir os sons mais agradáveis enquanto o mais poderoso dos sentidos, a visão, é torturado pelas cenas mais absurdas.

---

10 Karl Friedrich Philipp von Martius (1794-1868), naturalista, botânico e etnógrafo. De suas viagens ao Brasil se originaram, entre outras, as obras *Reise in Brasilien in den Jahren 1817-1820* [Viagem pelo Brasil nos anos de 1817-1820], com Johann Baptist Spix (1781-1826), publicada em Munique entre 1823-1831; *Flora Brasiliensis* (série fundada por ele, publicada entre 1840 e 1906) e *Frey Apollonio. Roman aus Brasilien, erlebt und erzählt von Hartoman* [Frei Apolônio. Romance do Brasil, vivido e narrado por Hartoman, 1831, publicado em 1992].

— E que esse seu *Moisés* é de fato totalmente absurdo, vocês não podem negar. Assim que sobe o pano, vemos todo o povo lá a rezar! Isso é inadequado. Se você quer rezar, assim está escrito, vá para seu quartinho e feche a porta. Mas no teatro não se deve rezar.

— Eu poderia escrever um *Moisés* muito diferente para vocês, e fazer a peça começar de um modo totalmente diverso. Primeiro eu lhes teria mostrado o quanto os filhos de Israel sofriam como escravos sob a tirania egípcia, a fim de que posteriormente se tornassem mais compreensíveis os méritos conquistados por Moisés entre seu povo, a quem ele soube libertar de tão vergonhosa opressão.

E assim prosseguiu Goethe alegremente a construção de sua ópera, passo a passo, cena por cena e ato por ato, com grande engenho e vivacidade, sempre segundo o sentido histórico do tema, para o feliz espanto de toda a sociedade, admirada com o fluxo incessante de seus pensamentos e com a alegre riqueza de suas invenções. Tudo se passou com tanta rapidez que não foi possível guardar tudo, mas ficou-me na memória a dança dos egípcios, que Goethe introduziu depois de vencidas as trevas, como sinal de alegria pela luz restituída.

A conversa passou de Moisés para o dilúvio e se voltou, por inspiração dos inteligentes naturalistas, para a história natural.

— Afirma-se — disse o sr. Von Martius — que foi encontrado no Monte Ararat um fragmento petrificado da arca de Noé, e não me admiraria se encontrassem também petrificado o crânio do primeiro homem.

Esse comentário deu motivo a outros semelhantes, e assim a conversa passou a se ocupar das diferentes raças humanas que habitam as regiões da terra, como os negros, vermelhos, amarelos e brancos, para terminar perguntando se é possível acreditar que todos os seres humanos descendem do mesmo par, Adão e Eva.

O sr. Von Martius pronunciou-se favorável à saga das Sagradas Escrituras, procurando, como naturalista, defendê-las com a máxima segundo a qual a natureza é extremamente econômica em suas produções.

— Não posso concordar com essa opinião — disse Goethe. — Eu afirmo, ao contrário, que a natureza sempre se mostra generosa, pródiga mesmo, e

Conversações com Goethe nos últimos anos de sua vida

que faz mais sentido acreditar que, em vez de produzir apenas um miserável par de seres humanos, os produziu logo às dúzias, ou mesmo às centenas.

— Pois assim que a terra atingira um determinado ponto de maturidade, assim que as águas escoaram e as partes secas estavam suficientemente cobertas de vegetação, era chegada a hora da formação do gênero humano, e através da onipotência divina surgiram os seres humanos em qualquer parte onde o solo o permitisse, talvez em primeiro lugar nos locais mais elevados. Aceitar que as coisas se passaram desse modo me parece razoável; mas especular sobre *como* isso aconteceu me parece uma ocupação inútil que deixaremos para quem gosta de gastar o tempo com problemas insolúveis e não tem nada de melhor para fazer.

— Mesmo que — disse o sr. Von Martius com malícia — como naturalista eu me deixasse convencer de bom grado da opinião de Sua Excelência, como bom cristão eu me veria embaraçado se adotasse um ponto de vista em desacordo com o que diz a Bíblia.

— As Sagradas Escrituras — disse Goethe — de fato falam de apenas *um* par de seres humanos criados por Deus no sexto dia. Mas os talentosos homens que anotaram a palavra de Deus que nos é transmitida pela Bíblia tinham de se ocupar em primeiro lugar com seu povo eleito, e nós não lhes iremos contestar a honra de descenderem de Adão. Nós outros, porém, assim como os negros, os lapões e as pessoas esbeltas que são mais belas que todos nós, tivemos certamente outros antepassados, e essa estimada sociedade haverá de concordar em que nos diferenciamos de muitas maneiras dos verdadeiros descendentes de Adão, além de que eles, sobretudo no que se refere ao dinheiro, nos suplantam a todos.

Todos rimos; a conversa se generalizou; Goethe, estimulado à discussão pelo sr. Von Martius, disse ainda algumas coisas notáveis que, embora parecessem gracejos, guardavam um sentido mais profundo.

Terminado o jantar, foi anunciada a chegada do sr. Von Jordan,[11] o ministro prussiano, e todos passamos ao aposento contíguo.

---

11 Johann Ludwig von Jordan (1773-1848), ministro prussiano, embaixador em Dresden e credenciado também em Weimar.

Johann Peter Eckermann

Quarta-feira, 8 de outubro de 1828

Tieck,[12] retornando de sua viagem ao Reno, era hoje esperado, com sua esposa, suas filhas e a condessa Finckelstein,[13] para jantar em casa de Goethe. Encontrei-os no vestíbulo. Tieck tinha uma boa aparência, os banhos do Reno pareciam ter produzido um efeito benéfico sobre ele. Contei-lhe que, entrementes, eu lera o primeiro romance de Walter Scott e falei do imenso prazer que encontrara naquele extraordinário talento.

— Eu tenho minhas dúvidas — disse Tieck — de que esse novo romance, que ainda não conheço, seja o melhor que Walter Scott escreveu; mas esse escritor é tão notável que a primeira obra sua que lemos sempre nos deixa atônitos, não importa por que lado o abordemos.

O professor Göttling, que recentemente retornou de sua viagem à Itália, entrou na sala.[14] Senti uma grande alegria ao revê-lo, e levei-o até a janela, para que me contasse sobre sua viagem.

— Para Roma! — disse ele. — O senhor tem de ir para Roma, se quiser se tornar alguma coisa! Aquilo é uma cidade! Aquilo é uma vida! Aquilo é um mundo! Aqui na Alemanha não podemos nos livrar de nada do que existe de pequeno em nossa natureza. Mas, assim que entramos em Roma, passamos por uma transformação e nos sentimos grandes como tudo aquilo que nos rodeia.

— Por que o senhor não ficou lá por mais tempo? — perguntei.

— O dinheiro e as férias acabaram — respondeu-me. — Mas me senti muito estranho quando, deixando a bela Itália para trás, pisei novamente o solo além dos Alpes.

Goethe entrou e saudou os presentes. Falou sobre vários assuntos com Tieck e seus familiares, depois ofereceu o braço à condessa para acompanhá-la à mesa. Nós outros os seguimos e, quando nos sentamos, formamos um grupo bem variado. A conversa estava animada e espontânea, mas pouco me recordo do que foi falado.

---

12 Cf. n.6, p.50.

13 Henriette von Finckelstein (1774-1847), amante de Tieck.

14 Karl Wilhelm Göttling (1793-1869), filólogo, professor em Iena.

Conversações com Goethe nos últimos anos de sua vida

Terminado o jantar, os príncipes de Oldenburg se fizeram anunciar. Subimos todos aos aposentos da sra. Von Goethe, onde a srta. Agnes Tieck sentou-se ao piano e cantou a bela canção *Nos campos eu caminho em silêncio e selvagem*, com uma linda voz de contralto e inteiramente de acordo com o espírito da ocasião, o que nos causou uma impressão singular e inesquecível.[15]

Quinta-feira, 9 de outubro de 1828

Hoje almocei a sós com Goethe e a sra. Von Goethe. E, como costuma acontecer, retomamos uma conversa de dias atrás. Voltamos a falar do *Moisés* de Rossini e nos lembramos da espirituosa invenção que Goethe nos descreveu anteontem.

— Não me lembro mais do que eu disse brincando sobre o *Moisés* em um momento de bom humor — disse Goethe —, pois essas coisas se passam inconscientemente. Mas uma coisa é certa: só posso apreciar uma ópera quando o tema é tão perfeito quanto a música, de modo que ambos caminham no mesmo passo. Se me perguntarem que ópera considero boa, eu responderia que o *Carregador de água*,[16] pois nesse caso o tema é tão perfeito que poderia ser representado sem a música, como um simples drama, e ainda assim o veríamos com prazer. Ou os compositores não entendem a importância de uma boa base, ou carecem de poetas competentes que lhes forneçam um bom material. Se o *Franco-atirador* não fosse uma peça tão boa, a música sozinha dificilmente atrairia multidões para assisti-la, como tem acontecido, e assim deveríamos reconhecer os méritos do sr. Kind.

Falamos ainda algumas outras coisas a respeito desse assunto, e então passamos a comentar a viagem do professor Göttling à Itália.

— Não posso repreender o bom homem — disse Goethe — por falar com tanto entusiasmo da Itália; eu mesmo ainda me lembro de como me senti

---

15 O poema *Im Felde schleiche ich still und wild* [Nos campos eu caminho em silêncio e selvagem], primeiro verso da *Jägers Abendlied* [Canção noturna do caçador], de 1776. O poema foi musicado mais de trinta vezes.

16 *Les Deux journées ou Le Porteur d'eau* (1800), ópera de Luigi Cherubini (1760-1842) com libreto de Jean-Nicolas Bouilly (1763-1842).

quando lá estive! Sim, posso até dizer que somente em Roma percebi o que é de fato um ser humano. Jamais tornei a experimentar semelhante sensação de elevação, de felicidade. Em comparação com meu estado de espírito em Roma, nunca mais tornei a me sentir de fato verdadeiramente alegre.

— Mas não vamos cair em considerações melancólicas — prosseguiu Goethe depois de uma pausa. — Fale-me de sua *Fair Maid of Perth*. Como está indo? Até onde o senhor já leu? Conte-me a respeito, e diga-me suas impressões.

— Eu leio devagar — respondi —, mas já cheguei à cena em que Proutfut, envergando a armadura de Henri Smith, cujo andar e cujo assobio ele sabe imitar, é morto e, na manhã seguinte, é encontrado na estrada de Perth pelos cidadãos, que o tomam por Henri Smith e põem toda a cidade em estado de alarme.

— Sim — disse Goethe —, é uma cena notável, uma das melhores.

— Admirei especialmente — prossegui — o grande talento que possui Walter Scott de resolver com grande clareza as situações mais intrincadas, de modo que tudo se separa em massas e quadros tranquilos que nos deixam depois a impressão de ter assistido do alto, de uma só vez, como seres oniscientes, o que se passava ao mesmo tempo em diferentes lugares.

— Sobretudo — disse Goethe — em Walter Scott é enorme o entendimento da arte, e é por isso que para nós e para as pessoas como nós, que prestam especial atenção à *maneira* pela qual algo é feito, encontram um duplo interesse em suas obras, e tiram delas o maior proveito. Não quero lhe antecipar nada, mas na terceira parte o senhor ainda encontrará um achado artístico de primeira ordem. O senhor já leu como o príncipe fez, no conselho de Estado, a inteligente sugestão de deixar os *highlanders* rebeldes se matarem entre si, e como também foi estabelecido que no Domingo de Ramos as duas estirpes inimigas de *highlanders* deveriam descer até Perth a fim de que trinta representantes de cada lado lutassem até a morte. Pois o senhor ficará admirado com a maneira pela qual Walter Scott prepara e conduz a ação no sentido de fazer que no dia da batalha falte um homem a uma das facções, e com que arte ele consegue trazer de longe seu herói Henri Smith e metê-lo em seu lugar entre os combatentes! É um lance grandioso, e o senhor terá um grande prazer quando chegar a essa passagem.

— Mas, depois de terminar a *Fair Maid of Perth*, o senhor deve logo começar a ler *Waverley*, que de fato é algo muito diferente, e sem dúvida pode ser colocado entre as melhores coisas que já foram escritas no mundo. Pode-se ver que é obra do mesmo homem que escreveu a *Fair Maid of Perth*, mas é também aquele que ainda tinha de conquistar o favor do público e, por isso, reúne todas as suas energias e não escreve uma única linha que seja menos que excelente. A *Fair Maid of Perth* foi escrita com uma pena mais larga, o autor já está seguro de seu público e pode se movimentar com maior liberdade. Mas quando lemos *Waverley* compreendemos por que Walter Scott ainda hoje se apresenta como o autor daquela obra; pois nela ele mostrou do que era capaz, e desde então jamais escreveu nada melhor, ou que se comparasse a esse primeiro romance que publicou.

Quinta-feira, 9 de outubro de 1828

Em homenagem a Tieck, esta noite se ofereceu um chá muito agradável nos aposentos da sra. Von Goethe. Fui apresentado ao conde e à condessa Medem; esta última me contou que durante o dia se encontrara com Goethe, e de como ainda sentia a íntima alegria proveniente da impressão que esse encontro lhe fizera. O conde estava especialmente interessado no *Fausto* e em sua continuação, assuntos sobre o qual travamos uma viva conversação.

Haviam-nos dado a esperança de que Tieck nos leria algo, o que de fato aconteceu. Fomos todos para um cômodo mais afastado e, depois de nos acomodarmos em um amplo círculo de poltronas e sofás para ouvi-lo, Tieck leu o *Clavigo*.

Eu já lera a peça muitas vezes e me emocionara, mas agora ela me parecia totalmente nova e teve sobre mim um efeito como nunca antes. Tinha a impressão de ouvi-la no teatro, mas ainda melhor; as personagens e as situações eram sentidas com maior perfeição; dava a impressão de uma representação na qual cada papel fosse admiravelmente interpretado.

Seria impossível dizer qual das partes da peça Tieck leu melhor, se aquelas em que se desencadeavam as energias e as paixões viris, se as cenas claras e tranquilas de reflexão, ou os momentos de amor torturado. Mas para a leitura dessas últimas ele dispunha de meios especiais. A cena entre Marie e Clavigo ainda me ressoa nos ouvidos; o peito oprimido, o gaguejar e o tremor da voz, palavras e sons interrompidos e meio sufocados, o sopro ofegante e os suspiros de uma respiração ardente acompanhada de lágrimas, tenho tudo isso ainda perfeitamente presente e jamais me esquecerei. Todos estavam absortos na audição e se sentiam arrebatados; as velas tinham uma luz mortiça e ninguém se importava nem ousava espevitá-las, com medo de produzir a menor interrupção que fosse; as lágrimas que corriam sem cessar dos olhos da mulheres testemunhavam o profundo efeito causado pela peça e eram talvez o tributo mais sincero que se podia pagar tanto ao leitor quanto ao poeta.

Tieck terminara de ler e se levantou, enxugando o suor da fronte, mas os ouvintes ainda pareciam acorrentados às suas cadeiras; todos pareciam ainda tão completamente tomados por aquilo que lhes perpassara a alma que não podiam encontrar uma palavra adequada de agradecimento para aquele que lhes proporcionara tão maravilhosa sensação.

Pouco a pouco nos refizemos; levantamo-nos, falamos, misturamo-nos alegremente; a seguir nos dirigimos aos aposentos contíguos, onde nos aguardava uma ceia servida sobre algumas mesinhas.

Goethe não estava presente nesta noite; mas seu espírito e sua lembrança estavam vivos entre nós. Enviou suas desculpas a Tieck, e dois broches com seu retrato e fitas vermelhas que a sra. Von Goethe entregou às filhas dele, Agnes e Dorothea, e lhes prendeu ao vestido como duas pequenas comendas.

Sexta-feira, 10 de outubro de 1828

Hoje de manhã recebi do sr. William Fraser, de Londres, dois exemplares do terceiro número da *Foreign Review*, periódico do qual é editor, e ao meio--dia levei um deles para Goethe.

Encontrei novamente em sua casa um alegre grupo de convidados em honra de Tieck e da condessa que, a pedido de Goethe e dos demais amigos, concordaram em permanecer por mais um dia, enquanto o resto da família partira já pela manhã de retorno a Dresden.

Conversações com Goethe nos últimos anos de sua vida

Um assunto privilegiado da conversa com Tieck foi a literatura inglesa, sobretudo Walter Scott e, entre outras coisas, Tieck nos contou que fora ele a trazer, dez anos atrás, o primeiro exemplar do *Waverley* para a Alemanha.

Sábado, 11 de outubro de 1828

A *Foreign Review* do sr. Fraser continha, entre muitos outros artigos notáveis e interessantes, um ensaio altamente elogioso de Carlyle sobre Goethe, que estive a estudar esta manhã. Fui almoçar um pouco mais cedo a fim de poder falar a respeito disso com Goethe antes da chegada dos demais hóspedes.

Como desejava, encontrei-o ainda sozinho, à espera dos convidados. Usava seu fraque preto e sua estrela, que tanto me agradam; estava hoje de uma alegria especialmente jovial e logo nos pusemos a falar de nossos interesses comuns. Goethe disse-me que também lera hoje de manhã o ensaio de Carlyle, e assim ambos estávamos em condição de trocar algumas palavras elogiosas a respeito do empenho daquele estrangeiro.

— É um prazer constatar — disse Goethe — que a antiga pedanteria dos escoceses se transformou em seriedade e profundidade. Quando penso em como os autores de Edimburgo tratavam até há pouco tempo minhas obras, e considero agora os méritos de Carlyle no trato com a literatura alemã, fica evidente o grande progresso que foi feito.

— Admiro em Carlyle — eu disse — principalmente o espírito e o caráter que fundamentam suas orientações. Ele trabalha pela cultura de sua nação e, por isso, nas produções literárias estrangeiras que ele deseja dar a conhecer a seus compatriotas, importam-lhe menos as artes do talento que a alta formação moral que tais obras podem proporcionar.

— Sim — disse Goethe —, a convicção segundo a qual ele age é muito apreciável. E como é sério! E quanto estudou a nós alemães! Está quase que mais familiarizado com nossa literatura que nós mesmos; e não podemos nem concorrer com ele em nossos esforços por estudar a literatura inglesa.

— O ensaio — disse eu — foi escrito com tanto ardor e ênfase que podemos, através dele, perceber que existem ainda na Inglaterra muitos preconceitos e contradições a ser combatidos. Ao que parece, especialmente o

Wilhelm Meister foi apresentado lá por críticos malevolentes e maus tradutores sob uma luz muito desfavorável. Carlyle, ao contrário, procede muito bem. Ele contradiz com muita serenidade a estúpida calúnia segundo a qual nenhuma mulher virtuosa deveria ler *Wilhelm Meister*, citando o exemplo da última rainha da Prússia, que conhecia intimamente o livro e, no entanto, é com razão considerada uma das primeiras mulheres de sua época.

Vários convidados haviam chegado e Goethe os saudou. Então, voltou-se novamente para mim e eu continuei:

— Carlyle estudou de fato o *Meister* e está tão impregnado pelo valor do livro que gostaria de vê-lo ganhar popularidade e que qualquer pessoa culta encontrasse o mesmo prazer e o mesmo proveito nele.

Goethe levou-me até uma janela para responder às minhas observações.

— Meu jovem amigo — disse ele —, quero fazer-lhe uma confidência que o ajudará a evitar muitos equívocos e lhe será útil para toda a vida. *Minhas obras jamais serão populares*; quem pensa assim e trabalha para isso está equivocado. Elas não foram escritas para as massas e sim para pessoas que desejam e buscam algo semelhante e que seguem semelhantes orientações.

Ele queria continuar a falar, mas foi interrompido por uma jovem dama que se aproximou e se pôs a conversar com ele. Voltei-me para outras pessoas e logo nos sentamos à mesa.

Eu nada saberia dizer do que foi conversado à mesa; tinha em mente as palavras de Goethe, que me absorviam por inteiro.

De fato, pensei, como poderia se tornar popular um escritor como ele, um espírito tão elevado, uma natureza de dimensões infinitas como a sua? Poderá um dia uma pequena parte dele se tornar popular? Talvez nem mesmo alguma canção que rapazes alegres e mocinhas apaixonadas cantam e para os outros sequer existe?

E, pensando bem, não é o que acontece com qualquer obra extraordinária? Será que Mozart é popular? E Rafael? E não seria a atitude do mundo para com essas fontes de uma transbordante vida espiritual a de alguém que gosta de lambiscar e fica satisfeito em apanhar de vez em quando um bocadinho que lhe proporcione um alimento mais elevado?

Sim!, prossegui em meu pensamento. Goethe tem razão! Por sua envergadura ele jamais poderá ser popular, e suas obras são apenas para algumas pessoas que buscam algo semelhante e seguem orientações similares.

Conversações com Goethe nos últimos anos de sua vida

Elas são, em seu conjunto, destinadas a naturezas observadoras que querem penetrar nas profundezas do mundo e da humanidade e seguem em sua trilha. E cada uma delas em si é destinada aos que gozam com paixão, que buscam no poeta o êxtase e a dor do coração. São para jovens poetas que querem aprender como se expressar e como tratar artisticamente um assunto. São para críticos que encontram nelas um exemplo de máximas segundo as quais se deve julgar, e de como se pode fazer de uma resenha algo interessante e agradável que se leia com prazer. Suas obras são para o artista, pois elas lhe esclarecem totalmente o espírito e ele aprende com elas especialmente quais os objetos que possuem importância artística e, portanto, quais ele deve representar e quais não. São para os estudiosos da natureza, não apenas porque lhes transmitem a descoberta de grandes leis, mas também, principalmente, porque ele recebe delas um método segundo o qual um bom espírito pode proceder com a natureza a fim de que ela lhe revele seus segredos.

E assim podem ser convidados à mesa ricamente posta de suas obras todos aqueles que, animados por aspirações científicas e artísticas, darão testemunho com suas ações da fonte universal de uma grande luz e de uma grande vida da qual se abeberaram.

Esses e outros pensamentos semelhantes me passavam pela cabeça durante o almoço. Eu pensava em algumas pessoas em particular, em valorosos artistas alemães, naturalistas, poetas e críticos que deviam grande parte de sua formação a Goethe. Pensava em homens de espírito italianos, franceses e ingleses que não o perdem de vista e atuam no mesmo sentido que ele.

Enquanto isso, ao redor de mim, todos gracejavam e falavam alegremente e se deleitavam com a boa comida. Eu também havia dito uma ou outra palavrinha, mas sem participar de fato da conversação. Uma senhora me fizera uma pergunta à qual eu talvez não tenha dado a resposta mais adequada. Todos fizeram troça de mim.

— Deixem Eckermann — disse Goethe —, ele está sempre ausente, a não ser quando está no teatro.

Todos riram às minhas custas, mas isso não me desgostou. Sentia-me especialmente feliz. Bendizia meu fado que, após algumas singulares disposições, me associara aos poucos que gozam da convivência e da intimidade de um homem cuja grandeza acabara de transitar com vivacidade por minha alma e a quem eu tinha agora pessoalmente diante de meus olhos em toda a sua amabilidade.

Como sobremesa, foram servidos biscoitos e belas uvas. Essas últimas haviam sido enviadas de longe e Goethe manteve segredo sobre sua procedência. Ele as dividiu entre os convivas e me estendeu uma bem madura por sobre a mesa.

— Tome, meu caro — disse ele —, coma dessas doçuras e fique feliz.

Degustei a uva que tomara das mãos de Goethe e senti-me muito próximo dele de corpo e alma.

Falou-se do teatro, dos méritos de Wolff e de quanta coisa excelente nos viera de tal artista.[17]

— Estou certo — disse Goethe — de que nossos atores mais antigos daqui aprenderam algumas coisas comigo, mas apenas a Wolff eu posso chamar verdadeiramente de meu discípulo. Quero contar-lhes um fato que repito sempre com prazer, e pelo qual se pode ver o quanto ele assimilou de minhas máximas e como ele atuava segundo minhas ideias. .

— Certa vez, por motivos muito particulares, eu estava bastante irritado com Wolff. Ele deveria atuar naquela noite e eu estava em meu camarote. Agora, pensei, você deve prestar muita atenção nele; hoje não há em você nenhum traço de simpatia que pudesse falar a favor dele ou desculpá-lo. Wolff atuou e eu não desviei dele meu olhar inquiridor. E como atuou! Como estava seguro! Como estava firme! Foi-me impossível indicar uma sombra que fosse de desrespeito às regras que eu lhe infundira, e não pude deixar de reconciliar-me com ele.

Segunda-feira, 20 de outubro de 1828

O conselheiro chefe de minas Noeggerath, de Bonn, retornando da reunião dos naturalistas em Berlim, foi hoje um hóspede muito bem-vindo à mesa de Goethe.[18] Falou-se muito em mineralogia, e o ilustre estrangeiro

---

17 Cf. n.1, p.173.

18 Johann Jacob Noeggerath (1788-1877), geólogo e mineralogista, professor em Bonn.

Conversações com Goethe nos últimos anos de sua vida

deu informações bastante detalhadas sobre as características e a constituição mineralógica dos arredores de Bonn.

Terminada a refeição, dirigimo-nos à sala do colossal busto de Juno. Goethe mostrou aos convidados uma longa tira de papel com os contornos do friso do templo de Figaleia.[19] Examinando a folha de papel, pareceu-nos poder afirmar que em suas representações de animais os gregos não se atinham tanto à natureza, mas procediam sobretudo de acordo com certa conveniência. Pensamos verificar que em representações desse tipo eles não faziam jus à natureza e que os carneiros, touros sacrificiais e cavalos que se veem nos baixos-relevos são frequentemente criaturas muito hirtas, amorfas e imperfeitas.

— Não quero discutir sobre isso — disse Goethe —; antes de mais nada, porém, é preciso definir de que época e de qual artista provêm tais obras. Pois, desse modo, poder-se-ia apresentar uma boa quantidade de obras exemplares, nas quais os artistas gregos não apenas se equipararam à natureza em suas representações de animais, mas até a superaram em muito. Os ingleses, os maiores conhecedores de cavalos do mundo, têm agora de reconhecer, a propósito de duas cabeças antigas de cavalos, que estas são mais perfeitas em suas formas que as de qualquer raça hoje existente na terra. Tais cabeças se originam da melhor época dos gregos; e se obras como essas nos causam espanto, não devemos inferir que aqueles artistas trabalharam a partir de uma natureza mais perfeita que a atual, mas antes que eles próprios, com o progresso de sua época e de sua arte, se haviam aprimorado e, assim, se voltado para a natureza com sua grandeza pessoal.

Enquanto tudo isso era dito, eu me afastara juntamente com uma senhora para observar uma gravura que se encontrava sobre uma das mesas, e não pude prestar inteira atenção às palavras de Goethe; mas em minha alma as guardei tanto mais profundamente.

Pouco a pouco, os convidados se retiraram e me deixaram a sós com Goethe, que se sentou junto da estufa. Aproximei-me dele.

---

19 Em 1817, a pintora Caroline Louise Seidler (1786-1866) fez para Goethe, a partir de uma cópia em gesso, um desenho em grandes dimensões do friso do templo de Apolo Epicuro, projetado por Ictino em torno de 420 a.C., conservado desde 1814 no British Museum.

— Sua Excelência — eu disse — fez agora há pouco uma ótima observação ao dizer que os gregos se voltaram para a natureza com grandeza pessoal, e parece-me que não podemos assimilar suficientemente essa frase.

— Sim, meu bom amigo — disse ele —, tudo depende disso. É preciso *ser* algo para fazer algo. Dante nos parece grande, mas tinha atrás de si uma cultura de séculos; a casa Rotschild é rica, mas foi necessária mais de uma geração para se acumularem tantos tesouros. Essas coisas todas têm uma origem mais profunda do que se pensa. Todos esses nossos digníssimos artistas que imitam a antiga arte germânica não sabem nada disso, dedicam-se com fraqueza pessoal e incapacidade artística à imitação da natureza e pensam que isso basta. Eles estão *abaixo* da natureza. Mas quem quer fazer algo de grande tem de atingir um grau tão elevado de cultura que, como os gregos, esteja em condições de elevar o mais ínfimo fato da natureza à altura de seu espírito, e realizar verdadeiramente aquilo que, nos fenômenos naturais, não passou de mera intenção, seja por uma debilidade intrínseca ou por conta de algum empecilho externo.

Quarta-feira, 22 de outubro de 1828

Hoje à mesa falamos das *mulheres*, e Goethe se expressou de um modo muito belo a respeito delas.

— As mulheres — disse ele — são bandejas de prata nas quais colocamos maçãs de ouro. Minhas ideias a respeito delas não são abstraídas de manifestações da realidade, elas nasceram comigo ou surgiram em mim sabe Deus como. Por isso, minhas personagens femininas são bem realizadas, todas elas são melhores que as que se podem encontrar na realidade.

Terça-feira, 18 de novembro de 1828

Goethe falou sobre um novo número da *Edinburgh Review*.

— É um prazer constatar — disse ele — a estatura e a excelência dos atuais críticos ingleses. Não sobrou nenhum traço da antiga pedanteria, e grandes qualidades tomaram o lugar dela. No último número, o senhor poderá ler a seguinte afirmação em um ensaio sobre a literatura alemã: "Entre os poetas há algumas pessoas cuja tendência é sempre se ocuparem com coisas que as outras preferem tirar da cabeça". Então, que me diz? Agora já sabemos em que pé estamos e como devemos classificar um grande número de nossos literatos atuais.

Terça-feira, 16 de dezembro de 1828

Hoje almocei a sós com Goethe em seu gabinete de trabalho; falamos sobre diversos assuntos literários.

— Os alemães — disse ele — não podem se livrar do filistinismo. Ei-los aí a resmungar e a discutir por conta de alguns dísticos que foram impressos tanto nos livros de Schiller quanto nos meus, e afirmam que seria importante estabelecer com segurança quais são verdadeiramente de Schiller, quais são meus. Como se fosse isso o que importa, como se se pudesse ganhar alguma coisa com isso e como se não bastasse a existência dos tais dísticos.

— Amigos como Schiller e eu, unidos ao longo de tantos anos, com os mesmos interesses, em contato diário e intenso intercâmbio, vivem em tal simbiose que, a respeito de algumas ideias em particular, não cabe perguntar se pertencem a um ou a outro. Escrevemos muitos dísticos em comum, muitas vezes eu tinha a ideia e Schiller compunha os versos, outras ocorria o inverso, e por vezes Schiller compunha um verso e eu o outro. Como se pode então falar em meu e teu? É preciso estar mergulhado até o pescoço no filistinismo para dar a mínima importância que seja ao esclarecimento dessa dúvida.

— O mesmo — disse eu — ocorre com frequência no mundo literário quando, por exemplo, se levantam dúvidas a respeito da originalidade deste ou daquele homem famoso, e se procuram investigar as fontes de onde ele adquiriu sua cultura.

— Isso é muito ridículo! — disse Goethe. — Do mesmo modo se poderia perguntar a um homem bem nutrido a respeito dos bois, cordeiros e leitões que ele comeu e dos quais retirou sua força. É certo que nascemos com diversas habilidades, mas nosso desenvolvimento nós o devemos a milhares de influências de um grande mundo, do qual retiramos aquilo que podemos e nos convém. Eu devo muito aos gregos e aos franceses, devo uma infinidade de coisas a Shakespeare, Sterne e Goldsmith. Mas só com isso ainda não se esclareceram as fontes de minha cultura; para isso seria necessário transpor as fronteiras do infinito, e seria também totalmente desnecessário. O principal é ter uma alma amante da verdade que a tome onde a puder encontrar.

— Além disso — prosseguiu Goethe —, o mundo já é tão velho, ao longo dos milênios tantas pessoas notáveis já viveram e pensaram, que há pouca coisa nova ainda a ser descoberta e dita. Mesmo minha *Teoria das cores* não é inteiramente nova. Platão, Leonardo da Vinci e muitos outros homens excelentes antes de mim já descobriram e disseram em parte as mesmas coisas; mas que eu as tenha também descoberto, que eu as tenha também dito, e que tenha me esforçado para abrir novamente o caminho para a verdade em um mundo confuso, este é o *meu* mérito.

— A verdade precisa ser sempre repetida, porque também o erro sempre volta a ser propagado ao nosso redor, e não pelos indivíduos, mas pelas massas. Nos jornais e enciclopédias, nas escolas e universidades, em toda parte o erro prevalece, na confortável certeza de que a maioria está do seu lado.

— Frequentemente também se ensina a verdade e o erro ao mesmo tempo, dando preferência ao último. Em uma enciclopédia inglesa, por exemplo, li há poucos dias a teoria da origem do *azul*. Em primeiro lugar vinha a correta opinião de Leonardo da Vinci a esse respeito; mas a seguir se passava, com toda a tranquilidade, para o equívoco de Newton, com a recomendação de que nos atenhamos a este, pois goza de aceitação universal.

Não pude deixar de rir com espanto ao ouvir tal coisa.

— Qualquer vela de cera — eu disse —, qualquer nuvem de fumaça iluminada saída de uma cozinha que tenha algo escuro atrás de si, qualquer névoa matinal que paire diante de um ponto obscurecido por uma sombra me convencem diariamente do surgimento da cor azul e me ensinam a compreender o azul do céu. Mas o que os discípulos de Newton pensam a respeito, ou seja, que o ar possui a propriedade de engolir todas as outras cores e expelir somente o azul, é completamente incompreensível para mim, e não consigo entender que proveito e que prazer se podem tirar de uma teoria em que qualquer pensamento se paralisa e qualquer convicção sadia desaparece inteiramente.

— Boa alma — disse Goethe —, as pessoas pouco se importam com ideias e convicções. Dão-se por satisfeitas se tiverem palavras com as quais viram do avesso o que meu Mefistófeles já sabia e dizia tão bem:

> Em geral, ficai só às palavras afeito!
> Haveis de entrar, assim, por seguro portal,
> No templo da certeza incondicional.
> Onde do conceito há maior lacuna,
> Palavras surgirão na hora oportuna. Etc.[20]

Goethe recitou essa passagem rindo e parecia estar no melhor dos humores.

— Que bom — disse ele — que tudo já esteja publicado, assim posso continuar a publicar tudo o que trago no peito contra falsas doutrinas e seus propagadores.

— Algumas pessoas excelentes — prosseguiu ele depois de uma pausa — começam a se ocupar com as ciências naturais, e eu as observo com a maior alegria. Outras começam bem, mas não perseveram; sua subjetividade dominante as leva ao erro. Outros ainda se atêm demasiadamente aos fatos, colecionam uma infinidade deles, com o que não se prova nada. Em geral, falta-lhes o espírito teórico, que fosse capaz de penetrar os fenômenos primevos e adquirir o domínio das manifestações singulares.

Uma curta visita interrompeu nossa conversa. Logo que ficamos novamente a sós, começamos a falar de poesia, e eu contei a Goethe que nos últimos dias voltara a estudar seus poemas breves, dedicando-me em especial a dois deles: a balada sobre as crianças e o velho, e *Os cônjuges felizes*.[21]

---

20 Citação segundo *Fausto I*, versos 1990-1996: "*Vor allem haltet euch an Worte!/ Dann geht ihr durch die sich're Pforte/ Zum Tempel der Gewissheit ein;/ Denn eben wo Begriffe fehlen,/ Da stellt ein Wort zur rechten Zeit sich ein. Etc.*".

21 A *Ballade* [Balada] foi escrita entre 1813 e 1816 e publicada pela primeira vez em *Arte e antiguidade* II, n.3 (1820), e comentada pelo próprio Goethe no número seguinte do mesmo periódico (1821). *Die glücklichen Gatten* [Os cônjuges felizes]

— Também aprecio esses dois poemas — disse Goethe —, embora o público alemão até agora ainda não saiba o que pensar deles.

— Na balada — eu disse —, um assunto rico foi condensado em dimensões muito pequenas, por meio de todas as formas e artes poéticas e recursos artísticos, entre os quais aprecio especialmente o de fazer que o velho narre às crianças todos os antecedentes da história, até o ponto em que começam os acontecimentos presentes, deixando então que o restante se desenrole diante de nossos olhos.

— Guardei essa balada por um bom tempo em minha mente — disse Goethe — antes de escrevê-la; nela estão contidos anos de reflexão, e tive de fazer três ou quatro tentativas antes de conseguir dar-lhe a forma que tem agora.

— O poema do cônjuge feliz — prossegui — é igualmente muito rico em motivos; nele aparecem paisagens e vidas humanas inteiras, aquecidas pelo sol de um lindo céu de primavera que se estende sobre o todo.

— Sempre gostei desse poema — disse Goethe —, e alegra-me que o senhor lhe dedique especial interesse. Pareceu-me que a brincadeira ficaria ainda mais bonita terminando com o duplo batismo.

Falamos então de O general cidadão,[22] e eu contei que, dias atrás, quando lia essa alegre peça em companhia de um inglês, ambos sentíramos um vivo desejo de vê-la representada no teatro.

— O espírito desta obra — eu disse — não envelheceu em nada, e nos detalhes do desenvolvimento dramático não há um lance que não tenha sido pensado para o teatro.

— Em sua época, ela foi de fato uma excelente peça — disse Goethe —, e nos proporcionou algumas noites alegres. É verdade que o elenco era excelente e tão bem ensaiado que o diálogo fluía com perfeita vivacidade. Malcolmi[23] representava Märten e não podia haver nada de mais perfeito.

---

foi publicado pela primeira vez, com esse título, no *Taschenbuch au das Jahr 1804* [Almanaque para o ano de 1804] e, mais tarde, incluído na reunião das poesias de 1927 com o título *Für's Leben* [Para toda a vida].

22 *Der Bürgergeneral* [O general cidadão, 1793], peça em um ato, sátira às consequências da Revolução Francesa na Alemanha.

23 Carl Friedrich Malcolmi (1745-1815), ator.

Conversações com Goethe nos últimos anos de sua vida

— O papel de Schnaps — eu disse — não me parece menos feliz; penso que o repertório não tem muito a oferecer de melhor e mais gratificante. Nessa personagem, como na peça inteira, há tanta clareza e tanta presença viva quanto o teatro possa desejar. A cena em que ele entra com a mochila e tira dela uma coisa atrás da outra, cola o bigode em Märten, põe em sua própria cabeça o barrete frígio, veste o uniforme e cinge a espada é das melhores coisas que já foram feitas.

— Essa cena — disse Goethe — fazia antigamente um grande sucesso em nosso teatro. Em parte porque a história da mochila e das coisas que ela continha era histórica. Eu achei essa mochila no tempo da Revolução, durante minha viagem à fronteira francesa, através da qual se dava a fuga dos emigrantes e onde alguém a perdera ou jogara fora. Todas as coisas que aparecem na peça estavam dentro dela; foi assim que escrevi a cena, e a mochila, com todo o seu conteúdo, era usada sempre que a peça era representada, para grande alegria de nossos atores.

A questão sobre se *O general cidadão* ainda poderia ser vista com interesse e proveito continuou a ser objeto de nossa conversa por mais algum tempo.

Goethe perguntou-me então a respeito de meus progressos com a literatura francesa. Contei-lhe então que de quando em quando volto a me ocupar de Voltaire, e que o grande talento daquele homem me proporciona a mais pura felicidade.

— Ainda conheço muito pouca coisa dele — eu disse. — Continuo restrito ao âmbito dos poemas breves que ele dedicou a diversas pessoas, os quais sempre leio e releio e não consigo largar.

— De fato — disse Goethe —, tudo quanto um grande talento como Voltaire escreve sempre será bom, embora eu não aprove todas as suas impertinências. Mas o senhor não está errado em dedicar tanto tempo a seus pequenos poemas com dedicatória; estão sem dúvida entre as coisas mais apreciáveis que ele escreveu. Não há neles uma linha desprovida de espírito, clareza, serenidade e graça.

— E por elas podemos conhecer — eu disse — suas relações com todos os grandes e poderosos da terra, e notamos com alegria a nobre figura que Voltaire faz, pois parece sentir-se em pé de igualdade com as maiores personalidades, jamais nos dando a impressão de que seu espírito livre se

Johann Peter Eckermann

deixe intimidar por um só momento em presença de alguma majestade qualquer.

— Sim — disse Goethe —, ele era nobre. E, com toda a sua liberdade e ousadia, sempre soube se manter nos limites do conveniente, o que talvez seja ainda mais significativo. Eu poderia mencionar aqui, como autoridade nesse assunto, a imperatriz da Áustria,[24] de quem ouvi repetidas vezes que, em seus poemas dedicados aos príncipes, não se encontra o menor sinal de ter ele jamais ultrapassado os limites da conveniência.

— Sua Excelência está lembrado — perguntei — do pequeno poema em que ele faz uma graciosa declaração de amor à princesa da Prússia, futura rainha da Suécia,[25] dizendo ter se visto em sonhos elevado à categoria de um rei?

— É um dos melhores — disse Goethe, recitando:

Je vous aimais princesse e j'osais vous le dire,
Les Dieux à mon reveil ne m'ont pas tout outé,
Je n'ai perdu que mon empire.[26]

— Sim, é muito gracioso! E além de tudo — disse Goethe —, talvez jamais tenha havido um poeta que tivesse, como Voltaire, o talento sempre de prontidão. Lembro-me da anedota referente a uma ocasião em que ele visitara sua amiga Du Chatelet[27] e, no momento da partida, quando a carruagem já estava diante da porta, entregaram-lhe uma carta enviada por um grande número de jovens noviças de um convento das vizinhanças que, querendo encenar a morte de Júlio Cesar[28] para comemorar o aniversário da abadessa, lhe pediam um prólogo. O caso era bonito demais para que Voltaire recusasse; então, mandou que lhe trouxessem a toda pressa pena e

---

24 Imperatriz da Áustria: Maria Ludovica Beatrice, nascida princesa d'Este (1787-1816), que Goethe conhecera em Karlsbad no ano de 1810.

25 Luise Ulrike (1720-1782), filha de Frederico Guilherme I e irmã de Frederico II.

26 [Eu vos amava, princesa, e ousei dizer-vos,/ Quando despertei, os deuses não me tiraram tudo,/ Não perdi senão meu império.]

27 Émilie du Chatelet (1706-1749), matemática, física e escritora francesa.

28 *La Mort de César* [A morte de César], tragédia em três atos de Voltaire, escrita em 1731 e publicada em 1736.

Conversações com Goethe nos últimos anos de sua vida

papel e, em pé, apoiado na borda de uma chaminé, escreveu o que lhe haviam pedido. É um poema de mais ou menos vinte versos, muito bem concebido e perfeito, inteiramente adequado à ocasião, enfim, da melhor espécie.[29]

— Quero muito lê-lo — disse eu.

— Eu duvido — disse Goethe — que se encontre em sua edição, só há pouco tempo foi publicado, como centenas de outros da mesma espécie escritos por ele, dos quais ainda deve haver alguns nas mãos de particulares.

— Dias atrás encontrei uma passagem em Lord Byron — eu disse — que demonstrava, para grande alegria minha, o extraordinário respeito que também Byron tinha por Voltaire. Por ela também se pode ver o quanto ele deve ter lido, estudado e se utilizado de Voltaire.

— Byron — disse Goethe — sabia muito bem onde buscar algo, e era inteligente demais para não ter se abeberado também dessa fonte universal de luz.

A conversa, a partir desse ponto, se ocupou inteiramente de Byron e de algumas de suas obras em particular, o que deu ocasião a Goethe de reafirmar algumas de suas opiniões anteriores e seu reconhecimento por aquele grande talento.

— Com tudo que Sua Excelência diz sobre Byron — repliquei — eu concordo do fundo do coração; mas, por maior que ele possa ser como poeta de talento, tenho sérias dúvidas de que se possa tirar um decidido proveito de seus escritos para a *pura formação de uma pessoa*.

— Tenho de discordar do senhor — disse Goethe. — A audácia, a ousadia e a grandiosidade de Byron, tudo isso não será formador? Temos de nos guardar de querer procurar pelo que é formador apenas naquilo que é claramente puro e moral. Tudo o que é *grande* forma, desde que o reconheçamos.

---

29 Trata-se do poema *Vers récités par une pensionnaire du convent de la Beaune avant la ré-présentation de la "Mort de César", pour la fête de la prieure* [Versos recitados por uma pensionista do convento de Beaune antes da representação da *Morte de César* para a festa da abadessa].

1829

Quarta-feira, 4 de fevereiro de 1829

— Continuei com a leitura de Schubarth[1] — disse Goethe —; é um homem verdadeiramente notável e até diz algumas coisas excelentes quando as traduzimos para nossa própria linguagem. A tendência principal de seu livro é a de que existe um ponto de vista fora da filosofia, o do bom senso, e o de que a arte e a ciência, independentemente da filosofia, sempre se desenvolveram melhor por meio da livre atuação das energias humanas. Isso só pode trazer água para nosso moinho. Eu mesmo sempre procurei me manter livre da filosofia; o ponto de vista do bom senso também sempre foi o meu, e assim Schubarth confirma o que eu disse e fiz durante toda a minha vida.

A única coisa que não posso louvar em Schubarth é que ele sabe certas coisas melhor do que as diz e, portanto, nem sempre trabalha com total honestidade. Como Hegel, ele também introduz a religião cristã na filosofia, com a qual ela nada tem a ver. A religião cristã é uma grande entidade em si, pela qual de tempos em tempos a humanidade abatida e sofredora sempre se restabeleceu; e, quando lhe reconhecemos essa capacidade, ele se eleva acima

---

1 Karl Ernst Schubarth (1796-1861), filósofo e teórico da estética, enviara a Goethe seu ensaio *Über Philosophie überhaupt und Hegels Enzyklopedie der philosophischen Wissenschaften insbesondere* [Sobre a Filosofia em geral e sobre a *Enciclopédia das Ciências Filosóficas* de Hegel em particular, 1829].

de toda a filosofia e não precisa do apoio desta. Assim também o filósofo não precisa do renome da religião para comprovar certas doutrinas, como, por exemplo, a da eterna continuidade. O ser humano deve crer na imortalidade, tem direito a isso, está em consonância com sua natureza, e ele pode confiar em promessas religiosas; mas quando o *filósofo* vai buscar em uma lenda a prova da imortalidade de nossa alma, essa prova é muito fraca e nada significa. A convicção de nossa continuidade me vem do conceito de atividade, pois se até o fim de meus dias eu ajo incessantemente, então a natureza está obrigada a me proporcionar uma outra forma de existência quando a que eu tenho agora não puder mais sustentar meu espírito.

A essas palavras meu coração palpitou de admiração e amor. Jamais, pensei, foi expressa outra doutrina que nos incite tanto a praticar ações nobres quanto essa. Pois quem não desejaria atuar e agir incansavelmente até o fim de seus dias quando encontra nisso a garantia de sua vida eterna?

Goethe mandou trazer uma pasta com desenhos e gravuras. Depois de examinar e virar algumas folhas em silêncio, estendeu-me uma bela gravura feita a partir de um quadro de Ostade.[2]

— Aqui — disse ele — está a cena de nosso *Good Man and Good Wife*.[3]

Examinei a folha com grande alegria. Vi nela a representação do interior de uma casa camponesa, com cozinha, sala de estar e quarto de dormir, tudo em *um único* aposento. O homem e a mulher estavam sentados bem próximos, um de frente para o outro. A mulher fiava, o homem enrolava os fios; ao pé deles, um menino. Ao fundo via-se uma cama e, por toda parte, apenas os utensílios mais necessários e rústicos; a porta dava imediatamente para o ar livre. A figura representava com perfeição a ideia de uma felicidade conjugal estreitamente limitada; satisfação, contentamento e um certo êxtase nos amorosos sentimentos conjugais estavam estampados no rosto do homem e da mulher ao se contemplarem mutuamente.

— Quanto mais olhamos para essa figura — eu disse —, mais nos sentimos bem; possui um encanto muito peculiar.

---

2 Adriaen van Ostade (1610-1685), pintor holandês. A gravura a partir de seu quadro *Família camponesa em seu lar* fora feita por Jan de Visscher (1636-1692).

3 Goethe publicara em *Arte e antiguidade* VI, n.2 (1828), uma antiga balada escocesa com o título de *Do escocês antigo*. Em carta de 17 de julho de 1827 a Zelter, ele se referira a ela com *Gutmann und Gutweib* [Bom marido e boa esposa].

Conversações com Goethe nos últimos anos de sua vida

— É o encanto da sensualidade — disse Goethe —, do qual nenhuma arte pode prescindir e que em objetos dessa natureza reina em toda a sua plenitude. Já em representações de tendência mais elevada, nas quais o artista penetra nos domínios do ideal, é raro que a necessária sensualidade o acompanhe e que ele não se torne seco e frio. Então a juventude ou a velhice podem lhe ser propícias ou embaraçosas, e por isso o artista precisa sempre se lembrar de sua idade e escolher seus objetos de acordo com ela. Eu fui bem-sucedido com minha *Ifigênia* e com meu *Tasso* porque era jovem o bastante para poder penetrar e vivificar a idealidade do material com minha sensualidade. Em minha idade atual, objetos assim ideais não seriam apropriados para mim, e o melhor a fazer é escolher um tema em cuja matéria já exista certo grau de sensualidade. Se os Genast permanecerem aqui eu escreverei para vocês duas peças, ambas em um ato e em prosa.[4] Uma da espécie mais alegre, terminando em casamento, a outra cruel e assustadora, com dois cadáveres no final. Essa última ainda é do tempo de Schiller e, incentivado por mim, ele já havia escrito uma cena. Meditei durante muito tempo sobre ambas as peças, e as tenho tão presentes que poderias ditá-las inteiras em apenas oito dias cada uma, como fiz com meu *O general cidadão*.

— Faça-o — eu disse —, faça-o, escreva as duas peças de qualquer modo; será para o senhor um refrigério depois dos *Anos de peregrinação* e terá o efeito de uma pequena viagem. E como o mundo se alegraria se o senhor fizesse algo em prol do teatro, o que ninguém mais espera.

— Como eu disse — respondeu-me Goethe —, se os Genast permanecerem aqui, não tenho certeza de não proporcionar esse prazer a vocês. Mas sem essa perspectiva não haveria muito atrativo, pois uma peça no papel não é nada. O poeta precisa conhecer os meios pelos quais atingir o efeito desejado, e tem de meter as personagens na pele de quem as vai representar. Assim, se puder contar com os Genast, e ajuntar a eles La Roche, o sr. Winttenberger e mme. Seidel, então sei o que tenho de fazer, e posso estar certo de levar a bom termo minhas intenções.[5]

---

4 O casal de atores Eduard (1797-1866) e Caroline Christine Genast (1800-1860), em Weimar desde 1829.

5 Carl August La Roche (1794-1884); Georg Wittenberger (1804-1860); Dorothea Seidel (†1860).

— Escrever para o teatro — prosseguiu Goethe — é uma atividade muito particular, e quem não a conhece de ponta a ponta fará melhor em desistir dela. Todos pensam que um acontecimento interessante também parecerá interessante no palco; mas de modo algum! Algumas coisas podem ser muito boas de ler e de pensar mas, levadas ao palco, mudam por completo de figura, e o que nos encantava quando o líamos no livro, quando posto em cena nos deixa inteiramente frios. Quem lê meu *Hermann e Doroteia* pensa que também causaria boa impressão no teatro. Töpfer[6] caiu na tentação de representá-lo; mas de que se trata, que efeito causa, sobretudo quando não é bem representado, e quem pode dizer que se é uma peça boa sob todos os aspectos? Escrever para o teatro é um *métier* que precisamos conhecer, e exige um talento que precisamos possuir. Ambas as condições são raras, e se não se encontram reunidas, dificilmente virá à luz algo de bom.

Segunda-feira, 9 de fevereiro de 1829

Goethe falou bastante sobre as *Afinidades eletivas*, especialmente que uma pessoa a quem ele jamais vira ou conhecera anteriormente em toda a sua vida se reconheceu no papel de Mittler.

— A personagem — disse ele — deve possuir alguma veracidade e ter existido mais de uma vez neste mundo. Não há nas *Afinidades eletivas* uma única linha que eu não tenha vivido, e elas contêm mais do que alguém teria condições de apreender em uma única leitura.

Terça-feira, 10 de fevereiro de 1829

Encontrei Goethe imerso em mapas e planos referentes à construção do porto de Bremen, empreendimento grandioso pelo qual ele demonstrou o maior interesse.

Depois, falou bastante a respeito de Merck, de quem leu uma epístola poética endereçada a Wieland no ano de 1776, em versos rimados um tanto

---

6 Carl Töpfer (1792-1871). Sua versão para o palco de *Hermann e Doroteia* foi representada em Viena no ano de 1820 e em Weimar diversas vezes a partir de 1824.

mordazes. O conteúdo muito alegre se voltava especialmente contra Jacobi, a quem Wieland parece ter superestimado em uma resenha muito elogiosa publicada na *Merkur*, pela qual Merck não o perdoava.[7]

Sobre a situação da cultura da época e de como foi difícil se salvar do período chamado de Tempestade e Ímpeto, buscando refúgio em uma cultura mais elevada.

Sobre seus primeiros anos em Weimar. O talento poético em conflito com a realidade que ele, devido à sua posição na corte e em diversos ramos do serviço público, foi obrigado a assimilar, para seu grande proveito. Por isso, nos primeiros anos não produziu nenhuma obra poética importante. Leu-me alguns fragmentos. Oprimido por casos de amor. O pai sempre impaciente com a vida na corte.

As vantagens de não ter se mudado de lugar e de não ter de passar duas vezes pelas mesmas experiências.

Fuga para a Itália a fim de se restabelecer para a retomada da produtividade poética. A superstição de que não chegaria até lá se alguém ficasse sabendo. Por isso, segredo profundo. Escreveu de Roma para o duque.

Retorno da Itália com grandes exigências a si mesmo.

A duquesa Amalie. Perfeita regente com um perfeito sentido humano e inclinação para gozar a vida. Ela dedicava um grande amor à mãe de Goethe, e desejava que viesse morar para sempre em Weimar. Ele se opusera.

Sobre os primeiros começos do *Fausto*.

— O *Fausto* nasceu com meu *Werther*; trouxe-o comigo a Weimar no ano de 1775. Escrevera-o em papel de carta e não riscara nenhuma passagem; pois tomava o cuidado de não escrever nenhuma linha que não fosse boa e não pudesse ser mantida.

Quarta-feira, 11 de fevereiro de 1829

Jantar em casa de Goethe, com o diretor de obras públicas Coudray. Este falou extensamente a respeito da escola industrial para mulheres e do

---

7 A resenha não foi publicada em *Merkur*, revista dirigida por Wieland; estava contida em uma carta enviada por este a Merck.

orfanato, que considera as melhores instituições dessa espécie no país; a primeira foi fundada pela grã-duquesa, o último pelo grão-duque Carl August. Algumas observações a respeito da decoração do teatro e da abertura de estradas. Coudray mostrou a Goethe o esboço de uma capela para os príncipes. Sobre o local onde deve ser colocado o assento para o duque; Goethe fez algumas objeções que Coudray aceitou. Depois da refeição, chegou Soret. Goethe nos mostrou mais uma vez os quadros do sr. Von Reutern.[8]

Quinta-feira, 12 de fevereiro de 1829

Goethe leu-me o magnífico poema recém-escrito: "Nenhum ser pode se dissolver no nada" etc.

— Escrevi esse poema — disse ele — como contradita aos versos: *"Pois tudo tem de se dissolver no nada se quiser perdurar no ser"* etc., que são estúpidos e que meus amigos berlinenses, para meu desagrado, colocaram em letras douradas por ocasião da reunião dos naturalistas.[9]

Sobre o grande matemático Lagrange,[10] cujo excelente caráter Goethe não se cansa de exaltar, ele disse:

— Era uma *boa* pessoa, e por isso mesmo grande. Pois quando uma *boa* pessoa é também provida de talento, ela sempre atuará moralmente para o bem do mundo, seja como artista, cientista, poeta ou o que mais for.

— Fiquei feliz — continuou Goethe — que ontem o senhor tenha conhecido Coudray mais de perto. Ele raramente se pronuncia em sociedade, mas estando apenas entre nós o senhor pôde constatar que espírito e caráter excelentes o habitam. De início ele sofreu muitas objeções, mas conseguiu

---

8 Gerhardt Wilhelm von Reutern (1794-1865), pintor. Na coleção de Goethe se encontrava uma aquarela sua representando as ruínas da igreja de Bacharach, pintada em 1828.

9 *"Kein Wesen kann zu nichts zerfallen"* [Nenhum ser pode se dissolver no nada], verso inicial do poema *Vermächtnis* [Legado, 1829], que modifica os versos conclusivos de *Eins und Alles* [Um e tudo, 1821], cujo verso final é *"Denn alles muss in Nichts zerfallen wenn es im Sein beharren will"* [Pois tudo tem de se dissolver no nada se quiser perdurar no ser].

10 Joseph Louis Lagrange (1736-1813), matemático francês.

Conversações com Goethe nos últimos anos de sua vida

se impor e agora goza do total apoio e confiança da corte. Coudray é um dos mais hábeis arquitetos de nossa época. Ele se ligou a mim e eu a ele, o que foi proveitoso para nós dois. Se eu tivesse podido contar com ele há cinquenta anos!...

Em relação aos conhecimentos de Goethe sobre arquitetura, observei que ele deve tê-los ampliado bastante na Itália.

— A Itália me deu uma ideia de seriedade e grandeza — respondeu-me —, mas nenhuma habilidade. Foi principalmente a construção do castelo de Weimar que me fez progredir. Tive de me envolver na obra e até mesmo de desenhar alguns frisos. Em certo sentido eu levava vantagem sobre os profissionais, pois lhes era superior nas intenções.

Falamos de Zelter.

— Recebi uma carta dele — disse Goethe —; entre outras coisas, ele me diz que a apresentação do *Messias* foi arruinada por uma de suas alunas, cuja interpretação de uma ária foi muito suave, muito fraca, muito sentimental. A fraqueza é um traço de caráter de nosso século. Minha hipótese é que na Alemanha ela é uma consequência do esforço para se livrar dos franceses. Pintores, cientistas, escultores, músicos, poetas são, com poucas exceções, todos fracos, e com as massas a situação não é melhor.

— No entanto — eu disse —, não perco a esperança de que se encontre a música adequada ao *Fausto*.

— É impossível — disse Goethe. — O chocante, repulsivo, terrível que ela deveria conter em certos trechos é contrário à época. Essa música deveria ter o mesmo caráter do *Don Giovanni*; o *Fausto* teria de ser composto por Mozart. Meyerbeer talvez também fosse capaz de fazê-lo, mas não aceitaria uma incumbência dessa natureza, está muito comprometido com teatros italianos.

A seguir, não sei mais em conexão e em relação com o quê Goethe disse estas palavras notáveis:

— Tudo que é grande e inteligente existe na minoria. Houve ministros que tinham contra si o povo e o rei, e realizaram sozinhos seus planos. Jamais poderemos esperar que a razão se torne popular. Paixões e sentimentos podem se tornar populares, mas a razão estará sempre em poder de uns poucos indivíduos extraordinários.

307

Johann Peter Eckermann

Sexta-feira, 13 de fevereiro de 1829

A sós com Goethe à mesa.

— Depois de concluir os *Anos de peregrinação* — disse ele —, voltarei a me ocupar de botânica, a fim de continuar a tradução com Soret. Mas eu temo que isso novamente me leve muito longe e acabe por se tornar um pesadelo. Grandes segredos ainda permanecem ocultos, algumas coisas eu sei, de muitas outras tenho uma intuição. Quero lhe fazer uma confidência, expressando-me de maneira muito estranha.

— A planta vai de nó em nó para, por fim, terminar com o broto e a semente. No reino animal não é diferente. A lagarta e a tênia vão de nó em nó e por fim formam uma cabeça; nos animais superiores e no homem, são as vértebras que vão se ligando umas às outras para terminar com a cabeça, onde se concentram as energias.

— O que ocorre com os indivíduos, ocorre também com as comunidades inteiras. As abelhas, outra série de unidades que se ligam umas às outras, também produzem, como coletividade, algo que constitui um fecho e pode ser visto como a cabeça do todo: a abelha rainha. Como isso se dá é um mistério difícil de ser expresso, mas eu poderia dizer que tenho minhas ideias a respeito.

— Assim um povo produz seus heróis que, como semideuses, lhe estão à frente para salvar e proteger; e assim as forças poéticas dos franceses se reúnem em Voltaire. Esses chefes de um povo são grandes na geração em que atuam, alguns perduram em épocas posteriores, a maioria é substituída por outros e é esquecida pela posteridade.

Alegrei-me com essas ideias notáveis. Goethe falou então a respeito de naturalistas aos quais só importa demonstrar suas opiniões.

— O sr. Von Buch — disse ele — publicou um novo livro cujo título já contém uma hipótese.[11] Sua obra trata dos blocos de granito que se en-

---

11 Leopold von Buch (1774-1853), geólogo de Berlim, vulcanista. A obra a que Goethe se refere, no entanto, é o livro *De origine saxorum, per Germaniae septentrionalis regiones arenosas dispersorum* [Sobre a origem das pedras dispersas nas regiões arenosas da Alemanha setentrional], de Johann Friedrich Ludwig Hausmann (1782-1859), de Göttingen.

Conversações com Goethe nos últimos anos de sua vida

contram em vários lugares diferentes sem que se saiba como nem de onde provêm. Mas como o sr. Von Buch guarda na cartola a hipótese de que esses blocos foram expelidos e espalhados de dentro para fora da terra por alguma força poderosa, ele o anuncia logo no título da obra, mencionando nele os blocos *dispersos*, o que está a apenas um passo da ideia de *dispersão*, e o leitor desavisado vê se estender sobre sua cabeça a rede do engano sem saber como.

— É preciso ficar velho para perceber essas coisas, e ter dinheiro suficiente para poder pagar por suas experiências. Cada *bon mot* que eu digo me custa um saco de dinheiro, meio milhão de meu patrimônio escoou entre meus dedos para que eu pudesse aprender o que sei, o que inclui não apenas todas as posses de meu pai, como também meu salário e o significativo rendimento de minhas obras literárias ao longo de mais de cinquenta anos. Além disso, vi 1,5 milhão ser despendido para a realização de grandes projetos por príncipes com os quais mantinha estreitas relações e de cujos passos, sucessos e malogros tomei parte.

— Não basta ter talento, é preciso algo mais para se tornar inteligente; é preciso viver em situação relevante, ter a oportunidade de espiar as cartas de quem joga o jogo da época e participar do jogo para ganhar ou perder.

— Mas sem meus esforços no campo das ciências naturais eu jamais teria conhecido as pessoas como são. Em nenhuma outra parte podemos observar tão de perto a pura contemplação e o pensamento, os equívocos dos sentidos e da razão, a força e a fraqueza de caráter; tudo é mais ou menos flexível e instável e se deixa mais ou menos manipular; mas a *natureza* jamais permite brincadeiras, ela é sempre verdadeira, sempre séria, sempre rigorosa; ela sempre tem razão e os erros e enganos são sempre do ser humano. Ela desdenha dos incapazes, entrega-se apenas ao capaz, verdadeiro e puro, e a ele revela seus segredos.

— O entendimento não pode alcançá-la, a pessoa tem de ser capaz de se elevar à razão suprema, a fim de tocar a divindade que se revela nos fenômenos primevos, tanto físicos quanto morais, atrás dos quais ela se oculta e que dela provêm.

— Mas a divindade é ativa no que é vivo, não no que está morto; no que se torna e se transforma, não no já tornado e enrijecido. Por isso também a razão, em sua tendência ao divino, se ocupa somente do que se torna e do vivente; o entendimento, por sua vez, com o já tornado e enrijecido, a fim de se utilizar dele.

— A *mineralogia* é, assim, uma ciência para o entendimento, para a vida prática, pois seu objeto é algo morto, que não mais surge e, portanto, não permite pensar em uma síntese. Os objetos da *meteorologia* são, por sua vez, algo vivo, que diariamente vemos agir e produzir, e pressupõe uma síntese; mas as coparticipações são tão variadas que o homem não está à altura dessa síntese e, portanto, se afadiga inutilmente em suas observações e pesquisas. Navegamos em direção a hipóteses, a ilhas imaginárias, mas a verdadeira síntese com toda probabilidade permanecerá uma terra ignota, e por isso não me espanto quando penso o quanto foi difícil chegar a uma síntese própria mesmo no caso das coisas mais simples, como as plantas e a cor.

Domingo, 15 de fevereiro de 1829

Goethe recebeu-me com os maiores elogios por minha redação dos aforismos de história natural para os *Anos de peregrinação*.

— Atire-se à natureza — disse-me ele —, o senhor nasceu para isso, e escreva em primeiro lugar um compêndio da *Teoria das cores*.

Falamos longamente a respeito desse assunto.

Chegara uma caixa do Baixo Reno contendo vasos antigos desencavados, minerais, pequenas imagens da catedral e poemas carnavalescos, que foram desempacotados depois de nos levantarmos da mesa.

Terça-feira, 17 de fevereiro de 1829

Falamos bastante a respeito do *Grande copta*.[12]

---

12 *Der Gross-Kophta* [O grande copta], comédia em cinco atos. Escrita em 1791, estreou no mesmo ano no teatro de Weimar com música de Johann Friedrich Kranz (1754-1810).

Conversações com Goethe nos últimos anos de sua vida

— Lavater[13] — disse Goethe — acreditava em Cagliostro e em seus milagres.[14] Quando o desmascararam como impostor, Lavater afirmou: aquele era outro Cagliostro, o Cagliostro milagroso era uma pessoa sagrada.

— Lavater era um homem sinceramente bom, mas sujeito a poderosas ilusões, e a verdade estrita não era com ele; mentia a si e aos outros. Por isso houve entre nós um total rompimento. Por fim ainda o vi em Zurique, sem ser visto por ele. Eu caminhava incógnito por uma avenida, vi-o vir em minha direção, saí de lado, ele passou por mim e não me reconheceu. Seu passo parecia o de um grou, e é por isso que ele aparece como um grou no Blocksberg.[15]

Perguntei a Goethe se Lavater tinha alguma tendência para a observação da natureza, como se poderia deduzir de sua *Physiognomia*.

— De modo algum — respondeu Goethe —, ele se voltava totalmente para a moral, a religião. O que se encontra na *Physiognomia* de Lavater a respeito dos crânios de animais é de minha lavra.

A conversa se voltou para os franceses, para as preleções de Guizot, Villemain e Cousin, e Goethe falou com o maior respeito dos pontos de vista daqueles homens, de como observam tudo de uma perspectiva nova e livre, e sempre vão direto ao objetivo.[16]

---

13 Johann Kaspar Lavater (1741-1801), pastor, filósofo e escritor suíço. Goethe e ele travaram relações amistosas em 1774, mas posteriormente se afastaram por divergências a respeito de fé e religião. Tornou-se conhecido sobretudo por sua obra *Physiognomischen Fragmente zur Beförderung der Menschenkenntnis und Menschenliebe* [Fragmentos de fisiognomia para o incremento do conhecimento dos seres humanos e do amor pela humanidade, quatro volumes, 1775-1778], na qual afirmava ser possível reconhecer o caráter de uma pessoa pelos traços fisionômicos e pelas formas corporais.

14 Giuseppe Giovanni Battista Vincenzo Pietro Antonio Matteo Balsamo, conhecido como Alessandro, conde de Cagliostro, ou simplesmente Cagliostro (1743-1795), aventureiro, ocultista e alquimista italiano. Em 1787, durante sua viagem à Itália, Goethe visitou seus familiares em Palermo.

15 *Fausto I*, versos 4319-4326.

16 Preleções: *Cours d'histoire moderne* [Curso de história moderna] de François Guizot (1787-1874), publicado em 1828-1830; *Cours de littérature française* [Curso de literatura francesa] de François Villemain (1790-1870), publicado em 1828-1830; *Cours d'histoire de la philosophie moderne* [Curso de história da filosofia moderna], de Victor Cousin (1792-1867), publicado em 1828.

311

– É – disse Goethe – como se até agora só tivéssemos chegado a um jardim por caminhos tortuosos e desvios; mas esses homens são ousados e livres o bastante para arrebentar o muro e abrir uma porta justamente no ponto que nos dá acesso imediato à via mais larga do jardim.

De Cousin passamos à filosofia indiana.

– Essa filosofia – disse Goethe –, se forem corretas as notícias que nos dá o inglês,[17] nada tem de estranho, ao contrário, nela se repetem as épocas que nós mesmos já atravessamos. Ao longo de toda a infância, somos sensualistas; somos idealistas quando amamos e atribuímos ao objeto de nosso amor qualidades que não existem nele. O amor vacila, duvidamos da fidelidade e nos tornamos céticos antes do que pensávamos. O restante da vida é indiferente, deixamos o barco correr, e terminamos no quietismo, da mesma forma que os filósofos indianos.

– Na filosofia alemã, ainda haveria duas grandes coisas a fazer. Kant fez a crítica da razão pura, um acontecimento incomensurável, mas que ainda não fechou o círculo. Falta agora que alguém capaz, notável, escreva a crítica dos *sentidos* e do entendimento humano e, caso isso seja feito com a mesma excelência, não teríamos muito mais a exigir da filosofia alemã.

– Hegel – continuou Goethe – escreveu para os *Anuários de Berlim* uma resenha sobre Hamann que tenho lido e relido por estes dias e para a qual só tenho elogios. Os julgamentos de Hegel como crítico sempre foram bons.

– Villemain também é um crítico de alta categoria. Os franceses jamais conhecerão outro talento à altura do de Voltaire. Mas podemos dizer que, em seus pontos de vista intelectuais, Villemain se coloca acima de Voltaire, e por isso pode julgar-lhe as virtudes e os defeitos.

Quarta-feira, 18 de fevereiro de 1829

Falamos da *Teoria das cores*, entre outras coisas, sobre copos cujas figuras turvas aparecem em amarelo quando voltadas para a luz e em azul quando voltadas para um fundo escuro, e assim propiciam a observação de um fenômeno primevo.

---

17 Henry Thomas Colebrooke (1765-1837), em seu estudo *On the Philosophy of the Hindus* [Sobre a filosofia dos hindus, 1823-1827].

Conversações com Goethe nos últimos anos de sua vida

— O ponto mais alto a que uma pessoa pode chegar — disse Goethe nessa ocasião — é o espanto, e se o fenômeno primevo lhe causar espanto ela deve se dar por satisfeita; para além do espanto ele não pode levá-la, e ela também não deve buscar mais nada além disso; esse é o limite. Mas as pessoas dificilmente se contentam com a visão de um fenômeno primevo, eles sempre pensam que é necessário ir ainda mais longe; nisso se assemelham às crianças que, ao se olhar em um espelho, logo o viram para ver o que há do outro lado.

A conversa se voltou para Merck, e eu perguntei se ele também se ocupou com estudos da natureza.

— Sim, claro — disse Goethe —, ele inclusive possuía excelentes coleções de história natural. Merck era uma pessoa extremamente versátil. E também amava a arte a tal ponto que, quando via uma boa obra nas mãos de algum filisteu que ele julgava não saber lhe dar o devido valor, fazia todo o possível para incorporá-la à sua própria coleção. Nesses assuntos ele não tinha escrúpulos, qualquer meio lhe servia, não desprezando nem mesmo uma espécie de grandiosa trapaça quando não havia outra alternativa.

Goethe deu alguns exemplos interessantes dessa espécie de trapaça.

— Homens como Merck — disse Goethe — já não vêm mais ao mundo e, se viessem, o mundo os tornaria diferentes. Foi uma época extraordinária a de nossa juventude. A literatura alemã era ainda uma tela em branco na qual tínhamos a esperança de pintar com prazer muitas coisas boas. Agora está tão rabiscada e manchada que não sentimos alegria alguma ao contemplá-la, e uma pessoa inteligente não sabe onde ainda poderia desenhar alguma coisa.

Quinta-feira, 19 de fevereiro de 1829

Sozinho com Goethe à mesa de seu gabinete de trabalho. Estava muito alegre, falou-me de várias coisas boas que lhe aconteceram hoje e também contou que levara a um desfecho satisfatório uma negociação entre Artaria e a corte.[18]

---

18 A firma Artaria & Fontaine de Mannheim, que negociava com objetos de arte.

A seguir, falamos muito de *Egmont*, que fora representado na noite anterior na versão revista por Schiller, comentando os prejuízos sofridos pela peça com essa revisão.

— É ruim sob muitos aspectos — eu disse — que a Regente tenha sido suprimida; ela é extremamente necessária à peça. Pois não apenas o conjunto adquire, graças à presença dessa princesa, um caráter mais elevado e distinto, como também, através de seu diálogo com Maquiavel, as relações políticas, sobretudo no que concerne à corte espanhola, são expostas com maior clareza e precisão.

— Sem dúvida alguma — disse Goethe. — Além disso, Egmont ganha em relevância com o brilho que a afeição da princesa lança sobre ele e também Clärchen ganha em estatura ao vermos que a ela pertence todo o amor de Egmont, triunfando até mesmo sobre as princesas. São todos efeitos muito delicados que não podem ser prejudicados sem pôr em risco todo o conjunto.

— Tenho também a impressão — continuei — de que, em meio a tantas personagens masculinas importantes, uma figura feminina solitária como a de Clärchen parece muito pálida e um tanto ofuscada. Com a Regente, todo o quadro adquire maior equilíbrio. Que se fale dela durante a peça não significa muito; é a presença em cena que causa impressão.

— O senhor tem uma percepção correta das relações — disse Goethe. — Quando escrevi a peça, pesei tudo muito bem, como o senhor pode imaginar, e por isso não é de admirar que o conjunto sofra um grande dano quando se suprime uma das personagens principais, que foi pensada como parte do todo e através da qual o todo se constitui. Mas Schiller tinha algo de violento em sua natureza; agia frequentemente segundo uma ideia preconcebida, sem maiores considerações pelo objeto a ser tratado.

— O senhor poderia ser criticado — disse eu — por tê-lo tolerado e, em um caso tão importante, haver concedido a ele total liberdade.

— Muitas vezes agimos com indiferença maior do que o admissível — respondeu Goethe. — Além disso, naquela época eu estava muito ocupado com outros assuntos. Tinha tão pouco interesse por *Egmont* quanto pelo teatro em geral; deixei que fizesse como melhor lhe parecesse. Serve-me agora de consolo o fato de que a peça está publicada e que existem teatros sensatos o bastante para representá-la fielmente e sem cortes, tal como a escrevi.

Goethe perguntou então a respeito da *Teoria das cores* e se eu meditara sobre sua sugestão de escrever um compêndio relacionado a ela. Disse-lhe em que pé me encontrava, e inesperadamente surgiu uma divergência que quero dar a conhecer, em virtude da importância do assunto.

Quem já notou, deve se lembrar de que nos dias amenos de inverno com sol as sombras sobre a neve frequentemente se tornam *azuis*. Em sua *Teoria das cores*, Goethe situa esse fato entre os fenômenos subjetivos, tomando por princípio que a nós, que não moramos do cume de altas montanhas, a luz do sol não chega com uma cor *branca*, e sim através de uma atmosfera mais ou menos vaporosa, com uma cor amarelada; portanto, a neve iluminada pelo sol não é completamente branca, mas uma superfície tingida de amarelo que excita os olhos ao contraste, ou seja, para a produção da cor azul. A sombra azul que vemos formar-se sobre a neve é, portanto, uma cor *exigida*, rubrica sob a qual discute esse fenômeno e, por conseguinte, corrige as observações feitas por Saussure no Mont Blanc.[19]

Quando, nos últimos dias, eu novamente estudava os primeiros capítulos da *Teoria das cores*, a fim de verificar se me seria possível atender à amável sugestão de Goethe e escrever um compêndio sobre ela, a neve e o sol ofereceram-me uma ocasião propícia para observar de perto o referido fenômeno da sombra azul e constatei, com alguma surpresa, que as deduções de Goethe se baseiam sobre um equívoco. Vou explicar como cheguei a essa conclusão.

Da janela de minha sala de estar, tenho uma vista voltada diretamente para o sul, para um jardim limitado por um edifício que, por conta da baixa altitude do sol no inverno, lança em minha direção uma sombra tão extensa que encobre metade da superfície do jardim.

Há alguns dias, estive a observar essa superfície coberta de sombra em um dia de céu inteiramente azul e iluminado de sol, e surpreendi-me ao ver que toda aquela massa apresentava uma cor azul. Isso, disse para mim mesmo, não pode ser uma cor exigida, pois meu olho não está em contato com uma superfície iluminada pelo sol que pudesse oferecer aquele contraste; não vejo senão a massa azul coberta de sombra. Mas, para estar mais

---

19 Horace-Bénécdite de Saussure (1740-1799), naturalista de Genebra.

seguro e evitar que o brilho ofuscante dos telhados vizinhos me atingisse os olhos, enrolei uma folha de papel e olhei a superfície sombreada através desse canudo, constatando que o azul não se alterara.

Não me restaram dúvidas, portanto, de que aquela sombra azul não podia ser nada de subjetivo. A cor estava lá, fora de mim, independente, minha subjetividade não tinha a menor influência sobre ela. Mas o que era ela? E, uma vez que estava lá, qual era sua origem?

Olhei novamente de um lado para o outro e então eis que a solução do enigma se anunciou para mim. O que pode ser, disse para mim mesmo, senão o reflexo do céu azul, que a sombra atrai a si e que tem a tendência de se instalar na sombra? Pois está escrito: a cor é aparentada à sombra, une-se a ela de bom grado e nela e através dela se mostra de bom grado a nós, sempre que tiver oportunidade.

Os dias seguintes me deram oportunidade de comprovar minha hipótese. Caminhei pelos campos, o céu não estava azul, o sol brilhava entre vapores semelhantes a um nevoeiro seco, e derramava sobre a neve uma luz inteiramente amarela, forte o suficiente para produzir uma nítida sombra e, segundo a teoria de Goethe, nesse caso deveria surgir o mais vívido azul. Mas não surgiu, a sombra permanecia *acinzentada*.

Na tarde seguinte, com a atmosfera coberta de nuvens, o sol vez por outra brilhava de entremeio e lançava sombras nítidas sobre a neve. Mas novamente não eram sombras *azuis*, e sim *acinzentadas*. Em ambos os casos faltava o reflexo do céu azul que conferisse sua cor às sombras.

Assim, fiquei suficientemente convencido de que as deduções de Goethe daquele fenômeno não foram confirmadas pela natureza, e que os parágrafos da *Teoria das cores* referentes ao tema necessitavam de uma urgente revisão.

Algo semelhante me ocorreu com as sombras duplas coloridas que, com a ajuda de uma vela, podem ser vistas especialmente bem de manhã cedo, ao nascer do dia, ou à tarde, no início do crepúsculo, e também à luz da lua. Que uma dessas sombras, aquela iluminada pela luz da vela, é amarela, de natureza objetiva, Goethe não o disse expressamente, embora seja assim; mas a outra, iluminada pela fraca luz do dia ou da lua, azulada ou verde-azulada, ele classifica como subjetiva, como cor exigida, produzida para os olhos pela luz amarela da vela que incide sobre o papel branco.

Conversações com Goethe nos últimos anos de sua vida

Também essa teoria, após uma cuidadosa observação do fenômeno, não me foi confirmada; pareceu-me, antes, que a fraca luz do dia ou da lua, vinda de fora, já trazia consigo um tom azulado corante, intensificado em parte pela sombra, em parte pela luz amarela, exigida, da vela e, assim, também nesse caso há um fundamento objetivo a ser observado.

Que os raios do sol nascente e da lua lançam uma luz pálida é sabido. Um rosto visto ao nascer do dia ou ao luar parece pálido, como nos confirma uma longa experiência. Shakespeare também parece tê-lo sabido, pois aquela estranha passagem em que Romeu deixa sua amada ao romper do dia, e um parece ao outro tão pálido ao ar livre, decerto se baseia nessa percepção. O fato de que a influência dessa luz faça empalidecer, porém, já seria um indício suficiente de que ela necessariamente traz consigo um brilho esverdeado ou azulado, uma vez que tal luz produz o mesmo efeito de um espelho feito de vidro esverdeado ou azulado. Mas, para maior confirmação, há ainda o que se segue.

A luz, vista pelos olhos do espírito, pode ser pensada como perfeitamente branca; mas a luz empírica, apreendida pelos olhos do corpo, raras vezes é vista nessa pureza; ao contrário, modificada por gases ou outros elementos, tem a tendência a se definir pelo lado mais ou pelo lado menos e, portanto, se manifestar com um tom ou amarelado ou azulado. A luz imediata do sol inclina-se, nesse caso, decididamente para o lado mais, para o amarelo, a luz da vela também; mas a luz da lua, assim como a luz que brilha ao amanhecer ou ao entardecer, que não são luzes diretas, mas refletidas e, além disso, modificadas pelo lusco-fusco ou pela noite, tendem ao passivo, ao lado menos, e chegam aos olhos com um tom azulado.

Se, ao crepúsculo ou ao luar, colocarmos uma folha de papel branco de tal forma que uma parte seja iluminada pela luz da lua ou do dia, e a outra pela vela, uma parte terá um tom azulado, o outro amarelado, e assim ambas as luzes, sem o acréscimo de sombras, e sem intensificação subjetiva, já se encontrarão ao lado ativo ou passivo.

O resultado de minhas observações indicava, portanto, que a teoria das sombras duplas coloridas de Goethe também não estava inteiramente correta, que nesse fenômeno havia uma maior influência objetiva do que fora observado por ele, e que a lei da exigência subjetiva só poderia ser levada em conta como algo secundário.

Se o olho humano fosse tão completamente sensível e suscetível a ponto de ser determinado, pelo mais leve contato com qualquer cor que fosse, a produzir seu contrário, então ele atribuiria o tempo todo uma cor a outra, o que faria surgir a mais incômoda das misturas.

Mas felizmente não é o que ocorre; ao contrário, um olho sadio é constituído de tal forma que ele ou não percebe absolutamente a cor exigida ou, se tiver a atenção chamada para ela, só a produz com algum esforço, demandando essa operação até mesmo alguma prática e habilidade para que, mesmo sob condições favoráveis, seja bem-sucedida.

O que é verdadeiramente característico desses fenômenos subjetivos, isto é, o fato de que para produzi-los o olho demanda em certa medida um forte estímulo e que, quando ocorrem, não tenham permanência, sendo, ao contrário, manifestações fugidias que logo desaparecem, foi muito negligenciado por Goethe, seja no que se refere às sombras azuis na neve ou às sombras duplas; pois em ambos os casos se trata de uma superfície quase imperceptivelmente tingida, e em ambos os casos a cor exigida aparece com nitidez ao primeiro olhar.

Mas Goethe, com seu apego à lei que reconheceu uma vez, e com sua máxima de pressupô-la mesmo nos casos em que ela parece ocultar-se, poderia com facilidade ser tentado a atribuir demasiada abrangência a uma síntese e a enxergar uma lei à qual se afeiçoou também ali onde rege uma outra inteiramente diferente.

Quando ele hoje mencionou sua *Teoria das cores* e perguntou-me o que eu pensava do referido compêndio, eu poderia de bom grado calar-me a respeito dos pontos por mim observados, pois sentia-me um tanto indeciso sobre o modo pelo qual deveria dizer-lhe a verdade sem ofendê-lo.

Mas, uma vez que ele de fato levava a sério a ideia do compêndio, era necessário, antes de avançar resolutamente com a empresa, corrigir todos os erros e discutir e desfazer todos os mal-entendidos.

Assim, não me restava outra coisa a fazer senão lhe confessar com toda a confiança que, após cuidadosas observações, eu me via na contingência de discordar dele em alguns pontos, uma vez que não pudera comprovar

Conversações com Goethe nos últimos anos de sua vida

inequivocamente nem sua hipótese sobre a sombra azul na neve nem sua teoria das sombras duplas coloridas.

Expus-lhe minhas observações e ideias sobre esses pontos; mas, não possuindo o dom de descrever oralmente os objetos com perfeita clareza e minúcia, limitei-me a comunicar os resultados de minhas constatações sem entrar em uma explicação mais detalhada de cada ponto em particular, que pretendia fazer por escrito.

Mas eu mal começara a falar quando o semblante sereno e sublime de Goethe se anuviou e eu pude ver claramente que ele não aprovava minhas objeções.

— Claro — eu disse — que quem quiser ter razão contra Sua Excelência tem de se levantar cedo; mas também pode acontecer de o mestre se precipitar e o pupilo acertar.

— O senhor fala como se tivesse acertado! — respondeu-me com sarcasmo e alguma ironia. — Com sua ideia da luz colorida o senhor ainda está no século XIV, e no resto o senhor se encontra entalado na mais profunda dialética. A única coisa que o senhor tem de bom é que pelo menos é honesto o bastante para dizer francamente o que pensa.

— Comigo e com minha *Teoria das cores* — continuou ele, um pouco mais sereno e suave — se passa o mesmo que com a religião cristã. Durante algum tempo pensamos ter discípulos fiéis e, antes que nos demos conta, eles se afastam e fundam uma seita. O senhor é um herege como os outros, pois não é o primeiro a se afastar de mim. Por causa de pontos polêmicos da *Teoria das cores* tive desavenças com pessoas das mais notáveis. Com *** por causa de... e com *** por causa de...[20]

Mencionou alguns nomes notáveis.

Entrementes, acabáramos de comer; a conversa se interrompeu, Goethe levantou-se e pôs-se à janela. Aproximei-me dele e apertei-lhe a mão, pois, mesmo quando me repreendia, eu o amava, e além disso tinha a sensação de que a razão estava de meu lado e que ele era a parte sofredora.

---

20 Em carta de 14 de junho de 1836 a Karl August Varnhagen von Ense, Eckermann declarou lembrar-se apenas de que, entre os nomes citados por Goethe, se encontrava o do jovem Arthur Schopenhauer.

Não demorou muito e tornamos a falar e a gracejar sobre assuntos insignificantes; mas, quando me despedi e lhe disse que ele deveria ter minhas objeções por escrito, a fim poder melhor avaliá-las, e que se não me dera razão a causa fora a inabilidade de minha exposição oral, ele não pode deixar de, já diante da porta, me dirigir, meio rindo meio troçando, algumas palavras a respeito de hereges e heresia.

Ainda que pareça problemático o fato de Goethe não assimilar bem algumas objeções à sua *Teoria das cores*, enquanto sempre que se tratou de suas obras poéticas ele se mostrou tolerante e aceitou com gratidão críticas bem fundamentadas, o enigma talvez possa ser decifrado se pensarmos que, como poeta, o mundo exterior sempre lhe concedeu plena satisfação, enquanto sua *Teoria das cores*, a maior e mais difícil de todas as suas obras, sempre lhe valeu apenas censuras e desaprovação. Durante metade de sua vida, ressoaram de todos os lados as vozes da mais incompreensiva oposição e, portanto, era perfeitamente natural que ele sempre se encontrasse em um estado de excitação belicosa, sempre armado contra uma oposição apaixonada.

Com relação à sua *Teoria das cores*, passava-se com ele o mesmo que com uma boa mãe que ama tanto mais um excelente filho quanto menos ele é reconhecido pelos outros.

— Não alimento nenhuma ilusão — costumava dizer — a respeito de tudo que realizei como poeta. Fui contemporâneo de excelentes poetas, antes de mim viveram outros ainda melhores, e depois de mim ainda os haverá. Mas que na difícil ciência da teoria das cores eu seja o único em meu século a conhecer a verdade, disso posso me gabar, e por isso tenho consciência de minha superioridade em relação a muita gente.

Sexta-feira, 20 de fevereiro de 1829

À mesa com Goethe. Está feliz com a conclusão dos *Anos de peregrinação*, que despachará amanhã. Na teoria das cores, ele adota em parte minha opinião com respeito à sombra azul na neve. Fala de sua *Viagem à Itália*, que está retomando.

Conversações com Goethe nos últimos anos de sua vida

— Conosco — disse ele — ocorre o mesmo que com as mulheres; assim que dão à luz, desconversam sobre dormir novamente com o marido e, antes que nos demos conta, estão grávidas de novo.

Sobre o quarto volume de sua autobiografia; o modo pelo qual pretende abordá-la e que minhas notas do ano de 1824 sobre as partes já escritas e as já esquematizadas lhe prestam um bom serviço.

Leu-me o diário de Göttling, que trata com grande amabilidade dos antigos mestres de esgrima de Iena. Goethe se refere a Göttling em um tom muito elogioso.

Segunda-feira, 23 de março de 1829

— Encontrei uma folha entre meus papéis — disse Goethe hoje — na qual chamo a arquitetura de música petrificada. E, de fato, faz algum sentido; o estado de espírito produzido pela arquitetura é próximo ao efeito da música.

— Edifícios e aposentos suntuosos são para príncipes e pessoas ricas. Quando vivemos neles, sentimo-nos pacificados, ficamos satisfeitos e não desejamos mais nada.

— Isso é totalmente contrário à minha natureza. Em uma casa suntuosa como a que eu tinha em Carlsbad, torno-me logo preguiçoso e inativo. Aposentos pequenos como esse quarto ruim em que estamos, um tanto desarrumadamente arrumado, com um quê de cigano, são, ao contrário, o que me convém; dão à minha natureza interior total liberdade para agir e para criar a partir de mim mesmo.

Falamos das cartas de Schiller e da vida que levaram juntos, e de como a cada dia ambos se incitavam e incentivavam mutuamente ao trabalho.

— Também pelo *Fausto* — eu disse — Schiller parece ter nutrido um grande interesse; é bonito o modo pelo qual ele o incentiva, e muito simpática a maneira pela qual ele se deixa levar pela ideia de continuar ele mesmo a invenção do *Fausto*. Pareceu-me que havia algo de precipitado em sua natureza.

— O senhor tem razão — disse Goethe —, ele era assim, como todas as pessoas que se orientam demasiadamente pela Ideia. Ele também não tinha sossego e jamais estava pronto, como o senhor pode ver pelas cartas sobre o *Wilhelm Meister*, que ora ele deseja de um jeito, ora de outro. Eu sempre tinha muito trabalho em me manter firme e em proteger tanto suas obras quanto as minhas e em mantê-las livres de tais influências.

— Hoje de manhã — eu disse — li sua *Nadowessische Totenklage*, e Sua Excelência proporcionou-me um grande prazer.

— O senhor vê como Schiller era um grande artista — respondeu-me Goethe — e como também sabia apreender o que é objetivo quando este se apresentava aos seus olhos sob a forma de tradição. O "Lamento fúnebre dos Dakota"[21] está sem dúvida entre seus melhores poemas, e eu apenas gostaria que ele tivesse escrito uma dúzia de outros dessa espécie. Mas o senhor acredita que seus amigos mais chegados o censuraram por esse poema, afirmando que ele não contém o bastante de seu idealismo? Sim, meu caro, tivemos de aturar isso de nossos amigos! Humboldt também censurou à minha Doroteia que ela, durante o ataque dos guerreiros, tenha tomado das armas e entrado na luta! E, no entanto, sem esse traço, o caráter daquela extraordinária donzela, perfeitamente adequado à época e às circunstâncias, seria totalmente destruído e ela cairia para o nível do comum. Mas, quanto mais viver, mais o senhor verá como são raros aqueles que são capazes de se colocar à altura do que tem de ser, e que todos sempre só louvam e só querem ver exaltado aquilo que lhes convêm a eles próprios. E esses ainda são os primeiros e os melhores, imagine o senhor como seriam as opiniões das massas, e o quanto na verdade estávamos sempre sozinhos.

— Se não tivesse adquirido uma base sólida nas artes plásticas e nos estudos da natureza, dificilmente eu teria sobrevivido àqueles tempos ruins e a suas influências diárias; mas aquela base serviu-me de proteção, e permitiu-me também auxiliar Schiller.

---

21 *Nadowessische Totenklage* [Lamento fúnebre dos Dakota], poema de Schiller escrito em 1797, inspirado pela leitura do livro *Travels Through the Interior Parts of North America* [Viagem às regiões do interior da América do Norte, 1778], de Jonathan Carver, na tradução alemã de Christoph Daniel Ebeling publicada em 1780. O adjetivo *nadowessische* é forma germanizada da expressão nativa *Nadowe-is-iw*, que designava o conjunto das tribos Dakota.

Conversações com Goethe nos últimos anos de sua vida

Terça-feira, 24 de março de 1829

— Quanto mais alto se encontra uma pessoa — disse Goethe —, mais ela está sob a influência dos demônios, e deve apenas cuidar para que sua vontade condutora não se perca em descaminhos.

— Assim, algo de profundamente demoníaco também governava minha amizade com Schiller; poderíamos nos ter encontrado em uma época anterior ou posterior àquela em que isso se deu, mas que tenha acontecido justamente depois de eu ter feito minha viagem à Itália e quando Schiller começava a se cansar das especulações filosóficas, foi significativo e cheio de consequências para nós dois.

Quinta-feira, 2 de abril de 1829

— Quero revelar-lhe um segredo político — disse Goethe hoje à mesa — que cedo ou tarde se tornará público. Kapodístrias não poderá se manter por muito tempo à frente do governo da Grécia, pois lhe falta uma qualidade indispensável a essa posição: *ele não é um soldado*. Mas não conhecemos nenhum caso em que um homem de gabinete tivesse organizado um estado revolucionário e submetido às suas ordens os militares e os generais. Com a espada em punho à frente de um exército, pode-se dar ordens e promulgar leis e estar seguro de ser obedecido; mas sem isso é um negócio arriscado. Napoleão, sem ser soldado, jamais teria se alçado ao poder supremo, e assim Kapodístrias não poderá resistir por muito tempo no posto mais elevado, antes será relegado a um papel secundário. Estou lhe fazendo essa previsão, e o senhor a verá realizar-se; faz parte da natureza das coisas, e não é possível ser diferente.

A seguir, Goethe falou bastante sobre os franceses, especialmente sobre Cousin, Villemain e Guizot.

— Esses homens possuem grande vidência, previdência e clarividência — disse ele —; combinam um perfeito conhecimento do passado com o espírito do século XIX, o que de fato faz milagres.

Desses autores, passamos ao poetas franceses mais jovens e ao significado de *clássico* e *romântico*.

323

— Ocorreu-me uma nova expressão — disse Goethe — que caracteriza bem essa relação. Ao clássico eu defino como o sadio, ao romântico como o doente. E, assim, *Os Nibelungos* são clássicos como Homero, pois ambos são sadios e vigorosos. A maior parte da literatura mais nova não é romântica por ser nova, mas por ser fraca, enfermiça, doente, e a literatura antiga não é clássica por ser antiga, e sim por ser forte, fresca, alegre e sadia. Se diferenciarmos entre clássico e romântico segundo tais qualidades, logo teremos clareza sobre o assunto.

A conversa se voltou para a prisão de Béranger.

— Ela é inteiramente justa — disse Goethe. — Seus últimos poemas são verdadeiramente desprovidos de toda reserva e de toda medida, e seus ataques contra o rei, o Estado e o senso pacífico dos cidadãos o fizeram totalmente merecedor de sua pena. Seus poemas anteriores, ao contrário, são alegres e inofensivos, e de todo adequados para alegrar e felicitar um grupo de pessoas, e esse é também o melhor elogio que se pode fazer às canções.

— Estou certo — afirmei — de que seu ambiente teve uma influência nociva sobre ele e que, a fim de agradar seus amigos revolucionários, ele disse coisas que de outra forma não teria dito. Sua Excelência deveria desenvolver seu esquema e escrever o capítulo sobre as influências; quanto mais se pensa nele, mais esse assunto se torna importante e rico.

— Mas é rico em demasia — disse Goethe —, pois, no fim das contas, tudo é influência, quando não o somos nós mesmos.

— Temos apenas de ver — disse eu — se uma influência é nociva ou benéfica, se é adequada e favorável à nossa natureza, ou se lhe é contrária.

— Isso — disse Goethe — é o que mais importa, mas o difícil é justamente que nossa melhor natureza resista vigorosamente, e não ceda mais poder aos demônios do que convém.

Durante a sobremesa, Goethe mandou colocar um loureiro em flor e uma planta japonesa sobre a mesa diante de nós. Notei que cada uma das plantas provocava um diferente estado de espírito, que a vista do loureiro nos deixa alegres, leves, ternos e tranquilos, ao passo que a planta japonesa tem um efeito bárbaro e melancólico.

Conversações com Goethe nos últimos anos de sua vida

— O senhor não deixa de ter razão — disse Goethe —, e é por isso que se reconhece à flora de um país uma influência sobre o modo de ser de seus habitantes. E, certamente! Quem passa a vida rodeado de altos e severos carvalhos deve ser uma pessoa diferente daquela que passa seus dias sob arejadas bétulas. Mas devemos ter em mente que as pessoas em geral não são de natureza tão sensível quanto nós outros, e que levam sua vida vigorosamente adiante sem conceder tanto poder às impressões exteriores. Mas uma coisa é certa: além das características inatas da raça, tanto o solo e o clima quanto o alimento e as ocupações agem no sentido de perfazer o caráter de um povo. Também se deve levar em conta que na maior parte das vezes as tribos primitivas tomaram posse de um solo que lhes agradava e cuja localidade, portanto, já estava em harmonia com o caráter inato dos indivíduos.

— Dê uma olhada ali — prosseguiu Goethe —, sobre a escrivaninha às suas costas há uma folha que eu gostaria que o senhor examinasse.

— Esse envelope azul? — perguntei.

— Sim — disse Goethe. — Então, o que me diz da caligrafia? Não era uma pessoa que tinha em mente algo de grande e livre quando escreveu o endereço? A quem diria o senhor que pertence?

Examinei a folha com interesse. Os traços da caligrafia eram livres e grandiosos.

— Merck poderia ter escrito assim — disse.

— Não — disse Goethe —, ele não era suficientemente nobre e positivo. É de Zelter! O papel e a pena o favoreceram ao escrever esse envelope, de modo que a letra expressa totalmente seu grande caráter. Quero juntar a folha à minha coleção de autógrafos.

Sexta-feira, 3 de abril de 1829

Com o diretor de obras públicas Coudray à mesa em casa de Goethe. Coudray contou de uma escada no castelo grão-ducal do Belvedere que há anos era considerada muito desconfortável, cuja reforma o antigo regente sempre tivera por impossível, mas agora, sob o governo do jovem príncipe, fora inteiramente bem-sucedida.

325

Coudray deu também notícias do andamento da construção de várias estradas, e de como fora necessário desviar um pouco a rota da estrada que leva a Blankenhain através da montanha por causa de um desnível de 2 pés em relação à régua, chegando em alguns pontos a 18 polegadas em relação à régua.

Perguntei a Coudray de quantas polegadas é a norma a ser seguida na construção de estradas em regiões montanhosas.

— Dez polegadas de elevação em relação à régua é uma altura confortável.

— Mas — eu disse — quando se vai por qualquer estrada de Weimar para leste, sul, oeste ou norte, logo nos deparamos com alguns pontos que devem ter mais de 10 polegadas de elevação em relação à régua.

— São trechos curtos, sem maior importância — respondeu Coudray —, e além disso, muitas vezes, na construção de estradas, passamos propositalmente sobre esses pontos nas proximidades de algum lugarejo a fim de não o privar de uma pequena receita advinda dos cavalos de muda.

Rimos dessa honesta patifaria.

— E, no fundo — continuou Coudray —, é também uma ninharia; as carruagens de passageiros atravessam com facilidade esses trechos, e os transportadores de cargas estão habituados a chacoalhar um pouco. Além disso, como os cavalos normalmente são trocados nas estalagens, os cocheiros têm também a oportunidade de beber algo, e não nos agradeceriam se os privássemos desse prazer.

— Eu gostaria de saber — disse Goethe — se em regiões totalmente planas não seria até melhor de vez em quando interromper a linha reta e produzir aqui e ali uma elevação e uma descida artificiais; isso não prejudicaria o conforto da viagem, e teríamos a vantagem de manter as estradas sempre secas por conta do melhor escoamento das águas pluviais.

— Seria possível — respondeu Coudray — e muito provavelmente se mostraria de grande utilidade.

A seguir, Coudray nos mostrou um escrito, o esboço de uma instrução para um jovem arquiteto que o departamento de obras públicas pretendia enviar a Paris a fim de complementar sua formação. Ele leu em voz alta a instrução, Goethe a considerou boa e a aprovou. Goethe conseguira o

Conversações com Goethe nos últimos anos de sua vida

necessário apoio junto ao ministério; nós nos alegramos com o sucesso do projeto e falamos sobre as medidas de precaução a ser adotadas para que o dinheiro fosse de fato empregado em proveito do jovem e que fosse também suficiente para um ano. Em seu retorno, a intenção era colocá-lo como professor na nova escola industrial a ser fundada, com o que logo se abriria um campo de ação adequado para um jovem talentoso. Tudo isso era muito bom e em silêncio eu abençoei o projeto.

Em seguida, foram mostrados e examinados plantas e gabaritos para carpinteiros da autoria de Schinkel.[22] Coudray as considerou importantes e inteiramente adequadas para a futura escola industrial.

Falamos de construções, do eco e de como evitá-lo, sobre a grande solidez dos edifícios dos jesuítas.

— Em Messina — disse Goethe —, todos os edifícios foram destruídos pelo terremoto, mas a igreja e o mosteiro dos jesuítas permaneceram intactos, como se tivessem sido construídos no dia anterior. Não se via sinal de que o terremoto tivesse feito o menor efeito sobre eles.

Dos jesuítas e suas riquezas, a conversa passou para os católicos e a emancipação dos irlandeses.

— Vê-se — disse Coudray — que a emancipação será concedida, mas o Parlamento imporá tantas cláusulas que esse passo não terá o menor perigo para a Inglaterra.

— Com os católicos — disse Goethe —, quaisquer medidas de segurança serão inúteis. O papado tem interesses em que não pensamos e meios para implementá-los em silêncio dos quais não fazemos ideia. Se fosse membro do Parlamento, eu também não impediria a emancipação, mas faria constar no protocolo que pensassem em mim quando a primeira cabeça de um protestante notável fosse cair pelo voto de um católico.

A conversa se voltou para a literatura francesa mais recente, e Goethe novamente exprimiu sua admiração pelas preleções dos srs. Cousin, Villemain e Guizot.

---

22 Karl Friedrich Schinkel (1781-1841), arquiteto e pintor classicista.

Johann Peter Eckermann

— Em lugar do caráter leviano e superficial de Voltaire — disse ele —, esses homens possuem uma erudição que antigamente só se encontrava entre os alemães. E, também, que espírito, que penetração, que capacidade de exaurir um objeto! Magnífica! É como se pisassem uvas! Todos os três são admiráveis, mas eu daria a precedência ao sr. Guizot, é meu favorito.

Falamos então sobre acontecimentos da história universal, e Goethe disse o seguinte sobre governantes:

— Para ser popular, um grande governante não precisa de outro meio além de sua grandeza. Se seus esforços e sua atuação foram no sentido de fazer seu estado feliz internamente e respeitado externamente, ele tanto pode viajar em sua carruagem oficial com todas as suas comendas como em uma pele de urso e de charuto na boca em uma péssima troica que não fará diferença, pois é amado por seu povo e goza de seu respeito. Mas se faltar a um príncipe a grandeza pessoal, e ele não souber, com seus bons atos, conquistar o amor de sua gente, ele deve então pensar em outro meio de ligar-se a ela, e para isso não há outro melhor e mais eficiente que a religião e a participação no gozo e no exercício dos mesmos costumes. Ir à igreja aos domingos, contemplar a comunidade lá embaixo e deixar-se ver por ela durante uma horinha é o melhor meio de conquistar popularidade, que recomendaríamos a todo jovem governante e do qual nem mesmo Napoleão, com toda a sua grandeza, desdenhou.

Voltamos então a falar dos católicos e de como são grandes a influência e a atuação silenciosa do clero. Falou-se de um jovem escritor de Hanau que recentemente, em uma revista editada por ele, referiu-se de modo um tanto jocoso ao rosário.[23] A revista logo faliu, graças à influência dos sacerdotes em suas diversas paróquias.

— De meu *Werther* — disse Goethe — logo apareceu uma tradução italiana em Milão. Mas em pouco tempo já não se encontrava mais um único exemplar de toda a tiragem. O bispo se pusera em ação e ordenara que a

---

23 Heinrich Joseph König (1790-1868), cujos ensaios publicados na revista *Der Protestant* de Frankfurt foram recolhidos em 1829 sob o título *Rosenkranz eines Katholiken* [Rosário de um católico].

Conversações com Goethe nos últimos anos de sua vida

edição inteira fosse comprada pelos sacerdotes nas paróquias. Isso não me aborreceu, ao contrário, fiquei feliz porque o inteligente senhor logo se deu conta de que o *Werther* é um mau livro para os católicos, e elogiei-o por ter imediatamente tomado as medidas mais efetivas para, em silêncio, fazê-lo desaparecer do mundo.

Domingo, 5 de abril de 1829

Goethe contou-me que fora antes do almoço ao Belvedere para ver no castelo a nova escada de Coudray e a achara excelente. Falou-me ainda da chegada de um grande tronco petrificado que queria mostrar-me.

— Esses troncos petrificados — disse ele — se encontram em toda parte, até na América, sempre sob o paralelo 51, como se formassem um cinturão ao redor da terra. É impressionante! Não temos nenhuma ideia da organização original da terra, e não posso censurar o sr. Von Buch por doutrinar as pessoas a fim de propagar suas hipóteses. Ele não sabe nada, mas ninguém sabe mais que ele, e assim não faz diferença o que é ensinado, desde que tenha ao menos uma aparência de sensatez.

Goethe transmitiu-me saudações de Zelter, o que muito me alegrou. Falamos então de sua viagem à Itália e ele me disse haver encontrado em uma de suas cartas enviadas de lá uma canção que queria mostrar-me. Pediu-me que lhe alcançasse um maço de papéis que estavam sobre a escrivaninha à minha frente. Entreguei-lhe o pacote; eram suas cartas da Itália; ele procurou o poema e leu:

Cupido, menino travesso e caprichoso!
Pediste-me pousada para algumas horas.
Quantos dias e noites aqui ficastes!
E agora te tornaste amo e senhor da casa.

Fui expulso de meu largo leito;
Agora me acomodo no chão, em noites de tormento.
Tua malícia atiça as chamas da lareira,
Queima as provisões de inverno e me chamusca, pobre de mim!

329

Reviraste e espalhaste minhas ferramentas.
Eu busco e pareço um cego desorientado.
Fazes um barulho tão grande; eu temo que a pobre almazinha
Fuja, para escapar de ti, e deixe a cabana vazia.[24]

Regozijei-me com o poema, que me pareceu algo inteiramente novo.

– Não deve ser desconhecida para o senhor – disse Goethe –, pois é cantada por Rugantino na *Claudine de Villa Bella*.[25] Mas na peça eu a desmembrei, de modo que passamos os olhos sobre ela sem nos dar conta do que significa. Creio que é boa! Expressa com muita graça a situação, tem belas metáforas e pertence ao gênero anacreôntico. Na verdade, deveríamos ter republicado essa canção e outras semelhantes de minhas óperas no volume de meus poemas, para que o compositor pudesse ter todas as canções reunidas.

A ideia pareceu-me boa e sensata, e guardei-a comigo para o futuro.

Goethe lera muito bem o poema; eu não conseguia deixar de pensar nele, e Goethe também parecia não o tirar da cabeça. Repetia os últimos versos:

Fazes um barulho tão grande; eu temo que a pobre almazinha
Fuja, para escapar de ti, e deixe a cabana vazia.

como se estivesse sonhando.

Contou-me a seguir a respeito de um livro recém-publicado sobre Napoleão, escrito por um amigo de juventude do herói, e que continha informações extremamente interessantes.[26]

---

24 *"Cupido, loser, eigensinniger Knabe!/ Du batst mich um Quartier auf einige Stunden./ Wie viele Tag' und Nächte bist du geblieben!/ Und bist nun herrisch und Meister im Hause geworden.// Von meinem breiten Lager bin ich vertrieben;/ Nun sitz' ich an der Erde, Nächte gequälet./ Dein Mutwill' schüret Flamm' auf Flamme des Herdes,/ Verbrennet den Vorrat des Winters und senget mich Armen.// Du hast mir mein Gerät verstellt und verschoben./ Ich such' und bin wie blind und irre geworden;/ Du lärmst so ungeschikt; ich fürchte das Seelschen/ Entiflieht, um dir zu entflihen, und räumet die Hütte."*

25 O poema originalmente se encontra no início do relato de janeiro de 1799 da *Viagem à Itália*. Posteriormente foi incluído no *Singspiel Claudina von Villa Bella* (1788).

26 Louis-Antoine Fauvelet de Bourrienne (1769-1834), *Mémoirs sur Napoléon, le directoire, le consulat, l'empire et la restauration* [Memórias de Napoleão, o diretório, o consulado, o império e a restauração, dez volumes, 1828-1830].

Conversações com Goethe nos últimos anos de sua vida

– O livro – disse ele – é muito sóbrio, escrito sem entusiasmo, mas por ele podemos constatar que grande caráter tem a verdade quando alguém ousa dizê-la.

Goethe falou-me ainda de uma tragédia de autoria de um jovem poeta.

– É uma obra patológica – disse ele –; um excesso de seiva foi despejado em partes que não a requeriam, e faltou em outras que tinham necessidade dela. O tema era bom, muito bom, mas as cenas que eu esperava não estavam lá, e outras que eu não esperava foram compostas com dedicação e amor. Pareceu-me patológica, ou romântica, caso o senhor prefira defini-la segundo nossa nova teoria.

Estivemos ainda a conversar alegremente por mais algum tempo, e por fim Goethe ainda me presenteou com uma boa porção de mel e algumas tâmaras que eu trouxe comigo.

Quarta-feira, 6 de abril de 1829

Goethe entregou-me uma carta de Egon Ebert que li à mesa e me alegrou. Falamos muito elogiosamente de Egon Ebert, da Boêmia, e nos lembramos também com afeto do professor Zauper.

– A Boêmia é uma terra singular – disse Goethe –, sempre tive prazer em estar lá. A cultura dos literatos ainda tem algo de puro que começa a se tornar raro na Alemanha do Norte, pois aqui qualquer pulha sem um vestígio de fundamento moral e de intenções elevadas se mete a escrever.

Goethe falou então do mais recente poema épico de Egon Albert, sobre o antigo matriarcado boêmio e a origem da saga das amazonas.[27]

Isso trouxe à baila a epopeia de um outro poeta que se esforçara muito por ver sua obra receber críticas favoráveis nos jornais.[28]

---

27 Egon Ebert enviara a Goethe seu *Wlasta. Böhmiche-nationales Heldengedicht in drei Büchern* [Vlasta. Poema heroico-nacional boêmio em três livros], publicado poucas semanas antes. Goethe já havia resenhado favoravelmente alguns fragmentos da obra no artigo *Böhmishe Poesie* [Poesia boêmia], em *Arte e antiguidade* VI, n.1 (1827).

28 Karl Gottlieb Ernst Weber (1782-1865), *Die Völkerschlacht* [A batalha das nações, 1827].

— E, de fato — disse Goethe —, apareceram aqui e ali algumas críticas desse tipo. Mas então a *Folha Literária de Halle* pôs mãos à obra e disse francamente o quanto valia o poema, aniquilando todos os elogios dos outros jornais. Agora, quem não deseja o que é justo logo é descoberto; foi-se o tempo de tratar o público como tolo e induzi-lo ao erro.

— Admira-me — disse eu — que as pessoas se ralem tanto e até recorram a meios fraudulentos apenas para ter um nome conhecido.

— Meu filho — disse Goethe —, um nome não é pouca coisa. Para adquirir um grande nome, Napoleão fez meio mundo em pedaços!

Fez-se uma pequena pausa na conversa, depois da qual Goethe deu-me mais notícias do livro sobre Napoleão.

— É grande o poder da verdade — disse ele. — Toda a aura, toda a ilusão de que jornalistas, historiadores e poetas cercaram Napoleão desaparecem diante da terrível realidade desse livro; mas nem por isso o herói sai diminuído, ao contrário, cresce na mesma medida em que ganha em veracidade.

— Sua personalidade — disse eu — devia possuir uma magia peculiar para que as pessoas fossem atraídas por ele, aderissem a ele e se deixassem conduzir por ele.

— De fato — disse Goethe —, sua personalidade era superior. Mas o principal era que as pessoas estavam certas de alcançar seus objetivos sob seu domínio. Por isso se sentiam atraídas, assim como se sentem por qualquer um que lhes dê semelhante certeza. Os atores também se sentem atraídos por um novo diretor de quem esperam conseguir bons papéis. É uma velha história que sempre se repete; a natureza humana é assim. Ninguém serve a um outro desinteressadamente; mas se souber que com isso serve a si mesmo, o fará de bom grado. Napoleão conhecia muito bem os seres humanos e sabia tirar o melhor proveito de suas fraquezas.

A conversa se voltou para Zelter.

— O senhor sabe — disse Goethe — que Zelter recebeu a Ordem Prussiana. Contudo, ele não tinha ainda nenhum brasão, mas tem numerosos descendentes e, assim, a esperança de uma linhagem que durará muito tempo. Portanto, precisava de um brasão que lhe desse uma base respeitável, e eu tive a divertida ideia de lhe fazer um. Escrevi-lhe e ele ficou satisfeito, mas queria um cavalo. Pois bem!, disse eu, você terá um cavalo, mas alado. Olhe para trás, naquela folha de papel desenhei um esboço a lápis.

Peguei a folha e examinei o desenho. O brasão era muito imponente e a invenção merecia todos os elogios. O campo inferior mostrava as ameias da muralha de uma cidade, para lembrar que Zelter fora no passado um hábil pedreiro. Atrás delas um cavalo alado alçava voo em busca de regiões mais elevadas, dando expressão ao seu gênio e à sua ascensão para posições mais elevadas. No campo superior do brasão havia uma lira encimada por uma estrela luzente, símbolo da arte através da qual o notável amigo, sob a influência e a proteção de constelações favoráveis, conquistara sua fama. Da extremidade inferior do brasão pendia a ordem com a qual seu rei o felicitara e honrara, em sinal de merecido reconhecimento por seus grandes méritos.

— Mandei gravá-lo por Facius — disse Goethe — e o senhor verá uma cópia dessa gravura.[29] Não é um belo gesto fazer o brasão para um amigo e com isso, por assim dizer, lhe conceder a nobreza?

Rejubilamo-nos com esse alegre pensamento, e Goethe mandou buscar uma cópia da gravura em casa de Facius.

Permanecemos ainda por algum tempo à mesa, bebendo algumas taças de um velho vinho do Reno acompanhadas de saborosos biscoitos. Goethe cantarolava baixinho algo incompreensível. Lembrei-me do poema de ontem e recitei:

> Reviraste e espalhaste minhas ferramentas.
> Eu busco e pareço um cego desorientado.

— Não posso tirar esse poema da cabeça — disse eu —; é muito peculiar e expressa tão bem a desordem em que o amor nos põe a vida.

— Ele nos põe diante dos olhos uma situação sombria — disse Goethe.

— Ele me dá a impressão de um quadro — disse eu — da escola holandesa.

— Tem algo do *Good Man and Good Wife* — disse Goethe.

---

29 Friedrich Wilhelm Facius (1779-1843), gravador e cunhador de medalhas de Weimar.

Johann Peter Eckermann

— O senhor me tirou as palavras da boca — disse eu —, pois estive o tempo todo pensando naquele escocês e tinha diante dos olhos o quadro de Ostade.

— Mas é estranho — disse Goethe — que nenhum dos poemas se deixe pintar. Eles podem até dar a impressão de um quadro, de uma atmosfera semelhante, mas, pintados, nada significariam.

— São dois belos exemplos — disse eu — de como a poesia se aproxima tanto quanto possível da pintura sem, contudo, sair de sua própria esfera. Poesias como essas estão entre minhas favoritas, pois nos permitem tanto a contemplação quanto o sentimento. Mas não compreendo como o senhor chegou ao sentimento provocado por uma tal situação; o poema parece pertencer a outra era e a outro mundo.

— Não poderia fazê-lo uma segunda vez — disse Goethe — e também, como acontece frequentemente, não saberia dizer como cheguei a ele.

— O poema — disse eu — tem ainda outra singularidade. Ele me dá a impressão de ser rimado, embora não o seja. De onde vem isso?

— É por causa do ritmo — disse Goethe. — Os versos iniciam com uma sílaba breve, continuam em ritmo trocaico, aparecendo no final um dáctilo, o que tem um efeito peculiar e confere ao poema um caráter sombrio, lamentoso.

Goethe pegou o lápis e escandiu:

Vŏn | mēinĕm | brēitĕn | Lāgĕr | bīn ĭch vĕr | trīebĕn.

Falamos sobre o ritmo em geral e concordamos em que não é possível refletir sobre tais coisas.

— O metro — disse Goethe — vem da atmosfera poética, como que inconscientemente. Se quiséssemos refletir sobre ele ao fazer um poema, ficaríamos loucos e não produziríamos nada que prestasse.

Eu esperava pela cópia do brasão; Goethe se pôs a falar sobre Guizot.

— Continuo a ler suas preleções — disse ele — e elas mantêm a excelência. As deste ano vão até em torno do século VIII. Seu olhar tem uma profundidade e uma penetração como não encontrei em nenhum outro historiador. Coisas às quais não prestamos atenção adquirem aos seus olhos a maior

Conversações com Goethe nos últimos anos de sua vida

importância como fontes de acontecimentos relevantes. Que influência teve, por exemplo, o predomínio de certas opiniões religiosas na história, como a doutrina do pecado original, da graça, das boas obras deram a uma determinada época essa ou aquela configuração, nós o vemos deduzir e demonstrar com toda clareza. Também o vemos tratar com muita propriedade o direito romano como algo sempre vivo que, do mesmo modo que um pato mergulhador, de tempos em tempos se esconde, sem jamais se perder, apenas para ressurgir cheio de vida, e ele então aproveita a oportunidade para prestar pleno reconhecimento ao nosso excelente Savigny.[30]

— Quando Guizot trata das influências que os gauleses receberam de nações estrangeiras nos primeiros tempos, impressionou-me sobremaneira o que ele diz dos alemães. "Os germânicos", diz ele, "nos trouxeram a ideia da liberdade pessoal, que esse povo possuía mais que qualquer outro." Não é belo isso; e ele não está coberto de razão? Essa ideia, não exerce ela até hoje sua influência sobre nós? A Reforma brotou dessa fonte, assim como a conjuração estudantil no Wartburg,[31] muita coisa sábia e também muita coisa estúpida. E o caráter heterogêneo de nossa literatura, a mania de originalidade de nossos poetas, a crença de cada um deles na necessidade de abrir novos caminhos, a solidão e o isolamento de nossos eruditos, todos ensimesmados e levando sua vida em seu próprio cantinho, tudo vem daí. Franceses e ingleses, ao contrário, se mantêm muito mais unidos e se orientam uns pelos outros. Na roupagem e no comportamento têm algo de coincidente. Temem se afastar uns dos outros, para não chamarem a atenção ou mesmo se exporem ao ridículo. Os alemães, porém, seguem sempre sua própria cabeça, sempre se bastam a si mesmos, não perguntam pelos outros, pois em cada um deles vive, como pensa corretamente Guizot,

---

30 Savigny (cf. n.16, p.61) escrevera uma *Geschichte der Römichen Rechts im Mittelalter* [História do Direito Romano na Idade Média, 1815-1831].

31 A primeira festa no castelo de Wartburg foi promovida por estudantes e professores de diversas universidades alemãs em 18 de outubro de 1817 para lembrar os trezentos anos da reforma luterana e os quatro anos da Batalha das Nações em 1813, na qual os exércitos da Prússia, Rússia, Áustria e Suécia derrotaram Napoleão. O evento teve um cunho de protesto contra o reacionarismo político e pela unificação da Alemanha em um estado nacional com constituição própria. Desde então o local se tornou ponto de encontro das ligas estudantis alemãs.

a ideia da liberdade pessoal, da qual provém, como eu já disse, muita coisa excelente, mas também muita coisa absurda.

Terça-feira, 7 de abril de 1829

Ao entrar, encontrei o conselheiro áulico Meyer, que andava adoentado, à mesa com Goethe, e alegrei-me por vê-lo restabelecido. Falavam de objetos artísticos, de Peel, que comprou um Claude Lorrain por 4 mil libras, o que lhe granjeou a especial consideração de Meyer.[32] Foram trazidos os jornais, que dividimos entre nós, enquanto esperávamos pela sopa.

Como algo que está na ordem do dia, logo se mencionou a emancipação dos irlandeses.

— O que há de instrutivo para nós nesse fato — disse Goethe — é que nessa ocasião surgem à luz do dia algumas coisas nas quais ninguém pensara e que, sem essa motivação, jamais seriam debatidas. Mas não obteremos perfeita clareza a respeito da situação irlandesa, pois se trata de um problema muito intrincado. Contudo, tanto quanto podemos ver, aquele país sofre de males que não podem ser sanados por meio algum, ou seja, nem mesmo pela emancipação. Se até agora foi uma infelicidade que a Irlanda suportasse sozinha seus males, é também uma infelicidade que agora a Inglaterra seja envolvida neles. Essa é a questão. E não se pode confiar nos católicos. Sabemos da má situação em que se encontraram até hoje os 2 milhões de protestantes da Irlanda diante da prepotência dos 5 milhões de católicos e como, por exemplo, pobres arrendatários protestantes que tinham vizinhos católicos foram oprimidos, chicaneados e atormentados. Os católicos não podem se suportar mutuamente, mas sempre se unem quando se trata de se opor a um protestante. São como uma matilha de cães que se mordem uns aos outros, mas, assim que aparece um cervo, logo se unem para atacá-lo em massa.

Dos irlandeses a conversa passou para os negócios na Turquia. Admiramo-nos de como os russos, apesar de sua superioridade, não foram muito longe na campanha do ano passado.

---

32 Robert Peel (1788-1850), estadista e colecionador de arte inglês.

— A questão — disse Goethe — é que os meios não eram suficientes, e por isso foram feitas exigências desmedidas a indivíduos isolados, o que deu ocasião a grandes feitos e sacrifícios pessoais, sem favorecer a causa como um todo.

— Deve ser também um lugar danado — disse Meyer —; podemos comprová-lo pelos tempos antigos, quando um inimigo que pretendia alcançar as montanhas do Norte a partir do Danúbio sempre dava início a uma luta na qual tinha de se haver com a mais obstinada resistência e quase nunca conseguia avançar. Se ao menos os russos conseguirem manter a costa aberta para poderem receber provisões!

— É o que se espera — disse Goethe. — Estou lendo justamente o relato sobre a campanha de Napoleão no Egito feito por Bourrienne, que acompanhou o herói dia a dia, no qual desaparece tudo quanto havia de aventuroso em muita coisa, restando apenas os fatos em sua nua e sublime verdade. Podemos ver que ele empreendeu aquela campanha apenas para preencher um período em que nada podia fazer na França para alçar-se ao poder. De início estava indeciso sobre o que deveria fazer; visitou todos os portos franceses na costa do Atlântico para inteirar-se das condições dos navios e para se certificar se uma expedição contra a Inglaterra era viável ou não. Mas concluiu que isso não seria aconselhável, e decidiu-se pela campanha no Egito.

— Causa-me espanto — eu disse — como Napoleão, ainda tão jovem, sabia jogar com os grandes negócios do mundo com tanta facilidade e segurança quanto se tivesse anos de prática e experiência atrás de si.

— Isso, meu filho — disse Goethe —, é inato aos grandes talentos. Napoleão manejava o mundo como Hummel seu piano; ambos nos parecem maravilhosos, compreendemos tão pouco um quanto o outro e, no entanto, é assim que é, e se passa diante de nossos olhos. Napoleão era de uma grandeza extraordinária porque sempre era *o mesmo*, a qualquer hora. *Antes* de uma batalha, *durante* uma batalha, *depois* de uma vitória, *depois* de uma derrota, sempre se mantinha firme, sempre lúcido e seguro a respeito do que deveria ser feito. Estava sempre em seu elemento, sempre pronto para qualquer ocasião e qualquer situação, assim como para Hummel é indiferente se toca um adágio ou um alegro, em grave ou agudo. É a facilidade que sempre se encontra onde quer que haja um verdadeiro talento, nas artes da paz ou da guerra, ao piano ou detrás dos canhões.

— Mas podemos ver nesse livro — prosseguiu Goethe — quantas fábulas nos foram contadas a respeito da campanha no Egito. Algumas de fato se comprovam, mas muitas não, e a maioria se passou de modo diferente.

— É verdade que ele mandou fuzilar os oitocentos prisioneiros turcos; mas nos aparece como uma decisão madura de um longo conselho de guerra, uma vez que, pesadas todas as circunstâncias, não havia meio de salvá-los.

— Que ele tenha descido ao interior das pirâmides é fábula. Ficou lá fora, belo e formoso, e deixou que os outros lhe contassem o que tinham visto lá embaixo.

— Também a história de que ele teria vestido costumes orientais se passou de modo um pouco diferente. Apenas uma vez, em casa, ele aprontou essa mascarada e apareceu vestido assim diante de sua família para ver como lhe caíam aquelas roupas. Mas o turbante não ficou bem nele, como não fica bem a nenhuma cabeça alongada, e ele jamais tornou a usar aquela vestimenta.

— Ele, porém, de fato visitou as vítimas da peste, a fim de dar um exemplo de como poderia vencer a peste quem fosse capaz de vencer o medo. E tinha razão! Posso contar uma passagem de minha própria vida em que, durante uma epidemia de tifo, estive inevitavelmente exposto ao contágio e evitei a doença pela simples força de vontade. É incrível o poder da vontade moral nesses casos! Ela impregna o corpo e o coloca em um estado de atividade que rechaça de imediato todas as influências malignas. O medo, ao contrário, é um estado de fraqueza e sensibilidade inertes que faculta a qualquer inimigo se apoderar de nós. Napoleão sabia disso muito bem e estava consciente de que não corria nenhum risco ao dar a suas tropas um exemplo imponente.

— Mas — continuou Goethe gracejando alegremente — tenham respeito! Que livro tinha Napoleão em sua biblioteca de campanha? Meu *Werther*!

— Que ele o estudara cuidadosamente — eu disse — pode-se ver por sua audiência matinal em Erfurt.

— Ele o estudou como um juiz de instrução estuda seus autos — disse Goethe —, e foi nesse espírito que me falou do livro.

Conversações com Goethe nos últimos anos de sua vida

— No livro do sr. Bourrienne há uma lista dos livros que Napoleão levava consigo no Egito, entre os quais está o *Werther*. Mas o interessante dessa lista é como os livros são classificados sob diversas rubricas. Sob "Política", por exemplo, encontramos listados: *le vieux testament, le nouveau testament, le coran*, e por aí se pode ver sob qual ponto de vista Napoleão considerava os assuntos religiosos.

Goethe nos contou ainda algumas coisas interessantes sobre o livro do qual se ocupava. Entre outras coisas, relatou como Napoleão, tendo atravessado a pé, durante a maré baixa, uma parte do leito seco do Mar Vermelho, foi surpreendido pela maré cheia, de modo que os últimos soldados tiveram de caminhar com a água sob as axilas, o que quase deu àquele ato de ousadia um desfecho faraônico. Goethe aproveitou a ocasião para falar algumas coisas novas sobre a subida da maré. Ele a comparou às nuvens que não nos vêm de uma grande lonjura, mas se formam em toda parte ao mesmo tempo e em toda parte se aglomeram igualmente.

Quarta-feira, 8 de abril de 1829

Ao entrar, encontrei Goethe já sentado diante da mesa posta; recebeu-me com grande alegria.

— Recebi uma carta — disse ele —, e de onde? *De Roma!* Mas de quem? *Do rei da Baviera*.

— Compartilho de sua alegria — disse-lhe. — Mas não é estranho? Há uma hora que eu, durante o passeio, tinha meus pensamentos inteiramente tomados pelo rei da Baviera, e agora recebo essa agradável notícia.

— Frequentemente — disse Goethe — alguma coisa se anuncia em nosso íntimo. Ali está a carta. Pegue-a, venha sentar-se ao meu lado e leia.

Peguei a carta, Goethe pegou o jornal, e assim eu pude ler as palavras do rei sem ser incomodado. A carta estava datada: Roma, 26 de março de 1829, e escrita com uma caligrafia muito clara e esmerada. O rei comunicava a Goethe que adquirira uma propriedade em Roma, a *Villa de Malta* com o jardim anexo, nas vizinhanças da *Villa Ludovisi*, nas fronteiras a noroeste da cidade, situada sobre uma colina, de modo que dali ele podia contemplar

Roma inteira e, a noroeste, tinha uma vista livre para São Pedro. "Para desfrutar de uma vista como essa", escreve ele, "empreenderíamos uma longa viagem, e eu agora a contemplo comodamente da janela de minha propriedade a qualquer hora do dia." Ele prossegue congratulando a si mesmo por estar agora tão bem instalado em Roma. "Há doze anos não via Roma", escreve ele, "e tinha saudade dela como se tem de uma amante; mas agora vou voltar com o mesmo sentimento tranquilo com que vamos ao encontro de uma amiga bem-amada." Fala então dos sublimes tesouros artísticos e edifícios com o entusiasmo de um conhecedor que tem um profundo amor pelo belo e por seu fomento, e sente vivamente qualquer distanciamento do bom gosto. Toda a carta estava impregnada de impressões e sentimentos tão belos e humanos como não os esperamos de pessoas de tão alta posição. Disse a Goethe do prazer que me proporcionara aquela missiva.

— Aí está um monarca — disse ele — que, a par de sua majestade real, soube preservar a beleza inata de sua natureza humana. É um fenômeno raro, e por isso mesmo tanto mais agradável.

Tornei a passar os olhos pela carta e encontrei outras passagens excelentes. "Aqui em Roma", escreve o rei, "eu me restabeleço das preocupações do trono; a arte, a natureza são meus prazeres diários, artistas são meus companheiros de mesa." Ele escreve ainda que frequentemente passa diante da casa onde Goethe morou e, ao fazê-lo, sempre se lembra dele. Cita algumas passagens das *Elegias romanas*, pelas quais se vê que o rei as tem bem guardadas na memória e as relê em Roma, de tempos em tempos, no lugar e no ambiente em que foram escritas.

— Sim — disse Goethe —, ele tem uma predileção especial pelas elegias; quando esteve aqui, atormentava-me o tempo todo para que eu lhe dissesse o que havia de fato naquelas situações para que se tornassem tão graciosas nos poemas como se houvesse algo de verdadeiro nelas. As pessoas raramente se dão conta de que na maior parte dos casos o poeta sabe fazer algo de bom a partir de motivos insignificantes.

— Gostaria — disse Goethe — de ter aqui os poemas do rei, para poder dizer alguma coisa deles em minha resposta. Pelo pouco que li dele, seus poemas devem ser bons. Na forma e no procedimento ele tem muito de

Schiller e, se nos oferecer em vaso tão esplêndido as riquezas de uma alma elevada, temos todos os motivos para esperar dele coisas excelentes.

— De resto, fico feliz por ele ter feito uma aquisição tão bela em Roma. Conheço a *villa*, a localização é *muito* bonita e os artistas alemães moram todos na vizinhança.

O criado trocou os pratos e Goethe lhe disse para estender no chão do *Deckenzimmer* o grande mapa de Roma.

— Quero mostrar-lhe em que belo local o rei adquiriu sua propriedade, para que o senhor possa fazer uma ideia adequada do lugar.

Senti-me muito grato a Goethe.

— Ontem à noite — eu disse —, li *Claudine von Villa Bella* e me deleitei. O plano é tão sólido, e o resultado é tão ousado, livre, atrevido e alegre que senti o mais vivo desejo de vê-la no teatro.

— Quando bem representada — disse Goethe —, não é nada má.

— Em pensamentos — continuei —, já escolhi o elenco e distribuí os papéis. O sr. Genast faria Rugantino, é perfeito para o papel. O sr. Franke faria Don Pedro, pois tem o mesmo porte, e é bom que dois irmãos sejam um pouco parecidos. O sr. La Roche faria Basko, pois com sua arte e uma indumentária adequada saberia dar ao papel o tom selvagem de que ele precisa.

— Penso — disse Goethe — que mme. Eberwein daria uma boa Lucinde, e mlle. Schmidt faria Claudine.

— Para o papel de Alonzo — eu disse —, precisaríamos de uma figura robusta, antes bom ator que cantor, e penso que o sr. Oels ou o sr. Graff seriam boas escolhas.[33] Quem compôs a ópera, e como é a música?

— Reichardt a compôs — disse Goethe —, e a música é de fato excelente.[34] Apenas a instrumentação é um pouco fraca, de acordo com o gosto da época. Seria preciso melhorá-la, tornando a instrumentação um pouco

---

33 Nesta passagem, são citados os nomes de vários artistas que atuavam no teatro de Weimar: Heinrich Franke (*1808), ator; Regina Henriette Eberwein (1790-1849), cantora; Maria Schmidt (*1808), cantora; Karl Ludwig Oels (1771-1833), cantor; Johann Friedrich Graff (1768-1848), cantor.

34 Johann Friedrich Reichardt (1752-1814), que musicou ainda outras obras de Goethe: *Erwin und Elmire* (1775-1776) e *Jery und Bätely* (1780).

mais forte e cheia. O compositor foi especialmente feliz ao musicar nosso poema "Cupido, menino travesso".

— É próprio desse poema — eu disse — nos colocar em um agradável estado onírico quando o recitamos.

— Ele se originou de um estado assim — disse Goethe —, e portanto é de esperar que tenha justamente esse efeito.

Termináramos de comer. Friedrich entrou e disse que o mapa de Roma estava estendido na sala dos tetos. Fomos lá para examiná-lo.

Tínhamos diante de nós o perfil da grande metrópole. Goethe logo localizou a Villa Ludovisi e, próximo a ela, a nova propriedade do rei, a Villa di Malta.

— Veja só que localização! — disse Goethe. — Roma inteira se estende diante do senhor, a colina é tão alta que pela manhã e ao meio-dia o senhor pode enxergar para além da cidade. Eu estive nessa *villa* e apreciei a vista de suas janelas. Aqui, onde a cidade se estende a noroeste para além do Tibre, formando uma ponta, fica São Pedro e, vizinho a ela, o Vaticano. Veja como das janelas, por sobre o rio, o rei tem uma vista aberta para esses edifícios. Essa longa estrada que leva à cidade pelo lado norte vem da Alemanha; essa é a Porta del Popolo; foi em uma dessas primeiras ruas que dão para a porta que eu morei, em uma casa de esquina. Hoje em dia se mostra outro edifício em Roma como aquele em que eu teria morado, mas não é o correto. Não faz mal; essas coisas no fundo são indiferentes, e devemos deixar que a tradição siga seu rumo.

Voltamos à nossa sala.

— O chanceler — eu disse — ficará feliz com a carta do rei.

— Ele a verá — disse Goethe.

— Sempre que leio nos jornais de Paris os discursos e os debates nas câmaras — prosseguiu Goethe —, eu me lembro do chanceler, que lá ele estaria em seu elemento e em seu lugar. Pois para esse posto não basta ser inteligente, é preciso também ter o ímpeto e a vontade de *discursar*, e o chanceler reúne em si ambas as qualidades. Napoleão também tinha esse ímpeto para discursar e, quando não podia fazê-lo, tinha de escrever ou ditar. Podemos ver que Blücher também discursava com prazer, e sabia fazê-lo bem e com

Conversações com Goethe nos últimos anos de sua vida

ênfase, talento esse que ele desenvolveu na maçonaria. Também nosso grão-duque gostava de discursar, embora fosse de natureza lacônica, e, quando não podia discursar, escrevia. Ele redigiu alguns estudos, algumas leis, e na maioria das vezes o fez bem. Mas um príncipe não dispõe de tempo e sossego para adquirir em todos os assuntos o necessário conhecimento dos detalhes. Ainda em seus últimos dias, ele redigiu uma resolução sobre como se deveria proceder ao pagamento da restauração de quadros. Foi um caso interessante. Pois, de acordo com o caráter de um príncipe, ele estabeleceu a avaliação dos custos de restauração matematicamente, por meio de números e medidas. A restauração, determinou ele, deveria ser paga por pé. Se um quadro restaurado medisse 12 pés quadrados, então se deveriam pagar 12 táleres; se medisse 4 pés, 4 táleres. Era uma resolução governamental, não artística. Pois um quadro de 12 pés quadrados pode estar em um estado tal que pode ser restaurado em um único dia sem muito esforço, e um outro de 4 pés pode se encontrar em tal situação que os esforços e a dedicação de uma semana inteira quase não seriam suficientes para restaurá-lo. Mas os príncipes, como bons militares, gostam de determinações matemáticas, e em grande estilo põem mãos à obra de acordo com a medida e os números.

A anedota divertiu-me. Tratamos ainda de algumas coisas referentes à arte e assuntos semelhantes.

— Possuo alguns desenhos — disse Goethe — feitos a partir de quadros de Rafael e Domenichino,[35] sobre os quais Meyer disse algo interessante que quero lhe contar.

— Os desenhos, disse Meyer, mostram alguma falta de prática, mas podemos ver que quem os fez tinha, em relação aos quadros a ser reproduzidos, uma sensibilidade delicada e certeira que se transmitiu para os desenhos, e assim nos coloca fielmente diante da alma os originais. Se um artista de hoje copiasse os quadros, ele desenharia tudo melhor e talvez de maneira mais correta; mas pode-se prever que lhe faltaria aquele sentimento fiel do original e que, portanto, seus desenhos superiores estariam muito longe de nos dar uma ideia tão pura e tão perfeita de Rafael e Domenichino.

---

35 Domenico Zampieri (1581-1641), pintor italiano.

Johann Peter Eckermann

– Não é um caso interessantíssimo? – disse Goethe. – Com as traduções poderia ocorrer algo parecido. Voss, por exemplo, fez sem dúvida uma excelente tradução de Homero;[36] mas é possível pensar que alguém tivesse um sentimento mais ingênuo, mais verdadeiro do original e pudesse transmiti-lo, sem ser no todo um tradutor tão magistral quanto Voss.

Tudo isso me pareceu muito bom e verdadeiro, e concordei plenamente. Como o tempo estivesse bom e o sol ainda estivesse alto, descemos um pouco para o jardim, onde Goethe logo mandou que amarrassem no alto alguns galhos de árvores que pendiam muito baixo e obstruíam o caminho.

Os açafrões amarelos brotavam viçosos. Olhamos para as flores e depois para o caminho, onde tínhamos perfeitas imagens violetas.

– Pouco tempo atrás – disse Goethe – o senhor afirmou que o verde e o vermelho se produzem mutuamente melhor que o amarelo e o azul, pois estariam em um patamar mais elevado e, portanto, seriam cores mais perfeitas, mais saturadas e eficazes que estas últimas. Não posso concordar com isso. Desde que se ofereça nitidamente ao olho, qualquer cor age com a mesma intensidade no sentido de produzir a cor exigida; depende apenas que nosso olho esteja na disposição correta, que uma luz solar demasiado clara não o impeça, e que o solo não seja desfavorável à recepção da imagem exigida. Com respeito às cores, precisamos nos guardar de fazer distinções e definições muito sutis, pois facilmente corremos o risco de passar do essencial ao inessencial, do verdadeiro ao falso e do simples ao intrincado.

Tomei nota dessas palavras como uma boa doutrina para meus estudos. Entrementes, chegara a hora de ir ao teatro e eu preparei-me para sair.

– Veja lá – disse-me Goethe, rindo ao despedir-se – como suportará hoje os horrores dos *Trinta anos da vida de um jogador*.[37]

---

36 Johann Heinrich Voss (1751-1826), poeta e destacado tradutor de poesia antiga grega e latina. Sua tradução da *Odisseia* foi publicada em 1781, e a da *Ilíada*, em 1793.

37 *Dreissig Jahre aus dem Leben einse Spieler* [Trinta anos da vida de um jogador], peça de Theodor Hell (cf. n.68, p.261). Quando foi publicada em 1830, teve o título alterado para *Drei Tage aus dem Lebenslaue eines Spielers* [Três dias da carreira de um jogador].

Conversações com Goethe nos últimos anos de sua vida

Sexta-feira, 10 de abril de 1829

— Enquanto esperamos pela sopa, quero mostrar-lhe algo que lhe encherá os olhos.

Com essas palavras amigáveis, Goethe entregou-me um livro com paisagens de Claude Lorrain. Eram as primeiras que eu via desse grande mestre. Causaram-me uma impressão extraordinária, e meu espanto e encantamento aumentaram à medida em que eu virava página após página. O poder das massas sombrias de um lado e de outro, a não menos poderosa luz do sol que incidia sobre a atmosfera a partir do fundo do quadro e seu reflexo na água, do qual sempre nos vem toda a clareza e a nitidez da impressão, pareceu-me o princípio artístico sempre recorrente do grande mestre. Também admirei com alegria como cada um dos quadros representa sempre um pequeno mundo em si no qual nada existe que não seja adequado e propício ao estado de espírito nele dominante. Fosse um porto marítimo com navios ancorados, pescadores ativos e os suntuosos edifícios à beira d'água; fosse uma solitária região montanhosa pobre com cabras pastando, um pequeno arroio e uma ponte, alguns arbustos e uma árvore a cuja sombra um pastor repousa tocando sua charamela; ou fosse uma região pantanosa profunda, com águas estagnadas que dão, em um dia muito quente de verão, uma sensação de agradável frescor, o quadro era sempre uma total unidade, sem a menor sombra de algo estranho que não pertencesse ao seu elemento.

— Aí tem o senhor um homem perfeito — disse Goethe —, que sempre pensou e sentiu com beleza e em cuja alma havia um mundo como dificilmente se encontra em qualquer lugar aqui fora. Os quadros possuem a maior veracidade, mas nem sinal de realidade. Claude Lorrain conhecia de cor o mundo real em seus mínimos detalhes, e o utilizava como meio para exprimir o mundo de sua bela alma. E essa é justamente a verdadeira idealidade, que sabe se servir de meios reais de modo que a verdade que se manifesta produz a ilusão de ser *real*.

— Parece-me — eu disse — que essa é uma boa definição, válida tanto para a poesia quanto para as artes plásticas.

— Também penso assim — disse Goethe.

— No entanto — prosseguiu ele —, talvez fosse melhor guardar o prazer dos outros quadros do excelente Claude para a sobremesa, pois os quadros são realmente bons demais para que os examinemos em grande número, um depois do outro.

— Tenho a mesma impressão — disse eu —, pois sinto um certo temor sempre que estou para virar uma página. É um temor muito peculiar o que sinto diante dessa beleza, o mesmo que nos acomete diante de um livro excepcional, cujo acúmulo de belas passagens nos obriga a parar com a leitura, que só prosseguimos com certa hesitação.

— Respondi ao rei da Baviera — disse Goethe depois de uma pausa —, e quero que o senhor leia a carta.

— Será muito instrutivo para mim, e também um grande prazer — respondi.

— Além disso — continuou ele —, há no *Allgemeine Zeitung* um poema dedicado ao rei que o chanceler leu para mim ontem e que o senhor também precisa conhecer.

Goethe entregou-me o jornal e eu li o poema em silêncio.

— Então, o que me diz? — perguntou-me.

— São os sentimentos de um diletante — respondi — que tem mais boa vontade que talento, e a quem a grande literatura fornece uma linguagem estereotipada que soa e rima por ele enquanto ele pensa que quem fala é ele próprio.

— O senhor tem toda razão — disse Goethe —; também acho que o poema é muito fraco; não há nele nem sombra de uma visão exterior, é totalmente mental, e isso não no melhor sentido da palavra.

— Para se fazer um bom poema — disse eu — é necessário ter-se um grande conhecimento das coisas sobre as quais se fala e quem não dispõe, como Claude Lorrain, de um mundo inteiro, dificilmente produzirá algo de bom, mesmo se movido pelos melhores ideais.

— E o mais estranho — disse Goethe — é que apenas o talento inato sabe o que deve mesmo ser feito, enquanto os outros sempre estão mais ou menos equivocados.

— É o que nos provam os teóricos da estética — disse eu —, dos quais muito poucos sabem o que realmente deve ser ensinado, e só fazem au-

Conversações com Goethe nos últimos anos de sua vida

mentar a confusão dos jovens poetas. Em vez de tratar do real, tratam do ideal, e em vez de esclarecer o jovem poeta sobre o que lhe falta, o confundem a respeito daquilo que ele já tem. Quem tem, por exemplo, agudeza e humor inatos, certamente fará melhor uso desses dotes se mal souber que os possui; mas quem guarda na mente os tão decantados tratados sobre tão sublimes qualidades será perturbado e impedido no uso inocente de tais dotes, a consciência os paralisará e, em lugar de receber a ajuda esperada, se verá indescritivelmente inibido.

— O senhor tem toda razão, e haveria muito a dizer sobre esse capítulo.

— Entretanto — prosseguiu ele —, eu li a nova epopeia de Egon Ebert, e o senhor também deve fazê-lo, para que talvez possamos ajudá-lo um pouco. Trata-se realmente de um belo talento, mas falta a essa nova obra um verdadeiro fundamento poético, o fundamento do real. Paisagens, auroras e crepúsculos, passagens em que o mundo exterior é seu próprio mundo são perfeitas e irretocáveis. Mas o restante, o que aconteceu em séculos passados, o que pertence ao reino da saga, não se manifesta com a veracidade desejável e falta-lhes o verdadeiro cerne. As amazonas, sua vida e suas ações são tratadas de modo genérico, de acordo com o que os jovens tomam por poético e romântico e passam por sê-lo no mundo da estética.

— É um erro — eu disse — que perpassa toda a literatura atual. Evita-se o que é especialmente verdadeiro por temer-se que não seja poético, e com isso se acaba caindo nos lugares comuns.

— Egon Ebert — disse Goethe — deveria ter se limitado à tradição da crônica, com isso seu poema talvez se tornasse algo melhor. Quando me lembro de como Schiller estudava a tradição, com que afinco se ocupou com a Suíça quando escrevia seu *Guilherme Tell*, e de como Shakespeare se utilizava das crônicas, incorporando literalmente passagens inteiras delas em suas peças, talvez se pudesse exigir o mesmo de um jovem poeta de hoje. Em meu *Clavigo*, utilizei passagens inteiras das memórias de Beaumarchais.[38]

---

38 Pierre-Augustin Caron de Beaumarchais (1732-1799), poeta, dramaturgo e músico francês, conhecido sobretudo como criador da personagem Fígaro, presente em uma trilogia formada pelas comédias *Le Barbier de Séville ou La Précaution inutile* [O barbeiro de Sevilha ou A precaução inútil, 1775], *La Folle journée ou Le Mariage de*

347

— Mas foram tão trabalhadas — disse eu — que não o percebemos, não permaneceram como matéria bruta.

— E está certo assim — disse Goethe —, se de fato assim for.

Goethe contou-me então algumas coisas sobre Beaumarchais.

— Era um cristão da pá virada — disse ele — e o senhor precisa ler suas memórias. Processos eram seu elemento, só ali ele se sentia bem. Ainda existem discursos dos advogados de um processo seu que estão entre os mais notáveis, engenhosos e ousados dessa espécie que já foram produzidos. E Beaumarchais perdeu justamente esse famoso processo. Quando descia as escadas da corte de justiça, encontrou o chanceler que as subia. Beaumarchais deveria abrir passagem, mas recusou-se, exigindo que o chanceler abrisse meia passagem. O chanceler, ofendido em sua dignidade, ordenou aos homens de seu séquito que empurrassem Beaumarchais para o lado, o que foi feito. Então Beaumarchais retornou imediatamente à sala de audiências e abriu um processo contra o chanceler, do qual saiu vitorioso.

Deleitei-me com essa anedota, e à mesa continuamos a conversar sobre diversos assuntos.

— Retomei minha *Segunda estada em Roma* — disse Goethe — para finalmente me ver livre dela e me dedicar a outra coisa. Como o senhor já sabe, redigi a parte já publicada de minha *Viagem à Itália* totalmente a partir de cartas. Mas as cartas que escrevi durante minha segunda estada em Roma não são de uma espécie da qual se possa tirar muito proveito; contêm demasiadas referências à vida doméstica, às minhas relações em Weimar, e dizem muito pouco de minha vida na Itália. Nelas, contudo, se encontram algumas observações que expressam minha situação *íntima* naquele momento. Assim, eu pretendo destacar delas essas passagens, encadeá-las umas às outras e inseri-las em minha narrativa, de modo a conferir-lhe certo tom e certa atmosfera.

Achei uma excelente ideia e apoiei esse propósito de Goethe.

— Em todos os tempos se disse e repetiu — prosseguiu ele — que devemos procurar conhecer a nós mesmos. É uma estranha exigência à qual até

Figaro [O dia louco ou As bodas de Fígaro, 1778] e o drama moral *L'Autre Tartuffe ou La Mère coupable* [O outro Tartufo ou A mãe culpada, 1792].

Conversações com Goethe nos últimos anos de sua vida

agora ninguém atendeu e à qual na verdade ninguém pode atender. Todos os sentidos e as aspirações do ser humano o dirigem para o exterior, para o mundo que o rodeia, e ele tem de esforçar-se por conhecê-lo e pô-lo a seu serviço na medida em que isso seja necessário para alcançar seus objetivos. De si mesmo ele sabe somente enquanto goza ou sofre, e também é somente através do sofrimento ou da alegria que ele aprende sobre si, sobre o que deve buscar ou evitar. De resto, o homem é um ser obscuro, não sabe de onde vem nem para onde vai, sabe pouco do mundo e menos que tudo de si mesmo. Eu também não conheço a mim mesmo, e Deus me livre de conhecer. Mas o que eu queria dizer é que na Itália, em meu quadragésimo ano de vida, fui sensato o bastante para conhecer-me o suficiente e saber que não tinha nenhum talento para as artes plásticas, e que essa minha inclinação era um equívoco. Quando desenhava alguma coisa, faltava-me de todo o instinto para o corpóreo; tinha certo temor de me deixar penetrar pelos objetos, era antes o mais fraco, o moderado que me atraía. Se pintava uma paisagem e partia da débil lonjura do fundo, passando pelo plano intermediário, sempre temia conferir ao primeiro plano o vigor necessário e, assim, meu quadro nunca produzia o efeito apropriado. Eu também não fazia progressos sem me exercitar, e precisava recomeçar do início sempre que ficava ocioso por algum tempo. Mas não era totalmente desprovido de talento, sobretudo para paisagens, e Hackert disse muitas vezes: "Se quiser ficar comigo por dezoito meses, o senhor poderá vir a fazer algo que alegrará a si e aos outros".[39]

Eu ouvia com o maior interesse.

— Mas como — perguntei — se pode saber que se tem um verdadeiro talento para as artes plásticas?

— O verdadeiro talento — disse Goethe — tem um sentido inato para a forma, as relações e a cor, de modo que em pouco tempo e com poucas orientações as maneja corretamente. Ele tem, sobretudo, um sentido para o corpóreo e o instinto para torná-lo palpável através da iluminação. Mesmo nos intervalos da prática ele progride e cresce interiormente. Um talento

---

39 Phillip Hackert (1737-1807), pintor.

assim não é difícil de reconhecer, mas quem o faz de modo mais certeiro é o mestre.

— Esta manhã visitei o palácio — prosseguiu Goethe alegremente. — Os aposentos da grã-duquesa foram preparados com muito bom gosto, e Coudray, com seus italianos, deu novamente provas de grande habilidade. Os pintores ainda estavam ocupados com as paredes; são milaneses; eu me dirigi a eles em italiano e pude comprovar que não esqueci a língua. Eles me contaram que seu último trabalho foi pintar o castelo do rei de Württemberg; depois disso, foram chamados a Gotha onde, no entanto, não chegaram a um acordo; como, ao mesmo tempo, ouviu-se falar de seu trabalho em Weimar, eles foram chamados para decorar os aposentos da grã-duquesa. Ouvi e tornei a falar italiano com prazer, pois a língua traz consigo algo da atmosfera do país. Aqueles bons sujeitos saíram da Itália há três anos e, segundo me disseram, pretendem partir daqui direto para casa assim que tiverem terminado de pintar, por incumbência do sr. Spiegel,[40] uma nova decoração para nosso teatro, o que talvez não desagrade ao senhor. São pessoas muito capazes; um deles é discípulo do primeiro pintor decorativo de Milão e, portanto, o senhor pode contar com uma boa decoração.

Depois que Friedrich tirou a mesa, Goethe mandou buscar um pequeno mapa de Roma.

— Para nós outros — disse ele —, Roma não seria lugar para uma longa estada; quem quer permanecer e se estabelecer lá precisa se casar e se tornar católico; caso contrário, não suportará e levará uma vida ruim. Hackert se gabava muito de ter ficado tanto tempo lá sendo protestante.

Goethe mostrou-me, então, no mapa da cidade, os edifícios e praças mais notáveis.

— Este — disse ele — é o Jardim Farnese.

— Não foi aqui — perguntei — que o senhor escreveu a cena das bruxas do *Fausto*?

— Não — ele respondeu —, foi no Jardim Borghese.

---

40 Karl Emil Freiherr von Spiegel und zu Pickelsheim (1783-1849), mordomo-mor da corte.

Conversações com Goethe nos últimos anos de sua vida

Em seguida, continuei a deleitar-me com as paisagens de Claude Lorrain, e conversamos mais um pouco a respeito daquele grande mestre.

— Um jovem artista de hoje não poderia se formar segundo seu exemplo? — perguntei.

— Quem tivesse uma alma semelhante — respondeu Goethe —, poderia sem dúvida se desenvolver maravilhosamente seguindo os passos de Claude Lorrain. Mas alguém a cuja alma a natureza sonegou semelhantes dons só retiraria do mestre alguns detalhes que utilizaria como meras fórmulas.

Sábado, 11 de abril de 1829

Hoje encontrei a mesa posta na sala retangular para uma grande quantidade de comensais. Goethe e a sra. Von Goethe receberam-me com grande cordialidade. Pouco a pouco foram chegando: mme. Schopenhauer; o jovem conde Reinhard, da embaixada francesa; seu cunhado, o sr. Von D.,[41] em viagem para entrar a serviço dos russos na guerra contra os turcos; a srta. Ulrike e, por fim, o conselheiro áulico Vogel.

Goethe estava muito alegre; antes de nos dirigirmos à mesa, ele divertiu os convidados com algumas anedotas de Frankfurt, especialmente uma sobre Rothschild e Bethmann e de como um arruinou a especulação do outro.[42]

O conde Reinhard foi para a corte, os restantes nos sentamos à mesa. A conversa estava agradavelmente animada, falamos de viagens, banhos, e mme. Schopenhauer despertou muito interesse pelas instalações de sua nova propriedade no Reno, nas proximidades da Ilha Nonnenwerth.

Durante a sobremesa, o conde Reinhard reapareceu e foi elogiado pela rapidez com que, em tão pouco tempo, não apenas jantou na corte, como também trocou de roupa duas vezes.

---

41 Johanna Schopenhauer (1766-1838), mãe do filósofo Arthur Schopenhauer; Karl Graf Reinhard (1802-1873), embaixador francês em Weimar; Georg Freiherr von Diemar, um parente do conde Reinhard.

42 Amschel Freiherr von Rothschild (1773-1855), banqueiro alemão; Simon Moritz von Bethmann (1768-1826), banqueiro, diplomata e filantropo alemão.

Ele nos trouxe a notícia de que o novo papa foi eleito, e disse tratar-se de um Castiglione.[43] Goethe contou então aos presentes as formalidades que tradicionalmente são observadas durante a eleição.

O conde Reinhard, que passou o inverno em Paris, pôde dar algumas informações muito bem-vindas sobre políticos, literatos e poetas. Falamos de Chateaubriand, Guizot, Salvandy,[44] Béranger, Merimée e outros.

Depois do jantar, quando todos já se haviam retirado, Goethe levou-me ao seu gabinete de trabalho e mostrou-me dois escritos notáveis que muito me alegraram. Eram duas cartas da época de juventude de Goethe, escritas em Estrasburgo em julho e dezembro do ano de 1770 e endereçadas a um amigo de Frankfurt, o dr. Horn.[45] Em ambas se expressava um jovem que tem a intuição dos grandes acontecimentos que o futuro lhe reserva. Na última já se mostram sinais do *Werther*; o relacionamento em Sesenheim foi iniciado, o feliz mancebo parece embalar-se na vertigem das mais doces sensações e desperdiçar seus dias em um quase sonho.[46] A caligrafia das cartas era serena, clara e graciosa, assumindo já o caráter que a escrita de Goethe mais tarde conservaria inalterado. Eu não conseguia parar de reler aquelas preciosas cartas, e deixei Goethe levando comigo um sentimento de enorme felicidade e gratidão.

Domingo, 12 de abril de 1829

Goethe leu-me sua resposta ao rei da Baviera. Ele se representou como alguém que galga pessoalmente as escadarias da *villa* e se expressa oralmente na presença imediata do rei.

---

43 Francesco Saverio Castiglione (1761-1830), papa Pio VIII.

44 Narcisse Achille de Salvandy (1795-1856), estadista e escritor francês.

45 Johann Adam Horn (1750-1806), amigo de juventude de Goethe.

46 No outono de 1770, quando estudava Direito em Estrasburgo, Goethe conheceu Friederike Brion (1752-1813), filha de um pastor de Sesenheim, na Alsácia, por quem se apaixonou. O amor por Friederike inspirou alguns de seus mais famosos poemas juvenis, entre eles *Heidenröslein* [Rosinha do prado], *Willkommen und Abschied* [Boas-vindas e adeus], *Mailied* [Canção de maio] e *Mit einem gemalten Band* [Com uma fita pintada]. O relacionamento foi rompido por Goethe no ano seguinte.

Conversações com Goethe nos últimos anos de sua vida

— Deve ser difícil — eu disse — imaginar corretamente a situação e como se comportar em um caso semelhante.

— Não é difícil — respondeu-me Goethe — para alguém que, como eu, relacionou-se ao longo de toda a vida com altas personalidades. Tudo que se tem a fazer é não se portar com excessiva naturalidade e se manter sempre nos limites de uma certa conveniência.

A seguir, falou-me da redação de sua *Segunda estada em Roma*, à qual se dedica atualmente.

— Pelas cartas que escrevi naquela época — disse ele —, vejo claramente como naquela idade eu tinha algumas vantagens e desvantagens em comparação com épocas anteriores ou posteriores. Aos 40 anos, eu era tão esclarecido e sensato a respeito de certos assuntos quanto o sou agora e, em um certo sentido, talvez até mais; mas agora, aos 80, tenho algumas vantagens que não trocaria por aquelas.

— Ouvindo-o falar — disse eu —, parece-me ter diante dos olhos a *Metamorfose das plantas*, e compreendo perfeitamente que no período de floração não se queira retornar ao das folhas verdes, e no tempo dos frutos e das sementes não se queira retornar ao da floração.

— Sua metáfora — disse Goethe — expressa com perfeição meu pensamento. O senhor consegue imaginar — prosseguiu ele, rindo — uma folha perfeitamente denteada que desejasse retornar de seu estágio do mais livre desenvolvimento para a opressiva limitação do cotilédone? E não deixa de ser muito bonito o fato de termos até uma planta que pode ser considerada um símbolo da idade provecta por continuar a vicejar para além do período de floração e dos frutos, sem produzir mais nada.[47]

— O ruim — prosseguiu — é sermos tantas vezes impedidos de prosseguir por falsas tendências e só as reconhecermos como tais depois de nos livrarmos delas.

— Mas como — perguntei — podemos perceber e constatar que uma tendência é falsa?

---

47 Trata-se do clorofito (*Chlorophytum sternbergianum*), planta originária do sul da África, cuja ilustração havia sido publicada em uma revista científica da época.

Johann Peter Eckermann

— A falsa tendência — respondeu-me Goethe — não é produtiva e, quando é, o que produz não tem valor algum. Perceber isso nos outros não é tão difícil assim, mas percebê-lo em si mesmo é um caso à parte e exige grande liberdade de espírito. E mesmo o reconhecimento nem sempre ajuda muito; hesitamos e duvidamos e não conseguimos nos decidir, é tão difícil quanto nos libertar de uma moça a quem amamos e de cuja infidelidade já tivemos provas de sobra. Digo isso por me lembrar quantos anos tiveram de transcorrer até eu reconhecer que minha tendência para as artes plásticas era falsa, e quantos outros mais, depois de tê-lo reconhecido, para eu me libertar dela.

— Mas — eu disse — essa tendência lhe trouxe tantos benefícios que dificilmente a podemos considerar falsa.

— Graças a ela, consegui ter uma visão mais apurada — disse Goethe — e por isso não posso deixar de me dar por satisfeito. Essa é a vantagem que adquirimos de toda falsa tendência. Quem se dedica à música com um talento insuficiente jamais se tornará um mestre, mas ao menos aprenderá a conhecer e apreciar o que faz um mestre. Apesar de todos os meus esforços, não me tornei um artista, mas, tendo me exercitado em todos os ramos da arte, aprendi a prestar contas do menor traço, e a distinguir entre o meritório e o insatisfatório. Esse não é um ganho desprezível e, de resto, nenhuma falsa tendência deixa de ter algum ganho. Assim, por exemplo, as cruzadas para a libertação do Santo Sepulcro foram evidentemente uma falsa tendência; mas trouxeram o benefício de enfraquecer para sempre os turcos e impedi-los de se tornarem senhores da Europa.

Discutimos ainda diversos assuntos, e Goethe falou a respeito de uma obra de Ségur sobre Pedro, o Grande, que lhe pareceu interessante e lhe proporcionou alguns esclarecimentos.[48]

— A localização de São Petersburgo — disse ele — é de todo imperdoável, tanto mais se levarmos em conta que logo ali nas vizinhanças o solo se eleva, e o imperador poderia ter preservado a cidade inteira das inundações

---

48 Philippe-Paul Ségur (1780-1873), *Histoire de Russie et de Pierre le Grand* [História de Rússia e de Pedro, o Grande, 1829].

se a tivesse construído um pouco mais acima, deixando apenas o porto na região mais baixa. Um velho marinheiro também lhe fez algumas objeções e predisse que a cada setenta anos a população se afogaria. Havia também uma velha árvore em cujo tronco se podiam ver vários sinais de elevação das águas. Mas foi tudo em vão, o imperador persistiu em seu capricho e mandou derrubar a árvore, para que ela não testemunhasse contra ele.

— O senhor há de concordar que há algo de muito problemático nessa atitude de um tão grande caráter. Mas sabe como eu o explico? O ser humano não pode se libertar de suas impressões de juventude, a tal ponto que mesmo as coisas defeituosas às quais se habituou naqueles anos e em cuja proximidade viveu aquela época feliz permanecem-lhe tão caras e preciosas que, diante delas, ele fica como que ofuscado e jamais lhes reconhece os defeitos. Assim Pedro, o Grande, quis reviver em uma capital às margens do Neva a Amsterdam de sua juventude; do mesmo modo que os holandeses sempre se sentiram repetidamente tentados a fundar uma nova Amsterdam em suas longínquas possessões.

Segunda-feira, 13 de abril de 1829

Hoje, depois de Goethe ter me dito algumas boas palavras à mesa, eu ainda me deleitei à sobremesa com algumas paisagens de Claude Lorrain.

— A coleção – disse Goethe – tem o título de *Liber veritatis*, mas poderia também se chamar *Liber naturae et artis*, pois nele a natureza e a arte se encontram em seu grau mais elevado e na mais bela aliança.

Perguntei a Goethe sobre as origens de Claude Lorrain e em que escola ele se formara.

— Seu mestre mais próximo – disse Goethe – foi Antonio Tasso;[49] este, porém, era um discípulo de Paul Brill,[50] de modo que a escola e os princípios deste último constituem seu verdadeiro fundamento e em certa medida floresceram nele; pois aquilo que nesses mestres ainda parece grave

---

49 Antonio Tasso, na verdade Agostino Tasso (1566-1642), pintor italiano.
50 Paul Brill (1554-1626), pintor holandês.

Johann Peter Eckermann

e severo se desenvolveu em Claude Lorrain até o ponto de alcançar a mais serena graça e a mais amável liberdade. Não é possível ir além dele.

— De resto, quando se trata de um talento tão grande, que viveu em uma época e em um meio tão importantes, é difícil dizer com quem aprendeu. Ele olha ao redor e se apropria de tudo que possa fornecer alimento aos seus propósitos. Claude Lorrain sem dúvida deve tanto à escola dos Carracci[51] quanto aos mestres renomados mais próximos a ele.

— Assim é que se costuma dizer: Julius Roman[52] foi um discípulo de Rafael; mas com igual razão se poderia dizer: ele foi um discípulo do século. Apenas Guido Reni teve um discípulo que assimilou de tal maneira o espírito, a alma e a arte de seu mestre que se tornou quase o mesmo que ele e fez as mesmas coisas; mas esse é um caso singular que muito raramente se repetiu.[53] A escola dos Carracci, ao contrário, era de uma espécie libertadora, de modo que, nela, cada talento se desenvolvia segundo suas inclinações inatas e dela saíram mestres dos quais nenhum se parecia com os outros. Os Carracci nasceram para ensinar a arte; eles viveram em um tempo em que em todas as direções já se fizera o melhor e, assim, puderam transmitir a seus discípulos o que havia de mais exemplar em todas as matérias. Foram grandes artistas, grandes professores, mas eu não diria que possuíssem aquilo a que chamamos de espírito. Pode haver alguma ousadia no que estou dizendo, mas é assim que sinto.

Depois de ter observado algumas paisagens de Claude Lorrain, abri um dicionário de artistas para ver o que se dizia ali desses grandes mestres. Nele estava escrito: "Seu maior mérito estava na paleta".[54]

Entreolhamo-nos e rimos.

— Por aí o senhor vê o quanto podemos aprender quando recorremos aos livros e assimilamos o que está escrito neles.

---

51 Lodovico Carracci (1555-1619), Agostino Carracci (1557-1602), Annibale Carracci (1560-1609).
52 Giulio Romano (1492-1546), pintor italiano.
53 Guido Reni (1575-1642) e seu discípulo Simone Cantarini (1612-1648).
54 Dicionário de artistas: *Allgemeines Künstlerlexikon* (1773-1777), de Johannes Rudolph Füssli (1709-1793).

Conversações com Goethe nos últimos anos de sua vida

Terça-feira, 14 de abril de 1829

Quando entrei hoje ao meio-dia, Goethe já se encontrava à mesa em companhia do conselheiro áulico Meyer, conversando sobre a Itália e sobre assuntos ligados à arte. Goethe mandou trazer um volume de Claude Lorrain em que Meyer nos mostrou a paisagem cujo original, segundo diziam os jornais, Peel comprara por 4 mil libras. Todos concordamos em que era uma bela obra, e que o sr. Peel não fizera má aquisição. Do lado direito do quadro via-se um grupo de pessoas, umas sentadas e outras em pé. Um pastor se inclinava sobre uma moça à qual ele parecia ensinar como se toca a charamela. Ao centro, via-se um lago rebrilhar ao sol e, do lado esquerdo, divisava-se o gado pastando à sombra de um arvoredo. Havia um perfeito equilíbrio entre os dois grupos e a iluminação possuía uma poderosa magia, como é costume nas obras do mestre. Falou-se de onde o original se encontrava até agora, e de quem era o proprietário quando Meyer o vira em Roma.

A conversa se voltou então para a nova propriedade do rei da Baviera em Roma.

— Conheço muito bem a *villa* — disse Meyer —, estive lá muitas vezes e me lembro com prazer da bela localização. É um castelo mediano que o rei saberá decorar e tornar muito agradável, de acordo com suas inclinações. Em minha época, a duquesa Amalia morava nele, e Herder no anexo. Depois foi habitado pelo duque de Sussex e pelo conde Münster. Altas personalidades estrangeiras sempre o apreciaram muito, devido à localização saudável e à vista maravilhosa.

Perguntei ao conselheiro Meyer qual é a distância entre a Villa di Malta e o Vaticano.

— De Trinità dei Monti — disse Meyer —, próximo à *villa* em que nós artistas morávamos, até o Vaticano, leva bem uma meia hora. Fazíamos esse caminho todos os dias, frequentemente mais de uma vez.

— O caminho através da ponte — eu disse — parece fazer uma volta; acho que seria mais perto cruzar o Tibre e atravessar o campo.

— Não é assim — disse Meyer —, mas pensávamos o mesmo e muitas vezes cruzamos o rio. Lembro-me de uma dessas travessias, quando em uma bela

Johann Peter Eckermann

noite de luar retornávamos do Vaticano. Dos conhecidos, estavam conosco Bury, Hirt e Lips,[55] e iniciou-se a eterna discussão sobre quem é maior, Rafael ou Michelangelo. Assim entramos na balsa. Quando chegamos à outra margem, com a discussão ainda em pleno curso, algum gaiato, provavelmente Bury, propôs que não saíssemos do rio enquanto a discussão não chegasse ao fim e os partidos chegassem a um acordo. A sugestão foi aceita, o barqueiro teve de recolocar a balsa em movimento e retornar. Mas então a discussão se animou de verdade e, sempre que chegávamos à margem, tínhamos de retornar, pois a questão não estava decidida. Assim, passamos horas indo e vindo, e ninguém lucrou tanto quanto o barqueiro, pois a cada travessia se multiplicavam seus *baiocchi*.[56] Ele levava consigo um garoto de 12 anos que o auxiliava, a quem por fim aquilo tudo começou a parecer muito estranho. "Pai", ele perguntou, "o que têm esses homens, que não querem descer à terra e nos fazem retornar sempre que chegamos à margem?" "Não sei, meu filho", respondeu o barqueiro, "mas acho que são loucos." Finalmente, para não ficar a noite inteira indo e vindo, chegamos a um acordo emergencial e desembarcamos.

Rimos e nos deleitamos com essa graciosa anedota sobre uma loucura artística. O conselheiro Meyer estava de excelente humor e continuou a contar histórias de Roma, que Goethe e eu ouvíamos com grande prazer.

– A disputa sobre Rafael e Michelangelo – disse Meyer – estava na ordem do dia e era retomada toda vez que os artistas se reuniam em número suficiente para haver representantes dos dois partidos. Ela sempre começava em alguma *osteria* onde se pudesse beber vinho muito bom e barato; argumentava-se a partir de uma pintura, de um detalhe isolado dela e, quando o partido contrário fazia objeções e não queria admitir isso ou aquilo, surgia a necessidade de um exame imediato dos quadros. Saíamos discutindo da *osteria* e nos dirigíamos a passos ligeiros para a Capela Sistina, cuja chave estava em poder de um sapateiro que sempre a abria por alguns trocados. Ali, diante das pinturas, procedíamos a demonstrações e,

---

55 Friedrich Bury (1763-1835), pintor; Aloys Hirt (1759-1837), arqueólogo; Johann Heinrich Lips (1758-1817), pintor, desenhista e gravador.
56 *Baiocco* era uma moeda de bronze do Vaticano.

Conversações com Goethe nos últimos anos de sua vida

quando já havíamos discutido bastante, voltávamos à *osteria* a fim de nos reconciliarmos com uma garrafa de vinho e esquecermos todas as controvérsias. Isso acontecia todos os dias, e o sapateiro da Capela Sistina ganhou muitas gorjetas.

Essa divertida anedota nos fez lembrar de outro sapateiro que costumava sovar seu couro sobre uma cabeça de mármore antigo.

— Era o retrato de um imperador romano — disse Meyer. — A escultura antiga ficava diante da porta do sapateiro, e muitas vezes ao passar diante dela o vimos entregue à sua louvável ocupação.

Quarta-feira, 15 de abril de 1829

Falamos de pessoas que, sem ter verdadeiro talento, são chamadas a produzir, e sobre outras que escrevem coisas a respeito das quais não entendem.[57]

— O que há de tentador para os jovens — disse Goethe — é o seguinte: vivemos em uma época na qual a cultura se disseminou a ponto de se comunicar imediatamente à atmosfera em que um jovem respira. Ideias poéticas e filosóficas vivem e se agitam em seu íntimo, ele as aspirou com o ar de seu ambiente, mas pensa que são de sua propriedade e as expressa como se fossem suas. Mas, depois de devolver à sua época aquilo que recebeu dela, fica pobre. Assemelha-se a uma fonte que durante algum tempo fez jorrar uma água que fora depositada nela, e para de correr assim que a reserva emprestada se esgota.

Terça-feira, 1º de setembro de 1829

Falei a Goethe sobre um viajante de passagem por aqui que assiste a um curso de Hegel sobre a prova da existência de Deus. Goethe concordou comigo em que já foi o tempo de preleções desse tipo.

---

57 Segundo anotação de Eckermann em seu diário, trata-se do professor Friedrich Konrad Griepenkerl (1782-1849), de Braunschweig, cujo *Lehrbuch der Ästhetik* [Manual de estética] fora publicado em 1825.

— O período da dúvida — disse ele — passou; hoje em dia as pessoas duvidam tão pouco de si mesmas quanto de Deus. Além disso, a natureza de Deus, a imortalidade, a essência de nossa alma e sua interdependência em relação ao corpo são problemas eternos com os quais os filósofos não nos levam muito longe. Um filósofo francês dos últimos tempos começa tranquilamente seu capítulo a respeito disso da seguinte maneira: "É sabido que o ser humano se constitui de duas partes, do corpo e da alma. Por isso, começaremos pelo corpo para depois falar da alma". Fichte[58] foi um pouco mais longe e se safou do problema de maneira mais inteligente, dizendo: "Trataremos dos seres humanos considerados como corpo e dos seres humanos considerados como alma". Ele percebeu muito bem que um todo unido tão estreitamente não se deixa separar. Kant, sem dúvida, foi quem prestou o maior serviço ao delimitar a fronteira até onde o espírito humano é capaz de penetrar, deixando então de lado os problemas insolúveis. Quanto já não se filosofou acerca da imortalidade! E quão pouco se avançou! Eu não duvido de nossa vida eterna, pois a natureza não pode prescindir da enteléquia. Mas não somos todos imortais do mesmo modo e, para se manifestar futuramente como grande enteléquia, é preciso ser de fato uma.

— Mas, enquanto os alemães se atormentam em solucionar problemas filosóficos, os ingleses, com seu grande entendimento prático, riem de nós e conquistam o mundo. Todos conhecem suas declamações contra o tráfico de escravos e, enquanto pretendem nos ensinar quantos princípios humanitários subjazem a esse procedimento, descobrimos agora que o verdadeiro motivo é um objetivo concreto, sem o qual, sabidamente, os ingleses nunca agem, e de que já deveríamos ter conhecimento. Na costa ocidental da África, eles próprios se utilizam dos negros em suas grandes possessões, e é contra seus interesses que eles sejam levados de lá. Eles próprios criaram grandes colônias de negros na América, que são muito produtivas e fornecem anualmente uma grande quantidade de mão de obra negra. Com isso, eles atendem às necessidades norte-americanas e, enquan-

---

58 Johann Gottlieb Fichte (1762-1814), filósofo alemão. Juntamente com Schelling e Hegel, é considerado um dos principais nomes do idealismo alemão.

Conversações com Goethe nos últimos anos de sua vida

to desse modo mantêm um comércio altamente lucrativo, o fornecimento vindo de fora seria um grande empecilho aos seus interesses mercantis; assim, não é desinteressada sua pregação contra esse comércio desumano. Ainda no Congresso de Viena, o emissário inglês argumentou acaloradamente contra ele; mas o representante português foi bastante astuto para responder com toda a tranquilidade não estar ciente de que estavam ali reunidos para proceder a um juízo universal do mundo ou para estabelecer os princípios da moral. Ele conhecia muito bem os interesses ingleses, ele também tinha os seus, e soube defendê-los e alcançá-los.

Domingo, 6 de dezembro de 1829

Hoje, depois do almoço, Goethe leu-me a primeira cena do segundo ato do *Fausto*. A impressão foi forte, e inundou-me a alma de uma felicidade sublime. Estamos outra vez no gabinete de estudos de Fausto, e Mefistófeles encontra tudo em seu lugar, tal como deixara. Ele retira do gancho a velha capa de peliça de Fausto, milhares de traças e insetos saem em revoada e, quando ele lhes indica o lugar em que devem tornar a pousar, o cenário que o rodeia aparece claramente diante de nossos olhos. Ele veste a peliça a fim de, mais uma vez, se fazer passar pelo mestre, enquanto Fausto jaz em um estado de paralisia detrás de uma cortina. Ele puxa a corda; nos salões solitários do velho mosteiro o sino produz um som tão assustador que as portas saltam dos gonzos e os muros tremem. O fâmulo se precipita para dentro do aposento e, na cadeira de Fausto, depara-se com Mefistófeles, a quem não conhece, mas que lhe inspira respeito. Perguntado, dá notícias de Wagner, que nesse intervalo se tornou um homem famoso e alimenta esperanças quanto ao retorno de seu senhor. Ouvimos de sua boca que Wagner se encontra no laboratório, intensamente ocupado na tentativa de produzir um homúnculo. O fâmulo é dispensado, aparece um bacharel, o mesmo que alguns anos antes conhecêramos como um jovem estudante tímido a quem Mefistófeles, vestindo a capa de Fausto, pregara uma peça. Nesse meio-tempo, ele se tornou um homem tão presunçoso que nem mesmo Mefistófeles é capaz de fazer-lhe frente: empurra sua cadeira cada vez mais para trás, até que por fim se volta para a plateia.

Goethe leu a cena até o fim. Alegraram-me a energia produtiva juvenil e a estrita coesão do todo.

— A concepção — disse Goethe — é tão antiga, há cinquenta anos já que medito sobre ela, e o material se acumulou de tal maneira em minha mente que agora a operação mais difícil consiste em cortar e rejeitar. A concepção de toda a segunda parte é de fato tão antiga quanto estou dizendo. Mas escrevê-la somente agora, depois de ganhar maior clareza sobre as coisas do mundo, talvez venha a ser uma vantagem. Em relação a essa obra, acontece-me o mesmo que a alguém que na juventude possui uma grande quantidade de pequenas moedas de bronze e de prata e as vai trocando por outras de maior valor ao longo da vida, até que, por fim, tem diante de si suas posses de juventude transformadas em puras moedas de ouro.

Falamos sobre a figura do bacharel.

— Com ele — perguntei — não se faz alusão a uma certa classe de filósofos idealistas?

— Não — disse Goethe —, nele está personificada a arrogância tão característica da juventude, da qual tínhamos tantos exemplos eloquentes nos primeiros anos que se seguiram à guerra de libertação. Além disso, todo jovem pensa que o mundo só começou de fato com ele, e que tudo existe apenas em função dele. E no Oriente viveu de fato um homem que toda manhã reunia seus servos em torno de si e só lhes permitia irem ao trabalho depois de ordenar ao sol que nascesse. Mas era inteligente o bastante para não proferir essa ordem antes que o sol se encontrasse no ponto de nascer por si mesmo.[59]

Falamos ainda muita coisa sobre o *Fausto* e sua composição, bem como de assuntos correlatos.

Goethe esteve por algum tempo absorto em silenciosa meditação; depois voltou a falar como se segue.

— Quando somos velhos — disse ele —, pensamos sobre as coisas do mundo de modo diferente de quando somos jovens. Assim, não posso evitar pensar que os demônios, para zombar da humanidade e pregar-lhe uma peça, de tempos em tempos fazem aparecer algumas figuras tão atraentes

---

59 Cf. *Fausto II*, versos 6795 e seguintes.

que todos se esforçam por imitá-las, e tão grandes que ninguém lhes chega à altura. Assim fizeram aparecer um Rafael, cujas ideias e obras eram igualmente perfeitas; alguns excelentes sucessores se aproximaram dele, mas ninguém jamais o igualou. Assim também fizeram aparecer Mozart como algo inigualável na música. E assim, na poesia, Shakespeare. Eu sei o que o senhor poderia objetar a eles, mas tenho em mente apenas o que é natural, a grandeza inata da natureza. Assim, Napoleão aí está, inigualável. Que os russos se tenham contido e não tenham avançado até Constantinopla é de fato muito grande, mas um traço semelhante se encontra também em Napoleão, pois também ele se conteve e não avançou até Roma.

Muitos outros exemplos correlatos vieram se ligar a esse rico tema; mas eu pensava comigo em silêncio que também com Goethe os demônios deviam ter tido alguma coisa em mente, pois ele é uma figura demasiado atraente para que não queiramos imitá-lo, e grande demais para que o alcancemos.

Quarta-feira, 16 de dezembro de 1829

Hoje, depois do almoço, Goethe leu-me a segunda cena do segundo ato do *Fausto*, na qual Mefistófeles vai ao encontro de Wagner, que está a ponto de produzir um ser humano através das artes da química. A obra é bem-sucedida, o Homúnculo aparece no frasco como ser luminoso e logo se torna ativo. Ele recusa as perguntas de Wagner sobre coisas incompreensíveis, seu forte não é o raciocínio; ele quer *agir*, nisso muito próximo de nosso herói Fausto, que em seu estado de paralisia necessita de um auxílio superior. Como um ser para quem o presente imediato é inteiramente claro e transparente, o Homúnculo vê o interior do adormecido Fausto, que em um sonho feliz vê Leda ser visitada pelos cisnes no momento em que se banha em um local aprazível. Enquanto o Homúnculo descreve esse sonho, o quadro encantador aparece diante de nossa alma. Mefistófeles nada vê dele, e o Homúnculo escarnece de sua natureza nórdica.

— O senhor verá, principalmente — disse Goethe —, que Mefistófeles está em desvantagem diante do Homúnculo, pois este o iguala em clareza intelectual, e o supera em muito por sua tendência ao belo e à atividade útil. De resto, ele o chama de senhor meu primo; pois seres espirituais como o Homúnculo, ainda não obscurecido e limitado por uma completa encarnação humana, devem ser contados entre os demônios, de modo que há uma espécie de parentesco entre os dois.

— Certamente — eu disse — Mefistófeles aparece aqui em uma posição inferior; mas não posso deixar de pensar que ele tenha agido secretamente para o surgimento do Homúnculo, pois é assim que o conhecemos até agora, e também na "Helena" ele sempre aparece como um ser secretamente em ação. E assim, no conjunto, ele torna a se elevar e, em sua tranquilidade superior, pode aturar algum desaforo em partes isoladas.

— O senhor percebeu perfeitamente a relação — disse Goethe —, é assim mesmo, e eu já pensei se, no momento em que Mefistófeles vai ao encontro de Wagner e o Homúnculo está em vias de ganhar existência, eu não deveria colocar-lhe alguns versos na boca, por meio dos quais ele expressasse sua colaboração e a tornasse clara para o leitor.

— Isso não traria nenhum prejuízo — eu disse. — Mas sua colaboração já está indicada, uma vez que Mefistófeles termina a cena com aquelas palavras:

No fim tão sempre dependemos
Das criaturas que criamos.[60]

— Tem razão — disse Goethe —, isso deveria quase bastar a um leitor atento; mesmo assim, vou ainda pensar em alguns versos.

— Mas — eu disse — aquele é um grande fecho, que não se pode decifrar tão facilmente.

— Eu pensei — disse Goethe — que seria um osso que levaria tempo para roer. Um pai que tem seis filhos está perdido, faça ele o que fizer. Também reis e ministros que proporcionaram a ascensão de muita gente a posições elevadas poderão tirar algumas conclusões a partir de sua experiência.

---

60 *"Am Ende hängen wir doch ab/ Von Kreaturen, die wir machten."* (*Fausto II*, versos 7003-7004.)

O sonho de Fausto com Leda me reapareceu diante da alma, e com os olhos do espírito eu vi essa cena como um dos trechos mais notáveis da obra.[61]

— É maravilhoso — eu disse — como em uma obra como essa as partes isoladas se relacionam umas às outras, agem umas sobre as outras e se completam e se ressaltam mutuamente. Graças a esse sonho com Leda aqui nesse segundo ato é que o episódio de Helena ganhará mais tarde seu verdadeiro fundamento. Nele sempre se fala de cisnes e de uma mulher gerada por um cisne; mas aqui é essa própria ação que aparece e, quando mais tarde chegamos ao episódio de Helena trazendo a impressão sensorial dessa situação, tudo nos parece mais claro e completo!

Goethe deu-me razão e pareceu feliz por eu tê-lo notado.

— O senhor também perceberá — disse ele — que nesses primeiros atos o clássico e o romântico já repontam e são invocados a fim de que, como seguindo por um caminho ascendente, se chegue ao episódio de Helena, no qual ambas as formas poéticas se manifestam claramente e encontram uma espécie de equilíbrio.

— Os franceses — disse Goethe — também já começam a pensar corretamente a respeito dessa relação. "É tudo bom e igual", eles dizem, "o clássico e o romântico, tudo depende de sabermos nos servir dessas formas com entendimento e de alcançarmos a excelência em ambas. Também é possível ser absurdo em ambas, e nesse caso tanto uma quanto a outra são de pouca serventia." Isso me parece sensato, uma boa máxima com a qual podemos nos tranquilizar por algum tempo.

Domingo, 20 de dezembro de 1829

À mesa em casa de Goethe. Falamos do chanceler, e eu perguntei a Goethe se ao retornar da Itália ele lhe trouxera alguma notícia de Manzoni.

— Escreveu-me a seu respeito — disse Goethe. — O chanceler visitou Manzoni, que vive em sua quinta nas proximidades de Milão e, para meu pesar, está constantemente adoentado.

---

61 *Fausto II*, versos 6903-6920.

— É estranho — eu disse — que encontremos tão frequentemente uma constituição frágil em talentos excepcionais, sobretudo em poetas.

— As obras extraordinárias que tais pessoas produzem — disse Goethe — pressupõem uma constituição muito delicada, que os torne capazes de sentimentos raros e de ouvir a voz dos seres celestiais. Mas uma tal constituição, em conflito com o mundo e com os elementos, é facilmente perturbada e ferida e quem não alia, como Voltaire, uma grande sensibilidade a uma extraordinária robustez, é facilmente acometido de um estado de constante enfermidade. Schiller também estava sempre doente. Quando o conheci, pensei que não viveria mais quatro semanas. Mas ele também era dotado de certa robustez; durou ainda muitos anos e, se levasse uma vida mais saudável, poderia durar ainda mais.

Falamos do teatro e em que medida certa representação fora bem-sucedida.

— Vi Unzelmann nesse papel[62] — disse Goethe —, o que sempre nos dava uma sensação agradável, por conta de sua grande liberdade de espírito, da qual ele nos fazia compartilhar. Pois com a arte do ator se dá o mesmo que com as demais artes. O que o artista faz ou fez nos coloca na mesma disposição em que ele se encontrava ao fazê-lo. Uma disposição livre do artista nos torna livres, uma disposição oprimida, ao contrário, nos torna temerosos. Essa liberdade se manifesta no artista sempre que ele se mostra à altura de sua tarefa, e se os quadros dos holandeses nos proporcionam tão grande prazer é justamente porque aqueles artistas nos representavam a vida imediata, sobre a qual tinham pleno domínio. Para que possamos sentir tal liberdade de espírito no ator, é necessário que ele se torne inteiramente senhor de seu papel através do estudo, da fantasia e de sua natureza, ele precisa dispor de todos os meios de expressão corporal e de certa energia juvenil que lhe sirva de sustentáculo. Pois o estudo sem fantasia não basta, e o estudo e a fantasia sem a natureza não são suficientes. As mulheres fazem quase tudo pela imaginação e pelo temperamento, e é daí que vinha a excelência da sra. Wolff.[63]

---

62 Karl August Friedrich Wilhelm Wolfgang Unzelmann (1786-1843), ator.
63 Amalie Wolff (1781-1851), atriz, viúva de Pius Alexander Wolff.

Conversações com Goethe nos últimos anos de sua vida

Continuamos com esse assunto por mais algum tempo, mencionando os melhores atores do teatro de Weimar e recordando com reconhecimento seu desempenho em certos papéis.

Entretanto, o *Fausto* voltou-me à mente e eu falei do Homúnculo e da dificuldade de tornar tal personagem visível no palco.

— Mesmo que não vejamos o homenzinho — eu disse —, seria necessário poder ver a luz dentro do frasco, e suas importantes palavras teriam de ser declamadas de um modo que não seria possível a uma criança.

— Wagner — disse Goethe — deve manter o frasco o tempo todo em suas mãos, e a voz teria de soar como se saísse de dentro dele. Seria papel para um ventríloquo, pelo que já ouvi a respeito deles, e um artista dessa natureza certamente saberia resolver bem o problema.

Falamos também do grande Carnaval e de como seria possível trazê-lo à cena.[64]

— Deveria assemelhar-se, em proporções um pouco maiores, ao *Mercado de Nápoles*[65] — eu disse.

— Exigiria um teatro muito grande — disse Goethe —, e é quase impensável.

— Espero ainda poder viver isso — foi minha resposta. — Gosto sobretudo do elefante, conduzido pela Sagacidade, montado pela Vitória e tendo a seu lado, acorrentados, o Medo e a Esperança. É uma alegoria que dificilmente poderá ser superada.

— Não seria o primeiro elefante a aparecer no palco — disse Goethe. — Em Paris há um que desempenha um papel completo; pertence a um partido popular e retira a coroa da cabeça de um rei para colocá-la na de outro, o que deve ser grandioso. Ao final da peça, quando o elefante é chamado ao palco, ele entra sozinho, faz uma reverência e torna a sair. Por aí o senhor vê que podemos contar com o elefante em nosso Carnaval. Mas o todo é grande demais, e exige um diretor como dificilmente se encontra um.

— Mas é tão cheio de brilho e efeitos — eu disse — que dificilmente um teatro o deixará escapar. E a maneira pela qual vai se construindo e se tor-

---

64 *Fausto II*, primeiro ato, versos 5065 e seguintes.
65 Possivelmente uma peça de teatro.

nando cada vez mais significativo! De início, belas jardineiras e jardineiros que decoram o teatro e ao mesmo tempo formam uma massa, de modo que não faltam contornos e expectadores às figuras que entram em cena e se tornam cada vez mais significativas. Então, logo após o elefante, o carro puxado por dragões que vêm do fundo através do ar, passando por cima das cabeças. Além disso, a aparição do grande Pã e como, por último, tudo está envolto por uma aparente fogueira que é abafada e apagada por nuvens úmidas que passam! Se tudo isso pudesse ser apresentado como o senhor o pensou, o público se encheria de espanto e teria de admitir que lhe faltam espírito e intelecto para apreciar condignamente a riqueza de tais imagens.

— Ora, esqueça o público, do qual nem gosto de ouvir falar — disse Goethe. — O importante é que a peça está escrita; o mundo que faça dela o melhor que puder e aproveite tanto quanto for capaz.

Falamos a seguir do Mancebo-Guia.

— Que por trás da máscara de Pluto se esconda o Fausto, e na do Avarento Mefistófeles, o senhor já deve ter notado. Mas quem é o Mancebo-Guia?

Eu hesitei e não sabia o que responder.

— É Eufórion! — disse Goethe.

— Mas como pode ele aparecer já aqui no Carnaval — perguntei —, se só vai nascer no terceiro ato?

— Eufórion — disse Goethe — não é um ser humano, e sim um ser *alegórico*. Nele está personificada a *poesia*, que não se prende a nenhuma época, a nenhum lugar e a nenhuma pessoa. O mesmo Espírito que mais tarde se compraz em ser Eufórion aparece aqui como o Mancebo-Guia, e nisso ele se assemelha aos fantasmas que estão presentes em toda parte e podem aparecer a qualquer hora.

Domingo, 27 de dezembro de 1829

Hoje, depois do almoço, Goethe leu-me a cena do papel-moeda.[66]

— O senhor se lembra — disse ele — que na assembleia imperial o resumo da ópera é que falta dinheiro, e Mefistófeles promete arranjá-lo.[67] Esse

---

66 *Fausto II*, versos 6037-6172.
67 *Fausto II*, versos 4925-4938.

Conversações com Goethe nos últimos anos de sua vida

tema atravessa toda a mascarada, na qual Mefistófeles sabe conduzir as coisas de modo que o imperador, por trás da máscara do grande Pã, assine um papel que, assim provido de valor monetário, é reproduzido milhares de vezes e posto em circulação.

— Agora, nessa cena, o fato é discutido diante do imperador, que ainda não sabe o que fez. O tesoureiro lhe entrega as cédulas e esclarece a situação. O imperador, de início irado, mas, depois de constatar o lucro, felicíssimo, presenteia regiamente com o novo papel-moeda os que lhe estão ao redor e, ao sair, ainda deixa cair alguns milhares de coroas, de pronto recolhidas pelo gordo bobo da corte que corre para transformar o papel em terras.

Enquanto Goethe lia a magnífica cena, eu me comprazia com o achado feliz de fazer derivar de Mefistófeles o papel-moeda, introduzindo assim em seu drama de modo tão significativo, e imortalizando, um dos principais interesses de nossos dias.

Apenas acabáramos de ler a cena e de tecer alguns comentários a seu respeito quando o filho de Goethe entrou e sentou-se à mesa conosco. Ele nos falou do último romance de Cooper, que terminara de ler e que nos descreveu admiravelmente à sua maneira minuciosa.[68] Nada lhe revelamos acerca da cena que acabávamos de ler, mas ele mesmo logo se pôs a falar das cédulas do tesouro prussiano, afirmando que atualmente são vendidas acima de seu verdadeiro valor. Enquanto o jovem Goethe assim falava, olhei para seu pai com um sorriso que ele retribuiu, com o que nos demos a entender como aquilo que a cena representava estava na ordem do dia.

Quarta-feira, 30 de dezembro de 1829

Hoje, depois da refeição, Goethe leu-me as cenas seguintes.

— Agora que têm dinheiro na corte imperial — disse ele —, todos querem se divertir. O imperador deseja ver Páris e Helena, mas quer que sejam trazidos em pessoa diante dele por artes de magia. Como, porém, Mefistófeles nada tem a ver com a Antiguidade grega e, portanto, não dispõe de nenhum poder sobre aquelas figuras, a obra fica a cargo de Fausto, que a

---

68 James Fenimore Cooper (1789-1851), *The Red Rover* [O corsário vermelho, 1828].

realiza plenamente. Mas o que Fausto tem de empreender a fim de possibilitar sua aparição ainda não está concluído, e eu o lerei para o senhor em uma outra oportunidade. A aparição de Páris e Helena, contudo, o senhor ouvirá ainda hoje.

Alegrou-me o pressentimento do que estava por vir, e Goethe começou a ler. Na antiga sala feudal de cerimônias, vi entrar o imperador e a corte para assistirem ao espetáculo. A cortina se ergue, e eu tenho diante dos olhos o teatro, que vem a ser um templo grego. Na caixa do ponto, Mefistófeles, de um lado do proscênio o astrólogo, do outro Fausto, subindo com o tripé. Ele profere as fórmulas necessárias e Páris surge da fumaça de incenso que se ergue do prato. Enquanto se move ao som de uma música etérea, o belo jovem é descrito. Ele se senta e se recosta, passando um dos braços por trás da cabeça, assim como o vemos representado em antigas esculturas. É o êxtase das mulheres, que proclamam o encanto de sua juventude em flor; é a execração dos homens, nos quais se agitam a inveja e o ciúme e que o desdenham o quanto podem. Páris adormece e Helena aparece. Ela se aproxima do adormecido, beija-lhe os lábios; afasta-se dele e se volta para olhá-lo. Nesse movimento de corpo, manifesta-se todo o seu extraordinário encanto. Ela impressiona os homens, assim como Páris as mulheres. Os homens se inflamam de amor e louvor, as mulheres de inveja, ódio e censura. O próprio Fausto está arrebatado e, imerso na contemplação da beleza que conjurou, esquece-se do tempo, do lugar e da situação, e Mefistófeles tem de lembrar-lhe a cada momento de que está saindo de seu papel. A atração e o entendimento entre Páris e Helena parece aumentar, o jovem a abraça a fim de raptá-la; Fausto quer arrancá-la dos braços dele, mas, no momento em que ele aponta a chave para o jovem, ocorre uma grande explosão, os espíritos se desfazem em fumaça e Fausto jaz paralisado no chão.

1830

Domingo, 3 de janeiro de 1830

Goethe mostrou-me o almanaque inglês *The Keepsake* para 1830, com belíssimas gravuras e algumas interessantíssimas cartas de Lord Byron, que li durante a sobremesa.[1] Ele, por sua vez, tinha em mãos a mais recente tradução francesa de seu *Fausto*, por Gérard, que folheava e, por vezes, parecia ler.[2]

— Estranhos pensamentos me passam pela cabeça — disse ele — quando penso que esse livro ainda agora é lido em uma língua que, há cinquenta anos, Voltaire dominava. Quanto a isso, o senhor não pode pensar o que eu penso, e não faz ideia da importância que tiveram Voltaire e seus grandes contemporâneos em minha juventude, e como eles dominavam todo o mundo moral. De minha biografia não se evidencia com clareza a influência que aqueles homens tiveram sobre minha juventude, e o quanto me custou defender-me deles e estabelecer por mim mesmo uma relação mais verdadeira com a natureza.

---

1 *The Keepsake*, um dos mais influentes almanaques literários ingleses de sua época, foi publicado entre 1828 e 1857.

2 Gérard de Nerval (1808-1855), escritor e poeta francês, enviara em dezembro de 1829 um exemplar de sua tradução do *Fausto I* para o francês, publicada em 1828.

Continuamos a falar sobre Voltaire, Goethe recitou o poema *Les Systèmes*, e daí pude inferir o quanto ele deve ter estudado e assimilado essas coisas em sua juventude.[3]

Goethe teceu grandes elogios à referida tradução de Gérard, considerando-a muito bem-sucedida, embora a maior parte dela seja feita em prosa.

— Em alemão — disse ele — eu não posso mais ler o *Fausto*; mas nessa tradução francesa tudo parece novamente fresco, novo e engenhoso.

— O *Fausto* — continuou ele — é mesmo algo incomensurável, e são vãs todas as tentativas de torná-lo mais acessível ao entendimento. Também é preciso ter em mente que a primeira parte se originou de um estado algo obscuro do indivíduo. Mas é justamente essa obscuridade que excita as pessoas, e estas se fatigam com ela, como com todos os problemas insolúveis.

Domingo, 10 de janeiro de 1830

Hoje, à sobremesa, Goethe proporcionou-me um elevado prazer, lendo-me a cena em que Fausto desce ao reino das Mães.[4]

Tudo quanto há de novo, de imprevisto no tema, e a maneira pela qual Goethe leu-me a cena arrebataram-me maravilhosamente, e eu me senti na situação de Fausto, que também foi tomado de terror ao receber a informação de Mefistófeles.

Ouvi com atenção e senti profundamente o que estava representado ali, mas tanta coisa pareceu-me enigmática que fui compelido a pedir alguns esclarecimentos a Goethe. Ele, porém, como de costume, fechou-se em segredos, olhando-me com os olhos bem abertos e repetindo-me as palavras:

— *"As Mães! Mães! Que esquisito soa aquilo!"*[5]

— Não posso lhe revelar nada — disse ele então —, a não ser que li em Plutarco que na antiga Grécia se falava nas *Mães* como de divindades.[6] Isso é tudo o que eu devo à tradição, o resto é de minha própria invenção. Dei-

---

3 *Les Systèmes* [Os sistemas], conto satírico em versos de Voltaire publicado em 1772.

4 *Fausto II*, versos 6173-6306.

5 *"Die Mütter! Mütter! — 's klingt so wunderlich!"* (*Fausto II*, verso 6217.)

6 Plutarco: *Vida de Marcelo*, capítulo 20, e *Sobre a decadência do oráculo*, capítulo 22.

xarei que o senhor leve o manuscrito para casa; estude tudo com afinco e veja como se sai dessa.

Senti-me muito feliz ao estudar mais uma vez com calma a estranha cena, e formei a seguinte opinião a respeito da verdadeira essência e da ação das Mães, de seu ambiente e sua morada: se pudéssemos imaginar que o imenso corpo celeste em que vivemos possui em seu interior um espaço vazio através do qual poderíamos avançar centenas de milhas em uma mesma direção sem nos depararmos com nada de corpóreo, esse espaço seria a morada daquelas deusas desconhecidas que Fausto vai encontrar. Elas vivem como que fora de qualquer lugar, pois não há nada de sólido ao seu redor; vivem também fora de qualquer tempo, pois não as ilumina a luz de nenhum astro que nasça e se ponha, marcando a sucessão dos dias e das noites.

Assim, vivendo em eterno crepúsculo e solidão, as mães são seres criadores, são o *princípio criador e mantenedor* do qual emana tudo quanto na superfície da terra possui forma e vida. O que cessa de respirar a elas retorna como natureza espiritual e elas o guardam até que encontre a oportunidade de iniciar uma nova existência. Todas as almas e as formas do que um dia já foi e um dia ainda será boiam como nuvens através do espaço infinito de sua morada; rodeiam as mães, a cujo reino, portanto, o mago deve descer se quiser, pela força de sua arte, obter domínio sobre a forma de um ser e conjurar para uma vida aparente uma criatura dos tempos passados.

A eterna metamorfose da existência terrena, o nascer e o crescer, o destruir e o recriar, são, portanto, a incessante atividade das mães. E, uma vez que o *feminino* é especialmente ativo em tudo que adquire nova vida através da procriação sobre a terra, é lícito pensar aquelas divindades criadoras como *femininas*, e assim não é sem razão que se dá a elas o venerável nome de *Mães*.

Claro que tudo isso é apenas criação poética; mas o limitado ser humano não logra penetrar muito mais fundo e se contenta em encontrar algo que lhe afaste as inquietações. Nesta terra, podemos observar fenômenos e sentir efeitos cuja origem e destino desconhecemos. Deduzimos uma fonte espiritual primeva, uma divindade, para a qual não dispomos nem de conceito nem de expressão, e que temos necessidade de rebaixar à nossa

Johann Peter Eckermann

própria condição e antropomorfizar a fim de, em certa medida, dar um corpo às nossas obscuras intuições e torná-las apreensíveis.

Assim surgiram todos os mitos que vivem entre os povos através dos séculos, e assim também esse novo mito de Goethe, que ao menos possui alguma aparência de verdade natural, e que certamente pode ser comparado aos melhores que já foram imaginados.

Domingo, 24 de janeiro de 1830

— Por esses dias recebi uma carta de nosso famoso chefe das minas de sal de Stotternheimer[7] — disse Goethe — que se inicia de modo singular, e a respeito da qual quero lhe falar.

— "Tive uma experiência", escreve ele, "que me será proveitosa." Mas o que vem a seguir? Trata-se nada mais nada menos de um prejuízo de pelo menos mil táleres. Ele imprudentemente deixou de escorar as paredes do fosso que leva até a salina, atravessando 1.200 pés de terra mole e pedras; a terra mais mole se soltou, enchendo o fosso de lama, e agora será necessária uma dispendiosa operação para remover a lama. Feito isso, ele irá colocar canos metálicos ao longo dos 1.200 pés a fim de se precaver contra outros acidentes semelhantes no futuro. É o que deveria ter feito desde o início, e ele certamente o teria feito, não fosse o fato de que pessoas como ele são de uma temeridade inimaginável para nós, mas necessária para quem ousa se lançar a empreendimentos dessa natureza. Ele, contudo, não perde a calma por causa do acidente, e escreve com resignação: "Tive uma experiência que me será proveitosa". Isso é o que eu chamo de uma pessoa agradável, alguém que, sem se lamentar, logo retoma sua atividade e jamais perde o chão sob seus pés. O que me diz disso, não é uma bela história?

— Ele me faz pensar em Sterne — respondi —, que lamenta não ter aproveitado seu sofrimento como um homem sensato.

— É algo semelhante — disse Goethe.

---

7 Karl Glenck (1779-1845), em homenagem a quem Goethe compôs o poema *Die erste Erzeugnisse der Stotternheimer Saline* [Os primeiros frutos da salina de Stotternheimer, 1828].

Conversações com Goethe nos últimos anos de sua vida

— Penso também em Behrisch — prossegui — e como ele ensinou ao senhor o que é a experiência.[8] Dias atrás li esse capítulo tão edificante para mim. "Mas experiência significa experimentar experimentando ter experimentado algo que não gostaríamos de ter experimentado."

— Sim — disse Goethe, rindo —, são as velhas brincadeiras com as quais desperdiçávamos vergonhosamente nosso tempo.

— Behrisch — continuei — parece ter sido um homem cheio de finura e graça. Como é cômica a burla na adega onde ele tenta impedir que o jovem vá ao encontro de sua amada e o consegue da maneira mais divertida, afivelando a espada ora de um jeito, ora de outro, provocando o riso de todos e fazendo o jovem perder a hora do *rendez-vous*.

— Sim — disse Goethe —, foi uma bela brincadeira; daria uma das cenas mais divertidas no palco; Behrisch, aliás, era um caráter como que feito para o teatro.

Recordamos então todas as esquisitices de Behrisch que são narradas na autobiografia de Goethe. Suas vestes cinzentas, nas quais a seda, o veludo e o algodão produziam nuances contrastantes, e como estudara um modo de acrescentar sempre um novo tom de cinza sobre o corpo. E também como escrevera poemas, arremedara o tipógrafo e exaltara o decoro e a dignidade do escriba. E como seu passatempo predileto era ficar à janela observado os passantes e lhes modificando em pensamentos o traje de tal maneira que teria sido extremamente ridículo se as pessoas de fato se vestissem daquele modo.

— Havia ainda sua brincadeira costumeira com o carteiro — disse Goethe —, que tal lhe parece, não é divertida também?

— Não a conheço — respondi —, não há nada a respeito em sua autobiografia.

— Estranho! — disse Goethe. — Pois então quero contar-lhe. Quando ficávamos juntos na janela e Behrisch avistava o carteiro, que vinha parando de casa em casa, ele costumava tirar uma moeda do bolso e colocá-la junto a si no parapeito da janela. "Está vendo o carteiro?", perguntava, dirigindo-

---

8 Ernst Wolfgang Behrisch (1738-1809); Goethe escreveu sobre a "experiência" no final do sétimo livro de *Poesia e verdade*.

375

-se a mim. "Ele está cada vez mais perto e, pelo que posso ver, logo estará aqui. Traz uma carta para você, e que carta! Não é uma carta comum, é uma carta com uma letra de câmbio. Com uma letra de câmbio! Não quero dizer o valor. Está vendo, agora ele vai entrar. Não! Mas logo ele vai chegar. Aí está ele novamente. Agora! Aqui! Entre aqui, meu amigo! Entre aqui! Ele passa ao largo? Que estúpido! Oh, que estúpido! Como alguém pode ser tão estúpido e agir com tanta irresponsabilidade? Irresponsabilidade em duplo sentido! Irresponsabilidade para com você, por não entregar a letra de câmbio que tem nas mãos, e total irresponsabilidade para com ele próprio, pois deixa de ganhar o trocado que eu já tinha separado para dar--lhe e que agora vou tornar a guardar." Dizendo isso, ele tornava a guardar a moeda no bolso com a maior dignidade, e nós ríamos a valer.

Diverti-me muito com essa brincadeira, em tudo semelhante às outras. Perguntei a Goethe se tornara a ver Behrisch mais tarde.

— Tornei a encontrá-lo — disse Goethe — logo após minha chegada a Weimar, lá pelo ano de 1776, quando fiz uma viagem com o duque a Dessau, para onde Behrisch fora chamado de Leipzig a fim de ocupar o posto de preceptor do príncipe herdeiro. Ele ainda era o mesmo, um fino cortesão e cheio de bom humor.

— Que disse ele de o senhor ter se tornado tão famoso nesse meio-tempo?

— "Eu não lhe disse?", foi sua primeira tirada. "Não foi sensato você não ter publicado seus versos naquele tempo e ter esperado até ter feito algo bom de fato? É verdade que o que você escrevia naquela época não era ruim, caso contrário eu não o teria copiado. Mas se tivéssemos permanecido juntos, você também não deveria ter publicado as outras coisas; eu também as teria copiado para você e isso também teria sido bom." Como pode ver, ele ainda era o mesmo. Gostavam muito dele na corte, eu sempre o via sentado à mesa do príncipe.

— Vi-o pela última vez no ano de 1801,[9] já velho, mas sempre com o mesmo bom humor. Ocupava alguns aposentos muito bonitos no castelo, um dos quais enchera de gerânios, que na época eram muito apreciados. Mas os botânicos haviam feito algumas distinções e divisões entre os

---

9 Na verdade, em janeiro de 1797.

Conversações com Goethe nos últimos anos de sua vida

gerânios e dado a certa espécie o nome de pelargônia. O velho senhor não podia conformar-se com isso e xingava os botânicos. "Que sujeitos estúpidos!", dizia. "Eu penso ter o quarto todo cheio de gerânios e agora eles vêm e dizem que são pelargônias. Que faço com elas se não são gerânios, e de que me servem as pelargônias?" Isso durou meia hora, e o senhor pode ver que ele continuava o mesmo.

Falamos então da "Noite de Valpúrgis Clássica", cujo início Goethe me lera alguns dias antes.

— As figuras mitológicas que afluíam para entrar nessa cena — disse ele — eram uma infinidade; mas eu tomei o cuidado de escolher apenas aquelas que provocavam o efeito pictórico desejado. Fausto agora está em companhia de Quíron e eu espero que a cena me saia a contento. Se trabalhar nela com afinco, em uns dois meses terei a "Noite de Valpúrgis" pronta. Mas agora nada poderá me afastar do *Fausto*; pois seria formidável viver a experiência de concluí-lo. E isso é possível; o quinto ato está quase pronto e o quarto se fará como que por si mesmo.

Goethe se pôs então a falar de sua saúde, e congratulou-se a si mesmo por seu contínuo bem-estar.

— Se agora estou tão bem — disse ele —, eu o devo a Vogel; sem ele eu já teria partido há muito. Vogel nasceu para médico, e é uma das pessoas mais geniais que já encontrei. Mas não devemos dizer o quanto ele é bom, para que não o tirem de nós.

Domingo, 31 de janeiro de 1830

À mesa com Goethe. Falamos de Milton.[10]

— Li há não muito tempo seu *Sansão* — disse Goethe —, que foi escrito no espírito dos antigos como nenhuma outra peça de autor moderno. Ele é muito grande; e sua própria cegueira permitiu-lhe representar o estado de Sansão com muita veracidade. Milton foi um poeta de fato e devemos a ele todo o respeito.

---

10 John Milton (1608-1674), poeta inglês, autor de *Paradise Lost* [O paraíso perdido, 1667] e *Samson Agonistes* [Sansão, o combatente, 1671].

Johann Peter Eckermann

Chegaram vários jornais e vimos nas *Notícias teatrais* de Berlim que baleias e monstros marinhos foram levados à cena nos palcos de lá.

Goethe leu na revista francesa *Le Temps* um artigo a respeito dos altíssimos salários pagos aos sacerdotes ingleses, cuja soma ultrapassa a dos demais países cristãos reunidos.

— Já afirmaram que o mundo é governado por números — disse ele —; o que eu sei é que os números nos revelam se ele é bem ou mal governado.

Quarta-feira, 3 de fevereiro de 1830

Com Goethe à mesa. Falamos de Mozart.

— Eu o vi quando era um menino de 7 anos — disse ele. — Fazia uma pausa de viagem e deu um concerto. Eu mesmo tinha uns 14 anos e ainda me lembro claramente do homenzinho com sua peruca e seu espadim.

Arregalei os olhos e pareceu-me um meio milagre ouvir que Goethe é velho o bastante para ter visto Mozart menino.

Domingo, 7 de fevereiro de 1830

À mesa com Goethe. Considerações variadas a respeito do príncipe primaz;[11] sobre como ele ousou defendê-lo à mesa da imperatriz da Áustria por meio de um hábil torneio retórico. A insuficiência do príncipe em Filosofia, sua inclinação diletante, desprovida de gosto, para a pintura. O quadro dado de presente a Miss Gore.[12] Sua benevolência e sua fraqueza ao doar tudo o que tinha, até terminar na miséria.

Conversa sobre o conceito de *désobligeant*.[13]

---

11 Karl Theodor von Dalberg (1744-1817), desde 1802 príncipe eleitor de Mainz, desde 1806 príncipe primaz da Liga Renana e, de 1810 a 1813, grão-duque de Frankfurt.

12 Eliza Gore (1754-1802) ou Emily Gore (1756-1826), filhas de Charles Gore, um inglês que residia em Weimar desde 1731.

13 *Désobligeant* (francês): desagradável, descortês, ofensivo.

Conversações com Goethe nos últimos anos de sua vida

Depois do almoço, apareceu o jovem Goethe fantasiado de Klingsohr,[14] com Walter e Wolf, e dirigiu-se à corte.

Quarta-feira, 10 de fevereiro de 1830

À mesa com Goethe. Ele se referiu com genuíno reconhecimento ao poema de Riemer em comemoração ao 2 de fevereiro.[15]

— Tudo o que Riemer faz — acrescentou — pode ser apresentado diante de mestres e confrades.

Falamos então da "Noite de Valpúrgis Clássica" e de como Goethe incluiu nela coisas que surpreendem a ele próprio. Além disso, o tema se desenvolveu além do que ele tinha imaginado.

— Tenho pouco mais da metade pronta — disse ele —, mas quero dedicar-me a ela e espero terminá-la até a Páscoa. Antes disso o senhor não verá mais nada, mas, assim que estiver pronta, eu lhe darei o texto para que o examine tranquilamente em casa. Seria ótimo se o senhor terminasse de organizar os volumes 38 e 39, de modo a podermos enviar a última remessa até a Páscoa, assim teríamos o verão inteiro livre para empreender algo de grande. Eu continuaria com o *Fausto* e tentaria vencer o quarto ato.

Fiquei feliz com a ideia, e prometi-lhe todo o meu apoio.

Em seguida, Goethe mandou o criado em busca de notícias da grã-duquesa mãe, que está muito doente e cujo estado lhe parece preocupante.

— Ela não deveria ter comparecido à mascarada — disse ele —, mas príncipes estão acostumados a agir de acordo com sua própria vontade, e assim todos os protestos da corte e dos médicos foram em vão. A mesma força de vontade com que resistiu a Napoleão ela opõe à sua debilidade física; e já posso prever o que está por vir: ela partirá como o grão-duque, em pleno vigor e domínio de sua mente, quando seu corpo já tiver cessado de obedecer-lhe.

---

14 Mago lendário, aparece em um ciclo de poemas medievais em torno da também lendária Batalha dos Cantores no castelo de Wartburg.

15 *Der Sänger-Wettstreit auf der Wartburg* [A batalha dos cantores no Wartburg], por ocasião do aniversário do grão-duque.

Goethe estava visivelmente triste, e se calou por um momento. Mas logo voltamos a tratar de assuntos alegres, e ele me falou de um livro escrito em sua própria defesa por Hudson Lowe.[16]

— Há nele trechos dos mais preciosos — disse —, que só podem provir de testemunhas oculares. Como o senhor sabe, Napoleão costumava vestir um uniforme verde-escuro. De tanto uso e de tanto sol, esse uniforme ficou todo desbotado, e tornou-se necessário substituí-lo por outro. Napoleão desejava manter a mesma cor verde-escuro, mas não havia tecido dessa cor disponível na ilha; chegaram a encontrar um tecido verde, mas de uma coloração duvidosa, tendente ao amarelo. Era impossível ao senhor do mundo recobrir seu corpo com uma cor daquelas, e não lhe restou alternativa a não ser mandar virar seu velho uniforme do avesso e continuar a vesti-lo.

— Que me diz disso? Não é um verdadeiro lance de tragédia? Não é tocante ver o senhor dos reis reduzido ao ponto de vestir um uniforme virado pelo avesso? No entanto, quando pensamos que esse foi o fim de um homem que calcou aos pés a vida e a felicidade de milhões de pessoas, o destino que lhe coube em sorte se torna muito suave; trata-se de uma Nêmesis que, ao levar em consideração a grandeza do herói, não pode deixar de ser um pouco galante. Napoleão nos dá um exemplo de como é perigoso elevar-se ao absoluto e sacrificar tudo pela realização de uma ideia.

Estivemos ainda por um tempo a conversar sobre esse assunto, e em seguida eu fui ao teatro assistir à *Estrela de Sevilha*.[17]

Domingo, 14 de fevereiro de 1830

Hoje, ao meio-dia, a caminho da casa de Goethe, que me convidara para o almoço, recebi a notícia da morte da grã-duquesa mãe, que acabava de

---

16 General inglês, governador da ilha de Santa Helena, escreveu *Mémorial rélatif à la captivité de Napoléon à Sainte-Hélène* [Memorial relativo ao cativeiro de Napoleão em Santa Helena, 1831).

17 *Der Stern von Sevilla* [A estrela de Sevilha, 1830], tragédia em cinco atos do escritor austríaco Joseph Christian von Zedlitz (1790-1862), baseada em peça homônima de Lope de Vega.

ocorrer. Como afetará Goethe, em sua idade avançada?, foi meu primeiro pensamento, e foi com alguma apreensão que entrei na casa. Os criados me informaram de que sua nora acabara de ir ter com ele a fim de lhe transmitir a triste notícia. Por mais de cinquenta anos, eu disse a mim mesmo, ele esteve ligado a essa princesa, gozando de seu especial favor e benevolência, a morte dela o comoverá profundamente. Foi com tal pensamento que entrei no aposento, mas qual não foi minha surpresa ao vê-lo todo sereno e cheio de energia, tomando sua sopa em companhia da nora e dos netos, como se nada tivesse acontecido. Continuamos a conversar serenamente sobre coisas insignificantes; então todos os sinos da cidade começaram a soar; a sra. Von Goethe olhou para mim e começamos a falar mais alto, para que o dobre de finados não lhe tocassem o íntimo e o abalassem, pois pensávamos que ele sentia o mesmo que nós. Mas ele não sentia, em seu íntimo se passava algo totalmente diferente. Estava sentado à nossa frente como um ser de uma espécie superior, imune aos sofrimentos terrenos. O conselheiro áulico Vogel se fez anunciar e veio juntar-se a nós, contando--nos os detalhes do passamento da ilustre falecida, que Goethe ouviu com a mesma inteira tranquilidade e serenidade que vinha mantendo até então. Vogel tornou a sair e nós demos continuidade ao nosso almoço e à nossa conversação. Falamos longamente a respeito de *Chaos*, e Goethe elogiou as *Considerações sobre o jogo* publicadas no último número como algo excelente.[18] Quando a sra. Von Goethe retirou-se com seus filhos, eu fiquei a sós com Goethe. Ele me falou sobre sua "Noite de Valpúrgis Clássica", dizendo que o trabalho avança diariamente e que tem produzido coisas maravilhosas, superando suas próprias expectativas. Em seguida, mostrou-me uma carta do rei da Baviera que recebera hoje e que eu li com grande interesse. Em cada linha se manifestava a nobre e leal amizade do rei, e Goethe parecia muito feliz por ver que o monarca continua sempre o mesmo em relação a ele. O conselheiro áulico Soret se fez anunciar e veio juntar-se a nós.

---

18 *Chaos* era uma revista poliglota privada, distribuída ente amigos e conhecidos, que Ottilie von Goethe editou de 1829 a 1832. Nela colaboraram nomes proeminentes da intelectualidade de Weimar e Iena, além de outras personalidades, como Felix Mendelssohn-Bartoldy.

Trouxe palavras de consolo e conforto de sua alteza imperial, que vieram contribuir para aumentar ainda mais a serenidade de ânimo de Goethe. Dando continuidade à conversação, Goethe referiu-se à famosa Ninon de Lenclos,[19] que aos 16 anos, no auge de sua beleza, esteve próxima à morte e, inteiramente senhora de si, consolara as pessoas que estavam ao seu redor com as seguintes palavras: "Que mal há nisso? Atrás de mim só deixo uma penca de mortais!". Ela, aliás, sobreviveu e chegou aos 90 anos, e até os 80 fez a felicidade e o desespero de centenas de amantes.

Em seguida, Goethe falou de Gozzi e de seu teatro em Veneza, para cujas representações os atores improvisavam a partir de um simples argumento que lhes era comunicado.[20] Gozzi afirmava existirem apenas 36 situações trágicas: Schiller pensava que havia mais; no entanto, não lograra encontrar nem mesmo aquelas 36.

A seguir, contou-nos algumas coisas interessantes a respeito de Grimm, de seu espírito, seu caráter e sua reduzida confiança no papel-moeda.[21]

Quarta-feira, 17 de fevereiro de 1830

Falamos sobre o teatro, em especial sobre as cores do cenário e dos figurinos. O resultado foi o seguinte:

De modo geral, o fundo da cena deve ter uma tonalidade adequada às cores dos figurinos, como nos cenários de Beuther, que quase sempre apresentam alguma nuance de marrom e realçam em todo o seu frescor as cores do vestuário.[22] Mas se o pintor dos cenários se vir impedido de usar uma tonalidade neutra tão adequada, e tiver de representar uma sala vermelha ou amarela, uma tenda branca ou um jardim verdejante, os atores têm de ter o bom senso de não usar trajes da mesma cor. Se um ator entra em cena

---

19 Anne "Ninon" de l'Enclos, também chamada Ninon de Lenclos ou Ninon de Lanclos (1620-1705), foi uma cortesã, escritora e epistológrafa francesa.

20 Carlo Gozzi (1720-1806), escritor e dramaturgo italiano.

21 Friedrich Melchior von Grimm (1723-1807), diplomata, escritor, jornalista, crítico de música e teatro.

22 Friedrich Beuther (1777-1856), ator e pintor de cenários.

envergando um uniforme vermelho com calças verdes em uma sala verme-lha, seu tronco desaparecerá e só as pernas serão vistas; se ele entrar com a mesma indumentária em um jardim verdejante, suas pernas desaparecerão e o tronco ficará em evidência. Vi certa vez um ator de uniforme branco e calças bem escuras, cujo tronco desaparecia completamente em uma tenda branca, assim como as pernas sobre um fundo escuro.

— E mesmo quando o pintor do cenário tivesse de representar uma sala vermelha ou amarela, um jardim ou uma floresta verdejante, essas cores deveriam ser sempre um tanto tênues e diáfanas, a fim de que todos os trajes se destacassem em primeiro plano e produzissem o efeito desejado.

Falamos da *Ilíada* e Goethe chamou-me a atenção para o belo motivo da temporária inatividade de Aquiles, que permite aos demais heróis ocupar o primeiro plano e se desenvolverem plenamente.

De suas *Afinidades eletivas*, ele afirmou não conterem uma única linha que não fosse vivida, mas também nenhuma linha *tal como* foi vivida. O mesmo vale para sua história em Sesenheim.

Depois do almoço, olhamos um álbum de pinturas da escola holande-sa. A cena de um porto, representando homens que de um lado tiravam água fresca e de outro jogavam dados sobre um barril, ocasionou belas observações sobre como se deve evitar o realismo a fim de não prejudicar o efeito artístico. A tampa do barril recebe a luminosidade principal; os dados, como se pode ver pelos gestos dos homens, foram jogados, mas não foram pintados sobre a superfície da tampa, porque interromperiam a luminosidade e teriam um efeito prejudicial.

A seguir, vieram os estudos de Ruysdael para seu cemitério, pelos quais se podiam constatar os esforços despendidos pelo mestre.

Domingo, 21 de fevereiro de 1830

Com Goethe à mesa. Mostrou-me uma aérida, que observei com grande interesse. Notei nela um esforço por prolongar sua existência o mais pos-sível antes de permitir que um sucessor viesse a se manifestar.

— Eu decidi — disse Goethe — não ler nem o *Temps* nem o *Globe* durante quatro semanas. As coisas chegaram a um tal ponto que nesse entretempo algo tem de acontecer, e eu quero esperar até o momento em que a notícia me venha de fora.[23] Minha "Noite de Valpúrgis Clássica" ganhará com isso; além do quê, aqueles são interesses dos quais não se tira nenhum proveito, e nem sempre levamos suficientemente em conta esse fato.

Entregou-me então uma carta enviada de Munique por Boisserée que o alegrou e que eu também li com o maior prazer.[24] Boisserée se refere especialmente à "Segunda estada em Roma" e também a alguns pontos do último número de *Arte e antiguidade*. Seus juízos a respeito desses assuntos são a um tempo benevolentes e profundos, o que nos dá ocasião para refletir longamente sobre a rara cultura e atividade desse homem notável.

A seguir, Goethe me falou sobre um novo quadro de Cornelius, que considera excelente tanto pela concepção quanto pela execução, e observamos que a oportunidade para o bom colorido de um quadro reside na composição.[25]

Mais tarde, durante um passeio, a aérida retorna-me ao espírito e penso que um ser prolonga sua existência tanto quanto é possível, mas em seguida junta suas forças a fim de dar origem a um ser semelhante. Essa lei da natureza me faz lembrar daquela lenda segundo a qual imaginamos a divindade sozinha na origem de tudo, mas criando a seguir seu filho semelhante a si mesma. Assim também os mestres não têm nada mais oportuno a fazer do que formarem bons discípulos nos quais vejam a permanência de seus princípios e de suas atividades. Assim também cada obra de um artista ou de um poeta deve ser considerada como sendo seu semelhante, e o artista ou o poeta será tanto melhor quanto melhor for a obra que ele realizar. O excelente trabalho de um outro, portanto, não deve jamais me provocar inveja, pois me permite reconhecer uma excelente pessoa, digna de havê-lo realizado.

---

23 Goethe se refere às tensões políticas que agitavam a França e desembocariam na revolução de julho de 1830.
24 Sulpiz Boisserée (1783-1854), estudioso e colecionador de arte.
25 Peter Cornelius (1783-1867), pintor alemão.

Conversações com Goethe nos últimos anos de sua vida

Quarta-feira, 24 de fevereiro de 1830

À mesa com Goethe. Falamos de Homero. Notei que, nele, a ação dos deuses está em conexão imediata com o real.

— É infinitamente delicado e humano — disse Goethe —, e eu agradeço a Deus por já não estarmos naquela época em que os franceses chamavam a essa ação dos deuses de *maquinaria*. Mas, com efeito! Compreender um mérito tão incomensurável demandava algum tempo, pois exigia uma total transformação da cultura deles.

Goethe disse-me então que acrescentou alguns traços à aparição de Helena a fim de lhe intensificar a beleza, o que lhe foi sugerido por uma observação minha e prestava homenagem à minha sensibilidade.

Depois da refeição, Goethe mostrou-me o esboço de um quadro de Cornelius que representava Orfeu diante do trono de Plutão, em busca da libertação de Eurídice. O quadro nos pareceu bem concebido e os detalhes excelentemente realizados, mas não nos satisfazia completamente nem proporcionava ao espírito um verdadeiro prazer. Talvez, pensamos, as cores lhe confiram maior harmonia; talvez também fosse mais propício o momento seguinte, quando Orfeu já triunfou sobre o coração de Plutão e Eurídice lhe é restituída. Pois então a situação não estaria mais tão carregada de tensão e expectativa e, assim, transmitiria uma perfeita tranquilidade.

Segunda-feira, 1º de março de 1830

À mesa com Goethe e o conselheiro Voigt, de Iena.[26] A conversação versa exclusivamente sobre assuntos de história natural, e o conselheiro Voigt dá mostras dos mais variados conhecimentos. Goethe nos conta haver recebido uma carta objetando que os cotilédones não são folhas, pois não se desenvolvem a partir de um broto. Mas o exame de diversas plantas nos comprova que os cotilédones se desenvolvem, sim, a partir de um broto, do mesmo modo que qualquer outra folha. Voigt diz que o *aperçu* da metamorfose das plantas é uma das descobertas mais produtivas que nossa época conheceu no campo das pesquisas em história natural.

---

26 Friedrich Sigismund Voigt (1781-1850), zoólogo de Iena.

Falamos sobre as coleções de aves empalhadas, e Goethe contou de um inglês que mantinha centenas de pássaros em grandes viveiros. Alguns desses pássaros morreram e ele os mandou empalhar. As aves empalhadas o agradaram tanto que lhe veio a seguinte ideia: não seria melhor matá-los a todos e mandar empalhar? E imediatamente pôs tal ideia em prática.

O conselheiro Voigt nos conta que está em vias de traduzir e editar, com acréscimos e complementos, os cinco volumes da *História natural* de Cuvier.[27]

Depois da refeição, quando Voigt já se fora, Goethe me mostrou o manuscrito de sua "Noite de Valpúrgis", e fiquei admirado de ver a extensão a que ele chegara nessas poucas semanas.

Quarta-feira, 3 de março de 1830

Antes do almoço, passeio de carruagem com Goethe. Ele elogia meu poema dedicado ao rei da Baviera, observando que Lord Byron teve uma influência positiva sobre mim.[28] Contudo, ainda me falta aquilo a que se chama *conveniência*, na qual Voltaire era tão grande. Por isso, recomendava-me que o tomasse por modelo.

Mais tarde, à mesa, falamos bastante a respeito de Wieland, sobretudo de seu *Oberon*, e Goethe disse ser da opinião de que sua fundamentação é frágil e que o plano não foi suficientemente bem traçado antes da execução. Não lhe parece um bom achado recorrer a um espírito para fazer crescer a barba e os dentes molares do herói, especialmente por que isso o relega à total inatividade. Mas a composição graciosa, sensual e engenhosa do grande poeta torna o livro tão agradável ao leitor que este se esquece de seu verdadeiro fundamento e o ignora durante a leitura.

Continuamos a falar de diversos assuntos e assim voltamos a tratar da enteléquia.

---

27 Georges-Frédéric de Cuvier (1769-1832), *Le Règne animal distribué d'après son organisation* [O reino animal ordenado de acordo com sua organização, 1817].

28 *Goethes Porträt. Auf Befehl Seiner Majestät des Königs von Bayern gemalt von Stieler 1829* [O retrato de Goethe. Pintado por Stieler por ordem de Sua Majestade, o rei da Baviera, em 1829].

Conversações com Goethe nos últimos anos de sua vida

— A obstinação do indivíduo — disse Goethe — e o fato de o ser humano sacudir de si o que não está em conformidade com ele é para mim uma prova da existência de algo desse gênero.

Poucos minutos antes eu pensara o mesmo e quisera dizê-lo, e, assim, foi para mim um duplo prazer ouvi-lo da boca de Goethe.

— Leibniz — disse ele — tinha ideias semelhantes sobre tais seres autônomos, e aquilo a que chamamos enteléquia, ele chamava de mônadas.

Decidi então que continuaria a estudar o assunto diretamente nas obras de Leibniz.

Domingo, 7 de março de 1830

Às 12 horas com Goethe, a quem encontrei cheio de vivacidade e vigor. Ele me confidenciou que teve de deixar de lado sua "Noite de Valpúrgis Clássica", a fim de concluir a última remessa.

— Mas foi sensato de minha parte — disse ele — parar quando ainda estava em um bom ritmo e ainda havia muita coisa já inventada a dizer. Assim será muito mais fácil recomeçar do que se tivesse continuado a escrever até empacar.

Tomei nota dessas palavras como uma boa lição.

Tencionávamos fazer um passeio de carruagem antes do almoço, mas ambos achamos tão agradável estar ali naquela sala que foi dada ordem de desatrelar os cavalos.

Entrementes, o criado Friedrich havia desempacotado uma grande caixa que chegara de Paris. Era uma remessa do escultor David, retratos moldados em gesso, baixos-relevos, de 57 pessoas famosas.[29] Friedrich colocou as peças de gesso em diversas gavetas, e foi muito divertido observar todas aquelas interessantes personalidades. Minha maior expectativa era com relação a Merimée; sua cabeça exibia o mesmo vigor e ousadia de seu talento, e Goethe observou que havia nela algo de humorístico. Victor Hugo, Alfred de Vigny, Emile Deschamps mostravam um semblante

---

29 David (cf. n.1, p.22-3) fora hóspede de Goethe no ano de 1828 e lhe esculpira o busto.

límpido, livre, sereno. Também nos deram um grande prazer os retratos de mlle. Gay, de mme. Tastu e de outras jovens escritoras.[30] A vigorosa efígie de Fabvier fazia lembrar homens de séculos passados, e nos comprazemos em repetidamente contemplá-lo.[31] Assim passávamos de uma personagem importante para outra, e Goethe não pode deixar de dizer várias vezes que com aquela remessa de David ele entrara na posse de um tesouro pelo qual jamais poderia agradecer o suficiente ao prodigioso artista. Ele não deixará de mostrar a coleção aos viajantes de passagem por aqui e de lhes pedir informações verbais a respeito de pessoas ainda desconhecidas para ele.

Na caixa havia também livros empacotados que ele mandou levar para os cômodos da frente, para onde também nos dirigimos e nos sentamos à mesa. Estávamos alegres e falamos de nossos diversos trabalhos e projetos.

— Não é bom que o ser humano fique sozinho — disse Goethe — e sobretudo não é bom que ele trabalhe solitariamente; ao contrário, para produzir algo de bom ele necessita de colaboração e incentivo. A Schiller eu devo a *Aquileida*[32] e muitas de minhas baladas, pois estimulou-me a escrevê-las, e se eu concluir a segunda parte do *Fausto* o senhor poderá atribuir a si mesmo esse mérito. Já lhe disse isso muitas vezes, mas torno a repeti-lo para que o saiba.[33]

Alegrei-me com essas palavras, sentindo que há nelas muito de verdadeiro.

Durante a sobremesa, Goethe abriu um dos pacotes. Eram os poemas de Emile Deschamps, acompanhados de uma carta que Goethe me deu para ler. Por ela pude constatar, com alegria, a influência que é atribuída a

---

30 Alfred de Vigny (1797-1863), escritor francês; Emile Deschamps (1791-1817), escritor francês; Delphine Gay (cf. n.31, p.218); Sabine-Casimire-Amable Voïart, conhecida como Amable Tastu (1798-1883), escritora francesa.

31 Charles-Nicolas Fabvier (1783-1855), oficial, embaixador e político francês.

32 *Achilleïs* [Aquileida], poema épico escrito entre 1797 e 1799 que ficou inacabado.

33 Que não se trata de simples lisonja o comprova uma carta escrita por Goethe ao chanceler von Müller em 8 de junho de 1830, na qual diz: "Eckermann é exímio em me extorquir produções literárias, graças ao interesse sensual que demonstra pelo que já realizei, pelo que já iniciei. Por isso, ele é especialmente responsável por eu dar continuidade ao *Fausto*, por já estarem prontos os dois primeiros atos da segunda parte".

Conversações com Goethe nos últimos anos de sua vida

Goethe sobre a nova vida da literatura francesa, e como os jovens poetas o amam e veneram como seu líder espiritual. Foi semelhante a influência de Shakespeare sobre a juventude de Goethe. De Voltaire não se pode dizer que tenha tido a mesma influência sobre os jovens poetas de outros países, a ponto de eles se reunirem sob a inspiração de seu espírito e o reconhecerem como seu mestre e senhor. A carta de Emile Deschamps fora escrita com uma liberdade muito amável e cordial.

— Vemos nela a primavera de um belo espírito — disse Goethe.

Na caixa enviada por David, encontrei ainda uma folha na qual estava desenhado o chapéu de Napoleão nas mais diversas posições.

— Isso é algo para meu filho — disse Goethe, e mandou que levassem imediatamente a folha para cima. O efeito não se fez esperar, pois o jovem Goethe logo desceu e declarou cheio de alegria que o chapéu de seu herói seria o *non plus ultra* de sua coleção. Não se passaram cinco minutos e o desenho, emoldurado e protegido com vidro, já encontrara seu lugar entres os demais atributos e monumentos do herói.

Terça-feira, 16 de março de 1830

Hoje de manhã, o sr. Von Goethe fez-me uma visita e comunicou-me que sua tão longamente projetada viagem à Itália está decidida, que seu pai lhe dará o dinheiro necessário e que ele deseja que eu o acompanhe. Alegramo-nos os dois com essa notícia e discutimos longamente os preparativos.

Ao meio-dia, quando eu passava diante da casa de Goethe, este me acenou da janela e eu imediatamente subi para encontrá-lo. Ele estava nos aposentos da frente, muito alegre e bem-disposto. Pôs-se logo a falar sobre a viagem do filho, dizendo aprová-la, considerá-la muito oportuna e que está feliz por eu acompanhá-lo.

— Será bom para ambos — disse — e especialmente proveitoso para sua cultura.

Mostrou-me então um Cristo com os doze apóstolos, e falamos sobre o quanto aquelas figuras são insípidas como tema para um escultor.

— Um apóstolo — disse Goethe — é sempre mais ou menos igual ao outro, e pouquíssimos entre eles tiveram uma vida e praticaram atos que lhes possam conferir caráter e significado. Aproveitei a ocasião para divertir-me imaginando um ciclo de doze figuras bíblicas, das quais cada uma é interessante, cada uma é diferente das outras e, assim, cada uma é um tema gratificante para o artista.

— Em primeiro lugar, Adão, o mais belo dos homens, tão perfeito quanto nos é possível imaginá-lo. Poderia ter uma das mãos apoiada sobre uma pá, como símbolo da destinação do homem a cultivar a terra.

— Depois dele, Noé, com quem se inicia uma nova Criação. Ele cultiva a vinha, e podemos dar-lhe alguns traços de um Baco indiano.

— Depois dele, Moisés, o primeiro legislador.

— A seguir, Davi, como guerreiro e rei.

— Depois dele, Isaías, príncipe e profeta.

— Daniel, então, que anuncia Cristo, *o que virá*.

— Cristo.

— Depois dele, João, que ama o *presente*. E assim Cristo estaria colocado entre duas figuras juvenis, um dos quais (Daniel) deveria ser retratado como um homem meigo de longos cabelos, enquanto o outro (João) como alguém passional, de cabelos curtos e encaracolados. E depois de João, quem viria?

— O capitão de Cafarnaum, como representante dos crentes, alguém à espera de ajuda imediata.

— A seguir Madalena, como símbolo da humanidade arrependida, necessitada de perdão, em busca de aperfeiçoamento. Nessas duas figuras estaria contida a epítome do Cristianismo.

— Em seguida poderia vir Paulo, o mais vigoroso propagador da doutrina.

— Depois dele Jacó, que foi ao encontro dos povos mais remotos e representa os missionários.

— Pedro fecharia o ciclo. O artista deveria colocá-lo ao lado da porta e dar-lhe uma expressão de quem contempla os que estão diante dela com olhar penetrante, a fim de verificar se são dignos de entrar no lugar sagrado.

— Que me diz desse ciclo? Parece-me que seria mais rico que os doze apóstolos, os quais se parecem uns com os outros. Moisés e Madalena eu retrataria sentados.

Conversações com Goethe nos últimos anos de sua vida

Fiquei muito feliz ao ouvir tudo isso e pedi a Goethe que o passasse para o papel, o que ele prometeu fazer.

— Quero ainda meditar mais um pouco sobre o assunto — disse ele — e depois o entregarei ao senhor para ser incluído, junto com algumas outras coisas mais recentes, no 39º volume.

Quarta-feira, 17 de março de 1830

Com Goethe à mesa. Perguntei-lhe sobre uma passagem de seus poemas, se deveria ser "Como teu sacerdote Horácio te prometeu em êxtase", de acordo com as edições mais antigas ou, de acordo com a nova edição, "Como teu sacerdote Propércio".

— Eu me deixei convencer por Göttling a essa última versão — disse Goethe. — Mas "sacerdote Propércio" soa mal, e assim eu sou pela primeira versão.

— Também no manuscrito da Helena — eu disse — constava que Teseu a raptara quando era uma esbelta corça de *10* anos. Por intervenção de Göttling, na versão impressa se lê "uma esbelta corça de 7 anos", o que é uma idade muito precoce, tanto para a bela menina quanto para os gêmeos Castor e Pólux, que a libertam. Tudo isso se passa na era da fábula, e ninguém pode dizer que idade ela realmente tinha, além do que a mitologia toda é tão versátil que podemos utilizá-la da maneira que nos parecer mais conveniente e mais bela.

— O senhor tem razão — disse Goethe —; eu também penso que ela tinha 10 anos quando Teseu a raptou, e por isso escrevi mais tarde: "depois de seus *10* anos ela nada mais fez de bom". Nas futuras edições, o senhor pode recolocar a corça de 10 anos em lugar da de 7.

Durante a sobremesa, Goethe mostrou dois fascículos recentes de Neureuther, baseados em suas baladas, e admiramos especialmente o espírito livre e sereno desse artista tão amável.[34]

---

34 Eugen Napoleon Neureuther (1806-1882), *Radzeichnungen zu Goethes Balladen und Romanzen* [Ilustrações à margem das baladas e romanças de Goethe, quatro fascículos, 1829-1830].

391

Johann Peter Eckermann

Domingo, 21 de março de 1830

Com Goethe à mesa. Primeiro de tudo ele fala sobre a viagem de seu filho, e que não devemos alimentar grandes ilusões a respeito de seu êxito.

— Normalmente retornamos como partimos — disse ele — e precisamos mesmo nos guardar de retornar com ideias que não são adequadas à nossa situação. Eu, por exemplo, trouxe da Itália a ideia das belas escadaria e com isso, obviamente, estraguei minha casa, pois por causa delas todos os cômodos ficaram menores do que deveriam ser. O principal é aprender a se controlar. Se eu me tivesse deixado agir descontroladamente, teria arruinado a mim mesmo e tudo ao meu redor.

Falamos então sobre estados de enfermidade física e sobre a influência mútua entre corpo e espírito.

— É incrível — disse Goethe — o poder da mente sobre a preservação do corpo. Eu sofro frequentemente com distúrbios abdominais, mas a vontade moral e a energia da parte superior do corpo me mantêm em pé. O espírito não deve ceder ao corpo! Trabalho melhor quando o barômetro está alto, mas, sabendo disso, quando está baixo procuro anular seu efeito através de um esforço maior, e sempre consigo.

— Na poesia, porém, algumas coisas não podem ser forçadas, e precisamos esperar o momento propício, o que não se pode alcançar por meio da vontade do espírito. Por isso, agora, estou me dando um tempo com a "Noite de Valpúrgis", para que tudo saia com a força e a graça necessárias. Progredi bastante e espero terminá-la antes de sua partida.

— Quanto às alusões picantes, eu as descolei dos objetos particulares e lhes dei uma dimensão mais geral, de modo que para o leitor não faltarão referências, mas ninguém saberá dizer a quem elas de fato se referem. Esforcei-me, contudo, para conferir contornos firmes ao todo, como convém à maneira antiga, e para que nada houvesse de vago e impreciso, o que seria mais apropriado a um procedimento romântico.

— O conceito de poesia clássica e romântica, que atualmente corre o mundo e causa tanta polêmica e discórdia — prosseguiu Goethe —, partiu originalmente de mim e de Schiller. Em poesia, eu seguia a máxima do procedimento objetivo e não reconhecia a validade de nenhum outro. Schiller, porém, que trabalhava de modo inteiramente subjetivo, considerava que esse era o procedimento correto e, a fim de se defender de mim, escreveu seu ensaio sobre a poesia ingênua e sentimental.[35] Ele me provou que eu mesmo, contra minha própria vontade, era romântico, e que minha *Ifigênia*, graças ao predomínio do sentimento, não era de modo algum tão clássica e de acordo com os modelos antigos quanto se poderia pensar. Os Schlegel adotaram a ideia e a desenvolveram, de modo que agora ela se disseminou pelo mundo todo e todo mundo agora fala em classicismo e romantismo, nos quais ninguém pensava há cinquenta anos.

Eu trouxe de novo à baila o ciclo das doze figuras, e Goethe acrescentou alguns detalhes para complementar a ideia.

— Adão deveria ser pintado como eu disse, mas não inteiramente nu, pois prefiro imaginá-lo depois da queda; ele deveria estar vestido com uma fina pele de veado. Ao mesmo tempo, a fim de caracterizá-lo como o pai da humanidade, seria bom colocar seu filho mais velho ao lado dele, um rapaz altivo, lançando um olhar ousado ao redor de si, um pequeno Hércules esmagando uma serpente com a mão.

Também para o Noé me ocorreu uma nova ideia que me agrada mais. Não o faria semelhante ao Baco indiano, antes o representaria como um vinicultor, de modo a se poder vê-lo como uma espécie de redentor que, tendo sido o primeiro a cultivar as vinhas, libertou a humanidade do tormento de seus cuidados e aflições.

Fiquei feliz com essas boas ideias e achei por bem anotá-las.

Goethe mostrou-me então a ilustração de Neureuther para sua lenda da ferradura.[36]

— O artista — eu disse — deu ao Salvador apenas oito discípulos.

— E esses oito já seriam demais — disse Goethe. — Assim, foi muito inteligente da parte dele separá-los em dois grupos, evitando a monotonia de um insípido cortejo.

---

35 Friedrich Schiller, *Über naive und sentimentale Dichtung* [Sobre a poesia ingênua e sentimental, 1795].

36 *Die Legende von Hufeisen* [A lenda da ferradura], balada de 1797.

Johann Peter Eckermann

Quarta-feira, 24 de março de 1830

Com Goethe à mesa, em conversação das mais alegres. Contou-me de um poema francês intitulado *Le Rire de Mirabeau*, cujo manuscrito viera com a coleção de David.[37]

– É um poema cheio de espírito e ousadia – disse Goethe –, e o senhor precisa conhecê-lo. É como se Mefistófeles tivesse preparado a tinta para o poeta escrevê-lo. É grande se ele o tiver escrito sem ler o *Fausto*, e igualmente grande se o tiver escrito depois de lê-lo.

Quarta-feira, 21 de abril de 1830

Hoje despedi-me de Goethe, pois a partida para a Itália em companhia de seu filho, o camareiro-mor, está marcada para amanhã. Tratamos de alguns assuntos referentes à viagem e ele me recomendou especialmente ser um observador atento e de vez em quando escrever-lhe.

Senti alguma comoção ao deixar Goethe, mas consolou-me a vista de sua robusta saúde e a certeza de um feliz reencontro.

Quando saí, ele me presenteou com um álbum, no qual inscrevera as seguintes palavras:

"Passa antes que eu me dê conta,
E se transforma antes que eu o perceba."
            Jó[38]

    Aos viajantes
Weimar
21 de abril de 1830.   *Goethe*

---

37 *Le Rire de Mirabeau* [O riso de Mirabeau], poema de Étienne Casimir Hippolythe Cordellier-Delanoue (†1854).

38 Jó 9,11. A citação de Goethe se distancia um pouco do texto bíblico: "*Es geht vorüber eh' ich's gewahr werde, / Und verwandelt sich eh' ich's merke*". A tradução de Lutero diz: "*Siehe, er geht an mir vorüber, ehe ich's gewahr werde, und wandelt vorbei, ehe ich's merke*". [Veja, ele passa diante de mim antes que eu o perceba, e passa ao lado antes que eu o perceba]. A tradução portuguesa de João Ferreira de Almeida diz: "Eis que

Conversações com Goethe nos últimos anos de sua vida

Frankfurt, sábado, 24 de abril de 1830

Hoje, em torno das 11 horas, fiz um passeio pela cidade e pelos jardins em direção à cordilheira do Taunus, deleitando-me com a natureza e a vegetação magníficas. Anteontem, em Weimar, as árvores ainda estavam em botão, mas aqui já encontrei os novos rebentos das castanheiras com um pé de comprimento e o das tílias com um quarto de côvado, as copas das bétulas já exibiam uma coloração verde-escura, os carvalhos estavam todos em pleno viço. A relva tinha um pé de altura, e junto ao portão da cidade encontrei algumas moças carregando pesados cestos cheios de relva.

Atravessei os jardins em busca de uma vista da cordilheira do Taunus; soprava uma alegre brisa, as nuvens que vinham do sudoeste lançavam suas sombras sobre as montanhas e continuavam seu caminho em direção nordeste. Entre os jardins, vi algumas cegonhas descerem ao solo para logo em seguida novamente alçarem voo, o que formava um belo quadro à luz do sol, entre as brancas nuvens que passavam e o céu azul, e completava o caráter da região. Ao retornar, deparei-me diante do portão com lindas vacas brancas, castanhas, malhadas, de pelo reluzente.

O ar daqui é suave e benfazejo, a água tem um sabor adocicado. Desde meus tempos de Hamburgo eu não comia bifes tão bons quanto os daqui, e também me delicio com o excelente pão branco.

É tempo de feira, e o burburinho, o som de sopros e corda tomam as ruas desde manhã cedo até tarde da noite. Chamou-me a atenção um rapazinho saboiano que tocava um realejo, puxando atrás de si um cachorro montado por um macaco. Ele assobiava e cantava erguendo os olhos em nossa direção, apelando longamente para que lhe déssemos alguma coisa. Atiramos-lhe uma quantia maior do que ele poderia esperar, e eu pensei que ele nos retribuiria com um olhar cheio de gratidão. Mas ele não fez nada disso; guardou seu dinheiro e logo se pôs a buscar por outras pessoas que também lhe dessem algo.

---

passa por diante de mim, e não o vejo; e torna a passar perante mim, e não o sinto". A *Bíblia de Jerusalém* traz: "Se cruzar por mim, não posso vê-lo,/ se passar roçando-me, não o sinto". Goethe trocou o *"wandelt vorbei"* [passa ao lado] de Lutero por *"verwandelt sich"* [se transforma].

Johann Peter Eckermann

Frankfurt, domingo, 25 de abril de 1830

Hoje de manhã, fizemos um passeio pela cidade na elegante carruagem de nosso hospedeiro. As encantadoras alamedas, os suntuosos edifícios, o belo rio, os jardins e os convidativos caramanchões eram um refrigério para os sentidos; mas eu logo me dei conta de que é uma necessidade do espírito retirar uma ideia de cada objeto e que, sem isso, tudo nos passaria diante dos olhos indiferentemente e sem significação.

Ao meio-dia, na *table d'hôte*, vi várias fisionomias, mas poucas tinham uma expressão que as tornasse dignas de nota. Contudo, o chefe dos garçons despertou-me o mais vivo interesse, e meus olhos não cessavam de segui-lo e de observar seus movimentos. Era, de fato, um homem notável! Cerca de duzentos hóspedes se sentavam às longas mesas, e dificilmente me darão crédito se eu disser que esse chefe de garçons fazia todo o serviço quase sozinho, pondo e retirando os pratos que os demais garçons se limitavam a entregar-lhe e receber-lhe das mãos. E isso sem nunca deixar nada se derramar e sem tocar sequer um dos comensais; ao contrário, tudo era feito com a leveza e a rapidez do vento, como que pelo poder de um espírito. Assim, milhares de pratos e travessas voavam de suas mãos para pousar nas mesas e das mesas novamente voavam para as mãos de seus auxiliares. Imerso em sua ocupação, todo aquele homem era só olhos e mãos, e só abria seus lábios para dar rápidas respostas e ordens. E ele não servia somente a mesa, mas também atendia pedidos individuais de vinho e coisas parecidas; e ao mesmo tempo memorizava tudo, de modo que ao fim da refeição ele sabia o que cada um havia consumido, e recebia o pagamento correspondente. Admirei o golpe de vista, a presença de espírito e a grande memória daquele jovem extraordinário. Enquanto tudo isso se passava, ele se mantinha perfeitamente tranquilo e seguro de si, sempre pronto a um gracejo e a uma réplica espirituosa, razão pela qual havia em seus lábios um constante sorriso. Um capitão de cavalaria francês da velha guarda se queixou no fim da refeição que as damas se retiravam; ele respondeu com um rápido gesto de recusa: *C'est pour vous autres; nous sommes sans passion.*[39]

---

39 [Isso é para vocês, nós não temos paixão.]

Conversações com Goethe nos últimos anos de sua vida

Falava perfeitamente o francês e o inglês, e asseguraram-me que dominava ainda outros três idiomas. Mais tarde entabulei uma conversação com ele, e pude apreciar sua rara cultura nos mais variados campos.

À noite, assistindo ao *Don Giovanni*, tivemos ocasião de pensar com amor em Weimar. Todos eram no final das contas boas vozes e belos talentos, mas tocavam e declamavam quase todos como naturalistas que nada deviam a nenhum mestre. Sua pronúncia carecia de nitidez e todos se comportavam como se não tivessem um público diante de si. A atuação de alguns deles nos permitiu observar que o ignóbil, desprovido de caráter, logo se torna ordinário e insuportável, ao passo que se tiver caráter logo se eleva à esfera da arte. O público era muito barulhento e irrequieto, e não faltaram gritos de bis e chamadas à cena. Zerlina foi ao mesmo tempo bem e maltratada, pois metade da plateia vaiava, enquanto a outra metade aplaudia, cada uma das facções se fortalecia cada vez mais, de modo que tudo acabou horrivelmente em barulho e tumulto.

Milão, 28 de maio de 1830

Estou aqui há três semanas, e já é tempo de escrever alguma coisa a respeito.

O grande Teatro alla Scala está fechado, para grande consternação nossa; nós o visitamos e o encontramos tomado de andaimes. Vários reparos estão sendo realizados e, segundo nos disseram, uma nova fileira de camarotes está sendo construída. Os principais cantores e cantoras aproveitaram a oportunidade e partiram em viagem. Segundo nos disseram, alguns estão em Viena, outros em Paris.

Logo após minha chegada, fui visitar o teatro de marionetes e deleitei-me com a extraordinária clareza de pronúncia dos atores. Esse teatro de marionetes é talvez o melhor do mundo; é famoso e ouvimos falar dele mal nos aproximamos de Milão.

O Teatro della Canobiana, com cinco fileiras de camarotes umas sobre as outras, é o maior depois do alla Scalla. Tem capacidade para 3 mil espectadores. Agradou-me bastante; estive nele várias vezes e em todas elas assisti à mesma ópera e ao mesmo balé. Há três semanas que representam *Il Conte*

Ory, ópera de Rossini, e o balé *L'Orfana di Ginevra*.[40] Os cenários de San Quirico, ou feitos sob sua orientação, produzem um efeito muito agradável e são suficientemente modestos para ser ofuscados pelos costumes dos atores em cena.[41] San Quirico, segundo dizem, tem ao seu serviço pessoas muito habilidosas; todas as incumbências são dirigidas a ele, que as transfere a outras pessoas cujos trabalhos orienta, de modo que tudo aparece sob seu nome enquanto ele mesmo faz muito pouco. Ele paga anualmente um salário fixo a vários artistas habilidosos, e também os remunera quando adoecem e não têm o que fazer durante o ano inteiro.

Na ópera, antes de mais nada, gostei muito de não haver nenhuma caixa de ponto à vista, pois é algo que sempre esconde desagradavelmente os pés dos atores.

Depois, agradou-me o lugar destinado ao maestro. Ele estava colocado de modo a ter uma vista geral da orquestra e poder acenar e reger à direita e à esquerda; de seu posto ligeiramente elevado, ao centro, bem próximo à plateia, ele tem uma vista livre para o palco, acima da orquestra. Em Weimar, ao contrário, o maestro, embora tendo também uma vista livre para o palco, fica de costas para a orquestra, tendo de voltar-se sempre que quer sinalizar algo a alguém.

A orquestra em si é bastante numerosa, contei dezesseis baixos, oito em cada extremidade. O conjunto de cerca de uma centena de músicos distribui-se entre ambos os lados e se senta de frente para o maestro, de costas para os camarotes da primeira fila, que dão para o proscênio, de modo a poder ver com um dos olhos o palco, com o outro a plateia, e com ambos o diretor.

No que se refere à voz dos cantores e das cantoras, encantou-me a pureza do timbre e a potência da entonação, a declamação desenvolta e a livre emissão da voz sem deixar perceber o menor esforço. Lembrei-me de Zelter e pensei que seria bom tê-lo ao meu lado. Era-me especialmente prazeroso ouvir a voz da Signora Corradi-Pantanelli, que cantava a parte do pajem. Conversei com outras pessoas a respeito dessa excelente cantora

---

40 *Il Conte Ory* [no original francês, *Il comte Ory*], ópera de Gioachino Rossini (1792-1868), foi representada pela primeira vez em 1828. O balé *L'Orfana di Ginevra* [A órfã de Genebra], de Giuseppe Villa, teve sua primeira apresentação em 1829.

41 Alessandro San Quirico (1777-1849), arquiteto, pintor e cenógrafo italiano.

Conversações com Goethe nos últimos anos de sua vida

e disseram-me que foi contratada pelo alla Scala para o próximo inverno. A prima-dona, no papel da Contessa Adele, era uma jovem estreante, a Signora Albertini; sua voz tem algo de muito suave e límpido, como a luz do sol. Sempre agradará imensamente a qualquer espectador vindo da Alemanha. Destacava-se ainda um jovem baixo. Era dono de uma voz muito potente, mas ainda um pouco insegura, assim como sua atuação, que, embora desenvolta, denunciava a juventude de sua arte.

Os coros estavam magníficos e em precisa consonância com a orquestra.

Quanto aos movimentos corporais dos atores em cena, surpreenderam-me sua moderação e sua calma, pois eu esperava antes uma expressão do vívido caráter italiano.

A maquiagem consistia apenas em um toque de vermelho, tal qual o vemos de bom grado na natureza, de modo que nem nos lembrávamos de estar vendo faces maquiadas.

Levando em conta o tamanho da orquestra, pareceu-me digno de nota que ela jamais abafasse a voz dos cantores, que predominaram durante todo o tempo da execução. Toquei nesse assunto na *table d'hôte*, e ouvi o seguinte de um jovem conhecedor:

— As orquestras alemãs — disse ele — são egoístas e querem se sobressair e brilhar como orquestras. Uma orquestra italiana, ao contrário, é discreta. Ela sabe perfeitamente que na ópera o canto das vozes humanas é o principal, e que o acompanhamento da orquestra deve apenas servir-lhe de apoio. Além disso, os italianos só consideram belo o som de um instrumento quando não é forçado. Assim, por numerosos que sejam os violinos, clarinetes, trompas e baixos em uma orquestra italiana, a impressão geral do conjunto sempre será suave e agradável, enquanto uma orquestra alemã três vezes menor logo soa forte e rumorosa.

Não pude contestar palavras tão convincentes e alegrei-me em ver meu problema solucionado com tanta clareza.

— Mas a culpa não seria também dos novos compositores — argumentei — que impõem uma instrumentação tão forte ao acompanhamento orquestral das óperas?

— De fato — respondeu-me o desconhecido —, os compositores modernos incorrem nesse erro; mas os mestres verdadeiramente grandes, como Mozart e Rossini, jamais. É verdade que estes também incluíram no acompanhamento motivos independentes da melodia do canto; mas, não obstante isso, eles se mantiveram tão moderados que a voz do canto sempre predominou e prevaleceu. Os mestres mais recentes, porém, muitas vezes abafam o canto com uma instrumentação poderosa, apesar da verdadeira pobreza de motivos do acompanhamento.

Dei meu aplauso ao inteligente jovem desconhecido. Meu vizinho de mesa disse-me ser ele um jovem barão livônio que viveu muitos anos em Paris e Londres; mora aqui há cinco anos e é muito estudioso.

Devo ainda mencionar algo que percebi na ópera, e que senti grande prazer em observar. Trata-se do fato de que os italianos nunca tratam a noite no teatro como verdadeira noite, e sim como simbólica. Sempre me incomodou nos teatros alemães que nas cenas noturnas se fizesse uma noite completa, na qual desaparecem a expressão dos personagens em ação e até os próprios atores, não nos deixando ver nada além de uma noite vazia. Os italianos agem com mais sabedoria. Em seu teatro a noite nunca é efetiva, não passa de uma alusão. Apenas o fundo do teatro se torna um pouco mais escuro, e os atores se colocam decididamente em primeiro plano, de modo a permanecer iluminados, e assim não nos escapa um único traço de sua expressão facial. Na pintura também deveria ser assim, e eu me admiraria muito se encontrasse quadros nos quais a noite fosse escura a ponto de tornar irreconhecível a expressão de uma face. Espero jamais encontrar um quadro assim pintado por um dos grandes mestres.

No balé, vi seguirem essa mesma bela máxima. Representava-se uma cena noturna, na qual uma jovem era atacada por um salteador. O teatro foi apenas parcialmente escurecido, de modo que se podiam enxergar com perfeição todos os movimentos e as expressões faciais. A um grito da jovem o salteador foge, e os camponeses acorrem de suas cabanas portando tochas. Mas não tochas de luz mortiça, e sim de uma chama quase branca, de modo que apenas através desse contraste com a iluminação mais clara é que nos demos conta de que a cena anterior se passava à noite.

O que haviam me falado na Alemanha do barulhento público italiano se confirmou e, de fato, quanto mais tempo uma ópera for representada, mais inquieto se torna o público. Há duas semanas assisti a uma das primeiras apresentações do *Conte Ory*. Os melhores cantores e cantoras eram recebidos com aplauso ao entrar no palco; durante as cenas desinteressantes se conversava muito, mas quando se iniciavam as boas árias se fazia completo silêncio e um aplauso generalizado recompensava o cantor. Os coros foram excelentemente executados, e admirei a precisão com que a orquestra e as vozes se encontravam. Mas agora que a ópera foi representada todas as noites depois daquela, toda a atenção do público acabou, todos falam e a casa ressoa com tanto barulho. Quase ninguém mais ergue as mãos para aplaudir, e é incompreensível como no palco ainda haja quem abra a boca e na orquestra quem ainda toque uma nota. Não se percebe também mais nenhum afinco e nenhuma precisão, e o estrangeiro que gostaria de ouvir algo se desesperaria, se fosse possível se desesperar em um ambiente tão alegre.

Milão, 30 de maio de 1830, primeiro dia de Pentecostes

Quero ainda anotar algumas coisas que tive o prazer de observar na Itália até agora, ou que de algum modo me despertaram o interesse.

Lá em cima, no Sempione, em um deserto de neve e névoa, próximo a um abrigo, um menino e sua irmãzinha, que vinham descendo o monte, avizinharam-se de nossa carruagem. Os dois carregavam às costas pequenos cestos com lenha que haviam recolhido nas montanhas mais baixas, onde ainda há alguma vegetação. O menino nos ofereceu alguns cristais de rocha e outras pedras, pelas quais lhe demos algumas moedas de pequeno valor. Mas ficou-me para sempre gravado na memória o enlevo com que ele olhou furtivamente o seu dinheiro enquanto caminhava ao lado de nossa carruagem. Jamais antes eu vira semelhante expressão de celestial beatitude. Não pude deixar de pensar que Deus colocou na alma humana todas as fontes da felicidade e todas as capacidades de alcançá-la, e que para a felicidade é completamente indiferente onde e como se vive.

Eu pretendia continuar com minhas comunicações, mas fui interrompido, e no restante de minha estadia na Itália, durante a qual não se passou um dia sem impressões e observações interessantes, não pude voltar a escrever. Apenas quando me separei do filho de Goethe e deixei os Alpes para trás, pude endereçar as seguintes palavras a Goethe.

Johann Peter Eckermann

Genebra, 12 de setembro de 1830

Dessa vez, tenho tanto a comunicar-lhe que não sei por onde começar nem por onde terminar.

Sua Excelência frequentemente disse, gracejando, que partir em viagem seria algo excelente se não houvesse o retorno. Hoje, para tristeza minha, vejo essas palavras se confirmarem, pois encontro-me em uma espécie de encruzilhada e não sei qual caminho devo tomar.

Como era de esperar, por mais breve que tenha sido minha estada na Itália, ela não deixou de exercer uma grande influência sobre mim. Uma rica natureza interpelou-me e perguntou-me com suas maravilhas o quanto eu já avançara na compreensão de tal linguagem. Grandes obras da humanidade, grandes atividades me excitaram e me levaram a contemplar minhas próprias mãos a fim de verificar do que eu mesmo sou capaz. Existências de mil espécies diferentes me tocaram e perguntaram sobre a constituição da minha própria. E assim se avivaram três grandes necessidades em mim: ampliar meus conhecimentos, aprimorar minha existência e, uma vez que ambas as coisas são possíveis, antes de mais nada realizar algo.

No que se refere a essa última, não tenho nenhuma dúvida sobre o que deve ser realizado. Há muito abrigo no peito uma obra com a qual venho me ocupando nas horas vagas todos esses anos e que está quase pronta, mais ou menos como um barco recém-construído ao qual ainda faltam apenas o cordame e as velas para poder lançar-se ao mar.

Trata-se daquelas conversações a respeito das grandes máximas concernentes a todos os ramos do conhecimento e da arte, e de conclusões a respeito dos mais elevados interesses humanos, das obras do espírito e de pessoas notáveis do corrente século, para as quais esses seis anos em que tive a felicidade de estar ao seu lado ofereceram frequentes oportunidades. Essas conversações se tornaram para mim a base de uma cultura infinita e, tendo tido a enorme felicidade de ouvi-las e assimilá-las, gostaria de proporcionar essa mesma felicidade a outras boas pessoas, e com esse objetivo as pus por escrito e as preservei para a melhor parte da humanidade.

Sua Excelência já viu algumas páginas dessas conversações, já lhes manifestou sua aprovação e já me encorajou diversas vezes a persistir nesse empreendimento. E isso de fato esporadicamente aconteceu, na medida em

Conversações com Goethe nos últimos anos de sua vida

que o permitiu minha dispersiva vida em Weimar, de modo que já tenho material suficiente para dois volumes.

Antes de minha partida para a Itália, em vez de colocar na mala esses importantes manuscritos, juntamente com meus demais escritos e pertences, eu os guardei em um pacote fechado e os confiei à guarda de nosso amigo Soret, pedindo-lhe que, caso me ocorresse alguma fatalidade e eu não retornasse de minha viagem, os entregasse a Sua Excelência.

Depois da visita a Veneza, durante nossa segunda estada em Milão, contraí uma febre, passei mal algumas noites e fiquei prostrado por uma semana, sem vontade de ingerir qualquer alimento. Naquelas horas de solidão e abandono, eu pensava sobretudo no manuscrito e inquietava-me o fato de ele não se encontrar em um estado de clara organização que permitisse fazer uso dele. Tinha nítido diante dos olhos que havia muitas folhas escritas simplesmente a lápis, que algumas passagens eram obscuras e redigidas em uma linguagem inadequada, que havia muita coisa apenas aludida, em uma palavra, que o todo carecia de uma redação adequada e uma última demão.

Naquelas condições, e tomado por semelhantes sentimentos, senti brotar em mim um intenso desejo de rever aqueles papéis. A alegria de ver Nápoles e Roma desapareceu e apoderou-se de mim um anseio de retornar à Alemanha a fim de, retirado de toda e qualquer atividade, terminar em solidão aquele manuscrito.

Sem me referir ao que se passava em meu íntimo, falei ao senhor seu filho de minhas condições físicas; ele pressentiu o perigo de continuar a arrastar-me consigo naquele clima tão quente, e ambos concordamos que eu ainda tentaria a viagem a Gênova e, caso meu estado não apresentasse melhoras, só dependeria de mim decidir retornar à Alemanha.

Assim, havia algum tempo que estávamos em Gênova quando recebemos uma carta de Sua Excelência cuja leitura nos deu a impressão de que o senhor pressentia à distância o que se passava conosco, e na qual o senhor dizia que, caso me sentisse inclinado a retornar, eu seria bem-vindo.

Reverenciamos sua clarividência e ficamos felizes porque o senhor, do outro lado dos Alpes, aprovou uma decisão que acabáramos de tomar de comum acordo. Eu estava decidido a partir imediatamente, mas o senhor seu filho achou que seria ótimo se eu ficasse e deixasse para partir no mesmo dia que ele.

Concordei com alegria e, assim, às 4 horas da manhã de domingo, 25 de julho, nos despedimos na rua em Gênova com um abraço. Duas carruagens estavam à espera, uma delas para subir ladeando a costa em direção a Livorno, na qual embarcou o senhor seu filho, a outra para seguir através das montanhas até Turim, e nesta eu embarquei em companhia de outros passageiros. Assim nos separamos, partindo em direções opostas, ambos comovidos e desejando-nos mutuamente, com toda sinceridade, tudo de bom.

Após uma viagem de três dias debaixo de um grande calor e em meio a muita poeira, através de Novi, Alexandria e Asti, cheguei a Turim, onde tive de permanecer alguns dias a fim de repousar e visitar a cidade enquanto esperava por uma nova oportunidade de fazer a travessia dos Alpes. Esta surgiu na segunda-feira, 2 de agosto, através do Monte Cenis até Chambery, onde chegamos na noite do dia 6. Na tarde do dia 7 encontrei condução para Aix e no dia 8, já tarde da noite, no escuro e na chuva, cheguei a Genebra, onde me hospedei na estalagem *Zur Krone*.

O local estava cheio de ingleses que, fugindo de Paris, tinham muito a contar sobre os extraordinários conflitos lá ocorridos, dos quais tinham sido testemunhas oculares.[42] O senhor pode imaginar a impressão que me causaram as primeiras notícias daqueles acontecimentos que sacudiram o mundo, com que interesse li os jornais que haviam sido proibidos no Piemonte e ouvi na *table d'hôte* as histórias contadas pelos recém-chegados de todos os dias, assim como os debates e as brigas dos que tomavam partido. Todos estavam cheios da maior agitação e tentavam prever as consequências de acontecimentos tão violentos para o resto da Europa. Visitei nossa amiga Sylvestre,[43] os pais e os irmãos de Soret, e como em dias tão agitados todos têm de ter sua opinião, também eu formei a minha, segundo a qual os ministros franceses são culpados principalmente por terem induzido os monarcas a tomar medidas que lhes custaram a confiança e o respeito do povo por sua autoridade monárquica.

Era minha intenção escrever-lhe longamente logo após minha chegada a Genebra; mas a enorme excitação e dispersão dos primeiros dias não me permitiam ter a concentração necessária para escrever-lhe como desejava.

---

42 Trata-se da revolução de julho de 1830.

43 Espérance Sylvestre (†1853) foi, entre 1823 e 1828, preceptora das filhas de Carl Friedrich e Maria Pavlovna de Sachsen-Weimar.

Então, no dia 15 de agosto, recebi uma carta de nosso amigo Sterling,[44] de Gênova, com uma notícia que me entristeceu profundamente e me proibiu qualquer comunicação com Weimar. Nosso amigo contou-me que, no mesmo dia em que nos separamos, o senhor seu filho fraturou a clavícula em um acidente com a carruagem e estava acamado em Spezzia. Escrevi imediatamente em resposta dizendo estar disposto a atravessar os Alpes ao primeiro aceno, e que de modo algum partiria de Genebra para retornar à Alemanha enquanto não recebesse notícias tranquilizadoras de Gênova. À espera de tais notícias, instalei-me em um alojamento privado e aproveitei minha estada para ampliar meus conhecimentos da língua francesa.

Finalmente, o 28 de agosto se tornou um dia duplamente festivo para mim, pois nesse dia recebi uma segunda carta de Sterling com a feliz notícia de que o senhor seu filho em pouco tempo se restabeleceu por completo de seu acidente e se encontrava em Livorno, muito alegre, forte e bem-disposto. Assim, todas as minhas preocupações quanto a isso foram afastadas de uma vez por todas, e no silêncio de meu coração eu recitei em oração os seguintes versos:

> Agradece a Deus quanto te aflige,
> E agradece-lhe também quando te alivia.[45]

Lancei-me então seriamente à tarefa de lhe dar notícias a meu respeito; eu queria lhe dizer mais ou menos o que consta das folhas precedentes; queria também lhe pedir que me fosse concedido terminar em tranquilo retiro distante de Weimar aquele manuscrito tão caro ao meu coração; pois não creio que me sentirei inteiramente livre e feliz enquanto não lhe apresentar passada a limpo aquela obra há tanto tempo acalentada e obtiver sua permissão para publicá-la.

Mas agora recebo cartas de Weimar pelas quais sou informado que meu retorno é esperado para breve e que me pretendem oferecer uma colocação. Devo reconhecer com gratidão a benevolência que me é demonstrada,

---

44 Charles James Sterling (1804-1880), filho do cônsul inglês em Gênova, esteve em Weimar durante o ano de 1823.

45 *"Du, danke Gott wenn er dich presst,/ Und dank' ihm wenn er dich wieder entlässt."* Versos finais do poema *Talismane* [Talismãs] do *Divã ocidental-oriental*.

mas ela se choca com meus planos atuais e me põe em singular desavença comigo mesmo.

Se retornasse agora a Weimar, não seria possível contar com uma rápida conclusão de meus projetos literários imediatos. Eu cairia novamente na antiga dispersão; estaria novamente na pequena cidade onde as outras pessoas não desgrudam de nós, seria novamente arrastado para lá e para cá por diversas circunstâncias triviais que me arruínam sem trazer nenhum proveito para mim mesmo nem para ninguém.

É verdade que Weimar tem também muita coisa boa, excelente, muita coisa que eu amo desde muito tempo e sempre amarei; mas, quando penso em retornar, tenho a impressão de ver um anjo com uma espada de fogo diante do portão da cidade a me impedir a entrada e a mandar-me embora.

Eu me conheço e sei que sou uma pessoa das mais estranhas. Mantenho-me fiel e firmemente ligado a certas coisas, persevero em alguns projetos ao longo de muitos anos e os realizo, com obstinação, através de milhares de desvios e dificuldades; mas nos atritos particulares da vida cotidiana ninguém é mais dependente, hesitante, influenciável, suscetível a todas as impressões que eu, e dessa duplicidade é feito o destino de minha vida, profundamente mutável e ao mesmo tempo constante. Se olho para trás, para o caminho já percorrido, as condições e situações pelas quais já passei são bastante variadas e diversas; mas se olho com mais atenção, vejo-as atravessadas por certo traço simples de uma aspiração mais alta, de modo que, de degrau em degrau, eu logrei enobrecer-me e aprimorar-me.

Mas justamente minha grande suscetibilidade a influências e minha adaptabilidade tornam necessário retificar de tempos em tempos minhas condições de vida; assim como um marujo que o capricho de ventos contrários afastou de sua rota sempre volta a buscar o antigo rumo.

Aceitar uma colocação agora não se deixa combinar com meus objetivos literários há tanto tempo reprimidos. Continuar a dar aulas a jovens ingleses não está em meus planos. Eu aprendi a língua, isso é tudo o que me faltava e com isso me dou por feliz. Não ignoro os benefícios que me vieram da longa convivência com jovens estrangeiros, mas cada coisa tem seu tempo e suas mudanças.

Além disso, ensinar e agir *oralmente* não são minha especialidade. Trata-se de um *métier* para o qual não tenho talento nem formação. Faltam-me de

Conversações com Goethe nos últimos anos de sua vida

todo os dotes da oratória, pois qualquer diálogo animado normalmente exerce um tal poder sobre mim que eu me esqueço de mim mesmo, sua essência e seu interesse me envolvem a tal ponto que raras vezes logro manter a liberdade e fazer valer a força de minhas ideias.

Diante do papel, ao contrário, sinto-me inteiramente livre e em pleno domínio de mim mesmo; o desenvolvimento *escrito* de minhas ideias é, por isso, meu verdadeiro prazer e minha verdadeira vida, e considero perdido cada um dos dias durante os quais não escrevi nenhuma página que me desse alegria.

Nesse momento, toda a minha natureza me impele a sair de mim mesmo e agir em um círculo mais amplo, a exercer influência na literatura e, para minha maior felicidade, ganhar algum renome.

É verdade que, considerada em si mesmo, a glória literária quase não compensa o esforço; já pude constatar que ela pode ser algo de muito incômodo e importuno; mas ela também tem a vantagem de mostrar a quem se empenha ativamente que suas ações encontraram um chão, e essa é uma sensação divina que nos eleva e nos dá ideias e energias que de outro modo jamais obteríamos.

Se, ao contrário, vivemos por um tempo demasiado longo confinados a um ambiente estreito e mesquinho, o espírito e o caráter sofrem com isso, e acabamos por nos tornar incapazes de realizar o que quer que seja de grande, e só à custa de muito esforço nos elevamos.

Se é mesmo intenção da grã-duquesa fazer algo por mim, pessoas de sua posição facilmente encontram um modo de manifestar suas generosas inclinações. Se apoiar e favorecer meus próximos passos na literatura, ela realizará uma boa obra cujos frutos não serão perdidos.

Do príncipe, posso dizer que ocupa um lugar especial em meu coração. Espero muitas coisas boas de suas capacidades intelectuais e de seu caráter, e de bom grado porei meus parcos conhecimentos à disposição dele. Continuarei buscando expandir cada vez mais minha formação, ele amadurecerá cada vez mais, e assim poderá receber aquilo que de melhor eu tiver a oferecer.

Mas por agora o mais importante para mim é, antes de qualquer outra coisa, dar um acabamento completo àquele manuscrito. Gostaria de dedicar-me a essa tarefa durante alguns meses de tranquilo retiro junto à minha amada e aos seus parentes nas vizinhanças de Göttingen a fim de que, liberando-me de um antigo fardo, me sinta disposto e preparado para outros novos no futuro. Faz alguns anos que minha vida chegou a um estado de estagnação, e eu gostaria de vê-la tomar um novo curso. Além disso, minha saúde é frágil e instável, não estou seguro de durar muito, e gostaria de deixar algo de bom que preservasse por algum tempo meu nome na memória da humanidade.

Sem o senhor, porém, sem sua aprovação e sua bênção eu nada posso fazer, e me é desconhecido o que o senhor deseja de mim para o futuro; ignoro também o que porventura planejam de bom para mim aquelas pessoas colocadas nas mais altas esferas. Mas, quanto a mim, as coisas estão tais como acabo de descrevê-las e, uma vez que as exponho com toda a clareza, o senhor poderá facilmente julgar se motivos mais importantes para minha felicidade tornam desejável meu retorno imediato, ou se nesse momento eu posso prosseguir tranquilamente com meus projetos literários.

Em mais alguns dias, assim que surgir uma oportunidade, partirei daqui para Frankfurt, através de Neuchâtel, Colmar e Estrasburgo, viajando com o devido vagar e olhando ao redor. Assim, ficaria muito feliz se pudesse esperar receber em Frankfurt algumas linhas de sua parte, endereçadas a mim pela posta restante.

Estou contente por ter tirado da alma o peso dessa confissão e me alegro por poder, nas próximas cartas, falar a Sua Excelência de assuntos mais leves.

Peço-lhe transmitir minha cordial saudação ao conselheiro Meyer, ao superintendente de obras públicas Coudray, ao professor Riemer, ao chanceler Von Müller e a quem mais estiver em sua companhia e se lembrar de mim.

Quanto ao senhor, eu o aperto junto ao meu coração e, sempre com os sentimentos da mais elevada estima e de amor, permaneço sempre, onde estiver, o seu

E.

Genebra, 14 de setembro de 1830

Foi com imensa alegria que recebi em Gênova uma de suas últimas cartas, na qual o senhor me comunicava ter preenchido com êxito e concluído a "Noite de Valpúrgis Clássica". Portanto, os três primeiros atos estão pron-

Conversações com Goethe nos últimos anos de sua vida

tos, o episódio de Helena posto em seu lugar e a parte mais difícil levada a bom termo. O fim, conforme o senhor me diz, já está feito e, segundo espero, também o quarto ato logo se dará por vencido, e uma grande obra terá sido realizada para edificação e exercício dos séculos futuros. Sinto uma alegria extraordinária, e receberei com júbilo qualquer notícia que me comunique o avanço das forças poéticas.

Durante minha viagem, tive muitas oportunidades de pensar no *Fausto* e de empregar algumas de suas passagens clássicas. Quando vi a bela gente da Itália e como as crianças de lá crescem com viço, vieram-me à mente aqueles versos:

> Herda-se aqui o bem-estar:
> Sorriso o lábio e olho irradia;
> Cada qual imortal é em seu lugar,
> Saúde ostentam e alegria.

> E cresce o infante à luz do dia brando,
> Aspirando à paterna força e ação;
> Atônitos paramos, indagando,
> Se homens ou se deuses são.[46]

Por outro lado, quando, arrebatado pela visão da bela natureza, eu deleitava os olhos e o coração com os lagos, montanhas e vales, parecia que algum diabinho invisível se divertia comigo, sussurrando-me aos ouvidos a toda hora estes outros versos:

> Não o empurrasse, eu, e o abalasse,
> Seria tão belo este mundo?[47]

---

46 *"Hier ist das Wohlbehagen erblich,/ Die Wange heitert wie der Mund,/ Ein jeder ist an seinem Platz unsterblich:/ Sie sind zufrieden und gesund.// Und so entwickelt sich am reinem Tage/ Zu Vaterkraft das holde Kind./ Wir staunen drob; noch immer bleibt die Frage:/ Ob's Götter, ob es Menschen sind?"* (Fausto II, versos 9550-9557.)

47 *"Und hätt' ich nicht geschüttelt und gerüttelt,/ Wie wäre diese Welt so schön?"* (Fausto II, versos 7552-7553.)

Johann Peter Eckermann

E com isso sumia subitamente qualquer ideia razoável, o absurdo passava a reinar, eu sentia uma espécie de revolução em meu íntimo e não havia nada a fazer senão desatar a rir.

Em tais ocasiões, pude sentir perfeitamente que o poeta tem de ser sempre positivo. O ser humano precisa do poeta para exprimir aquilo que ele próprio é incapaz de dizer. Ele se sente arrebatado por um fenômeno, por um sentimento, busca por palavras, dá-se conta de que seu próprio estoque é insuficiente, e assim o poeta tem de socorrê-lo e, ao satisfazê-lo, o liberta.

Tomado por esse sentimento, abençoei repetidas vezes aqueles primeiros versos, e diariamente maldisse, rindo, aqueles últimos. Mas quem poderia renunciar a mantê-los na passagem para a qual foram compostos, em que produzem um belíssimo efeito?

Na Itália não escrevi um verdadeiro diário, os fenômenos eram grandes demais, numerosos demais, mudavam depressa demais para que eu pudesse ou quisesse dominá-los no mesmo instante. Mas mantive meus olhos e meus ouvidos sempre abertos e guardei comigo muita coisa. Pretendo agora agrupar todas essas recordações e tratar delas sob rubricas específicas. Fiz principalmente algumas belas observações concernentes à *Teoria das cores*, e me alegro com a perspectiva de expô-las em breve. Claro que não são nada de novo, mas sempre é desejável encontrar novas manifestações da velha lei.

Em Gênova, Sterling demonstrou um grande interesse por sua teoria. O que lhe fora transmitido pelas hipóteses de Newton não o satisfizera, e assim ele foi todo ouvidos para os princípios da teoria de Sua Excelência, que pude lhe descrever no curso de diversas conversações. Se tivéssemos oportunidade de enviar um exemplar da obra para Gênova, creio poder afirmar que seria um presente muito bem-vindo.

Há três semanas encontrei, aqui em Genebra, uma ávida discípula em nossa amiga Sylvestre. Pude também observar que as coisas simples são mais difíceis de compreender do que se pensa, e que é necessária muita aplicação para sempre se encontrar a lei básica entre as variadíssimas particularidades do fenômeno. Mas isso proporciona uma grande destreza à mente, pois a natureza é muito delicada, e precisamos estar sempre atentos para não cometer uma violência contra ela por causa de um juízo apressado demais.

De resto, não encontramos em Genebra nem sinal de interesse por um assunto tão importante. E isso não apenas por não haver na biblioteca local um exemplar de sua *Teoria das cores*, mas principalmente porque ninguém aqui sequer sabe da existência de algo semelhante neste mundo. Pode ser que a culpa seja antes dos alemães que dos genebrinos, nem por isso deixa de me irritar e me dar ocasião para comentários maliciosos.

É sabido que Lord Byron passou algum tempo nessa cidade e, como não gostasse da sociedade, preferia despender seus dias e noites em contato com a natureza e junto ao lago. É um fato ainda hoje relembrado aqui, em memória do qual ele nos deixou um belo monumento em seu *Childe Harold*. Também o impressionou muito a cor do Ródano e, embora ele não lhe pudesse adivinhar a origem, ao menos demonstrou ter um olho sensível. Em sua nota ao terceiro canto, ele diz:

> *The colour of the Rhone at Geneva is* blue, *to a depth of tint which I have never seen equaled in water, salt or fresh, except in the Mediterranean and Archipelago.*[48]

Ao atravessar Genebra, o Ródano se estreita e se divide em dois braços sobre os quais se estendem quatro pontes de onde se pode observar muito bem a cor da água.

O estranho é que a água de um dos leitos é *azul*, como a viu Byron, mas a do outro é *verde*. No braço cuja água parece azul, a corrente é mais rápida e escavou tão profundamente o leito que nenhuma luz o alcança, ou seja, nele reina uma completa escuridão. A água muito clara funciona como um meio turvo e produz, segundo a conhecida lei, um belíssimo azul. A água do outro braço não é tão profunda, a luz ainda chega até ao fundo, sobre o qual se podem distinguir algumas pedras, e como lá embaixo não é escuro o suficiente para que se produza o azul, mas o leito não é plano nem limpo, branco e brilhante o bastante para se tornar amarelo, sua cor permanece em um meio-termo e se torna verde.

Se eu fosse, como Byron, dado a brincadeiras malucas, e dispusesse dos meios para realizá-las, faria o seguinte experimento.

Mandaria fixar no braço verde do Ródano, próximo à ponte pela qual todos os dias transitam milhares de pessoas, uma grande tábua negra, ou algo parecido, a uma profundidade grande o suficiente para que se produ-

---

48 [A cor do Ródano em Genebra é *azul*, de uma intensidade que jamais vi em outras águas, salgadas ou doces, com exceção do Mediterrâneo e do Mar Egeu.]

zisse um puro azul e, não muito longe dela, uma grande peça de lata branca brilhante, em uma profundidade em que ela luzisse à luz do sol com um vivo amarelo. Quando as pessoas passassem por ali e vissem as manchas amarela e azul na água verde, isso seria um enigma que as desafiaria e elas não saberiam solucionar. Em viagem nos ocorrem os gracejos mais variados; esse, porém, me parece ser um dos bons, pois possui algum sentido e poderia ter alguma utilidade.

Algum tempo atrás estive em uma livraria, onde me saltou aos olhos um trecho do primeiro volumezinho em duodécimo em que pus as mãos e que traduzi da seguinte maneira:

"Mas agora dizei-me: quando descobrimos uma verdade, temos de comunicá-la às outras pessoas? Se a tornardes conhecida, sereis perseguidos por uma infinidade de gente que vive do erro oposto, pois estas asseguram que esse erro é que é a verdade e tudo quanto possa destruí-lo é o maior dos erros."

Pareceu-me que essa passagem fora escrita justamente a propósito do modo pelo qual os especialistas receberam sua *Teoria das cores*, e gostei tanto dela que comprei o livro. Ele continha *Paul et Virginie* e *La Chaumière indienne* de Bernardin de Saint-Pierre e, aliás, não me arrependi de minha compra.[49] Li o livro com alegria; a pura e magnífica sensibilidade do autor revigorou-me e eu soube reconhecer e apreciar sua arte delicada, especialmente o emprego adequado de símiles já conhecidos.

Fiz também, aqui, meu primeiro contato com Rousseau e Montesquieu, mas, para que minha carta não se transforme ela mesma em um livro, passarei hoje ao largo desta e de outras coisas que gostaria de dizer.

Desde que tirei do coração o peso da longa carta de anteontem, sinto-me livre e sereno como há anos não me sentia, e gostaria de sempre escrever e falar. Minha maior necessidade é, de fato, pelo menos nesse momento, manter-me longe de Weimar; espero que o senhor esteja de acordo e já posso antever o dia em que me dirá que fiz bem.

Amanhã o teatro local reabrirá com *O barbeiro de Sevilha*, a que ainda pretendo assistir; mas penso seriamente em partir logo em seguida. O tempo

---

49 Henri Bernardin de Saint-Pierre (1737-1814), escritor francês. *Paul et Virginie* [Paulo e Virgínia] foi publicado em 1787, e *La Chaumière indienne* [A cabana indígena], em 1790.

Conversações com Goethe nos últimos anos de sua vida

também parece que vai melhorar e me ser propício. Aqui tem chovido desde o dia de seu aniversário, começando logo de manhã cedo com temporais que durante todo o dia vinham dos lados de Lyon, seguindo Ródano acima e através do lago em direção a Lausanne, com trovoadas que duravam quase o dia todo. Aluguei por 16 *sous* ao dia um quarto que me proporciona a mais bela vista para o lago e as montanhas. Ontem choveu a cântaros, estava frio e, passado o aguaceiro, os picos mais altos do Jura se mostraram pela primeira vez cobertos de uma neve branca que hoje, porém, já havia desaparecido. As encostas do Mont Blanc já começam a se cobrir de um branco permanente; ao longo das margens do lago, em meio ao verde da rica vegetação, algumas árvores já estão amareladas e marrons; as noites se tornam frias, e podemos ver que o outono está às nossas portas.

Minhas cordiais saudações à sra. Von Goethe, à srta. Ulrike, a Walter, a Wolf e à Alma.[50] Tenho muita coisa a escrever sobre Sterling à sra. Von Goethe, o que devo fazer amanhã.

Receber uma carta de Sua Excelência em Frankfurt me alegrará, e essa esperança me faz feliz.

Com meus melhores votos e meus mais fiéis sentimentos.

E.

Parti de Genebra em 21 de setembro e, depois de permanecer por alguns dias em Berna, cheguei a Estrasburgo no dia 27, onde permaneci por mais alguns dias.

Aqui, passando diante da vitrine de um cabeleireiro, vi um pequeno busto de Napoleão que, olhando-se da rua contra o fundo escuro do salão, mostrava todas as nuances do azul, desde um leitoso azul-claro até o violeta profundo.[51] Intuí que, olhando-se do interior do salão contra a luz, o busto me daria todas as nuances do amarelo, e não pude resistir ao súbito impulso de entrar no estabelecimento daquela pessoa inteiramente desconhecida para mim.

Meu primeiro olhar se dirigiu ao busto que, para minha grande alegria, vi cintilar em todas as maravilhosas cores do lado ativo, desde o mais pálido

---

50 Alma (1827-1844), neta de Goethe, irmã de Walter e Wolf.

51 Tratava-se, de fato, de um frasco de opala cuja tampa era um busto de Napoleão.

413

amarelo até o mais escuro vermelho-rubi. Perguntei com vivacidade ao dono do estabelecimento se ele não poderia ceder-me o busto daquele grande herói. Ele me respondeu que, movido pelo mesmo apego ao imperador, trouxera recentemente aquele busto de Paris; mas, sendo meu amor ainda maior que o dele, como se podia deduzir de minha entusiástica alegria, me reconhecia o privilégio à posse do busto, e de bom grado o cederia a mim.

Aos meus olhos aquela escultura de vidro tinha um valor inestimável, e não pude deixar de olhar com alguma admiração para aquele bom proprietário que o entregou a mim em troca de uns poucos francos.

Junto com uma medalha igualmente admirável que comprara em Milão, enviei-o como pequena recordação de viagem a Goethe, que saberia lhe dar o devido valor.

Mais tarde, em Frankfurt, recebi dele as seguintes cartas:

Primeira carta

Apenas poucas linhas para comunicar-lhe que suas duas cartas de Genebra chegaram sem problemas, embora apenas em 26 de setembro. Por isso, escrevo-lhe a toda pressa somente para lhe dizer o seguinte: fique em Frankfurt até que tenhamos pensado bem em um local onde o senhor possa passar o próximo inverno.

Por agora, junto a esta carta apenas um bilhete endereçado ao sr. conselheiro privado Von Willemer e à sua senhora, que lhe peço entregar o mais breve possível.[52] O senhor encontrará dois amigos que me são ligados no mais nobre sentido da palavra e que poderão tornar sua estada em Frankfurt proveitosa e agradável.

Por hoje é só. Escreva-me assim que tiver recebido esta carta.

Imutavelmente,

Weimar, 26 de setembro de 1830.

Goethe

---

52 Jakob von Willemer (1760-1838), banqueiro, e Marianne von Willemer (1784-1860). Willemer era amigo de longa data de Goethe, desde os tempos de Frankfurt. Durante uma visita em 1814, Goethe conheceu sua jovem esposa Marianne, e entre os dois surgiu uma relação muito intensa, expressa sobretudo em diversas poesias do *Divã ocidental-oriental*, algumas das quais de autoria da própria Marianne.

Segunda carta

Envio-lhe minhas mais belas saudações, caríssimo, em minha cidade natal, e espero que nesses poucos dias aí tenha desfrutado da afetuosa companhia de meus excelentes amigos.

Se desejar partir para Nordheim e ali se demorar por algum tempo, eu nada teria a opor. Se quiser se ocupar em suas horas de repouso com o manuscrito que foi confiado a Soret, isso me seria tanto mais conveniente, pois, embora não o desejasse ver publicado em um curto prazo, de bom grado o revisaria e retificaria com o senhor. Ele adquiriria um valor ainda maior se eu pudesse atestar que foi redigido inteiramente de acordo com meu parecer.

Não lhe digo nada além disso, o resto deixo ao seu critério e fico no aguardo. Meus familiares o saúdam cordialmente; desde que recebi sua carta ainda não falei com nenhum de seus outros conhecidos.

Com meus melhores votos,

Weimar, 12 de outubro de 1830.

Seu fidelíssimo
J. W. V. Goethe

Terceira carta

A vívida impressão que o senhor teve ao ver aquele notável busto e as cores que ele irradiava, seu desejo de adquiri-lo, a bonita aventura que por conta disso o senhor viveu e a bela ideia de enviá-lo a mim como recordação de viagem, tudo isso demonstra o quanto o senhor está impregnado do magnífico fenômeno primevo que aqui se manifesta em toda as suas facetas. Essa ideia, esse sentimento o acompanharão por toda a vida, com toda a sua fecundidade, e ainda se legitimarão para o senhor de várias maneiras produtivas. O erro pertence às bibliotecas, a verdade ao espírito humano; os livros podem se multiplicar através de livros, enquanto o intercurso com as leis primevas vivas agrada ao espírito que sabe compreender o que é simples, destrinçar o que é complicado e iluminar o que é obscuro.

Quando seu demônio o trouxer de novo a Weimar, o senhor poderá observar aquele busto sob a luz forte do sol claro, quando, sob o tranquilo azul do rosto transparente, a densa massa do peito e das dragonas brilha com todas as gradações para cima e para baixo, desde o mais intenso vermelho-rubi e, assim como a estátua de granito de Mêmnon se manifesta em sons,[53] essa escultura de vidro fosco se manifesta em um esplendor de cores. Aqui vemos de fato o herói triunfar também para a *Teoria das cores*. Meus mais calorosos agradecimentos por essa inesperada confirmação da teoria que me é tão cara.

Também com a medalha o senhor enriqueceu dupla e triplamente meu gabinete; ela me chamou a atenção para um homem chamado Dupré.[54] Um excelente escultor, modelador de bronze, cunhador de medalhas; foi ele quem modelou e fundiu a estátua de Henrique IV na Pont Neuf. Estimulado pela medalha que o senhor enviou, tornei a examinar todas as minhas outras, encontrei mais algumas excelentes que também trazem seu mesmo nome, outras que provavelmente são dele, e assim, também nesse sentido seu presente me proporcionou um belo estímulo.

Na preparação de minha *Metamorfose*, com a tradução de Soret ao lado, chegamos apenas à quinta lauda; fiquei muito tempo em dúvida sobre se deveria abençoar ou maldizer esse empreendimento. Mas agora que ele me dá novo estímulo para a observação da natureza orgânica, alegro-me com ele e de bom grado atendo ao seu chamado. Para mim, quarenta anos depois, continua a valer a velha máxima; ela nos guia com segurança através de todo o círculo labiríntico do apreensível e nos conduz até a fronteira do inapreensível onde, depois de grandes ganhos, podemos nos dar por satisfeitos. Nem os filósofos todos do mundo antigo e do moderno conseguiram passar daí. Mais que isso não podemos pretender exprimir em nossos escritos.

J. W. V. Goethe

Durante minha estada em Nordheim, onde só cheguei no final de outubro, depois de me deter por algum tempo em Frankfurt e Kassel, todas as circunstâncias se uniram para tornar desejável meu retorno a Weimar.

---

53 Goethe se refere a uma das duas estátuas colossais situadas na antiga cidade de Tebas, no Egito, conhecidas como colossos de Mêmnon. Depois de danificadas por um terremoto no ano de 27 a.C., um desses colossos começou a emitir sons quando aquecido pelo raios do sol nascente, o que deu origem à lenda de que se tratava de Mêmnon saudando sua mãe Aurora.

54 Guillaume Dupré (c. 1576-1643).

Goethe não concordou com a publicação em um curto prazo de minhas *Conversações* e, com isso, o início bem-sucedido de uma carreira exclusivamente literária se tornou impensável.

Além disso, o reencontro com aquela a quem eu amava profundamente havia muitos anos, e o sentimento diariamente renovado de suas grandes virtudes fizeram-me sentir vivamente o desejo de desposá-la o mais breve possível e a necessidade de uma existência segura.

Foi nessas circunstâncias que chegou a mim uma mensagem enviada de Weimar pela grã-duquesa, que recebi com alegria, como se pode constatar por esta carta enviada a Goethe:

Nordheim, 6 de novembro de 1830

O homem põe e Deus dispõe, e antes que tenhamos tempo de dar um aceno, nossas condições e desejos já não são os mesmos de antes.

Há algumas semanas eu tinha algum receio de retornar a Weimar, e agora, no pé em que estão as coisas, não apenas retornarei em breve de bom grado, como também penso em me estabelecer e fixar residência na cidade para sempre.

Há poucos dias recebi de Soret uma carta com a oferta de um salário fixo por parte da grã-duquesa, caso eu queira retornar e retomar as aulas que vinha ministrando ao príncipe. Há ainda outra boa notícia que Soret quer me transmitir pessoalmente, e disso tudo eu deduzo que essas pessoas pensam em mim com boa vontade.

Gostaria de escrever agora mesmo uma resposta afirmativa a Soret, mas ouvi dizer que ele viajou para visitar a família em Genebra, e assim não me resta alternativa a não ser dirigir-me a Sua Excelência e pedir-lhe que comunique à Sua Alteza Imperial, com todo o meu apreço, minha decisão de retornar em breve.

Espero que essa notícia também dê alguma alegria a Sua Excelência, uma vez que há tempo já o senhor deseja sinceramente minha felicidade e minha tranquilidade.

Meus mais calorosos cumprimentos aos seus caros familiares, com a esperança de um alegre reencontro em breve.

E.

Na tarde de 20 de novembro, parti de Nordheim a caminho de Göttingen, aonde cheguei depois do escurecer.

À noite na *table d'hôte* o estalajadeiro, ouvindo-me dizer que era de Weimar e para lá retornava, me disse com muita tranquilidade que o grande poeta Goethe, em sua idade avançada, sofrera um duro golpe pois, conforme ele lera hoje nos jornais, seu único filho falecera na Itália em consequência de um ataque de apoplexia.

Pode-se bem imaginar o que senti ao ouvir essas palavras. Tomei uma vela e recolhi-me ao meu quarto, a fim de não fazer dos estranhos ali presentes testemunhas de minha íntima comoção.

Passei uma noite de insônia. Tinha o tempo todo diante do espírito aquele acontecimento que me tocava tão de perto. Os dias e noites seguintes, na estrada, em Mühlhausen e Gotha, não foram melhores. Sozinho na carruagem, naqueles sombrios dias de novembro, através de campos desolados em que nada havia na paisagem capaz de distrair-me e encorajar-me, buscava em vão ocupar-me com outros pensamentos, e nas hospedarias, em meio aos que ali estavam, sempre ouvia falar, como se fosse a novidade do dia, do triste acontecimento que me tocava tão de perto. Minha maior preocupação era que Goethe, em sua idade avançada, não resistisse ao violento assédio dos sentimentos paternais. "E que impressão", eu me dizia, "não causará tua chegada, uma vez que partiste com seu filho e agora retornas sozinho! Só ao ver-te ele acreditará de fato que o perdeu."

Tomado por tais pensamentos e sentimentos, alcancei às 18 horas de terça-feira, 23 de novembro, o último posto de pedágio antes de Weimar. Mais uma vez em minha vida senti que a existência humana tem momentos difíceis pelos quais é forçoso passar. Meus pensamentos se ocupavam com seres superiores a mim, quando fui tocado por um raio de lua que por alguns segundos fulgiu através das densas nuvens para logo em seguida tornar a envolver-se nas trevas. Fosse apenas acaso, fosse algo além disso, eu, não obstante, o tomei por um bom presságio vindo do alto, e senti-me inesperadamente fortalecido.

Apenas cumprimentei meus senhorios e me pus a caminho da casa de Goethe. Dirigi-me primeiramente à sra. Von Goethe. Encontrei-a vestindo luto fechado, mas tranquila e senhora de si, e tínhamos muito a dizer um ao outro.

Conversações com Goethe nos últimos anos de sua vida

A seguir, desci para os aposentos de Goethe. Ele se mantinha ereto e firme, e abraçou-me. Achei-o completamente sereno e tranquilo. Nós nos sentamos e na mesma hora nos pusemos a falar de assuntos sérios. Eu me sentia felicíssimo de estar outra vez com ele. Ele me mostrou duas cartas que começara a escrever para mim quando eu ainda estava em Nordheim, mas não chegara a enviar. Falamos então da grã-duquesa, do príncipe e de outros assuntos; sobre seu filho, porém, não se pronunciou uma sílaba.

Quinta-feira, 25 de novembro de 1830

Pela manhã, Goethe fez-me chegar às mãos alguns livros que diversos autores ingleses e alemães haviam enviado como presente para mim. Ao meio-dia, fui almoçar com ele. Encontrei-o a examinar uma pasta contendo gravuras e desenhos que lhe haviam oferecido para comprar. Ele me contou que a senhora grã-duquesa o alegrara com uma visita matutina, e que ele lhe comunicara minha chegada.

A sra. Von Goethe juntou-se a nós e nos sentamos à mesa. Tive de fazer um relato de minha viagem. Falei de Veneza, de Milão, de Gênova, e Goethe pareceu especialmente interessado em ouvir notícias mais detalhadas da família do cônsul inglês nesta última cidade. A seguir, contei-lhe a respeito de Genebra, e ele me perguntou com simpatia pela família Soret e pelo sr. Von Bonstetten.[55] Sobre este último, pediu-me um relato mais detalhado, que eu, na medida do possível, procurei fazer.

Depois da refeição Goethe se pôs, para minha grande alegria, a falar de minhas *Conversações*.

— Elas deverão ser seu primeiro trabalho — disse ele —, e não descansaremos enquanto não estiverem inteiramente concluídas e passadas a limpo.

De resto, Goethe pareceu-me hoje especialmente calado e perdido em seus pensamentos, o que não me pareceu bom sinal.

Terça-feira, 30 de novembro de 1830

Sexta-feira passada, Goethe causou-nos grande preocupação, pois à noite foi acometido de uma violenta hemorragia e passou o dia às portas da

---

55 Victor von Bonstetten (1745-1832), escritor suíço.

morte. Ele perdeu, incluindo uma sangria, seis libras de sangue, o que não é nada desprezível para seus mais de 80 anos. Mas a grande habilidade de seu médico, o conselheiro Vogel, aliada à sua natureza incomparável, venceram mais uma vez, e agora ele caminha a passos largos para a convalescença, já dá mostras de ter o melhor dos apetites e dorme a noite toda. Ninguém pode vê-lo, está proibido de conversar, mas seu espírito eternamente desperto não descansa, ele já pensa de novo em seu trabalho. Esta manhã, recebi o seguinte bilhete dele, escrito a lápis na cama:

> Tenha a bondade, caríssimo doutor, de reler ainda uma vez as poesias em anexo, que o senhor já conhece, e de arranjá-las entre as novas que já tem em mãos, a fim de que formem um todo. *Fausto* vem logo a seguir!
> No aguardo de um alegre reencontro,
> W., 30 nov. 1830
>
> *Goethe*

Depois de sua rápida e inteira convalescença, Goethe voltou todo o seu interesse para o quarto ato do *Fausto* e para a conclusão do quarto volume de *Verdade e poesia*.

A mim ele incumbiu da redação de alguns breves escritos ainda inéditos, além de uma revisão de seus diários e de suas cartas, a fim de termos uma clara ideia de como proceder para uma futura publicação.

Não me restava mais tempo para pensar em uma redação de minhas conversações com ele; pareceu-me também melhor, em vez de me ocupar com o que já está escrito, acrescentar-lhe alguma coisa nova, enquanto os fados benévolos se inclinarem a permitir-me fazê-lo.

1831

Sábado, 1º de janeiro de 1831

Nas últimas semanas, estive examinando cuidadosamente algumas séries anuais das cartas de Goethe endereçadas a diversas pessoas, cujos rascunhos, a partir do ano de 1807, se preservaram em brochuras, e nos parágrafos seguintes faço algumas considerações que talvez possam ser úteis para uma futura edição e publicação.

§. I
Em primeiro lugar, coloca-se a questão de saber se seria mais conveniente publicar essas cartas parcialmente e sob a forma de excertos.

A isso eu respondo que, em geral, é próprio da natureza e do modo de proceder de Goethe sempre se lançar ao trabalho com alguma intenção, mesmo nas coisas mais insignificantes, o que ressalta nitidamente dessas cartas, às quais o autor sempre se dedicou por inteiro, de modo que cada folha não apenas foi escrita do começo ao fim com perfeição, como também não possui nenhuma linha que desminta sua natureza superior e sua consumada cultura.

Por isso, sou favorável à publicação integral das cartas do começo ao fim, ainda mais que com frequência algumas passagens importantes só alcançam seu verdadeiro esplendor e sua compreensão mais efetiva através das que as precedem e sucedem.

Além disso, bem pesadas as coisas, se considerarmos essas cartas *vis--à-vis* um vasto e variado mundo, quem ousaria dizer que passagem é ou não importante e digna de ser publicada? Afinal de contas, o gramático, o biógrafo, o filósofo, o moralista, o naturalista, o artista, o poeta, o acadêmico, o ator, e assim por diante até o infinito, cada um tem seus próprios interesses, de modo que um passa por alto justamente o trecho que o outro considera de suma importância e guarda para si.

Assim é que, por exemplo, nos primeiros cadernos de 1807 se encontra uma carta a um amigo cujo filho quer se dedicar à ciência florestal, e a quem Goethe indica o caminho que o jovem deverá percorrer. Um jovem literato provavelmente saltaria essa carta, ao passo que um administrador florestal decerto constatará com alegria que o poeta se ocupou também com *sua* matéria e também nela quis dar bons conselhos.

Portanto, repito, sou favorável à publicação integral das cartas tais como são, sem mutilações, sobretudo levando em conta que elas estão espalhadas pelo mundo nessa forma e, assim, podemos ter por certo que seus destinatários um dia as farão publicar tais como foram escritas.

§. 2

Caso, porém, se encontrassem cartas cuja publicação sem cortes pudesse ser problemática, mas que contivessem em parte coisas interessantes, tais passagens seriam transcritas e inseridas na série anual à qual pertencem ou então, se se achar melhor, recolhidas em uma seleção específica.

§. 3

Pode acontecer de uma carta não nos parecer especialmente significativa no primeiro caderno em que a encontramos e que, portanto, não nos sintamos inclinados a publicá-la. Mas se nas séries anuais posteriores se descobrir que tal carta teve um seguimento e, assim, poderia ser considerada o primeiro elo de uma corrente, essa circunstância a faria ganhar em significado e ela deveria ser incluída entre aquelas destinadas à publicação.

§. 4

Pode surgir a dúvida sobre se é melhor agrupar as cartas segundo as *pessoas* a quem foram endereçadas ou misturar todos os destinatários e seguir apenas a *ordem cronológica*.

Conversações com Goethe nos últimos anos de sua vida

Sou pela última alternativa, primeiro porque proporcionaria uma bela e excitante variedade, pois com pessoas diferentes não apenas ocorre uma mudança no tom da exposição, como também os *assuntos* tratados variam, de modo que o teatro, as produções poéticas, os estudos em ciências da natureza, as questões familiares, o comércio com pessoas de alta posição, as relações de amizade etc. se sucedem alternadamente.

Além, disso, sou favorável a uma edição mista em *ordem cronológica*, pois as cartas de um determinado ano, em contato com tudo que vivia e agia naquela época, não apenas trazem em si o caráter daquele ano, como também expressam as situações e variadas ocupações nos mais diversos campos da pessoa que as escreveu, de modo que uma tal série anual de cartas é perfeitamente adequada a complementar a já publicada biografia sumária dos *Cadernos diários e anuais* com o detalhe imediato do momento.

§. 5

Cartas que outras pessoas já publicaram, por conterem seja um reconhecimento de seus méritos, seja um elogio ou qualquer outra coisa digna de nota, devem ser novamente publicadas nessa coletânea, uma vez que, por um lado, pertencem àquela série e, por outro, correspondem ao desejo daquelas pessoas, pois isso confirmaria aos olhos do mundo a autenticidade de seus documentos.

§. 6

A questão sobre se uma carta de recomendação deve ou não ser incluída na coletânea deve ser decidida levando-se em consideração a pessoa recomendada. Se ela não tiver dado em nada e a carta não contiver nada mais digno de nota, não deve ser incluída; se, ao contrário, a pessoa recomendada tiver feito um nome no mundo, então a carta deve ser incluída.

§. 7

Cartas a pessoas conhecidas através da biografia de Goethe como, por exemplo, Lavater, Jung, Behrisch, Kniep, Hackert, entre outros, são interessantes em si mesmas e deveriam ser publicadas, mesmo se não contiveram nada de importante.

§. 8

Não devemos de modo algum ser tímidos quanto à publicação dessas cartas, pois elas nos dão uma ideia da vasta existência de Goethe e de sua multifacetada influência para todos os lados e em todos os cantos, e também porque sua atitude diante das mais variadas personalidades e nas mais diversas situações devem ser consideradas altamente instrutivas.

§. 9

Quando diversas cartas tratam de um mesmo e único fato, deve-se optar pelas mais notáveis, e quando um determinado assunto aparecer em *diversas* cartas, deve-se omiti-lo em algumas delas e trazê-lo à tona naquelas em que encontrar a melhor expressão.

§. 10

Nas cartas de 1811 e 1812, porém, deve haver talvez vinte passagens nas quais se solicitam autógrafos de pessoas notáveis. Essas passagens e outras semelhantes não precisam ser omitidas, pois são muito características e amáveis.

Os parágrafos precedentes foram inspirados pelo exame das cartas referentes aos anos de 1807, 1808 e 1809. Outras considerações de caráter geral que surgirem no decurso do trabalho devem ser acrescentadas posteriormente a essas.

Weimar, 1º de janeiro de 1831

E.

Hoje, depois da refeição, discuti esse assunto ponto a ponto com Goethe, e ele aprovou entusiasticamente essas minhas sugestões.

— Em meu testamento — disse-me ele —, quero nomeá-lo editor dessas cartas e indicar que chegamos a um acordo quanto aos procedimentos gerais a ser adotados na execução do trabalho.

Conversações com Goethe nos últimos anos de sua vida

Quarta-feira, 9 de fevereiro de 1831

Ontem continuei a ler com o príncipe a *Luise* de Voss[1] e, de mim para comigo, fiz algumas observações a respeito do livro. Encantou-me o grande valor da representação das localidades e das situações exteriores das personagens; no entanto, pareceu-me que o poema se ressente da falta de um conteúdo mais elevado, consideração que se me impôs especialmente nas passagens em que as personagens têm a oportunidade de expressar sua intimidade em diálogos. No *Vigário de Wakefield* também há um pastor de aldeia com sua família, mas o poeta possuía maior cultura mundana e a transmitiu a suas personagens, que revelam, todas elas, uma interioridade mais variada. Na *Luise* tudo está no nível de uma limitada cultura mediana, suficiente, é verdade, para satisfazer plenamente um determinado círculo de leitores. Quanto à versificação, parece-me que o hexâmetro é demasiado pretensioso para situações tão limitadas, por vezes mesmo um pouco forçado e afetado, e que as frases nem sempre fluem com a naturalidade necessária para serem lidas com facilidade.

Hoje, durante o almoço, disse a Goethe o que pensava sobre esses pontos.

— As primeiras edições do poema — disse ele — são muito melhores sob esse ponto de vista, tanto que me recordo de havê-lo lido em voz alta com prazer. Mais tarde, porém, Voss acrescentou-lhe uma grande dose de artificialidade e, por capricho técnico, estragou o que havia de leveza e naturalidade nos versos. Hoje em dia tudo se resume à técnica e os senhores críticos se põem a lamuriar se em uma rima um "s" deve se seguir a outro "s" e não, talvez, um "ss" a um "s". Se ainda fosse jovem e ousado o bastante, eu iria propositalmente bater de frente com todos esses caprichos da técnica, iria utilizar aliterações, assonâncias e falsas rimas, tudo quanto me ocorresse e me fosse conveniente; mas iria direto ao ponto e procuraria dizer coisas tão boas que todo mundo se sentiria estimulado a lê-las e aprendê-las de cor.

---

1 *Luise*, idílio em versos de Johann Heinrich Voss publicado em 1795.

Johann Peter Eckermann

Sexta-feira, 11 de fevereiro de 1831

Hoje, à mesa, Goethe contou-me que começou o quarto ato do *Fausto* e pretende prosseguir com o trabalho, o que me deixou muito feliz.

Depois ele se referiu de maneira muito elogiosa a Carl Schöne, um jovem filólogo de Leipzig que escreveu uma obra sobre o vestuário nas peças de Eurípides, na qual, apesar de sua grande erudição, não foi além daquilo que era necessário para atingir seus objetivos.[2]

— Vejo com grande prazer — disse Goethe — como ele aborda o assunto com uma sensibilidade produtiva, enquanto outros filólogos de hoje despendem demasiada energia com a técnica e com as sílabas longas e breves.

— É sempre característico de uma época improdutiva dar muita importância às ninharias da técnica, e é igualmente característico de um indivíduo improdutivo se ocupar com coisas dessa ordem.

— Além disso, outras deficiências também podem servir de empecilho. Assim é que no conde Platen, por exemplo, encontramos quase todos os principais requisitos de um bom poeta: imaginação, invenção, espírito, produtividade, ele os possui em alto grau; também encontramos nele um perfeito conhecimento da técnica, um estudo e uma seriedade como em poucos outros; mas sua infeliz veia polêmica é um empecilho para ele.

— Não se pode perdoar a um talento tão elevado que nem em meio aos grandiosos entornos de Nápoles e Roma ele possa esquecer as misérias da literatura alemã. *O Édipo romântico*, sobretudo em seu aspecto técnico, oferece muitos indícios de que Platen era o homem certo para escrever a melhor tragédia alemã; mas depois de ter, na referida tragédia, empregado os motivos trágicos em tom de paródia, como pode ele agora pretender seriamente escrever uma tragédia?

— Além disso, nunca se leva devidamente em consideração que essas querelas ocupam a mente, as imagens de nossos inimigos se transformam em fantasmas que assombram toda a livre criação e provocam uma grande desordem em uma natureza de resto muito delicada. Lord Byron

---

2 Mais precisamente Friedrich Gotthold Schön (1806-1857), que em 1831 publicou um estudo intitulado *De personarum in Euripidis Bacchabus habitu scenico comentatio* [Sobre o vestuário cênico nas *Bacantes* de Eurípides].

Conversações com Goethe nos últimos anos de sua vida

arruinou-se por conta de seu pendor para a polêmica, e Platen teria motivos para, em honra da literatura alemã, evitar enveredar por uma trilha tão desagradável.

Sábado, 12 de fevereiro de 1831

Estou lendo o Novo Testamento e me recordo de um quadro que Goethe mostrou-me dias atrás, no qual se representa Cristo caminhando sobre as águas e Pedro que, indo ao seu encontro, perde a coragem e começa a afundar.

— É uma das mais belas lendas — disse Goethe —, e eu a prefiro a qualquer outra. Contém a elevada doutrina segundo a qual o ser humano triunfará em seus mais difíceis empreendimentos pela fé e pela coragem renovada, mas estará perdido ao menor acesso de dúvida.

Domingo, 13 de fevereiro de 1831

Com Goethe à mesa. Ele me conta que continua a trabalhar no quarto ato do *Fausto*, e que agora o início lhe saiu exatamente como o desejado.

— *O que* deveria acontecer — ele disse — eu já decidira há muito tempo, isso o senhor sabe; só não estava ainda inteiramente satisfeito com o *como*; assim, estou contente por ter tido boas ideias. Agora vou inventar tudo o que falta para preencher a lacuna que vai da Helena ao quinto ato e escrever um esquema detalhado, a fim de levá-lo a cabo com toda comodidade e segurança e poder trabalhar nas partes que primeiramente me estimularem. Esse ato também vai ganhando um caráter todo próprio, de modo que, como um pequeno mundo que existe por si mesmo, não tem relação com o resto, ligando-se ao todo apenas por uma leve referência ao que o antecede e ao que o sucede.

— Então — eu disse — ele estará em perfeito acordo com o caráter do restante; pois no fundo a Taberna de Auerbach, a Cozinha da bruxa, o Blocksberg, o Parlamento, a Mascarada, o papel-moeda, o laboratório, a "Noite de Valpúrgis Clássica", a Helena são todos pequenos mundos que existem por si mesmos e, fechados em si mesmos, influem uns sobre os outros, mas pouco têm a ver uns com os outros. O que interessa ao poeta é exprimir um mundo multiforme, e ele se utiliza da fábula de um herói famoso apenas como uma espécie de fio condutor a fim de encadear aquilo que lhe compraz. Com a *Odisseia* e o *Gil Blás* não é diferente.[3]

— O senhor tem toda razão — disse Goethe —, e em uma composição desse gênero o que importa é que as massas isoladas sejam significativas e claras, ao passo que o todo permanece incomensurável, mas, justamente por isso, como um problema não solucionado, continuará estimulando as pessoas a sempre retomar seu estudo.

Falei-lhe então da carta de um jovem soldado que eu e outros amigos aconselhamos a partir para o serviço no estrangeiro e que agora, não estando satisfeito com sua situação no exterior, repreende todos aqueles que o aconselharam.

— Dar conselhos é uma coisa complicada — disse Goethe —, e quem já pôde observar por algum tempo neste mundo como as coisas mais sensatas malogram e as mais absurdas muitas vezes levam a um final feliz, desiste de aconselhar quem quer que seja. No fundo, pedir conselhos é uma forma de limitação, e dá-los é uma forma de presunção. Só deveríamos dar conselhos em assuntos dos quais nós mesmos pretendemos tomar parte. Se alguém me pede um bom conselho, eu respondo que estou pronto a dá-lo, mas com a condição de que ele me prometa não o seguir.

A conversa se voltou para o Novo Testamento, depois de eu ter contado que lera o trecho em que Cristo caminha sobre as águas e Pedro vai ao seu encontro. Passado um longo tempo sem ler os evangelistas, eu disse, sempre nos admiramos da grandeza moral das personagens. Encontramos também nas altas exigências à nossa força de vontade moral uma espécie de imperativo categórico.

— O senhor encontra — disse Goethe — especialmente o imperativo categórico da fé, que Maomé depois levou ainda mais longe.

— De resto — eu disse —, quando os observamos mais de perto, os evangelistas estão cheios de divergências e contradições, e esses livros devem

---

3 *Histoire de Gil Blas de Santillane* [História de Gil Blás de Santillana], romance de Alain-René Lesage (1668-1747) publicado entre os anos de 1715 e 1735.

Conversações com Goethe nos últimos anos de sua vida

ter passado por estranhas vicissitudes antes de ser reunidos da forma como os temos agora.

— Empreender uma investigação histórica e crítica deles — disse Goethe — é como querer beber toda a água do mar. O melhor a fazer é nos atermos sem maiores delongas ao que existe de fato e nos apropriarmos daquilo que possamos utilizar para nossa própria cultura e fortalecimento moral. De resto, é muito prazeroso fazer uma ideia clara das localidades e, para isso, não posso lhe recomendar nada melhor que o magnífico livro de Röhr sobre a Palestina.[4] O falecido grão-duque ficou tão feliz com a leitura desse livro que, depois de doar o primeiro exemplar que lera à biblioteca, comprou um segundo para conservá-lo e tê-lo sempre à mão.

Fiquei surpreso com o interesse do grão-duque por tais assuntos.

— Nisso — disse Goethe — ele era grande. Interessava-se por tudo que fosse minimamente significativo, independentemente do campo de conhecimento a que pertencesse. Estava sempre progredindo e procurava introduzir em seus domínios quaisquer novas invenções e instituições que surgissem em sua época. Quando algo não dava certo, não se falava mais no assunto. Eu sempre pensava em como desculpar-me com ele por este ou aquele malogro, mas ele ignorava qualquer fracasso com a maior serenidade e logo se entregava a algum novo empreendimento. Era uma grandeza particular de seu ser, não adquirida por meio da educação, mas inata.

À sobremesa, examinamos algumas gravuras que reproduziam obras de mestres contemporâneos, especialmente paisagens, e foi com prazer que constatamos não haver defeitos a apontar nelas.

— Há séculos existem tantas coisas boas no mundo — disse Goethe — que não devemos nos admirar por sua influência inspirar outras tantas coisas boas.

— O ruim — disse eu — é existirem tantas falsas doutrinas que um jovem talento não sabe de qual santo deve ser devoto.

---

4 Johann Friedrich Röhr (cf. n.27, p.118), *Historisch-geografishce Beschreibung des jüdischen Landes zur Zeit Jesu* [Descrição histórico-geográfica da terra judia no tempo de Jesus, 1816].

Johann Peter Eckermann

— Disso temos provas — disse Goethe. — Vimos gerações inteiras sofrerem e se perderem por falsas máximas, e nós mesmos sofremos com elas. E a facilidade com que em nossos dias, por meio da imprensa, se pode pregar qualquer erro aos quatro ventos! Mesmo que um desses críticos corrija depois de alguns anos seu modo de pensar, e mesmo que torne públicas suas novas e melhores convicções, sua falsa doutrina, não obstante, terá exercido sua influência durante todo esse tempo e continuará a exercê-la no futuro como uma trepadeira ao lado da boa. Meu consolo é que um talento verdadeiramente grande não se deixa desencaminhar nem arruinar.

Continuamos a examinar as gravuras.

— São de fato boas obras — disse Goethe —, o senhor está vendo belos talentos que aprenderam algo e assimilaram o gosto e a arte em um grau significativo. Mas falta algo a todos esses quadros: *o elemento viril.* Guarde essas palavras e as sublinhe. Falta aos quadros certa força penetrante que se expressava por toda parte em séculos passados e não se encontra no atual, não apenas nas obras de pintura, como também nas demais artes. Vive agora uma geração mais fraca, da qual não se pode dizer se é assim por causa da procriação ou por causa de educação e alimentação fracas.

— Podemos ver aí — disse eu — quanta coisa nas artes depende de uma grande personalidade que, de fato, era algo comum em séculos passados. Quando estamos em Veneza ou contemplamos as obras de Ticiano e Paulo Veronese, sentimos o poderoso espírito desses homens, tanto em sua primeira concepção do objeto quanto em sua execução definitiva. Sua grande e enérgica sensibilidade impregnou os elementos de todo o quadro, e esse grande poder da personalidade artística expande nosso próprio ser e nos eleva acima de nós mesmos a cada vez que contemplamos essas obras. O espírito viril ao qual o senhor se refere também se encontra especialmente nas paisagens de Rubens. É verdade que são apenas árvores, solo, água, rochedos e nuvens, mas seu forte temperamento comunicou-se às formas e assim, o que vemos é sempre a natureza conhecida, mas a vemos impregnada da força do artista e recriada segundo seu intelecto.

— De fato — disse Goethe —, na arte e na poesia a personalidade é tudo; mas também é verdade que entre os modernos críticos literários e críticos de arte houve algumas figuras fracas que não o queriam admitir, e em uma

Conversações com Goethe nos últimos anos de sua vida

obra de poesia ou de arte só aceitavam considerar a grande personalidade como uma espécie de apêndice insignificante.

— Mas é claro que para sentir e honrar uma grande personalidade é preciso também ser alguma coisa. Todos os que negaram o sublime em Eurípides eram uns pobres coitados incapazes eles mesmos de atingir aquele sublime; ou, então, eram uns charlatães desavergonhados que, por sua presunção, pretendiam parecer, e de fato pareceram aos olhos de um mundo fraco, maiores do que verdadeiramente eram.

Segunda-feira, 14 de fevereiro de 1831

Com Goethe à mesa. Ele havia lido as memórias do general Rapp,[5] e por causa delas a conversa se voltou para Napoleão e para os sentimentos que mme. Laetitia deveria ter sabendo-se a mãe de tantos heróis e de uma família tão poderosa. Ao dar à luz Napoleão, seu segundo filho, ela contava 18 anos e seu marido 23, de modo que a vigorosa energia juvenil dos pais foi propícia à constituição física do filho. Além dele, ela deu à luz outros três filhos, todos especialmente dotados, hábeis e enérgicos nos assuntos mundanos, e todos possuidores de algum talento poético. A esses quatro filhos seguiram-se três filhas e, por fim, Jérôme, que parece ter sido o menos dotado de toda a prole.

O talento não é, de fato, hereditário, mas necessita de uma sólida base física e, assim, não é indiferente o fato de ser o primeiro ou o último dos filhos, nem o de ser gerado por pais jovens e fortes ou velhos e fracos.

— É interessante notar — disse eu — que, de todos os talentos, o *musical* é o que se manifesta mais precocemente, de modo que Mozart aos 5 anos, Beethoven aos 8 e Hummel aos 9 já deixavam todos ao seu redor atônitos por sua performance e suas composições.

— O talento musical — disse Goethe — pode talvez ser o que se manifeste de forma mais precoce, pois a música é algo inteiramente inato, íntimo, que

---

5 Jean Rapp (1771-1821), ajudante de campo de Napoleão entre 1800 e 1815, autor de *Mémoires écrits par lui-même, et publié par sa familie* [Memórias escritas por ele mesmo e publicadas por sua família, 1823].

431

não necessita de nenhum grande alimento externo nem de experiência de vida. Não obstante, um fenômeno como Mozart sempre será um milagre que não se pode explicar. Mas como a divindade poderia encontrar oportunidade de fazer seus milagres, se não experimentasse vez por outra em indivíduos excepcionais que nos enchem de espanto e que não podemos compreender de onde é que vêm?

Terça-feira, 15 de fevereiro de 1831

Com Goethe à mesa. Falei-lhe do teatro; ele elogiou a peça de ontem, o *Henrique III* de Dumas, como algo excelente, mas acha natural que ela não satisfizesse absolutamente o apetite do público.[6]

— Eu não a ousaria representar quando ainda dirigia o teatro — disse ele —, pois ainda me lembro muito bem das dificuldades que tivemos para impingir ao público o *Príncipe constante*, que, no entanto, é muito mais humano e poético e, no fundo, muito mais próximo que *Henrique III*.[7]

Falei do *Grande Copta*, que tornei a ler dias atrás. Comentei-a cena por cena e exprimi o desejo de um dia vê-la no palco.

— Fico feliz que tenha gostado da peça — disse Goethe — e que o senhor encontre nela o que nela eu pus. No fundo, não foi nenhuma operação insignificante tratar de um fato real e torná-lo, primeiro, poético e, depois, teatral. E, no entanto, o senhor deve concordar que o todo foi perfeitamente planejado para o palco. Schiller também gostava muito da peça; nós a representamos uma vez e ela, de fato, teve um brilhante sucesso diante de uma plateia seleta. Mas não é uma peça para o público em geral, os crimes de que trata têm sempre algo de inquietante, o que provoca uma sensação de desconforto nas pessoas. Ela pertence, por seu caráter ousado, à esfera de *Clara Gazul*, e talvez o poeta francês me invejasse por ter me antecipado a ele com um tema tão bom. Digo *um tema tão bom*, pois no fundo ele não tem apenas um grande significado moral, mas também

---

6 *Henri III et sa cour* [Henrique III e sua corte, 1829].
7 *El príncipe constante* (1629), de Calderón de La Barca (1600-1681).

Conversações com Goethe nos últimos anos de sua vida

histórico; o enredo precede imediatamente a Revolução Francesa e é, em parte, seu pressuposto. A rainha, tão enredada na fatal história do colar, perdeu sua dignidade, sim, perdeu o respeito de que gozava e dessa forma, aos olhos do povo, perdeu a posição que a tornava intocável. O ódio não prejudica ninguém, mas o desprezo é que arruína as pessoas. Kotzebue foi por muito tempo odiado, mas para que o punhal do estudante ousasse feri-lo foi preciso que antes certos jornais o tornassem desprezível.

Quinta-feira, 17 de fevereiro de 1831

Com Goethe à mesa. Levei-lhe sua *Estada em Carlsbad*, do ano de 1807, cuja organização eu terminara pela manhã.[8] Falamos sobre passagens muito inteligentes que aparecem ali sob a forma de fugazes observações diárias.

— Sempre se pensa — disse Goethe, rindo — que é preciso envelhecer para se tornar sábio; mas, no fundo, precisamos nos esforçar para, com o passar dos anos, nos mantermos tão inteligentes quanto éramos. Em cada fase da vida o ser humano é outro, mas não pode dizer que é melhor e, com relação a certas coisas, ele pode perfeitamente ter razão tanto aos 20 quanto aos 60 anos.

— É verdade que vemos o mundo de um modo na planície e de outro no alto de um promontório ou dos picos gelados das montanhas pré--históricas. De um certo ponto, vemos um pedaço a mais do mundo que de outro; mas isso também é tudo, e não podemos dizer que de um temos mais razão que de outro. Por isso, se um escritor deixa atrás de si monumentos de diferentes fases de sua vida, isso depende principalmente de ele ter um fundamento inato e boa vontade, que em cada fase ele tenha enxergado e sentido com clareza e tenha falado direta e fielmente da forma como pensava, sem segundas intenções. Assim, aquilo que ele escreveu, se era correto na fase em que surgiu, continuará a sê-lo, não importa quanto o autor evolua e mude mais tarde.

---

8 *Aufenthal in Carlsbad* [Estada em Carlsbad]. Esboço de um escrito autobiográfico que não chegou a ser concluído.

Manifestei minha plena concordância com essas boas palavras.

— Dia desses, caiu-me nas mãos uma folha de rascunho — prosseguiu Goethe — e eu a li. Hum!, disse comigo mesmo, isso que está escrito aqui não está nada errado, você mesmo não pensa diferente e também não diria nada muito distinto disso. Mas, quando a examinei mais de perto, era um trecho de minhas próprias obras. Pois, como estou sempre buscando avançar, esqueço o que escrevi, e várias vezes me acontece de olhar minhas coisas como algo inteiramente estranho a mim.

Perguntei pelo *Fausto* e sobre como vem progredindo.

— Ele não me larga mais — disse Goethe —, todos os dias penso nele e invento algo de novo. Hoje mandei encadernar todo o manuscrito da segunda parte, a fim de que adquirisse uma forma concreta diante de meus olhos. O espaço destinado ao quarto ato, ainda faltante, eu o preenchi com folhas em branco, e não resta dúvida de que a parte já pronta atrai e estimula a concluir o que ainda falta. Nessas coisas palpáveis há mais do que geralmente se pensa, e precisamos ajudar o espírito com artifícios de todo tipo.

Goethe mandou trazer o *Fausto* recém-encadernado, e eu me espantei com a extensão do material que tinha diante dos olhos sob a forma de um belo volume in-fólio.

— Tudo isso — eu disse — foi feito durante os seis anos de minha permanência aqui, e, no entanto, com tudo o que aconteceu desde então, o senhor pôde dedicar muito pouco tempo a ele. Por aí se vê o quanto algo cresce mesmo se só de vez em quando lhe acrescentamos alguma coisa.

— Disso nos convencemos sobretudo quando nos tornamos mais velhos — disse Goethe —, ao passo que a juventude pensa que tudo tem de acontecer em um único dia. Mas se a sorte me for propícia e eu continuar a me sentir tão bem, espero avançar bastante com o quarto ato nos próximos meses de primavera. Também é verdade que esse ato, como o senhor sabe, já fora concebido há bastante tempo; mas como o restante da obra cresceu muito durante a escrita, eu agora só posso utilizar da primeira invenção as linhas mais gerais, e tenho também de ampliar esse entreato com novas invenções, a fim de dar a ele um peso semelhante ao dos demais.

— E também nessa segunda parte — eu disse — manifesta-se um mundo muito mais rico que o da primeira.

Conversações com Goethe nos últimos anos de sua vida

– É o que eu deveria pensar – disse Goethe. – A primeira parte é quase inteiramente subjetiva; tudo parte de um indivíduo mais desconcertado, mais passional, e sua penumbra pode também agradar muito às pessoas. Mas na segunda parte quase nada é subjetivo; aqui se manifesta um mundo mais elevado, mais vasto, mais claro, mais desprovido de paixão, e quem não andou um pouco por aí e não vivenciou algumas coisas não saberá o que fazer dele.

– Oferecerá a oportunidade para alguns exercícios de pensamento – disse eu – e talvez exija também alguma erudição. Fico feliz por ter lido o livrinho de Schelling sobre os cabiras e por saber agora ao que o senhor alude naquela esplêndida passagem da "Noite de Valpúrgis Clássica".[9]

– Eu sempre achei – disse Goethe, rindo – que é bom saber algumas coisas.

Sexta-feira, 18 de fevereiro de 1831

Com Goethe à mesa. Falamos de diversas formas de governo e a conversa versou sobre as dificuldades de um excessivo liberalismo, uma vez que ele traz à tona as exigências de cada indivíduo e, diante de tantos desejos, acaba-se por não mais saber a qual deles se deve satisfazer. Logo se verá que com excessiva bondade, brandura e delicadeza moral não se pode exercer a autoridade por muito tempo, pois é necessário confrontar e manter nos limites do respeito um mundo heterogêneo e, por vezes, atroz. Foi também observado que a atividade governamental é um ofício muito vasto, que exige tudo de uma pessoa e, portanto, não é bom que um governante tenha ocupações paralelas como, por exemplo, uma tendência predominante para as artes, pois com isso não apenas o interesse do príncipe, como também as forças do Estado, seriam desviadas dos assuntos mais urgentes. Uma inclinação predominante para as artes é sobretudo prerrogativa de ricas pessoas privadas.

---

9 Schelling (cf. n.15, p.111), *Über die Gottheiten von Samothrace* [Sobre as divindades de Samotrácia, 1815]. Alusões em *Fausto II*, versos 8070-8077, 8168-8181 e 8204-8205.

Goethe contou-me então que sua *Metamorfose das plantas* com a tradução de Soret faz grandes progressos, e fatores externos favoráveis inteiramente inesperados vieram agora auxiliá-lo em seu trabalho suplementar desse assunto, sobretudo no que se refere à espiral.

— Como o senhor já sabe — disse ele —, nós nos ocupamos com essa tradução já faz mais de um ano, e durante todo esse tempo milhares de obstáculos se interpuseram em nosso caminho, o trabalho frequentemente se interrompeu contra nossa vontade, e muitas vezes eu o maldisse em silêncio. Mas agora tenho de dar graças a todos esses obstáculos, pois no decorrer desses prolongamentos, outros homens excelentes, em outros lugares, amadureceram certas coisas que são como que as mais belas águas para meu moinho, fazem-me avançar muito além do previsto e permitem ao meu trabalho chegar a conclusões impensáveis um ano atrás. Isso já aconteceu muitas vezes em minha vida, e nesses casos somos levados a crer em uma influência superior, em algo demoníaco que adoramos sem ousar perscrutá-lo mais a fundo.

Sábado, 19 de fevereiro de 1831

À mesa com Goethe e o conselheiro Vogel. Goethe havia recebido uma brochura sobre a Ilha Helgoland, que lera com grande interesse e cujas partes essenciais nos expôs.[10]

Depois de falarmos a respeito daquela localidade tão peculiar, vieram à baila assuntos relativos à medicina, e Vogel nos contou, como a novidade mais recente, que em Eisenach, a despeito de toda vacinação, a varíola subitamente voltara a se manifestar, fazendo muitas vítimas fatais em um curto espaço de tempo.

— De vez em quando — disse Vogel — a natureza nos prega uma peça, e é preciso prestar muita atenção em se uma teoria basta para enfrentá-la.

---

10 Johann Martin Lappenberg (1794-1865), *Über den ehemaligen Umfang und die alte Geschichte Helgolands* [Sobre as dimensões e a história antigas da ilha de Helgoland, 1831].

A vacinação contra a varíola era considerada tão segura e infalível que foi tornada obrigatória. Mas o caso de Eisenach, onde os vacinados contraíram a doença, torna suspeita sua infalibilidade e enfraquece os motivos para se respeitar a lei.

— Mesmo assim — disse Goethe —, penso que não se deve desistir da rigorosa obrigatoriedade da vacinação, pois essas pequenas exceções não devem ser levadas em consideração diante de seus imensos benefícios.

— Sou da mesma opinião — disse Vogel — e não hesito em afirmar que em todos os casos nos quais a vacinação não protegeu as pessoas contra a varíola, sua aplicação foi deficiente. Pois, para que a vacina imunize, a dose aplicada deve ser forte a ponto de provocar a febre; uma simples irritação da pele desacompanhada de febre não protege. Por isso, hoje eu propus na sessão do conselho que as pessoas encarregadas da vacinação em todo o país sejam obrigadas a aplicar *uma dose reforçada*.

— Espero que sua proposta tenha sido aprovada — disse Goethe —, pois sou sempre a favor de uma estrita obediência à lei, sobretudo em uma época como a de agora, em que, por fraqueza e excessiva liberalidade, as pessoas tendem a ser mais condescendentes do que convém.

Falou-se a seguir de como agora começamos a ser mais brandos e frouxos no que concerne à imputabilidade dos criminosos, e de como os atestados e os laudos médicos com frequência ajudam o criminoso a escapar da pena. Vogel aproveitou a oportunidade para elogiar um jovem médico que sempre demonstra um caráter firme em tais casos e que, recentemente, diante da dúvida de um tribunal sobre se uma infanticida deveria ser considerada imputável, foi de parecer de que ela o era de fato.

Domingo, 20 de fevereiro de 1831

Com Goethe à mesa. Ele me comunica que verificou minhas observações sobre a sombra azul na neve, ou seja, que elas surgem a partir do reflexo do céu azul, e que as reconhece como corretas.

— Mas pode ser que as duas causas tenham uma influência simultânea — disse ele —, e que a exigência criada pela luz amarela fortaleça o aparecimento do azul.

Johann Peter Eckermann

Dei-lhe plenamente razão e alegro-me por Goethe enfim ter concordado comigo.

— O que me desgosta — disse eu — é não haver anotado *in loco* minhas observações sobre as cores no Monterosa e no Montblanc. Mas o principal resultado foi que, a uma distância entre dezoito e vinte horas de caminho, ao meio-dia, com o sol a pino, a neve apresentava uma coloração amarela ou amarelo-avermelhada, ao passo que as partes escuras das montanhas, não encobertas pela neve, reverberavam o mais intenso azul. O fenômeno não me surpreendeu, pois eu poderia prever que a massa turva interposta daria um tom amarelo profundo à neve branca que refletia o sol do meio-dia; mas o fenômeno me alegrou porque refuta decididamente a opinião errônea de alguns naturalistas segundo a qual o ar possui a propriedade de tingir de azul. Pois se o ar fosse em si azulado, a massa de ar que havia entre mim e o Monterosa a uma distância de vinte horas deveria fazer a neve parecer azul-clara ou branco-azulada, e não amarela ou amarelo-avermelhada.

— A observação — disse Goethe — é importante e refuta completamente aquele equívoco.

— No fundo — eu disse —, a teoria da turvação é tão simples que muito facilmente podemos ser levados a crer que em poucos dias e horas podemos comunicá-la a outras pessoas. A dificuldade, porém, é operar com a lei e sempre reconhecer um fenômeno primevo em suas milhares de manifestações condicionadas e camufladas.

— Eu a compararia ao uíste — disse Goethe —, cujas leis e regras também são muito fáceis de ensinar, mas que precisamos jogar durante muito tempo para nos tornarmos mestres nele. Além disso, ninguém aprende nada apenas por ouvir dizer, e quem não se empenha pessoalmente na prática de certas coisas, as conhece apenas de modo superficial e pela metade.

Goethe falou-me então do livro de um jovem físico que não podia deixar de louvar pela clareza de sua escrita e cuja tendência teleológica ele perdoava de bom grado.[11]

---

11 Jean-Pierre Vaucher (1765-1841), *Histoire physiologique des plantes de l'Europe* [História fisiológica das plantas da Europa, 1830]. Vaucher, no entanto, não era mais um jovem, pois já tinha 66 anos.

Conversações com Goethe nos últimos anos de sua vida

— É natural do ser humano — disse Goethe — considerar o objetivo final da criação e todas as outras coisas apenas em relação a si mesmo e na medida em que elas o servem e lhe são úteis. Ele se assenhoreia dos mundos vegetal e animal e, ao consumir as outras criaturas como alimento adequado, reconhece seu Deus e louva a bondade com que este o provê paternalmente. Da vaca ele tira o leite, da abelha o mel, da ovelha a lã e, dando às coisas o fim que é útil a *si mesmo*, crê também que para isso elas foram criadas. Sim, é incapaz de pensar que mesmo a mais insignificante das ervas não existe para *ele* e, mesmo que ainda não lhe tenha descoberto a utilidade, acredita que no futuro ela certamente lhe será revelada.

— E, do mesmo modo que pensa em geral, assim também o ser humano pensa em particular e também não deixa de transferir seu ponto de vista costumeiro da vida para a ciência e de indagar sobre o objetivo e a utilidade das partes isoladas de um ser orgânico.

— Isso pode funcionar por algum tempo, e então ele pode ser bem-sucedido por algum tempo também na ciência; mas logo se verá perante fenômenos diante dos quais um ponto de vista tão estreito não basta e, sem um apoio mais elevado, se verá enredado em puras contradições.

— Esses teóricos da utilidade costumam dizer: o boi tem chifres para se defender. Mas, pergunto eu, por que o cordeiro não os tem? E por que, quando os tem, eles se enrolam ao redor das orelhas e não lhe servem para nada?

— Outra coisa é dizer que o boi se defende com os chifres porque os tem.

— A questão da utilidade, a pergunta *"por quê?"*, é absolutamente anticientífica. Avançamos um pouco mais com a pergunta *"como?"*. Pois se eu pergunto: *"como é que o boi tem chifres?"*, essa pergunta me leva a observar sua organização e ao mesmo tempo me ensina porque o leão não tem e não pode ter chifres.

— Assim também o homem tem duas cavidades não preenchidas em seu crânio. A pergunta *"por quê?"* não iria muito longe nesse caso, mas a pergunta *"como?"*, ao contrário, me ensina que essas cavidades são restos vazios do crânio animal, que se encontram em maior medida em organismos inferiores e que não se perderam de todo no homem, apesar de sua superioridade.

— Os teóricos da utilidade pensam que perderiam seu Deus se não adorassem *quem* deu chifres ao boi para que este se defendesse. Mas permitam-me venerar a *quem* foi tão grande na riqueza de sua criação que, depois de haver criado milhares de plantas, fez ainda uma que contém todas as outras e, depois de milhares de animais, um ser que contém todos eles: o ser humano.

— Que se venere também *aquele* que dá ao gado sua ração e ao ser humano tanta comida e bebida quanto ele é capaz de saborear. Eu, porém, adoro *aquele* que concedeu ao mundo uma força produtiva tão grande que, mesmo se apenas um milionésimo dela chega a ganhar vida, o mundo fervilha de tantas criaturas que a guerra, a peste, a água e o fogo nada podem contra ele. Este é o *meu* Deus!

Segunda-feira, 21 de fevereiro de 1831

Goethe elogiou muito o último discurso de Schelling, com o qual ele acalmou os estudantes de Munique.[12]

— O discurso — disse — é bom do começo ao fim, e mais uma vez nos regozijamos com esse talento excepcional que há tanto tempo conhecemos e reverenciamos. Nesse caso, o tema era excelente e o propósito digno, por isso seu sucesso foi o melhor possível. Se pudéssemos dizer o mesmo do tema e do propósito de seu escrito sobre os cabiras, deveríamos louvá-lo também por esse escrito, pois também nesse caso ele demonstrou seus talentos e artes retóricas.

Os cabiras de Schelling conduziram a conversa para a "Noite de Valpúrgis Clássica" e sobre como esta se diferencia das cenas da primeira parte que se passam no Brocken.

— A primeira "Noite de Valpúrgis" — disse Goethe — é monárquica, pois nela o diabo é decididamente respeitado por todos como um chefe. A "Noite de Valpúrgis Clássica", ao contrário, é inteiramente republicana, pois todos se encontram lado a lado em um mesmo plano e, portanto, cada um vale tanto quanto o outro, ninguém se subordina nem se preocupa com o outro.

---

12 *Rede an die Studierende der Ludwig-Maximilians-Universität, in der Aula Academica am Abend des 30. Dezember 1830 gehalten* [Discurso aos estudantes da Universidade Ludwig--Maximilian proferido na *Aula Acadêmica* na noite de 30 de dezembro de 1830]. Os protestos dos estudantes haviam sido desencadeados pela prisão injusta de dois de seus colegas e eram consequência do clima repressivo que reinava na Alemanha depois dos movimentos de 1830.

Conversações com Goethe nos últimos anos de sua vida

— Na noite clássica — disse eu —, todos também se distinguem como individualidades claramente delineadas, enquanto na noite alemã do Blocksberg cada indivíduo se dissolve na massa indistinta das bruxas.

— Por isso também — disse Goethe — Mefistófeles sabe o que significa quando o Homúnculo fala em bruxas *da Tessália*. A um bom conhecedor da Antiguidade essas palavras poderão sugerir algumas ideias, enquanto para uma pessoa desprovida de erudição elas não passarão de um simples nome.

— A Antiguidade — eu disse — deve ser muito viva para o senhor, caso contrário não lhe teria sido possível chamar de volta à vida aquelas figuras todas em todo o seu frescor, nem utilizá-las e tratá-las com tanta liberdade como o fez.

— Se não tivesse me ocupado a vida toda com as artes plásticas — disse Goethe —, não me teria sido possível. O difícil, nesse caso, era manter a moderação diante de tanta abundância, e rejeitar todas as personagens que não fossem adequadas à minha intenção. Assim, por exemplo, não me utilizei do Minotauro, das harpias e de alguns outros monstros.

— Mas tudo o que o senhor faz aparecer naquela noite — disse eu — é tão aparentado e tão bem agrupado que com facilidade e prazer o evocamos em nossa imaginação e espontaneamente o transformamos em imagem. Os pintores decerto não deixarão passar em branco tão boas oportunidades; e de antemão me alegra ver Mefistófeles com as Forquíades ensaiando de perfil a famosa máscara.[13]

— A cena contém muitas coisas divertidas — disse Goethe —, das quais o mundo cedo ou tarde saberá tirar proveito de diversas maneiras. Espere só os franceses descobrirem a Helena e perceberem o quanto podem aproveitar dela para seu teatro! Eles estragarão a peça tal qual é, mas a utilizarão com inteligência para seus próprios objetivos, e isso é tudo o que se pode esperar e desejar. À Fórquia eles certamente ajuntarão um coro de monstros, como, aliás, já está sugerido em uma passagem.

— Seria excelente — eu disse — que um bom poeta da escola romântica tratasse a peça toda como uma ópera e Rossini empenhasse seu grande talento em uma composição impressionante, a fim de obter todo o efeito possível

---

13 *Fausto II*, versos 8017-8027.

da Helena. Pois a peça oferece a oportunidade para suntuosos cenários, transformações surpreendentes, esplêndidos figurinos e balés encantadores como dificilmente se encontram em outras peças, sem contar que toda essa abundância de sensualidade se movimenta sobre as bases de uma engenhosa fábula que dificilmente poderia ser suplantada em sua inventividade.

— Vamos esperar por aquilo que os deuses nos reservam — disse Goethe. — Com essas coisas não se pode ter pressa. Tudo depende de as pessoas se darem conta delas e que diretores de teatro, poetas e compositores percebam as vantagens que oferecem.

Quarta-feira, 22 de fevereiro de 1831

Na rua encontro Schwabe, conselheiro-chefe do consistório;[14] acompanho-o por um trecho, enquanto ele me fala de seus múltiplos afazeres e assim posso fazer uma ideia da importante esfera de ação desse homem excepcional. Ele me diz que, em suas horas vagas, dedica-se à edição de um volumezinho de novos sermões; além disso, um de seus livros escolares foi recentemente traduzido para o dinamarquês, dos quais 40 mil exemplares foram vendidos, tendo a obra sido adotada nas melhores escolas da Prússia. Pede-me que vá visitá-lo, e de bom grado prometi fazê-lo.

Mais tarde, à mesa com Goethe, falei-lhe sobre Schwabe e ele concordou inteiramente com os elogios que lhe fiz.

— A grã-duquesa — disse ele — também o tem na mais alta estima, e essa senhora, de fato, sabe muito bem avaliar as pessoas. Vou mandar fazer um retrato dele para minha coleção, e o senhor fará bem em visitá-lo e aproveitar a ocasião para pedir sua autorização para isso. Sim, vá visitá-lo, mostre seu interesse por aquilo que ele faz e projeta fazer. Será de grande interesse para o senhor poder observar uma esfera de ação singular, da qual não se pode fazer uma ideia sem um trato mais próximo com um homem desses.

Eu prometo fazê-lo; pois o conhecimento de pessoas dedicadas a atividades práticas, de caráter utilitário, é minha verdadeira inclinação.

---

14 Johann Friedrich Heinrich Schwabe (1779-1834), conselheiro-chefe do consistório e pregador da corte de Weimar desde 1827.

Conversações com Goethe nos últimos anos de sua vida

Quarta-feira, 23 de fevereiro de 1831

Antes do almoço, em um passeio pela estrada de Erfurt, encontrei Goethe, que mandou parar a carruagem e me levou consigo. Subimos por um bom pedaço de caminho até o topo, ao lado do bosquezinho de pinheiros, e conversamos a respeito de assuntos relacionados à história natural.

As colinas e montanhas estavam cobertas de neve e eu mencionei a grande suavidade do amarelo, observando que à distância de algumas milhas, através de um elemento turvo, é mais frequente uma superfície escura parecer azul que uma superfície branca parecer amarela. Goethe concorda comigo e então falamos da grande importância dos fenômenos primevos, por trás dos quais cremos vislumbrar imediatamente a divindade.

— Eu não pergunto — disse Goethe — se esse ser supremo possui entendimento e razão, mas o sinto: ele próprio é o entendimento, ele próprio é a razão. Todas as criaturas estão impregnadas disso, e o ser humano em tão alto grau que é capaz de reconhecer partes do ser supremo.

À mesa, foram mencionados os esforços de alguns naturalistas que, para percorrer os meandros do mundo orgânico, pretendem tomar a mineralogia como ponto de partida ascendente.

— É um grande erro — disse Goethe. — No mundo da mineralogia, o mais belo é o mais simples; no mundo orgânico, o mais complicado. Daí se vê que ambos os mundos têm tendências inteiramente diversas, e não existe de modo algum um caminho que avance gradualmente de um para o outro.

Anotei essa observação como sendo de grande significado.

Quinta-feira, 24 de fevereiro de 1831

Estou lendo o ensaio de Goethe sobre Zahn nos *Anuários Vienenses*, e me encho de admiração ao pensar nas premissas que sua escrita pressupõe.[15]

---

15 Em 1830, Goethe publicara nos *Jahrbücher der Literatur* [Anuários de Literatura] de Viena uma resenha do estudo *Die schönten Ornamente und merkwürdigsten Gemälde aus Pompeji, Herculanum und Stabiä* [Os mais belos ornamentos e as mais notáveis pinturas de Pompeia, Herculano e Estábia, 1828-1830], do pintor e arquiteto Wilhelm Zahn (1800-1871).

À mesa, Goethe me conta que Soret esteve em sua casa e ambos fizeram um belo progresso na tradução da *Metamorfose*.

— O difícil na natureza — disse Goethe — consiste em: ver a lei também ali onde ela se esconde de nós e não se deixar enganar por fenômenos que contradizem nossos sentidos. Pois na natureza há coisas que contradizem os sentidos e, no entanto, são verdadeiras. Que o sol está parado, que ele não nasce e se põe, e que a terra faz diariamente um giro ao redor do próprio eixo a uma velocidade inimaginável é um fato que contradiz os sentidos mais que qualquer outro e, no entanto, nenhuma pessoa bem informada duvida que seja assim. Do mesmo modo, no mundo vegetal ocorrem fenômenos contraditórios, a respeito dos quais devemos estar muito atentos, para que não nos levem a trilhar caminhos errados.

Sábado, 26 de fevereiro de 1831

Estudei hoje longamente a *Teoria das cores* de Goethe e fiquei feliz em constatar que nesses anos todos, graças às muitas experiências com os fenômenos, familiarizei-me de tal modo com a obra que sou capaz de reconhecer-lhe os méritos com alguma clareza. Causa-me admiração o quanto custou compor semelhante obra, pois não são apenas os resultados finais que se oferecem ao meu olhar, mas também, sondando-a em maior profundidade, vejo tudo o que foi preciso fazer para chegar a resultados tão sólidos.

Apenas um homem com grande energia moral podia realizá-la, e quem quiser imitá-lo terá de se elevar a grandes alturas. Tudo que fosse rude, falso, egoísta teria de desaparecer de sua alma, caso contrário a natureza pura e verdadeira o desprezaria. Se levassem isso em consideração, as pessoas de bom grado dedicariam alguns anos de sua vida a aprofundar-se na esfera dessa ciência de modo a testar e fortalecer os sentidos, o espírito e o caráter. Ganhariam respeito por aquilo que é regulado pelas leis e se aproximariam da esfera divina tanto quanto é possível a um espírito terrestre.

Em vez disso, ocupamo-nos muito com a poesia e com os mistérios suprassensoriais, coisas subjetivas e flexíveis que nada exigem de uma pessoa, antes a lisonjeiam e, no melhor dos casos, a mantêm como é.

Em poesia, só o verdadeiramente grande e puro nos faz progredir, só o que existe nela como uma segunda natureza e, ou nos eleva a si, ou desdenha de nós. Uma poesia imperfeita, por outro lado, desenvolve nossos defeitos, pois assimilamos as contagiosas fraquezas do poeta. E as assimilamos sem saber, pois não reconhecemos como imperfeito aquilo que nos fala à natureza.

Mas para tirar proveito tanto do bom quanto do mau na poesia é preciso estar já em um nível muito elevado e possuir um fundamento que nos permita considerar essas coisas como objetos colocados exteriormente a nós.

Por isso, eu me comprazo em um trato com a natureza que de modo algum favorece nossas fraquezas e que ou faz algo de nós ou nada tem a ver conosco.

Segunda-feira, 28 de fevereiro de 1831

Ocupei-me durante o dia todo com o manuscrito do quarto volume da autobiografia de Goethe que ele me enviou ontem, a fim de ver se ainda haveria alterações a fazer. Estou feliz com essa obra, considerando o que ela já é e o que ainda pode vir a ser. Alguns livros parecem perfeitos e não deixam nada mais a desejar. Em outros, ao contrário, nota-se ainda certa falta de congruência, o que pode ser decorrência de se haver trabalhado neles em diferentes épocas.

Esse quarto volume como um todo é muito diferente dos três que o precedem. Aqueles avançam sempre em uma determinada direção, e seu transcurso se estende ao longo de vários anos. Neste, ao contrário, nem parece que o tempo passa, e tampouco se vê uma decidida aspiração por parte da personagem principal. Algumas coisas são iniciadas, mas não concluídas, algumas são desejadas, mas diversamente conduzidas, e assim sentimos o tempo todo um poder que atua secretamente, uma espécie de destino que entretece variados fios em uma teia que apenas os anos futuros deverão completar.

Esse volume, portanto, era o lugar certo para se falar daquele problemático poder oculto que todos sentem, que nenhum filósofo explica e diante do qual as pessoas religiosas buscam refúgio em uma palavra consoladora.

Johann Peter Eckermann

Goethe chama a esse inexprimível enigma do mundo e da vida de *o demoníaco*, e quando ele lhe descreve a essência sentimos que ela é assim, e temos a impressão de que se erguem as cortinas que encobrem certos bastidores de nossa vida. Acreditamos ver mais longe e mais claro, mas logo nos damos conta de que se trata de algo muito vasto e variado, e de que nossa vista só alcança até um determinado limite.

O ser humano, de modo geral, nasceu apenas para as coisas pequenas, e só compreende e só encontra alegria naquilo que lhe é conhecido. Um grande conhecedor compreende um quadro, sabe estabelecer relações entre as diversas partes com o universo que lhe é conhecido, e para ele tanto o todo quanto as partes são vivas. Ele também não tem preferência por essa ou aquela parte isolada, ele não se pergunta se uma face é feia ou bela, se um ponto é claro ou escuro, ele apenas se pergunta se tudo está em seu lugar e de acordo com a lei e a ordem. Mas se colocarmos alguém inexperiente diante de um quadro de certa dimensão, veremos como o todo não o toca ou confunde, como certas partes o atraem e outras lhe causam repulsa e como, por fim, ele se apegará a pequenos detalhes que lhe são familiares, elogiando, por exemplo, a boa feitura desse elmo ou daquele penacho.

Mas no fundo todos nós, seres humanos, fazemos perante o grande quadro dos destinos do mundo mais ou menos o papel daquela pessoa inexperiente. Os pontos de luz, os detalhes graciosos nos atraem, as partes sombrias e desagradáveis nos causam repulsa, o todo nos confunde e buscamos em vão pela ideia de um ser único a quem imputarmos todas essas contradições.

Nos assuntos humanos, não obstante, qualquer um pode se tornar um grande conhecedor, pois é possível se apropriar da arte e do saber de um mestre, mas nos assuntos divinos isso só é possível a um ser que se igualasse ele mesmo ao ser supremo. Porém, quando este nos quisesse transmitir e revelar aqueles segredos, não os poderíamos compreender nem saberíamos o que fazer deles, e novamente nos igualaríamos àquela pessoa inexperiente diante do quadro, a quem o conhecedor, não obstante toda a sua capacidade de persuasão, não seria capaz de transmitir as premissas segundo as quais o julga.

Desse ponto de vista, é perfeitamente correto que nenhuma religião tenha sido transmitida diretamente por Deus, antes, como obra de pessoas

Conversações com Goethe nos últimos anos de sua vida

excepcionais, todas elas tenham sido pensadas para a necessidade e a capacidade de compreensão da grande massa de seus semelhantes.

Se fossem obra de Deus, ninguém as compreenderia; sendo, porém, obra dos seres humanos, não exprimem o inescrutável.

A religião dos cultíssimos gregos antigos não foi além da materialização de expressões isoladas do inescrutável por meio de divindades específicas. Mas como essas individualidades eram seres limitados e permanecia uma lacuna no conjunto do contexto, eles inventaram a ideia do fado, que colocaram acima de tudo, mas, como também o fado seguiu sendo um inescrutável de muitas faces, a questão foi antes posta de lado que resolvida.

Cristo imaginou um único Deus ao qual atribuiu todas as qualidades que sentia em si mesmo como perfeições. Esse Deus se tornou a essência de sua própria bela interioridade, cheio de bondade e amor como o próprio Cristo, e inteiramente apropriado para que as pessoas boas se entregassem a ele cheias de confiança e acolhessem em si essa ideia como a mais doce ligação com uma esfera mais elevada.

Porém, como o grande ser ao qual chamamos divindade não se manifesta apenas nos seres humanos, mas também em uma natureza rica e poderosa e em grandiosos acontecimentos do mundo, é natural que uma concepção desse ser formada a partir de qualidades humanas não seja suficiente, e uma pessoa atenta logo se deparará com insuficiências e contradições que a levarão à dúvida e mesmo ao desespero, caso ela não seja pequena o bastante para se deixar apaziguar por meio de uma evasiva artificial, ou grande o bastante para se alçar a um ponto de vista mais elevado.

Goethe cedo encontrou tal ponto de vista em Espinosa, e ele reconhece com alegria o quanto as opiniões desse grande pensador correspondiam às necessidades de sua juventude. Nele Goethe encontrou a si mesmo, e nele pôde, portanto, fortificar-se maravilhosamente.

E, uma vez que essas opiniões não eram de natureza subjetiva, mas tinham seu fundamento nas obras e nas manifestações de Deus no mundo, elas não eram como cascas que ele tivesse de descartar como inúteis depois de suas próprias sondagens em profundidade do mundo e da natureza; elas foram, antes, o primeiro embrião, as raízes de uma planta que continuou a crescer ao longo de muitos anos na mesma direção sadia e, por fim, desabrochou como a floração de um rico conhecimento.

Alguns de seus oponentes muitas vezes o acusaram de não ter nenhuma fé. Mas era apenas a fé desses oponentes que Goethe não tinha, pois ela era demasiado pequena para ele. Se ele expressasse sua própria fé, eles ficariam atônitos, mas não seriam capazes de compreendê-la.

Porém, o próprio Goethe está longe de acreditar que conhece o ser supremo tal como ele é. Todas as suas manifestações escritas e orais partem do princípio de que esse ser é insondável e de que dele os seres humanos possuem apenas indícios e intuições aproximadas.

De resto, a natureza e nós, seres humanos, estamos todos tão impregnados do divino que ele nos sustém, que nele vivemos, laboramos e somos, que sofremos e nos alegramos segundo leis eternas, leis estas que cumprimos e que se cumprem em nós, quer as reconheçamos ou não.

Pois o bolo delicia as crianças ainda que elas nada saibam do confeiteiro, e ao pardal a cereja, sem que ele se pergunte sobre como ela cresceu.

Quarta-feira, 2 de março de 1831

Hoje, quando estava à mesa com Goethe, a conversa logo voltou a girar em torno do demoníaco, e para uma definição mais precisa ele acrescentou o seguinte:

— O demoníaco — disse ele — é aquilo que não se pode decifrar através do entendimento e da razão. Ele não está em minha natureza, mas eu estou submetido a ele.

— Napoleão — eu disse — parece ter sido alguém de natureza demoníaca.

— Ele o era completamente — disse Goethe —, em grau tão elevado que quase não há quem se possa comparar a ele. Também o falecido grão-duque era uma natureza demoníaca, cheio de energia ativa e inquietação ilimitada, de modo que seu próprio reino era pequeno demais para ele, e o maior dos reinos ainda o seria. Os gregos tinham os seres demoníacos dessa espécie na conta de semideuses.

— E acaso o demoníaco não se manifesta também nos acontecimentos? — perguntei.

— Sobretudo neles — disse Goethe —, e justamente naqueles que não conseguimos decifrar através do entendimento e da razão. Acima de tudo, ele se manifesta das mais variadas formas em toda a natureza, na invisível tanto quanto na visível. Algumas criaturas são de uma espécie inteiramente demoníaca, em outras atuam parcelas do demoníaco.

— E Mefistófeles — perguntei —, não possui também traços demoníacos?

— Não — disse Goethe —, Mefistófeles é um ser demasiado negativo; o demoníaco, no entanto, se manifesta em uma energia ativa inteiramente positiva.

— Entre os artistas — prosseguiu Goethe —, ele se encontra com mais frequência entre os músicos, e menos entre os pintores. Em Paganini ele se mostra em alto grau, e é por isso que esse artista produz um efeito tão grande.

Regozijei-me com todas essas definições, que me tornaram mais claro o que Goethe quer dizer com o conceito de demoníaco.

Falamos então longamente sobre o quarto volume, e Goethe pediu-me que anotasse tudo o que ainda haveria de fazer nele.

Quinta-feira, 3 de março de 1831

Ao meio-dia com Goethe. Ele examinava alguns cadernos de arquitetura e disse que é preciso alguma arrogância para se construírem palácios, pois nunca se pode saber com segurança quanto tempo uma pedra ficará sobre a outra.

— Quem pode viver em tendas — disse ele — está na melhor das situações. Ou como fazem certos ingleses, que se mudam de uma cidade e uma hospedaria para outra e em toda parte encontram uma mesa bem-posta.

Domingo, 6 de março de 1831

Com Goethe à mesa, conversando sobre diversos assuntos. Falamos também de crianças e de suas travessuras, e ele as comparou às folhas caulinares de uma planta, que pouco a pouco caem por si mesmas e que, portanto, não devemos tratar com demasiado rigor e severidade.

— O ser humano — disse ele — tem de cumprir diversas etapas, e cada uma delas traz consigo suas virtudes e seus defeitos específicos que, na época em que se manifestam, devem ser considerados perfeitamente naturais e, em certa medida, justificáveis. Na etapa seguinte ele já é outro, não sobram quaisquer traços das antigas virtudes e defeitos, mas em lugar deles aparecem outras qualidades e outras faltas. E assim sucessivamente até a derradeira transformação, depois da qual não sabemos o que nos tornamos.

À sobremesa, Goethe leu então alguns fragmentos preservados desde 1775 do *Casamento do palhaço*.[16] Kilian Brustfleck abre a peça com um monólogo no qual se queixa de que, apesar de todos os seus esforços, ele tivera muito pouco sucesso com a educação do palhaço. A cena, como aliás todo o resto, foi escrita inteiramente no mesmo tom do *Fausto*. Uma energia criativa poderosa, chegando às raias da insolência, se manifestava em cada linha, e eu apenas lamentei que a obra ultrapassasse todos os limites, impossibilitando a divulgação até mesmo dos fragmentos. A seguir, Goethe leu-me a lista das personagens, que preenchem quase três folhas inteiras e devem chegar próximo de uma centena. Eram todos os nomes injuriosos que se possam imaginar, alguns tão rudes e divertidos que ríamos às bandeiras despregadas. Alguns se referiam a defeitos físicos e caracterizavam as personagens com tanta precisão que ela parecia nos surgir diante dos olhos; outros aludiam às mais variadas falhas e vícios, e pressupunham um profundo olhar sobre a vastidão do mundo imoral. Se a peça tivesse sido concluída, não poderíamos deixar de admirar-lhe a inventividade, que teria logrado reunir em uma única ação cheia de vivacidade tantas figuras simbólicas diferentes.

— Não era possível concluir a peça — disse Goethe —, pois para isso era necessário atingir o cume da malícia que por vezes me acometia, mas que era no fundo estranha à gravidade de minha natureza, e à qual eu não poderia me ater. Além disso, na Alemanha nossos círculos são tão estreitos que eu não poderia me expor com semelhante peça. Em um território mais

---

16 *Hanswursts Hochzeit, oder der Lauf der Welt* [O casamento do palhaço, ou o curso do mundo, 1774-1775]. A peça ficou inacabada.

amplo, como Paris, podemos nos aventurar com algo assim, do mesmo modo como lá pode existir um Béranger, o que seria impensável em Frankfurt ou Weimar.

Terça-feira, 8 de março de 1831

Hoje, à mesa, Goethe contou-me estar lendo o *Ivanhoe*.

— Walter Scott — disse ele — é um grande talento, inigualável, e não devemos nos admirar por ele exercer tanta influência sobre todo o público leitor. Ele me faz refletir muito, e nele eu descubro uma arte inteiramente nova, que possui suas próprias leis.

Falamos então sobre o quarto volume da autobiografia e, no vaivém da conversa, antes que percebêssemos, nos vimos novamente envolvidos na discussão a respeito do demoníaco.

— Na poesia — disse Goethe — há sempre algo de demoníaco, especialmente na poesia inconsciente, na qual todo o entendimento e toda a razão são levados de vencida e que, por isso, tem seus efeitos para além de todos os conceitos.

— O mesmo acontece na música, e no mais alto grau, pois ela é algo tão elevado que nenhum entendimento pode alcançá-la, e produz um efeito que a tudo domina e do qual ninguém é capaz de prestar contas. Por isso, o culto religioso não pode prescindir dela: é um dos meios primordiais para atuar miraculosamente sobre as pessoas.

— Assim também o demoníaco se compraz em lançar-se em indivíduos excepcionais, especialmente quando estes ocupam uma posição elevada, como Frederico e Pedro, o Grande.

— No falecido grão-duque, o demoníaco existia em um grau tão elevado que ninguém podia resistir a ele. Com sua presença serena, atraía as pessoas sem precisar se mostrar especialmente benévolo e amigável. Em tudo quanto empreendi seguindo seus conselhos fui bem-sucedido, de modo que nos casos em que meu entendimento e minha razão não eram suficientes, bastava-me perguntar-lhe o que deveria ser feito; ele o dizia instintivamente, e eu sempre podia ter a certeza antecipada do sucesso.

Johann Peter Eckermann

— Deve-se reconhecer-lhe o direito de haver se apropriado de minhas ideias e de minhas altas aspirações; pois, quando o espírito demoníaco o abandonava e restava apenas o humano, ele não sabia o que fazer e se via em apuros.

— Também em Byron o demoníaco deve ter atuado de maneira intensa, daí sua grande força de atração, à qual especialmente as mulheres não podiam resistir.

— Na ideia do divino — arrisquei-me a dizer —, essa energia ativa a que chamamos o demoníaco parece não ter entrada.

— Mas, meu filho — disse Goethe —, que sabemos nós da ideia do divino, e que podem nossos minguados conceitos dizer a respeito do ser supremo? Se eu o quisesse chamar por mil nomes, à maneira de um turco, ainda assim não iria muito longe e, em comparação com qualidades tão ilimitadas, nada haveria dito.

Quarta-feira, 9 de março de 1831

Hoje Goethe continuou a falar de Walter Scott com o maior reconhecimento.

— Lemos um excesso de coisas insignificantes — disse ele — com as quais desperdiçamos nosso tempo e de que não tiramos nenhum proveito. No fundo só deveríamos ler aquilo que admiramos, como eu fazia em minha juventude e como hoje o sinto em relação a Walter Scott. Comecei agora a ler o *Rob Roy* e quero ler seus melhores romances um por um. De fato, tudo nele é grande, o assunto, o conteúdo, as personagens, o tratamento. E que infinita dedicação nos estudos preliminares, que veracidade dos detalhes na execução! Mas então podemos ver o que é a história inglesa e o que significa quando um legado desses cabe em sorte a um poeta de talento. Em comparação, nossa história alemã em cinco volumes é uma verdadeira pobreza,[17] de modo que, depois de *Götz von Berlichingen*, logo se passou para

---

17 Johann Christian Pfister (1772-1835), *Geschichte der Deutschen* [História dos alemães, 1830-1835].

a vida privada e se escreveu uma *Agnes Bernauer* e um *Otto von Wittelsbach*, o que no fim das contas não significa muito.[18]

Contei-lhe que estou lendo *Dáfnis e Cloé* na tradução de Courier.[19]

— Essa é outra obra-prima — disse Goethe — que li e admirei muitas vezes, em que o entendimento, a arte e o gosto atingem seu ápice, e em comparação com a qual o bom Virgílio sai um pouco diminuído. A paisagem é toda no estilo de Poussin, e em poucos traços se delineia com perfeição por detrás das personagens.

— O senhor sabe que Courier encontrou na biblioteca de Florença um novo manuscrito contendo a passagem principal do poema, que as edições anteriores não traziam. Pois devo confessar que sempre o li e admirei em sua forma lacunosa, sem sentir nem notar que lhe faltava o verdadeiro ápice. Isso prova a excelência do poema, pois o que temos dele nos satisfaz em tão alto grau que sequer pensamos no que lhe falta.

Depois da refeição, Goethe mostrou-me um esboço para a porta do castelo de Dornburg, desenhado com muito bom gosto por Coudray, com uma inscrição em latim que significava mais ou menos que quem ali entrasse deveria ser recebido e hospedado amigavelmente e que a quem por ali passasse se desejava que a estrada lhe fosse propícia.

Goethe transformou essa inscrição em um dístico alemão e a utilizou como moto em uma carta escrita ao coronel Von Beulwitz no verão de 1828, depois da morte do grão-duque, durante sua estada em Dornburg.[20]

---

18 *Agnes Bernaver* (1780), tragédia de Joseph August von Törring (1753-1826); *Otto von Wittelsbach* (1782), drama de Joseph Marius von Babo (1756-1822).

19 *Dáfnis e Cloé*, romance pastoril de Longo (século II ou III d.C.). Foi traduzido em 1810 pelo escritor e helenista francês Paul-Louis Courier de Méré (1772-1825) e em alemão em 1811 pelo filólogo Franz Passow (1786-1833). Ambas as traduções continham a "passagem principal" de que Goethe fala mais adiante.

20 A inscrição dizia: "*Gaudeat ingrediens laetetur et aede recedens,/ His qui praetereunt det bona cuncta Deus. 1608*". Na tradução de Goethe: "*Freudig trete herein und froh entferne dich wieder!/ Ziehstu du als Wanderer vorbei, segne die Pfade dir Gott*" [Entra com alegria e com alegria torna a partir!/ Se passas com um viandante, Deus te abençoe os caminhos]. A versão latina é de Wolfgang Zetzsching, nos anos de 1600 alto funcionário da administração da região de Dornburg. O texto latino e a versão alemã constavam do cabeçalho da carta enviada por Goethe ao oficial e camareiro da corte de Weimar Friedrich August von Beulwitz (1785-1871).

Na época, ouvi muitas vezes falarem em público daquela carta, e senti hoje uma grande alegria quando Goethe a mostrou para mim juntamente com o desenho da porta.

Li a carta com grande interesse, e admirei o modo pelo qual ele se utiliza tanto do castelo de Dornburg quanto da paisagem do vale lá embaixo para introduzir opiniões das mais elevadas, de uma espécie capaz de reanimar e restabelecer completamente alguém que acaba de sofrer uma grande perda.

Fiquei muito feliz com a carta, pois pude perceber que não precisamos viajar para muito longe em busca de um bom material; para se fazer dos mais ínfimos motivos algo significativo, tudo depende apenas do bom conteúdo que o poeta traz em seu íntimo.

Goethe guardou a carta e o desenho em uma pasta à parte, a fim de preservar ambas para o futuro.

Quinta-feira, 10 de março de 1831

Li hoje com o príncipe a novela de Goethe sobre o tigre e o leão. Ele se alegrou muito, pois pôde sentir o efeito de uma grande arte, e eu não fiquei menos feliz, pois pude ver com clareza a tessitura secreta de uma composição perfeita. Senti uma onipresença do pensamento, o que talvez se devesse ao fato de que o poeta acalentou o tema por muitos anos em seu íntimo e, assim, assenhoreou-se tão completamente de sua matéria que via com clareza absoluta tanto o todo quanto os detalhes, e assim podia colocar cada uma das partes exatamente onde ela tanto era necessária em si mesma quanto, ao mesmo tempo, preparava e influenciava o que estava por vir. Assim, cada uma das partes se relaciona com as antecedentes e com as que vêm a seguir e, também, se encontra onde deve estar, de modo que dificilmente podemos imaginar uma composição mais perfeita que essa. À medida que avançávamos na leitura, eu sentia um vivo desejo de que Goethe pudesse também observar essa joia de novela como uma obra alheia. Ao mesmo tempo pensava em como a extensão do tema é de uma dimensão muito propícia, seja para o poeta, que pode interligar habilmente todas as partes do todo, quanto para o leitor que, com algum entendimento, pode apreender tanto o todo quanto as partes.

Conversações com Goethe nos últimos anos de sua vida

Sexta-feira, 11 de março de 1831

Com Goethe à mesa, conversando sobre assuntos variados.

– É uma particularidade de Walter Scott – disse ele – que justamente seus grandes méritos na representação dos detalhes muitas vezes o levem a cometer erros. Em *Ivanhoe*, por exemplo, há uma cena em que, à noite, quando as pessoas estão sentadas à mesa no saguão de um castelo, um estranho adentra o recinto. Pois bem, é correto que ele descreva o estranho da cabeça aos pés, sua aparência, suas vestimentas, mas é um erro descrever também seus pés, seus sapatos e suas meias. Quando estamos à mesa do jantar e alguém entra, vemos tão somente a parte superior de seu corpo. Se eu descrever também os pés, de imediato irrompe a luz do dia e a cena perde seu caráter noturno.

Percebi que tais palavras eram convincentes e as guardei para casos futuros.

Goethe continuou então a falar com grande admiração de Walter Scott. Sugeri-lhe que pusesse suas opiniões no papel, o que ele, no entanto, recusou, argumentando que a arte daquele escritor é tão elevada que se torna difícil pronunciar-se publicamente a seu respeito.

Segunda-feira, 14 de março de 1831

À mesa com Goethe, tratando de diversos assuntos. Pediu-me que lhe falasse da *Muda de Portici*,[21] que foi representada anteontem, e chegamos à conclusão de que a peça não traz à cena os verdadeiros e fundados motivos para uma revolução, o que, no entanto, agrada ao público, pois assim cada um pode preencher os vazios com o que não o satisfaz em sua cidade e em seu país.

---

21 *La Muette de Portici* [A muda de Portici, 1828], ópera de Daniel François Esprit Auber (1782-1871) com libreto de Eugène Scribe (1791-1861) e Germain Delavigne (1790-1868). Tem como pano de fundo histórico a revolta liderada em 1647 por Tomaso Aniello, ou Masaniello (1620-1647) contra o aumento de impostos decretado pelo vice-rei de Nápoles. Ao ser encenada pela primeira vez em Bruxelas, eclodiram os tumultos que levaram à separação a Bélgica e a Holanda.

— A ópera toda — disse Goethe — é no fundo uma sátira ao povo, pois ao fazer do caso amoroso de uma jovem pescadora um assunto público e qualificar o príncipe de tirano por se casar com uma princesa, a coisa chega ao cúmulo do absurdo e do ridículo.

À sobremesa, Goethe mostrou-me alguns desenhos inspirados no modo de falar berlinense, alguns deles extremamente divertidos, e nós elogiamos a moderação do artista, que aflora a caricatura sem de fato cair nela.[22]

Terça-feira, 13 de março de 1831

Ocupei-me a manhã toda com o manuscrito do quarto volume de *Verdade e poesia*, e escrevi a Goethe a seguinte nota:

> Excetuando-se algumas minúcias facilmente corrigíveis em uma última revisão, o segundo, terceiro e quinto livros podem ser considerados concluídos.
>
> Sobre o primeiro e o terceiro livros, vão aqui algumas observações.
>
> *Primeiro livro*
>
> A narrativa do malogrado tratamento oftalmológico de Jung[23] possui um significado tão sério que leva as pessoas a refletirem profundamente e, se contada em sociedade, decerto provocaria uma pausa na conversação. Sugiro, portanto, encerrar com ela o primeiro livro, de modo a produzir uma espécie de pausa.
>
> As belas anedotas do fogo no beco judeu e do passeio de trenó com a mantilha de veludo vermelho da mãe, que hoje estão no final do primeiro livro e, portanto, fora de lugar, se encadeariam perfeitamente na passagem em que se fala da produção poética inconsciente e independente de qualquer premeditação. Pois esses dois episódios remetem a um mesmo feliz estado de espírito no qual quem age não se pergunta nem reflete muito sobre o que deve ser feito, mas o faz ainda antes que lhe venha o pensamento.

---

22 Os desenhos eram de autoria de Franz Dörbeck (1799-1835).

23 Cf. n.36, p.126.

Terceiro livro

Segundo o combinado, este deveria acolher o que ainda houvesse a discutir sobre a situação política externa de 1775, bem como sobre a situação interna da Alemanha, a educação da nobreza etc.

O que houvesse a dizer sobre o *Casamento do palhaço*, bem como sobre outros projetos poéticos realizados ou não realizados, poderia, no caso de não caber melhor no já muito extenso quarto livro, ou de romper sua já bem urdida tessitura, igualmente se integrar a esse terceiro livro.

Para esse fim, reuni todos os esquemas e fragmentos no terceiro livro, e desejo-lhe agora toda a felicidade e disposição para ditar tudo o que ainda falta com o espírito revigorado e a costumeira graça.

E.

Almoço com o príncipe e o sr. Soret. Falamos longamente sobre Courier e, em seguida, sobre a conclusão da *Novela* de Goethe, sobre a qual observei que o conteúdo e a arte são elevados demais para que as pessoas possam saber o que fazer dela. Elas querem sempre tornar a ouvir e a ver aquilo que de outras vezes já ouviram e viram; e como estão acostumadas a colher a flor da poesia em campos inteiramente poéticos, nesse caso se espantam de vê-la brotar de um solo inteiramente real. Na região da poesia aceitamos de tudo e nenhum prodígio é inaudito a ponto de não acreditarmos nele; mas aqui, na clara luz do dia verdadeiro, o menor deles, ao se afastar apenas um pouco do costumeiro transcurso das coisas, nos deixa atônitos; e, rodeados por milhares de prodígios aos quais estamos acostumados, um único que até agora nos era desconhecido nos enche de desconforto. As pessoas também não têm a menor dificuldade de acreditar nos prodígios de eras passadas; mas conferir uma espécie de realidade a um prodígio que ocorra nos dias de hoje e reverenciá-lo como uma realidade mais elevada ao lado da realidade visível parece além da capacidade do ser humano, ou, quando não, a educação o priva dessa capacidade. Assim, nosso século se torna a cada dia mais prosaico e, com a diminuição do trato e da fé no sobrenatural, a própria poesia também vai desaparecendo dia após dia.

A conclusão da *Novela* de Goethe não pede senão o sentimento de que o ser humano não foi totalmente abandonado pelos seres superiores, que eles,

Johann Peter Eckermann

ao contrário têm o olhar voltado para ele, interessam-se por ele e estão ao seu lado para socorrê-lo em caso de necessidade.

Essa crença é algo tão natural que é inerente aos seres humanos, é parte constitutiva de sua essência e, como fundamento de todas as religiões, é inata a todos os povos. Nos primórdios da humanidade ela se mostra forte; mas não cede nem mesmo à mais elevada cultura, e assim, entre os gregos, a encontramos ainda com toda a sua grandeza em Platão e, por fim, igualmente fulgurante no autor de *Dáfnis e Cloé*. Nesse gracioso poema, o divino atua sob a forma de Pã e das ninfas que acodem aos piedosos pastores e aos amantes, a quem protegem e salvam durante o dia, e a quem aparecem em sonhos durante a noite para lhes dizer o que devem fazer. Na novela de Goethe, esse invisível protetor foi pensado sob a forma do eterno e dos anjos que outrora preservaram o profeta na cova dos furiosos leões[24] e aqui, junto a um monstro semelhante, formam um cerco protetor em torno de uma boa criança. O leão não despedaça o menino, ele se mostra antes manso e dócil; pois os seres superiores, ativos por toda a eternidade, participam da ação como mediadores.

Mas, a fim de que isso não pareça demasiado maravilhoso para um incrédulo século XIX, o poeta emprega ainda um poderoso segundo motivo, a saber, o da música, cujo mágico poder os seres humanos sentem desde os tempos mais remotos e pelo qual ainda hoje nos deixamos dominar todos os dias sem saber como isso ocorre.

E assim como Orfeu, através de magia semelhante, atraía a si todos os animais da floresta, e no último poeta grego um jovem pastor guia as cabras com sua flauta, fazendo-as se dispersarem ou se reunirem, fugirem ao inimigo ou pastar placidamente ao sabor das diferentes melodias, também na novela de Goethe a música exerce seu poder sobre o leão, pois o possante animal obedece à melodia da flauta doce e segue o menino para onde sua inocência o quiser levar.

Tratando com diversas pessoas de coisas tão inexplicáveis, pude observar que o ser humano é tão enamorado de seus excelentes predicados que

---

24 Daniel 6, 17-25.

não hesita em atribuí-los aos deuses, mas não se decide de bom gradò a compartilhá-los também com os animais.

Quarta-feira, 16 de março de 1831

À mesa com Goethe, a quem devolvi o manuscrito do quarto tomo de sua autobiografia, sobre o qual discutimos alguns pontos.

Falamos também do desfecho do *Guilherme Tell*, e confessei-me espantado por Schiller haver cometido o erro de rebaixar tanto seu herói, ao fazê-lo se portar tão indignamente com o duque da Suábia, julgando-o com dureza e se gabando de seu próprio feito.

— É quase incompreensível — disse Goethe —, mas Schiller, como outros, estava sujeito à influência das mulheres; e, se ele cometeu tal erro, foi mais por conta dessa influência que de sua própria boa natureza.

Sexta-feira, 18 de março de 1831

Com Goethe à mesa. Levei-lhe *Dáfnis e Cloé*, que ele desejava reler.

Falamos sobre máximas elevadas e sobre se é bom e possível transmiti--las a outras pessoas.

— A predisposição de assimilar aquilo que é elevado — disse Goethe — é muito rara, e por isso, na vida comum, é sempre bom guardar essas coisas para si e delas só revelar o tanto que é necessário para manter alguma vantagem diante dos outros.

A seguir, tocamos o ponto de que muitas pessoas, sobretudo críticos e poetas, ignoram por completo o que é verdadeiramente grande e, por outro lado, atribuem um valor extraordinário ao que é medíocre.

— O ser humano — disse Goethe — só reconhece e aprecia aquilo que ele mesmo é capaz de fazer; e como certas pessoas têm sua verdadeira existência na mediocridade, utilizam-se do expediente de depreciar e rebaixar inteiramente aquilo que, embora seja de fato merecedor de crítica na literatura, também tem algo do bom, a fim de fazer aparecer em uma posição mais elevada as mediocridades que elogiam.

Tomei nota disso, a fim de saber o que deveria pensar futuramente a respeito de tal procedimento.

Falamos então da *Teoria das cores* e de certos professores alemães que persistem em advertir seus alunos a respeito dela como sendo um grande equívoco.

— Eu lamento apenas por alguns bons alunos — disse Goethe —; a mim mesmo isso é completamente indiferente, pois minha *Teoria das cores* é tão velha quanto o mundo e, com o tempo, não poderá ser negada ou posta de lado.

Goethe contou-me então que tem feito bons progressos com a nova edição de sua *Metamorfose das plantas* e com a tradução de Soret, que se mostra melhor a cada dia.

— Deve tornar-se um livro notável — disse Goethe —, pois nele os elementos mais diversos foram combinados de modo a formar um todo. Abri espaço para algumas passagens retiradas de jovens naturalistas notáveis, e por elas se poderá ter o prazer de constatar que atualmente na Alemanha se formou, entre os melhores deles, um estilo tão bom que já não podemos mais distinguir quando é este ou aquele que fala.[25] O livro, porém, me dá mais trabalho do que eu esperava; e foi a contragosto que de início me deixei levar a esse empreendimento, mas reinava nele qualquer coisa de demoníaco a que não pude opor resistência.

— O senhor fez bem — eu disse — em ceder a tais influências, pois o demoníaco parace ser de natureza tão poderosa que no fim acaba por fazer valer suas razões.

— Mas o homem — disse Goethe — também deve, por sua vez, fazer valer suas razões contra o demoníaco, e no presente caso eu tenho de buscar, com todo esforço e afinco, realizar meu trabalho tão bem quanto minhas forças e as condições me permitirem. Com essas coisas ocorre o mesmo que com o jogo que os franceses chamam *codille*, no qual os dados lançados decidem muito, mas também é deixado a cargo da inteligência dos jogadores colocar as pedras no tabuleiro com habilidade.

---

25 Jovens naturalistas: o zoólogo Friedrich Sigismund Voigt (1781-1850) e o botânico Ernst Friedrich Heinrich Meyer (1791-1858).

Conversações com Goethe nos últimos anos de sua vida

Ouvi com admiração essas boas palavras e as guardei comigo como uma excelente doutrina segundo a qual agir.

Domingo, 20 de março de 1831

Goethe contou-me à mesa que por esses dias leu *Dáfnis e Cloé*.

— O poema é tão belo — disse ele — que, nas más condições em que vivemos, não podemos guardar na mente a impressão que nos causa, e nos surpreendemos a cada vez que o relemos. Brilha nele o mais claro dos dias, e acreditamos ver toda uma série de Herculano desfilar diante de nossos olhos, e estes, por sua vez, também agem sobre o livro, ajudando nossa fantasia enquanto o lemos.

— Agradou-me muito — eu disse — aquela espécie de isolamento dentro do qual tudo está contido. Não há quase nenhuma alusão a algo de estranho que nos pudesse levar para fora daquele círculo feliz. Das divindades, apenas Pã e as ninfas são atuantes, quase não há menção de nenhuma outra, e vemos também que tais divindades satisfazem plenamente às necessidades dos pastores.

— No entanto — disse Goethe —, apesar de todo o moderado isolamento, um mundo completo se desenvolve em seu interior. Vemos pastores de toda espécie, agricultores, jardineiros, vinhateiros, marinheiros, salteadores, guerreiros e cidadãos distintos, grandes senhores e servos.

— Vemos também — disse eu — o ser humano em todas as fases de sua vida, desde o nascimento até a velhice; e também desfilam diante de nossos olhos todas as situações da vida doméstica que as mudanças das estações trazem consigo.

— E a paisagem, então! — disse Goethe. — Com apenas uns poucos traços, aparece tão nitidamente desenhada que no alto, por trás das pessoas, vemos vinhas, campos lavrados e pomares, embaixo as pastagens com o rio e um pequeno bosque, e à distância a extensão do mar. E nem traço de dias sombrios, de névoa, nuvens e umidade, ao contrário, sempre o mais puro e azul dos céus, a mais graciosa atmosfera e um solo constantemente seco, sobre o qual, em toda parte, poderíamos nos deitar nus.

Johann Peter Eckermann

— O poema inteiro — prosseguiu Goethe — revela as mais elevadas arte e cultura. É tão bem pensado que não lhe falta um único motivo, e todos são da melhor e mais fundamental espécie, como, por exemplo, o do tesouro junto ao golfinho malcheiroso na praia. E um gosto, uma perfeição, uma delicadeza do sentimento comparáveis ao que de melhor já foi feito. Tudo de repulsivo que irrompe de fora, perturbando as felizes situações do poema, como assalto, roubo e guerra, é sempre resolvido da maneira mais rápida e desaparece quase sem deixar vestígio. Além disso, os vícios surgem no cortejo dos citadinos, e mesmo assim não entre as principais figuras, mas em uma personagem secundária, em um subalterno. Tudo isso é da mais pura beleza.

— Agradou-me muito também — disse eu — a maneira pela qual se expressa a relação entre os senhores e os servos. Nos primeiros o tratamento extremamente humano, e nos últimos, apesar de toda a ingênua liberdade, o grande respeito e o desejo de conquistar o favor dos senhores em todos os sentidos. É assim também que, quando Dáfnis é reconhecido como filho do senhor, o jovem citadino que se tornara odioso a ele pelas pretensões de um amor desnaturado procura reconquistar-lhe as boas graças, arrebatando com audácia Cloé aos pastores de bois que a haviam raptado e conduzindo-a de volta para Dáfnis.

— Em tudo isso — disse Goethe — há um grande entendimento; e também o fato de Cloé preservar sua virgindade até o final do romance, contra todos os desejos mútuos dos amantes, que não sabem fazer nada melhor do que se deitarem nus um ao lado do outro, também é excelente e tão bem motivado que através dele vêm à tona os maiores temas da humanidade.

— Seria necessário escrever um livro inteiro para poder ressaltar condignamente o valor de todos os grande méritos desse poema. E faríamos bem em relê-lo uma vez por ano a fim de continuamente aprender com ele e sentir mais uma vez a impressão de sua grande beleza.

Segunda-feira, 21 de março de 1831

Tratamos de temas políticos, dos incessantes distúrbios em Paris e do delírio dos jovens que pretendem influir nos mais altos assuntos de Estado.

Conversações com Goethe nos últimos anos de sua vida

– Também na Inglaterra – eu disse – os estudantes procuraram há alguns anos exercer sua influência na decisão da questão católica apresentando petições por escrito; mas todos os ridicularizaram e não lhes prestaram maior atenção.

– O exemplo de Napoleão – disse Goethe – excitou especialmente o egoísmo da juventude francesa que cresceu sob o domínio daquele herói, e ela não descansará enquanto não ressurgir um grande déspota entre eles, no qual vejam realizado no mais alto grau aquilo que ela própria deseja ser. O ruim é que tão cedo não nascerá outro homem como Napoleão, e eu quase temo que ainda se sacrifiquem algumas centenas de milhares de vidas humanas antes que o mundo encontre novamente a paz.

– Por alguns anos será impensável que a literatura possa exercer alguma influência, e por agora não se pode fazer nada além de preparar em silêncio algo de bom para um futuro mais pacífico.

Depois dessas poucas considerações a respeito de política, voltamos a falar de *Dáfnis e Cloé*. Goethe elogiou a tradução de Courier como perfeita.

– Courier fez bem – disse ele – em respeitar e preservar a antiga tradução de Amyot, tratando apenas de aperfeiçoá-la e purificá-la em algumas passagens, trazendo-a mais para perto do original.[26] Esse francês antigo é tão ingênuo, e tão completamente adequado ao objeto, que dificilmente se fará uma tradução mais perfeita desse livro em qualquer outra língua.

Falamos então das obras do próprio Courier, de seus pequenos panfletos e da defesa da famigerada mancha de tinta no manuscrito de Florença.[27]

– Courier é um grande talento natural – disse Goethe –, que tem traços tanto de Byron quanto de Beaumarchais e Diderot. De Byron ele tem o grande domínio de tudo quanto lhe serve de argumento; de Beaumarchais, a grande habilidade advocatícia; de Diderot, a dialética e, além disso, é espirituoso a um ponto em que ninguém pode superá-lo. Da acusação pela

---

26 Jacques Amyot (1513-1593), humanista e escritor francês, publicou sua tradução em 1559.

27 Referência aos panfletos políticos contra a Restauração na França e a um escrito de 1810 no qual Courier se defende da acusação que lhe foi lançada pelo diretor da Biblioteca Medicea Laurenziana, Francesco del Furia, de haver manchado de tinta o manuscrito de *Dáfnis e Cloé*.

mancha de tinta ele, porém, parece não poder se livrar completamente, e também sua conduta não é positiva o bastante para que o louvemos sem reservas. Ele briga com o mundo inteiro e não se pode acreditar que não haja nele nenhuma culpa e nenhum erro.

Falamos então sobre a diferença entre o conceito alemão de *Geist* e o francês *esprit*.

— O francês *esprit* — disse Goethe — está mais próximo ao que nós alemães chamamos *Witz*. Nosso *Geist* os franceses talvez expressassem através de *esprit* e *âme*. Há nele ao mesmo tempo o conceito de produtividade, que o francês *esprit* não possui.

— Voltaire — disse eu — tinha, no entanto, segundo um conceito alemão, aquilo que chamamos *Geist*. E uma vez que o francês *esprit* não é suficiente, o que dizem dele os franceses?

— Nesse caso excepcional — disse Goethe — eles o expressam pela palavra *génie*.

— Estou lendo um volume de Diderot — disse eu — e fico espantado com o extraordinário talento desse homem. E que conhecimentos, que domínio da palavra! Lançamos o olhar sobre um grande e movimentado mundo, no qual um dava o que fazer ao outro e espírito e caráter eram mantidos em tão constante exercício que ambos não podiam senão se tornar ágeis e fortes. Mas com que homens contavam os franceses em sua literatura no século passado! Parece-me algo extraordinário, e fico espantado só de olhar para eles.

— Foi a metamorfose de uma literatura secular — disse Goethe — que vinha se desenvolvendo desde o tempo de Luís XIV e, por fim, se encontrava em plena florescência. Mas, na verdade, Voltaire estimulava espíritos como Diderot, D'Alembert, Beaumarchais e outros, pois para ser apenas *algo* ao seu lado era preciso ser *muito*, e não se podia entregar-se ao ócio.

Goethe contou-me então de um jovem professor de línguas e literaturas orientais em Iena que viveu por algum tempo em Paris e possuía uma formação tão bela que ele desejava que eu o conhecesse pessoalmente.[28] Quando me retirei, deu-me um ensaio de Schrön sobre o cometa que está

---

28 Jovem professor: Johann Gustav Stickel (1805-1896).

Conversações com Goethe nos últimos anos de sua vida

por vir, a fim de que eu não me mantivesse completamente alheio a assuntos desse tipo.[29]

Terça-feira, 22 de março de 1831

Durante a sobremesa, Goethe leu-me trechos de uma carta de um jovem amigo de Roma.[30] Nela, alguns artistas alemães aparecem com longos cabelos, bigodes, colarinhos levantados sobre casacos à velha moda alemã, cachimbos e mastins. Aparentemente não foi por causa dos grandes mestres ou para aprender qualquer coisa que foram a Roma. Para eles, Rafael é fraco e Ticiano não passa de um bom colorista.

— Niebuhr tinha razão — disse Goethe — quando previa a chegada de uma época bárbara. Ela já chegou, já estamos imersos nela; pois em que consiste a barbárie se não no desconhecimento da excelência?

O jovem amigo conta então do Carnaval, da eleição do novo papa e da revolução que eclodiu logo em seguida.

Vemos Horace Vernet[31] entrincheirar-se feito um cavaleiro, ao passo que alguns artistas alemães permanecem tranquilamente em suas casas e raspam suas barbas, donde se pode deduzir que, com semelhante comportamento, não devem ter-se feito muito apreciados pelos romanos.

Perguntamo-nos então se a desorientação que se pode constatar em alguns jovens artistas alemães partiu de alguns indivíduos para se alastrar como uma epidemia espiritual, ou se tem sua origem nas tendências gerais da época.

— Ela partiu de alguns poucos indivíduos — disse Goethe — e sua influência dura já quarenta anos. A doutrina era a seguinte: o artista precisa principalmente de piedade e gênio para se igualar aos melhores. Uma tal doutrina era muito lisonjeira e agarraram-na com ambas as mãos. Pois para ser pio não era preciso aprender nada, e o próprio gênio, cada um o

---

29 Ludwig Schrön (1799-1875), astrônomo de Iena. Esperava-se para 1832 a passagem do cometa de Biela que, no entanto, só ocorreu em 1845.

30 Jovem amigo: Felix Mendelssohn-Bartoldy. A carta era datada de 5 de março de 1831.

31 Horace Vernet (1789-1863), pintor francês.

recebera já da senhora sua mãe. Basta que se pronuncie algo que lisonjeie a presunção e o comodismo para assegurar-se uma infinidade de adeptos na massa dos medíocres.

Sexta-feira, 25 de março de 1831

Goethe mostrou-me uma elegante poltrona verde que mandara comprar havia alguns dias em um leilão.

— Mas eu a usarei pouco ou nunca — disse ele —, pois todas as formas de comodidade são, na verdade, inteiramente contrárias à minha natureza. Em meu gabinete o senhor não vê nenhum sofá; estou sempre sentado em minha velha cadeira de madeira, e só há algumas semanas é que mandei instalar uma espécie de apoio para a cabeça. Um ambiente cheio de móveis confortáveis e de bom gosto paralisa-me o pensamento e me coloca em um agradável estado de passividade. A não ser que estejamos acostumados desde a infância com eles, cômodos suntuosos e um mobiliário elegante são algo para gente que não pensa nem quer pensar.

Domingo, 27 de março de 1831

Depois de uma longa espera, por fim chegou um belíssimo clima primaveril; no céu inteiramente azul, apenas aqui e ali flutua uma nuvenzinha branca, e o tempo está bastante quente para que saiamos de casa em trajes de verão.

Goethe mandou servir a mesa em um pavilhão do jardim e, assim, hoje novamente almoçamos ao ar livre. Falamos da grã-duquesa, da maneira pela qual ela age e pratica o bem em toda parte com total discrição, conquistando assim o coração de todos os seus súditos.

— A grã-duquesa — disse Goethe — possui tanto espírito e bondade quanto boa vontade; ela é uma verdadeira bênção para o país. E, uma vez que as pessoas logo percebem de onde lhes vem o bem, uma vez que elas veneram o sol e os demais elementos benfazejos, não me admira que todos os corações se voltem para ela com amor e que ela seja imediatamente reconhecida como merece.

Conversações com Goethe nos últimos anos de sua vida

Contei que comecei a ler *Minna von Barnhelm* com o príncipe, e disse o quanto considero essa peça excelente.

— A respeito de Lessing — disse eu — afirmaram tratar-se de um frio racionalista; mas nessa peça encontro toda a alma, a amável naturalidade, o coração e a livre cultura mundana que se poderia desejar de um pândego alegre e vivaz.

— Imagine — disse Goethe — o efeito que a peça produziu em nós, jovens, quando surgiu naqueles tempos sombrios. Foi um verdadeiro meteoro fulgurante. Chamou-nos a atenção para o fato de existir algo de mais elevado do que aquela débil época literária era capaz de conceber. Os dois primeiros atos são uma verdadeira obra-prima de exposição, com a qual aprendemos muito então, e com a qual ainda hoje se pode aprender.

— Hoje em dia, porém, ninguém mais quer saber de exposição; o efeito que se costumava esperar do terceiro ato, querem tê-lo já na primeira cena, e ninguém pensa que com a poesia acontece o mesmo que com a navegação, na qual primeiramente nos afastamos da praia e só depois de ter atingido certa altura podemos seguir a toda vela.

Goethe mandou servir um excelente vinho do Reno com o qual o presentearam alguns amigos de Frankfurt em seu último aniversário. Enquanto isso, contou-me algumas anedotas a respeito de Merck, que certa vez em Ruhl, próximo de Eisenach, não pudera perdoar ao falecido grão-duque haver considerado excelente um vinho medíocre.

— Merck e eu — disse Goethe — sempre fomos um para o outro como Fausto e Mefistófeles. Ele zombava muito de uma carta enviada da Itália por meu pai, na qual este se queixava do detestável modo de vida, da comida à qual não estava habituado, do vinho pesado e dos mosquitos, e não podia perdoá-lo por se deixar incomodar naquele maravilhoso país e naquela magnífica paisagem por ninharias como a comida, a bebida e as moscas.

— Todas essas zombarias, em Merck, brotavam sem dúvida de uma base de alta cultura; mas, como não era uma pessoa produtiva, antes pelo contrário, tivesse uma tendência decididamente negativa, estava sempre menos inclinado ao elogio que à crítica, e sem querer buscava sempre aquilo que lhe aplacasse essa comichão.

Falamos de Vogel e de seus talentos administrativos, e também de ***
e de sua personalidade.[32]

— *** — disse Goethe — é um homem ímpar, que não se pode comparar a
nenhum outro. Foi o único a secundar-me contra o absurdo da liberdade de
imprensa; é um homem de caráter firme, em quem se pode confiar, sempre
estará do lado da legalidade.

Depois da refeição passeamos um pouco pelo jardim, alegrando-nos
com as brancas campânulas em flor e os açafrões amarelos. Também as
tulipas brotavam, e falamos da opulência e do esplendor dessas plantas
holandesas.

— Hoje em dia — disse Goethe — já não podemos imaginar um grande
pintor de flores; agora o que se exige é uma excessiva veracidade científica,
e o botânico confere a quantidade de estames pintados pelo artista, mas
não tem olhos para o agrupamento e a iluminação do quadro.

Segunda-feira, 28 de março de 1831

Passei hoje novamente algumas horas belíssimas com Goethe.

— Posso dar por terminada minha *Metamorfose das plantas* — disse ele. — O
que ainda tinha a dizer sobre a espiral e sobre o sr. Von Martius também
pode ser considerado pronto, e hoje de manhã voltei a dedicar-me ao quarto volume de minha autobiografia, escrevendo um esquema do que ainda
resta por fazer. Não será exagero dizer que é algo de invejável o fato de
me ser permitido escrever, em uma idade tão avançada, a história de minha
juventude, uma época, aliás, muito interessante sob vários pontos de vista.

Revimos algumas passagens que estavam bem gravadas tanto em sua
mente quanto na minha.

— Na descrição das relações amorosas com Lili — eu disse —, não sentimos em nenhum momento não ser um jovem quem escreve, ao contrário,
essas cenas nos trazem em sua plenitude o sopro dos anos de juventude.

---

32 ***: Johann Friedrich Christoph Gille (1780-1836), um funcionário de Weimar
que não quis ter seu nome mencionado.

— Isso porque são cenas poéticas — disse Goethe — e eu pude compensar com a força da poesia a falta do sentimento de amor juvenil.

Recordamos então aquela singular passagem em que Goethe fala da situação de sua irmã.

— Esse capítulo — disse ele — será lido com interesse pelas mulheres cultas, pois muitas delas são, como minha irmã, dotadas de excelentes qualidades intelectuais e morais, mas não desfrutam da felicidade de também possuir um belo corpo.

— Que antes de uma festa ou de um baile ela fosse acometida de uma erupção cutânea na face — eu disse — é algo tão estranho que o poderíamos atribuir a alguma influência demoníaca.

— Era uma criatura notável — disse Goethe —, de elevada moral e sem o menor traço de sensualidade. A ideia de entregar-se a um homem a repugnava, e podemos imaginar que essa sua singularidade deve ter sido a causa de algumas horas desagradáveis em seu casamento. Mulheres que têm uma aversão semelhante, ou que não amam seus maridos, saberão o que isso quer dizer. É por isso que eu jamais pude imaginar minha irmã casada, e ela se sentiria muito mais em casa se ocupasse o lugar de uma abadessa em um convento. E foi por ser tão infeliz no casamento, apesar de ter por esposo um homem excepcional, que ela se opôs tão veementemente à minha projetada união com Lili.

Terça-feira, 29 de março de 1831

Hoje falamos de Merck, e Goethe contou-me mais alguns traços característicos dele.

— O falecido grão-duque — disse ele — era muito benevolente com Merck, e certa vez avalizou-lhe uma dívida de 4 mil táleres. Mas pouco tempo depois, para nossa surpresa, Merck enviou-lhe de volta sua caução. Sua situação não melhorara, e era um mistério que tipo de negociação ele poderia haver feito. Quando o reencontrei, ele desvendou-me o mistério com as seguintes palavras: "O grão-duque", disse ele, "é um homem pródigo e excelente, que confia nas pessoas e as socorre sempre que pode. Então eu pensei: 'enganando este homem e fazendo-o perder seu dinheiro, você prejudicará muita gente, pois ele perderá sua admirável confiança e muitas pessoas boas e infelizes sofrerão com o fato de que alguém era um mau sujeito'. Que fiz eu, então? Especulei e tomei emprestado o dinheiro de um canalha; pois se eu o enganar não haverá mal algum, mas seria danoso se eu enganasse aquele bom homem".

Divertimo-nos com a singular grandeza daquela criatura.

— Merck tinha o estranho costume — continuou Goethe — de soltar um "he! he!" no meio da conversa. Esse costume se intensificou à medida que ele envelhecia, até que por fim ficou parecido com o latido de um cão. Nos últimos tempos, ele se entregou a uma profunda hipocondria, consequência de suas constantes especulações, e acabou por matar-se com um tiro. Pensava estar à beira de uma bancarrota; mas depois se constatou que a situação de seus negócios não era tão grave quanto ele imaginava.

Quarta-feira, 30 de março de 1831

Falamos novamente sobre o demoníaco.

— O demoníaco se lança de preferência sobre figuras notáveis — disse Goethe — e também costuma escolher épocas mais ou menos sombrias. Em uma cidade clara e prosaica como Berlim, ele dificilmente encontraria ocasião de se manifestar.

Com essas palavras, Goethe expressou o que eu mesmo havia pensado alguns dias atrás, o que muito me agradou, pois é sempre uma alegria vermos confirmados nossos pensamentos.

Ontem e hoje pela manhã, li o terceiro volume de sua autobiografia, e minha sensação foi a mesma que temos quando, após fazermos alguns progressos com uma língua estrangeira, relemos um livro que pensávamos haver compreendido quando da primeira leitura, mas que só agora se nos apresenta em todas as suas minúcias e nuances.

— Sua autobiografia — eu disse — é um livro que nos faz sentir nossa cultura decididamente estimulada.

— São apenas os resultados de minha vida — disse Goethe — e os fatos singulares relatados servem apenas para confirmar uma observação geral, uma verdade mais elevada.

Conversações com Goethe nos últimos anos de sua vida

– Aquilo que, entre outras coisas, o senhor refere a respeito de Basedow[33] – eu disse –, isto é, que para alcançar objetivos dos mais elevados precisava das pessoas e tinha de angariar-lhes a simpatia, mas não pensava que acabaria por desavir-se com todas elas ao expressar sem qualquer consideração suas repulsivas opiniões religiosas, tornando suspeito aos homens tudo aquilo a que se apegam com amor; esse e outros traços semelhantes parecem-me de grande significação.

– Pareceu-me – disse Goethe – que meu livro contém alguns símbolos da vida humana. Intitulei-o *Verdade e poesia* porque, graças a suas elevadas tendências, ele se coloca acima de uma realidade rasteira. Então Jean Paul, por espírito de contradição, escreveu a *Verdade* de sua vida! Como se a verdade a respeito da vida de um homem como ele pudesse ser outra que não a de que o autor era um filisteu! Mas os alemães não compreendem facilmente como receber algo incomum, e aquilo que é mais elevado frequentemente lhes passa ao largo sem que eles o percebam. Um fato de nossa vida não tem seu valor só por ser verdadeiro, mas sim porque tem algum significado.

Quinta-feira, 3 1 de março de 1 83 1

À mesa do príncipe com Soret e Meyer. Falamos de assuntos literários, e Meyer nos contou sobre seu primeiro encontro com Schiller.

– Eu passeava com Goethe no chamado Paraíso de Iena quando Schiller veio ao nosso encontro, e foi a primeira vez que nos falamos. Ele ainda não havia terminado seu *Don Carlos*; acabara de retornar da Suábia, parecia estar muito doente e sofrendo dos nervos. Seu rosto se assemelhava à imagem do Crucificado. Goethe pensou que ele não viveria mais duas semanas, mas assim que se viu em uma situação mais agradável ele se restabeleceu e só então escreveu todas as suas obras mais notáveis.

Meyer nos contou então alguns traços de Jean Paul e de Schlegel, a quem conheceu em uma hospedaria em Heidelberg; também falou de sua estada na Itália, uma série de alegres recordações que muito nos agradou.

---

33 Johann Bernhard Basedow (1727-1790), pedagogo.

471

Na presença de Meyer sempre me sinto bem, o que provavelmente se deve ao fato de ele ser uma pessoa reservada e satisfeita, que não se importa muito com o que lhe está ao redor, ao passo que, a intervalos convenientes, deixa aflorar seu próprio interior sereno. Além disso é competente em tudo, possui um enorme tesouro de conhecimentos e uma memória na qual as coisas mais remotas estão presentes, como se tivessem acontecido ontem. Há nele um predomínio excessivo da razão que deveríamos temer se não estivesse baseado na mais nobre cultura; mas, sendo assim, sua calma presença é sempre agradável, sempre instrutiva.

Sexta-feira, 1º de abril de 1831

Com Goethe à mesa, conversando sobre diversos assuntos. Ele me mostrou uma aquarela do sr. Von Reutern, representando um jovem camponês no mercado ao lado de uma vendedora de cestos e tapetes. O jovem observa os cestos que tem diante de si, enquanto duas mulheres sentadas e outra moça robusta, que está em pé, contemplam o jovem com deleite. A composição do quadro é tão bela e a expressão das figuras é tão verdadeira e ingênua que não nos cansamos de olhar para ele.

— A pintura em aquarela — disse Goethe — alcança nesse quadro um altíssimo nível. Mas pessoas simplórias dizem que em arte o sr. Von Reutern não deve nada a ninguém, pois já possuía tudo a partir de si mesmo. Como se o ser humano possuísse o que quer que fosse a partir de si mesmo além da estupidez e da inabilidade! Mesmo que esse artista não tenha tido um mestre renomado, ele esteve em contato com mestres excelentes e com eles, bem como com seus grandes predecessores e com a natureza presente em toda parte, aprendeu tudo quanto sabe. A natureza lhe deu um grande talento, a arte e a natureza o educaram. É um artista excelente e, sob certos aspectos, único, mas nem por isso podemos dizer que possua tudo a partir de si mesmo. De um artista completamente desatinado e deficiente se poderia dizer que possui tudo a partir de si mesmo, mas de um excelente não.

Do mesmo artista, Goethe mostrou-me em seguida uma moldura ricamente pintada em ouro e cores vivas com um espaço livre no centro para uma inscrição. Na parte superior se via um edifício em estilo gótico; ricos arabescos entremeados de paisagens e cenas domésticas desciam de ambos os lados; na parte de baixo, uma graciosa cena de floresta com a mais fresca vegetação e verdor fechava a composição.

— O sr. Von Reutern — disse Goethe — deseja que eu escreva alguma coisa no espaço deixado em branco; mas a moldura é tão suntuosa e artisticamente tão rica que eu temo estragar o quadro com minha caligrafia. Compus alguns versos para ele, e já pensei em mandar inscrevê-los pela mão de um calígrafo. Então eu os assinaria de próprio punho. Que diz o senhor, o que me aconselha a fazer?

— Se eu fosse o sr. Von Reutern — disse eu —, não ficaria feliz com um poema escrito em uma caligrafia estranha, e sim se o senhor o escrevesse de próprio punho. O artista já realizou o entorno com muita arte, a escrita não precisa acrescentar-lhe ainda mais, basta que seja genuína, que seja a sua própria. Eu o aconselharia ainda a não escrevê-lo em letras latinas, e sim em alemãs, pois nestas sua caligrafia tem um caráter mais peculiar, e também é o que melhor se adapta ao entorno gótico.

— Talvez o senhor tenha razão — disse Goethe —, e no fim das contas esse seria o caminho mais curto. Talvez por esses dias eu tenha um momento de coragem e ouse fazê-lo. Mas, caso eu produza uma garatuja no belo quadro — acrescentou, rindo —, a responsabilidade será sua.

— Escreva apenas — disse eu — e, seja como for, ficará bom.

Terça-feira, 5 de abril de 1831

Ao meio-dia com Goethe.

— Na arte — disse ele —, poucas vezes me deparei com um talento mais gratificante que o de Neureuther. É raro que um artista se limite àquilo que está dentro de suas habilidades, a maioria quer fazer mais do que pode, e de muito bom grado extrapolam o círculo dentro do qual a natureza lhes circunscreveu o talento. Mas de Neureuther se pode dizer que ele está *acima* de seu talento. Objetos de todos os reinos da natureza lhe são familiares, ele pinta igualmente bem tanto campos, rochedos e árvores quanto animais e pessoas. Invenção, arte e gosto, ele os possui em alto grau e, ao desperdiçar, por assim dizer, tal abundância em fáceis vinhetas, parece brincar com suas habilidades, e o espectador se sente tomado pelo agradável prazer que costuma acompanhar o livre e confortável dispêndio de um rico patrimônio.

— Nas vinhetas, ninguém atingiu as alturas a que ele chegou e mesmo o grande talento de Albrecht Dürer foi para ele menos um modelo que uma inspiração.

— Quero — disse Goethe — enviar um exemplar desses desenhos de Neureuther ao sr. Carlyle, na Escócia, e espero com isso fazer um presente mais que bem-vindo a esse meu amigo.

Segunda-feira, 2 de maio de 1831

Goethe alegrou-me com a notícia de que por esses dias conseguiu dar por praticamente concluído o início do quinto ato do *Fausto*, que ainda faltava.

— Também, o projeto dessas cenas — disse ele — conta já mais de trinta anos; era de tão grande importância que jamais perdi o interesse nele, mas ao mesmo tempo tão difícil de realizar que eu me sentia intimidado. Agora, por meio de alguns artifícios, retomei o fio, e se a sorte me ajudar escreverei em sequência todo o quarto ato.

Goethe mencionou a seguir um conhecido escritor.[34]

— É um talento — disse ele — ao qual o ódio partidário serve como aliado e que, sem este, não teria encontrado ressonância. Na literatura, muitas vezes encontramos exemplo em que o ódio substitui o gênio, e nos quais um talento diminuto parece notável por servir de órgão a um partido. Também na vida se encontra uma grande massa de pessoas que não possuem caráter suficiente para se afirmar por si sós; também estas aderem a um partido graças ao qual se sentem fortalecidas e fazem então uma boa figura.

— Béranger, ao contrário, é um talento que se basta a si mesmo. Por isso, jamais serviu a um partido. Encontra demasiada satisfação dentro de si mesmo para que o mundo pudesse lhe dar ou tirar o que quer que fosse.

---

34 Provavelmente Ludwig Börne (1786-1837), autor, entre outras obras, de *Briefe aus Paris* [Cartas de Paris, 1831-1832].

Conversações com Goethe nos últimos anos de sua vida

Domingo, 15 de maio de 1831

À mesa com Goethe, a sós em seu gabinete de trabalho. Depois de uma alegre conversação, ele se pôs a falar de seus assuntos pessoais, levantando-se e indo apanhar em sua escrivaninha uma folha de papel escrita.

— Quando alguém passa dos 80 anos, como eu — disse ele —, já quase não tem mais o direito de viver; precisa estar preparado para ser chamado a qualquer hora e pensar em arranjar sua casa. Como já lhe comuniquei recentemente, eu o nomeei em meu testamento organizador de meu espólio literário, e hoje de manhã redigi à guisa de contrato um breve escrito que o senhor precisa assinar.

Com essas palavras, Goethe entregou-me o documento, no qual vinham nominalmente relacionados todos os escritos, tanto os já concluídos como os ainda por concluir, a ser publicados depois de sua morte, e principalmente as disposições e condições mais imediatas para isso. Concordei com o essencial e ambos o assinamos.

O material mencionado, com cuja redação eu já vinha me ocupando de tempos em tempos, eu o estimei em cerca de quinze volumes; discutimos então alguns pontos específicos ainda não totalmente esclarecidos.

— Pode dar-se o caso — disse Goethe — que o editor tenha reservas quanto a ultrapassar um determinado número de páginas e que, por conta disso, parte do material a ser publicado tenha de ser suprimido. Nesse caso, o senhor poderia deixar de fora a parte polêmica da *Teoria das cores*. Minha própria doutrina está contida na parte teórica e, uma vez que a parte histórica já é em muitos pontos de natureza polêmica, de modo que nela são discutidos os equívocos principais da teoria de Newton, já haveria polêmica o suficiente. Eu não renego minha análise um tanto rigorosa dos princípios newtonianos, ela foi necessária a seu tempo e continuará a ter seu valor, mas no fundo toda ação polêmica é contra minha verdadeira natureza e não me dá grande prazer.

Um segundo ponto que discutimos mais minuciosamente foram as *Máximas e reflexões* que vêm impressas ao final da segunda e da terceira parte dos *Anos de peregrinação*.

Quando do início da revisão e da conclusão desse romance, inicialmente publicado em um volume, Goethe fizera uma previsão de dois volumes, conforme foi divulgado no anúncio da nova edição das obras completas. Mas no decorrer do trabalho o manuscrito cresceu além de suas expectativas e, uma vez que seu copista escrevia um tanto derramadamente, Goethe enganou-se e pensou ter material para três, e não apenas para *dois* volumes, de modo que o manuscrito foi enviado em *três* volumes para a editora. Mas quando a impressão progredira até certo ponto, constatou-se que Goethe havia calculado mal, e que especialmente os dois últimos volumes ficariam excessivamente finos. Pediram-lhe então um acréscimo aos manuscritos, mas como o enredo do romance não podia mais ser alterado, e também em um espaço de tempo tão exíguo não se poderia conceber, escrever e inserir mais uma novela, Goethe viu-se verdadeiramente em apuros.

Tendo em vista essa situação, ele mandou me chamar; contou-me o ocorrido e comunicou-me a maneira pela qual pensava resolver o problema, entregando-me dois grossos pacotes de manuscritos que mandara buscar para esse fim.

— Nesses dois pacotes — disse ele —, o senhor encontrará diversos escritos ainda inéditos. Algumas miudezas, algumas coisas concluídas, outras inconclusas, considerações sobre as ciências naturais, a literatura e a vida, tudo misturado. Que o senhor diria de redigir com base nelas entre seis e oito laudas para preencher provisoriamente as lacunas dos *Anos de peregrinação*? Rigorosamente falando, elas não pertencem ao romance, mas pode-se justificar sua inclusão pelo fato de se falar, a respeito de Makarie, em um arquivo no qual essas miudezas poderiam ser encontradas. Com isso nos livraríamos para o momento de um grande apuro e teríamos, ao mesmo tempo, a vantagem de por esse meio trazer convenientemente à luz uma grande massa de escritos significativos.

Aprovei a sugestão e lancei-me de imediato ao trabalho, terminando em pouco tempo a redação de tais fragmentos. Goethe pareceu muito satisfeito. Organizei o todo em dois conjuntos principais; a um deles demos o título de *Dos arquivos de Makarie*, a outro, o de *Segundo o espírito dos viandantes*, e, uma vez que justamente por aquela época Goethe terminara de escrever dois poemas notáveis, um deles intitulado *Meditando sobre o crânio de Schiller* e o outro *Nenhum ser pode se reduzir a nada*, ele expressou o desejo de também dar a lume esses dois poemas, razão pela qual os acrescentamos ao final de cada uma das partes.

Mas quando os *Anos de peregrinação* foram publicados, ninguém sabia que isso havia se passado. As pessoas viam o enredo do romance interromper-se por conta de uma porção de aforismos enigmáticos, cuja decifração só se podia esperar de especialistas, isto é, de artistas, naturalistas e literatos, e que aos demais leitores, especialmente leitoras, só podia causar desconforto. Também os dois poemas eram tão difíceis de compreender quanto os motivos de haverem sido colocados ali.

Goethe riu com isso.

— Agora é fato consumado, e nada resta a fazer senão o senhor recolocar essas passagens em seu devido lugar quando for organizar meu espólio; assim, em uma nova edição de minhas obras, elas já estarão em seu lugar, e então os *Anos de peregrinação*, sem essas passagens e os dois poemas, voltarão a ocupar apenas *dois* volumes, conforme o projeto inicial.

Concordamos então que eu deveria recolher todos os aforismos referentes à arte em um volume dedicado a temas artísticos, todos os que se referem à natureza em um volume dedicado às ciências naturais em geral, e todos referentes à ética e à literatura em um volume igualmente adequado a eles.

Quarta-feira, 25 de maio de 1831

Falamos do *Acampamento de Wallenstein*. Muitas vezes eu ouvira dizer que Goethe havia colaborado nessa peça, e que especialmente o sermão do capuchinho se devia a ele. Por isso, perguntei-lhe hoje à mesa, e ele me deu a seguinte resposta:

— No fundo é tudo obra do próprio Schiller. Mas como mantínhamos relações tão estreitas entre nós, e Schiller não apenas me apresentou o plano da obra e o discutiu minuciosamente comigo, como também me comunicava o desenvolvimento diário da composição e ouvia e aproveitava minhas observações, pode ser que eu também tenha dado minha colaboração a ela. Para o trabalho no sermão do capuchinho eu lhe enviei as prédicas de

Johann Peter Eckermann

Abraham a Sancta Clara, a partir das quais, então, com grande espírito, ele compôs aquele sermão.[35]

— Que alguma passagem em particular seja de minha autoria, não recordo, a não ser daqueles dois versos:

> Um capitão, a quem um outro apunhalou,
> Deixou-me um par de dados felizes.[36]

Pois eu queria ver bem motivada a posse dos dados falsos pelo camponês, e para isso escrevi de próprio punho esses versos no manuscrito. Schiller não havia pensado no assunto, com sua maneira ousada simplesmente dera os dados ao camponês sem se perguntar muito como ele os teria obtido. Como já disse outras vezes, ele nunca se preocupava com uma motivação coerente, e talvez por isso suas peças produzam tão grande efeito teatral.

Domingo, 29 de maio de 1831

Goethe contou-me de um garoto que não podia se tranquilizar a respeito de um pequeno erro cometido.

— Não gostei de observar isso — disse ele —, pois dá provas de uma consciência muito sensível, que tem em tão alta conta seu próprio eu moral que não pode lhe perdoar nada. Uma consciência assim produz pessoas hipocondríacas, se não for contrabalançada por uma grande atividade.

Por esses dias me haviam trazido um ninho de filhotes de toutinegras juntamente com um dos pais, que tinham caçado com uma varinha de visgo. Fiquei admirado de como o pássaro não apenas continuava a alimentar seus filhotes ali no quarto, como também, sendo solto através da janela, sempre retornava para junto deles. Um tal amor pela prole, que superava o perigo e o aprisionamento, comoveu-me profundamente, e hoje, em conversa com Goethe, manifestei minha admiração.

---

35 Abraham a Sancta Clara, nome pelo qual ficou conhecido Johann Ulrich Megerle (1644-1709), sacerdote, sermonista e escritor, é considerado um dos maiores poetas e pregadores católicos do Barroco alemão.

36 *"Ein Hauptmann, den ein anderer erstach,/ Liess mirein paar glückliche Würfel nach."* (*Wallenstein Lager* [O acampamento de Wallenstein], versos 11-12.)

Conversações com Goethe nos últimos anos de sua vida

— Homem insensato! — respondeu-me com um sorriso significativo. — Se acreditasse em Deus não se admiraria.

A *Ele* cabe mover o mundo em seu âmago,
Guardar a natureza em Si, em Si na natureza,
De modo que tudo quanto n'Ele vive, se move e é,
Jamais prescinde de Sua força nem jamais de Seu espírito.[37]

— Se Deus não tivesse animado o pássaro com esse onipotente instinto por seus filhotes, e se não acontecesse o mesmo com todos os seres vivos da natureza inteira, o mundo não poderia perdurar! Mas assim a energia divina está disseminada em toda parte e o eterno amor em toda parte é atuante.

Algo semelhante disse Goethe algum tempo atrás, quando um jovem escultor lhe enviou o modelo para a vaca de Míron que amamentava um bezerrinho.[38]

— Aqui temos — disse ele — um objeto da mais elevada espécie: o princípio nutriz, mantenedor do mundo, que atravessa a natureza inteira, aparece aqui diante de nossos olhos em uma bela alegoria; essa imagem e outras semelhantes, eu as chamo de verdadeiros símbolos da onipresença de Deus.

Segunda-feira, 6 de junho de 1831

Goethe mostrou-me hoje o início do quinto ato do *Fausto*, que ainda faltava. Li até a passagem em que a cabana de Filêmon e Báucis é incendiada e Fausto, à noite, do balcão de seu palácio, sente o cheiro da fumaça trazido por uma suave brisa.[39]

---

37 "*Ihm ziemt's, die Welt im Innern zu bewegen,/ Natur in Sich, Sich in Natur zu hegen,/ So dass, was in Ihm lebt und webt und ist,/ Nie seine Kraft, nie Seinen Geist vermisst.*"

38 Míron, escultor grego (440-380 a.C.). Entre as muitas obras que lhe são atribuídas (das quais nenhuma se preservou), ocupa lugar de destaque a figura de uma vaca, celebrada por seu realismo. A partir dessas fontes literárias, algumas das quais traduzira, Goethe procurou, no ensaio *Myrons Kuh* [A vaca de Míron], publicado em *Arte e antiguidade* II, n.1 (1818), inferir a forma que teria a obra.

39 *Fausto II*, versos 378-383.

Johann Peter Eckermann

— Os nomes Filêmon e Báucis — disse eu — me levam à costa frígia, e me fazem pensar naquele famoso casal da Antiguidade;[40] mas nossas cenas se passam nos tempos modernos e em uma paisagem cristã.

— Meus Filêmon e Báucis — disse Goethe — não têm nada a ver com aquele famoso casal da Antiguidade e da saga ligada a eles. Apenas dei seus nomes ao meu casal a fim de conferir maior relevo às personagens. São pessoas semelhantes e situações semelhantes, e assim os nomes semelhantes têm um efeito muito propício.

Falamos então do *Fausto*, a quem a porção hereditária de seu caráter, a insatisfação, não o abandonou nem mesmo na velhice e a quem, com todos os tesouros do mundo e em um novo reino criado por ele mesmo, ainda incomodam um par de tílias, uma cabana e um sininho que não são seus. Nisso ele não é diferente do rei israelita Acab, que julgava não possuir nada se não se apossasse também do vinhedo de Nabot.[41]

— O Fausto que aparece no quinto ato — disse Goethe ainda — deve, segundo minhas intenções, ter 100 anos de idade, e não estou certo sobre se não seria bom indicá-lo expressamente em alguma passagem.

Falamos então do final, e Goethe chamou-me a atenção para o que dizem os seguintes versos:

> O nobre espírito está salvo
> Do mundo atro dos demos:
> *Quem aspirar, lutando, ao alvo,*
> *À redenção traremos.*
> E se lhe houvera haurir de cima,
> *Do amor a graça infinda,*
> Dele a suma hoste se aproxima
> Com franca boa-vinda.[42]

---

40 Cf. Ovídio, *Metamorfoses*, VIII, versos 618-724.

41 I Reis, 21.

42 *"Gerettet ist das edle Glied/ Der Geisterwelt vom Bösen:/* Wer immer strebend sich bemüht,/ Den Können wir erlösen,/ *Und hat ihm die Liebe gar/* Von oben *Teil genommen,/ Begegnet ihm die selige Schar/ Mit herzlichen Willkommen.*" (*Fausto II*, versos 11934-11941). Os grifos não constam do original, são de Eckermann.

— Nesses versos — disse ele — está contida a chave da salvação de Fausto. No próprio Fausto, até o fim, uma atividade cada vez mais elevada e mais pura, e do alto o eterno amor que vem em seu auxílio. Isto está em perfeita harmonia com nossa concepção religiosa, segundo a qual não alcançamos a bem-aventurança apenas através de nossas próprias forças, mas através da graça de Deus que vem se juntar a elas.

— O senhor, aliás, deve concordar que esse final, em que a alma redimida sobe para o alto, foi muito difícil de fazer, e eu poderia facilmente me perder na vagueza com coisas tão suprassensoriais, quase inimagináveis, se não tivesse dado a minhas intenções poéticas, através de figuras e concepções eclesiástico-cristãs bem delineadas, uma forma e uma solidez beneficamente limitadoras.

Nas semanas seguintes, então, Goethe concluiu o ainda faltante quarto ato, e em agosto toda a segunda parte estava completa e encadernada. Ter alcançado esse objetivo tão longamente buscado deixou-o imensamente feliz.

— A vida que ainda me resta — disse ele —, eu a posso considerar agora como um uma verdadeira dádiva, e no fundo é inteiramente indiferente se ainda farei alguma coisa, e o quê.

Quarta-feira, 21 de dezembro de 1831

Com Goethe à mesa. Falamos sobre as razões pelas quais sua *Teoria das cores* foi tão pouco divulgada.

— Ela é muito difícil de comunicar — disse ele —, pois, como o senhor sabe, não lhe basta ser lida e estudada, é necessário que ela seja feita, e isso tem suas dificuldades. As leis da poesia e da pintura, igualmente, são em certa medida comunicáveis. Mas para ser um bom poeta ou pintor é necessário ter gênio, que não pode ser comunicado. Compreender um simples fenômeno primevo, reconhecer sua elevada significação e trabalhar com ele exige um espírito produtivo, capaz de abarcar muita coisa com a vista, e é um dom raro, encontrável apenas em naturezas excepcionais.

— E isso ainda não é tudo. Pois assim como todas as regras e todo o gênio ainda não bastam para fazer de alguém um pintor, sendo também necessária uma prática incessante, também não basta, para a *Teoria das cores*, que alguém conheça as leis principais e possua o espírito adequado, mas é necessário se ocupar constantemente com os diversos fenômenos isolados, muitas vezes misteriosos, tirar suas conclusões e estabelecer-lhes as relações.

— Assim, por exemplo, sabemos muito bem, de modo geral, que a cor verde surge da combinação do amarelo com o azul; mas para que alguém possa dizer que compreende o verde do arco-íris, ou o verde da folhagem, ou o verde da água do mar, é necessário que faça uma incursão à totalidade do reino das cores e, assim, chegue a uma compreensão de caráter tão elevado como até agora muito poucos alcançaram.

Depois da refeição, examinamos algumas paisagens de Poussin.

— Aqueles pontos — disse Goethe nessa ocasião — sobre os quais o pintor faz cair a luz mais intensa não permitem uma execução rica em detalhes; eis por que a água, os rochedos, o solo nu e os edifícios são os objetos mais adequados para funcionarem como suportes da iluminação mais intensa. Mas as coisas que requerem maior detalhamento no desenho não podem ser utilizadas pelo pintor nesses focos de luz.

— Um pintor de paisagens — disse Goethe ainda — precisa ter grandes conhecimentos. Não basta que entenda de perspectiva, arquitetura e da anatomia dos seres humanos e dos animais, ele precisa ter até mesmo conhecimentos de botânica e mineralogia, os primeiros para que possa expressar adequadamente o que há de característico nas árvores e plantas, os últimos para exprimir o caráter das diferentes espécies de montanha. Mas para isso não é necessário que ele seja um mineralogista profissional, pois ele deve ocupar-se principalmente com montanhas de pedra calcárea, xisto e arenito, e só precisa saber que forma elas têm, como se fendem com as intempéries e que espécies de árvores nelas crescem ou definham.

Goethe mostrou-me então algumas paisagens de Hermann van Svanevelt, fazendo diversas observações a respeito da arte e da personalidade daquele homem excepcional.[43]

— Encontramos nele como em nenhum outro — disse — a arte como inclinação e a inclinação como arte. Ele tem um profundo amor pela natureza e uma paz divina que se comunica a nós quando contemplamos seus

---

43 Hermann van Svanevelt (c. 1600-1655), pintor de paisagens e gravador holandês.

quadros. Nascido nos Países Baixos, ele estudou em Roma com Claude Lorrain, mestre com o qual adquiriu uma perfeita formação e desenvolveu com a maior liberdade suas belas qualidades peculiares.

Consultamos então um dicionário de artistas para ver o que dizia sobre Hermann van Svanevelt, e constatamos que ele era acusado de não haver alcançado as alturas de seu mestre.

— Que tolos! — disse Goethe. — Svanevelt era diferente de Claude Lorrain, e este não pode dizer que era melhor que ele. Se não houvesse em nossa vida nada além do que dizem os biógrafos e os autores de dicionários, nosso *métier* seria ruim, e não valeria a pena de modo algum.

Ao final desse ano e no início do próximo, Goethe voltou a ocupar-se inteiramente de seu estudo favorito, o das ciências naturais, e se dedicou em parte, graças ao estímulo de Boiserée, à investigação das leis do arco-íris, e também, especialmente, por interesse no debate entre Cuvier e Saint-Hilaire, com temas da metamorfose das plantas e do mundo animal.[44] Ele também revisou comigo a parte histórica da *Teoria das cores* e demonstrou ainda profundo interesse por um capítulo sobre a mistura das cores que eu, estimulado por ele, reelaborei para ser incluído na parte teórica.

Durante esse tempo, não faltaram interessantes conversações e observações cheias de espírito de sua parte. Mas, como o tinha diariamente diante dos olhos em plena energia e vigor, eu pensava que seria sempre assim, e fui mais negligente em recolher suas palavras do que seria admissível, até que, por fim, era tarde demais e, no dia 22 de março de 1832 eu, com milhares de outros nobres alemães, deveria chorar sua perda irreparável.

O que se segue, anotei não muito tempo depois com base em minhas recordações.

---

44 Em março de 1830, Georges Cuvier (1769-1832) e Étienne Geoffroy Saint-Hilaire (1772-1844) haviam apresentado e debatido publicamente em seção da Academie Royale des Sciences de Paris suas teses sobre a morfologia dos vertebrados. Cuvier afirmava que os animais derivavam de quatro tipos fundamentais, ao passo que Saint-Hilaire defendia a tese de que na origem houvesse um único tipo. Goethe era favorável à segunda hipótese. O assunto será mais detalhadamente discutido na terceira parte, na conversação de 2 de agosto de 1830.

Johann Peter Eckermann

Início de março de 1832

Goethe contou à mesa que o barão Carl von Spiegel o visitou e o agradou extraordinariamente.[45]

— É um jovem muito bonito; há algo em seu aspecto, em seu modo de se comportar, em que logo reconhecemos o aristocrata. Seria tão impossível para ele negar sua ascendência como para outros um espírito elevado. Pois ambos, nascimento e espírito, imprimem naqueles que os possuem uma marca que não se deixa esconder por nenhum disfarce. São poderes semelhantes à beleza, dos quais não nos podemos aproximar sem sentir que pertencem a uma espécie superior.

Alguns dias depois

Falamos sobre a ideia trágica de destino dos gregos.

— Uma ideia como essa — disse Goethe — não corresponde mais ao nosso modo de pensar, é antiquada e está em total contradição com nossas concepções religiosas. Se um poeta moderno utiliza essas ideias antigas em um drama, isso sempre acaba por parecer uma espécie de afetação. É um traje que saiu de moda há muito e, como a toga romana, não nos assenta mais bem.

— Nós modernos faremos melhor em dizer agora, como Napoleão: a *política* é o destino. Evitemos falar, como nossos literatos contemporâneos, que a política é a *poesia*, ou que ela é um assunto adequado para o poeta. O poeta inglês Thomson escreveu um poema muito bom sobre as estações, mas um muito ruim sobre a liberdade; e isso não porque faltasse poesia ao poeta, e sim por faltar poesia ao objeto.[46]

— Sempre que um poeta quer agir politicamente, ele tem de aderir a um partido; e assim que faz isso ele se perde como poeta; tem de dizer adeus ao seu espírito livre, à sua visão independente e, em seu lugar, vestir até as orelhas a capa da estultícia e do ódio cego.

---

45 Carl Friedrich Hermann von Spiegel (*1808), filho do mordomo-mor da corte e intendente teatral de Weimar, Karl Emil von Spiegel.

46 James Thomson (1700-1748). Os poemas aos quais Goethe alude são *The Seasons* [As estações, 1730] e *Liberty* [Liberdade, 1731].

Conversações com Goethe nos últimos anos de sua vida

— O poeta pode amar sua pátria como homem e cidadão, mas a pátria de suas energias *poéticas* e de sua atuação poética é o bom, nobre e belo, que não está preso a nenhuma província em especial e a nenhum país em especial, e que ele colhe e a que dá forma onde quer que o encontre. Nisso ele se assemelha à águia que paira sobre os países com olhar livre e para a qual é indiferente saber se a lebre sobre a qual se lança vive na Prússia ou na Saxônia.

— Além disso, que significa "amar sua pátria", e que significa "agir como um patriota"? Se um poeta se esforçou a vida toda para combater preconceitos daninhos, para eliminar opiniões mesquinhas, esclarecer o espírito de seu povo, purificar-lhe o gosto, enobrecer-lhe o modo de sentir e pensar, o que ele poderia fazer de melhor? E como deveria ele agir patrioticamente? Fazer a um poeta exigências tão descabidas e ingratas seria o mesmo que exigir ao comandante de um regimento que, para ser um verdadeiro patriota, negligenciasse sua profissão e se enredasse em inovações políticas. Mas a pátria de um comandante de regimento é seu *regimento*, e ele será um excelente patriota se não se importar com assuntos políticos a não ser aqueles que lhe dizem respeito, dedicando toda a sua mente e todo o seu cuidado aos batalhões sob suas ordens, a exercitá-los e a mantê-los em tal ordem e disciplina que, quando a pátria estiver em perigo, estarão, como bravos soldados, à altura de sua tarefa.

— Odeio toda forma de charlatanismo assim como odeio os pecados, mas sobretudo o charlatanismo em assuntos de Estado, do qual para milhares e milhões nada se pode esperar senão a desgraça.

— Como o senhor sabe, eu em geral pouco me preocupo com o que escrevem a meu respeito, mas isso sempre acaba chegando aos meus ouvidos, e sei muito bem que, por mais que tenha trabalhado duro minha vida inteira, toda a minha atividade nada vale aos olhos de certas pessoas, justamente porque sempre recusei me envolver com partidarismos. Se quisesse agradar a essas pessoas, eu teria de me tornar membro de um clube de jacobinos e pregar o assassinato e o derramamento de sangue! Mas nem mais uma palavra sobre esse assunto odioso, para que eu não me torne irracional ao combater a irracionalidade.

De modo semelhante, Goethe censurou a orientação política de Uhland, tão elogiada por outros.

Johann Peter Eckermann

— Preste atenção — disse ele —, o político devorará o poeta. Ser representante de uma classe no Parlamento, viver diariamente em meio a atritos e tensões, não é para a delicada natureza de um poeta. Será o fim de seu canto, e não deixa de ser lamentável. A Suábia tem muitos homens suficientemente instruídos, bem-intencionados, operosos e eloquentes para serem membros do Parlamento, mas possui apenas um poeta como Uhland.

O último estranho a quem Goethe concedeu sua hospitalidade foi o filho mais velho da sra. Von Arnim; a última coisa que escreveu foram alguns versos no álbum desse jovem.[47]

Na manhã seguinte à morte de Goethe, fui tomado de um profundo anseio de ver ainda uma vez seu invólucro terrestre. Seu fiel criado Friedrich abriu-me a sala onde o haviam colocado. Estendido de costas, ele repousava como se estivesse adormecido; profunda paz e firmeza transpareciam nos traços de seu nobre e sublime semblante. A poderosa fronte parecia ainda abrigar pensamentos. Desejei possuir um anel de seus cabelos, mas o respeito me impediu de cortá-lo. O corpo estava envolto em um lençol branco, ao seu redor haviam colocado grandes pedras de gelo a fim de preservar-lhe o frescor pelo maior tempo possível. Friedrich abriu o lençol e eu fiquei admirado com a divina magnificência daqueles membros. O peito vigoroso, largo e arqueado; braços e coxas cheios e delicadamente musculosos; pés graciosos e da mais pura forma; em nenhuma parte do corpo algum traço de gordura ou de magreza e decadência. Um ser humano perfeito jazia em plena beleza diante de mim, e o encanto que senti fez-me esquecer por alguns instantes que o espírito imortal deixara aquele invólucro. Pousei minha mão sobre seu coração — em toda parte reinava um profundo silêncio — e virei-me de costas, dando livre curso às lágrimas que até então retivera.

---

47 Siegmund von Arnim (1813-1890), segundo filho de Bettine von Arnim (1785-1859), escritora com quem Goethe teve uma conturbada relação de amizade. Depois da morte do poeta, ela publicou as cartas que trocaram nos primeiros anos dessa amizade com o título de *Goethes Briefwechsel mit einem Kinde* [Correspondência de Goethe com uma criança, 1835].

Terceira parte
1848

Dedicado a
Sua Alteza Imperial,
a senhora regente grã-duquesa
de Sachsen-Weimar e Eisenach

MARIA PAVLOVNA

grã-duquesa da Rússia

com renovada gratidão e humildade

Prefácio

Tendo diante dos olhos finalmente concluída essa terceira parte de minhas conversações com Goethe, há tanto tempo prometida, sinto-me tomado por um sentimento de alegria pela superação de grandes obstáculos.

Meu caso era muito difícil. Era semelhante ao de um navegante que não pode velejar com o vento que sopra hoje, tendo de esperar com grande paciência, muitas vezes ao longo de semanas e meses, pelo vento propício que soprou anos atrás. Quando tive a grande felicidade de escrever as duas primeiras partes, eu podia em certa medida velejar com ventos favoráveis, pois então as palavras mal acabadas de ser pronunciadas ainda me ressoavam nos ouvidos, e o vivo trato com aquele homem maravilhoso me mantinha em uma atmosfera de tanto entusiasmo que eu me sentia como que levado por asas ao meu objetivo.

Mas agora que aquela voz já se calou há tantos anos, e a felicidade daquele contato pessoal ficou tão para trás, eu só lograva recuperar o necessário entusiasmo naquelas horas em que podia recolher-me à minha própria intimidade e, em tranquila concentração, dar nova vida às cores do passado, quando então ele se reanimava e eu tinha novamente diante de mim, semelhantes a cordilheiras, grandes pensamentos e grandes traços de caráter, distantes, é verdade, mas nítidos e como que iluminados pelo sol de um verdadeiro dia.

Assim, da alegria que encontrava na grandeza, renasceu-me o entu-siasmo; o curso das ideias e as palavras pronunciadas reviviam em todos os seus detalhes e recuperavam seu frescor, como se os tivesse vivenciado ainda ontem. Tinha diante de mim o Goethe vivo; ouvia novamente o som único de sua cara voz que não se pode comparar a nenhuma outra. Via-o de novo à noite, de fraque negro e estrela, sob a clara iluminação de seus aposentos, gracejando, rindo e conversado alegremente com seu belo cír-culo de amigos. De outra feita, em um belo dia de sol, tinha-o ao meu lado em uma carruagem, de paletó marrom e barrete de pano azul, o sobretudo cinza-claro dobrado sobre os joelhos. A cor morena saudável de seu rosto, semelhante ao ar fresco; sua conversa espirituosa ressoando ao ar livre, sobrepondo-se ao ruído do veículo. Ou me via novamente em seu gabinete de trabalho à noite, à luz tranquila das velas, ele sentado à mesa diante de mim em um pijama de flanela branca, suave, como a atmosfera de um dia bem vivido. Falávamos sobre coisas boas e grandes, ele me revelava o que havia de mais nobre em sua natureza; meu espírito se inflamava em contato com o seu. Reinava entre nós a mais íntima harmonia; ele me estendia a mão por sobre a mesa, e eu a apertava. Então eu erguia uma taça cheia que tinha ao meu lado e, sem dizer uma palavra, brindava à sua saúde enquanto, por sobre o vinho, pousava meu olhar sobre o seu.

Assim, com toda a vivacidade, eu estava mais uma vez em sua companhia e novamente ouvia o som de sua voz como no passado.

Contudo, é comum em nossa vida nos recordarmos de nossos queridos mortos, mas, no tumulto dos dias que nos absorvem, temos deles, ao longo de semanas e meses, apenas uma lembrança fugaz, e fazem parte de nossas raras belas horas os momentos tranquilos de profunda concentração nos quais acreditamos ter de volta, em todo o frescor da vida, uma pessoa amada que já se foi. O mesmo acontecia com minhas recordações de Goethe.

Muitas vezes passaram-se meses em que minha alma, tomada pela ime-diatez da vida cotidiana, estava morta para ele, e ele não dizia uma palavra ao meu espírito. Também havia semanas e meses de um ânimo improdutivo, quando em minha mente nada brotava nem florescia. Com muita paciência, eu tinha de deixar passar sem nenhum proveito esses tempos nulos, pois qualquer coisa escrita em condições semelhantes não teria nenhum valor.

Conversações com Goethe nos últimos anos de sua vida

Tinha de esperar da boa sorte o retorno daquelas horas em que o passado se tornava presente com toda a sua vivacidade, e que meu ânimo estivesse no ápice de sua força espiritual e de seu bem-estar físico, para poder acolher condignamente os pensamentos e os sentimentos de Goethe. Pois tinha de me haver com um herói ao qual eu não podia permitir que se rebaixasse. Para ser verdadeiro, ele deveria aparecer em toda a suavidade de sua índole, na plena clareza e força de seu espírito e na costumeira dignidade de uma elevada personalidade – e isso não era pouco, de forma alguma!

Minha relação com ele era de um caráter peculiar e de natureza muito terna. Era a relação do discípulo com o mestre, do filho com o pai, do necessitado de saber com o rico de saber. Ele me atraíra para sua órbita e me permitira tomar parte nos prazeres espirituais e materiais de uma existência mais elevada. Em muitas ocasiões eu só o via uma vez por semana, quando o visitava à noite; em outras todos os dias, quando tinha então a felicidade de estar com ele na hora do almoço, ora em presença de outros convidados, ora à mesa em uma conversa *tête-à-tête*.

Sua conversa era tão variada quanto sua obra. Era sempre ele mesmo e sempre um outro. Por vezes uma grande ideia se apossava dele, e suas palavras brotavam ricas e inesgotáveis. Frequentemente se assemelhavam a um jardim na primavera, no qual tudo se encontrava em plena florescência e, ofuscados pelo esplendor geral, não nos ocorria colher um ramalhete. Em outras épocas, porém, nós o víamos calado e monossilábico, uma névoa encobria-lhe a alma, e podia dar-se mesmo que em alguns dias ele se mostrasse de uma frieza glacial, como se um vento cortante soprasse sobre um campo recoberto de geada e neve. Mas então, da outra vez em que o encontrávamos, parecia de novo um sorridente dia de verão, no qual todos os cantores da floresta nos enviam seu júbilo dos arbustos e das sebes, o cuco nos chama através da atmosfera azulada e o riacho corre por entre prados floridos. Era então um prazer ouvi-lo; sua proximidade era inebriante, e nosso coração se alargava com suas palavras.

Nele, inverno e verão, velhice e juventude pareciam combater-se e alternar-se continuamente; mas era admirável no setuagenário, no octogenário, que a juventude tivesse sempre a primazia, e aqueles dias de outono e inverno constituíssem uma rara exceção.

Johann Peter Eckermann

Seu autodomínio era grande, era mesmo uma qualidade excepcional de seu ser. Um dom que se irmanava àquela alta circunspecção que lhe permitira ser sempre senhor de sua matéria e conferir a cada uma de suas obras aquela perfeição artística que tanto admiramos nelas. Justamente por causa dessa qualidade, porém, do mesmo modo que em alguns de seus escritos, era também com frequência inibido e cheio de escrúpulos em algumas de suas declarações feitas oralmente. Mas assim que, em momentos felizes, um poderoso demônio despertava nele, e aquele autodomínio o abandonava, sua conversação ganhava uma efervescência juvenil, semelhante a uma torrente que se despenha do alto de uma montanha. Nesses momentos ele exprimia o que havia de maior e melhor em sua rica natureza, e é por esses momentos que se pode talvez compreender por que seus amigos de juventude afirmaram ser sua palavra *falada* melhor que a escrita e impressa. Também Marmontel diz, a respeito de Diderot, que quem o conhecesse apenas por seus escritos o conheceria apenas pela metade, mas que, quando se animava em uma conversação, ele se tornava único e arrebatador.[1]

Se posso, porém, alimentar a esperança de ter preservado algo daqueles momentos felizes nestas *Conversações*, não será menos benéfico a este volume o fato de se encontrar nele um duplo reflexo da personalidade de Goethe, ou seja, um através de mim mesmo e outro através de um jovem amigo.

O sr. Soret de Genebra, que, como republicano liberal, fora chamado a Weimar no ano de 1822 para dirigir a educação de Sua Alteza Imperial, o grão-duque herdeiro, também manteve desde aquela época até a morte de Goethe uma relação muito próxima com ele. Era um frequente comensal em casa de Goethe, e também era um convidado sempre bem-vindo em seus serões. Além disso, seus conhecimentos de ciências da natureza ofereciam vários pontos de contato para um convívio duradouro. Como sólido mineralogista, classificou os cristais de Goethe, e seus conhecimentos de botânica também o capacitaram a traduzir a *Metamorfose das plantas* para o francês, colaborando assim para uma divulgação mais ampla daquela im-

---

1 Jean-François Marmontel (1723-1799), escritor e enciclopedista francês. Seu juízo sobre Diderot se encontra em *Mémoires d'un père pour servir à l'instruction de ses enfants* [Memórias de um pai para servir à instrução de seus filhos, 1800].

portante obra. Também sua posição na corte lhe propiciou um continuado convívio com Goethe, fosse acompanhando o príncipe à sua casa, fosse porque alguma incumbência de Sua Alteza Real, o grão-duque, ou de sua Alteza Imperial, a grã-duquesa, lhe desse a oportunidade de visitá-lo.

Desse contato pessoal, o sr. Soret tomou abundantes notas em seus diários, e há alguns anos teve a bondade de entregar-me um pequeno manuscrito composto a partir delas, com a permissão de acolher neste meu terceiro volume o que houvesse nele de melhor e mais interessante.

Essas notas redigidas em francês eram ora circunstanciadas, ora apenas superficiais e lacunosas, conforme o permitiram ao autor a premência de seus dias sempre cheios de compromissos. Mas, como em todo o manuscrito não se encontrasse nenhum tema que não tivesse sido discutido repetida e detalhadamente em minhas conversações com Goethe, meus próprios diários eram muito apropriados para completar o manuscrito de Soret, preencher as lacunas que ele deixara e apresentar em uma forma mais desenvolvida aquilo que muitas vezes nele se encontrava apenas indicado. Não obstante, todas as conversações que têm por base o manuscrito de Soret, ou nas quais se fez amplo uso deste, como ocorre principalmente nos dois primeiros anos, são assinalados com um * ao lado da data, a fim de distingui-las das que se devem exclusivamente a mim, as quais, com poucas exceções, preenchem os anos de 1824 a 1829 e uma grande parte de 1830, 1831 e 1832.

Eu nada mais teria a acrescentar a não ser meu desejo de que esta terceira parte, à qual me dediquei tão longamente e com tanto amor, tenha a mesma benévola acolhida que foi concedida em tão grande medida às duas primeiras.

Weimar, 21 de dezembro de 1847.

1822

Sábado, 21 de setembro de 1822*

Esta noite com Goethe e o conselheiro Meyer. A conversação girou sobretudo em torno de mineralogia, química e física. Os fenômenos da polarização da luz pareceram interessá-lo especialmente. Ele me mostrou diversos aparelhos, a maior parte construída segundo suas próprias instruções, e expressou o desejo de fazer alguns experimentos juntamente comigo.

No decorrer da conversa, Goethe foi se tornando cada vez mais desembaraçado e comunicativo. Permaneci ali por mais de uma hora, e na despedida ele me disse muitas palavras benévolas.

Sua figura ainda pode ser considerada bela, sua fronte e seus olhos são especialmente majestosos. É alto e bem-proporcionado, e tem uma aparência tão robusta que não podemos compreender por que ele já há alguns anos afirma ser velho demais para ainda frequentar a sociedade e a corte.

Terça-feira, 24 de setembro de 1822*

Passei a noite em casa de Goethe, com Meyer, o filho de Goethe, a sra. Von Goethe e seu médico, o conselheiro Rehbein. Hoje Goethe estava especialmente vivaz. Mostrou-me magníficas litografias de Stuttgart, tão perfeitas em seu gênero como eu jamais vira iguais.[1] Em seguida falamos de assuntos científicos, especialmente sobre os progressos da química. O *iodo* e o *cloro* interessam-no sobremaneira; ele falou dessas substâncias com tanto espanto como se as novas descobertas da química o tivessem surpreendido por completo. Mandou trazer um pouco de iodo e o fez evaporar diante de nossos olhos na chama de uma vela, não sem nos fazer admirar o vapor violeta, como feliz confirmação de uma lei de sua *Teoria das cores*.

Terça-feira, 1º de outubro de 1822*

Em um serão na casa de Goethe. Entre os presentes, encontrei também o senhor chanceler Von Müller, o presidente do consistório Peucer,[2] o dr. Stephan Schütze e o conselheiro de Estado honorário Schmidt. Este último executou com rara perfeição algumas sonatas de Beethoven. Proporcionou-me também um elevado prazer a conversa com Goethe e com sua nora que, em sua alegria juvenil, combina uma natureza amável a um espírito ilimitado.

Quinta-feira, 10 de outubro de 1822*

Em um serão na casa de Goethe, com o famoso Blumenbach, de Göttingen.[3] Blumenbach é velho, mas tem uma expressão alegre e vivaz; soube preservar toda a versatilidade da juventude. De seu modo de se comportar, ninguém deduziria estar diante de um erudito. Sua cordialidade é espontânea e alegre; não faz cerimônias e logo nos sentimos à vontade com ele. Conhecê-lo foi a um tempo interessante e agradável.

---

1 Litografias de Johann Nepomuk Strixner (1782-1855), com base em quadros da coleção de Boisserée.
2 Heinrich Karl Friedrich Peucer (1779-1849).
3 Johann Friedrich Blumenbach (1752-1840), zoólogo e antropólogo.

Conversações com Goethe nos últimos anos de sua vida

Terça-feira, 5 de novembro de 1822*

Serão em casa de Goethe. Entre os presentes estava também o pintor Kolbe.[4] Foi-nos mostrado um quadro seu de excelente realização, uma cópia da *Vênus* de Ticiano que se encontra na Galeria de Dresden.

Nesta mesma noite em casa de Goethe, encontrei também o sr. Von Eschwege[5] e o famoso Hummel. Este último fez improvisos ao piano por quase uma hora, com uma energia e um talento dos quais é impossível fazer-se uma ideia se não o ouvimos. Sua conversação pareceu-me simples e natural, e ele próprio surpreendentemente modesto para um virtuose de tão grande renome.

Terça-feira, 3 de dezembro de 1822*

Em casa de Goethe em um serão. Os srs. Riemer, Coudray, Meyer, o filho de Goethe e a sra. Von Goethe estavam entre os presentes.

Os estudantes de Iena estão rebelados e uma companhia de artilharia foi enviada para acalmá-los. Riemer leu uma coletânea de canções que lhes foram proibidas, o que forneceu o motivo ou o pretexto para a rebelião.[6] Ao serem lidas, todas essas canções receberam aplausos calorosos, especialmente pelo talento que se revelava nelas; o próprio Goethe as achou boas e prometeu-me emprestá-las para uma leitura mais calma.

Depois de passar algum tempo contemplando gravuras e livros preciosos, Goethe nos alegrou com a leitura do poema *Charon*.[7] Fiquei admirado com a maneira clara, inteligível e enérgica com que Goethe leu. Jamais ouvira uma declamação tão bela. Que fogo! Que olhares! E que voz! Ora tonitruante, e então novamente doce e suave. Em algumas passagens ele

---

4 Heinrich Kolbe (1771-1836), pintor e professor em Düsseldorf, é autor de um retrato de Goethe.

5 Wilhelm Ludwig Eschwege (1777-1855), engenheiro e diretor de minas no Brasil.

6 Por lhes ter sido proibido cantar nas ruas, os estudantes reagiram boicotando as aulas.

7 Traduzido do grego moderno por Goethe com o auxílio de Riemer. Publicado com comentários em *Arte e antiguidade* IV, n.2 (1823).

talvez tenha empregado demasiada energia para o pequeno espaço em que nos encontrávamos; mas não havia nada em sua declamação a que desejássemos renunciar.

Em seguida, Goethe falou sobre literatura e sobre suas obras, e também sobre mme. De Staël[8] e outros assuntos correlatos. Atualmente ele se ocupa com a tradução e a reunião dos fragmentos do *Faetonte* de Eurípides. Começara o trabalho há um ano, e retomou-o por esses dias.

Quinta-feira, 5 de dezembro de 1822*

Esta noite, em casa de Goethe, ouvi o ensaio do primeiro ato de uma ópera em progresso, *O conde de Gleichen*, de Eberwein.[9] Desde que Goethe deixou a direção do teatro é a primeira vez, segundo me disseram, que ele recebe um elenco de ópera tão numeroso em sua casa. O sr. Eberwein dirigiu o canto. Com o coro colaboraram algumas senhoras conhecidas de Goethe, as peças para solista foram cantadas por membros da ópera. Algumas peças me pareceram dignas de nota, especialmente um cânon para quatro vozes.

Terça-feira, 17 de dezembro de 1822*

À noite em casa de Goethe. Ele estava muito alegre e tratou com muito espírito do tema de que as loucuras dos pais são perdidas para os filhos. As pesquisas feitas atualmente para o descobrimento de fontes de água salgada o interessam sobremaneira. Criticou a estupidez de certos empreendedores que não prestam atenção aos indícios exteriores nem à situação e sucessão das camadas de terra sob as quais se encontra o sal-gema e através das quais deve passar a broca e, sem conhecer nem encontrar o local correto, insistem teimosamente em perfurar sempre no mesmo ponto escolhido ao acaso.

---

8 Anne-Louise Germaine Necker, baronesa de Staël-Holstein, conhecida como mme. De Staël (1766-1817), escritora francesa que teve grande papel na divulgação na França das obras de autores românticos alemães.

9 *Der Graf von Gleichen* [O conde de Gleichen, 1824], ópera lírica de Franz Karl Adalbert Eberwein com libreto de Christian Friedrich Schmidt.

1823

Segunda-feira, 9 de fevereiro de 1823*

À noite em casa de Goethe, que encontrei conversando a sós com Meyer. Folheei um álbum de séculos passados que continha autógrafos muito famosos, como por exemplo de Lutero, Erasmo, Mosheim e outros. Este último escreveu em latim estas palavras notáveis:

A fama é fonte de fadigas e sofrimentos; a obscuridade é fonte de felicidade.[1]

Segunda-feira, 23 de fevereiro de 1823*

Desde alguns dias Goethe esteve gravemente doente; ontem seu estado era desesperador. Mas hoje sofreu uma crise que parece tê-lo salvado. Ainda esta manhã ele disse que se considerava perdido; mais tarde, por volta do meio-dia, recobrou a esperança de sobreviver e à noite dizia que, caso se recuperasse, teríamos de admitir que, para um velho, ele havia jogado uma grande partida.

---

1 Johann Lorenz Mosheim (1694-1755), teólogo luterano. A frase em latim diz: "*Magna existimatio Magnum malum. Beata obscuritas*".

Johann Peter Eckermann

*Terça-feira, 24 de fevereiro de 1823**

O dia de hoje ainda nos deixou muito inquietos quanto à saúde de Goethe, pois ao meio-dia não se constatava a mesma melhora de ontem. Em um acesso de fraqueza, ele disse à sua nora:

— Sinto que chegou o momento em que começa dentro de mim a luta entre a vida e a morte.

Mas à noite o enfermo havia recuperado sua plena consciência intelectual e já dava novamente mostras de uma petulância zombeteira.

— O senhor é demasiado cauteloso com seus remédios — disse ele a Rehbein —, o senhor me poupa em excesso! Quando estamos diante de um paciente como eu, é preciso trabalhar um pouco à maneira de Napoleão.

Em seguida, ele bebeu uma xícara da infusão de arnica que ontem, no momento de maior perigo, fora administrado por Huschke e produzira a providencial crise.[2] Goethe fez uma graciosa descrição dessa planta e elevou aos céus seus poderosos efeitos. Haviam dito a ele que os médicos não permitiram ao grão-duque vir vê-lo.

— Se eu fosse o grão-duque — disse ele —, teria perguntado muito e teria me preocupado muito com vocês.

Em um momento em que Goethe se sentia melhor e seu peito parecia mais livre, ele falou com facilidade e com clareza de espírito, ao que Rehbein sussurrou no ouvido de um dos presentes: "Uma *respiração* melhor costuma trazer consigo uma melhor *inspiração*". Goethe, que o ouvira, exclamou com grande alegria:

— Isso eu já sei há muito tempo; mas essa verdade não se aplica a você, seu patife!

Goethe estava sentado no leito, em postura ereta, tendo à sua frente a porta aberta de seu gabinete de trabalho, onde estavam reunidos seus amigos mais próximos, sem que ele o soubesse. Seus traços me pareceram pouco alterados, sua voz estava limpa e clara; mas havia nela um tom solene, como de um agonizante.

— Vocês parecem acreditar — disse ele aos seus filhos — que eu estou melhor; mas estão enganados.

---

2 Wilhelm Ernst Huschke (1760-1828), médico da família do grão-duque.

Conversações com Goethe nos últimos anos de sua vida

Tentaram aplacar seus temores gracejando, e ele pareceu aceitá-lo de bom grado. Enquanto isso, um número cada vez maior de pessoas havia entrado no quarto, o que não me pareceu nada bom, pois a presença de tanta gente iria piorar desnecessariamente a qualidade do ar e atrapalhava o atendimento ao doente. Não pude deixar de expressar meu desagrado e desci para os aposentos do térreo, de onde enviei meus boletins a Sua Alteza Imperial.

Quarta-feira, 25 de fevereiro de 1823*

Goethe exigiu uma prestação de contas do tratamento que até o momento lhe foi aplicado; ele também leu a lista das pessoas que até agora vieram se informar sobre seu estado, cujo número, todos os dias, era muito elevado. Em seguida, recebeu o grão-duque, e mais tarde não dava sinais de que a visita o tivesse fatigado. Hoje encontrei poucas pessoas em seu gabinete de trabalho e concluí, com alegria, que minhas observações de ontem surtiram algum efeito.

Mas agora que a doença foi superada, as pessoas parecem temer-lhe as consequências. Sua mão esquerda está inchada e ameaçadores presságios de hidropisia se manifestam. Só em alguns dias saberemos avaliar o desfecho da doença. Hoje pela primeira vez Goethe pediu para ver um de seus amigos, seu velho camarada Meyer. Queria mostrar-lhe uma medalha rara que recebeu da Boêmia, com a qual está encantado.

Eu cheguei ao meio-dia e, quando Goethe se apercebeu de minha presença, mandou me chamar para perto de si. Estendeu-me a mão, dizendo:

— O senhor vê em mim alguém que ressuscitou de entre os mortos.

Incumbiu-me, então, de agradecer à Sua Alteza Imperial pela preocupação demonstrada durante sua enfermidade.

— Minha convalescença será muito lenta — acrescentou —, mas apesar disso cabe aos senhores médicos a honra de haverem realizado um pequeno milagre em mim.

Depois de alguns minutos, eu me retirei. Sua cor está boa, mas ele está muito magro e ainda respira com alguma dificuldade. Pareceu-me que falar lhe era mais penoso hoje que ontem. O inchaço do braço esquerdo é muito evidente; ele mantém os olhos fechados, e só os abre quando fala.

Johann Peter Eckermann

Segunda-feira, 2 de março de 1823*

Esta noite com Goethe, a quem não vi durante vários dias. Estava sentado em sua poltrona, em companhia de sua nora e de Riemer. Estava visivelmente melhor. Sua voz recobrara a tonalidade natural, sua respiração era livre, sua mão desinchara, sua aparência voltara a ser a de uma pessoa saudável e sua conversa fluía com facilidade. Ele se levantou, caminhou sem dificuldade até o quarto e retornou. Tomamos chá em sua companhia e, como hoje era a primeira vez desde que ele adoecera, censurei com um gracejo a sra. Von Goethe por haver esquecido de colocar um ramalhete sobre a bandeja. Ela imediatamente retirou uma fita colorida de seu chapéu e a amarrou ao aparelho de chá. Essa brincadeira pareceu agradar muito a Goethe.

Em seguida, examinamos uma coleção de pedras preciosas artificiais que o grão-duque mandara trazer de Paris.

Sábado, 22 de março de 1823*

Hoje no teatro representou-se o *Tasso* de Goethe para celebrar sua convalescença, com um prólogo de Riemer declamado pela sra. Von Heygendorff. O busto de Goethe foi enfeitado com uma coroa de louros, sob aplausos dos comovidos espectadores. Terminada a representação, a sra. Von Heygendorff foi à casa de Goethe. Ainda vestia os trajes de Leonore e entregou-lhe a coroa de Tasso, que Goethe aceitou para enfeitar com ela o busto da grã-duquesa Alexandra.

Quarta-feira, 1º de abril de 1823*

Levei a Goethe, da parte de Sua Alteza Imperial, um número do *Journal de Mode* francês, no qual se falava de uma tradução de suas obras. Nessa ocasião conversamos sobre *O sobrinho de Rameau*, cujo original por muito tempo esteve perdido. Muitos alemães acreditam que esse original jamais existiu e que tudo é invenção do próprio Goethe. Mas Goethe assegurou que lhe seria inteiramente impossível imitar o estilo e a espirituosa forma

Conversações com Goethe nos últimos anos de sua vida

de representação de Diderot, e que o *Rameau* alemão nada mais é que uma tradução muito fiel.

Sexta-feira, 3 de abril de 1823*

Passei parte da noite com Goethe em companhia do senhor diretor de obras públicas Coudray. Falamos sobre o teatro e as melhorias que desde algum tempo têm sido introduzidas nele.

— Eu as percebo sem precisar ir até lá — disse Goethe, rindo. — Ainda há dois meses meus filhos sempre voltavam para casa contrariados. Nunca ficaram satisfeitos com o *plaisir* que lhes era proporcionado. Mas agora essa página foi virada; eles retornam transbordantes de alegria, *por terem finalmente podido chorar à vontade*. Ontem deveram esse "êxtase de lágrimas" a um drama de Kotzebue.

Segunda-feira, 13 de abril de 1823*

À noite com Goethe, a sós. Falamos de literatura, de Lord Byron, de seu *Sardanápalo* e de seu *Werner*. Passamos depois ao *Fausto*, do qual Goethe fala frequentemente e com prazer. Ele gostaria que o traduzissem para o francês, e no caráter da época de Marot.[3] Considera-o a fonte de onde Byron retirou a atmosfera de seu *Manfred*. Goethe é da opinião de que Byron, em suas duas últimas tragédias, fez decisivos progressos, pois nelas ele parece menos sombrio e misantrópico. Falamos então sobre o texto da *Flauta mágica*, cuja continuação Goethe escreveu, mas para a qual ainda não encontrou um compositor que pudesse dar o tratamento adequado.[4] Ele concorda em que a conhecida primeira parte está cheia de inverossimilhanças e de gracejos que nem todos são capazes de compreender e apreciar; mas deveríamos, em todo caso, reconhecer que o autor dominava perfeitamente a arte de operar e produzir grandes efeitos teatrais por meio dos contrastes.

---

3 Clément Marot (1495-1544), poeta francês do Renascimento.

4 Goethe escreveu *Der Zauberflöte zweiter Teil* [Segunda parte de *A flauta mágica*] em 1794-1795, mas a obra ficou inacabada. Foi publicada em 1807.

Johann Peter Eckermann

Quarta-feira, 15 de abril de 1823*

À noite com Goethe e a condessa Caroline Egloffstein. Goethe troçou dos almanaques alemães e de outras publicações periódicas, todas elas encharcadas de uma sentimentalidade ridícula que parece estar na ordem do dia. A condessa observou que os romancistas alemães começaram a estragar o gosto de seus numerosos leitores e que agora, por sua vez, os leitores estragam os romancistas que, a fim de encontrar um editor para seus manuscritos, têm de se adequar ao mau gosto dominante do público.

Domingo, 26 de abril de 1823*

Em casa de Goethe, encontrei Coudray e Meyer. Falamos sobre diversos assuntos.

— A biblioteca do grão-duque — disse Goethe, entre outras coisas — possui um globo terrestre feito por um espanhol sob o reinado de Carlos V.[5] Nele se encontram algumas inscrições dignas de nota, como por exemplo esta: "Os chineses são um povo que possui muita semelhança com os alemães". Em épocas passadas — continuou Goethe — os desertos africanos eram designados nas cartas geográficas com desenhos de animais selvagens. Mas hoje em dia não se faz mais isso, os geógrafos preferem antes nos dar *carte blanche*.

Quarta-feira, 6 de maio de 1823*

À noite em casa de Goethe. Ele tentou me dar uma ideia de sua teoria das cores. Afirmou que a luz não é, de forma alguma, uma combinação de diferentes cores; e também a cor, *por si só*, não pode produzir nenhuma cor, muito pelo contrário, para isso é necessária certa modificação e uma mistura de luz e *sombra*.

---

5 Goethe confunde dois mapas-múndi espanhóis, de 1527 e 1529, com um globo terrestre de 1534 feito em Nuremberg pelo cartógrafo Johannes Schöner (1477-1547).

Conversações com Goethe nos últimos anos de sua vida

*Terça-feira, 13 de maio de 1823**

Encontrei Goethe ocupado em reunir seus poemas breves e bilhetes endereçados a diversas pessoas.

— Tempos atrás — disse ele —, quando tratava minhas coisas com leviandade e descurava de fazer cópias, centenas de poemas desse tipo se perderam.

*Segunda-feira, 2 de junho de 1823**

O chanceler, Riemer e Meyer estavam com Goethe. Falávamos sobre os poemas de Béranger, e Goethe comentou e parafraseou alguns deles com grande originalidade e bom humor.

Em seguida, falamos de física e meteorologia. Goethe se ocupa em finalizar uma teoria das leis meteorológicas, na qual atribui a subida e a descida do barômetro inteiramente aos efeitos do globo terrestre e de sua atração ou repulsão da atmosfera.

— Os senhores sábios, sobretudo os senhores matemáticos — continuou Goethe —, não deixarão passar a oportunidade de considerar minhas ideias completamente ridículas; ou farão ainda melhor, ignorando-as inteiramente com a maior elegância. Mas sabem por quê? Porque eles dizem que eu não sou especialista na matéria.

O espírito de casta dos eruditos — repliquei — poderia ser desculpável. Se alguns erros se introduziram em suas teorias e ficaram pendurados nelas, devemos buscar a origem disso no fato de que essas coisas lhes foram transmitidas como dogmas no tempo em que eles próprios ainda se sentavam nos bancos da escola.

— É isso mesmo! — exclamou Goethe. — Seus eruditos fazem como nossos encadernadores em Weimar. A obra-prima que se exige deles para ser aceitos na corporação não é, de modo algum, uma bela encadernação segundo o gosto mais moderno. Não, muito longe disso! Eles ainda têm de produzir uma grossa bíblia in-fólio, exatamente como era moda há dois ou três séculos, com capas grosseiras em couro rijo. A tarefa é um absurdo. Mas o pobre artesão estaria em maus lençóis se ousasse afirmar que seus examinadores são uns burros.

Johann Peter Eckermann

Sexta-feira, 24 de outubro de 1823*

À noite em casa de Goethe. Mme. Szymanowska, que ele conheceu no último verão em Marienbad, fantasiava ao piano. Goethe, absorto em escutá-la, parecia por vezes muito arrebatado e comovido.

Terça-feira, 11 de novembro de 1823*

Pequeno serão em casa de Goethe, que já faz algum tempo se encontra novamente enfermo. Tinha os pés embrulhados em um cobertor de lã que o acompanha por toda parte desde a campanha na Champagne. Com relação a esse cobertor, ele nos contou uma anedota do ano de 1806, quando os franceses ocuparam Iena e o capelão de um regimento francês requisitou tapeçarias para adornar seu altar.

— Forneceram-lhe uma peça de esplêndido tecido vermelho carmesim — disse Goethe — que, no entanto, não lhe pareceu bom o bastante. Ele se queixou comigo. "Envie-me o tecido", respondi-lhe. "Vou ver se lhe consigo algo melhor." Naquela ocasião, íamos representar uma nova peça em nosso teatro e eu usei o magnífico tecido vermelho para fazer sobressair meus atores. Mas quanto ao meu capelão, não lhe demos mais nada; esquecemo-nos dele e ele teve de se arranjar sozinho.

Domingo, 16 de novembro de 1823*

Goethe ainda não melhorou. Esta noite a senhora grã-duquesa enviou-lhe por meu intermédio algumas belíssimas medalhas cujo exame talvez o pudesse distrair e animar. Goethe alegrou-se visivelmente com essa delicada atenção de sua soberana. Em seguida, queixou-se de sentir a mesma dor do lado do coração que antecedera sua grave enfermidade no inverno passado.

— Não posso trabalhar — disse ele —, não posso ler, e mesmo pensar eu só consigo em alguns poucos momentos felizes de alívio.

Segunda-feira, 17 de novembro de 1823*

Humboldt está aqui. Estive hoje por um momento em casa de Goethe, e pareceu-me que a presença e a conversação de Humboldt tiveram uma influência benéfica sobre ele. Seu mal não parece ser apenas de natureza física. Antes, parece que a atração apaixonada que sentiu por uma jovem dama no último verão em Marienbad, e que agora busca combater, deve ser considerada como a causa principal de sua doença.

Sexta-feira, 28 de novembro de 1823*

A primeira parte da *História da arte* de Meyer, que acaba de ser publicada, parece ocupar agradavelmente a Goethe. Hoje ele falou dela com expressões do mais elevado louvor.

Sexta-feira, 5 de dezembro de 1823*

Trouxe alguns minerais para Goethe, em especial um pedaço de ocre argiloso que Deschamps encontrou em Cormayan, e do qual o sr. Massot faz o maior alarde.[6] Qual não foi, porém, seu espanto ao reconhecer nessa cor exatamente a mesma que Angelika Kaufmann costuma utilizar para representar a carne em seus quadros![7]

— O pouco que dela possuía — disse Goethe — valia para ela tanto quanto o ouro. Mas o lugar de onde provinha, e onde se poderia encontrá-la, era-lhe desconhecido.

Goethe disse à sua filha que eu o trato como a um sultão, a quem diariamente são oferecidos novos presentes.

— Melhor dizer que ele o trata feito uma criança! — respondeu a sra. Von Goethe, ao que ele não pôde deixar de rir.

Domingo, 7 de dezembro de 1823*

Perguntei a Goethe como se sentia hoje.

— Não tão mal quanto Napoleão em sua ilha — foi a resposta que deu com um suspiro.

---

6 Dois conhecidos de Soret. Deschamps era comerciante de minérios e Massot, pintor.

7 Angelika Kaufmann (1741-1807), pintora alemã.

Seu prolongado estado enfermiço parece aos poucos produzir efeitos sobre ele.

Domingo, 21 de dezembro de 1823*

O bom humor de Goethe estava hoje novamente esplêndido. Chegamos ao dia mais curto do ano, e a esperança de ver agora a cada semana os dias se alongarem significativamente parece exercer a influência mais benéfica sobre seu estado de ânimo.

— Hoje festejamos o renascer do sol! — exclamou com alegria ao receber-me quando entrei em sua casa esta manhã.

Ouvi dizer que todos os anos costuma passar as semanas que antecedem o dia mais curto a suspirar, em um estado depressivo.

A sra. Von Goethe entrou no aposento para anunciar ao sogro que estava de partida para Berlim, onde vai encontrar a mãe, que retorna de viagem nos próximos dias.

Quando a sra. Von Goethe saiu, Goethe gracejou sobre a vivaz imaginação que caracteriza a juventude.

— Sou velho demais — disse ele — para contradizê-la e fazê-la compreender que a alegria de reencontrar a mãe lá ou aqui seria exatamente a mesma. Essa viagem de inverno significa muito esforço para nada; mas um tal nada é frequentemente muita coisa para a juventude. E, no final das contas, que mal faz? Muitas vezes é necessário cometer alguma sandice para poder continuar a viver por mais algum tempo. Em minha juventude eu não era diferente e, no entanto, sempre escapei ileso.

Terça-feira, 30 de dezembro de 1823*

À noite com Goethe, a sós, conversando sobre vários assuntos. Ele me disse ter a intenção de incluir em suas obras a viagem à Suíça que fez em 1797. Depois falamos do *Werther*, que ele não voltou a ler senão uma única vez, uns dez anos depois de sua publicação. E fez o mesmo com seus outros escritos. Falamos em seguida sobre traduções, e ele me disse ter muita dificuldade em transpor poemas ingleses em versos alemães.

Conversações com Goethe nos últimos anos de sua vida

— Quando tentamos expressar os monossílabos tônicos dos ingleses com os polissílabos ou com palavras compostas do alemão — disse ele —, toda a força e o efeito imediatamente se perdem.

Sobre seu *Rameau*, disse que concluiu a tradução em quatro semanas, e que a ditou inteiramente.

Falamos então a respeito das ciências naturais, sobretudo da mesquinhez de espírito com a qual uns e outros eruditos disputam a prioridade.

— Nada me ensinou tanto a conhecer os homens — disse Goethe — quanto minha dedicação aos trabalhos científicos. Custaram-me muito e foram fontes de muito sofrimento; mesmo assim, porém, alegro-me por ter feito a experiência.

— Nas ciências — observei —, o egoísmo humano parece excitar-se de um modo peculiar; e, uma vez posto em movimento esse egoísmo, logo se evidenciam todas as fragilidades do caráter.

— As questões da ciência — acrescentou Goethe — são muito frequentemente questões da existência. Uma única descoberta pode tornar um homem famoso e consolidar sua felicidade social. É por isso que também nas ciências predominam tanto rigor, tanta pertinácia e tanto ciúme pelas descobertas do outro. No reino da estética, por sua vez, tudo é muito mais tranquilo; as ideias são em maior ou menor grau uma propriedade inata de todas as pessoas, e tudo depende do tratamento e da realização, o que, compreensivelmente, dá menos motivos para a inveja. Uma única ideia pode dar origem a cem epigramas e tudo o que queremos saber é se o poeta soube dar forma a essa ideia da maneira mais eficaz e mais bela.

— Na ciência, porém, o tratamento é zero e todo o efeito reside na descoberta. Nela há pouca coisa que seja universal e subjetiva, ao contrário, todas as manifestações das leis naturais estão fora de nós, esfíngicas, rígidas, fixas e mudas. Todo novo fenômeno que se constata é uma descoberta, toda descoberta é uma propriedade. Mas basta alguém tocar na propriedade e imediatamente o ser humano se manifestará com todas as suas paixões.

— Mas na ciência — prosseguiu Goethe — também é considerado propriedade aquilo que é transmitido e que se aprende nas academias. Porém, se surge alguém trazendo algo de novo que contradiga e ameace pôr abaixo o credo segundo o qual rezamos há anos e, por nossa vez, transmitimos aos outros, desencadeamos contra ele todas as paixões e procuramos de todo modo silenciá-lo. Combatemo-lo com todas as nossas forças; fingimos não ouvir, não compreender, falamos sobre o assunto com desdém, como se não valesse a pena nem mesmo olhar para ele e examiná-lo; e assim uma nova verdade pode esperar muito tempo até abrir seu caminho. Um francês disse a um de meus amigos, referindo-se à minha *Teoria das cores*: "Trabalhamos cinquenta anos para fundar e consolidar o reino de Newton; serão necessários outros cinquenta anos para pô-lo abaixo".[8]

A corporação dos matemáticos tentou tornar meu nome tão suspeito na ciência que todos receiam sequer mencioná-lo. Há pouco caiu-me nas mãos uma brochura na qual se tratava de certas questões referentes à teoria das cores; seu autor parecia mesmo estar completamente impregnado de minha teoria, tudo fora construído e relacionado aos mesmos fundamentos.[9] Li esse escrito com muita alegria; porém, para minha não pequena surpresa, constatei que o autor não mencionava meu nome uma única vez. Posteriormente o enigma se decifrou. Um amigo comum visitou-me e confessou-me: o jovem e talentoso autor buscava estabelecer sua reputação por meio daquele escrito e temia, com razão, prejudicar-se diante do universo dos sábios se ousasse invocar meu nome em apoio dos pontos de vista que defendia. O pequeno escrito teve um destino feliz, e mais tarde o jovem e talentoso autor se apresentou e mim e desculpou-se pessoalmente.

— O caso parece-me ainda mais notável — eu disse — porque em todos os outros assuntos as pessoas têm motivos de orgulhar-se de sua autoridade, e qualquer um se considera feliz se puder contar com o poderoso apoio de sua aprovação diante do mundo. Com respeito à sua *Teoria das cores*, o problema me parece estar no fato de que com ela o senhor se confronta não apenas com o famoso Newton, que conta com um reconhecimento universal, mas também com seus discípulos espalhados pelo mundo inteiro, os quais são fiéis ao mestre e formam uma legião. Supondo também por

---

8 Um francês: provavelmente o astrônomo Jean-Baptiste Delambre (1749-1822), em carta ao conde Reinhard.

9 Brochura: *Beiträge zur Kenntniss des Sehens in subjektiver Hisicht* [Contribuições ao conhecimento da visão do ponto de vista subjetivo, 1819], publicado em Praga pelo fisiólogo Johann Evangelista Purkinje (1787-1869).

fim que se venha a lhe dar razão, ainda assim o senhor certamente estará por um longo tempo sozinho com sua nova teoria.

— Estou acostumado e preparado para isso — replicou Goethe. — Mas diga-me o senhor mesmo — prosseguiu ele — se eu não deveria estar orgulhoso por ter reconhecido já há vinte anos que o grande Newton, e com ele todos os matemáticos e eminentes calculadores, estava decididamente equivocado quanto à teoria das cores, e que entre milhões de pessoas eu sou o único a conhecer a verdade a respeito desse grande fenômeno da natureza? Com esse sentimento de superioridade foi então possível para mim suportar a estúpida arrogância de meus adversários. Tentaram de todas as maneiras hostilizar a mim e à minha teoria e ridicularizar minhas ideias; não obstante, fiquei imensamente feliz com a obra que concluí. Todos os ataques de meus adversários serviram apenas para me revelar as fraquezas humanas.

Enquanto Goethe assim falava, com uma grande energia e uma riqueza de expressão que não tenho condições de reproduzir com toda a veracidade, seus olhos brilhavam com uma chama extraordinária. Podia-se ver neles a expressão do triunfo, enquanto um sorriso irônico brincava em seus lábios. Os traços de seu belo semblante estavam mais imponentes que nunca.

Quarta-feira, 31 de dezembro de 1823

Com Goethe à mesa, conversando sobre assuntos variados. Ele me mostrou uma pasta com desenhos à mão, dentre os quais mereciam especial atenção os primeiros esboços de Heinrich Füssli.[10]

Falamos então de assuntos religiosos e do abuso do nome de Deus.

— As pessoas o tratam — disse Goethe — como se o ser supremo, incompreensível, inimaginável, não fosse nada além de um seu igual. Caso contrário, não diriam *O Senhor* Deus, *o amado* Deus, *o bom* Deus. Para elas, sobretudo para os sacerdotes que diariamente o têm nos lábios, ele se tornou uma fórmula, um mero nome que pronunciam sem pensar em nada. Mas, se estivessem impregnados de sua grandeza, elas se calariam e, tomadas de veneração, não ousariam pronunciar seu nome.

---

10 Johann Heinrich Füssli (1742-1825), pintor suíço.

1824

Sexta-feira, 2 de janeiro de 1824

Com Goethe à mesa em alegre conversação. Uma jovem beldade da sociedade de Weimar foi mencionada e um dos presentes declarou estar quase a ponto de apaixonar-se por ela, embora sua inteligência não pudesse ser chamada de brilhante.

— Bah! — disse Goethe, rindo. — Desde quando o amor tem algo a ver com a inteligência? O que amamos em uma jovem senhora são outros atributos muito diferentes da inteligência. Amamos o que ela tem de belo, jovem, atrevido, íntimo, seu caráter, seus defeitos, seus caprichos e sabe Deus quanta coisa mais que não podemos exprimir; mas não amamos sua inteligência. Sua inteligência, nós a *estimamos*, se for brilhante, e graças a ela uma jovem pode valorizar-se infinitamente aos nossos olhos. A inteligência também pode também nos amarrar quando já amamos. Mas a inteligência não é aquilo que é capaz de nos inflamar e de despertar uma paixão.

Todos consideraram que havia muito de verdadeiro e de convincente nas palavras de Goethe, e se mostraram muito dispostos a considerar igualmente o assunto por esse ângulo.

Depois da refeição, quando os demais haviam se retirado, fiquei a sós com Goethe para tratar de diversos assuntos relevantes.

Falamos da literatura inglesa, da grandeza de Shakespeare e da situação desfavorável na qual se viram todos os dramaturgos ingleses que vieram *depois* daquele gigante da poesia.

— Um talento dramático — prosseguiu Goethe —, caso fosse significativo, não podia ignorar Shakespeare, não podia mesmo deixar de estudá-lo. Mas se o estudasse não podia deixar de reconhecer que Shakespeare já esgotara a natureza humana inteira em todas as suas facetas, em todas as suas profundezas, em todas as suas alturas, e que no fundo, para quem veio depois, não restara mais nada a fazer. E onde alguém iria buscar a coragem de simplesmente empunhar a pena tendo já consciência e tendo já reconhecido com toda a seriedade de sua alma a existência de tantas obras excelentes, insondáveis e inalcançáveis?

— É verdade que há cinquenta anos as coisas foram mais fáceis para mim em minha querida Alemanha. Bem cedo eu pude acertar as contas com o que existira no passado, nada daquilo me podia intimidar demasiadamente ou me deter por um tempo muito prolongado. Logo deixei para trás a literatura alemã e seu estudo para me dedicar à vida e à criação. Assim, avançando passo a passo, percorri o caminho de minha evolução natural, e passo a passo adquiri os conhecimentos necessários para as produções que logrei realizar de época em época. E minha ideia de excelência em cada uma das fases de minha vida e de meu desenvolvimento jamais excedia em muito o que eu era capaz de *fazer* em cada uma dessas fases. Mas, se tivesse nascido inglês, e toda aquela variedade de obras-primas se tivesse imposto a mim com toda a sua força no momento de meu primeiro despertar juvenil, eu teria sido subjugado e não saberia o que fazer. Não poderia ter avançado com um estado de ânimo tão leve e despreocupado, teria certamente de primeiro refletir e olhar ao redor durante muito tempo a fim de encontrar uma saída onde quer que fosse.

Levei a conversa de volta a Shakespeare.

— Quando em certa medida o destacamos da literatura inglesa — eu disse —, o transportamos para a Alemanha e o contemplamos como um caso isolado, não podemos deixar de nos espantar com sua gigantesca figura, como se fosse um prodígio. Mas se o formos buscar em sua pátria, se nos colocamos sobre o solo de seu país e na atmosfera do século em que ele

Conversações com Goethe nos últimos anos de sua vida

viveu, se estudarmos também seus contemporâneos e seus sucessores mais próximos, se respiramos a energia que emana de Ben Jonson, Massinger, Marlowe e Beaumont e Fletcher, Shakespeare sem dúvida continua a ter uma grandeza poderosa e proeminente, mas acabamos por nos convencer de que muitas das maravilhas de seu espírito se tornam em certa medida acessíveis, e muita coisa nele depende da poderosa atmosfera criativa de seu século e de sua época.

— O senhor tem toda razão — disse Goethe. — Com Shakespeare se passa o mesmo que com as montanhas da Suíça. Transporte o Montblanc diretamente para a grande planura da charneca de Lüneburg e o senhor ficará mudo de espanto diante de sua grandeza. Mas se o visitar em sua gigantesca paisagem pátria, se chegar até ele através de seus grandes vizinhos: a Jungfrau, o Finsteraahorn, o Eiger, o Wetterhorn, o Gotardo e o Monterosa, o Montblanc ainda assim continuará a ser um gigante, mas não nos causará mais tanto espanto.

— De resto — continuou Goethe —, quem não quiser acreditar que muito da grandeza de Shakespeare pertence à sua grande e poderosa era, deve apenas se perguntar se lhe parece possível um fenômeno tão espantoso hoje, na Inglaterra de 1824, nesses maus dias dominados por jornais destrutivamente críticos e desagregadores.

— Aquela atividade criadora espontânea, inocente, sonâmbula, a única capaz de fazer medrar qualquer coisa de grande não é mais possível. Nossos talentos atuais são todos servidos na bandeja da opinião pública. Os jornais de crítica que diariamente são publicados em cinquenta localidades diferentes e o mexerico que suscitam no público não permitem que surja nada de saudável. Quem hoje em dia não se mantém longe disso e não se força a se isolar, está perdido. É verdade que por meio do mau jornalismo, em grande parte negativo, estetizante e crítico, uma espécie de subcultura chega até as massas, mas para o talento produtivo isso é uma névoa maligna, um veneno fatal que destrói a árvore de sua energia criadora, desde o ornamento das folhas até a seiva mais profunda e as fibras mais ocultas.

— Além disso, como a própria vida se tornou mansa e débil nesses últimos dois miseráveis séculos! De onde ainda nos confronta sem disfarces uma natureza original? E onde alguém tem forças para ser verdadeiro e se mostrar assim como é? E isso repercute nos poetas, que têm de encontrar tudo em si mesmos, enquanto o mundo exterior os deixa a ver navios.

A conversa se voltou para o *Werther*.

— Essa também é uma criatura — disse Goethe — que eu, como o pelicano, alimentei com o sangue de meu próprio coração. Nele há tanta coisa íntima, saída de meu próprio peito, tanto de sentimentos e pensamentos, que daria para compor um romance de dez volumes iguais a ele. Aliás, como já disse muitas vezes, só reli o romance uma única vez desde sua publicação, e me guardei de voltar a fazê-lo. É um feixe de foguetes incendiários! Faz-me mal, e eu temo experimentar novamente o mesmo estado de ânimo patológico do qual ele brotou.

Recordei sua conversa com Napoleão, da qual tomei conhecimento através de um esboço guardado entre seus escritos inéditos, tendo já muitas vezes insistido com ele para que lhe dê uma forma definitiva.

— Napoleão — eu disse — menciona uma passagem do *Werther* que, segundo ele, não resistiria a um exame rigoroso, e o senhor lhe dá razão. Eu gostaria muito de saber a que passagem ele se referia.

— Tente adivinhar! — disse Goethe com um sorriso misterioso.

— Bem — redargui —, estou para dizer que se trata da passagem em que Lotte envia as pistolas a Werther sem dizer uma palavra a Albert e sem lhe comunicar seus pressentimentos e seus temores. O senhor fez todo o possível para motivar o silêncio dela, mas diante da urgente necessidade de salvar a vida do amigo, isso parece insustentável.

— Sua observação — disse Goethe — não é nada má. Mas penso que é melhor não revelar se Napoleão se referia a essa mesma passagem ou a outra. Porém, como eu disse, sua observação é tão correta quanto a dele.

Mencionei a questão sobre se a grande influência que o *Werther* exerceu quando de sua publicação se deve verdadeiramente ao momento.

— Não posso concordar com essa opinião generalizada — disse eu. — O *Werther* fez época por ter sido publicado, e não por ter sido publicado em um momento determinado. Em qualquer tempo existe tanto sofrimento não expresso, tanta insatisfação secreta e tédio da vida, e em indivíduos isolados há tanta desavença com o mundo, tantos conflitos de sua natureza com as instituições burguesas, que o *Werther* teria feito época mesmo se só tivesse sido publicado hoje.

— Talvez o senhor tenha razão — respondeu Goethe — e esse é o motivo pelo qual o livro ainda hoje exerce tanta influência sobre jovens de certa idade quanto naquela época. E eu também não teria a necessidade de fazer derivar minha própria melancolia juvenil das influências gerais da época e da leitura de determinados autores ingleses. Foram antes circunstâncias individuais imediatas que não me impeliam agir, que me atormentavam e me colocaram naquele estado de espírito do qual surgiu o *Werther*. Eu vivera, amara e sofrera demais! E isso era tudo.

— Olhando tudo mais de perto, a tão discutida era de *Werther* não pertence ao curso da cultura mundial, e sim ao curso da vida de um indivíduo, que com um inato senso natural de liberdade tem de aprender a lidar com formas limitadoras de um mundo envelhecido e se adaptar a elas. Felicidade obstruída, atividade restringida, desejos insatisfeitos não são defeitos de uma época em especial, e sim de cada indivíduo em particular, e seria muito ruim se não houvesse na vida de cada um uma época em que o *Werther* não lhe parecesse como que escrito especialmente para ele.

Domingo, 4 de janeiro de 1824

Hoje, depois da refeição, Goethe examinou comigo a pasta de Rafael. Ele se ocupa com muita frequência de Rafael, para se manter sempre em contato com o que há de melhor, e constantemente se exercitar em pensar segundo as ideias de um grande homem. Além disso, é uma alegria para ele introduzir-me em semelhantes assuntos.

Depois disso falamos do *Divã*, especialmente sobre o "livro do mau humor", no qual ele despejou muitas coisas que guardava no coração contra seus inimigos.

— Eu, aliás, fui muito moderado — acrescentou —; se quisesse dizer tudo o que me roía por dentro e me atormentava, essas poucas páginas teriam crescido a ponto de compor um volume inteiro.

— As pessoas nunca estavam satisfeitas comigo e sempre quiseram que eu fosse diferente do que Deus quis me fazer. Também raramente ficavam satisfeitas com o que eu produzia. Se eu me esforçava dia e noite com toda a minha alma em agradar ao mundo com uma nova obra, o mundo exigia que eu ainda por cima lhe agradecesse por achá-la suportável. Se me elogiavam, eu não podia receber esse elogio com alegre satisfação, como um bem merecido tributo, o que esperavam de mim era alguma modesta frase de recusa, na qual eu humildemente expusesse à luz do dia a total insignificância de minha pessoa e de minha obra. Mas isso contrariava minha natureza, e eu teria de ser um pulha miserável para mentir e fingir dessa maneira. Mas, por ser forte o suficiente para demonstrar com toda a veracidade o que sentia, eu era considerado orgulhoso e ainda o sou até hoje.

— Em matéria de religião, de ciência e de política, sempre encontrei dificuldades por não ser hipócrita e por ter a coragem de expressar-me conforme meus sentimentos.

— Eu acreditava em Deus e na natureza, e na vitória daquilo que é nobre sobre aquilo que é mau; contudo, isso não bastava às almas pias, eu ainda tinha de acreditar que três são um e que um é três; mas isso contrariava o sentimento de verdade de minha alma; e também não via como poderia me ajudar minimamente.

— Também me foi prejudicial ter descoberto que a teoria newtoniana da luz e das cores era um erro e ter tido a coragem de contradizer o credo universal. Reconheci a luz em sua pureza e em sua verdade, e considerei ser uma incumbência minha lutar por isso. Mas aquela facção tentou por todos os meios obscurecer a luz, afirmando: *a sombra é parte da luz*. Dito desse modo pode soar absurdo, mas é assim. Pois eles diziam: *as cores*, que são de fato sombra e penumbra, *são a própria luz*, ou, o que dá no mesmo, *são os raios de luz refratada ora desta ora daquela maneira*.

Goethe calou-se, e um sorriso irônico espalhou-se sobre seu expressivo semblante. Depois prosseguiu:

— E em matéria de política, então! Não sou capaz de expressar quantas penas e quantos sofrimentos não tive de suportar! Conhece meu drama *Os excitados?*[1]

— Só ontem — respondi —, por causa da nova edição de suas obras, li essa peça, e lamentei do fundo do coração que tenha ficado inacabada.

---

1 *Die Aufgeregten* [Os excitados], peça incompleta de 1791-1792.

Mas, seja como for, qualquer pessoa bem-intencionada concordará com suas convicções.

— Eu a escrevi na época da Revolução Francesa — continuou Goethe —, e ela pode ser vista em certa medida como minha profissão de fé política naquele momento. Fiz da condessa a representante da nobreza; com as palavras que lhe pus na boca, exprimi o que a nobreza deveria de fato pensar. A condessa acaba de voltar de Paris, onde fora testemunha dos eventos revolucionários, e a lição que tirou deles não era nada má. Ela se convenceu de que o povo pode ser contido, mas não reprimido, e que os levantes revolucionários das classes inferiores é uma consequência da injustiça das classes superiores. "No futuro", diz ela, "procurarei evitar rigorosamente qualquer ação que me pareça reprovável, e direi em alto e bom som na sociedade e na corte minha opinião sobre as ações reprováveis de outras pessoas. Não me calarei mais a respeito de nenhuma injustiça, mesmo que venha a ser difamada como democrata."

— Pareceu-me — continuou Goethe — que esse modo de pensar seria inteiramente respeitável. Era minha opinião naquela época e continua a ser ainda hoje. Mas como recompensa me cobriram de epítetos que eu não gostaria de repetir.

— Basta ler o *Egmont* — observei — para saber como o senhor pensa. Não conheço outra peça alemã em que se advogue tão decididamente a favor da liberdade do povo quanto nessa.

— As pessoas se comprazem — disse Goethe — em não me ver como eu sou, e em desviar a vista de tudo quanto me pudesse mostrar à minha verdadeira luz. Schiller, porém, que, aqui entre nós, era muito mais aristocrata que eu, mas pensava muito mais no que ia dizer, teve a singular felicidade de ser considerado um autêntico amigo do povo. Mas do fundo do coração eu o congratulo por isso, e me consolo pensando que outros antes de mim não tiveram melhor sorte.

— É verdade que eu não poderia ser amigo da Revolução Francesa, pois seus horrores estavam muito próximos de mim e me indignavam diariamente, de hora em hora, ao passo que não era possível prever suas consequências benéficas. E eu também não podia assistir indiferente à tentativa de trazer para a Alemanha *de maneira artificial* semelhantes cenas que, na França, eram consequência de uma grande necessidade.

— Mas nem por isso era um amigo de um despotismo arbitrário. E também estava inteiramente convencido de que nenhuma grande revolução é culpa do povo, e sim do governo.

— Revoluções serão totalmente impossíveis sob governos que se mantenham sempre justos e sempre alertas, de modo a poderem se antecipar a elas por meio de oportunas melhorias e não resistir obstinadamente até o ponto em que o que é necessário lhes seja imposto de baixo para cima.

— Mas por odiar as revoluções fui chamado de *amigo da ordem estabelecida*. Esse, porém, é um título muito ambíguo do qual prefiro ser poupado. Se a ordem estabelecida fosse toda ela excelente, boa e justa, eu não me oporia a ser chamado assim. Mas, uma vez que ao lado de muita coisa boa há também muita coisa ruim, injusta e imperfeita, ser chamado de amigo da ordem estabelecida frequentemente não significa outra coisa senão ser chamado de amigo do que é ultrapassado e ruim.

— O tempo, porém, avança incessantemente, e os assuntos humanos tomam uma nova forma a cada cinquenta anos, de modo que uma instituição que no ano de 1800 era uma perfeição talvez venha a ser já no ano de 1850 uma deformidade.

— Além do mais, para uma nação, só é bom o que brota de seu próprio cerne e de sua própria necessidade geral, sem macaquear qualquer outra. Pois o que pode ser alimento benéfico para um povo em uma determinada idade pode revelar-se um veneno para outro. Portanto, são insensatas todas as tentativas de introduzir alguma novidade estrangeira, cuja necessidade não esteja enraizada no cerne profundo da própria nação, e todas as pretendidas revoluções desse tipo estão destinadas ao malogro; *pois elas são sem Deus, que mantém distância de lambanças desse tipo.* Mas se existir em um povo a verdadeira necessidade de uma grande reforma, então Deus está com ele e tal reforma será bem-sucedida. Ele visivelmente estava com Cristo e seus primeiros discípulos, pois o surgimento da nova doutrina do amor era uma necessidade dos povos; ele também visivelmente estava com Lutero, pois a purificação daquela doutrina desfigurada pela padralhada não o era menos. Mas nenhuma dessas duas grandes potências era amiga da ordem

Conversações com Goethe nos últimos anos de sua vida

estabelecida; ambas estavam, antes, vivamente impregnadas da ideia de que o antigo fermento precisava ser revirado e não era possível prosseguir e permanecer por mais tempo na inverdade, na injustiça e na imperfeição.

Quarta-feira, 5 de maio de 1824

Estive nestes últimos dias vivamente ocupado com os papéis contendo os estudos feitos por Goethe com os atores Wolff e Grüner, e consegui dar a essas notas extremamente fragmentárias uma espécie de forma, e delas surgiu algo que talvez pudesse ser considerado o início de um catecismo para atores.

Hoje conversei com Goethe sobre esse trabalho e revisamos em detalhes cada um dos tópicos. As observações a respeito da pronúncia e da eliminação de regionalismos nos pareceram particularmente importantes.

— Em minha longa experiência — disse Goethe —, conheci principiantes de todos os cantos da Alemanha. A pronúncia dos alemães do Norte pouco deixava a desejar. É pura e sob certos pontos de vista pode ser considerada um modelo. Mas frequentemente me vi em apuros com suábios, austríacos e saxões. Os nativos de nossa querida cidade de Weimar também me deram bastante trabalho. Estes cometem os erros mais ridículos, pois as escolas locais não exigem deles que distingam claramente o B do P e o D do T por uma pronúncia marcada. É difícil de acreditar que considerem o B, o P, o D e o T *quatro* letras diferentes, pois só falam de um B forte e de um fraco e de um D forte e de um fraco e, com isso, parecem indicar tacitamente que o P e o T nem sequer existem. De uma boca assim, *Pein* [pena] soa como *Bein* [perna], *Pass* [desfiladeiro] como *Bass* [baixo] e *Teckel* [cão bassê] como *Deckel* [cobertor].

— Um ator local — observei — que também não diferenciava adequadamente o T do D cometeu um dia esses um erro semelhante que chamou muito a atenção. Ele representava o papel de um amante culpado de uma pequena infidelidade, e recebia as mais veementes reprimendas da encolerizada jovem senhora. Impaciente, ele deveria exclamar por fim *"Oende!"* [Oh, acabe com isso!]. Mas, como não diferenciava entre o T e o D, exclamou *"O Ente!"* [Oh, pato!], provocando uma gargalhada geral.

Johann Peter Eckermann

— É uma bela anedota — replicou Goethe —, e talvez merecesse ser incluída em nosso catecismo teatral.

— Uma jovem cantora local — continuei — que também não sabia diferenciar entre o T e o D tinha recentemente de dizer: *"Ich will dich den Eingeweihten übergeben"* [Vou entregar você aos iniciados]. Mas, pronunciando o T como um D, saiu algo como *"Ich will dich den Eingeweihden übergeben"* [Vou entregar você às entranhas].

— Recentemente um ator local, que representava o papel de um criado, deveria dizer a um estrangeiro: *"Mein Herr ist nicht zu Hause, er sitzt im Rate"* [Meu patrão não está em casa, está no Conselho]. Mas, como não diferenciava o T do D, saiu algo como *"Mein Herr ist nicht zu Hause, er sitzt im Rade"* [Meu patrão não está em casa, ele está na roda].

— Esses casos também não são nada maus — disse Goethe —, e vamos anotá-los. Pois é muito ridículo quando alguém que não diferencia o P do B deve gritar: *"Packe ihn an!"* [Agarre-o!] e em vez disso grita: *"Backe ihn an!"* [Asse-o!].

— Do mesmo modo — prosseguiu Goethe —, aqui o Ü é frequentemente pronunciado como I, o que também dá lugar aos mais vergonhosos mal-entendidos. Muitas vezes, ouvi dizer *Kistenbewohner* [habitante da caixa] em lugar de *Küstenbewohner* [habitante do litoral], *Tierstück* [retrato de animal] em lugar de *Türstück* [batente da porta], em vez de *gründlich* [profundo], *grindlich* [doente de impetigo], em vez de *trübe* [turvo], *Triebe* [instinto] e em lugar de *Ihr müsst* [vocês devem (fazer algo)], *Ihr misst* [vocês não têm], o que sempre deu ocasião a muitas risadas.

— Vi recentemente um caso muito engraçado desse tipo no teatro. Uma dama em situação crítica tinha de seguir um homem a quem nunca vira antes. Ela devia dizer: *"Ich kenne Dich zwar nicht, aber ich setze mein ganzes Vertrauen in den Edelmut deiner Züge"* [Embora não o conheça, deposito toda a minha confiança na nobreza de seus traços]. Mas, pronunciando o Ü como I, ela disse: *"Ich kenne Dich zwar nicht, aber ich setze mein ganzes Vertrauen in den Edelmut deiner Ziege"* [Eu não o conheço, mas deposito toda a minha confiança na nobreza de sua cabra], o que provocou muitas gargalhadas.

— Esse caso também não é nada mau — replicou Goethe —, e vamos anotá-lo como fizemos com o outro. Aqui também — continuou ele — troca-se

Conversações com Goethe nos últimos anos de sua vida

frequentemente o G pelo K e vice-versa, e se pronuncia G em vez de K e K em vem de G, talvez, novamente, por conta da insegurança sobre se uma letra é surda ou sonora, uma consequência da teoria tão em voga por aqui. O senhor provavelmente já ouviu muitas vezes ou ainda ouvirá no futuro dizerem em nosso teatro *Kartenhaus* [castelo de cartas] por *Gartenhaus* [caramanchão], *Kasse* [caixa] por *Gasse* [ruela], *klauben* [roubar] por *glauben* [acreditar], *bekränzen* [coroar] por *begrenzen* [limitar] e *Kunst* [arte] por *Gunst* [favor].

— Algo semelhante — respondi — já me ocorreu de fato aqui. Um ator local devia dizer: *"Dein Gram geht mir zu Herzen"* [Tua pena me comove]. Mas pronunciou o G como K e disse claramente: *"Dein Kram geht mir zu Herzen"* [Tua tralha me comove].

— Essa confusão entre G e K — acrescentou Goethe —, nós a podemos constatar não apenas em nossos atores, mas também em teólogos muito eruditos. Comigo se passou um caso assim que quero lhe contar.

— Há alguns anos, quando passei uma temporada em Jena hospedado no hotel *Zur Tanne*, um estudante de teologia se fez anunciar pela manhã. Depois de havermos conversado muito agradavelmente por um momento, ele se despediu de mim com um pedido muito singular. Pediu-me permissão para *fazer a prédica em meu lugar no próximo domingo*. Percebi imediatamente de onde soprava o vento, e que o jovem promissor era um daqueles que trocam o K pelo G. Por isso, respondi-lhe com toda a amabilidade que eu não poderia ajudá-lo pessoalmente com seu pedido, mas que ele com certeza alcançaria seu objetivo se tivesse a bondade de se dirigir ao sr. arquidiácono Koethe.

Terça-feira, 18 de maio de 1824

À noite com Goethe, em companhia de Riemer. Goethe nos entreteve falando de um poema inglês que tem por tema a geologia.[2] Fez-nos dele uma tradução improvisada em forma de narrativa com tanto espírito, imaginação e bom humor que cada detalhe ganhava vida diante de nossos olhos

---

2 *King Coal's Levee or geological etiquette* [A audiência do rei Carbono ou etiqueta geológica, 1819], de John Scafe (1776-1843).

como se tudo fosse invenção dele próprio naquele mesmo instante. Vemos o herói do poema, o rei Carbono, sentado em seu trono na esplêndida sala de audiências com a esposa Pirita ao seu lado, esperando pelos grandes do reino. Entrando segundo uma ordem hierárquica, apareciam um após o outro e eram apresentados ao rei: o duque Granito, a marquesa Ardósia, a condessa Pórfiro e assim por diante, todos caracterizados com adjetivos e epítetos certeiros. Além deles também entrava em cena Sir Lourenço Calcáreo, um homem de grandes posses e estimado na corte. Ele pede desculpas pela ausência de sua mãe, Lady Mármore, cuja morada fica longe dali; ela é, aliás, dama de grande capacidade de cultura e polidez. O verdadeiro motivo pelo qual não comparecia hoje à corte era ter se envolvido em uma intriga com Canova, que muito a embeleza.[3] Tufo, com os cabelos adornados de lagartixas e peixes, parecia um tanto bêbado. João Marga e Jacó Argila chegam apenas no fim; o último goza do especial apreço da rainha por ter lhe prometido uma coleção de conchas. E assim seguiu a apresentação no tom mais alegre durante algum tempo; mas os detalhes eram demasiado numerosos para que eu pudesse guardar toda a sequência.

— Um poema como esse — disse Goethe — é pensado inteiramente com o objetivo de divertir as pessoas mundanas, ao mesmo tempo que dissemina uma porção de conhecimentos úteis, dos quais ninguém afinal de contas deveria prescindir. Por meio dele desperta-se o interesse dos círculos elevados pela ciência e nunca saberemos quantas coisas boas podem surgir como consequência de uma quase brincadeira como essa. Algumas boas cabeças talvez se vejam incentivadas a observar dentro de sua própria esfera pessoal. E essas percepções individuais da natureza ao nosso redor são muitas vezes tanto mais valiosas quanto menos o observador for de fato um especialista.

— O senhor parece querer sugerir — eu disse — que, quanto mais se sabe, pior se observa?

— Quando combinamos o saber transmitido com equívocos — respondeu Goethe —, sem sombra de dúvida! No momento que aderimos a qualquer crença limitadora na ciência, perdemos toda compreensão espontânea e verdadeira. O decidido vulcanista verá sempre apenas através dos óculos do

---

3 Antonio Canova (1757-1822), escultor e pintor italiano.

Conversações com Goethe nos últimos anos de sua vida

vulcanista, assim como o netunista e o adepto da nova teoria da elevação[4] através dos seus. A visão de mundo de todos esses teóricos confinados em uma única e exclusiva orientação perdeu sua inocência e os objetos não se mostram mais em sua natural pureza. Quando esses sábios prestam contas de suas descobertas, o que temos, a despeito do elevado amor de cada um deles pela verdade, não é de maneira alguma a verdade sobre os objetos; o que recebemos, ao contrário, são os objetos com o sabor de uma forte adição de subjetividade.

— Mas estou longe de afirmar que um conhecimento espontâneo e *correto* seria um obstáculo à observação, ao contrário, ainda vale a antiga sabedoria segundo a qual nós só temos olhos e ouvidos para aquilo que *conhecemos*. O músico profissional ouve do som da orquestra inteira cada instrumento e cada nota isoladamente, ao passo que o leigo está limitado ao efeito massivo do conjunto. Assim também a pessoa meramente dada à fruição vê apenas a encantadora superfície de um prado verdejante ou florido, enquanto ao botânico experimentado saltam à vista os infinitos detalhes das mais variadas plantinhas e ervas.

— Tudo, porém, tem sua medida e seu objetivo e, assim como em meu *Götz* é dito que de tanta erudição o filhinho não reconhece seu próprio pai, também na ciência nos deparamos com pessoas que de tanta erudição e hipóteses não mais conseguem ver e ouvir. Para essas pessoas, tudo imediatamente se interioriza; estão tão ocupadas com aquilo que revolvem dentro de si que com elas se passa o mesmo que com uma pessoa presa da paixão: cruza com seus amigos mais queridos na rua sem reconhecê-los. A observação da natureza exige uma tranquila pureza interior que não se deixa perturbar nem preocupar por nada. O besouro na flor não escapa à vista da criança, todos os seus sentidos estão concentrados sobre um único e simples interesse e nem lhe passa pela cabeça que naquele mesmo instante poderia estar acontecendo, por exemplo, algo digno de atenção na formação das nuvens que o fizesse voltar o olhar para aquela direção.

---

4 Teoria defendida pelo geólogo francês Léonce Élie de Beaumont (1798-1874), segundo a qual cadeias de montanhas paralelas têm todas a mesma idade e pertencem ao mesmo sistema de elevação.

Johann Peter Eckermann

— Isso quer dizer — observei — que as crianças e aqueles que se parecem com elas poderiam dar bons serviçais da ciência.

— Quisera Deus — interveio Goethe — que todos nós não fôssemos senão bons serviçais. É justamente por querermos ser mais e carregarmos conosco para toda parte um grande aparato de filosofia e hipóteses que estragamos tudo.

Fez-se uma pausa na conversa, que Riemer interrompeu mencionando Lord Byron e sua morte. Goethe então fez uma brilhante análise de seus escritos, cobrindo-o dos maiores elogios e do mais puro reconhecimento.

— Aliás — prosseguiu —, embora Byron tenha morrido tão jovem, levando-se em conta os obstáculos a um desenvolvimento futuro, a literatura não perdeu essencialmente. Em certa medida, Byron não poderia ir mais longe. Chegara ao ápice de sua energia criadora e, independentemente do que viesse ainda a produzir, não poderia expandir os limites impostos ao seu talento. Em seu inconcebível poema sobre o Juízo Final ele fez o máximo de que era capaz.[5]

A conversa se voltou então para o poeta italiano Torquato Tasso e sobre como este se sai em comparação com Lord Byron. Goethe não pôde deixar de evidenciar a grande superioridade do inglês do ponto de vista do espírito, conhecimento do mundo e energia produtiva.

— Não podemos — acrescentou — comparar esses poetas entre si sem que um aniquile o outro. Byron é a sarça ardente que reduz a cinzas o cedro sagrado do Líbano. A grande epopeia do italiano firmou sua reputação ao longo dos séculos; mas com um único verso do *Don Juan* se poderia envenenar toda a *Jerusalém libertada*.

Quarta-feira, 26 de maio de 1824

Hoje despedi-me de Goethe a fim de visitar meus entes queridos em Hanôver e, em seguida, prosseguir viagem até o Reno, conforme meus

---

5 Byron morrera em 19 de abril de 1824. A notícia chegara a Weimar em 23 de abril. O poema a que Goethe se refere é *The Vision of Judgement* [A visão do julgamento, 1822].

Conversações com Goethe nos últimos anos de sua vida

planos há muito acalentados. Goethe foi muito cordial e estreitou-me em seus braços.

— Se por acaso vier a encontrar minha velha amiga de juventude Charlotte Kestner em casa dos Rehberg — disse ele —, transmita-lhe minhas saudações.[6] Em Frankfurt, quero recomendá-lo aos meus amigos Willemer, conde Reinhardt e Schlosser. Também em Heidelberg e em Bonn o senhor encontrará amigos fiéis e devotados que lhe darão a melhor das acolhidas. Neste verão, pretendo passar novamente algum tempo em Marienbad, mas não partirei antes de seu retorno.

A despedida de Goethe foi difícil; mas parti com a firme convicção de que em dois meses tornarei a vê-lo alegre e saudável.

Não obstante, no dia seguinte senti-me feliz enquanto a carruagem me levava à minha querida pátria Hanôver, pela qual sinto sempre a mais profunda saudade.

---

6 Charlotte Kestner, em solteira Charlotte Buff (1753-1828), é o modelo da Lotte de Werther; August Wilhelm Rehberg (1757-1836), homem de Estado e escritor político.

1825

Terça-feira, 22 de março de 1825

Hoje, logo depois da meia-noite, fomos acordados pelo alarme de incêndio; gritavam "fogo no teatro!". Vesti-me a toda pressa e corri para o local. Era grande a consternação geral. Havia poucas horas que nos tínhamos encantado com a excelente atuação de La Roche no *Judeu* de Cumberland,[1] e Seidel levara todos às gargalhadas com seu bom humor e suas burlas. E agora esse mesmo local em que acabáramos de desfrutar das alegrias do espírito era devastado pelo mais terrível elemento de destruição.

Ao que parece o fogo, causado por um aquecedor, começara na plateia, logo atingindo o palco e as ripas ressecadas dos bastidores, e assim, alimentado pelos materiais altamente inflamáveis, logo tomara proporções monstruosas, não demorando muito até que as chamas alcançassem o teto e as vigas desabassem.

Carência de meios para debelar o incêndio não havia. Pouco a pouco o edifício foi rodeado de mangueiras que despejavam uma enorme quantidade de água sobre as chamas. Mas foi tudo em vão. O fogo continuava a avançar e lançava incessantemente contra o fundo escuro do céu uma grande quantidade de fagulhas fulgurantes e pedaços incandescentes de materiais leves que uma brisa quase imperceptível fazia sobrevoar a cidade.

---

1 *The Jew* [O judeu, 1794], drama de Richard Cumberland (1732-1811).

Grandes eram o barulho, o clamor e a gritaria da massa humana que trabalhava nas escadas de incêndio e nas mangueiras. Todas as energias estavam mobilizadas, todos pareciam querer vencer pela força. Um pouco de lado, o mais próximo que o calor das chamas permitia, havia um homem de capote e barrete militar, fumando um charuto com a maior tranquilidade. À primeira vista, parecia ser um espectador ocioso, embora não o fosse. Do lado dele partiam pessoas a quem ele dava ordens que imediatamente eram obedecidas. Era o grão-duque Carl August. Ele logo se dera conta de que não havia salvação para o edifício; por isso, ordenou que o deixassem vir abaixo e voltassem todas as mangueiras que não fossem indispensáveis para as casas vizinhas que sofriam muito com o calor do fogo. Ele parecia pensar, com principesca resignação:

Deixe queimar! —
Nós o reconstruiremos mais belo.[2]

E tinha razão. O teatro era antigo, nada belo e nem mesmo espaçoso o bastante para acolher um público que crescia de ano para ano. Mesmo assim, era lamentável ver perder-se de modo irreparável justamente aquele edifício ao qual, para Weimar, se ligavam tantas recordações de um querido e grandioso passado.

Eu via belos olhos derramarem muitas lágrimas por sua ruína. Igualmente comoveu-me um membro da orquestra. Ele chorava por seu violino desfeito em cinzas.

Quando raiou o dia, vi muitos rostos pálidos. Notei várias moças e senhoras de elevada posição que haviam acompanhado durante toda a noite o desenrolar do incêndio e agora tiritavam levemente ao ar frio da manhã. Fui para casa descansar um pouco e, no decorrer da manhã, dirigi-me à casa de Goethe.

O criado disse-me que ele estava indisposto e recolhido ao leito. Mas Goethe mandou chamar-me à sua presença. Estendeu-me a mão.

---

2 *"Das brenne nieder!/ Schöner bau't sich wieder auf."* (Goethe, *Pandora*, versos 826-827.)

— Todos nós perdemos — disse ele —, mas que se há de fazer? Hoje pela manhã meu pequeno Wolf veio ver-me na cama. Apertou-me a mão, olhou-me de olhos bem abertos e disse: *"Esse é o destino dos seres humanos!"*. Que mais se pode dizer além dessas palavras com as quais meu querido Wolf tentava me consolar? O palco de meus amorosos esforços de quase trinta anos tornou-se um monte de entulho e ruínas. Mas, como diz Wolf: esse é o destino dos seres humanos! Dormi muito pouco esta noite; pelas janelas da frente via as chamas subirem sem parar em direção ao céu. O senhor pode imaginar quantas recordações dos velhos tempos, de minha colaboração de tantos anos com Schiller, da chegada e do crescimento de alguns discípulos queridos me atravessaram a alma, e não foi sem uma profunda comoção que me afastei. Por isso, penso que hoje o mais sensato é permanecer na cama.

Elogiei-lhe a prudência. Mas ele não me parecia nem um pouco fraco e abatido, ao contrário, parecia muito satisfeito e de alma leve. Aquele recolhimento ao leito parecia-me antes uma velha tática de guerra que ele costuma empregar sempre que ocorre algo de extraordinário e ele teme um grande afluxo de visitantes.

Goethe pediu-me que me sentasse em uma cadeira ao lado da cama e permanecesse ali por algum tempo.

— Pensei muito no senhor e lamentei-o muito. Que pensa fazer esta noite?

— O senhor sabe — respondi — o quão apaixonadamente eu amo o teatro. Quando cheguei aqui há dois anos, não conhecia senão três ou quatro peças que vira em Hanôver, ou seja, quase nada. Tudo era novo para mim, tanto o elenco quanto as peças; e como, seguindo seu conselho, entregava-me inteiramente às impressões causadas pelo assunto, sem pensar nem refletir demasiado, posso dizer com toda sinceridade que nestes dois invernos passei no teatro as horas mais doces, mais tranquilas que já me foi dado viver. Estava também tão apaixonado pelo teatro que não apenas não perdia nenhuma representação, como ainda conseguia ingressos para os ensaios; e, não contente com isso, se passava durante o dia e casualmente encontrava as portas abertas, era capaz de ficar meia hora sentado nas cadeiras vazias da plateia a imaginar cenas que talvez pudessem estar sendo representadas naquele momento.

— O senhor é um sujeito maluco — replicou Goethe, rindo —; mas isso me agrada. Quisera Deus que o público inteiro fosse feito de crianças assim! E, no fundo, o senhor tem razão, é assim mesmo. Quem não é mimado demais e ainda é bastante jovem, dificilmente encontrará outro lugar em que se sinta tão bem quanto no teatro. Ninguém lhe faz nenhuma exigência, se não quiser não precisa abrir a boca, ao contrário, senta-se lá perfeitamente à vontade, como um rei, e deixa que tudo se passe diante de seus olhos, regalando o espírito e os sentidos de um modo que nada deixa a desejar. Ali há poesia, ali há pintura, ali há canto e música, ali há arte de representação e quanta coisa mais! Quando todas essas artes e os encantos da juventude e da beleza atuam juntos em uma mesma noite, e além de tudo em um nível elevado, então é uma festa que não se pode comparar a nenhuma outra. Mas, mesmo que houvesse coisas ruins, e apenas algumas fossem boas, ainda assim seria melhor que se ficássemos olhando pelas janelas ou se jogássemos uma partida de uíste em uma sociedade fechada envoltos pela fumaça dos charutos. O teatro de Weimar, como o senhor sentiu, não é nada desprezível, ele ainda é um velho tronco de nossa melhor época, do qual brotaram novos e vigorosos talentos, e nós ainda podemos produzir algo que encante e agrade e tenha ao menos a aparência de um todo.

— Eu gostaria de tê-lo visto há vinte, trinta anos! — repliquei.

— Foi de fato uma época — respondeu Goethe — em que pudemos contar com grandes vantagens. Lembre-se de que não fazia ainda muito tempo que terminara o tedioso período do gosto francês e o público ainda não estava superexcitado, a influência de Shakespeare ainda se fazia sentir em todo o seu frescor original, as óperas de Mozart ainda eram jovens e, finalmente, as peças de Schiller foram então produzidas aqui ano após ano e, sob sua direção, foram representadas no teatro de Weimar em sua primitiva glória; o senhor pode bem imaginar que, com tais iguarias, se podia agradar tanto os velhos quanto os jovens, e tivemos sempre um público grato.

— Pessoas mais velhas que viveram aquela época — observei — não se cansam de elogiar o alto nível do teatro de Weimar de então.

— Não posso negar — respondeu Goethe — que tinha mesmo seu valor. O mais importante, porém, é que o grão-duque me deixava de mãos inteiramente desatadas, e eu podia decidir e fazer as coisas como bem entendes-

Conversações com Goethe nos últimos anos de sua vida

se. Não me preocupava com cenários suntuosos e esplêndidos figurinos, preocupava-me, isso sim, com boas peças. Da tragédia à farsa, qualquer gênero me servia; mas uma peça tinha de ter algum valor para encontrar acolhida. Tinha de ser grande e consistente, alegre e graciosa, mas em todo caso sadia, além de possuir alguma substância. Tudo quanto fosse doentio, fraco, lacrimoso e sentimental, bem como tudo quanto fosse terrível, cruel e ofensivo aos bons costumes, estava de uma vez por todas excluído; eu temia corromper os atores e o público.

— Com as boas peças, porém, eu aperfeiçoava os atores. Pois o estudo das obras excelentes e o contínuo exercício da excelência tinham necessariamente de fazer algo por uma pessoa a quem a natureza não deserdara. Eu também me mantinha em constante contato com os atores. Dirigia as primeiras leituras da peça e explicava a cada um seu papel; sempre estava presente nos ensaios gerais e discutia com eles o que podia ser melhorado; não faltava às apresentações e no dia seguinte apontava tudo o que não me parecera bom.

— Com isso eu os fazia progredir em sua arte. Mas também procurava fazer crescer o prestígio da classe aos olhos da sociedade, convidando os melhores e os mais promissores para meu círculo, e fazendo ver ao mundo que os considerava dignos de manter relações sociais comigo. Aconteceu, então, que o restante da alta sociedade de Weimar não quis ficar atrás de mim, e em breve os atores e as atrizes encontraram uma honrosa acolhida nos melhores círculos. Com tudo isso, adquiriram uma grande cultura, tanto interior quanto exterior. Tanto meu discípulo Wolff, em Berlim, quanto nosso Durand[3] são pessoas do mais fino tato social. Os srs. Oels e Graff têm uma cultura suficientemente elevada para honrar a melhor sociedade.

— Schiller atuava no mesmo sentido que eu. Mantinha um intenso relacionamento com atores e atrizes. Assim como eu, estava presente em todos os ensaios e costumava convidá-los à sua casa após toda representação bem-sucedida de uma de suas peças, passando agradavelmente o dia em companhia deles. Alegravam-se juntos com aquilo que fora bem-sucedido e discutiam tudo que poderia ser feito melhor da próxima vez. Mas, quan-

---

3 Friedrich August Durand (1787-1852), ator e diretor.

do Schiller veio para nosso meio, ele já encontrou tanto os atores quanto o público bem cultivados, e não se pode negar que isso colaborou para o sucesso imediato de suas peças.

Era para mim uma grande alegria ouvir Goethe falar tão circunstanciadamente sobre um assunto que sempre teve para mim o maior interesse e que, sobretudo por conta do desastre da noite passada, estava no centro de minhas preocupações.

— O incêndio que destruiu hoje a casa em que o senhor e Schiller fizeram um trabalho tão bom — eu disse — encerra em certa medida também exteriormente uma grande época que tão cedo não se repetirá em Weimar. O senhor deve ter tido muitas alegrias naquela época com a direção do teatro e com o sucesso extraordinário que ele teve!

— E não menores trabalhos e tribulações! — replicou Goethe com um suspiro.

— Deve ser difícil — eu disse — manter na devida ordem um ser de tantas cabeças.

— Muita coisa — replicou Goethe — pode ser alcançada pelo rigor, e muitas mais pelo amor. Mais que tudo, porém, com o discernimento e com uma justiça imparcial, para a qual de nada vale o prestígio da pessoa.

— Eu tinha de me guardar de dois inimigos que poderiam se tornar perigosos para mim. Um era meu amor apaixonado pelo talento, que facilmente poderia ter me tornado parcial. O outro eu não quero nomear, mas o senhor o adivinhará. Não faltavam ao nosso teatro mulheres belas e jovens que possuíam uma alma encantadora. Eu me sentia apaixonadamente atraído por algumas delas; também aconteceu de alguma me corresponder. Mas eu me controlava e dizia: *"Não continue!"*. Tinha consciência de minha posição e sabia qual era meu dever. Não ocupava meu posto como uma pessoa privada, e sim como chefe de uma instituição cujo progresso devia importar-me mais que minha felicidade momentânea. Se tivesse me envolvido em alguma relação amorosa, teria me tornado como uma bússola que não pode indicar o caminho certo quando tem um ímã ao seu lado.

— Mantendo-me, porém, impoluto e senhor de mim mesmo, permaneci também senhor do teatro, e não me faltou o necessário respeito, sem o qual toda autoridade em pouco tempo se esvai.

Conversações com Goethe nos últimos anos de sua vida

Essa confissão de Goethe pareceu-me muito significativa. Já ouvira de outras pessoas algo semelhante a seu respeito, e alegrei-me de vê-lo agora confirmado por sua própria boca. Amava-o mais que nunca, e despedi-me dele com um afetuoso aperto de mão.

Voltei ao local do incêndio, de cujas ruínas ainda se erguiam algumas chamas e colunas de fumaça. Ainda havia pessoas ocupadas em apagar o fogo, e com a demolição. Encontrei nas proximidades pedaços queimados de um rolo de papel escrito. Eram passagens do *Tasso* de Goethe.

Quinta-feira, 24 de março de 1825

Com Goethe à mesa. A perda do teatro foi o assunto quase exclusivo da conversação. A sra. Von Goethe e a srta. Ulrike reviveram as recordações de horas felizes de que desfrutaram na velha casa. Haviam recolhido das ruínas algumas relíquias às quais atribuíam um valor inestimável, mas que, afinal, nada mais eram que algumas pedras e pedaços chamuscados de uma tapeçaria. Contudo, esses pedaços seriam provenientes do exato lugar que elas ocupavam no balcão!

— O principal — disse Goethe — é que nos recuperemos rapidamente e nos tornemos a instalar o quanto antes. Eu faria recomeçar as representações já na semana que vem. Ou no palácio ou no salão do paço municipal, tanto faz. O que importa é não permitir que haja um intervalo muito grande, caso contrário o público encontrará outras alternativas para suas noites tediosas.

— Mas — alguém disse — dos cenários quase nada se salvou.

— Não precisamos de muito cenário — respondeu Goethe. — Também não precisamos de uma grande peça, nem é necessário representar uma peça inteira, e menos ainda um conjunto de grande fôlego. O importante é escolher algo que não demande grandes mudanças de cena. Alguma comédia em um ato, alguma farsa ou opereta em um ato. Ou então alguma ária, algum dueto, o final de alguma ópera favorita, e vocês já se darão por passavelmente satisfeitos. O que precisamos é atravessar abril sofrivelmente, em maio vocês já terão os cantores da floresta.

— Enquanto isso — prosseguiu Goethe —, vocês poderão apreciar o espetáculo de ver surgir ao longo dos meses de verão um novo edifício.

Para mim, esse incêndio é muito interessante. Devo confessar a vocês que, durante os longos serões do inverno passado, Coudray e eu nos dedicamos a esboçar o plano de um belo teatro novo, tal qual Weimar o merece. Mandamos vir a planta e o desenho de alguns dos melhores teatros da Alemanha e, aproveitando o que havia de melhor e evitando o que nos parecia falho, fizemos um projeto que valerá a pena examinar. Assim que o grão-duque o aprovar, poderemos dar início à construção, e não é nenhuma ninharia que essa fatalidade nos encontre, por um curioso acaso, tão bem preparados.

Recebemos essa notícia com grande alegria.

— No velho teatro — continuou Goethe — havia o balcão para a nobreza e a galeria para a classe dos servidores e dos artesãos. Mas os numerosos membros abastados e distintos da classe média eram quase sempre mal acomodados; pois sempre que durante a representação de algumas peças os estudantes lotavam a plateia, aqueles não sabiam para onde ir. Os dois pequenos camarotes atrás da plateia e os poucos assentos da primeira fila não eram suficientes. Agora providenciaremos algo melhor. Faremos toda uma fileira de camarotes ao redor da plateia, e mais uma fileira de camarotes de segunda classe entre o balcão e a galeria. Com isso, teremos muitos mais lugares sem aumentar muito as dimensões do edifício.

Alegramo-nos com essas notícias e congratulamos Goethe por ter em mente tão bons propósitos para o teatro e para o público.

Para dar minha contribuição ao belo teatro futuro, fui depois do jantar a Oberweimar com meu amigo Robert Doolan e, na taberna local, diante de uma xícara de café, nos pusemos a compor um libreto de ópera com base no *Issipile* de Metastasio.[4] A primeira coisa que fizemos foi escrever o programa da comédia e distribuir os papéis entre os mais estimados cantores e cantoras do teatro de Weimar. Isso nos proporcionou uma grande alegria. Era como se já estivéssemos novamente sentados diante da orquestra. Então começamos de fato o trabalho com toda a seriedade e terminamos uma grande parte do primeiro ato.

---

4 Pietro Metastasio (1698-1782), libretista italiano. Seu melodrama *Issipile* (1732) foi musicado diversas vezes, a primeira delas por Francesco Bartolomeo Conti (1681-1732).

Conversações com Goethe nos últimos anos de sua vida

Domingo, 27 de março de 1825

À mesa com Goethe e um grande número de convidados. Ele nos mostrou a planta do novo teatro. Era como nos dissera alguns dias atrás; a planta prometia um belo edifício, tanto interna quanto externamente.

Alguém observou que um teatro tão bonito demanda ainda belos cenários e figurinos melhores que os que tivemos até hoje. Também se opinou que o elenco pouco a pouco vai se tornando escasso, e que é necessário contratar alguns jovens artistas de talento tanto para o teatro quanto para a ópera. Ao mesmo tempo, não se fazia segredo de que tudo isso implica um significativo investimento em dinheiro, para o qual os recursos disponíveis em caixa até agora seriam insuficientes.

— Eu sei muito bem — disse Goethe — que, a pretexto de poupar recursos, se contratarão algumas pessoas insignificantes que não dão muita despesa. Mas não se pense que com tais regras se beneficiam as finanças. Nada é mais prejudicial às finanças do que economizar em prejuízo de coisas tão essenciais. Temos de pensar em ter a casa cheia todas as noites. E para isso muito contribuem um jovem cantor, uma jovem cantora, um excelente herói e uma excelente jovem heroína de grande talento e alguma beleza. Sim, se ainda estivesse à frente da direção do teatro, eu daria mais um passo adiante em benefício das finanças, e vocês haveriam de ver como não me faltaria o dinheiro necessário.

Perguntamos a Goethe o que ele tinha em mente.

— Eu empregaria um meio muito simples — respondeu ele. — Faria representações também aos domingos. Com isso, teria a receita de pelo menos quarenta noites a mais, e na pior das hipóteses nosso caixa teria um ganho anual de 10 a 15 mil táleres.

Julgamos muito prática essa solução. Alguém observou que a grande classe trabalhadora, que nos dias de semana normalmente está ocupada até tarde da noite, tem apenas o domingo para descansar, e com certeza haveria de preferir a diversão mais nobre do teatro à dança e à cerveja em alguma taberna de aldeia. Também concordamos em que todos os arrendatários e proprietários de terras, assim como os funcionários e os cidadãos abastados das cidades pequenas da região, considerariam o domingo como o melhor dia para frequentar o teatro de Weimar. Além disso, o domingo em Weimar tem sido um dia muito ruim e tedioso para todos aqueles que não frequentam a corte, ou não são membros de um feliz círculo familiar ou de um grupo social coeso; pois o indivíduo solitário não tem para onde ir. Existe, portanto, a necessidade de um local em que nas noites de domingo uma pessoa possa se sentir bem e esquecer as canseiras da semana.

Assim, a proposta feita por Goethe de se promoverem representações também aos domingos, como é costume nas demais cidades alemãs, encontrou aprovação unânime e foi saudada como uma ideia das mais felizes. Pairava apenas uma leve dúvida sobre se a corte também estaria de acordo.

— A corte de Weimar — replicou Goethe — é boa e sábia demais para se opor a uma medida que visa o bem da cidade e de uma importante instituição. Ela certamente fará de bom grado o pequeno sacrifício de transferir as *soirées* de domingo para outro dia. Mesmo, porém, que ela não o aceitasse, ainda assim haveria para o domingo uma boa quantidade de peças às quais a corte não se interessa em assistir, mas que são inteiramente adequadas para as pessoas comuns e renderiam um bom lucro.

A conversa se voltou para os atores, e se falou muito sobre o uso e o abuso de suas energias.

— Em minha longa experiência — disse Goethe —, sempre considerei da maior importância jamais preparar uma peça ou mesmo uma ópera das quais não se pudesse esperar com alguma certeza um grande sucesso ao longo de vários anos. Ninguém leva na devida conta o dispêndio de energia exigido pelo preparo de uma peça em cinco atos ou por uma ópera da mesma extensão. Sim, meus caros, é preciso muito esforço para que um cantor domine completamente um papel ao longo de todas as cenas e atos, e esforço ainda maior para que os coros funcionem como devem funcionar. Eu fico horrorizado quando vejo com que leviandade se dão muitas vezes as ordens para o preparo de uma ópera de cujo sucesso não se pode ter a menor certeza e da qual se ouviu falar apenas por algumas notícias de jornais para lá de incertas. Uma vez que já contamos na Alemanha com carruagens bastante razoáveis, e até já começamos a dispor de algumas que fazem a viagem com rapidez, sempre que tivesse notícias elogiosas de uma nova ópera representada em outra cidade, eu enviaria o diretor ou algum outro membro confiável do teatro para o local, a fim de que ele, assistindo pessoalmente a uma representação, avaliasse o quanto essa elogiada nova ópera é de fato boa e se nossas forças são suficientes para encená-la ou não. Os custos de uma tal viagem são insignificantes em comparação com as enormes vantagens que nos traria e com os erros fatais que seriam evitados.

— Além disso, depois que uma boa peça ou uma boa ópera já estão preparadas, elas devem ser representadas continuamente, com breves intervalos, enquanto atraírem o público e garantirem uma casa cheia. O mesmo vale para uma boa peça mais antiga ou uma boa ópera mais antiga que talvez tenha ficado esquecida por alguns anos e agora, do mesmo modo, exigiria uma nova preparação não menos custosa para que pudesse ser novamente representada com sucesso. Também ela deveria ser repetida com breves intervalos por todo o tempo em que o público demonstrar interesse por ela. A mania de querer ter sempre algo de novo e representar uma única vez, ou no máximo duas, a peça ou a ópera para cuja preparação se dispendeu um esforço indescritível, ou então deixar transcorrer longos intervalos de seis ou oito semanas antes de repetir a representação, o que sempre exige novos ensaios, é a verdadeira ruína do teatro e um desperdício imperdoável das energias do elenco.

Goethe parecia atribuir tanta importância ao assunto, e este parecia apelar tanto ao seu coração, que ele falava com um calor muito raro em alguém normalmente tão calmo como ele.

— Na Itália — prosseguiu Goethe — se representa uma única ópera todas as noites ao longo de quatro ou mesmo seis semanas, e essas crianças grandes que são os italianos não exigem de modo algum uma troca. O parisiense culto assiste tantas vezes às peças clássicas de seus grandes poetas que chega a sabê-las de cor, além de ter um ouvido treinado para a acentuação de cada sílaba. Aqui em Weimar me concederam a honra de representar minha *Ifigênia* e meu *Tasso*, mas quantas vezes? Não mais de uma vez a cada três ou quatro anos. O público as acha tediosas. Muito compreensível! Os atores não estão acostumados a representar as peças e o público não está acostumado a ouvi-las. Se, graças a frequentes repetições, os atores se familiarizassem de tal modo com seus papéis que sua representação ganhasse vida, de modo que não parecesse algo estudado, e sim que tudo parecesse brotar de seus próprios corações, o público certamente não permaneceria indiferente e desinteressado.

— Houve um tempo em que eu tinha de fato a ilusão de que seria possível criar um teatro alemão. Sim, tinha a ilusão de que eu mesmo poderia contribuir para isso e de que eu mesmo poderia lançar algumas das pedras fundamentais desse edifício. Escrevi minha *Ifigênia* e meu *Tasso*, alimentando a esperança pueril de que daria certo. Mas nada se animou, nada se moveu, e tudo permaneceu como antes. Se tivesse obtido êxito e colhido aplausos, eu teria escrito para vocês uma dúzia de peças como a *Ifigênia* e o *Tasso*. Material não faltava. Mas, como eu disse, faltavam os atores que as representassem com espírito e vivacidade, e faltava o público que as ouvisse e acolhesse com simpatia.

Quarta-feira, 30 de março de 1825

À noite, chá de gala em casa de Goethe, onde, além dos jovens ingleses residentes em Weimar, também encontrei um jovem americano. Também tive a alegria de ver a condessa Julie von Egloffstein e conversar com ela sobre diversos assuntos.

Quarta-feira, 6 de abril de 1825

O conselho de Goethe foi seguido e hoje à noite, pela primeira vez, se fez uma representação no salão do paço municipal, cenas breves e trechos de peças, como impunha o espaço limitado e a falta de cenários. A pequena ópera *Os criados*[5] foi um sucesso, como no teatro. A seguir, um quarteto muito apreciado da ópera *O conde von Gleichen* foi muito aplaudido. Depois nosso primeiro tenor, o sr. Moltke,[6] cantou uma canção muito conhecida da *Flauta mágica* e a seguir, depois de uma pausa, foi apresentado em todo o

---

5 *Das Hausgesinde* [Os criados, 1808], *Singspiel* de Anton Friedrich Fischer (1707-1808).

6 Jakob Moltke (1783-1831), cantor e ator.

Conversações com Goethe nos últimos anos de sua vida

seu vigor o grande final do primeiro ato do *Don Giovanni*, que encerrou de modo grandioso e digno esse primeiro sucedâneo de uma noite no teatro.

Domingo, 10 de abril de 1825

Com Goethe à mesa.

— Devo dar-lhes a boa notícia — ele disse — de que o grão-duque aprovou nosso projeto para o novo teatro e sem demora se começará a lançar-lhe os alicerces.

Muito me alegrou essa notícia.

— Tivemos de lutar contra todo tipo de resistência — prosseguiu Goethe —, mas por fim, felizmente, logramos vencê-las. Devemos muitos agradecimentos ao conselheiro privado Schweitzer que, como era de esperar, apoiou nossa causa com decidida boa vontade.[7] O projeto foi rubricado de próprio punho pelo grão-duque, e agora não sofrerá mais nenhuma alteração. Fiquem felizes, então, pois vocês ganharão um ótimo teatro.

Quinta-feira, 14 de abril de 1825

À noite em casa de Goethe. Como nossas conversações sobre o teatro e a direção do teatro estavam na ordem do dia, perguntei-lhe que máximas ele seguia na escolha de um novo membro do elenco.

— Não saberia dizer — respondeu Goethe. — Eu procedia de diversas maneiras. Se o novo ator viesse precedido de uma grande reputação, eu o deixava atuar e observava como se entrosava com os outros, se seu modo de agir não perturbava nosso conjunto e se com ele se preenchia afinal uma lacuna nossa. Mas se se tratasse de um jovem que ainda não havia pisado um palco, eu primeiramente observava sua personalidade, se havia nele algo de simpático, de atraente e, sobretudo, se tinha domínio de si mesmo. Pois um ator que não tem nenhum autocontrole e não pode se mostrar a um estranho por aquilo que ele mesmo considera seu lado mais favorável tem

---

7 Christian Wilhelm Schweitzer (1781-1856), conselheiro privado e desde 1818 membro do ministério de Weimar.

certamente muito pouco talento. Pois todo o seu *métier* exige uma firme negação de si mesmo, uma adaptação e uma vida constantes na máscara de um estranho!

— Então, quando sua aparência e sua postura me agradavam, eu o mandava ler, a fim de conhecer tanto a potência e a extensão de sua voz quanto as capacidades de sua alma. Dava-lhe uma obra sublime de algum grande poeta, a fim de ver se era capaz de sentir e de expressar o que é verdadeiramente grande; depois, algo apaixonado, selvagem, a fim de pôr à prova sua energia. A seguir, passava para algo facilmente compreensível, espirituoso, irônico, engenhoso, a fim de ver como se comportava com esse tipo de coisa, e se possuía suficiente liberdade de espírito. Depois lhe dava algo que representasse a dor de um coração ferido, o sofrimento de uma grande alma, a fim de ver se também dominava a expressão daquilo que provoca comoção.

— Se me satisfizesse sob todos esses aspectos, eu tinha então fundadas esperanças de fazer dele um ator notável. Se se mostrasse melhor em um aspecto que em outros, eu anotava a especialidade para a qual era melhor dotado. Conhecia agora seus pontos fracos e procurava principalmente auxiliá-lo a fortalecê-los e aperfeiçoá-los. Se notasse erros dialetais e os assim chamados provincianismos, insistia para que os corrigisse e lhe recomendava um membro do elenco que fosse totalmente livre deles tanto para o convívio social quanto para o cordial aconselhamento. Então lhe perguntava se sabia dançar e esgrimir, e quando a resposta era negativa, deixava-o por algum tempo aos cuidados do mestre de dança e esgrima.

— Quando então ele estivesse pronto para entrar em cena, eu inicialmente lhe dava papéis adequados à sua individualidade e durante algum tempo não exigia nada além de que ele representasse a si mesmo. Se ele me parecesse de natureza excessivamente ardente, eu lhe dava papeis fleumáticos, mas se me parecesse demasiado calmo e moroso, dava-lhe papéis ardentes, bruscos, a fim de que aprendesse a se despir de si mesmo e assumir uma personalidade estranha.

A conversa se voltou para a distribuição de papéis nas peças, e entre outras coisas Goethe disse as seguintes palavras que me pareceram dignas de nota:

Conversações com Goethe nos últimos anos de sua vida

— É um grande erro — disse ele — acreditar que se pode confiar uma peça medíocre a atores medíocres. Uma peça de segunda ou terceira ordem pode melhorar incrivelmente e mesmo se tornar algo bom de verdade se entregue a atores de primeira ordem. Mas se eu entrego uma peça de segunda ou terceira ordem a atores igualmente de segunda ou terceira ordem, não é de estranhar que o resultado seja uma nulidade.

— Atores de segunda categoria são excelentes em grandes peças. Produzem nelas o mesmo efeito excelente que produzem em um quadro as figuras colocadas na penumbra, graças às quais aquelas que se mostram à plena luz adquirem uma presença ainda mais poderosa.

Sábado, 16 de abril de 1825

À mesa em casa de Goethe com D'Alton, que conheci em Bonn no verão passado e a quem tive muito prazer em rever. D'Alton é um homem bem ao gosto de Goethe, e entre eles existe uma belíssima amizade. Parece ser alguém muito importante em sua especialidade, de modo que Goethe atribui muito valor ao que ele diz, não deixando escapar nenhuma de suas palavras. Além disso, como pessoa D'Alton é muito amável, espirituoso e dotado como poucos de tal eloquência e de tal exuberância de ideias que não nos cansamos de ouvi-lo.

Goethe, que, em seus esforços por sondar a natureza, gostaria de abraçar o universo, por isso mesmo se encontra em desvantagem diante de qualquer naturalista importante que tenha dedicado a vida inteira a um campo específico. Este possui o domínio de um reino de infinitos detalhes, ao passo que Goethe vive antes na observação das grandes leis universais. Talvez seja por conta disso que Goethe, sempre em busca de alguma grande síntese, mas a quem, por desconhecimento dos fatos particulares, falta a confirmação de suas intuições, procura e cultiva com tanta afeição a amizade com naturalistas de renome. Pois neles encontra o que lhe falta para preencher suas próprias lacunas. Em mais alguns anos será um octogenário, mas não se cansará jamais das pesquisas e das experiências. Em nenhuma de suas atividades ele está pronto e acabado; quer ir sempre mais além, sempre

Johann Peter Eckermann

mais além! Aprender sempre, aprender sempre! E é justamente por isso que se revela um ser humano de eterna, indestrutível juventude.

Essas considerações me foram inspiradas hoje no almoço por sua vívida conversação com D'Alton. Este falava sobre os roedores, sobre as conformações e modificações de seus esqueletos, e Goethe não se cansava de ouvir mais e mais detalhes a esse respeito.

Quarta-feira, 27 de abril de 1825

No início da tarde fui à casa de Goethe, que me convidara para um passeio de carruagens pelos jardins da cidade baixa.

— Antes de partirmos — disse ele —, quero lhe mostrar uma carta de Zelter que recebi ontem, na qual ele se refere de passagem ao nosso teatro.

"Que você não é o homem certo para construir um teatro destinado ao povo de Weimar", escreve Zelter, entre outras coisas, "eu já o tinha percebido há muito. Quem se faz de verde é devorado pelas cabras. Isso também deveria ser sabido por outras autoridades que querem arrolhar o vinho enquanto este ainda fermenta. Amigo, nós já passamos por isso antes, e ainda continuamos a passar."

Goethe olhou para mim e ambos rimos.

— Zelter é um homem bom e valoroso — disse ele —, mas muitas vezes não me compreende inteiramente e entende de maneira equivocada minhas palavras.

— Dediquei toda a minha vida ao povo e à sua educação, por que não deveria também construir um teatro para ele? Mas como se poderia falar em povo, ou de um teatro popular, aqui em Weimar, essa pequena sede de principado que, como dizem brincando, possui 10 mil poetas e alguns habitantes? Um dia Weimar se tornará sem dúvida uma grande cidade, mas podemos esperar ainda alguns séculos até que o povo de Weimar forme uma massa suficientemente numerosa para construir e manter um teatro.

Nesse ínterim, os cavalos tinham sido atrelados, e tomamos o rumo dos jardins situados na parte baixa da cidade. A tarde estava tranquila e amena, quase um pouco quente, e no céu havia grandes nuvens que se juntavam prometendo um temporal. Íamos e voltávamos pelo caminho coberto de areia seca, ao meu lado Goethe permanecia em silêncio, aparentemente agitado por uma infinidade de pensamentos. Eu, por minha vez, ouvia o canto dos melros e dos tordos que do outro lado do Ilm, no alto dos carvalhos ainda desfolhados, erguiam sua voz na direção da tempestade que se anunciava.

Goethe passeava seu olhar ora pelas nuvens, ora pelo verde que brotava viçoso em toda parte, ao longo de todo o caminho, pelo prado, nos arbustos e sebes.

— Um aguaceiro tépido como este que a tarde promete — disse ele — e teremos de volta a primavera em todo o seu esplendor e plenitude.

Entretanto, as nuvens haviam se tornado mais ameaçadoras, ouviu-se uma surda trovoada, algumas gotas caíram, e Goethe achou mais prudente voltarmos para a cidade.

— Se o senhor não tiver nenhum compromisso — disse ele ao apearmos diante de sua casa —, suba e faça-me companhia por mais uma horinha.

Eu concordei com grande alegria.

A carta de Zelter ainda estava sobre a mesa.

— É estranho, muito estranho — disse Goethe — com que facilidade nos colocamos em uma posição equivocada diante da opinião pública! Que eu saiba, jamais pequei contra o povo, mas sou acusado peremptoriamente de ser um inimigo do povo. Claro que não sou amigo da plebe revolucionária que se lança ao roubo, ao morticínio e ao incêndio e, por trás do falso escudo do bem público, tem em vista tão somente os piores objetivos egoístas. Sou tão pouco amigo dessa gente quanto de um Luís XV. Odeio toda mudança violenta porque destrói tantas coisas boas quantas se ganha. Odeio quem as lidera tanto quanto quem lhes fornece os motivos. Mas só por isso não sou amigo do povo? Haverá algum homem de bom senso que pense de maneira diferente?

— O senhor sabe o quanto me alegra qualquer melhoria que o futuro nos prometa. Mas, como eu disse, minha alma sente repulsa por tudo que ocorra de maneira violenta, abrupta, *pois isso é contrário à natureza.*

— Sou amigo das plantas, amo a rosa como o que de mais perfeito nossa natureza alemã é capaz de produzir em forma de flor; mas não sou insensato a ponto de exigir que meu jardim as produza já agora, no final de abril. Dou-me por satisfeito de encontrar já as primeiras folhas verdes; satisfeito de ver como, semana a semana, uma folha depois da outra vai dando forma ao ramo; alegro-me em maio ao ver os brotos e fico feliz quando junho finalmente me oferece a rosa em todo o seu esplendor e em todo o seu perfume. Mas quem não puder esperar todo esse tempo, que recorra às estufas.

— Dizem também que sou um serviçal dos príncipes, um servo dos príncipes. Como se isso tivesse algum significado! Por acaso sirvo a algum tirano? Algum déspota? Por acaso sirvo a algum príncipe que se entrega apenas aos seus próprios prazeres à custa do povo? Esses príncipes e esse tempo já ficaram, graças a Deus, muito para trás. Há meio século estou intimamente ligado ao grão-duque, e há meio século compartilho com ele trabalho e esforços, e estaria mentindo se dissesse que saberia apontar um único dia no qual o grão-duque não estivesse preocupado em empreender e realizar qualquer coisa que não fosse para o bem de seu país e não servisse para melhorar as condições de cada indivíduo em particular. Para si próprio, pessoalmente, que proveito tira ele de sua condição de príncipe, a não ser encargos e fadigas? Serão sua morada, seus trajes e sua mesa por acaso melhores que os de qualquer homem abastado? Basta ir a uma de nossas cidades portuárias para constatar que a cozinha e a adega de qualquer ilustre comerciante são mais bem abastecidas que as suas.

— No próximo outono — prosseguiu Goethe —, festejaremos o cinquentenário de reinado e de governo do grão-duque. Mas, se me lembro bem, o que foi esse seu reinado senão um contínuo serviço? O que foi senão um serviço em busca de grandes objetivos, um serviço para o bem de seu povo? Se tenho de ser por força um servo de príncipe, que ao menos me console o fato de ser o servo de um príncipe que é, ele mesmo, um servo do bem comum.

Sexta-feira, 29 de abril de 1825

Nos últimos tempos a construção do novo teatro progrediu rapidamente, todos os alicerces já tinham sido levantados e permitiam esperar para breve um belíssimo edifício.

Conversações com Goethe nos últimos anos de sua vida

Mas hoje, ao visitar a obra, constatei horrorizado que os trabalhos haviam sido suspensos; ouvi também boatos de que um partido adversário de Goethe e Coudray finalmente levara a melhor, que Coudray havia se demitido da direção da obra e um outro arquiteto concluiria a construção segundo um novo projeto, alterando, para isso, os alicerces já construídos.

Ouvir e ver isso entristeceu-me profundamente, pois, assim como muitos outros, eu me alegrava por ver surgir em Weimar um teatro construído segundo o senso prático de Goethe, com instalações internas adequadas e, quanto à beleza, de acordo com seu gosto refinadíssimo.

Mas entristeci-me também por Goethe e Coudray, que certamente se sentiriam em alguma medida ofendidos por esse episódio da corte de Weimar.

Domingo, 1º de maio de 1825

Com Goethe à mesa. Nem é preciso dizer que a mudança da construção do teatro foi o primeiro assunto a nos ocupar. Como já disse, eu temia que a inesperada decisão ofenderia profundamente a Goethe. Mas nem sombra disso! Encontrei-o na mais alegre e serena disposição de espírito, bem acima de qualquer suscetibilidade mesquinha.

— Tentaram — disse ele — convencer o grão-duque com o argumento dos custos e das grandes economias que a alteração do projeto traria, e conseguiram. Por mim, está bem assim. Um novo teatro, afinal de contas, não é outra coisa senão um novo monte de lenha que, cedo ou tarde, o acaso fará mais uma vez arder em chamas. Esse é meu consolo. De resto, um pouco mais ou menos, um pouco acima ou abaixo, não é coisa que valha a pena discutir. Seja como for, vocês terão um edifício satisfatório, ainda que não exatamente como eu desejara e planejara. Vocês o frequentarão, eu também o frequentarei, e no fim tudo causará a melhor das impressões.

— O grão-duque me disse — continuou Goethe — que um teatro não precisa de modo algum ser uma obra-prima da arquitetura, e a isso, de fato, não há nada a objetar. Ele também afirmou que, no final das contas, o objetivo de uma instituição como essa não é outro senão o de *ganhar dinheiro*. Essa opinião, à primeira vista, pode parecer materialista; examinada mais de perto, porém, não lhe falta de modo algum um aspecto mais elevado. Pois se um teatro pretender algo além de cobrir suas próprias despesas, se quiser poupar algum dinheiro e ganhar algum dinheiro, tudo nele terá de ser excelente. Terá de ter no comando a melhor direção, os atores terão de ser os melhores e deverá oferecer continuamente boas peças, a fim de jamais perder a atratividade necessária para se ter todas as noites a casa cheia. Essas poucas palavras, porém, significam muito, quase o impossível.

— A intenção do grão-duque — eu disse — de ganhar dinheiro com o teatro, portanto, parece ser eminentemente prática, uma vez que implica a necessidade de se manter sempre no nível da excelência.

— Shakespeare e Molière — replicou Goethe — não tinham outra opinião. Ambos queriam, antes de tudo, ganhar dinheiro com seu teatro. Mas, para alcançar esse seu objetivo principal, tinham de cuidar para que tudo transcorresse sempre da melhor maneira possível e para que, ao lado das boas peças antigas, também houvesse de tempos em tempos alguma nova de boa qualidade que atraísse e encantasse. A proibição do *Tartufo* foi uma catástrofe para Molière; mas não tanto para o Molière poeta quanto para o *diretor*, que tinha de prover um elenco significativo e cuidar de ganhar o pão para si e para os seus.

— Nada — continuou Goethe — é tão prejudicial à saúde de um teatro quanto uma direção que não se sinta pessoalmente afetada se a quantia de dinheiro em caixa for maior ou menor e viva na despreocupada certeza de que as perdas acumuladas ao longo de uma temporada serão, no encerramento desta, compensadas com fundos provenientes de outra fonte. É da natureza humana relaxar quando não é impelida por vantagens ou desvantagens pessoais. Mas também não se pode exigir que em uma cidade como Weimar o teatro se sustente a si mesmo e não dependa de um subsídio anual às custas do principado. Tudo, porém, tem seus fins e seus limites, e alguns milhares de táleres anuais não são pouca coisa, sobretudo porque a decadência do teatro é a companheira natural da diminuição dos lucros e, assim, não é apenas o dinheiro que se perde, mas, juntamente com ele, também a honra.

— Se eu fosse o grão-duque, no futuro, quando houvesse alguma mudança na direção, determinaria de uma vez por todas uma soma fixa como subsídio anual; mandaria, por exemplo, apurar a média dos espectadores dos últimos dez anos e, a partir dela, calcularia uma soma que se pudesse considerar suficiente para uma manutenção decente. Com tal soma se deveria administrar o teatro. Depois disso, porém, eu ainda daria mais um passo e diria: se o diretor e seus encenadores conseguirem, por meio de uma administração inteligente e enérgica, que no final do ano haja uma sobra de caixa, esta caberia, a título de remuneração, ao diretor, aos encenadores e aos melhores membros do elenco. Vocês haveriam de ver como tudo se poria em movimento e como as instituições despertariam da sonolência em que aos poucos inevitavelmente acabam por cair.

— Nossas leis teatrais — continuou Goethe — preveem toda sorte de punições, mas não têm um único artigo visando ao encorajamento e à recompensa de méritos extraordinários. É uma grande falha. Pois se estão previstos descontos em meu ordenado para cada falta, também deveria estar prevista uma recompensa quando eu faço mais do que de fato se pode exigir de mim. E quando todos fazem mais do que se espera e se exige é que um teatro chega ao topo.

A sra. Von Goethe e a srta. Ulrike entraram; graças ao bom tempo, vestiam encantadores trajes de verão. A conversa durante a refeição foi leve e alegre. Falamos das excursões feitas na semana passada e sobre planos semelhantes para a próxima.

— Se continuarem as belas tardes — disse a sra. Von Goethe —, eu gostaria muito de oferecer em um dos próximos dias um chá no parque ao som dos rouxinóis. O que o senhor acha, querido pai?

— Seria delicioso! — respondeu Goethe.

— E o senhor, Eckermann — perguntou-me a sra. Von Goethe —, que pensa disso? Podemos contar com sua presença?

— Mas, Ottilie! — interveio a srta. Ulrike. — Como pode você convidar o doutor? Ele jamais viria; se viesse, ficaria ali como se estivesse sentado sobre brasas, qualquer um poderia lhe ver no rosto que sua alma está em outro lugar e ele gostaria de ir embora o quanto antes.

— Para ser sincero — respondi —, prefiro passear no campo com Doolan. O chá, a sociedade que se reúne em torno dele e a conversação que ali se mantém são tão avessas à minha natureza que só de pensar em tudo isso já me sinto desconfortável.

551

— Mas, Eckermann! — disse a sra. Von Goethe. — Se o chá for servido no parque, o senhor estará ao ar livre e inteiramente em seu elemento.

— Pelo contrário! — respondi. — Quando estou tão próximo à natureza a ponto de lhe sentir todos os perfumes sem, no entanto, poder imergir nela, fico tão impaciente quanto um pato que se leva para a beira d'água mas se impede de mergulhar nela.

— O senhor também poderia dizer — observou Goethe, rindo — que tem a sensação de ser um cavalo que põe a cabeça para fora do estábulo e vê outros cavalos correndo por um vasto prado. Ele aspira toda a volúpia e a liberdade da natureza selvagem sem, no entanto, poder entranhar-se nela. Deixem o Eckermann em paz, ele é como é e vocês não conseguirão mudá--lo. Mas diga-me, caríssimo, o que faz o senhor com Doolan nas belas e longas tardes em campo aberto?

— Procuramos algum vale solitário — respondi — e nele praticamos arco e flecha.

— Hum! — disse Goethe. — Não deve ser nada mau.

— É ótimo — disse eu — para nos livrar dos achaques do inverno.

— Mas com tantos lugares no mundo — disse Goethe —, como foi o senhor descobrir a arquearia justamente aqui em Weimar?

— Quanto às flechas — respondi —, trouxe comigo da campanha de 1814 um modelo de Brabante. Arco e flecha é uma prática comum lá. Não há nenhuma cidade, por menor que seja, que não tenha sua sociedade de arqueiros. Eles têm seu local de reunião em alguma taberna, semelhantes às nossas raias de boliche, onde se encontram normalmente ao final da tarde e onde pude muitas vezes observá-los com enorme prazer. Que homens bem--proporcionados e quanta plasticidade nas posições em que se colocavam ao tender o arco! Quanta força adquiriam, e com que precisão acertavam o alvo! Costumavam atirar de uma distância entre sessenta e oitenta passos em um alvo redondo de papelão fixado sobre uma parede de argila úmida. Atiravam um depois do outro em uma rápida sequência, e deixando as flechas cravadas no alvo. E não raro cinco de quinze flechas acertavam na mosca, que tinha as dimensões da moeda de um táler, enquanto as outras ficavam bem próximas dela. Depois de terem todos atirado, cada um retirava sua flecha da parede macia, e o jogo recomeçava. Naquela época, meu

Conversações com Goethe nos últimos anos de sua vida

grande entusiasmo pela arquearia me fazia pensar que seria magnífico introduzi-la na Alemanha, e eu era suficientemente estúpido para acreditar que seria possível fazê-lo. Pechinchei muito o preço de um arco, mas não saía por menos de vinte francos, e onde um pobre soldado como eu arranjaria tanto dinheiro? Contentei-me, então, com uma flecha, a coisa mais importante e artisticamente mais bem acabada que comprei, por um franco, em uma fábrica em Bruxelas, juntamente com um desenho, e esse foi o único butim que trouxe comigo quanto voltei à pátria.

— É bem seu feitio — disse Goethe. — Mas não pense que é possível tornar popular algo natural e belo. No mínimo demanda tempo e exige o emprego de artifícios desesperados. Mas essa arquearia de Brabante parece ser algo de muito belo. Em comparação, nosso boliche alemão parece algo rústico e ordinário, além de ter muito de filisteu.

— O bonito na prática da arquearia — respondi — é que ela desenvolve o corpo de modo adequado e exige um emprego harmonioso de nossas forças. De um lado é o braço esquerdo que segura o arco, firme, forte e sem tremer; de outro é o direito que tende a corda com a flecha e não pode ser menos forte. Ao mesmo tempo, os dois pés e as coxas têm de estar firmemente tencionados contra o chão, servindo de base para o tronco. O olho que mira, os músculos do pescoço e da nuca, tudo em extrema tensão e atividade. E então o sentimento e a alegria quando a flecha parte e atinge o alvo visado! Não conheço outro exercício corporal que se pudesse de alguma maneira comparar a esse.

— Seria algo para nossas instituições esportivas — observou Goethe. — E eu não me admiraria se em vinte anos contássemos na Alemanha com milhares de excelentes arqueiros. Com uma geração de adultos, não se pode fazer muita coisa em questões de gosto ou de caráter, seja em atividades físicas ou intelectuais. Mas, se forem inteligentes e começarem pela escola, tudo dará certo.

— Mas nossos professores de ginástica — repliquei — não sabem lidar com arco e flecha.

— Nesse caso — respondeu Goethe —, que algumas de nossas instituições esportivas se associem e mandem vir um bom arqueiro de Flandres ou de Brabante. Ou mandem alguns belos atletas de boa constituição para Brabante, a fim de lá se tornarem bons arqueiros e também aprenderem como se esculpe o arco e se fazem as flechas. Eles então poderão engajar-se como professores em nossas instituições esportivas, como professores itinerantes que permanecem por algum tempo em uma delas para em seguida se encaminharem a outra.

— Não sou de maneira nenhuma avesso aos exercícios esportivos alemães — continuou Goethe. — Por isso mesmo foi-me ainda mais doloroso ver que em pouco tempo todo tipo de interesses políticos se imiscuíram neles e as autoridades viram-se obrigadas a limitá-los e até mesmo a proibi--los e aboli-los. Com isso jogou-se fora a criança com a água do banho. Mas espero que as instituições esportivas venham a ser reorganizadas, pois nossa juventude alemã precisa delas, especialmente os estudantes, aos quais, apesar de todas as suas atividades intelectuais e científicas, falta o equilíbrio corporal e, com ele, toda a necessária energia produtiva. Mas fale-me mais de sua arquearia. Quer dizer que o senhor trouxe uma flecha de Brabante? Eu gostaria de vê-la.

— Ela se perdeu há muito tempo — respondi. — Mas eu a tinha tão bem guardada em minha memória que consegui copiá-la, e fiz não apenas uma, como uma dúzia delas. Contudo, não foi tão fácil quanto eu imaginara, fiz uma série de tentativas malogradas e cometi uma infinidade de erros, mas justamente por isso aprendi tudo quanto precisava. Em primeiro lugar se tratava de encontrar a haste; esta tinha de ser reta e não empenar depois de algum tempo. Além disso, tinha de ser leve e, ao mesmo tempo, tão resistente que não se despedaçasse ao se chocar contra uma superfície dura. Tentei com a madeira de álamo, depois com abeto e, por fim, com bétula, mas todas se mostraram deficientes em um ou em outro sentido e não produziam o efeito esperado. Tentei então com madeira de tília, mais precisamente com a ponta de um ramo fino e reto, e encontrei exatamente o que desejava e procurava. Era uma haste leve, reta e resistente, por causa de suas fibras muito finas. O passo seguinte era prover a extremidade inferior de uma ponta de chifre; mas logo se evidenciou que nem todo chifre era adequado, e que, além disso, a ponta deveria ser feita do miolo, para que não se despedaçasse contra uma superfície dura. O mais difícil e mais artístico ainda estava por fazer, ou seja, prover a flecha de penas. Quanto trabalho malfeito e quantos erros não cometi antes de conseguir e adquirir alguma habilidade!

— Não é fato — disse Goethe — que as penas não são inseridas na haste, e sim coladas?

— Elas são coladas — respondi —, mas isso tem de ser feito de maneira tão firme, tão delicada e hábil que elas pareçam fazer parte da haste e terem brotado dela. E também não é indiferente o tipo de cola que utilizamos. Eu descobri que o melhor que havia era bexiga de peixe amolecida em água por algumas horas e depois dissolvida em fogo lento com a adição de um pouco de álcool até adquirir uma consistência pastosa. E também as penas a serem coladas não têm todas a mesma serventia. É fato que os vexilos retirados das penas das asas de qualquer pássaro grande servem para esse fim, mas as melhores que encontrei foram as penas vermelhas da asa do pavão, as penas grandes do peru e, principalmente, as maravilhosas e robustas penas da águia e da abetarda.

— Estou ouvindo tudo isso com grande interesse — disse Goethe. — Quem não o conhece, dificilmente acreditaria que suas inclinações são tão vívidas. Mas diga-me, então, como o senhor conseguiu um arco?

— Eu mesmo fiz alguns — respondi. — Mas de início terrivelmente ruins. Então procurei o conselho de marceneiros e construtores de carruagens, experimentei todas as espécies de madeira de nossa região, até que, finalmente, obtive resultados bastante satisfatórios. Ao escolher a espécie de madeira, eu tinha de cuidar para que o arco fosse fácil de tender, que se distendesse com força e velocidade, e que sua força de mola fosse duradoura. Minhas primeiras tentativas foram com o freixo, mais precisamente com o caule sem ramos de uma planta de cerca de dez anos, da espessura de um braço mediano. Mas, ao trabalhá-lo, cheguei ao cerne, que não era bom, pois a madeira era grosseira e quebradiça. Aconselharam-me, então, a procurar um caule que fosse suficientemente forte para ser desmembrado, de preferência em quatro partes.

— Desmembrado? — perguntou Goethe. — Que é isso?

— É jargão dos construtores de carruagem — respondi. — Significa algo como fender, e para isso é necessário fazer passar uma cunha de uma extremidade a outra do caule. Se este tiver crescido em linha reta, quer dizer, se os veios se estenderem para cima em linha reta, cada uma das partes resultantes do desmembramento também será reta e adequada para a fabricação do arco. Mas se o caule se tiver torcido, ao fendê-lo a cunha seguirá os veios, e as partes desmembradas resultarão tortas, vergadas e imprestáveis para a fabricação de um arco.

— Mas não seria melhor dividir o caule em quatro partes com uma serra? – perguntou Goethe. – As peças assim obtidas seriam sempre necessariamente retas.

— Se o caule tivesse algum desvio – respondi – seccionaríamos os veios, e as peças assim obtidas seriam imprestáveis para um arco.

— Entendi – disse Goethe. – Um arco com os veios seccionados se partiria. Mas continue, o assunto me interessa.

— Portanto – continuei –, fiz meu segundo arco com um pedaço de freixo *desmembrado*. Em seu dorso não havia nenhum veio seccionado, o arco era firme e forte, mas tinha o defeito de não ser fácil de tender, era rígido. O fabricante de carruagens me disse: "O senhor deve ter usado o caule de uma muda de freixo, que é sempre uma madeira muito rígida; mas use um dos *duros*, como aqueles que crescem em Hopfgarten e Zimmern, e terá melhor resultado". Nessa ocasião, aprendi que há uma grande diferença de um freixo para outro, e que para todas as espécies de madeira muita coisa depende do lugar e do solo no qual eles crescem. Aprendi que as árvores de Ettersberg fornecem madeira de pouco valor; que a madeira da região de Nohra, ao contrário, possui uma consistência especial, razão pela qual os cocheiros de Weimar têm maior confiança nos reparos feitos em Nohra. No decorrer de meus continuados esforços, aprendi que toda madeira crescida em uma encosta voltada para o norte é mais resistente e possui veios mais retos que qualquer outra crescida em uma encosta voltada para o sul. Isso é fácil de compreender. Pois crescendo nas sombras de uma encosta voltada para o norte, um jovem caule só pode buscar a luz e o sol no alto e, assim, ávido pelo sol, estende-se continuamente para cima, puxando consigo os veios em linha reta. Um lugar à sombra também favorece a formação de veios mais finos, o que fica evidente em árvores crescidas em espaços abertos, onde seu lado voltado para o sul fica exposto ao sol durante toda a sua vida, enquanto seu lado norte permanece a maior parte do tempo à sombra. Quando temos diante dos olhos um desses troncos serrados em pedaços, notamos que o cerne não fica de maneira nenhuma no centro, mas sempre consideravelmente deslocado para um dos lados. E esse deslocamento do cerne se deve ao fato de que os anéis anuais do lado sul tiveram uma formação muito mais sólida, graças à constante exposição ao sol, e por isso são mais largos que os do sombrio lado norte. Por isso, sempre que precisam de uma madeira fina e resistente, os marceneiros e os fabricantes de carruagens escolhem o lado norte de um tronco, ao qual chamam lado invernal e em que depositam especial confiança.

— O senhor pode imaginar — disse Goethe — que suas observações têm um interesse especial para mim, que me ocupei durante metade de minha vida com o crescimento das plantas e das árvores. Mas continue! O senhor, então, provavelmente fez um arco com o freixo *duro*.

— Eu o fiz — repliquei — e tomei o cuidado de usar uma peça bem desmembrada do lado invernal da árvore, no qual encontrei um veio especialmente fino. O arco ficou fácil de tender e com boa força de impulsão. Mas depois de alguns meses de uso ele mostrava uma evidente curvatura e claramente perdia sua força. Fiz então uma tentativa com o caule de um jovem carvalho, outra madeira muito boa, mas na qual depois de algum tempo notei o mesmo defeito; a seguir, tentei o caule de uma nogueira, que se mostrou melhor, e, por fim, com o caule de um bordo de folhas finas, o chamado ácer campestre, que se mostrou o melhor de todos e nada deixou a desejar.

— Conheço a madeira — disse Goethe —, nós a vemos também frequentemente utilizada em sebes. Posso imaginar que seja boa de fato. Mas raras vezes encontrei um caule jovem sem ramos, e para um arco é necessário um caule inteiramente livre de ramos, não é verdade?

— Um caule *jovem* — respondi — jamais é livre de ramos; mas quando o cultivamos até se tornar uma árvore, os ramos lhe são retirados; ou, quando ele cresce na mata, seus ramos caem por si mesmos com o tempo. Se, ao lhe retirarmos os ramos, um tronco tiver entre três e quatro polegadas de diâmetro e o deixarmos continuar a se desenvolver, de modo que a madeira externa aumente anualmente, decorrido um espaço de tempo entre cinquenta e oitenta anos o interior ramificado terá sido recoberto com mais de meio pé de madeira sadia não ramificada. Um tronco desses nos exibe um exterior perfeitamente liso, mas nunca sabemos que engodo ele guarda em seu interior. Por isso, o mais seguro nesse caso é dar preferência à face exterior das pranchas serradas desse tronco, e retirar delas algumas polegadas da parte que ficava imediatamente abaixo da casca, ou seja, do alburno e do que lhe vem logo abaixo, que é a parte mais jovem, mais resistente e mais adequada para se fazer um arco.

— Eu pensei — interveio Goethe — que a madeira de um arco não poderia ser serrada, mas teria de ser fendida ou, como o senhor diz, desmembrada.

— Sim, sempre que ela se deixa desmembrar — respondi. — O freixo, o carvalho e talvez também a nogueira se deixam desmembrar, pois são madeiras de veios grossos. Mas o ácer campestre não, pois é madeira de veios tão finos, tão firmemente ligados uns aos outros, que não se desmembra segundo a direção dos veios, mas se parte para cima ou para baixo em sentido contrário aos veios e à direção natural de seu crescimento. Portanto, a madeira do ácer campestre tem de ser separada com uma serra, e isso sem pôr em risco a força do arco.

— Hum! Hum! — disse Goethe. — Por conta de sua inclinação para a arquearia, o senhor adquiriu belos conhecimentos. E conhecimentos vivos, que só com a prática se podem adquirir. Mas é justamente essa a vantagem de qualquer inclinação apaixonada, a de nos fazer penetrar o íntimo das coisas. Também as tentativas e erros são bons, pois por tentativas e erros se aprende. E não se aprende apenas a coisa sem si, mas também tudo quanto lhe está no entorno. Que saberia eu das plantas e das cores se me tivessem transmitido já prontas minhas teorias, e eu simplesmente as tivesse aprendido de cor? Mas como tive de buscar e encontrar tudo por mim mesmo, e eventualmente errar, posso dizer que sei alguma coisa a respeito de ambos os assuntos, mais até do que está no papel. — Mas diga-me ainda uma coisa a respeito de seu arco. Eu já vi arcos escoceses, que eram inteiramente retos, até a ponta, mas também outros cujas pontas eram curvadas. Qual deles o senhor acha melhor?

— Eu penso — respondi — que a força de impulsão de um arco com a ponta curvada para trás é muito maior. De início eu os fazia retos, pois não sabia curvar a ponta. Mas depois que aprendi a técnica, sempre faço as pontas recurvas, e penso que com isso o arco não apenas tem uma aparência mais bela, como também uma potência maior.

— É através do calor que se consegue curvá-los, não é? — disse Goethe.

— Do calor úmido — respondi. — Quando o arco já está no ponto em que sua força de tensão se encontra igualmente distribuída, de modo que em nenhuma parte ele é mais fraco ou mais forte do que deve ser, eu mergulho uma das pontas em água fervente a uma profundidade de seis a oito polegadas e o deixo ferver por uma hora. Depois disso, prenso essa ponta amolecida ainda bem quente entre dois pequenos tarugos cujas linhas internas têm a forma da curvatura que quero dar ao arco. Deixo-o então por pelo menos um dia e uma noite nessa prensa, até que esteja completamente seco, e depois faço o mesmo com a outra extremidade. As pontas assim tratadas são indeformáveis, como se tivessem crescido com essa curvatura.

— Sabe de uma coisa? — interveio Goethe com um sorriso misterioso. — Creio que tenho algo para o senhor que haverá de agradá-lo. Que diria o senhor se fôssemos juntos lá para baixo e eu lhe pusesse nas mãos um genuíno arco bashkir?

— Um arco bashkir? — exclamei, entusiasmado. — Um genuíno?

— Um genuíno, claro, seu bobo! — disse Goethe. — Venha!

Descemos para o jardim. Goethe abriu o andar térreo de um pequeno edifício anexo atopetado de objetos raros e exóticos espalhados pelas mesas e paredes. Passei ao largo de todos aqueles tesouros, meus olhos procuravam pelo arco.

— Aqui o tem — disse Goethe, retirando-o de um monte de tarecos bizarros empilhados em um canto. — Pelo que vejo, ainda se encontra no mesmo estado que quando me foi presenteado por um chefe bashkir, no ano de 1814. E então? Que lhe parece?

Eu estava felicíssimo de ter em mãos aquela arma encantadora. Parecia ainda intacta, e a corda também ainda era perfeitamente utilizável. Experimentei-o e senti que ainda preservava uma boa força de impulsão.

— É um bom arco — eu disse. — Mas o que mais me agrada nele é sua forma, que me servirá de modelo no futuro.

— De que madeira acha que é feito? — perguntou Goethe.

— Como o senhor pode ver — respondi —, está recoberto de uma fina casca de bétula que quase nada deixa ver da madeira, tendo ficado à vista apenas as extremidades recurvas. Mas também estas estão de tal modo escurecidas pelo tempo que não podemos dizer exatamente de que madeira é feito. À primeira vista, parece-me ser de carvalho jovem, ou talvez também de nogueira. Penso que seja de nogueira, ou de alguma outra madeira semelhante a ela. Bordo ou ácer campestre não é. Trata-se de uma madeira de veios grossos, e também vejo por alguns sinais que foi desmembrada.

— O senhor não gostaria de experimentá-lo? — disse Goethe. — Aqui está uma flecha. Mas tome cuidado com a ponta de ferro! Poderia estar envenenada.

Saímos novamente para o jardim e eu tendi o arco.

— Para que lado? — perguntou Goethe.

— Pensei em primeiro lugar para o alto — respondi.

— Então, vamos! — disse Goethe.

Disparei em direção às nuvens ensolaradas lá no alto do céu azul. A flecha partiu bem, a seguir descreveu uma curva e desceu sibilando de volta à terra.

— Agora deixe-me experimentar também — disse Goethe.

Fiquei feliz por ele também querer disparar. Entreguei-lhe o arco e apanhei a flecha. Goethe encaixou o entalhe da flecha na corda e também empunhou corretamente o arco, embora precisasse de algum tempo para consegui-lo. Então mirou para o alto e puxou a corda. Era o próprio Apolo, com sua indestrutível juventude interior em um corpo de velho. A flecha atingiu uma altura apenas mediana e tornou a cair na terra. Corri a apanhá-la.

— Mais uma vez! — disse Goethe. Mirou agora em direção horizontal, para o caminho arenoso que descia através do jardim. A flecha descreveu uma linha reta por cerca de trinta passos, caindo a seguir, e deslizou zumbindo pela terra. Senti uma desmedida alegria ao ver Goethe atirar com o arco. Pensei nos versos:

A velhice me deixa na mão?
Serei novamente uma criança?[8]

---

8 Os versos são de uma das *Xênias mansas*: "*Lässt mich das Alter im Stich?/ Bin ich wieder ein Kind?*". Os versos seguintes são: "*Ich weiss nicht, ob ich/ Oder die andern verrückt sind*" [Não sei se sou eu/ Ou os outros que estão loucos].

Levei-lhe de volta a flecha. Ele me pediu para atirar mais uma vez na direção horizontal, e me deu como alvo uma mancha na veneziana de seu gabinete de trabalho. Atirei. A flecha não ficou longe do alvo, mas penetrou tão profundamente a madeira macia que não consegui retirá-la.

— Deixe-a cravada aí — disse Goethe —, por alguns dias me servirá de recordação de nossos divertimentos.

Como o tempo estava bom, fizemos um passeio pelo jardim e depois nos sentamos em um banco, de costas para a folhagem nova de uma espessa sebe. Falamos do arco de Odisseu, dos heróis de Homero, depois dos trágicos gregos e, por fim, da opinião generalizada de que com Eurípides o teatro grego entrou em decadência. Goethe não compartilha de maneira alguma dessa opinião.

— De resto — disse ele —, não creio que uma arte possa entrar em decadência pela ação de um único homem. Para isso colaboram diversos fatores que não são facilmente identificáveis. Seria tão difícil que a arte trágica dos gregos entrasse em decadência por causa de Eurípides quanto as artes plásticas por causa de algum grande escultor que vivesse na mesma época de Fídias mas lhe fosse inferior. Pois quando uma época é grande, ela caminha no sentido de uma evolução, e o que é inferior permanece sem consequências.

— E como foi grande a época de Eurípides! Não foi a época de um gosto regressivo, e sim progressivo. A escultura ainda não atingira seu ápice e a pintura ainda estava em seus inícios.

— Mesmo que as tragédias de Eurípides tenham grandes defeitos em comparação com as de Sófocles, isso não implica que os poetas posteriores necessariamente lhes imitariam esses defeitos e se arruinariam por conta deles. Mas se elas têm também grandes qualidades, a ponto de nos fazer preferir algumas delas às de Sófocles, por que esses poetas posteriores não buscaram imitar-lhe essas virtudes, e por que não foram pelo menos tão grandes quanto Eurípides?

— Por que depois dos conhecidos três grandes trágicos não apareceram um quarto, um quinto e um sexto igualmente grandes, não é uma pergunta fácil de responder, mas sobre a qual podemos levantar algumas hipóteses e em certa medida chegarmos perto de uma resposta.

Johann Peter Eckermann

— O homem é um ser simples. E por mais rico, multifacetado e insondável que possa ser, em pouco tempo se pode percorrer todo o círculo das situações nas quais ele se pode encontrar.

— Se as condições fossem parecidas com as de nossa pobre Alemanha, onde Lessing pôde escrever duas ou três peças sofríveis, eu mesmo três ou quatro, e Schiller outras cinco ou seis, então haveria espaço para um quarto, quinto ou sexto poeta trágico.

— Mas entre os gregos, com a abundância de sua produção, que levou cada um dos três grandes a produzir mais de uma centena ou algo perto de uma centena de peças e a revisitarem três ou quatro vezes os temas trágicos de Homero e das sagas heroicas, eu digo que bem se pode imaginar que aos poucos a matéria e o conteúdo se esgotaram e um poeta posterior aos três grandes não sabia mais o que fazer.

— E no fundo, para quê? Não era o bastante por algum tempo? O que foi produzido por Ésquilo, Sófocles e Eurípides não era de uma espécie e de uma profundidade tais que sempre podemos ouvi-lo e voltar a ouvir sem torná-lo trivial e matá-lo? Afinal de contas, essas poucas grandiosas ruínas que chegaram até nós são de tão grande amplitude e de tão grande significado que nós, pobres europeus, há séculos já nos ocupamos com elas e por mais alguns séculos ainda deveremos nos alimentar delas e estudá-las.

1826

Segunda-feira, 5 de junho de 1826

Goethe contou-me que Preller veio visitá-lo e despedir-se, pois está de partida para a Itália, onde passará alguns anos.[1]

— Como bênção de viagem – disse Goethe –, aconselhei-o a não se deixar desencaminhar, a concentrar-se especialmente em Poussin e Claude Lorrain e a estudar primeiro de tudo as obras desses dois grandes mestres, a fim de ter uma clara compreensão de como eles observaram a natureza e a utilizaram para dar expressão a suas concepções artísticas e a seus sentimentos.

— Preller é um grande talento e não temo por ele. Aliás, parece-me pessoa de caráter muito sério, e estou quase certo de que terá preferência antes por Poussin que por Claude Lorrain. Mas recomendei-lhe especialmente o estudo desse último, e não sem motivo. Pois com a formação de um artista se dá o mesmo que com a formação de qualquer outro talento. Nossas forças se formam em certa medida por si próprias, mas aqueles germes e disposições de nossa natureza que não constituem nossa orientação cotidiana e não são tão poderosos exigem especial cuidado para que possam também se tornar uma força.

— Assim, como já observei várias vezes, um jovem cantor pode possuir algumas excelentes tonalidades inatas, que nada deixam a desejar. Mas

---

1 Friedrich Preller (1804-1878), pintor.

outras tonalidades de sua voz podem ser menos fortes, puras e plenas. E é justamente essas que ele deve tentar elevar, por meio de exercícios específicos ao mesmo nível das outras.

— Estou certo de que Preller um dia adquirirá excelência em temas sérios, grandiosos e também talvez selvagens. Mas se obterá resultados igualmente felizes com temas serenos, graciosos e amáveis é outra questão, e se lhe recomendei com tanta vivacidade Claude Lorrain foi para que, pelo estudo de suas obras, ele adquira o que talvez não esteja entre as tendências próprias de sua natureza.

— Há ainda outro ponto sobre o qual chamei sua atenção. Dele, até agora, vi muitos estudos da natureza. Eram excelentes e levados a cabo com energia e vivacidade; mas eram todos apenas detalhes com os quais pouco se pode fazer no futuro em criações próprias. Aconselhei-o a no futuro não destacar apenas um objeto isolado da natureza, nunca uma única árvore, um único monte de pedras, uma única choça, mas sempre fazê-lo acompanhar de alguma paisagem, de um pano de fundo.

— E isso pelo seguinte motivo: jamais vemos algo da natureza como objeto isolado, sempre o vemos ligado a outra coisa que se situa à frente dele, ao seu lado, atrás, abaixo ou acima dele. Também pode se dar que um objeto isolado nos pareça especialmente pitoresco, mas não é apenas o objeto em si que produz esse efeito, é a relação que vemos entre ele e o que está ao seu lado, atrás e acima dele, e é tudo isso que colabora para produzir aquele efeito.

— Assim, durante um passeio, posso deparar-me com um carvalho cujo efeito pitoresco me surpreenda. Mas, se o desenhar isoladamente, ele talvez já não pareça ser o que era, pois falta aquilo que colaborou para criar e intensificar o efeito pitoresco na natureza. Assim também pode um trecho de floresta ser belo justamente porque naquele momento aquele céu, aquela luz e aquela posição do sol produzem tal efeito. Mas se eu deixar tudo isso de fora de meu desenho, talvez ele perca inteiramente sua força e se torne algo banal, carente de qualquer magia verdadeira.

— E ainda há outra coisa. Não existe nada de belo na natureza que não seja *verdadeiro* com base nas leis naturais. Mas para parecer verdadeira também no quadro, aquela verdade natural tem de estar fundamentada pela inclusão dos objetos que exercem influência sobre ela.

Conversações com Goethe nos últimos anos de sua vida

— Encontro em um riacho pedras bem formadas cujas partes expostas ao ar estão pitorescamente recobertas de musgo. Mas não é apenas a umidade da água que provocou essa formação de musgo; foi também talvez uma encosta voltada para o norte, ou árvores e arbustos que produzem sombras que causaram aquela formação nesse trecho do riacho. Mas se eu deixar essas causas fora de meu quadro, ele será desprovido de verdade e sem uma autêntica força de convencimento.

— Assim também a posição de uma árvore, a espécie de solo sob ela, outras árvores por trás dela e ao seu lado, têm uma grande influência em sua formação. Um carvalho que cresce sobre o cume de uma colina rochosa localizada a oeste e batida pelos ventos terá uma forma inteiramente diferente da de um outro que cresceu lá embaixo, sobre o solo macio de um vale protegido. Ambos podem ser belos em sua espécie, mas terão um caráter muito diferente um do outro, e por isso só poderão ser aproveitados em uma paisagem inventada por um pintor na mesma posição em que se encontravam na natureza. Assim, para um pintor, os arredores que ele pinta juntamente com seu objeto e através dos quais se expressa cada situação particular são da maior importância.

— Por outro lado, seria insensato querer pintar também todo e qualquer prosaico detalhe casual que tem tão pouca influência para a forma e o desenvolvimento do objeto principal quanto sobre seu momentâneo aspecto pitoresco.

— Comuniquei a Preller todos os pontos principais dessas pequenas considerações, e estou certo de que, em um talento nato como o dele, lançarão raízes e florescerão.

1827

Quarta-feira, 21 de fevereiro de 1827

Com Goethe à mesa. Ele falou bastante, e com admiração, de Alexander von Humboldt, cujo livro sobre Cuba e a Colômbia está lendo e cujas opiniões a respeito da abertura de um canal cortando o istmo do Panamá parecem despertar-lhe um interesse muito especial.[1]

— Humboldt — disse Goethe — indica ainda com grande conhecimento técnico outros pontos nos quais, aproveitando-se alguns rios que deságuam no golfo do México talvez se pudesse alcançar aquele fim com vantagens ainda maiores no Panamá. Mas isso tudo fica reservado para o futuro e para algum grande espírito empreendedor. Do que podemos estar certos é de que, se de fato se lograr abrir um canal dessa espécie, possibilitando a passagem de navios de todos os tamanhos e tonelagens do Golfo do México ao Oceano Pacífico, haveria ganhos incalculáveis para toda a humanidade, tanto a civilizada quanto a não civilizada. Mas muito me admiraria se os Estados Unidos deixassem escapar de suas mãos um empreendimento como esse. É de prever que aquela jovem nação, com sua decidida tendência a expandir-se para o oeste, em trinta ou quarenta anos também tomará posse dos grandes territórios localizados do outro lado das Montanhas Rochosas.

---

1 Alexander von Humboldt, *Essai politique sur l'ile de Cuba* [Ensaio político sobre a ilha de Cuba, 1826], que também trata da Colômbia.

Pode-se prever, ainda, que em toda essa costa do Oceano Pacífico, onde a natureza já formou os portos mais espaçosos e seguros, pouco a pouco surjam importantes cidade comerciais destinadas a favorecer um grande intercâmbio da China e da Índia Oriental com os Estados Unidos. Mas nesse caso não apenas é desejável, como também quase necessário que tanto os navios comerciais quanto os de guerra disponham de uma ligação mais rápida com a costa oeste e a leste dos Estados Unidos do que até hoje tiveram através da longa, difícil e cara viagem ao redor do Cabo Horn. Portanto, eu repito: é imprescindível para os Estados Unidos construir uma passagem do Golfo do México para o Oceano Pacífico, e estou certo de que o farão.

– Gostaria de estar vivo para ver; mas não estarei. Em segundo lugar, gostaria também de estar vivo para ver a construção de uma ligação entre o Danúbio e o Reno. Mas também esse empreendimento é tão gigantesco que eu duvido de sua realização, sobretudo levando em conta os meios de que nós, alemães, dispomos. E, finalmente, em terceiro lugar, gostaria de ver os ingleses na posse de um canal em Suez. Essas três grandes obras eu gostaria de viver para ver, e por elas com certeza valeria a pena resistir por mais uns cinquenta anos.

Quinta-feira, 1º de março de 1827

Com Goethe à mesa. Ele me contou que recebeu uma correspondência do conde Sternberg e Zauper que muito o alegrou. Em seguida tratamos longamente da *Teoria das cores*, dos experimentos subjetivos com o prisma e das leis que regem a formação do arco-íris. Ele se mostrou feliz com meu crescente interesse por esses temas difíceis.

Quarta-feira, 21 de março de 1827

Goethe mostrou-me um livrinho de Hinrichs sobre a essência da tragédia antiga.[2]

---

2 Hermann Friedrich Wilhelm Hinrichs (1794-1861), filósofo hegeliano, *Das Wesen der antiken Tragödie in ästhetischen Vorlesungen* [A essência da tragédia antiga em preleções de estética, 1827].

— Eu o li com grande interesse — disse ele. — Hinrichs tomou por base especialmente o *Édipo* e a *Antígona* de Sófocles para desenvolver seus argumentos. É um livro muito especial, e quero emprestá-lo ao senhor para que também o leia e possamos discuti-lo. Não compartilho de modo algum das opiniões dele; mas é altamente instrutivo observar como uma pessoa de profunda formação filosófica vê uma obra de arte literária do ponto de vista particular de sua escola. Por hoje não quero adiantar mais nada para não me antecipar ao senhor. Leia-o e verá que infinidade de ideias ele nos inspira.

Quarta-feira, 28 de março de 1827

Devolvi a Goethe o livro de Hinrichs, que li com avidez. Também revisitei todas as peças de Sófocles, a fim de ter completo domínio do assunto.

— E então — disse Goethe —, que tal lhe pareceu? Ele vai ao cerne das coisas, não é mesmo?

— Ao ler esse livro, passou-se algo de muito estranho comigo. Nenhum outro me inspirou tantas ideias quanto esse e, no entanto, nenhum outro me provocou tantas discordâncias quanto esse.

— Justamente, é assim mesmo! — disse Goethe. — O que nos é semelhante nos deixa impassíveis, é a discordância que nos torna produtivos.

— Suas intenções — eu disse — me pareceram merecedoras do maior respeito; além disso, ele não fica só na superfície das coisas. Mas por vezes se perde tanto nas sutilezas e nas profundezas das situações, e de um modo tão subjetivo, que perde tanto a verdadeira observação do objeto em seus detalhes quanto a visão do todo, e muitas vezes nos vemos na situação de termos de nos violentar a nós mesmos e aos objetos a fim de pensar como ele. Tive também com frequência a impressão de que meus sentidos eram demasiadamente rombudos para compreender as sutilezas incomuns de suas distinções.

— Se o senhor dispusesse de um preparo filosófico igual ao dele — disse Goethe —, teria sido mais fácil. Mas, sinceramente, acho uma pena que um homem do Mar do Norte como Hinrichs, decerto vigoroso de nascença, tenha sido tão influenciado pela filosofia hegeliana que esta expulsou dele toda visão e pensamento espontâneos e naturais e lhe pôs no lugar uma forma de pensamento e expressão artificial e pesada, de modo que em seu livro nos deparamos com passagens nas quais nosso entendimento fica inteiramente paralisado e não sabemos mais o que estamos lendo.

— Comigo também não foi melhor — eu disse. — Mas fiquei feliz em encontrar passagens que me pareceram de grande humanidade e clareza, como, por exemplo, seu relato do mito de Édipo.

— Nesse ponto — disse Goethe —, ele naturalmente tinha de se ater com rigor aos fatos. Mas em seu livro há não poucas passagens nas quais o pensamento não se move, não avança, e em que a linguagem obscura gira sempre em torno do mesmo ponto e sempre no mesmo círculo, exatamente como a tabuada das bruxas em meu *Fausto*.[3] Mas passe-me o livro! De sua sexta preleção sobre o coro eu não entendi patavina. O que me diz, por exemplo, disto que se encontra já quase no final:

> Essa realidade (isto é, a da vida do povo) é, como o verdadeiro significado da mesma, por isso, não apenas tão somente sua verdadeira realidade, a qual, ao mesmo tempo, sendo a verdade e a certeza em si mesma, constitui, portanto, a certeza espiritual universal, certeza que é ao mesmo tempo a certeza reconciliadora do coro, de modo que apenas então, nessa certeza que se mostrou como o resultado do movimento inteiro da ação trágica, o coro se comporta verdadeiramente de acordo com a consciência universal do povo, e como tal não mais apenas representa o povo, como também é esse povo em si e por si segundo sua certeza.

— Creio que isso basta! O que não devem pensar os ingleses e os franceses da língua de nossos filósofos se até mesmo nós alemães não a compreendemos!

— E apesar de tudo isso — eu disse — estamos de acordo em que o livro tem como fundamento uma nobre vontade e que possui a qualidade de estimular pensamentos.

— Sua ideia de família e Estado — disse Goethe — e dos conflitos trágicos que deles podem decorrer é de fato boa e fecunda; mas não posso admitir que seja a melhor para a arte trágica, ou mesmo a única correta.

---

3 *Fausto I*, versos 2540-2552.

Conversações com Goethe nos últimos anos de sua vida

— É fato que vivemos todos em famílias e no Estado e é raro que um destino trágico não nos atinja como membros de ambos. Mas podemos também perfeitamente ser personagens trágicos apenas como membros de uma família ou apenas de um Estado. Pois no fundo tudo depende tão somente do conflito insolúvel, e tal conflito pode se originar da contradição de quaisquer relações que se queira, desde que tenha um verdadeiro motivo natural por trás de si e que este seja genuinamente trágico. Assim é que Ajax perece pelo demônio da honra ferida e Hércules, pelo demônio do ciúme amoroso. Em nenhum dos dois casos temos o menor sinal de um conflito entre a piedade familiar e a virtude cívica que, segundo Hinrichs, são os elementos da tragédia grega.

— Vemos claramente — eu disse — que em sua teoria ele leva em consideração apenas a *Antígona*. Ele também parece ter tido em vista apenas o caráter e a conduta dessa heroína quando afirmou que a piedade familiar se manifesta em sua forma mais pura na mulher, sobretudo na irmã, e que *somente pelo irmão ela pode sentir um amor inteiramente puro e casto*.

— Parece-me — disse Goethe — que o amor de uma irmã por outra irmã deveria ser ainda mais puro e casto! Como se não soubéssemos de numerosos casos em que o afeto entre irmã e irmão tinha, de forma consciente ou não, um caráter profundamente sensual!

— De resto — continuou Goethe —, o senhor deve ter notado que em seu estudo da tragédia grega Hinrichs parte inteiramente da *ideia* e que pensa em Sófocles como alguém que na criação e no desenvolvimento de suas tragédias parte igualmente de uma ideia segundo a qual determinou quais seriam suas personagens, bem como o sexo e a condição social das mesmas. Mas Sófocles não concebeu suas peças de maneira nenhuma a partir de uma ideia, ao contrário, ele se serviu de sagas imaginadas por seu povo muito tempo antes, nas quais já existia uma boa ideia, e preocupou-se tão somente em dar-lhe a melhor forma possível e a mais eficaz para o teatro. Os atridas também não querem sepultar Ajax; mas, assim como na *Antígona* a irmã luta pelo irmão, no *Ajax* é o irmão que luta pelo irmão. Que seja a irmã a cuidar do insepulto Polinice e o irmão a cuidar do vencido Ajax é mero acaso e não se deve à invenção do poeta, mas à tradição que o poeta seguia e tinha de seguir.

Johann Peter Eckermann

— Também o que ele afirma a respeito da conduta de Creonte — acrescentei — não me parece se sustentar. Ele procura demonstrar que, ao proibir o sepultamento de Polinice, Creonte agiu tão somente por virtude civil; e uma vez que Creonte não é apenas um homem, mas também um príncipe, ele propõe a tese segundo a qual, já que o homem representa o poder trágico do Estado, aqui não se poderia tratar de outro senão daquele que *é ele próprio a personalidade do Estado*, ou seja, do príncipe, e que, de todas as personagens, é o homem *como príncipe* o que exerce a mais moral das virtudes civis.

— São afirmações — replicou Goethe com um meio sorriso — na quais ninguém acreditará. E Creonte não age de modo algum por virtude civil, e sim por ódio ao morto. Quando Polinice procura reconquistar a herança paterna da qual o haviam privado com violência, não cometeu nenhum delito tão inaudito contra o Estado que sua morte não bastasse e fosse ainda necessário punir o cadáver inocente.

— De resto, jamais se deveria classificar como virtude civil uma conduta que fere a virtude em geral. Quando Creonte proíbe o sepultamento de Polinice e, com isso, não apenas permite que o cadáver em decomposição empeste o ar, mas também que os cães e aves de rapina arrastem consigo pedaços arrancados do corpo e com eles maculem até mesmo os altares, essa conduta ofensiva aos homens e aos deuses não é de modo algum uma *virtude* civil, é antes um *crime* contra o Estado. E por isso ele tem a peça toda contra si. Tem contra si os anciãos da cidade, que formam o coro; tem contra si o povo em geral; tem Tirésias contra si; tem contra si sua própria família. Mas ele não ouve ninguém e persiste obstinadamente em sua impiedade até causar a ruína de todos os seus e se tornar ele mesmo ao fim apenas uma sombra.

— No entanto — eu disse —, quando o ouvimos falar, não deixamos de lhe dar certa razão.

— É justamente nisso — disse Goethe — que Sófocles é um mestre, e é aí que reside toda a vitalidade do drama. Suas personagens são dotadas de uma tal eloquência, e sabem expor com tanta convicção os motivos de sua conduta, que o espectador quase sempre fica ao lado daquele que falou por último.

Conversações com Goethe nos últimos anos de sua vida

— Podemos ver que em sua juventude ele desfrutou de uma excelente formação retórica, graças à qual se exercitou na busca de todos os motivos reais ou aparentes que subjazem a uma ação. Mas essa sua grande capacidade também o levou a cometer erros, pois em alguns casos ele se excedeu.

— Assim, por exemplo, há uma passagem na *Antígona* que sempre me pareceu um defeito, e eu daria qualquer coisa para que um excelente filólogo nos provasse que se trata de uma interpolação e não é autêntica.

— Ocorre que a heroína, depois de ter exposto ao longo de toda a peça as razões de seus atos e ter desvelado a nobreza de uma alma puríssima, no momento de ser levada para a morte introduz um motivo muito ruim, que beira o cômico.

— Ela diz que, se fosse *mãe*, não teria feito nem por seus *filhos* mortos nem por seu *marido* morto o que fizera por seu *irmão*. Pois, diz ela, se meu marido morresse eu encontraria outro, e se meus filhos morressem eu teria gerado novos filhos com meu novo marido. Mas com meu irmão é diferente. Um novo irmão eu não posso ter, pois, uma vez que meu pai e minha mãe estão mortos, não há ninguém que pudesse gerá-lo.

— Esse é, pelo menos, o sentido nu dessa passagem que, em meu modo de sentir, posta na boca de uma heroína a caminho da morte, perturba a atmosfera trágica e me parece muito forçado, muito próxima de um cálculo dialético. Como já disse, eu gostaria muito que um bom filólogo nos provasse ser uma passagem inautêntica.

Continuamos a falar de Sófocles e de como, ao compor suas peças, ele estava menos preocupado com uma tendência moral que com um tratamento adequado do tema escolhido, tendo em vista especialmente o efeito teatral.

— Não tenho nada contra um poeta dramático ter em vista um efeito moral; mas quando se trata de colocar seu objeto diante dos olhos do espectador com clareza e eficácia, de pouco lhe vale um objetivo moral, ele precisa antes de mais nada possuir um grande domínio da arte representativa e um grande conhecimento do palco para saber o que fazer e o que evitar. Se ao objeto subjaz um efeito moral, este se manifestará mesmo se o poeta não tiver em vista nada além do tratamento eficaz e artístico de seu objeto. Se um poeta possuir uma alma tão elevada quanto a de Sófocles, o efeito por ele provocado será sempre moral, não importa a posição que assuma. De resto, ele conhecia o palco e compreendia seu *métier* como poucos.

— O quanto ele conhecia o teatro — eu disse — e o quanto ele se preocupava com o efeito teatral, nós podemos comprovar pela grande semelhança que seu *Filoctetes* tem com o *Édipo em Colono* na ordenação e no desenrolar da ação.

Em ambas as peças, vemos o herói em uma situação desesperada. Ambos velhos e sofrendo com a fragilidade física. Édipo tem como apoio a filha, que se mantém ao seu lado e o guia; Filoctetes tem seu arco. A partir daí, as semelhanças aumentam. Ambos foram banidos por conta de seus sofrimentos; mas, depois que o oráculo previu que sem sua ajuda não se poderia alcançar a vitória, todos procuram assenhorear-se deles. Odisseu vai em busca de Filoctetes e Creonte de Édipo. Ambos iniciam seu discurso com ardis e doces palavras; mas, quando não obtém o resultado esperado, ambos apelam para a violência, e vemos Filoctetes privado de seu arco como Édipo de sua filha.

— Esses atos de violência — disse Goethe — oferecem a oportunidade para diálogos esplêndidos, e essas situações desesperadas excitavam a alma do povo que ouvia e assistia às peças; não é outra senão essa a razão pela qual um poeta em busca de produzir efeitos sobre seu público evoca de bom grado tais situações. A fim de intensificar esse efeito no *Édipo*, Sófocles o leva à cena como um velho fragilizado quando, segundo todas as circunstâncias, ele deveria ser um homem ainda em pleno viço. Mas nessa peça o poeta não poderia valer-se dele em uma idade tão robusta, isso não produziria nenhum efeito, e essa é a razão pela qual Sófocles fez dele um ancião frágil, necessitado de ajuda.

— A semelhança com o *Filoctetes* — prossegui — vai ainda mais longe. Nenhuma das peças representa o herói agindo, e sim *sofrendo*. Mas esses dois heróis passivos têm contra si duas das figuras que agem. Édipo tem Creonte e Polinice; Filoctetes, Neoptólemo e Odisseu. E eram necessárias duas figuras de oponentes para que o poeta pudesse dar expressão ao tema sob todos os seus aspectos, e também dar à peça toda a sua plenitude e toda a sua plasticidade.

Conversações com Goethe nos últimos anos de sua vida

— O senhor poderia ainda acrescentar — disse Goethe, tomando a palavra — que ambas as peças se assemelham também por vermos em ambas a situação altamente eficaz de uma peripécia feliz que restitui a um dos heróis em desespero sua filha amada e ao outro seu não menos amado arco.

— Também os desfechos conciliadores de ambas as peças são semelhantes, pois os dois heróis são redimidos de seus sofrimentos; Édipo sendo arrebatado em bem-aventurança, e Filoctetes porque um oráculo divino nos deixa antever sua cura por Esculápio diante de Ílion.

— De resto — disse Goethe —, se para nossos objetivos modernos quisermos aprender como devemos proceder no teatro, é Molière o homem para quem nos devemos voltar.

— O senhor conhece seu *Malade imaginaire*? Há uma cena nessa peça que, não importa quantas vezes a leia, sempre me parece o símbolo de um perfeito conhecimento do palco. Refiro-me à cena em que o doente imaginário pergunta à sua filhinha Louison se um homem jovem não esteve no quarto de sua irmã.

— Pois bem, qualquer outro que não conhecesse tão bem o *métier* quanto Molière teria simplesmente feito a pequena Louison contar o acontecido, e com isso tudo estaria liquidado.

— Mas quanta vida e quanto efeito Molière não consegue desse interrogatório através dos mais variados motivos retardantes, primeiro fazendo a pequena Louison fingir que não entende o pai; depois disso, ela nega saber o que quer que seja; em seguida, ameaçada com o chicote, cai como morta, para, diante do desespero do pai, acordar travessa e alegre de seu fingido desmaio e, por fim, pouco a pouco confessar tudo.

— Essas minhas indicações lhe dão apenas uma pálida ideia da vivacidade daquela cena; mas leia o senhor mesmo essa passagem, deixe-se impregnar por seu valor teatral, e terá de admitir que há nela mais lições práticas que em todas as teorias reunidas.

— Conheço e amo Molière — prosseguiu Goethe — desde minha juventude, e durante toda a minha vida aprendi com ele. Jamais me esqueço de ler todos os anos algumas peças suas a fim de me manter sempre em contato com a excelência. Não é apenas o processo artístico perfeito que me encanta nele, e sim, principalmente, a natureza amável, a refinadíssima interioridade do poeta. Há nele uma graça, um senso das conveniências e um tom de requintada conversação que sua bela natureza inata só poderia ter adquirido no trato cotidiano com as pessoas mais ilustres de seu século. De Menandro conheço apenas os poucos fragmentos que restaram; mas estes me dão dele uma ideia tão elevada que considero esse grande grego a única pessoa que se poderia comparar a Molière.

— Fico feliz — repliquei — de ouvi-lo falar tão bem de Molière. Soa um pouco diferente do sr. Schlegel! Há poucos dias engoli com muita contrariedade o que ele diz sobre Molière em suas preleções sobre a poesia dramática.[4] Ele o trata, como o senhor sabe, de cima para baixo, como a um bufão ordinário que só viu a boa sociedade de longe e cujo ofício foi criar uma infinidade de farsas para o divertimento de seu patrão. Essas farsas de humor vulgar ainda seriam suas criações mais felizes; mas o que há de melhor nelas seria roubado. Ele teria se esforçado muito para alcançar o gênero superior da comédia, mas jamais o teria conseguido.

— Para um homem como Schlegel — replicou Goethe —, uma natureza tão profícua como Molière é, naturalmente, um verdadeiro espinho no olho; ele sente não ter nenhuma afinidade com Molière, não pode suportá-lo. *O misantropo*, a peça que mais amo no mundo e que releio constantemente, causa-lhe repulsa; ao *Tartufo* ele faz um pequeno elogio forçado para logo tornar a depreciá-lo o mais possível. Schlegel não pode perdoar que Molière tenha exposto ao ridículo as afetações das mulheres eruditas; ele talvez sinta, como observou um amigo meu, que Molière exporia ele próprio ao ridículo se tivessem vivido na mesma época.

— Não se pode negar — prosseguiu Goethe — que Schlegel saiba uma infinidade de coisas, e quase nos assustamos com seus extraordinários conhecimentos e sua grande cultura literária. Mas isso não basta. A erudição ainda não significa capacidade de juízo. Sua crítica é inteiramente unilateral, pois de quase todas as peças teatrais ele leva em consideração tão somente o esqueleto da fábula e a organização do enredo, apontando nelas apenas pequenas semelhanças com as de grandes precursores, sem se

---

4 August Wilhelm Schlegel, *Vorlesungen über dramatische Kunst und Literatur* [Preleções sobre arte dramática e literatura, 1809-1811].

preocupar com o que o autor nos oferece da vida graciosa e da formação de uma alma elevada. Mas de que servem todas as artes do talento se em uma peça de teatro não nos vem ao encontro a personalidade amável ou grande de um autor, a única coisa que se transmite para a cultura do povo?

— No modo e no procedimento pelos quais Schlegel trata do teatro francês eu encontro a receita de um mau resenhador, ao qual falta de todo a sensibilidade para reverenciar a excelência e que passa ao largo de uma natureza fecunda e de um grande caráter como se não passassem de palha e restolho.

— Mas Shakespeare e Calderón — intervim — ele trata com justeza e até mesmo com decidida admiração.

— É que ambos — replicou Goethe — são de uma espécie da qual jamais se pode falar bem o bastante, embora não me causasse nenhum espanto se Schlegel igualmente os depreciasse de maneira vergonhosa. Ele também é justo em relação a Ésquilo e Sófocles; mas, ao que me parece, não tanto por estar vivamente convencido do valor extraordinário de ambos quanto por ser tradição entre os filólogos reconhecerem aos dois uma posição muito elevada. Mas, no fundo, a própria pessoazinha de Schlegel não é suficiente para compreender naturezas tão elevadas e dar-lhes o devido valor. Se o fosse, ele deveria ser também justo com Eurípides e escrever sobre ele muito diversamente do que faz. Mas ele sabe que os filólogos não têm grande apreço por Eurípides e por isso sente uma não pequena satisfação por lhe ser permitido, com base em tão grande autoridade, atacar tão ignominiosamente esse grande poeta antigo e, sempre que puder, desdenhá-lo com tanto pedantismo.

— Não nego que Eurípides tenha seus defeitos; mas ainda assim foi um colega muito respeitável de Sófocles e Ésquilo. Se não tem a elevada seriedade e a rigorosa perfeição artística de seus dois predecessores e, como poeta dramático, trata as coisas com um pouco mais de negligência e humanidade, ele provavelmente conhecia o bastante seus atenienses para saber que o tom que imprimia a suas peças era o mais apropriado para eles. Mas um poeta a quem Sócrates chamava de amigo, a quem Aristóteles apreciava muito, a quem Menandro admirava e por quem Sófocles e a cidade de Atenas vestiram luto ao receberem a notícia de sua morte devia de fato ser alguém. Se um homem moderno como Schlegel encontra erros a censurar em um poeta antigo de tanta grandeza, não se deveria permitir-lhe fazê-lo senão de joelhos.

Domingo, 1º de abril de 1827

À noite em casa de Goethe. Conversei com ele a respeito da representação, ontem, de sua *Ifigênia*, na qual o sr. Krüger, do Teatro Real de Berlim, fez o papel de Orestes e foi muito aplaudido.[5]

— A peça — disse Goethe — tem suas dificuldades. É rica de vida *interior*, mas pobre de vida exterior. Tudo se resume, portanto, em trazer à tona essa vida interior. Ela dispõe, para isso, dos meios mais eficazes, provenientes da imensa variedade de horrores nos quais se baseia. A palavra impressa, contudo, é apenas um pálido reflexo da vida que se agitava em mim quando a concebi. Cabe ao ator nos reconduzir a essa chama primeira que animava o poeta no confronto com seu objeto. Queremos ver vigorosos homens gregos e heróis bafejados pela fresca brisa marinha, amedrontados e acossados por uma infinidade de males e perigos, expressar em palavras enérgicas o que ordena o coração que bate em seu peito. Mas não queremos atores de pouca sensibilidade, que se limitem a decorar superficialmente seu papel; e ainda menos atores que sequer dominam seu papel.

— Devo confessar que jamais me foi dado assistir a uma representação perfeita de minha *Ifigênia*. Esse foi também o motivo de eu não ter ido ontem ao teatro. Pois sofro terrivelmente ao ter de confrontar-me de contínuo com esses fantasmas que jamais se materializam como deveriam.

— Com o Orestes, tal como representado pelo sr. Krüger — eu disse —, o senhor provavelmente ficaria satisfeito. Sua interpretação tinha tanta clareza que nada era mais compreensível e apreensível que seu papel. Tudo nos calava fundo, e eu jamais esquecerei seus movimentos e suas palavras.

— Tudo o que nesse papel pertence à exaltada convicção, à visão, lhe brotava do interior através de seus movimentos e de suas variadas inflexões de voz de um modo que nos parecia vê-lo com nossos próprios olhos.

---

5 Wilhelm Krüger (1791-1841), ator berlinense.

Conversações com Goethe nos últimos anos de sua vida

Assistindo a esse Orestes, Schiller seguramente não teria sentido falta das Fúrias; elas estavam em seu encalço, estavam ao seu redor.[6]

— A notável passagem em que Orestes, despertando de seu desmaio, se crê transportado aos ínferos produziu um efeito espantoso. Víamos desfilar o cortejo dos ancestrais imersos em conversação, víamos Orestes ir ao encontro deles, interpelá-los e juntar-se a eles. Sentíamo-nos igualmente transportados, acolhidos no meio daqueles falecidos, tão pura e profunda era a sensibilidade do artista e tão grande seu poder de nos trazer o inapreensível para diante de nossos olhos.

— Vocês ainda são daqueles que se deixam impressionar! — replicou Goethe, rindo. — Mas continue, conte mais. Pois então, ao que parece, o ator era bom de fato, e possuidor de dotes físicos notáveis?

— Sua voz — eu disse — era pura e possuía um bom timbre; era ainda muito bem treinada e, por isso, dotada da maior flexibilidade e riqueza de tons. Força física e destreza corporal jamais o abandonavam nas passagens mais difíceis. Dava-nos a impressão de jamais em toda a sua vida ter descurado de educar e exercitar seu corpo das mais variadas maneiras.

— Um ator — disse Goethe — não deveria deixar de tomar lições também com um escultor e um pintor. Para representar um herói grego é imprescindível que ele tenha estudado bem as antigas obras de escultura que chegaram até nós e se impregnado da graça espontânea com que se sentam, ficam em pé e caminham.

— Mas o físico ainda não é tudo. Ele também precisa propiciar uma grande formação ao seu espírito estudando com afinco os melhores autores antigos e modernos, o que não apenas favorecerá a compreensão de seus papéis, como também dará a todo o seu ser e a toda a sua postura um tom mais elevado. Mas conte mais! Que mais de bom se poderia ressaltar nele?

— Ele me parecia — eu disse — tomado de um grande amor por seu objeto. Por meio de um intenso estudo, adquiriu uma visão clara de todos os detalhes, de modo que vivia e agia em seu herói com grande liberdade, e nada restava que não se tivesse tornado seu. Daí decorriam então uma

---

6 Em carta de 22 de janeiro de 1802, Schiller disse a Goethe que "sem Fúrias não há Orestes [...] essa é uma das fronteiras entre a tragédia antiga e a moderna".

expressão correta, uma entonação correta de cada uma das palavras, e uma segurança tal que para ele o ponto era uma pessoa inteiramente supérflua.

— Isso me alegra — disse Goethe —, assim é que deve ser. Não há nada mais horrível que um ator não ser senhor de seu papel e precisar a cada nova frase ouvir o ponto, o que torna sua atuação quase nula e quase sem força e vida. Se em uma peça como minha *Ifigênia* os atores não estão inteiramente firmes em seus papéis, é melhor cancelar a representação. Pois a peça só pode ter sucesso se tudo transcorrer com segurança, rapidez e vivacidade.

— Pois bem, pois bem! Folgo em saber que com Krüger tudo correu tão bem. Zelter o recomendara a mim e teria sido um transtorno se tudo não corresse tão bem como correu. Eu, de minha parte, vou lhe fazer um pequeno agrado e dedicar-lhe como recordação um exemplar encadernado da *Ifigênia*, no qual escreverei alguns versos referentes à sua atuação.

A conversa se voltou para a *Antígona* de Sófocles, versando sobre a elevada moral que rege a peça e, por fim, sobre a seguinte questão: como surgiu a moral no mundo?

— Do próprio Deus — respondeu Goethe —, como qualquer outro bem. Não é um produto da reflexão humana, é da natureza inata e congênita. É em menor ou maior medida congênita ao ser humano em geral, mas em alto grau apenas a algumas almas isoladas, especialmente dotadas. Estas revelaram, através de grandes feitos ou ensinamentos, seu interior divino que, então, através da beleza de sua manifestação, conquistou o amor da humanidade e inspirou poderosamente a admiração e a imitação.

— Mas o valor do belo moral e do bem só alcançou a consciência através da vivência e da sabedoria porque o que é mau se revelou, nas consequências que acarreta, como aquele que destrói a felicidade tanto do indivíduo quanto da comunidade, ao passo que o que é nobre e justo, por sua vez, se revelou como aquele que trouxe e consolidou a felicidade individual e geral. Assim, o belo-moral pôde se tornar doutrina e disseminar-se como proclamação entre povos inteiros.

— Recentemente li em algum lugar — intervim — a opinião segundo a qual a tragédia grega tomou como objeto especial a beleza da moral.

— Não tanto a da moral — replicou Goethe — quanto do puro humano em toda a sua extensão; sobretudo, porém, lá onde, entrando em conflito com um poder e uma lei brutais, ele se poderia transformar em natureza trágica. E em uma tal região, então, residia também a moral como dos componentes principais da natureza humana.

— A moral de Antígona, aliás, não foi inventada por Sófocles, ela já existia no próprio objeto, e Sófocles lhe deve ter dado a preferência porque, ao lado da beleza moral, encerrava em si um grande potencial de efeito dramático.

Goethe falou então dos caracteres de Creonte e de Ismênia e da necessidade dessas duas personagens para que se desvelasse a bela alma da heroína.

— Tudo que é nobre — disse ele — é em si de natureza silenciosa, e parece adormecido até ser despertado e desafiado pela contradição. Essa contradição é representada por Creonte, que existe em parte por causa de Antígona, para trazer à tona sua natureza nobre e o direito que lhe assiste, mas em parte também por causa de si mesmo, para que o erro funesto nos cause repulsa.

— Mas como Sófocles nos queria mostrar o interior elevado de sua heroína *antes* de seus atos, era necessário que houvesse ainda outra contradição, em contraste com a qual seu caráter pudesse se desvelar, e esta é sua irmã Ismênia. Nela o poeta também nos ofereceu uma bela medida de normalidade, em contraste com a qual a grandeza de Antígone, que ultrapassa em muito tal medida, se torna ainda mais evidente.

A conversa se voltou para autores dramáticos em geral e para a importante influência que exercem e podem exercer sobre a grande massa do povo.

Um grande poeta dramático — disse Goethe —, se é fecundo e ao mesmo tempo guarda em si uma poderosa orientação nobre que impregna todas as suas obras, pode fazer com que a alma de suas peças se torne a alma do povo. Creio que é algo que vale a pena buscar. Corneille exercia uma influência assim, capaz de formar almas heroicas. Isso significava muito para Napoleão, que tinha necessidade de um povo heroico, e por isso disse que, se Corneille ainda vivesse, faria dele um príncipe. Um poeta dramático que conhece sua missão deve, portanto, trabalhar incessantemente para um elevado desenvolvimento de si mesmo, a fim de exercer sobre o povo uma influência que seja nobre e benéfica.

— Não estudamos nossos contemporâneos e nossos companheiros de luta, e sim grandes figuras do passado, cujas obras mantêm há séculos o mesmo valor e gozam da mesma consideração. Uma pessoa de fato bem-dotada, de qualquer forma, sentirá em si essa necessidade, e é justamente essa necessidade de um convívio com seus grandes predecessores o sinal de sua elevada disposição. Deve-se estudar Molière, deve-se estudar Shakespeare, mas, sobretudo, os gregos antigos, e sempre os gregos.

— Para naturezas bem-dotadas — observei —, o estudo dos escritos da Antiguidade pode ser inestimável; mas de modo geral ele parece ter pouca influência sobre o caráter de cada pessoa. Se tivesse, todos os filólogos e teólogos seriam forçosamente excelentes pessoas. Mas não é nem de longe o que acontece, e esses conhecedores dos escritos gregos e latinos podem tanto ser gente de valor quanto uns pobres imprestáveis, dependendo das boas ou más qualidades que Deus conferiu à sua natureza, ou que herdaram do pai e da mãe.

— Não há nada que se possa opor a esse argumento — replicou Goethe —, mas isso não significa de maneira nenhuma que o estudo dos escritos da Antiguidade não tem nenhum efeito para a formação de um caráter. É certo que um canalha sempre será um canalha, e uma natureza mesquinha não crescerá uma polegada pelo contato, ainda que diário, com a grandeza do pensamento antigo. Mas uma pessoa nobre, em cuja alma Deus colocou a capacidade para a grandeza de caráter e a elevação de espírito, se desenvolverá magnificamente através do conhecimento e do convívio íntimo com as elevadas naturezas da Antiguidade grega e romana, e a veremos se desenvolver magnificamente a cada dia, até alcançar uma grandeza semelhante.

Quarta-feira, 18 de abril de 1827

Antes do almoço, fiz um passeio de carruagem com Goethe pela estrada que leva a Erfurt. Encontramos veículos de todo tipo, carregados de mercadorias para a feira de Leipzig. Havia também alguns puxados por parelhas de cavalos, entre eles alguns belíssimos animais.

— Não posso deixar de rir dos estetas — disse Goethe — que se martirizam tentando resumir em um conceito, mediante algumas palavras abstratas, aquela coisa inexprimível para a qual utilizamos a palavra *belo*. O belo é um

Conversações com Goethe nos últimos anos de sua vida

fenômeno primevo que jamais se manifesta ele próprio, mas cujo reflexo se torna visível em milhares de diferentes expressões do espírito criador, e é tão vário e múltiplo quanto a própria natureza.

— Ouvi dizer muitas vezes — observei — que a natureza é sempre bela; ela é o desespero do artista, pois raramente ele está em condições de alcançá-la inteiramente.

— Eu bem sei — replicou Goethe — que a natureza com frequência irradia uma inalcançável magia; mas não sou absolutamente da opinião de que ela seja bela em todas as suas manifestações. Suas intenções são sempre boas, sem dúvida, mas nem sempre o são também as condições necessárias para que ela possa sempre se manifestar com perfeição.

— Assim, o carvalho é uma árvore que pode ser muito bela. Mas quantas condições favoráveis não têm de se combinar antes que a natureza logre fazê-lo brotar em toda a sua verdadeira beleza? Se o carvalho cresce no fundo da floresta, rodeado de outras árvores imponentes, sua tendência será crescer sempre para cima, em busca de luz e ar livre. Para os lados, ele lançará somente uns poucos ramos frágeis, e mesmo estes, ao longo dos séculos, irão definhar e cair. Mas quando sentir que seu cume finalmente alcançou o ar livre lá em cima, então ele se acalmará e começará a expandir-se para os lados e a formar uma copa. Mas nesse estágio ele já terá ultrapassado metade de sua vida, seu impulso de buscar as alturas ao longo de muitos anos terá consumido suas forças juvenis, e seu anseio de se mostrar poderoso também pela largura não terá mais o mesmo sucesso. Depois de atingir o pleno crescimento ele estará lá, alto, forte e de tronco delgado, mas desprovido das proporções justas entre tronco e copa para ser verdadeiramente belo.

— Crescendo, porém, em um local úmido, pantanoso, de solo demasiado fértil, o carvalho, se tiver bastante espaço, lançará prematuramente muitas hastes e ramos para todos os lados; mas então lhe faltará a influência de forças contrárias, retardantes, o que nele há de nodoso, enfezado, pontudo, não se desenvolverá; vista de longe, a árvore adquirirá uma aparência frágil, semelhante à da tília, e não será bela, pelo menos não como carvalho.

— Por fim, se crescer em uma encosta montanhosa, sobre um solo pobre e pedregoso, ele parecerá sobremodo nodoso e pontudo, é verdade, mas lhe faltará o desenvolvimento livre, seu vulto definhará prematuramente e se deterá em seu crescimento, de modo que jamais nos fará dizer que há nele algo capaz de nos causar espanto.

Muito me alegraram essas belas palavras.

— Vi carvalhos muito belos — eu disse — quando, há alguns anos, fiz algumas pequenas excursões no vale do Weser, partindo de Göttingen. E os encontrei especialmente vigorosos em Solling e nas vizinhanças de Höxter.

— Um solo arenoso, ou misturado com areia — continuou Goethe —, que lhe ofereça a possibilidade de lançar raízes poderosas em todas as direções, parece ser o mais adequado para o carvalho. Além disso, ele necessita de um local que lhe ofereça o espaço necessário para receber de todos os lados as influências da luz e do sol, das chuvas e dos ventos. Crescendo confortavelmente protegido do vento e das intempéries ele não dará em nada; mas uma luta secular com os elementos o fará forte e vigoroso, de modo que, depois de alcançar seu pleno crescimento, nos provocará espanto e admiração.

— De todas essas suas observações — eu disse —, não poderíamos tirar uma conclusão e dizer que uma criatura é bela quando alcança o ápice de seu desenvolvimento natural?

— Exatamente — replicou Goethe —, mas antes teríamos de dizer o que entendemos por ápice do desenvolvimento natural.

— Eu chamaria assim — repliquei — àquele período do crescimento em que o caráter próprio a essa ou àquela criatura já se mostra em sua inteira configuração.

— Nesse sentido — replicou Goethe — não haveria nada a objetar, em especial se acrescentarmos que para alcançar um caráter assim inteiramente configurado também é necessário que a constituição dos diferentes membros de uma criatura esteja de acordo com sua destinação natural e, portanto, atenda à sua finalidade.

— Assim, por exemplo, uma jovem em idade de casar, cuja destinação natural é gerar filhos e amamentar, não seria bela sem a necessária largura da bacia e o necessário crescimento dos seios. Mas o excesso também não seria belo, pois iria além de sua finalidade.

Conversações com Goethe nos últimos anos de sua vida

— Por que pudemos, agora há pouco, julgar belos os cavalos de sela que encontramos, senão por sua constituição adequada à sua finalidade? Não se tratava apenas da elegância, da ligeireza, da graça de seus movimentos, mas de alguma coisa além, sobre a qual um bom cavaleiro ou conhecedor de cavalos saberia discorrer e da qual nós, leigos, não teríamos senão uma vaga impressão.

— Não poderíamos também — eu disse — considerar belo um cavalo de tiro, como aqueles muito robustos que encontramos há pouco atrelados às carroças daquela gente de Brabante?

— Sem dúvida! — respondeu Goethe. — Por que não? Um pintor encontraria nas características vigorosamente pronunciadas daqueles animais, na poderosa expressividade dos ossos, tendões e músculos, um espetáculo de belezas que em sua variedade talvez ultrapassasse em muito o que se pode encontrar nas características mais suaves e homogêneas de um elegante cavalo de sela.

— O importante — continuou Goethe — é que a raça seja sempre pura, e que o homem mantenha longe dela suas mãos mutiladoras. Um cavalo ao qual foram aparadas a cauda e as crinas, um cão de orelhas cortadas, uma árvore que teve amputados os ramos mais vigorosos e o restante podado em forma esférica, e sobretudo uma moça cujo corpo foi deformado e arruinado desde a adolescência por espartilhos, tudo isso causa repulsa ao bom gosto e só tem lugar no catecismo estético dos filisteus.

Enquanto discorríamos sobre esses assuntos e outros semelhantes, havíamos retornado. Antes de nos pormos à mesa, caminhamos ainda um pouco pelo jardim da casa. Fazia um tempo muito bonito, o sol de primavera ia ganhando força e os arbustos e sebes começavam a mostrar folhagens e brotos de toda espécie. Goethe estava cheio de ideias e esperanças de um verão extremamente aprazível.

Mais tarde, à mesa, estávamos muito alegres. O jovem Goethe lera a Helena de seu pai e falou sobre ela com toda a perspicácia de um entendimento natural. Deixou transparecer uma imensa alegria pela parte composta em espírito antigo, ao passo que a leitura da parte operística, romântica, pelo que pudemos notar, não o impressionou tão vivamente.

Johann Peter Eckermann

— No fundo você tem razão, e isso é uma coisa muito singular — disse Goethe. — Claro que não se pode dizer que o racional seja sempre belo; mas o belo é sempre racional, ou pelo menos deveria sê-lo. A parte antiga lhe agrada pelo simples motivo de ser apreensível, por você poder abarcar com a vista todas os seus elementos constitutivos, e decifrar minha razão com a sua. Também na segunda parte todo entendimento e toda razão foram empregados e trabalhados; mas ela é difícil e exige algum estudo antes que se possam decifrar o significado das coisas e antes de descobrir com a própria razão a razão do autor.

Em seguida, Goethe se referiu com muitos elogios e reconhecimento aos poemas de mme. Tastu, com cuja leitura se tem ocupado nesses últimos dias.

Quando todos os outros se retiraram e eu também me preparava para partir, ele me pediu que ficasse por mais um pouco de tempo. Mandou trazer uma pasta com gravuras e águas-fortes de mestres flamengos.

— Quero ainda — disse ele — servir-lhe algo de bom como sobremesa.

Com essas palavras, mostrou-me uma das folhas, uma paisagem de Rubens.

— É verdade — disse ele — que o senhor já viu esse quadro antes aqui em minha casa; mas nunca é demais tornar a observar uma obra excelente, e dessa vez se trata de algo muito especial. O senhor pode me dizer o que vê?

— Bem — eu disse —, começando pelo fundo, temos primeiro de tudo um céu muito claro, como costuma ser logo depois que o sol se põe. Depois, ainda bem no fundo, uma aldeia e uma cidade sob a claridade da luz crepuscular. No meio do quadro, então, uma estrada pela qual um rebanho de carneiros se dirige à cidade. Ao lado direito do quadro vários montes de feno e uma carroça que se acabou de carregar. Cavalos ainda atrelados pastam nas vizinhanças. Ao lado, um pouco mais longe, dispersas entre os arbustos, éguas pastam com seus potrinhos, dando a impressão de que vão passar a noite lá fora. Então, mais próximo do primeiro plano, um grupo de grandes árvores e, por fim, à esquerda, em primeiro plano, vários trabalhadores que voltam para casa.

— Muito bem — disse Goethe —, isso talvez seja tudo. Mas ainda falta o principal. Tudo isso que vemos representado: o rebanho de carneiros, a

Conversações com Goethe nos últimos anos de sua vida

carroça carregada de feno, os cavalos, os lavradores que voltam para casa, de que lado estão iluminados?

— Eles recebem a luz — respondi — do lado que está voltado para nós, e lançam suas sombras para dentro do quadro. Especialmente os lavradores que voltam para casa, no primeiro plano, estão em plena claridade, o que produz um efeito magnífico.

— E com que meios Rubens produziu esse belo efeito?

— Fazendo — respondi — essas figuras iluminadas aparecerem contra um fundo escuro.

— Mas o que produz esse fundo escuro?

— É a poderosa sombra que o grupo de árvores lança sobre as figuras — respondi. — Mas como — perguntei então, surpreso — as figuras lançam suas sombras para dentro do quadro, ao passo que o grupo de árvores lança sua sombra na direção de quem olha o quadro? Temos a luz vindo de dois lados opostos, o que é completamente contrário à natureza!

— Esse é exatamente o ponto — replicou Goethe com um meio sorriso. — É assim que Rubens demonstra sua grandeza e revela que, com espírito livre, está *acima* da natureza e a trata da maneira mais apropriada aos seus elevados fins. A luz dupla, contudo, é uma violência, e o senhor sempre poderá dizer que é contra a natureza. Eu, porém, digo que, se é contra a natureza, é também superior à natureza, e digo ainda que esse é o gesto ousado do mestre, por meio do qual ele nos revela de maneira formidável que a arte não está de modo algum submetida à necessidade natural, e possui suas próprias leis.

— Claro — prosseguiu Goethe — que nos detalhes o artista tem de retratar fiel e piedosamente a natureza, ele não pode alterar sem fundamento a estrutura óssea, a localização dos tendões e músculos de um animal, de modo a ferir seu caráter próprio. Pois isso significaria aniquilar a natureza. Mas nas regiões mais elevadas do processo artístico, através do qual um quadro se torna de fato um quadro, ele dispõe de liberdade de ação e pode até mesmo apelar para as *ficções*, como fez Rubens nessa paisagem com a luz dupla.

— O artista tem uma relação ambígua com a natureza: ele é ao mesmo tempo senhor e escravo dela. É escravo dela por ter de recorrer a meios

587

terrenos para ser compreendido; mas é senhor dela na medida em que submete esses meios terrenos a suas elevadas intenções e os coloca a serviço delas.

— O artista quer falar ao mundo através de um todo; esse todo, porém, ele não o encontra na natureza, é fruto de seu próprio espírito ou, se o senhor quiser, do sopro de um fecundante hálito divino.

— Se observarmos apenas superficialmente essa paisagem de Rubens, tudo nos parece tão natural como se fosse tão somente uma cópia direta da natureza. Mas não é isso. Um quadro tão belo jamais foi visto na natureza, tão pouco quanto uma paisagem de Poussin ou de Claude Lorrain, que também nos parece muito natural, mas que igualmente procuraremos em vão na realidade.

— Não se poderiam encontrar também na *literatura* — eu disse — gestos igualmente ousados de ficção artística como esse de Rubens?

— Nem precisamos ir muito longe — respondeu Goethe depois de refletir um pouco. — Eu os poderia mostrar às dúzias em Shakespeare. Pense apenas em Macbeth. Quando a Lady quer induzir seu marido à ação, ela diz: *"Já amamentei, e sei que doce coisa"* etc.

— Não importa se isso é verdade ou não; mas a Lady o diz, e tem de dizê-lo para dar ênfase ao seu discurso. Contudo, no decorrer da peça, quando Macduff recebe a notícia da morte dos seus, ele grita, tomado de uma ira selvagem: *"Não, ele não tem filhos!"*

— Essas palavras de Macduff estão, portanto, em contradição com as da Lady, mas isso não preocupa Shakespeare. Para ele importa a força de cada um dos discursos e, assim como a Lady tinha de dizer: "Já amamentei" para dar a suas palavras a máxima expressividade, para o mesmo fim Macduff tinha de dizer: "Não, ele não tem filhos!".

— Jamais — disse Goethe — devemos compreender o traço de um pintor ou as palavras de um poeta de maneira tão exata e mesquinha; quando se trata de uma obra de arte produzida com espírito livre e ousado, temos de buscar, sempre que possível, contemplá-la e fruí-la com espírito semelhante.

— Assim, seria estúpido concluir destas palavras de Macbeth — *"Gera apenas filhos homens!"* — ser a Lady uma criatura muito jovem que ainda não

Conversações com Goethe nos últimos anos de sua vida

deu à luz. E seria igualmente estúpido ir ainda mais longe e exigir que a Lady fosse representada no palco como essa pessoa ainda tão jovem.[7]

— Shakespeare não faz Macbeth dizer essas palavras para indicar com elas a juventude da Lady; essas palavras, como as anteriores da Lady e de Macduff, estão ali para fins puramente retóricos e não querem mostrar senão que o poeta faz suas personagens dizerem a cada vez o que é bom e eficaz para *essa passagem*, sem se preocupar e calcular demasiada e temerosamente se tais palavras podem talvez entrar em aparente contradição com as de outra passagem.

— De resto, Shakespeare dificilmente terá pensado que suas peças estariam disponíveis em letras de forma que se poderiam contar, comparar e medir com outras; ao escrever, ele tinha em vista antes de tudo o palco; via suas peças como algo vivo, em movimento, que fluía rapidamente do palco para os olhos e os ouvidos, que não se poderia agarrar e submeter a uma criticazinha detalhista, importando somente que fosse sempre eficaz e impressionante no momento presente.

Terça-feira, 24 de abril de 1827

August Wilhelm von Schlegel está aqui. Antes do almoço, Goethe fez com ele um passeio de carruagem pelo Webicht e à noite ofereceu em sua honra uma grande recepção para a hora do chá, à qual esteve presente também o companheiro de viagem de Schlegel, o dr. Lassen.[8] Todos os moradores de Weimar que possuem um nome e uma posição foram convidados, e por isso era grande o movimento em todas as salas da casa de Goethe. O sr. Von Schlegel estava rodeado de senhoras a quem mostrava delgados

---

7 Todas as citações em William Shakespeare, *Macbeth*. A primeira [*"I have given suck, and know" etc.*] e a terceira [*"Bring forth men-children only"*], ato I, cena VII; a segunda [*"He has no children"*], ato IV, cena III, aqui de acordo com a tradução de Péricles Eugênio da Silva Ramos (São Paulo: Círculo do Livro, s.d.).

8 Christian Lassen (1800-1876), de origem norueguesa, foi um dos fundadores da Indologia na Alemanha.

rolos decorados com divindades indianas e também o texto completo de dois grandes poemas indianos, dos quais provavelmente ninguém, além dele mesmo e do dr. Lassen, compreendia nada.[9] Schlegel estava vestido de modo muito distinto e tinha uma aparência extremamente juvenil, florescente, levando alguns dos presentes a afirmar que ele parecia não ser inexperiente no uso de cosméticos.

Goethe levou-me até uma janela.

— E então? Que impressão lhe causa?

— A mesma de sempre — respondi.

— É verdade que sob diversos aspectos ele não é um homem — prosseguiu Goethe —, mas em virtude de seus vastos conhecimentos eruditos e de seus grandes méritos, sempre lhe podemos ter alguma consideração.[10]

Quarta-feira, 25 de abril de 1827

À mesa em casa de Goethe com o dr. Lassen. Schlegel foi hoje novamente convidado para um banquete na corte. O dr. Lassen demonstrou seus grandes conhecimentos da poesia indiana, que pareceram receber de Goethe uma acolhida extremamente favorável, pois lhe permitiam ampliar seus conhecimentos muito lacunosos dessa matéria.

À noite, estive novamente por alguns momentos com Goethe. Ele me contou que Schlegel o visitou pelo final da tarde e tiveram uma conversa extremamente interessante a respeito de assuntos históricos e literários que lhe fora muito instrutiva.

— Claro — acrescentou — que não podemos pedir ao espinheiro que dê uvas nem aos cardos que deem figos; no mais, é tudo excelente.

---

9 Dois poemas: *Hitopadesa* (traduzido por Schlegel em dois volumes, 1829-1831) e *Ramayana* (traduzido por Schlegel em quatro volumes, 1829-1846).

10 Em 1818 Schlegel, então com 51 anos, casou-se em segundas núpcias com Sophie Paulus, de 27. O casamento foi dissolvido já no ano seguinte por conta da impotência de Schlegel que, usada como argumento nos tribunais, se tornou de domínio público.

Conversações com Goethe nos últimos anos de sua vida

Quinta-feira, 3 de maio de 1827

A tradução extremamente bem-sucedida feita por Stapfer das obras dramáticas de Goethe receberam no ano passado do *Globo* de Paris uma crítica não menos excelente assinada pelo sr. J.-J. Ampère,[11] e Goethe se sentiu tão agradavelmente comovido que retornava com frequência a ela e sempre a mencionava com muita gratidão.

— O ponto de vista do sr. Ampère — disse ele — é muito elevado. Se em semelhantes ocasiões os críticos alemães sempre partem da filosofia e, quando analisam e comentam uma obra literária, procedem de tal maneira que aquilo que produzem para elucidá-la se torna acessível apenas para os filósofos de sua própria escola, permanecendo, porém, para as demais pessoas, ainda mais obscuro que a obra que pretendem explicar, o sr. Ampère, ao contrário, procede de maneira eminentemente prática e humana. Como alguém que conhece a fundo o *métier*, ele demonstra a afinidade entre a criação e o criador e julga as diversas produções poéticas como frutos diversos de épocas diversas da vida do poeta.

— Ele estudou profundamente o cambiante curso de minha vida na terra e meus estados de alma, e teve até a capacidade de ver o que não externei e, por assim dizer, só se poderia ler nas entrelinhas. Com que precisão notou que nos dez primeiros anos de serviço e de vida em Weimar eu não produzi quase nada, que o desespero me levou à Itália e lá, reencontrando o prazer de criar, agarrei-me à história de Tasso para me libertar, pelo trabalho com um tema tão apropriado, de tudo o que de doloroso e importuno ainda restava em mim das minhas impressões e recordações de Weimar. Por isso, chama ao *Tasso*, muito acertadamente, de um *Werther* intensificado.

— Sobre o *Fausto* não se exprime com menos argúcia, ao apontar não apenas o anseio sombrio, insatisfeito, do protagonista como também o sarcasmo e a ironia cru de Mefistófeles como partes de meu próprio ser.

Com essas expressões de reconhecimento e outras semelhantes, Goethe se referia frequentemente ao sr. Ampère; fomos tomados de um vivo in-

---

11 Jean-Jacques Ampère (1800-1864) era filho do físico e matemático André-Marie Ampère (1775-1836).

teresse por ele, procurávamos desvendar sua personalidade e, mesmo que isso não nos fosse possível, ainda assim compartilhávamos a opinião de que deveria se tratar de um homem de meia-idade para poder compreender tão profundamente a influência mútua entre vida e poesia.

Por isso, ficamos muito surpresos quando há alguns dias o sr. Ampère chegou a Weimar e se apresentou a nós como um jovem de pouco mais de vinte anos cheio de vida; e não ficamos menos surpresos quando, no decorrer de uma nova conversa, ele nos revelou que todos os colaboradores do *Globe*, cuja sabedoria, moderação e alto nível cultural nós tantas vezes admiramos, eram jovens como ele.

— Compreendo perfeitamente — eu disse — que alguém possa ser jovem para *produzir* algo de importante e, como Mérimée, escrever excelentes peças aos 20 anos de idade; mas que alguém nessa mesma idade disponha de um tão amplo entendimento e de um olhar tão profundo a ponto de atingir uma tal altura em sua capacidade de julgamento como os senhores do *Globe* é para mim uma absoluta novidade.

— Para o senhor em sua charneca — replicou Goethe — certamente não foi fácil, e também nós, da Alemanha Central, só a duras penas conquistamos nosso pouquinho de sabedoria. Pois no fundo nós todos ainda levamos uma vida miserável e isolada. Do povo em si recebemos muito pouca cultura e todos os nossos talentos e boas cabeças estão espalhados pela Alemanha inteira. Um está em Viena, outro em Berlim, outro em Königsberg, outro em Bonn ou Düsseldorf, uns distantes dos outros cinquenta, cem milhas, de modo que os contatos pessoais e uma troca pessoal de ideias são raridades. Eu sinto a vantagem que isso poderia trazer sempre que homens como Alexander von Humboldt passam por aqui e em um único dia me ajudam a avançar mais em minhas buscas, naquilo que eu preciso saber, do que eu poderia fazer em anos de caminhada solitária.

— Agora imagine uma cidade como Paris, onde as cabeças mais privilegiadas de um grande país se encontram reunidas em um único lugar e se instruem e enriquecem mutuamente no contato, na luta e na competição de todos os dias; onde o que há de melhor em todos os domínios da natureza e da arte em todo o globo terrestre se oferece à contemplação diária; imagine essa cidade cosmopolita, onde atravessar qualquer ponte ou qualquer

Conversações com Goethe nos últimos anos de sua vida

praça nos faz recordar um grande passado e onde em qualquer esquina se desenrolou um pedaço de história. E para tudo isso não pense na Paris de uma época obtusa e desprovida de espírito, mas na Paris do século XIX, onde há três gerações, graças a homens como Molière, Voltaire, Diderot e outros iguais a eles, se colocou em curso uma tal plenitude de espírito como não se encontra igual em um único lugar no mundo inteiro, e então o senhor compreenderá que uma grande cabeça como Ampère, crescida em meio a tal plenitude, pode ser alguém já aos 24 anos.

— Mas o senhor estava dizendo — continuou Goethe — que compreende perfeitamente que alguém possa, como Merimée, escrever peças tão boas aos 20 anos. Nada tenho a objetar e concordo inteiramente com o senhor que uma produção juvenil de grande valor seja algo mais fácil que um julgamento juvenil de grande valor. Mas na Alemanha ninguém deve se iludir e pensar ser capaz de produzir algo tão maduro na mesma idade em que Merimée escreveu as pecinhas em torno de sua *Clara Gazul*. É verdade que Schiller era ainda muito jovem quando criou seus *Bandoleiros*, sua *Intriga e amor* e seu *Fiesco*. Mas, se quisermos ser honestos, todas essas peças são antes expressões de um talento extraordinário que uma prova da grande maturidade cultural de seu autor. A culpa, porém, não é de Schiller e sim da situação cultural de sua nação e da grande dificuldade que todos nós sentimos ao ter de avançar através de caminhos solitários.

— Em contrapartida, pense em Béranger. É filho de pais pobres, o rebento de um pobre alfaiate, foi um pobre aprendiz de impressor, depois empregado mal remunerado em algum *bureau*; jamais frequentou uma escola secundária, nunca esteve na universidade e, no entanto, seus poemas são tão ricos de uma cultura madura, de graça, de espírito e da mais fina ironia, de uma tal perfeição artística e de um tratamento magistral da língua que ele suscita a admiração não apenas da França, mas de toda a Europa culta.

— Agora tente imaginar esse mesmo Béranger não como alguém nascido em Paris e crescido nessa cidade cosmopolita, mas como o filho de um pobre alfaiate de Iena ou Weimar, deixe sua vida transcorrer nessas pequenas localidades de maneira igualmente precária e pergunte-se que frutos poderia dar essa mesma árvore, crescida em tal solo e em tal atmosfera.

— Portanto, meu caro, eu repito: é preciso que em uma nação estejam em curso muito espírito e uma cultura profícua para que um talento tenha um desenvolvimento rápido e feliz.

— Nós admiramos as tragédias dos gregos antigos; mas, pensando bem, deveríamos admirar mais a época e a nação que as tornaram possíveis que seus autores individualmente. Pois mesmo que essas peças sejam um pouco diferentes entre si, mesmo que um desses poetas nos pareça um pouco maior e mais perfeito que os outros, tudo, *grosso modo*, tem um caráter único e contínuo. É o caráter do grandioso, do fecundo, do saudável, do humanamente perfeito, da elevada sabedoria de vida, da sublime maneira de pensar, da visão de mundo pura e enérgica, e que qualidades mais se queira ainda acrescentar. Uma vez, porém, que todas essas qualidades não se encontram unicamente nas obras dramáticas que chegaram até nós, mas também nas líricas e épicas; e como as encontramos também nos filósofos, retores e historiadores, e em um nível igualmente elevado nas obras das artes plásticas que chegaram até nós, temos de nos convencer de que tais qualidades não são prerrogativa apenas de indivíduos isolados, mas que pertencem à nação e a toda aquela época durante a qual estavam em curso.

— Pense em Burns.[12] Por que motivo ele é grande, senão porque as antigas canções de seus antepassados viviam na boca do povo e, por assim dizer, o embalaram no berço, de modo que ele, desde menino, cresceu ouvindo-as, e a elevada perfeição desses modelos se encarnou de tal modo nele que lhe deu uma base viva sobre a qual prosseguir. Além disso, por que motivo ele é grande, senão porque suas próprias canções imediatamente encontraram em seu povo ouvidos tão receptivos que em pouco tempo os ceifeiros e as amarradoras de feixes as ecoavam nos campos, e nas tabernas os rapazes alegres as cantavam para saudá-lo. Assim, era natural que ele viesse a ser alguém!

— Enquanto isso, entre nós alemães, que pobreza! O que de nossas não menos importantes antigas canções ainda vivia no povo na época de minha juventude? Herder e seus seguidores tiveram primeiro de começar a coletá-las e retirá-las do esquecimento; então, ao menos, as tínhamos impressas

---

12 Robert Burns (1759-1796), poeta escocês.

Conversações com Goethe nos últimos anos de sua vida

nas bibliotecas. E, mais tarde, quantas canções não compuseram Bürger e Voss? Quem poderia dizer que eram inferiores ou menos populares que as do excelente Burns? Mas quantas delas se tornaram vivas a ponto de as ouvirmos ecoadas pelo povo? Foram escritas e impressas e estão nas bibliotecas, bem de acordo com o destino comum dos poetas alemães. De minhas próprias canções, quantas ainda vivem? Pode ser que uma ou outra seja cantada de vez em quando ao piano por alguma bela mocinha, mas no povo propriamente dito tudo é silêncio. Com que sentimentos me recordo do tempo em que pescadores italianos cantavam para mim passagens de Tasso!

— Nós alemães nascemos ontem. É verdade que nos últimos cem anos temos trabalhado com afinco em prol da cultura; mas talvez ainda transcorra outro par de séculos antes que o espírito e a alta cultura penetrem e se disseminem de tal maneira entre nossos patrícios a ponto de eles renderem culto à beleza como os gregos, de se entusiasmarem por uma bela canção e de podermos dizer deles que vai longe o tempo em que eram bárbaros.

Sexta-feira, 4 de maio de 1827

Grande jantar na casa de Goethe em homenagem a Ampère e seu amigo Stapfer. A conversação era ruidosa, alegre e dispersa. Ampère contou a Goethe muitas coisas sobre Merimée, Alfred de Vigny e outros talentos notáveis. Também se falou muito de Béranger, de cujas incomparáveis canções Goethe se recorda diariamente. Discutimos se as alegres canções amorosas de Béranger levam a palma sobre seus versos políticos, e Goethe defendeu seu ponto de vista, segundo o qual um tema puramente poético em geral está muito acima de um tema político, do mesmo modo que a pura e eterna verdade natural está acima da convicção política.

— De resto — continuou ele —, com seus versos políticos Béranger se revelou um benfeitor de sua nação. Depois da invasão dos aliados,[13] os franceses encontraram nele a melhor voz para seus sentimentos reprimidos. Ele lhes infundiu coragem invocando as muitas recordações de suas glórias militares sob o imperador, cuja memória vive ainda em cada cabana

---

13 Em 1815, depois da derrota de Napoleão.

e cujas grandes qualidades o poeta ama, sem, no entanto, desejar uma continuação de seu domínio despótico. Agora, sob os Bourbon, ele não parece satisfeito. Trata-se, de fato, de uma estirpe debilitada! E o francês de hoje quer grandes qualidades ocupando o trono, embora compartilhe de bom grado do poder e da voz.

Depois da refeição, os comensais se espalharam pelo jardim e Goethe fez um aceno convidando-me para um passeio de carruagem ao redor do bosque pela estrada de Tiefurt.

Na carruagem, ele se mostrou muito benevolente e amável. Estava feliz por ter estabelecido tão boas relações com Ampère, das quais ele espera as mais belas consequências para o reconhecimento e a divulgação da literatura alemã na França.

— Ampère — acrescentou — se situa em um nível cultural tão elevado que já deixou muito para trás os preconceitos nacionais, as apreensões e os provincianismos de muitos de seus conterrâneos e, pelo espírito, é mais cidadão do mundo que cidadão de Paris. Aliás, eu já vejo aproximar-se um tempo em que haverá na França milhares de pessoas que pensarão como ele.

Domingo, 6 de maio de 1827

Novo jantar em casa de Goethe com as mesmas pessoas de anteontem. Falou-se muito da Helena e do *Tasso*. Goethe nos contou em seguida como, no ano de 1797, planejava tratar a saga de Guilherme Tell sob a forma de um poema épico em hexâmetros.

— Naquele ano — disse ele —, voltei a visitar os pequenos cantões e o Lago dos Quatro Cantões, e aquela natureza encantadora, soberba e grandiosa impressionou-me novamente a tal ponto que despertou em mim o desejo de representar em um poema a variedade e plenitude de uma paisagem verdadeiramente incomparável. Mas, a fim de conferir maior encanto, interesse e vida à minha representação, pareceu-me acertado adornar aquele solo e aquele território tão significativo com figuras humanas igualmente significativas, e a saga de Guilherme Tell vinha bem ao encontro de meus desejos.

— Eu imaginava Guilherme Tell como um ser humano heroico, dotado de força elementar, satisfeito consigo mesmo, de ingenuidade infantil, que

Conversações com Goethe nos últimos anos de sua vida

atravessa os cantões carregando seu fardo, conhecido e amado por toda a gente, sempre prestativo, de resto exercendo tranquilamente seu ofício, provendo a mulher e a prole sem se preocupar em saber quem era senhor, quem era servo.

— Gessler, ao contrário, eu imaginava como um tirano, mas do tipo bonachão, que eventualmente, quando lhe apraz, pratica o bem e eventualmente, quando lhe apraz, pratica o mal e para quem o restante da população, suas alegrias e penas, são indiferentes, como se nem mesmo existissem.

— Por outro lado, o que há de melhor e mais elevado na natureza humana, o amor ao solo pátrio, o sentimento da liberdade e da segurança sob a proteção das leis nacionais, além do sentimento de vergonha por se ver subjugado e eventualmente maltratado por um libertino estrangeiro e, por fim, a força de vontade que amadurece até se tornar a decisão de libertar-se de um jugo tão odioso, todas essas qualidades boas e elevadas eu atribuí aos conhecidos nobres Walter Fürst, Stauffacher, Winkelried e outros, e estes se tornaram meus verdadeiros heróis, minhas forças elevadas agindo com consciência, ao passo que Tell e Gessler, embora também eventualmente entrassem em ação, eram no todo de natureza sobretudo passiva.

— Eu estava inteiramente tomado por esse belo tema e de vez em quando já cantarolava meus hexâmetros. Via o lago sob um luar tranquilo, as névoas cintilantes nas profundezas das serras. Via-o brilhar à luz do mais suave sol matinal, o júbilo e a vida na floresta e no prado. Então descrevia uma tempestade, um temporal que se lançava do fundo dos desfiladeiros sobre o lago. Também não faltavam o silêncio da noite e os encontros secretos sobre pontes e pinguelas.

— Falei de tudo isso a Schiller, e em sua alma minhas paisagens e minhas personagens em ação tomaram a forma de um drama. E como tinha outras coisas a fazer, e a realização de meus projetos sempre se protelava muito, abdiquei inteiramente de meu tema em favor de Schiller, que então escreveu sua notável peça sobre ele.

Regozijamo-nos com essa história, que todos ouviram com o maior interesse. Observei que a soberba descrição em tercinas da aurora na primeira cena da segunda parte do *Fausto* me parecia ter sua origem na recordação daquelas impressões causadas pela natureza do Lago dos Quatro Cantões.

— Não vou negar — disse Goethe — que aquelas visões vêm de lá; de fato, sem as vivas impressões daquela maravilhosa natureza eu não poderia sequer ter pensado no conteúdo das tercinas. Mas isso é tudo quanto eu pude cunhar com o ouro das paisagens de meu Tell. O restante deixei para Schiller que, como sabemos, fez dele o mais belo uso.

A conversa se voltou para o *Tasso* e sobre que *ideia* Goethe pretendeu exprimir com ele.

— *Ideia?* — disse Goethe. — Como se eu soubesse! Eu tinha a *vida* de Tasso, tinha minha própria vida e, juntando essas duas figuras tão estranhas com suas singularidades surgiu em mim a imagem do Tasso, à qual contrapus, como antítese prosaica, Antonio, para o qual também não me faltavam os modelos. De resto, as demais relações amorosas e da vida na corte existiam tanto em Ferrara quanto em Weimar, e por isso posso dizer com razão de minha obra que *é osso de meus ossos e carne de minha carne.*[14]

— Mas os alemães são mesmo uma gente muito estranha! Com seus pensamentos profundos e suas ideias, que vão buscar em toda parte e colocam em toda parte, eles tornam para si mesmos a vida mais difícil do que deveria ser. Ora! Tenham finalmente a coragem *de entregar-se às impressões*; de se deixar deleitar, de se deixar comover, de se deixar elevar, sim, de se deixar ensinar, de se deixar inflamar e encorajar para algo de grande; mas não pensem sempre que é vão tudo que não seja uma ideia ou um pensamento abstrato.

— Lá vêm vocês e perguntam: que ideia eu tentei encarnar em meu *Fausto?* Como se eu mesmo soubesse e pudesse dizer! *Do céu ao inferno passando pela terra*[15] talvez servisse, se fosse mesmo necessário. Mas isso não é uma ideia, é o curso da ação. Além disso, que o diabo perca a aposta e um ser humano que incessantemente aspira sair de seus graves erros para algo melhor deva ser *redimido*, pode ser um pensamento bom, eficaz, que explica algumas coisas, mas não é uma *ideia* que subjaz ao todo e a cada cena em particular. E que belo resultado eu não teria obtido se quisesse alinhar uma vida tão rica, colorida e extremamente variada como a que representei no *Fausto* ao magro fio de uma única ideia que o perpassasse por inteiro.

---

14 Cf. Gênesis 2,23.
15 Cf. *Fausto I*, verso 242.

Conversações com Goethe nos últimos anos de sua vida

— É completamente estranho ao meu modo de ser — prosseguiu Goethe — buscar, como poeta, dar corpo a uma *abstração*. Em meu íntimo eu recebia *impressões*, mas impressões de centenas de diferentes espécies, sensuais, vívidas, amáveis, coloridas, que uma imaginação agitada me oferecia e, como poeta, não tinha que fazer nada além de dar contornos e formas artísticas em minha mente àquelas impressões e visões e trazê-las para fora através de uma representação viva, de modo que outras pessoas recebessem as mesmas impressões ao ouvir ou ler minha obra.

— Mas se como poeta eu quisesse representar alguma ideia, eu o faria em poemas *breves*, em que pudesse haver uma clara unidade e dos quais se pudesse ter uma visão total, como, por exemplo, na *Metamorfose dos animais*, na *Metamorfose das plantas*, no poema *Legado* e muitos outros. A única produção de *grande* extensão na qual estou consciente de ter trabalhado no sentido da representação de uma ideia que a atravessa por inteiro são minhas *Afinidades eletivas*. Com isso o romance se tornou apreensível ao entendimento; mas com isso eu não quero dizer que ele se tornou *melhor*! Sou antes da opinião que *quanto mais incomensurável e inapreensível para o entendimento for uma produção poética, melhor ela será*.

Terça-feira, 15 de maio de 1827

Retornando de Paris, o sr. Von Holtei[16] está aqui faz algum tempo e, graças à sua personalidade e ao seu talento, foi recebido com generalizada cordialidade. Estabeleceu também relações muito amigáveis com Goethe e sua família.

Há alguns dias, Goethe se recolheu ao seu jardim, onde se sente feliz em tranquila atividade. Hoje o visitei lá com o sr. Von Holtei e o conde Schulenburg;[17] o primeiro despediu-se dele, pois viaja para Berlim com Ampère.

---

16 Karl von Holtei (1798-1880), dramaturgo, amigo de August von Goethe.
17 Friedrich Albrecht von Schulenburg (1772-1853), embaixador da Saxônia em Viena.

Johann Peter Eckermann

Quarta-feira, 25 de julho de 1827

Por esses dias, Goethe recebeu uma carta de Walter Scott que lhe trouxe muita alegria. Hoje ele a mostrou para mim e, como o manuscrito inglês lhe parecia muito difícil de ler, pediu-me que lhe traduzisse o conteúdo. Ao que parece, Goethe havia escrito anteriormente ao famoso poeta inglês, e essa carta vinha em resposta à sua. Escreve Walter Scott:

Sinto-me muito honrado por uma de minhas obras ter tido a felicidade de chamar para si a atenção de Goethe, de quem sou um admirador desde o ano de 1798 quando, apesar de meu limitado conhecimento da língua alemã, fui ousado o bastante para traduzir seu *Götz von Berlichingen* para o inglês. Nesse empreendimento juvenil eu me esquecera completamente de que não basta sentir a beleza de uma obra genial, mas também é preciso compreender a fundo a língua em que foi escrita antes de conseguirmos tornar sensível também para outras pessoas essa beleza. Não obstante, eu ainda agora dou algum valor àquela tentativa da juventude, pois ela ao menos demonstrou que eu sabia escolher um objeto digno de admiração.

Eu ouvi muitas vezes falar do senhor, e justamente por parte de meu genro Lockhart,[18] um jovem literato de valor que há alguns anos, antes de se ligar à minha família, teve a honra de ser apresentado ao pai da literatura alemã. Dado o grande número daqueles que se sentem impelidos a lhe prestar suas homenagens, é impossível que o senhor venha a se lembrar de uma pessoa em particular; mas creio que não há ninguém mais devotado ao senhor do que justamente esse jovem membro de minha família.

Meu amigo, o sr. John Hope of Pinkie,[19] teve recentemente a honra de vê-lo, e eu esperava escrever-lhe, e cheguei mesmo mais tarde a tomar essa liberdade, por intermédio de dois parentes de meu amigo que projetavam uma viagem pela Alemanha; mas eles foram impedidos de realizar seus planos por uma enfermidade, de modo que dois ou três meses depois recebi de volta

---

18 John Gibson Lockhart (1794-1854), visitou Goethe por volta de 1817. É autor de uma biografia de Walter Scott.

19 John Hope of Pinkie visitou Goethe no início de maio de 1827.

minha carta. Portanto, eu já cometera anteriormente a ousadia de estabelecer contato com Goethe, *ainda antes* que ele tivesse a cortesia de lisonjear-me tomando notícia de minha existência.

A todos os admiradores do gênio causa um sentimento benéfico saber que um dos maiores modelos europeus goza de um feliz retiro em uma idade na qual se vê reverenciado de modo tão excepcional. Ao pobre Lord Byron o destino infelizmente não reservou a mesma sorte, levando-o ainda na flor de seus anos, ceifando tanta coisa que ainda se podia prever e esperar dele. Ele se considerava feliz pela honra que o senhor lhe fazia e sentia o quanto devia a um poeta que merece tanta gratidão de todos os escritores da geração atual, a ponto de se sentirem obrigados a erguer os olhos para ele com uma reverência filial.

Eu tomei a liberdade de pedir aos srs. Treuttel e Würtz[20] que enviassem ao senhor minha tentativa de escrever a biografia daquele homem notável que ao longo de tantos anos exerceu tão terrível influência sobre o mundo que ele dominava.[21] De resto, não sei se não lhe fiquei devendo alguns favores, uma vez que ele me fez permanecer em armas por doze anos, período em que servi em um destacamento de nossa milícia territorial e com isso, apesar de uma paralisia contraída na infância, tornei-me um bom cavaleiro, caçador e atirador. Nos últimos anos, contudo, perdi um pouco dessas habilidades, pois o reumatismo, essa triste praga de nosso clima nórdico, exerceu sua influência sobre meus membros. Mas não me lamento, pois agora observo meus filhos desfrutarem dos prazeres da caça que tive de abandonar.

Meu filho mais velho comanda um esquadrão de hussardos, o que sempre é muita coisa para um jovem de 25 anos. Meu filho mais novo recentemente recebeu em Oxford o grau de bacharel em belas-letras, e agora passará alguns meses em casa, antes de sair pelo mundo. Uma vez que Deus achou por bem levar-me a esposa, é minha filha mais nova quem cuida da casa. A mais velha é casada e tem sua própria família.

---

20 Livreiros de Paris.

21 Biografia *The Life of Napoleon Bonaparte, Emperor of the French* [A vida de Napoleão Bonaparte, imperador dos franceses, 1827].

Johann Peter Eckermann

Essas são as condições domésticas de um homem de quem o senhor teve a benevolência de pedir notícias. De resto, apesar de algumas pesadas perdas, eu possuo o bastante para viver como desejo. Habito um suntuoso castelo antigo, no qual todo amigo de Goethe será sempre bem-vindo, a qualquer momento. O vestíbulo está cheio de armaduras que seriam dignas até mesmo de Jaxthausen; um grande sabujo vigia a entrada.[22]

De resto, esqueci-me daquele que soube cuidar para que não o esquecessem enquanto vivesse. Espero que o senhor perdoe os defeitos da obra, levando em consideração que o autor estava animado pelo desejo de ser tão sincero para com a memória daquele homem extraordinário quanto seus preconceitos insulares o permitiam.

Uma vez que essa oportunidade de escrever-lhe me foi oferecida repentina e casualmente por um viajante e não permitia nenhuma protelação, falta-me tempo para dizer algo além de que lhe desejo boa saúde e tranquilidade duradouras, e subscrever-me com a mais sincera e profunda admiração.

Edimburgo, 9 de julho de 1827.

Walter Scott

Como já foi dito, essa carta proporcionou grande alegria a Goethe. Em sua opinião, porém, ela prestava demasiadas homenagens para que isso não devesse ser posto em grande parte na conta da cortesia de um homem de posição e de grande vivência mundana.

Ele então mencionou o modo benevolente e cordial pelo qual Walter Scott se referia a suas relações familiares, um sinal de fraterna confiança que muito o alegrou.

— Estou verdadeiramente muito curioso para ler *A vida de Napoleão* que ele me anuncia — prosseguiu Goethe. — Ouço falar tanta coisa contraditória e apaixonada sobre o livro que tenho a certeza antecipada de se tratar, em todo caso, de uma obra *muito significativa*.

Perguntei-lhe a respeito de Lockhart e se ainda se lembrava dele.

---

22 O castelo de Abottsford (Escócia) foi residência de Walter Scott de 1812 a 1832; Jaxthausen era o castelo de Götz von Berlichingen.

— Ainda me lembro muito bem dele! — respondeu Goethe. — Sua personalidade causa uma impressão muito forte, e tão cedo não o esquecemos. Pelo que ouço falar por viajantes ingleses e por minha nora, ele deve ser um jovem do qual podemos esperar boas realizações no campo da literatura.

— De resto, acho estranho que Walter Scott não diga uma palavra a respeito de Carlyle, cuja decidida inclinação para os assuntos alemães certamente não lhe deve ser desconhecida.

— Em Carlyle é admirável que, ao julgar nossos escritores alemães, ele sempre tenha em vista o cerne moral e espiritual como o que eles têm de verdadeiramente ativo. Carlyle é uma força moral de grande importância. Tem um grande futuro e não se pode sequer prever tudo o que ainda virá a produzir e toda a influência que ainda virá a exercer.

Quarta-feira, 26 de setembro de 1827

Esta manhã Goethe convidou-me para um passeio de carruagem até a Hottelstedter Ecke, o cume ocidental do Ettersberg, e de lá até o castelo de caça de Ettersburg. O dia estava belíssimo e logo cedo atravessamos o portão de Jacob. Atrás de Lützendorf, onde a subida é muito íngreme e só podíamos prosseguir a passo lento, tivemos a oportunidade de observar muitas coisas. À direita, nas sebes por trás das terras do príncipe, Goethe avistou uma grande quantidade de pássaros e perguntou-me *se eram cotovias*. "Oh, grande e amado homem", pensei, "tu que como poucos investigaste a natureza, na ornitologia não passas de uma criança."

— São emberizas e pardais — respondi —, e talvez também algumas toutinegras retardatárias que, depois da muda, descem da floresta de Ettersberg para os jardins e campos e se preparam para migrar; mas cotovia não há nenhuma. Não é da natureza das cotovias pousar sobre arbustos. A laverca, ou cotovia dos campos, sobe para o alto e retorna à terra, no outono elas atravessam o céu em bandos e depois descem para algum campo coberto de restolho, mas não pousam sobre sebes e arbustos. A cotovia arbórea, por sua vez, ama o cimo das grandes árvores, de onde se lança cantando para o céu para depois retornar para o alto de sua árvore. Existe ainda outra espécie de cotovia, que encontramos em locais solitários no lado sul de clareiras na floresta e que possuem um canto muito suave, aflautado, mas um pouco melancólico. Ela não se demora no Ettersberg, que é demasiadamente agitado e muito próximo de áreas habitadas por seres humanos; mas também ela não pousa sobre os arbustos.

— Ora, ora! — disse Goethe. — Ao que parece, o senhor não é nenhum principiante nesses assuntos.

— Dediquei-me a essa matéria com amor desde a infância — respondi —, e sempre tive olhos e ouvidos abertos para ela. Em toda a floresta de Ettersberg há poucos lugares que eu não tenha percorrido diversas vezes. Quando ouço qualquer nota, posso dizer com segurança de que pássaro provém. E se me trouxerem qualquer pássaro que tiver perdido a plumagem devido a um tratamento inadequado no cativeiro, estou certo de que com os conhecimentos que adquiri em pouco tempo posso lhe restituir a saúde e a plumagem.

— Isso demonstra cabalmente — replicou Goethe — que nesse campo o senhor já progrediu bastante. Eu o aconselharia a prosseguir seriamente com seus estudos dessa matéria; com sua decidida inclinação para ela, obteria excelentes resultados. Mas diga-me algo a respeito da muda. O senhor falou há pouco das toutinegras retardatárias que, terminada a muda, saem da floresta do Ettersberg para os campos. Isso significa que a muda ocorre em uma época determinada, e que todos os pássaros mudam ao mesmo tempo?

— Na maioria dos pássaros — respondi — ela ocorre logo depois de completado o período de incubação; quer dizer: assim que os filhotes da última ninhada já cresceram a ponto de poderem se virar sozinhos. A questão é saber se desse momento em que a última ninhada está pronta até o de sua migração o pássaro ainda dispõe do intervalo de tempo necessário para a muda. Se dispuser, faz a muda aqui e parte com a plumagem renovada. Se não dispuser, parte com sua velha plumagem e faz a muda mais tarde, no calor do sul. Pois os pássaros não chegam todos ao mesmo tempo até nós na primavera, e também não partem todos ao mesmo tempo no outono. Isso porque algumas espécies não dão grande importância a um pouco de frio e a um tempo mais áspero e podem suportá-los melhor que as outras. Mas um pássaro que chega cedo entre nós parte tarde, e um pássaro que chega tarde entre nós parte cedo.

Conversações com Goethe nos últimos anos de sua vida

Assim, existe uma grande diferença entre as toutinegras, embora elas pertençam todas a *uma mesma família*. O papa-amoras cinzento, ou pequeno moleiro, de canto de castanhola, já pode ser ouvido entre nós no final de março; catorze dias depois chega a toutinegra-de-barrete-preto, ou monge; cerca de uma semana depois o rouxinol; e só bem no final de abril ou início de maio chega a toutinegra-de-cabeça-preta. Todos esses pássaros fazem a muda entre nós no mês de agosto, inclusive os filhotes da primeira ninhada; é por isso que no final de agosto se podem caçar jovens monges que já têm penas negras na cabeça. Mas os filhotes da primeira ninhada partem ainda com sua velha plumagem e, mais tarde, fazem a muda nas terras do sul, sendo esse o motivo pelo qual no início de setembro se podem apanhar jovens monges, mais precisamente jovens machos, que ainda têm a cabecinha vermelha igual à da mãe.

— E a toutinegra-de-cabeça-preta é o pássaro que chega mais tarde entre nós, ou há outros que chegam ainda mais tarde?

— A chamada alvéola amarela e o esplêndido papa-figos dourado — respondi — chegam só pela época de Pentecostes. Ambos já tornam a migrar depois de completado o período de incubação, em meados de agosto, e fazem a muda com seus filhotes no sul. Se os prendermos em uma gaiola, eles fazem a muda no inverno, e por isso essas aves são muito difíceis de manter em cativeiro. Elas têm necessidade de muito calor. Mas se as colocarmos próximo à estufa, elas perecem por falta de ar fresco; se, ao contrário, as colocarmos perto da janela, elas perecem por causa do frio das longas noites.

— Por isso costuma-se considerar — disse Goethe — a muda como uma doença, ou pelo menos como um estado que vem acompanhado de debilidade física.

— Eu não diria isso — respondi. — É um estado de intensificada produtividade, que transcorre magnificamente ao ar livre, sem o menor incômodo, e para alguns exemplares mais ou menos robustos também transcorre bastante bem mesmo em um ambiente fechado. Eu tive toutinegras que não paravam de cantar durante todo o período de muda, um sinal de que gozavam de plena saúde. Mas se durante a muda um pássaro em cativeiro tiver uma aparência enfermiça, devemos concluir daí que não foi tratado adequadamente seja com a comida, seja com a água e o ar fresco. Se no decorrer do tempo, com a falta de ar fresco e liberdade, ele ficar debilitado a ponto de lhe faltar a força produtiva necessária para fazer a muda, basta levá-lo ao revigorante ar fresco e a muda acontecerá da melhor maneira possível. Mas com um pássaro solto na natureza selvagem tudo se passa de um modo tão suave e gradual que ele mal se dá conta.

— Mas parece-me que agora há pouco o senhor dizia que durante o período de muda as toutinegras se refugiam no meio da floresta.

— De fato — respondi —, durante esse período elas necessitam de alguma proteção. Também nesse caso a natureza procede com tanta sabedoria e moderação que um pássaro na muda jamais perde tantas penas de uma só vez a ponto de se tornar incapaz de voar tão bem quanto é necessário para obter alimento. No entanto, pode acontecer de ele, por exemplo, perder de uma só vez a quarta, a quinta e a sexta das principais penas da asa direita, com o que ainda poderia voar razoavelmente bem, mas não bem o suficiente para escapar à perseguição de uma ave de rapina, sobretudo da veloz e destra ógea, e nesse caso a mata fechada é um refúgio muito bem-vindo.

— Muito interessante — replicou Goethe. — Mas a muda ocorre ao mesmo tempo, e com alguma simetria em ambas as asas?

— Até onde pude observar, sim — respondi. — E isso é muito benéfico. Pois se um pássaro perdesse, por exemplo, três das penas principais da asa esquerda e não perdesse ao mesmo tempo as mesmas três penas da direita, as asas perderiam inteiramente o equilíbrio e o pássaro não poderia ter o necessário domínio de si e de seus movimentos. Ele seria como um navio que tivesse velas muito pesadas de um lado e muito leves do outro.

— Estou vendo — replicou Goethe — que podemos penetrar na natureza pelo lado que quisermos, sempre encontraremos alguma sabedoria.

Enquanto conversávamos, a carruagem subia penosamente, e pouco a pouco chegamos ao topo, à margem de um bosque de abetos. Passamos por um lugar onde havia algumas pedras quebradas e amontoadas. Goethe mandou parar e me pediu para descer e ver se descobria algum sinal de petrificações. Encontrei algumas conchas e também alguns amonites quebrados, que lhe entreguei ao retornar à carruagem. Seguimos em frente.

— Sempre a mesma velha história! — disse Goethe. — Sempre o antigo fundo marinho! Quando daqui dessas alturas lançamos um olhar lá para

Conversações com Goethe nos últimos anos de sua vida

baixo, para Weimar e as aldeias ao redor, parece-nos um milagre dizer que houve um tempo em que baleias brincavam no vasto vale lá embaixo. E, no entanto, é assim, ou ao menos é muito provável. Mas a gaivota, ao sobrevoar então o mar que encobria essas montanhas, certamente jamais pensou que hoje nós dois poderíamos percorrê-las de carruagem. E quem sabe se depois de muitos milênios as gaivotas não tornarão a sobrevoar essas montanhas.

Havíamos alcançado o topo e avançávamos velozmente. À direita, tínhamos carvalhos e faias e outras árvores latifoliadas. Atrás de nós, Weimar já não podia ser avistada. Havíamos alcançado a extremidade ocidental; diante de nós, banhado pelo alegre sol matinal, estendia-se o vasto vale do Unstrut, com muitos vilarejos e pequenas cidades.

— Aqui é um bom lugar! — disse Goethe, mandando parar a carruagem. — Penso que poderíamos ver se nos cai bem uma pequena refeição matinal nesse excelente ar.

Descemos e passeamos por alguns minutos sobre solo seco, ao pé de carvalhos ainda jovens, mas deformados pelas intempéries, enquanto Friedrich desembrulhava a refeição que havíamos levado conosco e a dispunha sobre uma elevação do terreno coberta de relva. A vista daquele local iluminado pela luz matinal do mais puro sol de outono era verdadeiramente magnífica. Para o sul e o sudeste, nossa vista abarcava toda a cadeia de montanhas recobertas de florestas da Turíngia; a oeste, para além de Erfurt, o castelo de Gotha, plantado no topo de uma montanha, e a Inselsberg; mais longe, então, ao norte, as montanhas para além de Langensalza e Mühlhausen, até a vista ser interrompida pelas montanhas azuladas do Harz. Pensei naqueles versos:

> Amplo, elevado, esplêndido o olhar
> Ao redor da vida!
> De montanha a montanha
> Flutua o espírito eterno,
> Cheio de presságios da vida eterna.[23]

---

23 *"Weit, hoch, herrlich der Blick/ Rings ins Leben hinein!/ Von Gebirg' zu Gebirg'/ Schwebet der ewige Geist,/ Ewigen Lebens ahndevoll."* Os versos são do poema *An Schwager Kronos* [A Cronos, o auriga].

607

Sentamo-nos de costas para os carvalhos, de modo que durante toda a refeição tínhamos diante de nós a ampla visão de meia Turíngia. Entretanto comemos um par de perdizes assadas com pão branco fresco e bebemos uma garrafa de ótimo vinho, servido em uma taça dobrável de fino ouro que Goethe costuma levar consigo nessas excursões, protegida por um estojo de couro amarelo.

— Estive muitas vezes nesse lugar — disse ele —, e frequentemente nos últimos anos pensei que seria a última vez que lançaria daqui o olhar sobre os reinos da terra e seus esplendores. Mas o fim ainda não chegou e eu espero que também hoje não seja a última vez que nós dois passamos um dia agradável aqui. No futuro viremos com mais frequência. Confinados em casa, nós encolhemos. Aqui nos sentimos grandes e livres, como a vasta natureza que temos diante dos olhos, e como de fato deveríamos sempre ser.

— Daqui de cima — continuou Goethe — vejo uma porção de pontos aos quais estão ligadas as mais ricas recordações de uma longa vida. Quanta coisa vivi lá nas montanhas de Ilmenau em minha juventude! E lá embaixo, na querida Erfurt, quantas boas aventuras não tive! Nos primeiros anos também estive muitas vezes, com imenso prazer, em Gotha, mas faz já muitos anos que não vou lá.

— Desde que estou em Weimar — observei — não me lembro de que o senhor tenha estado em Gotha.

— Isso tem lá seus motivos — replicou Goethe, rindo. — Não sou muito bem-vindo lá. Sobre isso, quero lhe contar uma história. Quando a mãe do atual regente ainda estava na flor da idade, eu sempre visitava a cidade. Certa vez, eu tomava chá a sós com ela quando os dois príncipes, dois belos rapazinhos de cabelos louros cacheados, um com 10 e o outro com 12 anos, irromperam na sala e vieram até a mesa. Com minha costumeira petulância, passei a mão pelos cabelos deles e disse: *"E então, cabecinhas de trigo, como vão vocês?"* Os meninos me olharam com olhos muito abertos, muito espantados com minha insolência, e jamais me perdoaram.

— Não quero agora de modo algum me gabar disso; mas eu era assim, estava profundamente enraizado em minha natureza. Nunca tive muito respeito pela mera condição de príncipe em si mesma, se por trás dela não se escondesse uma boa natureza humana e bons valores humanos.

Não, eu me sentia tão bem em minha própria pele, considerava-me a mim mesmo tão distinto que, se me tivessem feito príncipe, não acharia nada de estranho nisso. Quando me concederam o diploma de nobre, muitos pensaram que com isso eu me sentiria elevado. Mas, aqui entre nós, isso não significou nada para mim, nada mesmo! Nós, patrícios de Frankfurt, sempre nos consideramos iguais aos nobres, e quando me vi com o diploma nas mãos em meus pensamentos eu não tinha nada além do que já possuía havia muito tempo.

Tomamos ainda um bom gole da taça de ouro e então, contornando o lado norte do Ettersberg, fomos até o castelo de caça de Ettersburg. Goethe mandou abrir todos os aposentos, todos eles adornados com alegres quadros e tapeçarias. Ao chegarmos no quarto do canto oeste do primeiro andar, ele me disse que Schiller o habitara por algum tempo.

— Naqueles primeiros tempos — disse ele — passamos aqui alguns belos dias e desperdiçamos aqui alguns belos dias. Éramos todos jovens e cheios de audácia, no verão nunca nos faltavam comédias improvisadas de todos os gêneros, nem no inverno as mais variadas danças e passeios de trenó à luz dos archotes.

Saímos novamente para o ar livre e Goethe me levou para o bosque através de uma trilha que se estendia em direção do poente.

— Quero mostrar-lhe também a faia na qual há cinquenta anos gravamos nossos nomes — disse ele. — Mas como tudo isso mudou, e como tudo aqui cresceu! A árvore deveria ser essa aqui! Como o senhor pode ver, ainda está em seu pleno esplendor! E ainda podemos entrever nossos nomes; mas estão de tal maneira intumescidos e cicatrizados que quase não se pode decifrá-los. Naquela época, essa faia ficava em um lugar aberto e seco. Ao redor dela tudo era ensolarado e aprazível, e aqui encenávamos nos belos dias de verão nossas farsas improvisadas. Agora tudo aqui é úmido e inóspito. O que antes eram apenas arbustos rasteiros cresceu e se transformou em árvores umbrosas, tornando quase impossível encontrar a esplêndida faia de nossa juventude no meio dessa espessa mata.

Retornamos então ao castelo e, depois de examinarmos a riquíssima coleção de armas, tomamos o caminho de volta para Weimar.

Johann Peter Eckermann

Quinta-feira, 27 de setembro de 1827

À tarde fiz uma breve visita à casa de Goethe, onde fui apresentado ao conselheiro privado Streckfuss, de Berlim, que pela manhã fizera um passeio de carruagem em sua companhia e depois ficara para almoçar.[24] Quando Streckfuss se retirou, eu o acompanhei e dei ainda uma volta pelo parque. Ao retornar pela Praça do Mercado encontrei o chanceler e Raupach, com os quais fui ao Elefante. À noite novamente com Goethe, que discorreu a respeito de um novo número de *Arte e antiguidade* e também sobre doze desenhos a lápis nos quais os irmãos Riepenhausen tentam reconstruir, a partir de uma descrição de Pausânias, as pinturas de Polignoto na Lesque de Delfos, uma empreitada à qual Goethe não poupa elogios.[25]

Segunda-feira, 1º de outubro de 1827

No teatro, *O quadro*, de Houwald. Assisti a dois atos e depois fui à casa de Goethe, que leu para mim a segunda cena de seu novo *Fausto*.

— Com o Imperador — disse ele —, tentei representar um príncipe que tem todas as qualidades necessárias para pôr a perder seu país, o que mais tarde de fato acontecerá.

— O bem do império e de seus súditos não o preocupa em nada; ele pensa somente em si mesmo e em como se *divertir* a cada dia com algo novo. O país não dispõe de lei nem de justiça, o juiz é ele mesmo um cúmplice e defensor dos criminosos, os delitos mais espantosos são cometidos sem entraves e sem punição. O exército não tem soldo nem disciplina, se vira como pode, vagueando pelo país e fazendo saques a fim de providenciar por si mesmo seu soldo. O tesouro está sem dinheiro e sem esperanças de novos aportes. Na própria casa do Imperador, a situação não é nada melhor: na cozinha e na adega falta de tudo. O Intendente-Mor já não sabe mais o

---

24 Karl Streckfuss (1779-1844), poeta, tradutor de Dante, Tasso e Ariosto.

25 Franz (1786-1831) e Johannes Riepenhausen (1789-1860), *Peintures de Polygnote à Delphes dessinées et gravées d'après la description de Pausanias* [Pinturas de Polignoto em Delfos, desenhadas e gravadas segundo a descrição de Pausânias, 1826-1829].

que fazer e caiu nas mãos de usurários judeus aos quais tudo foi penhorado, de modo que o pão destinado à mesa do Imperador já foi comido de antemão.

— O conselho de Estado quer expor a Sua Majestade todas essas calamidades e adverti-lo no sentido de pôr-lhes um fim; mas sua ilustre majestade não tem nenhuma vontade de dar ouvidos a assuntos tão desagradáveis; ele prefere *divertir-se*. Aqui Mefisto está em seu verdadeiro elemento, e ele rapidamente se livra do bobo da corte e se põe ao lado do Imperador a um só tempo como o novo bobo e conselheiro.

Goethe leu maravilhosamente a cena e as murmurações da multidão nela intercaladas, e eu tive uma noite excelente.

Domingo, 7 de outubro de 1827

Esta manhã, com um tempo esplêndido, ainda antes das 8 horas eu já me encontrava na carruagem com Goethe a caminho de Iena, onde ele pretendia ficar até amanhã à noite.

Era ainda cedo quando lá chegamos e primeiramente fomos ao Jardim Botânico, onde Goethe examinou cada um dos arbustos e cada uma das plantas, encontrando tudo perfeitamente em ordem e em pleno viço. Em seguida, visitamos o gabinete de mineralogia e algumas outras coleções de ciências naturais e depois fomos à casa do sr. Von Knebel, que nos esperava para o almoço.

Knebel, em idade avançadíssima, veio a toda pressa, quase tropeçando, ao encontro de Goethe na porta de entrada, a fim de abraçá-lo. Mais tarde, a refeição transcorreu em uma atmosfera de cordialidade e alegria; mas a conversação não abordou nenhum assunto relevante. Aos dois velhos amigos bastava o prazer humano de estar um em presença do outro.

Depois do almoço, fizemos um passeio de carruagem em direção ao sul, ladeando o Saale. Eu já conhecia aquela encantadora região de outros tempos, mas tudo me parecia tão novo como se jamais a tivesse visto antes.

Quando nos encontrávamos novamente nas ruas de Iena, Goethe mandou o cocheiro tomar um caminho que ladeava um riacho e parar diante de uma casa que, vista de fora, não aparentava ter maior importância.

— Nessa casa morava Voss — disse ele —, e eu quero introduzi-lo nesse solo clássico.

Percorremos toda a casa e entramos no jardim. De flores e do cultivo de outras plantas refinadas quase não havia sinal, andávamos sobre grama e sob árvores frutíferas.

— Esse — disse Goethe — era o reino de Ernestine, que nem aqui jamais se esqueceu de suas excelentes maçãs de Eutin e as gabava como algo inigualável. Mas eram as maçãs de sua infância: aí estava todo o seu encanto! De resto, passei aqui alguns belos dias com Voss e sua excelente Ernestine e relembro com grande prazer aqueles velhos tempos. Tão cedo, aliás, não teremos outro homem como Voss. Poucos outros tiveram tanta influência quanto ele sobre a alta cultura alemã. Tudo nele era sadio e vigoroso, e por isso sua relação com os gregos não era artificial, e sim puramente natural, o que nos deu magníficos frutos. Quem, como eu, está impregnado de seu valor, não sabe como prestar o devido tributo à sua memória.

Entrementes já eram quase seis horas e Goethe achou que era tempo de nos dirigirmos aos nossos alojamentos noturnos, que ele mandara reservar na hospedaria *Ao urso*.

Haviam-nos destinado um aposento espaçoso, provido de uma alcova e dois leitos. Não havia ainda muito que o sol se pusera, a luz do crepúsculo ainda iluminava nossa janela, e foi agradável nos sentarmos ainda por algum tempo sem acender a luz.

Goethe voltou a falar sobre Voss.

— Ele me era muito caro — disse —, e eu gostaria muito de tê-lo mantido aqui para a academia e para mim mesmo. Mas as vantagens que lhe ofereceram em Heidelberg eram muito grandes para que nós, com nossos meios limitados, pudéssemos ter lhe oferecido uma contrapartida. Com dolorosa resignação, tive de deixá-lo partir.

— Por felicidade — continuou Goethe —, naquele tempo eu tinha Schiller. Pois, embora fôssemos de natureza muito diferente, nossas inclinações convergiam para o mesmo ponto, e isso tornou nossas relações tão íntimas que no fundo um não podia viver sem o outro.

Goethe contou-me então algumas anedotas sobre seu amigo, que me pareceram muito características.

Conversações com Goethe nos últimos anos de sua vida

— Schiller, como bem se pode imaginar, dado seu elevado caráter – disse ele –, era um inimigo decidido de toda homenagem vazia e de toda a insípida idolatria que lhe tributavam ou queriam tributar. Quando Kotzebue planejou promover uma demonstração pública em sua honra, ele se sentiu tão contrariado que quase adoeceu de íntima repugnância. Também ficava aborrecido quando algum estranho se fazia anunciar em sua casa. Se estava impedido de recebê-lo imediatamente e pedia-lhe que voltasse às 4 horas da tarde, em geral podia-se esperar que na hora marcada ele adoeceria de pura apreensão. Em tais ocasiões ele também podia se tornar muito impaciente e mesmo rude. Eu mesmo fui testemunha de como ele destratou um médico estrangeiro que entrou em sua casa sem ser anunciado a fim de fazer-lhe uma visita. O pobre homem, atônito, não sabia como fazer para bater em retirada o mais rápido que pudesse.

— Conforme eu disse, e como todos nós sabemos – prosseguiu Goethe –, apesar da semelhança de nossas inclinações, nós éramos de natureza muito diferente, e isso não apenas em relação às coisas do espírito, como no que se referia ao corpo. Um aroma que fazia bem a Schiller era veneno para mim. Certo dia fui visitá-lo e não o encontrei em casa. Como sua mulher me disse que ele deveria voltar em breve, eu me sentei à sua mesa de trabalho a fim de tomar nota de algumas coisas. Mas não muito tempo depois de ter me sentado, senti-me acometido de um estranho mal-estar que foi se intensificando até o ponto de eu quase desmaiar. De início, não sabia identificar a causa daquele estado miserável e, para mim, totalmente incomum, até me dar conta de que uma gaveta ao meu lado exalava um cheiro insuportável. Ao abri-la constatei, com grande espanto, que estava cheia de maçãs podres. Fui imediatamente até a janela em busca de ar puro, e senti-me restabelecido na mesma hora. Nesse meio-tempo, a mulher de Schiller voltara e me disse que a gaveta tinha de estar sempre cheia de maçãs podres, pois seu cheiro fazia bem a Schiller, que sem ele não podia viver nem trabalhar.

— Amanhã cedo – continuou Goethe – quero mostrar-lhe onde Schiller morou aqui em Iena.

Entrementes haviam trazido a lâmpada; fizemos uma breve refeição e permanecemos ainda por algum tempo sentados a conversar e a relembrar coisas passadas.

Contei a Goethe um estranho sonho que tivera quando ainda era um menino, e que na manhã seguinte literalmente se realizou.

— Eu tinha três jovens pintarroxos — disse — aos quais era muito apegado e amava acima de todas as coisas. Eles viviam soltos em meu quarto e, sempre que eu entrava, vinham ao meu encontro e pousavam em minha mão. Certa vez, ao meio-dia, quando entrei no quarto, um desses pássaros, por infelicidade, passou por cima de minha cabeça e voou para fora da casa, sem que eu visse em que direção. Procurei-o durante toda a tarde sobre todos os telhados e fiquei inconsolável quando a noite chegou e eu não havia encontrado nem sinal dele. Adormeci com o coração cheio de tristes pensamentos, e perto do amanhecer tive o seguinte sonho: vi-me a passar diante das casas da vizinhança em busca de meu pássaro perdido. De repente ouço o som de sua voz e por trás do jardinzinho de nossa cabana o vejo pousado sobre o teto de uma das casas vizinhas; vejo-me tentando atraí-lo e como ele se aproxima de mim, como bate as asas em minha direção pedindo comida, mas não pode se decidir a pousar em minha mão. Vejo-me então a correr através do jardim para meu quarto e apanhar a xícara com sementes de colza umedecidas; vejo-me a estender-lhe sua comida favorita, vejo-o descer e pousar em minha mão e eu, cheio de alegria, levo-o de volta para junto dos dois outros em meu quarto.

Com esse sonho eu desperto. E como já fosse dia pleno, visto-me a toda pressa e não tenho nada mais urgente a fazer senão correr através de nosso jardinzinho para a casa sobre a qual vi o pássaro. E, para meu grande espanto, lá estava ele de fato! Tudo se passou literalmente como eu vira em meu sonho. Eu o chamo, ele se aproxima, mas hesita em pousar na minha mão. Eu corro de volta e apanho a comida, ele vem pousar em minha mão e eu o levo para junto dos outros.

— Esse episódio de sua infância — disse Goethe — é de fato extraordinário. Mas certamente é algo que existe na natureza, embora ainda não tenhamos a chave para decifrá-lo. Todos nós caminhamos em meio a mistérios. Estamos envoltos por uma atmosfera da qual não sabemos o que se move em seu interior nem que relações ela tem com nosso espírito. A única certeza é que, em condições especiais, as antenas de nossa alma podem ultrapassar

Conversações com Goethe nos últimos anos de sua vida

o limite do corpo e à nossa alma é concedido um pressentimento, mais que isso, um verdadeiro olhar para o futuro mais próximo.

— Algo de semelhante — repliquei — vivenciei há pouco, quando, voltando de um passeio pela estrada de Erfurt, a dez minutos de Weimar, tive a impressão espiritual de que encontrava na esquina do teatro uma pessoa a quem havia mais de um ano não via e em quem nem sequer pensara durante todo esse tempo.[26] Fiquei inquieto ao pensar que ela poderia encontrar-me, e qual não foi minha surpresa quando, ao dobrar a esquina, essa pessoa de fato surgiu diante de mim exatamente no mesmo lugar no qual eu a vira em espírito uns dez minutos antes.

— Isso também é extraordinário e mais que um acaso — disse Goethe. — Como eu disse, nós todos tateamos através de mistérios e prodígios. Também pode acontecer de uma alma influenciar outra meramente através de sua presença silenciosa, do que eu poderia dar mais de um exemplo. Muitas vezes me aconteceu de estar caminhando ao lado de alguma pessoa bem conhecida e, quando pensava intensamente em algo, essa pessoa no mesmo instante começava a falar sobre aquilo que eu tinha na mente. Também conheci um homem que, sem dizer uma única palavra, apenas com o poder do espírito, podia fazer calar um grupo de pessoas entretidas em alegre conversação. Ele podia mesmo produzir nelas uma mudança de humor que as fazia sentirem-se todas desconfortáveis.

— Temos todos algumas forças elétricas e magnéticas dentro de nós e exercemos, como um verdadeiro ímã, um poder de atração ou repulsão a cada vez que entramos em contato com algo igual ou diferente. É possível, e mesmo muito provável, que uma jovem, encontrando-se sem o saber em um quarto escuro com um homem que tem a intenção de matá-la, tenha uma inquietante sensação da secreta presença dele e seja acometida de um sentimento de medo que a faça fugir do quarto para a companhia de seus familiares.

— Eu conheço uma cena de ópera — observei — na qual dois amantes que estiveram muito distantes um do outro por um longo tempo encontravam-

---

26 Provavelmente se trata da atriz e cantora Auguste Kladzig (1810-1875), com quem Eckermann teve uma ligação.

-se, sem o saber, em um quarto escuro. Não se passara ainda muito tempo que estavam ali quando a força magnética começou a agir, um pressente a proximidade do outro, sentem-se involuntariamente atraídos um para o outro e não demora muito para que a jovem esteja nos braços do jovem.[27]

— Entre amantes — disse Goethe — essa força magnética é especialmente forte e age até mesmo à distância. Em minha juventude aconteceu-me várias vezes de, durante um passeio solitário, eu ser acometido de um poderoso desejo por minha amada, e de ter pensado nela até que ela viesse de fato ao meu encontro. "Senti-me tão inquieta em meu quartinho", ela dizia, "não sabia o que fazer, tive de vir até aqui."

— Lembro-me também de algo que se passou nos primeiros tempos de minha estada aqui, quando logo me vi novamente apaixonado.[28] Eu tinha feito uma longa viagem e retornara havia já alguns dias, mas minhas obrigações junto à corte me retinham até altas horas da noite e haviam me impedido até então de visitar minha amada. Nossa ligação também já atraíra a atenção das pessoas e por isso eu me sentia inibido de ir à casa dela à luz do dia, com receio de aumentar ainda mais o falatório. Mas na quarta ou quinta noite não pude mais suportar, e antes que pudesse me dar conta tomara o caminho de sua casa e me encontrava diante de sua porta. Subi silenciosamente as escadas e estava prestes a entrar em seu quarto quando percebi, pelo som de diferentes vozes, que ela não estava sozinha. Tornei a descer sem ser notado e logo me vi novamente nas ruas escuras, que naquela altura ainda não tinham iluminação. Cheio de cólera e paixão, caminhei ao léu pela cidade por cerca de uma hora e sempre voltava a passar diante da casa de minha amada, pensando apaixonadamente nela. Quando enfim me decidira a voltar para meu solitário quarto, passei ainda uma vez diante

---

27 *Gulistan ou le Hulla de Samarcande* (1805), ópera bufa em três atos de Nicolas-Marie Dalayrac (1753-1809), com libreto de Charles-Guillaume Etienne (1777-1845) e Auguste-Etienne-Xavier Poisson de la Chabeaussière (1752-1820).

28 Esta passagem foi várias vezes reelaborada por Eckermann antes de encontrar a forma definitiva com que foi publicada. É possível que aqui ele atribua a Goethe um episódio vivido por ele próprio com Auguste Kladzig no Natal de 1830. Ou, também, que ele tenha alterado os dados de um episódio do intenso relacionamento de Goethe com Charlotte von Stein nos seus primeiros anos em Weimar, a fim de preservar a identidade desta última.

Conversações com Goethe nos últimos anos de sua vida

de sua casa e notei que não havia mais nenhuma luz acesa. "Ela deve ter saído!", disse para mim mesmo. Mas onde, nessa noite tão escura? E onde devo encontrá-la? Tornei a vaguear pelas ruas, encontrei diversas pessoas e muitas vezes me iludia pensando reconhecer sua figura e seu vulto, mas ao me aproximar sempre constatava que não era ela. Já naquela época eu acreditava firmemente em influências mútuas e em que através de um poderoso desejo eu seria capaz de atraí-la até mim. Também me acreditava rodeado invisivelmente por seres superiores aos quais implorava que guiassem seus passos até mim ou os meus até ela. "Mas como és tolo!", dizia eu então para mim mesmo. "Não quiseste fazer uma nova tentativa, não quiseste voltar à casa dela, e agora pedes por sinais e milagres."

— Entretanto eu chegara à Esplanade e à pequena casa em que anos depois Schiller iria morar, quando me ocorreu fazer meia-volta e retornar ao Palácio e de lá tomar uma pequena rua à direita. Mal dera cem passos nessa direção quando avistei, vindo ao meu encontro, um vulto feminino idêntico ao daquela a quem eu tanto desejava. A rua estava mergulhada na penumbra produzida pela débil luz que aqui e ali saía de uma janela e, como naquela noite uma semelhança aparente já me iludira muitas vezes, não tive coragem de dirigir-lhe a palavra naquela incerteza. Passamos tão perto um do outro que nossos braços se tocaram; eu me detive e olhei para trás, ela também. "É você?", perguntou, e reconheci sua querida voz. "Finalmente!", eu disse, e rompi em prantos de felicidade. Nossas mãos se buscaram. "Então", eu disse, "minha esperança não me enganou. Saí em sua busca presa de um grande desejo, meu sentimento me dizia que a encontraria; agora estou feliz e agradeço a Deus que tenha se realizado." "Mas você, seu malvado, por que não veio me ver? Soube hoje por acaso que há três dias já que você está aqui, e chorei a tarde inteira pensando que se esquecera de mim. Há uma hora, então, senti-me tomada de uma inquietação e de um desejo de vê-lo que não sei explicar. Duas amigas estavam comigo e sua visita durou uma eternidade. Quando elas finalmente se foram, eu involuntariamente peguei o chapéu e o casaquinho, sentia uma grande necessidade de sair para o ar livre, para a escuridão, não sabia para onde. Meus pensamentos estavam todos em você, e parecia-me que não podia deixar de encontrá-lo." Enquanto ela falava assim de coração aberto, nossas mãos continuavam entrelaçadas, se-apertavam e nos faziam compreender que a ausência não esfriara nosso amor. Acompanhei-a até a porta, até sua casa. Ela subiu a escadaria às escuras na minha frente, sempre segurando minha mão e quase me puxando atrás de si. Minha felicidade era indescritível, tanto por tê-la enfim reencontrado quanto porque minha fé não me enganara e meu sentimento de uma influência invisível não me iludira.

Goethe estava em um estado de ânimo dos mais amáveis, eu poderia tê-lo escutado ainda por horas a fio. Mas parecia que pouco a pouco se cansara e, assim, logo nos recolhemos à nossa alcova e às nossas camas.

Iena, segunda-feira, 8 de outubro de 1827

Levantamos cedo. Enquanto nos vestíamos, Goethe contou-me um sonho que tivera a noite passada, no qual ele se vira transportado a Göttingen, onde manteve diversas conversas agradáveis com professores de lá, seus conhecidos.

Tomamos algumas xícaras de café e então fomos ao edifício que abriga os acervos de ciências da natureza. Visitamos o gabinete de anatomia, examinando os vários esqueletos de animais e fósseis de animais pré-históricos e também esqueletos de pessoas dos primeiros séculos da humanidade, diante dos quais Goethe observou que os dentes indicam tratar-se de uma raça de grande moralidade.

Depois ele mandou seguir para o observatório astronômico, onde o sr. dr. Schrön nos mostrou e explicou os instrumentos mais importantes. Visitamos também com grande interesse o contíguo gabinete de meteorologia, e Goethe elogiou o sr. dr. Schrön pela boa ordem que prevalece em todas essas instalações.

Descemos em seguida ao jardim, onde Goethe mandara servir uma pequena refeição matinal sobre a mesa de pedra duma pérgola.

— O senhor provavelmente não faz ideia do lugar extraordinário em que nos encontramos agora. Schiller morou aqui. Nessa pérgola, sobre esses bancos agora quase arruinados, sentamo-nos muitas vezes diante dessa mesa de pedra e trocamos algumas boas e grandes palavras. Naquela época ele andava pelos 30, eu pelos 40 anos, ambos ainda cheios de grandes

Conversações com Goethe nos últimos anos de sua vida

aspirações, e isso não era pouca coisa. Tudo passa e se vai, eu também não sou mais o mesmo que era então, mas a velha terra perdura e o ar, a água e o solo são ainda os mesmos.

— Mais tarde, vá lá em cima com Schrön e peça para ele lhe mostrar os quartos da mansarda em que Schiller morou.

Degustamos então com prazer nossa refeição naquele ar agradável, naquele belo lugar. Ao menos em nosso espírito, Schiller estava ali presente, e Goethe dedicou-lhe ainda algumas belas palavras de afetuosa recordação.

Depois eu subi com Schrön até a mansarda, e das janelas de Schiller desfrutei daquela vista magnífica. Estavam voltadas para o sul, de modo que podíamos contemplar a uma distância de muitas horas o curso do belo rio, interrompido aqui e ali pelo arvoredo e pelas curvas. Tínhamos também diante dos olhos um vasto horizonte. Dali se podia observar magnificamente os planetas nascerem e se porem, e tínhamos de reconhecer que aquele era o lugar perfeito para se compor as cenas astronômicas e astrológicas do *Wallenstein*.

Retornei para a companhia de Goethe, que mandou seguir para a casa do conselheiro áulico Döbereiner, por quem tem grande estima e que lhe mostrou alguns novos experimentos químicos.[29]

Entretanto era já meio-dia. Estávamos novamente na carruagem.

— Pensei — disse Goethe — que em vez de almoçar no *Ao urso* poderíamos passar este belo dia ao ar livre. Pensei em irmos a Burgau. Vinho nós temos e lá certamente encontraremos um peixe que se possa comer cozido ou assado.

Assim fizemos e foi maravilhoso. Subimos pelas margens do Saale, ladeando arbustos e curvas, seguindo o belíssimo caminho que eu avistara da mansarda de Schiller. Em pouco tempo chegamos a Burgau. Descemos na pequena hospedaria próxima ao rio e à ponte de onde se segue para Lobeda, cidadezinha que avistávamos para além dos prados.

Na pequena hospedaria, tudo se passou como Goethe previra. A proprietária se desculpou por estar desprevenida, mas disse que não nos faltaria uma sopa e um bom peixe.

---

29 Johann Wolfgang Döbereiner (1780-1849), químico de Iena.

619

Enquanto esperávamos, fizemos um passeio ao sol de um lado a outro da ponte, e nos divertimos observando o rio animado pelo alarido dos jangadeiros transportadores de madeira que passavam sob a ponte descendo o rio sobre toras de abeto amarradas umas às outras, muito alegres e barulhentos, apesar do duro trabalho que os encharcava da cabeça aos pés.

Comemos nosso peixe ao ar livre e ficamos ainda algum tempo sentados bebendo vinho, entretidos em uma alegre conversação.

Um pequeno falcão passou voando; em seu voo e seu vulto, assemelhava-se muito a um cuco.

— Houve um tempo — disse Goethe — em que o estudo da história natural estava ainda tão atrasado que, segundo uma opinião generalizada, o cuco só era cuco no verão, mas no inverno era uma ave de rapina.

— Essa ideia — eu disse — ainda sobrevive entre o povo. Até acusam o bom pássaro de devorar os próprios pais assim que termina de crescer, e por isso ele é utilizado como metáfora da mais vergonhosa ingratidão. Conheço pessoas que ainda hoje não se deixam dissuadir desses absurdos e se aferram a eles como a um artigo de sua fé cristã.

— Até onde eu sei — disse Goethe —, o cuco é classificado na ordem dos piciformes.

— Às vezes se faz isso — respondi —, provavelmente porque dois dos dedos de sua frágil pata são voltados para trás. Mas eu não o colocaria nessa ordem. Para o modo de viver dos piciformes falta-lhe não apenas o forte bico capaz de romper a casca de qualquer árvore morta, como também as penas afiadas e muito fortes da cauda que lhe serviriam de apoio durante essa operação. Aos seus dedos também lhe faltam as garras afiadas, necessárias para se segurar no tronco das árvores, e por esse motivo eu penso que suas pequenas patas não são verdadeiramente patas de escalador, só parecem ser.

— Os senhores ornitólogos — observou Goethe — provavelmente se dão por felizes quando conseguem classificar de maneira mais ou menos satisfatória um pássaro singular; enquanto isso, porém, a natureza atua livremente, sem se preocupar com as categorias inventadas pelos homens de mente limitada.

Conversações com Goethe nos últimos anos de sua vida

— Assim também — prossegui — é que o rouxinol é classificado como pertencendo à ordem das toutinegras, embora pela energia de sua natureza, seus movimentos e seu modo de vida ele tenha muito maiores semelhanças com o tordo. Mas eu também não o colocaria entre os tordos. É um pássaro que fica entre essas duas espécies, um pássaro em si, assim como o cuco é um pássaro em si, com uma individualidade tão nitidamente marcada quanto qualquer outro.

— Tudo quanto ouvi falar a respeito do cuco — disse Goethe — me faz ter um grande interesse por esse estranho pássaro. É de uma natureza extremamente problemática, um evidente mistério, mas tanto mais difícil de resolver justamente por ser tão evidente. Quantas outras coisas não nos colocam nessa mesma situação? Estamos plantados no meio de uma infinidade de prodígios, e o que há de mais profundo e melhor nas coisas nos permanece interdito. Tomemos o exemplo das abelhas. Nós as vemos voar horas e horas em busca de mel, e a cada vez em uma direção diferente. Primeiro voam semanas a fio para o oeste, em busca de um campo de colzas em flor; em seguida, por um tempo igualmente prolongado, para o norte, em busca de uma charneca florida. Depois, novamente em uma direção diferente, em busca dos brotos de trigo sarraceno. Depois para qualquer outra parte, em um campo de trevos. E, finalmente, para uma nova direção em busca de tílias em flor. Mas quem foi que disse a elas: agora voem para lá, lá haverá algo para vocês! E depois para lá, lá há algo de novo! E quem as guia de volta para sua aldeia e seu alvéolo? Elas vão para cá e para lá como que presas a uma andadeira invisível, mas do que se trata realmente nós não sabemos. O mesmo se passa com a cotovia. Ela alça voo cantando sobre um campo de espigas, paira sobre um mar de espigas que o vento faz ondular, no qual uma onda se parece com a outra; retorna para junto de seus filhotes, e encontra sem errar o pequeno ponto onde está seu ninho. Todos esses fatos exteriores nós os vemos claros como o dia, mas o fio íntimo que os une espiritualmente nos permanece oculto.

— Com o cuco — eu disse — não se passa diferente. Sabemos que ele próprio não faz ninhos, mas põe seus ovos no ninho de outro pássaro. Sabemos ainda que ele os põe ou no ninho da toutinegra, ou da alvéola amarela, ou do monge; também no ninho da ferreirinha comum, no ninho do pisco de peito

621

ruivo e no ninho da carriça. Isso nós sabemos. Sabemos também que todos esses pássaros são insetívoros e têm de ser, pois o próprio cuco também é insetívoro e o filhote não pode ser criado por um pássaro que se alimente de sementes. Mas como o cuco reconhece que todos esses pássaros são de fato insetívoros? Se todos esses que mencionei são tão diferentes entre si tanto na forma quanto na cor? E são também tão diferentes tanto no canto quanto no chamado? Mais ainda: como pode o cuco confiar seu ovo e seu frágil filhote a ninhos tão diversos quanto à estrutura e à temperatura, à umidade e à secura? O ninho da toutinegra, feito de hastezinhas secas de relva e alguns fios de crina de cavalo, é de estrutura tão leve que qualquer frio o penetra e qualquer sopro de ar o atravessa, e também é aberto em cima e sem proteção; mas nele o jovem cuco cresce maravilhosamente. O ninho da carriça, por sua vez, tem uma espessa e sólida parede externa feita de musgo, hastes e folha, e seu interior é cuidadosamente revestido de algodão e penas, de modo que nenhuma brisa o penetra. Também é fechado em cima e abobadado, deixando apenas uma pequena abertura para a entrada e a saída do minúsculo passarinho. Podemos imaginar que nos dias quentes de junho o calor dentro de uma cavidade tão fechada seja sufocante. Mas o jovem cuco cresce ali dentro perfeitamente. E o ninho da alvéola amarela, também, como é diferente desses outros! Ela vive perto da água, às margens de riachos e de outros locais úmidos, e constrói seu ninho em várzeas úmidas, sobre touceiras de juncos. Escava um buraco na terra úmida e o reveste precariamente com algumas hastezinhas de relva, de modo que o jovem cuco nasce e cresce na umidade e no frio. No entanto, também ali ele se desenvolve às maravilhas. Mas que pássaro é esse, para o qual na mais tenra infância a umidade e a secura, o calor e o frio, extremos que seriam mortais para qualquer outro, são inteiramente indiferentes? E como o velho cuco sabe que são indiferentes, se na idade adulta ele é muito sensível à umidade e ao frio?

— Estamos de fato diante de um mistério — disse Goethe. — Mas diga-me, caso o tenha observado, como o cuco põe seu ovo no ninho da carriça se ele tem apenas uma pequena abertura que não lhe permite entrar nem pousar sobre ele?

— Ele o põe sobre um lugar seco — respondi — e o empurra com o bico para dentro. Aliás, eu creio que ele faz isso não apenas no ninho da carriça,

Conversações com Goethe nos últimos anos de sua vida

mas também no dos outros. Pois os ninhos das outras aves insetívoras, mesmo quando abertos em cima, são tão pequenos, ou tão encobertos pelas ramagens, que um pássaro grande e de cauda longa como o cuco não conseguiria pousar em seu interior. Isso é fácil de imaginar. Mas por que o cuco põe um ovo tão extraordinariamente *pequeno*, tão pequeno quanto o ovo de um pequeno insetívoro, é outro mistério que admiramos em silêncio sem poder solucionar. O ovo do cuco é apenas um pouquinho maior que o da toutinegra, e nem poderia mesmo ser maior, ou não poderia ser chocado pelos pequenos insetívoros. Isso é perfeitamente bom e razoável. Mas que a natureza, para ser sábia em casos específicos, tenha de desviar-se de uma grande lei geral, segundo a qual do colibri à avestruz existe uma clara relação entre o tamanho do ovo e o tamanho do pássaro, esse procedimento arbitrário, na minha opinião, tem tudo para nos surpreender e nos causar espanto.

— Só nos causa espanto — replicou Goethe — porque nosso ponto de vista é demasiado estreito para nos permitir compreendê-lo. Se ele nos fosse ampliado, talvez constatássemos que também esse aparente desvio provavelmente se encontra no âmbito da lei. Mas continue, conte-me mais. Sabe-se, por acaso, quantos ovos o cuco pode pôr?

— Quem pretendesse dizer isso com certeza — respondi — seria um grande tolo. É um pássaro muito arisco, ora está aqui, ora em outro lugar; em um único ninho encontramos apenas um ovo seu. Ele certamente põe vários; mas quem pode saber o destino deles, e quem pode segui-lo? Supondo, porém, que ele ponha cinco ovos, e que esses cinco sejam chocados e os filhotes sejam alimentados por amorosos pais adotivos, também nos causa admiração que a natureza possa se decidir a sacrificar pelo menos *cinquenta* filhotes de nossas melhores aves canoras em benefício de cinco jovens cucos.

— Quanto a isso — disse Goethe —, também em outros casos a natureza não costuma ser propriamente escrupulosa. Ela dispõe de uma grande reserva de vida para desperdiçar, e às vezes o faz sem grande hesitação. Mas por que tantos filhotes de aves canoras têm de ser sacrificados por um único jovem cuco?

— Antes de mais nada — respondi —, perde-se a primeira ninhada. Depois, no caso de os ovos da ave canora também serem chocados juntamente com o do cuco, como acontece com frequência, os pais, no entanto, são tomados

Johann Peter Eckermann

de uma tal alegria e uma tal ternura pelo maior dos filhotes nascidos que só pensam nele, e alimentam unicamente a ele, deixando seus próprios filhotes menores perecerem e desaparecerem do ninho. Além disso, o jovem cuco é sempre muito guloso e precisa de toda a comida que os pequenos insetívoros podem arranjar. Demora um longo tempo até que ele atinja seu pleno crescimento, tenha sua plumagem completa e seja capaz de deixar o ninho e voar até o cimo de uma árvore. Mas, mesmo depois de já ter abandonado o ninho, ele ainda exige ser constantemente alimentado e, assim, durante todo o verão os amorosos pais adotivos continuam a alimentar seu grande filhote sem pensar em uma *segunda* ninhada. Por esse motivo é que por um único cuco se perdem tantos outros filhotes.

— Isso é muito convincente — replicou Goethe. — Mas diga-me, depois que o jovem cuco deixa o ninho ele é alimentado também por outros pássaros que não o chocaram? Parece-me já ter ouvido algo nesse sentido.

— É isso mesmo — respondi. — Assim que o jovem cuco deixa seu ninho lá embaixo e se instala, por exemplo, no alto de um carvalho, ele emite um som muito alto que diz onde está. Então todos os pequenos pássaros das redondezas que o ouviram vêm saudá-lo. Vêm a toutinegra e o monge, a alvéola amarela voa lá para o alto e até a carriça, cujo esconderijo natural são as sebes baixas e os arbustos espessos, domina sua própria natureza e voa ao encontro do querido recém-chegado lá no alto do carvalho. Mas o casal que o criou continua fielmente a fornecer-lhe alimento, enquanto os outros só de vez em quando lhe trazem algum bom petisco.

— Ao que parece — disse Goethe —, entre o jovem cuco e os pequenos insetívoros existe um grande amor.

— O amor dos pequenos insetívoros pelo jovem cuco — repliquei — é tão grande que, quando nos aproximamos de um ninho no qual um jovem cuco está sendo criado, os pequenos pais adotivos não sabem o que fazer, tamanho é seu susto, medo e preocupação. O monge, especialmente, fica tão desesperado que se debate no chão como se sofresse de convulsões.

— Muito estranho — disse Goethe —, mas compreensível. O que, porém, me parece muito problemático é que, por exemplo, um casal de toutinegras prestes a chocar seus ovos permita a um velho cuco se aproximar de seu ninho e pôr seu ovo nele.

— Isso realmente é bem misterioso — repliquei —, mas não de todo. Pois justamente pelo fato de todos os pequenos insetívoros alimentarem o cuco que deixou o ninho, e, portanto, também aqueles que não o chocaram o alimentam, justamente por isso surge e perdura entre eles uma espécie de parentesco, de modo que eles sempre se reconhecem e se consideram membros de uma única grande família. Pode até acontecer de o mesmo cuco chocado e alimentado por um casal de toutinegras no ano passado lhes trazer neste ano seu próprio ovo.

— Soa plausível — replicou Goethe —, embora difícil de compreender. Mas ainda acho um prodígio que o jovem cuco também seja alimentado por outros pássaros que não o chocaram e criaram.

— Sem dúvida é um prodígio — repliquei. — Mas há casos análogos. Nesse sentido, parece-me mesmo adivinhar uma grande lei que permeia profundamente toda a natureza.

Certa vez, apanhei um pintarroxo que já era muito crescido para aceitar ser alimentado por um ser humano, mas ainda jovem demais para comer sozinho. Esforcei-me durante a metade de um dia, mas, como ele não aceitasse absolutamente nada, coloquei-o ao lado de um pintarroxo adulto, um bom cantor, que havia já mais de um ano eu mantinha em uma gaiola pendurada do lado de fora de minha janela. Eu pensei: se o filhote vir como o adulto come, talvez ele também se aproxime da comida e o imite. Mas ele não fez isso. O que ele fez foi abrir seu bico diante do adulto, movendo as asas em sua direção e emitindo um som suplicante, com o que o velho pintarroxo foi imediatamente tomado de piedade por ele e o adotou, alimentando-o como se fosse seu próprio filhote.

— Tempos depois me trouxeram uma toutinegra-da-cabeça-preta e três filhotes que coloquei todos juntos em uma grande gaiola, onde a mãe alimentava os filhotes. No dia seguinte me trouxeram dois jovens rouxinóis que acabavam de deixar o ninho, e eu os coloquei na mesma gaiola onde já estava a toutinegra e que também foram adotados e alimentados por ela. Passados mais alguns dias, coloquei na gaiola um ninho com jovens pequenos moleiros já quase inteiramente emplumados, e mais tarde um ninho com jovens monges. A toutinegra adotou a todos eles, alimentou-os e cuidou deles como uma mãe zelosa. Tinha o bico sempre cheio de ovos de formigas e ora estava em um dos cantos da grande gaiola, ora noutro; sempre que uma goelazinha faminta se abria, lá estava ela. E isso não foi tudo! Também o filhote da toutinegra, que entrementes já havia crescido, começou a alimentar alguns dos pequenos, ainda brincando, de modo ainda um tanto pueril, mas já com um decidido instinto de imitar sua excelente mãe.

— Agora já estamos diante de algo divino — disse Goethe —, que me enche de um alegre espanto. Se for verdade que esse ato de alimentar um estranho é algo que permeia toda a natureza como uma lei universal, isso desvendaria alguns mistérios, e poderíamos dizer com convicção que Deus se compadece dos jovens corvos órfãos que apelam a ele.[30]

— Parece de fato ser algo como uma lei universal — repliquei. — Pois também em ambientes silvestres eu pude observar esse ato solidário de alimentar e essa compaixão pelos abandonados.

— No verão passado, apanhei nas vizinhanças de Tierfurt duas jovens carriças que deviam ter deixado o ninho muito recentemente, pois estavam pousadas no ramo de um arbusto, enfileiradas ao lado de sete irmãzinhas, e eram alimentadas pela mãe. Enrolei as duas jovens aves em meu lenço de seda e caminhei na direção de Weimar até o clube dos atiradores, depois à direita em direção ao prado às margens do Ilm, passando em frente à casa de banhos, e de novo à esquerda para o pequeno bosque. "Aqui", pensei, "podes examinar sossegado tuas carriças." Mas quando abri o lenço, as duas me escaparam e logo desapareceram nos arbustos sobre a relva, e foi em vão que procurei por elas. Três dias depois eu casualmente passava pelo mesmo lugar e, ouvindo o chamado de um pisco-de-peito-ruivo, pensei que deveria haver um ninho nas redondezas; depois de procurar por algum tempo ao redor, eu de fato o encontrei. Mas qual não foi minha surpresa quando encontrei nesse ninho, além de dois jovens piscos-de-peito-ruivo já quase emplumados, também minhas duas jovens carriças, que se haviam instalado confortavelmente ali e se deixavam alimentar pelo pisco adulto. Fiquei imensamente feliz com esse estranhíssimo achado. "Já que vocês

---

30 Cf. Salmos 147,9.

são tão inteligentes", pensei de mim para comigo, "e souberam encontrar um tão belo abrigo, e já que o bom do pisco as aceitou tão solidariamente, longe de mim perturbar relações tão hospitaleiras, ao contrário, desejo a vocês a maior prosperidade."

— Essa é uma das melhores histórias ornitológicas que já me chegou aos ouvidos — disse Goethe. — Brindemos à sua saúde e às suas felizes observações! Quem ouve isso e não acredita em Deus, a esse nem Moisés nem os profetas podem ajudar. Eis o que eu chamo a onipresença de Deus, que espalhou e plantou em todo canto uma parte de seu infinito amor e já nos animais insinua em botão aquilo que no ser humano alcança sua mais bela floração. Continue com seus estudos e suas observações! O senhor parece ser especialmente bem-sucedido nesse campo e pode ainda no futuro vir a obter resultados inestimáveis.

Enquanto assim conversávamos em nossa mesa ao ar livre sobre temas bons e profundos, o sol alcançava o cimo das colinas a oeste, e Goethe achou que era tempo de tomarmos o caminho de volta. Atravessamos Iena rapidamente e, depois de pagar nossa conta no *Ao urso* e fazer ainda uma breve visita aos Fromann, tomamos o caminho de Weimar em marcha acelerada.

Quinta-feira, 18 de outubro de 1827

Hegel, por quem Goethe nutre uma grande estima pessoal, embora alguns frutos brotados de sua filosofia não sejam de seu especial agrado, está aqui. Esta noite Goethe ofereceu um chá em sua homenagem, ao qual também esteve presente Zelter, que pretende partir ainda hoje.

Falou-se longamente a respeito de Hamann, e foi Hegel, sobretudo, quem deteve a palavra e exprimiu sobre aquele extraordinário espírito bem fundadas opiniões, que não poderiam ter surgido senão do mais sério e consciencioso estudo do objeto.

A seguir, a conversa se voltou para a essência da *dialética*.

— No fundo — disse Hegel —, ela não é senão o espírito de contradição, regrado e metodicamente educado, que habita qualquer ser humano, um dom que mostra toda a sua grandeza na distinção entre o verdadeiro e o falso.

Johann Peter Eckermann

— Quem dera — interveio Goethe — não se abusasse com tanta frequência dessas artes e habilidades intelectuais e elas não fossem utilizadas para tornar o falso verdadeiro e o verdadeiro falso.

— Isso de fato acontece — replicou Hegel —, mas apenas por parte de pessoas espiritualmente doentes.

— Eis a razão pela qual eu prezo o estudo da natureza — disse Goethe. — Ele não permite o surgimento de tais enfermidades. Pois que aqui nos ocupamos com o Verdadeiro infinito e eterno, que repele como incapaz quem não procede de modo puro e honesto na observação e no tratamento de seu objeto. Estou também convicto de que alguns doentes de dialética encontrariam uma benéfica cura no estudo da natureza.

Estávamos ainda entretidos na melhor das conversações e na mais alegre das discussões quando Zelter se levantou e, sem dizer uma palavra, saiu. Sabíamos que era penoso para ele despedir-se de Goethe, e que ele se utilizava desse delicado expediente a fim de evitar um momento doloroso.

1828

Terça-feira, 11 de março de 1828

Há algumas semanas não me sinto bem. Durmo mal, desde o começo da noite até o amanhecer tenho sonhos intranquilos, nos quais me vejo nas mais diversas situações, conversando sobre os mais variados assuntos com pessoas conhecidas e desconhecidas, discutindo e brigando com todo mundo, e tudo é tão vivo que pela manhã ainda tenho plena consciência de cada detalhe. Mas essa vida de sonhos consome as forças de meu cérebro, de modo que no decorrer do dia eu me sinto mole e abatido, sem vontade nem ideias para qualquer atividade intelectual.

Queixei-me repetidas vezes a Goethe de meu estado e ele repetidas vezes insistiu comigo para que consultasse meu médico.

— Seu mal — dizia ele — certamente não é nada de grave; talvez não passe de uma pequena constipação que se cura com alguns copos de água mineral ou um pouco de sal. Mas não deixe a coisa correr solta, tome logo uma providência.

Talvez Goethe tivesse razão, e eu mesmo me disse que ele tinha razão; mas aquela indecisão e falta de vontade agiam também sobre minha disposição, e eu deixei que se passassem muitas noites inquietas e muitos dias ruins sem fazer nada para curar meu mal.

Johann Peter Eckermann

Quando hoje, depois do almoço, novamente me mostrei triste e sem grande ânimo, ele perdeu a paciência e não pôde deixar de sorrir de modo irônico e escarnecer um pouco de mim.

— O senhor é o segundo Shandy, pai daquele famoso Tristram — disse ele —, que durante metade de sua vida se irritou com uma porta rangente, mas nunca pôde decidir-se a pôr um fim ao seu aborrecimento diário com duas gotas de óleo.[1]

— No entanto, é assim com todos nós! *As trevas e as luzes dos seres humanos fazem seu destino.* Temos necessidade de que o demônio nos conduza todos os dias por uma andadeira, sempre nos dizendo o que deve ser feito e nos induzindo a fazê-lo. Mas o bom espírito nos abandona e nós amolecemos e tateamos no escuro.

— Napoleão é que era um homem! Sempre iluminado, sempre lúcido e determinado, sempre dispondo da energia necessária para pôr imediatamente em prática aquilo que reconhecia como vantajoso e necessário. Sua vida foi a marcha de um semideus, de batalha em batalha e de vitória em vitória. Dele certamente se poderia dizer que se encontrava em um constante estado de iluminação, e por isso também seu destino foi brilhante, como o mundo jamais vira antes dele e talvez jamais torne a ver depois dele.

— Sim, meu caro, eis aí um sujeito que não podemos imitar.

Goethe passeava de um lado a outro da sala. Eu me sentara à mesa, que já fora desfeita, mas sobre a qual ainda havia uns restos de vinho, além de biscoitos e frutas.

Goethe serviu-me vinho e insistiu para que eu me servisse também das frutas e dos biscoitos.

— Hoje o senhor declinou de ser nosso hóspede para o almoço — disse ele —, mas um copo dessa oferenda de amigos queridos certamente lhe fará bem.

---

1 Goethe se refere ao romance *The Life and Opinions of Tristram Shandy, Gentleman* [A vida e as opiniões do cavalheiro Tristram Shandy, 1759-1767] de Laurence Sterne (1713-1768). Na mesma obra se encontra a citação seguinte ("as trevas e as luzes", retirada de *The Koran: or Essays, Sentiments, Characters* [1770], de Richard Griffith).

Conversações com Goethe nos últimos anos de sua vida

Deleitei-me com todas aquelas boas coisas, enquanto Goethe continuava a passear pela sala de espírito agitado, murmurando e deixando às vezes escapar algumas palavras ininteligíveis.

Eu ainda tinha em mente aquilo que ele dissera de Napoleão e tentei trazer o assunto de volta à conversa.

— Parece-me, todavia — comecei —, que Napoleão se encontrava naquele estado de contínua iluminação principalmente quando ainda era jovem e suas forças ainda eram crescentes, e quando o vemos assistido de uma proteção divina e de uma fortuna constante. Mais tarde, ao contrário, aquela iluminação parece tê-lo abandonado, assim como sua fortuna e sua boa estrela.

— Mas o que o senhor queria? — replicou Goethe. — Eu também não escrevi uma segunda vez minhas canções de amor e meu *Werther*. Aquela divina iluminação que dá origem às coisas extraordinárias, nós sempre a encontramos ligada à juventude e à *produtividade*, e Napoleão foi uma das pessoas mais produtivas que jamais viveram.

— Sim, meu caro, não é só escrevendo poesias e dramas que se é produtivo, existe também uma *produtividade de atos*, que em certos casos tem um significado ainda maior. Mesmo o médico tem de ser produtivo se quiser de fato curar; caso não seja, só vez por outra, casualmente, terá sucesso, mas no geral não passará de um charlatão.

— Nesse caso — interpus —, o senhor parece chamar de produtividade o que costumamos chamar de gênio.

— De fato, ambos são coisas muito próximas — replicou Goethe. — Pois que é o gênio senão aquela força produtiva por meio da qual surgem os atos que se podem exibir diante de Deus e da natureza e que, justamente por isso, têm consequências e perduram? Todas as obras de Mozart são dessa espécie; existe nelas uma força criadora que atua de geração em geração e não se esgotará nem se consumirá tão cedo. O mesmo vale para outros grandes compositores e artistas. Quanta influência não tiveram Fídias e Rafael, e também Dürer e Holbein, nos séculos que se seguiram a eles! Dürer, o primeiro a inventar as formas e proporções da antiga arquitetura alemã, tornando possível, com o decorrer do tempo, a existência de uma catedral de Estrasburgo e da de Colônia, era também um gênio, pois suas ideias preservaram uma constante força produtiva e exercem sua influência até a hora presente. Lutero foi um tipo muito significativo de gênio; há já uma boa quantidade de dias que ele exerce sua influência, e não se pode prever o dia do longínquo século em que ele cessará de ser produtivo. Lessing quis recusar o imponente título de gênio; mas sua influência duradoura testemunha contra ele próprio. Em contrapartida, tivemos na literatura outros nomes importantes que, quando viviam, eram considerados grandes gênios, mas cuja influência findou juntamente com sua vida e, portanto, eram menos do que eles próprios e os outros pensavam. Pois, como eu disse, não há gênio sem uma força produtiva de influência permanente; e mais: não importa o negócio, a arte e o *métier* em que cada um se destaca, é tudo a mesma coisa. Se alguém se mostra genial na ciência, como Oken[2] e Humboldt, ou na guerra e na administração do Estado, como Frederico, Pedro, o Grande, e Napoleão, ou se alguém faz uma canção como Béranger, é tudo igual, tudo o que importa é que a ideia, a descoberta, o ato sejam vivos e capazes de continuar a viver.

— E então tenho de dizer ainda: não é pela *quantidade* de obras e atos de uma pessoa que se mede sua produtividade. Na literatura, temos poetas considerados muito criativos por terem produzido um volume de poemas depois do outro. Mas, no meu modo de entender, devemos considerar essas pessoas como inteiramente improdutivas, pois o que fazem é sem vida e sem permanência. Goldsmith, ao contrário, escreveu um número tão reduzido de poemas que não vale a pena contá-los; não obstante, eu o considero muito produtivo como poeta, justamente porque o pouco que fez é tão cheio de vida que subsiste por si só.

Houve uma pausa na conversa, durante a qual Goethe continuou a passear pela sala. Enquanto isso, eu estava ávido por ouvir mais alguma coisa sobre esse importante assunto, e procurei estimulá-lo a continuar falando.

— Essa produtividade genial — perguntei — existe apenas no espírito de uma pessoa notável, ou também no corpo?

— O corpo — disse Goethe — tem, pelo menos, a maior *influência*. Houve um tempo na Alemanha em que se imaginava um gênio como uma pessoa

---

2 Lorenz Oken (Okenfuss, 1779-1851), naturalista e filósofo da natureza.

Conversações com Goethe nos últimos anos de sua vida

pequena, frágil, talvez corcunda; eu, porém, prefiro um gênio que tenha um corpo conveniente.

— Quando dizem que Napoleão é um homem de granito, isso vale também e principalmente para seu corpo. Quanto ele não exigiu e pôde exigir de si mesmo! Entre as areias escaldantes do deserto sírio e os campos nevados de Moscou, que infinidade de marchas, batalhas e acampamentos noturnos! E quantas canseiras e privações físicas ele não teve então de suportar! Pouco sono, pouco alimento e, no entanto, sempre no auge da atividade espiritual! Quando das terríveis fadigas e agitações do 18 Brumário, a meia noite chegou e ele ainda não tinha comido nada! Sem pensar em fortalecer seu corpo, ele ainda sentia ter forças suficientes para bosquejar, tarde da noite, a conhecida proclamação ao povo francês. Quando avaliamos tudo quanto *aquele homem* sofreu e suportou, poderíamos pensar que em seus 40 anos não restaria uma única parte de seu corpo inteira; porém, com essa idade ele ainda se mantinha em pé como um perfeito herói.

— Mas o senhor tem toda razão, o verdadeiro apogeu de seus atos coincide com o tempo de sua juventude. E é significativo que alguém de origens obscuras, em uma época que mobilizava todas as capacidades, se destacasse a ponto de se tornar, em seu 27º ano de vida, o ídolo de uma nação de 30 milhões de habitantes! Sim, meu caro, é preciso ser jovem para fazer grandes coisas. E Napoleão não é o único!

— O irmão dele, Lucien — eu disse —, também se mostrou desde cedo capaz de grandes feitos. Nós o vemos como presidente dos quinhentos e em seguida como ministro do Interior quando mal tinha completado 25 anos.

— Mas por que Lucien? — interveio Goethe. — A história nos oferece *centenas* de pessoas valorosas que tanto nos gabinetes quanto no campo de batalha estiveram quando ainda jovens à frente de grandes acontecimentos e alcançaram um grande renome.

— Se eu fosse um príncipe — continuou ele, com grande vivacidade —, jamais nomearia para ocuparem os postos mais elevados pessoas que ascenderam pouco a pouco graças apenas ao nascimento e à antiguidade e agora, chegados à idade madura, se limitam a continuar trilhando vagarosa e comodamente sua costumeira via, sem jamais produzirem nada de aproveitável. Eu procuraria por pessoas jovens! Mas teriam de ser pessoas capazes, dotadas de clareza e energia, e também de boa vontade e de nobre caráter. Então seria um prazer governar e promover o progresso do povo. Mas onde se encontra um príncipe que tenha tanta sorte e que seja tão bem servido?

— Tenho grandes esperanças no atual príncipe herdeiro da Prússia.[3] Por tudo quanto sei e ouço dele, é uma pessoa notável! E isso também é necessário para que se possa, por sua vez, reconhecer e escolher pessoas talentosas e de valor. Pois, digam o que disserem, o semelhante pode ser reconhecido apenas por seu semelhante e somente um príncipe dotado de grandes capacidades saberá reconhecer e apreciar de maneira adequada as grandes capacidades de seus súditos e servidores. *Estrada aberta ao talento!* era o conhecido lema de Napoleão, que de fato tinha, na escolha de seus auxiliares, um tato muito especial para colocar todas as forças importantes no lugar em que elas pareciam estar em sua própria esfera e, com isso, durante a vida inteira sempre esteve bem servido como poucos em todos os seus empreendimentos.

Esta tarde, Goethe me agradou especialmente. O que há de mais nobre em sua natureza parecia desperto; também o som de sua voz e o fogo de seus olhos eram tão fortes como se ele ardesse na chama rediviva dos melhores anos de sua juventude. Pareceu-me estranho que ele, ocupando ainda uma posição importante em idade já avançada, defendesse tão resolutamente a causa da juventude e desejasse ver os principais postos do Estado ocupados, se não por jovens, ao menos por homens em idade ainda juvenil. Não pude deixar de mencionar alguns homens proeminentes da Alemanha aos quais, em sua idade avançada, não parecem faltar a energia necessária e a agilidade juvenil para conduzirem os mais importantes e variados negócios.

— Esses homens e os outros semelhantes a eles — replicou Goethe — são naturezas geniais, fora do comum; vivem uma *puberdade renovada*, enquanto os outros são jovens apenas uma vez.

---

3 Príncipe herdeiro da Prússia: o futuro rei Friedrich Wilhelm IV, que em 1843 deu a Eckermann 100 ducados em agradecimento, mais que seu salário anual em Weimar.

Conversações com Goethe nos últimos anos de sua vida

— Pois toda enteléquia é um pedaço de eternidade e os poucos anos em que ela está presa ao corpo terreno não a envelhecem. Se essa enteléquia é de uma espécie inferior, durante o tempo de seu obscurecimento corporal ela exercerá pouco domínio, será antes o corpo a predominar, e à medida que ele envelhecer ela não o preservará nem o deterá. Mas se a enteléquia for de uma espécie poderosa, como é o caso de todas as naturezas geniais, então sua impregnação vivificadora do corpo não apenas exercerá uma influência fortalecedora e enobrecedora sobre sua organização, como também, graças à sua superioridade espiritual, ela tentará continuamente fazer valer seu privilégio de uma eterna juventude. É por isso que nas pessoas excepcionalmente dotadas observamos com frequência, mesmo em sua velhice, novos períodos de especial produtividade; elas parecem experimentar de tempos em tempos um rejuvenescimento momentâneo, e é a isso que eu daria o nome de puberdade renovada.

— Mas jovem é jovem e, por mais poderosa que se mostre uma enteléquia, ela jamais se tornará totalmente senhora sobre o corpo, fazendo uma enorme diferença se ela encontra nele um aliado ou um inimigo.

— Houve um período em minha vida durante o qual eu podia exigir de mim diariamente uma folha impressa, e o conseguia com facilidade. Escrevi minha peça *Os irmãos* em três dias. Meu *Clavigo*, como o senhor sabe, em oito. Agora não posso contar com isso; e, no entanto, não posso me queixar de falta de produtividade, mesmo em minha idade avançada. Mas o que nos meus anos de juventude eu podia fazer diariamente e em quaisquer circunstâncias, agora só posso fazer periodicamente e sob certas condições favoráveis. Quando há dez, doze anos, na época feliz depois da guerra de libertação, os poemas do *Divã* me tinham em seu poder, eu era suficientemente produtivo para compor dois ou três em um dia; se no campo aberto, na carruagem, em uma hospedaria, para mim era de todo indiferente. Agora eu só posso trabalhar na segunda parte de meu *Fausto* nas primeiras horas do dia, quando me sinto descansado e revigorado pelo sono e as caretas da vida cotidiana ainda não me perturbaram. E, no entanto, o que é que eu produzo? No melhor dos casos, uma página manuscrita; mas em regra, apenas o suficiente para preencher o espaço de um palmo e, muitas vezes, quando tomado de um ânimo improdutivo, ainda menos.

— E não existe nenhum meio — perguntei — de suscitar um ânimo produtivo ou, quando este não é suficientemente vigoroso, intensificá-lo?

— Esse é um ponto muito curioso — respondeu Goethe —, e haveria muitas coisas que se poderiam pensar e dizer a respeito.

— Toda produtividade da espécie *mais elevada*, toda descoberta significativa, toda invenção, toda grande ideia que traga frutos e tem consequências não está em posse de ninguém e se eleva acima de qualquer poder terreno. O ser humano deve considerá-las dádivas inesperadas do céu, puras criaturas de Deus que ele deve receber e honrar com alegre gratidão. São aparentadas ao demoníaco, que faz dos seres humanos o que bem entende e ao qual ele se entrega de forma inconsciente, acreditando agir por impulso próprio. Nesses casos, o ser humano frequentemente deve ser visto como instrumento de um governo superior do mundo, como um vaso que foi considerado digno de receber um influxo divino. Eu digo isso levando em conta quantas vezes um único pensamento deu uma nova forma a séculos inteiros, e como indivíduos isolados, através daquilo que emanava deles, imprimiram à sua época uma marca que permaneceu reconhecível em gerações posteriores e continuou a ter uma influência benéfica.

— Mas existe ainda uma produtividade de outra espécie, que se sujeita principalmente a influências terrenas, e sobre a qual o homem tem um poder maior, embora também aqui ele sempre encontre um motivo para se curvar diante de algo divino. Eu coloco nesse âmbito tudo que é necessário para a realização de um plano, todos os elos de uma cadeia de pensamentos cujos pontos extremos já luzem diante de nossos olhos; coloco nele tudo aquilo que constitui o corpo visível e palpável de uma obra de arte.

— Assim, a primeira ideia para seu *Hamlet*, quando o espírito do todo se apresentou diante de sua alma como uma impressão inesperada e ele, em um elevado estado de ânimo, abarcou com a vista cada uma das situações, cada uma das personagens e o desfecho do todo, pareceu a Shakespeare uma pura dádiva das alturas, sobre a qual ele não tivera nenhuma influência imediata, embora a possibilidade de ter semelhante *aperçu* pressuponha um espírito como o dele. Mas o desenvolvimento posterior das cenas isoladas e o diálogo entre as personagens, ele os tinha inteiramente em seu poder, e assim podia produzi-los todos os dias e todas as horas, trabalhando neles semanas a fio como bem lhe aprouvesse. E, de fato, em tudo o que ele realizou vemos sempre a mesma força produtiva, e em nenhuma de suas peças encontramos uma passagem da qual se pudesse dizer que não foi escrita no estado de ânimo apropriado e com o máximo de sua capacidade. Quando o lemos, temos sempre a impressão de tratar-se de uma pessoa em plena posse de suas energias físicas e espirituais.

— Supondo, porém, que a constituição física de um poeta dramático não fosse tão robusta e excelente, e que ele estivesse antes sujeito a frequentes enfermidades e debilidades, a produtividade necessária à composição diária de suas cenas com certeza cessaria frequentemente e lhe faltaria por dias inteiros. Mas se ele quisesse forçar a produtividade que lhe faltasse ou fosse insuficiente por meio de, digamos, bebidas alcoólicas, isso talvez surtisse efeito, mas nós reconheceríamos todas as cenas que ele tivesse *forçado* desse modo, com grande prejuízo para elas.

— Por isso, meu conselho é *jamais forçar*, e antes desperdiçar se divertindo e dormindo todos os dias e horas improdutivos, que querer fazer algo que mais tarde não nos dará nenhuma alegria.

— O senhor expressa — intervim — algo que eu mesmo experimentei e senti muitas vezes e que com certeza devemos respeitar como inteiramente verdadeiro e correto. Parece-me, no entanto, que alguém poderia estimular seu ânimo produtivo por meios naturais sem necessariamente forçá-lo. Ao longo da vida, muitas vezes me vi na condição de não poder, em uma situação complicada, tomar uma decisão correta. Mas se nesses casos eu bebesse algumas taças de vinho, adquiria imediatamente perfeita clareza do que deveria ser feito e naquele momento mesmo tomava uma decisão. Mas a tomada de uma decisão também é uma espécie de produtividade, e se algumas taças de vinho podem estimular essa virtude, creio que esse não é um meio de todo condenável.

— Não quero contradizer sua observação — disse Goethe —, mas o que eu disse antes também está correto, e por aí se vê que a verdade pode ser comparada a um diamante que não lança suas reverberações em uma *única* direção, mas em *muitas*. Como, de resto, o senhor conhece bem meu *Divã*, sabe que eu mesmo disse:

> Quando bebemos
> Sabemos o que é certo,[4]

e que, portanto, estou de pleno acordo consigo. No vinho, de fato, há forças estimuladoras da produtividade muito especiais; tudo, porém, depende das situações, do tempo e da hora, e o que é proveitoso para um é prejudicial para outro. Existem também forças estimuladoras da produtividade no descanso e no sono; mas existem também no movimento. Há forças assim na água e especialmente na atmosfera. O ar fresco do campo aberto é nosso verdadeiro lugar; é como se ali o espírito de Deus bafejasse diretamente a pessoa e uma força divina exercesse sua influência. Lord Byron, que passava diariamente várias horas ao ar livre, ora cavalgando à beira do mar, ora velejando ou remando, ou então se banhando no mar e exercitando sua força física a nadar, foi uma das pessoas mais produtivas que já viveram.

Goethe se sentara defronte de mim e falamos ainda de diversos assuntos. Depois retornamos a Lord Byron, e foram mencionados vários acidentes que ensombreceram os últimos anos de sua vida, até que uma vontade verdadeiramente nobre, mas um fado funesto, o levou à Grécia e o destruiu por completo.

— De resto — prosseguiu Goethe —, o senhor verá que no meio da vida de uma pessoa muitas vezes ocorre uma virada e, enquanto em sua juventude tudo o favorece e em tudo ele era bem-sucedido, de repente tudo muda e os acidentes e malogros se acumulam uns sobre os outros.

— Mas sabe como eu explico isso? *O ser humano tem de ser novamente arruinado!* Toda pessoa extraordinária tem uma determinada missão que é chamada a cumprir. Se a cumpriu, já não é mais preciso que ele permaneça sobre a terra em sua forma atual, e a Providência o reutiliza para algo diferente. Mas como aqui na terra tudo acontece por vias naturais, os demônios lhe dão uma rasteira atrás da outra, até que ele por fim sucumbe. Assim se passou com Napoleão e muitos outros. Mozart morreu em seu 36º ano de vida. Rafael, quase na mesma idade. Byron, só um pouco mais velho. Mas todos

---

4 *"Wenn man getrunken hat,/ Weiss man das Rechte."* Versos de um poema do *Divã* intitulado *So lang' man nüchtern ist* [Enquanto estamos sóbrios].

eles haviam cumprido perfeitamente sua missão, e talvez já fosse tempo de partirem a fim de que restasse ainda para outras pessoas algo a fazer neste mundo destinado a durar ainda muito tempo.

Era já tarde da noite, Goethe estendeu-me sua querida mão e eu parti.

Quarta-feira, 12 de março de 1828

Depois que deixei Goethe a noite passada, a importante conversa que tive com ele continuou a ocupar-me a mente.

Também havíamos falado das forças do *mar* e do *ar marinho*, e Goethe expressara a opinião de que todos os ilhéus e os habitantes do clima ameno de um litoral são muito mais produtivos e ativos que os povos que vivem no interior de grandes continentes.

Talvez por ter adormecido com esses pensamentos e com alguma saudade das forças vivificadoras do mar, o fato é que durante a noite eu tive o seguinte sonho, muito agradável e também muito estranho para mim: vi-me em uma localidade desconhecida entre uma gente estrangeira, muito alegre e feliz. Um belíssimo dia de verão me banhava em meio a uma natureza encantadora, que deveria se localizar nas costas do Mediterrâneo, no sul da Espanha ou da França, ou talvez nas proximidades de Gênova. À hora do almoço, estivéramos bebendo ao redor de uma alegre mesa, e em seguida eu fazia uma excursão em companhia de algumas pessoas um pouco mais jovens que eu. Caminhávamos por aprazíveis baixios recobertos de arbustos quando, de repente, nos vimos em uma minúscula ilha do mar, sobre um proeminente rochedo que mal podia oferecer lugar a cinco ou seis pessoas, e onde não podíamos nos mexer sem temer deslizar para as águas. Olhando para trás, na direção de onde viéramos, não se via nada a não ser o mar; mas diante de nós, a uma distância de um quarto de hora, se estendia a mais convidativa das regiões costeiras. Em alguns pontos a orla era plana, em outros rochosa e ligeiramente elevada, e entre verdejantes folhagens e brancas tendas avistávamos uma alegre multidão em trajes de cores claras que se divertiam ao som da bela música que brotava de entre as tendas. "Não há nada a fazer", disse um dos nossos para os outros, "temos de nos despir e nadar até lá." Para vocês é fácil falar, eu disse, vocês são jovens e bonitos, e além disso bons nadadores. Eu, porém, sou mau nadador e falta-me uma figura atraente para me apresentar com prazer e sem embaraço diante daquela gente estrangeira lá na praia. "Você é um bobo", disse um dos mais belos, "vamos, tire a roupa, dê-me sua figura e em troca tome a minha." A essas palavras eu me despi rapidamente, entrei na água e na mesma hora me senti, no corpo do outro, um vigoroso nadador. Logo alcancei a praia e com a mais serena confiança avancei nu e gotejante entre as pessoas. Sentia-me feliz com a sensação que me davam aqueles belos membros, meu comportamento era desembaraçado e logo me senti à vontade com os estranhos que se divertiam a uma mesa diante de uma pérgola. Um depois do outro, meus camaradas também haviam chegado à terra e se reunido a nós, faltando apenas o jovem com minha figura, em cujos membros eu me sentia tão bem. Finalmente, ele também chegou próximo à praia e alguém me perguntou se eu não teria vontade de ver meu antigo eu. A essas palavras senti-me tomado de certo desconforto, em parte porque não esperava encontrar muita alegria em contemplar a mim mesmo, em parte também porque temia que meu amigo pudesse exigir de imediato seu próprio corpo de volta. Mesmo assim, eu me voltei em direção da água e vi meu segundo eu nadando já muito próximo e, virando a cabeça um pouco para o lado, erguer os olhos para mim a rir. "Seus membros não têm força para nadar!", gritou, "tive de lutar muito contra as ondas e com a ressaca, e não é de admirar que eu chegue tão tarde e atrás de todos os outros." Logo lhe reconheci o rosto; era o meu próprio, mas rejuvenescido, um pouco mais cheio e largo, e com as cores mais vivas. Agora ele já alcançara a terra firme e, no momento em que se levantava e dava os primeiros passos sobre a areia, pude ver suas costas e suas coxas, e alegrei-me com a perfeição daquela figura. Ele veio ao nosso encontro caminhando sobre a praia rochosa e, quando chegou ao meu lado, vi que ele tinha exatamente minha nova estatura. "Veja só que belo crescimento teve aquele seu pequeno corpo!", pensei comigo mesmo. "Será que as energias primevas do mar tiveram um efeito tão maravilhoso sobre ele, ou foi porque o espírito juvenil de seu amigo lhe impregnou os membros?" Durante todo o tempo que nos divertimos juntos ali, eu me admirava em silêncio de que meu amigo não demonstrasse nenhuma vontade de voltar para seu próprio corpo. "De fato", pensei, "ele tem uma aparência tão esplêndida que isso no fundo talvez lhe seja indiferente; mas para mim faz, sim, diferença, pois não sei ao certo se ao retornar àquele corpo eu não encolheria e não me tornaria tão pequeno quanto antes." E, para não permanecer mais tempo naquela incerteza, chamei meu amigo de lado e lhe perguntei como se sentia em meus membros. "Perfeitamente bem!", respondeu-me ele. "Tenho a mesma sensação de meu ser e de minhas forças que tinha antes; não sei o que você tem contra seus membros! Estão em perfeita ordem e, como você pode ver, tudo quanto temos a fazer é dar o melhor de nós. Fique em meu corpo quanto tempo quiser, pois de minha parte ficarei contente de permanecer para todo o sempre no seu." Fiquei muito feliz com essa declaração e, ao passo que meus sentimentos, pensamentos e recordações continuavam a ser exatamente os de antes, eu tive no sonho a impressão de uma total independência de nossa alma e da possibilidade de uma futura existência em um outro corpo.

— Foi um belo sonho esse seu — disse-me Goethe hoje, quando o contei a ele em linhas gerais. — Vê-se que as musas o visitam também durante o sono, e com particular benevolência; pois o senhor deve confessar que, estando acordado, lhe seria muito difícil inventar algo tão singular e belo.

— Mal posso compreender como isso se passou comigo — respondi —, pois nesses últimos dias eu vinha me sentindo tão abatido que nada poderia estar tão distante de mim quanto a visão de uma vida tão radiante.

— Na natureza humana há energias tão maravilhosas — replicou Goethe — e justamente quando menos esperamos ela nos reserva algo de bom. Houve épocas em minha vida nas quais eu adormecia em prantos, mas em meus sonhos as mais doces figuras vinham me consolar e me alegrar, fazendo que no dia seguinte eu me levantasse feliz e revigorado.

— De resto, para nós velhos europeus as coisas andam em certa medida muito mal; nossas condições são muito artificiais e complicadas, nossa alimentação e nosso modo de viver não são de natureza adequada e nossas relações sociais carecem de verdadeiro amor e boa vontade. Todo mundo é fino e cortês, mas ninguém tem a coragem de ser amável e autêntico, de modo que uma pessoa honesta, com inclinações e sentimentos naturais, se encontra em uma situação muito ruim. Não raro desejaríamos ter nascido em uma ilha dos Mares do Sul entre aquela gente chamada de selvagem, a fim de poder pelo menos uma vez gozar a existência humana em toda a sua pureza, sem ressaibo de falsidade.

— Quando somos acometidos de um ânimo depressivo, refletimos a fundo sobre a miséria de nossa época, temos muitas vezes a sensação de que o mundo está pronto para o Juízo Final. E de geração em geração o mal se acumula! Pois como se não bastasse já termos de sofrer pelos pecados de nossos pais, ainda legamos aos nossos descendentes todos esses vícios hereditários acrescidos dos nossos próprios.

— Muitas vezes pensamentos semelhantes me passam pela cabeça — ajuntei. — Mas quando vejo passar por mim um regimento de dragões alemães a cavalo e considero a beleza e a força daqueles jovens, tiro daí algum consolo e digo a mim mesmo que as perspectivas de duração da humanidade ainda não são assim tão más.

— Nossa população camponesa — replicou Goethe — de fato sempre preservou seu vigor, e tomara que continue por muito tempo ainda em condições não apenas de nos fornecer bons cavaleiros, como também de nos assegurar contra uma total decadência e ruína. Ela deve ser considerada uma reserva com a qual sempre se poderão recompor e revigorar as forças de uma humanidade declinante. Mas vá o senhor a uma de nossas grandes cidades, e logo mudará de ânimo. Faça um passeio ao lado de um segundo diabo coxo[5] ou de um médico de grande clientela, e ele lhe confidenciará histórias que o farão sentir-se horrorizado com a miséria e espantar-se com as enfermidades que afligem a natureza humana e fazem a sociedade padecer.

— Mas deixemos de lado esses pensamentos hipocondríacos. Como vai o senhor? O que tem feito? Como passou o dia de hoje? Conte-me e dê-me boas ideias.

— Estava lendo Sterne — respondi —, a passagem em que Yorik vagueia pelas ruas de Paris e nota que, de cada dez pessoas, uma é anã.[6] Pensava

---

5 *Le Diable boiteux* [O diabo coxo] é o título de um romance de Alan-René Lesage publicado em 1707, no qual um diabo levanta os tetos de Paris para mostrar as misérias de seus habitantes.

6 O episódio se encontra em *A Sentimental Journey Through France and Italy* [Uma viagem sentimental à França e à Itália, 1768].

Conversações com Goethe nos últimos anos de sua vida

justamente nisso quando o senhor mencionou as enfermidades das grandes metrópoles. Lembro-me também de ter visto, no tempo de Napoleão, um batalhão da infantaria francesa constituído exclusivamente de parisienses, uma gente tão pequena e magra que não se podia compreender o que esperavam fazer com ela em uma guerra.

— Já os montanheses da Escócia do duque de Wellington — ajuntou Goethe — eram certamente heróis de outra espécie.

— Eu os vi em Bruxelas um ano antes da batalha de Waterloo — respondi. — Era de fato uma gente muito bonita! Todos fortes, vigorosos e ágeis, como que apenas saídos da mão de Deus. Tinham todos uma cabeça tão livre e tão alegre, e marchavam tão ligeiros com suas vigorosas coxas nuas como se para eles não existissem o pecado original e as enfermidades de seus pais.

— É algo peculiar — replicou Goethe. — Seja devido à sua ascendência, ao solo, à liberdade constitucional, à educação sadia, enfim! O fato é que os ingleses parecem ter alguma vantagem sobre muitos outros povos. Aqui em Weimar vemos apenas uma porção mínima deles, e muito provavelmente nem mesmo a melhor; e, no entanto, que gente bonita e vigorosa! Mesmo quando chegam aqui ainda jovens, com apenas 17 anos, eles jamais se sentem estranhos ou embaraçados nessa terra estrangeira; muito pelo contrário, sua entrada e sua atitude na sociedade são tão cheias de confiança e tão desenvoltas como se em qualquer lugar eles fossem os senhores e em qualquer lugar o mundo lhes pertencesse. É isso também o que agrada às nossas mulheres e o motivo pelo qual eles causam tão grande devastação nos corações de nossas jovens senhoritas. Como pai de família alemão que preza a tranquilidade de sua família, sinto sempre certo pavor toda vez que minha nora me anuncia a próxima chegada de algum novo jovem ilhéu. Em meu espírito, antevejo as lágrimas que serão derramadas no momento de sua partida. São jovens perigosos; mas sua virtude é justamente serem perigosos.

— Eu, no entanto — intervim —, não iria ao ponto de afirmar que nossos jovens ingleses de Weimar são mais inteligentes, espirituosos, instruídos e de coração mais sensível que as outras pessoas.

643

— Não é disso que se trata, meu caro — replicou Goethe. — Também não é uma questão de nascimento e de riqueza. A diferença está em que eles têm a coragem de ser aquilo para o que a natureza os fez. Nada neles é deformado ou distorcido, não há neles traço de incompletude ou obliquidade; muito pelo contrário, sejam eles como forem, são sempre pessoas completas. Por vezes também uns completos tolos, do fundo do coração o admito, mas isso sempre é alguma coisa e sempre tem algum peso na balança da natureza.

— A fortuna da liberdade pessoal, a consciência do nome inglês e da importância que ele tem aos olhos de outras nações os beneficia desde a infância, e tanto na família quando nas instituições escolares eles são tratados com muito maior consideração e gozam de um desenvolvimento muito mais feliz e livre que entre nós alemães.

— Em nossa querida Weimar, basta-me olhar pela janela para constatar como andam as coisas entre nós. Recentemente, quando havia neve e os filhos de meus vizinhos queriam experimentar seus pequenos trenós na rua, logo apareceu um policial, e eu vi os pobrezinhos fugirem o mais rápido que puderam. Agora, quando o sol da primavera os chama para fora de suas casas e eles gostariam de brincar um pouco com seus coleguinhas diante da porta, vejo-os sempre constrangidos, como se não se sentissem seguros e temessem a aproximação de algum representante do poder policial. Nenhum garoto pode fazer estalar o chicote, ou cantar, ou gritar, que logo aparece a polícia para proibi-lo. Entre nós, tudo é direcionado para a domesticação prematura de nossa querida juventude e para extirpar dela toda a natureza, toda originalidade e toda selvageria, de modo que por fim não resta mais nada a não ser o filisteu.

— Como o senhor sabe, raramente se passa um dia sem que eu receba a visita de algum estrangeiro de passagem por aqui. Mas se dissesse que sinto uma imensa alegria sobretudo no encontro com jovens eruditos alemães provenientes de certa região do nordeste do país, estaria mentindo.[7] Míopes, pálidos, de peitos retraídos, jovens sem juventude, eis o retrato da maioria dos que me aparecem aqui. E assim que entabulo uma conversação com eles, logo percebo que aquilo que para nós é motivo de alegria

---

7 Ou seja, da Prússia, especialmente Berlim.

lhes parece trivial e nulo, que estão totalmente enredados na Ideia e apenas os mais elevados problemas da especulação são capazes de interessá-los. Não há neles nenhum traço de sentidos sadios e de alegria pelas coisas sensíveis, todo sentimento juvenil, todo prazer juvenil foi expulso deles, irrecuperavelmente; pois se alguém não é jovem aos 20 anos, como poderia sê-lo aos 40?

Goethe suspirou e se calou.

Eu pensava na época feliz do século passado, no tempo da juventude de Goethe; senti a alma invadida pelo sopro do verão de Sesenheim e lhe recordei aqueles versos:

> À tarde nós jovens
> Nos sentávamos à sombra.[8]

— Ah! — suspirou Goethe. — Foram belos tempos, de fato. Mas vamos mantê-los longe de nossos pensamentos, para que os dias cinzentos de névoa em que vivemos hoje não se tornem inteiramente insuportáveis para nós.

— Seria necessário — eu disse — a vinda de um segundo Redentor para nos libertar da gravidade, do desconforto e da monstruosa opressão de nossas atuais condições.

— Se ele viesse — respondeu Goethe —, iriam crucificá-lo pela segunda vez. Mas não precisamos de modo algum de alguém assim tão grande. Se apenas pudéssemos, a exemplo dos ingleses, ensinar aos alemães menos filosofia e mais energia produtiva, menos teoria e mais prática, já teríamos obtido uma boa parte da redenção sem precisar esperar pela aparição da majestade pessoal de um segundo Cristo. Muita coisa poderia vir de baixo, do povo, através de escolas e educação familiar, muita coisa de cima, através dos soberanos e de sua corte.

— Assim, por exemplo, não posso aprovar que se exijam tantos conhecimentos teóricos e eruditos dos futuros servidores do Estado, o que causa

---

8 *"Nach Mittage sassen wir/ Junges Volk im Kühlen"*, versos iniciais do poema *Stirbt der Fuchs, so gilt der Balg* [Se a raposa morre, sobra a pele].

a ruína prematura dos jovens, tanto a física como a intelectual. Quando por fim se iniciam no serviço ativo eles possuem, de fato, uma enorme quantidade de conhecimentos filosóficos e eruditos que não pode, contudo, ser aplicada no âmbito limitado de sua profissão e, por ser inútil, será esquecida. Em contrapartida, terão desperdiçado aquilo que lhes é mais necessário: falta-lhes a necessária energia física e mental, indispensável para que possam assumir produtivamente seu posto na vida prática.

— E isso não é tudo! Para a vida de um homem de Estado, no trato com as pessoas, não são também indispensáveis o amor e a boa vontade? E como pode alguém sentir e demonstrar boa vontade em relação aos outros se ele próprio não se sente bem?

— Mas toda essa gente se encontra em uma situação deveras ruim! Uma terça parte dos eruditos e servidores do Estado presos a uma escrivaninha tem o corpo carcomido e são reféns do demônio da hipocondria. Aqui seria necessária uma intervenção das esferas superiores para preservar ao menos as futuras gerações de semelhante ruína.

— Enquanto isso — acrescentou Goethe, sorrindo —, vamos manter a esperança e aguardar para ver como estaremos nós, alemães, em um século, e se teremos alcançado não mais sermos filósofos e eruditos abstratos, e sim seres humanos.

Sexta-feira, 16 de maio de 1828*

Fiz um passeio de carruagem com Goethe. Ele se divertiu relembrando suas brigas com Kotzebue e companhia, e recitou alguns epigramas muito engraçados contra ele, de resto mais jocosos que ferinos. Eu lhe perguntei por que não os incluiu na edição de suas obras.

— Tenho toda uma coleção de poemas dessa espécie — respondeu Goethe —, que mantenho em segredo e só ocasionalmente mostro aos meus amigos mais íntimos. Eram a única arma inocente de que dispunha contra os ataques de meus inimigos. Assim eu desafogava em silêncio, me libertava e purificava do fatal sentimento de malevolência que de outra maneira teria inevitavelmente adquirido e alimentado contra as alfinetadas públicas e

Conversações com Goethe nos últimos anos de sua vida

muitas vezes maldosas de meus inimigos. Com esses poeminhas, portanto, prestei a mim mesmo um serviço essencial. Mas não quero ocupar o público com meus assuntos pessoais nem ferir com eles pessoas ainda vivas. No futuro, porém, este ou aquele poderá se publicar sem qualquer reserva.

Sexta-feira, 6 de junho de 1828*

Há algum tempo, o rei da Baviera enviou a Weimar seu pintor da corte, Stieler, para que fizesse um retrato de Goethe. Como uma espécie de carta de recomendação e como prova de sua perícia, Stieler trouxe o retrato em tamanho natural de uma belíssima jovem, a srta. Von Hagen, atriz de Munique.[9] Goethe então concordou em posar quantas vezes fosse necessário, e há alguns dias seu retrato ficou pronto.

Hoje estive com ele à mesa do almoço, e dessa vez a sós. À hora da sobremesa, ele se levantou e me levou ao gabinete contíguo à sala de jantar a fim de mostrar-me a obra recém terminada de Stieler. Em seguida, fazendo muito mistério, conduziu-me à sala das maiólicas, onde se encontrava o retrato da bela atriz.

— Não é verdade — disse ele, depois de termos contemplado o quadro durante algum tempo — que vale a pena? Stieler não foi nada burro! Ele se utilizou desse belo petisco como isca e, convencendo-me com tais artifícios a posar para ele, afagou-me as esperanças de que, enquanto pintava o rosto de um velho, ainda dessa vez surgiria de seu pincel a imagem de um anjo.

Sexta-feira, 26 de setembro de 1828*

Hoje Goethe mostrou-me uma rica coleção de fósseis que se encontra no pavilhão isolado de sua casa no jardim. A coleção, reunida por ele mesmo e consideravelmente aumentada por seu filho, é notável sobretudo por uma numerosa série de ossos petrificados, todos eles encontrados nas cercanias de Weimar.

---

9 Charlotte von Hagen (1800-1891).

Segunda-feira, 6 de outubro de 1828*

À mesa com Goethe e o sr. Von Martius, que chegou aqui há alguns dias e discute com Goethe assuntos de botânica. Tratam principalmente da tendência espiral das plantas, sobre a qual o sr. Von Martius fez importantes descobertas que expõe a Goethe, abrindo-lhe com isso um novo campo. Goethe parecia receber as ideias de seu amigo com uma espécie de paixão juvenil.

— Para a fisiologia das plantas — disse —, essa é uma grande conquista. A nova descoberta da tendência espiral está em plena conformidade com minha teoria das metamorfoses, ele chegou a ela pelos mesmos caminhos, mas com ela também se deu um enorme passo adiante.

Sexta-feira, 17 de outubro de 1828*

Desde algum tempo, Goethe lê assiduamente o *Globe* e muitas vezes faz dessa folha o assunto de sua conversa. Os esforços de Cousin e de seus discípulos lhe parecem ser de grande importância.

— Esses homens — disse ele — avançam decididamente no sentido de promover uma aproximação entre a França e a Alemanha, criando uma linguagem inteiramente capaz de facilitar o trânsito de ideias entre ambas as nações.

O *Globe* tem ainda para Goethe um interesse especial, por discutir em suas páginas as novíssimas produções da literatura francesa e por defender, muitas vezes ardorosamente, as liberdades da escola romântica, ou melhor, a libertação das amarras de regras vazias de significado.

— De que serve todo o saque às regras de uma época rígida e ultrapassada? — disse ele hoje. — E de que serve todo esse barulho em torno do que é *clássico* ou *romântico*? O que importa é que uma obra seja boa e sólida, com isso ela será também clássica.

Quinta-feira, 23 de outubro de 1828

Hoje Goethe teceu grandes elogios a um pequeno escrito do chanceler que tem por objeto o grão-duque Carl August e apresenta um panorama extremamente conciso da vida daquele raro príncipe.

Conversações com Goethe nos últimos anos de sua vida

— Essa obra breve é de fato muito bem realizada — disse Goethe —, o material foi reunido com grande perspicácia e com grande dedicação, tudo animado pelo sopro do mais profundo amor; além disso, a exposição é tão concisa e breve que a uma ação logo se vem juntar uma outra, e a visão de tal abundância de vida e de ação nos faz sentir como que tomados por uma vertigem intelectual. O chanceler também enviou sua obra para Berlim e logo recebeu uma carta notável de Alexander von Humboldt que não pude ler sem sentir uma profunda comoção. Humboldt foi um dos amigos mais íntimos do grão-duque durante toda a sua longa vida, o que, aliás, não é de admirar, pois a natureza profunda e ricamente dotada do príncipe estava sempre sedenta de novos conhecimentos, e Humboldt, com sua grande universalidade, era justamente o homem certo para dar a melhor e mais fundamentada resposta a qualquer pergunta.

— Assim, foi de fato maravilhosamente providencial que o grão-duque tenha passado os últimos dias que antecederam sua morte em Berlim, quase sempre em companhia de Humboldt, tendo assim podido ainda obter de seu amigo esclarecimentos sobre alguns de seus problemas prediletos; e também não terá sido sem uma intervenção favorável das alturas que um dos maiores príncipes que a Alemanha jamais conheceu tivesse um homem como Humboldt por testemunha de seus últimos dias e horas. Mandei fazer uma cópia da carta e quero dar-lhe a conhecer alguns trechos dela.

Goethe levantou-se e foi até sua escrivaninha apanhar a carta, retornando depois à mesa e sentando-se ao meu lado. Ficou ali durante algum tempo a ler em silêncio. Vi seus olhos se encherem de lágrimas.

— Leia o senhor mesmo — disse então, entregando-me a carta. A seguir levantou-se e, enquanto eu lia, pôs-se a passear pela sala. Escreve Humboldt:

Quem poderia ficar mais abalado com o súbito desaparecimento do grão--duque que eu, a quem há trinta anos ele tratava com tão benevolente distinção e, posso mesmo dizer, com tão sincera predileção? Mesmo aqui ele queria ter--me quase o tempo todo ao seu lado; e, como se tal fulgor, da mesma forma que nos sublimes Alpes cobertos de neve, fosse o mensageiro de uma luz que se despede, nunca vi aquele príncipe tão grande e tão humano mais cheio de vida, mais rico de espírito, mais suave e mais interessado no desenvolvimento futuro da vida do povo que nos últimos dias que o tivemos conosco.

Muitas vezes eu disse aos meus amigos, cheio de premonições e de angústia, que aquela vivacidade, aquela misteriosa clareza de espírito, combinada a tanta fragilidade física, me parecia um fenômeno assustador. Ele mesmo oscilava visivelmente entre a esperança de cura e a expectativa da grande catástrofe.

Quando o vi no café da manhã, vinte e quatro horas antes da catástrofe, doente e sem vontade de comer qualquer coisa, ele ainda me perguntou cheio de vivacidade pelos blocos erráticos de granitos de terras bálticas que chegaram até aqui através da Suécia, sobre as caudas dos cometas que poderiam se dissolver em nossa atmosfera e turvá-la, sobre as causas do extremo frio invernal em todos os litorais do Leste.

Na última vez que o vi, ele se despediu com um aperto de mão e as seguintes palavras alegres: "O senhor pensa, Humboldt, que Töplitz e todas as fontes quentes são como água que aquecemos artificialmente? Isso não é fogo de cozinha! Discutiremos isso em Töplitz quando o senhor estiver lá com o rei. O senhor vai ver que seu velho fogo de cozinha ainda uma vez me restabelecerá". Estranho! Com um homem desses, tudo se torna significativo.

Em Potsdam, passei muitas horas a sós com ele, sentado em um canapé; ora ele bebia, ora dormia, tornava a beber, levantava-se para escrever à sua esposa e tornava a dormir. Estava alegre, mas esgotado. Nos intervalos, acossava-me com as questões mais difíceis da física, astronomia, meteorologia e geognosia, sobre a transparência do núcleo de um cometa, sobre a atmosfera lunar, sobre as estrelas duplas coloridas, sobre a influência das manchas solares na temperatura, no aparecimento das formas orgânicas do mundo primitivo, no calor do interior da terra. Adormecia no meio de sua fala e da minha, muitas vezes se inquietava e dizia, pedindo perdão suave e amigavelmente por sua aparente desatenção: "Como o senhor pode ver, Humboltd, estou acabado".

De súbito, iniciou uma desconexa conversa sobre assuntos religiosos. Queixou-se da propagação do pietismo e da relação daquela espécie de fanatismo com as tendências políticas ao absolutismo e à supressão de toda livre movimentação do espírito. E são, ainda por cima, uns sujeitos hipócritas que pensam que assim cairão nas graças dos príncipes e com isso conquistarão

Conversações com Goethe nos últimos anos de sua vida

cargos e condecorações! Aproveitaram-se da predileção poética pela Idade Média para se infiltrar em toda parte.

Logo sua ira arrefeceu e ele então falou do grande consolo que encontra agora na religião cristã. "É uma doutrina amiga da humanidade", disse ele, "mas desde o começo foi distorcida. Os primeiros cristãos eram os livres-pensadores entre os ultras."

Expressei a Goethe toda a minha profunda alegria por essa magnífica carta.

— O senhor pode ver — disse Goethe — que homem notável ele era. E que bem fez Humboldt em colher esses poucos últimos rasgos, que de fato podem valer como símbolo no qual se espelha toda a natureza daquele excelente príncipe. Sim, assim era ele! Eu posso dizê-lo melhor que ninguém, pois ninguém o conhecia tão profundamente quanto eu. Mas não é lamentável que não haja nenhuma diferença, e uma pessoa como ele também tenha de partir tão cedo? Apenas um mísero século a mais, e quanto ele, ocupando tão alta posição, não teria feito progredir sua época! Mas sabe de uma coisa? O mundo não deve alcançar tão rapidamente seus objetivos quanto pensamos e desejamos. Sempre aparecem os demônios do retardamento que em toda parte se interpõem e em toda parte se contrapõem, de modo que no todo de fato se progride, mas muito lentamente. Continue a viver e verá se não tenho razão.

— A evolução da humanidade — eu disse — parece depender de milhares de anos.

— Quem sabe — replicou Goethe — se não de milhões! Mas deixe a humanidade durar quanto ela quiser, jamais lhe faltarão obstáculos que lhe darão o que fazer, nem misérias que a obriguem a desenvolver suas energias. Ela se tornará mais inteligente e sagaz, mas não melhor, mais feliz e mais enérgica, ou o fará apenas em épocas determinadas. Eu vejo chegar o tempo em que Deus não encontrará nela mais nenhum motivo de alegria e terá de destruir tudo para rejuvenescer a criação. Estou seguro de que tudo já está posto para isso e que já estão fixados o dia e a hora em que, em um futuro distante, se iniciará essa época de rejuvenescimento. Mas até lá ainda demora um bom tempo, e nós poderemos ainda nos divertir muito por milhares e milhares de anos sobre essa nossa querida e velha superfície terrestre.

Goethe estava em uma disposição de espírito particularmente boa e elevada. Mandou trazerem uma garrafa de vinho e o serviu a nós dois. Nossa conversa voltou a se ocupar do grão-duque Carl August.

— O senhor vê — disse Goethe — como seu extraordinário espírito abrangia todo o reino da natureza. Física, astronomia, geognosia, meteorologia, formações vegetais e animais do mundo primevo, tudo quanto se relaciona com essas ciências, para tudo tinha inclinação e interesse. Ele contava 18 anos quando cheguei a Weimar, mas já naquela época os germes e os brotos antecipavam o que seria a árvore. Em pouco tempo estabeleceu as relações mais íntimas comigo e tinha um profundo interesse por tudo o que eu fazia. O fato de eu ser quase dez anos mais velho só veio a favorecer nossa relação. Ele passava noites inteiras em minha casa, entretido em profundas conversações sobre a arte, a natureza ou qualquer outro tema interessante que surgisse. Muitas vezes ficávamos ali sentados até tarde da noite e não era raro que adormecêssemos lado a lado em meu sofá. Trabalhamos juntos ao longo de cinquenta anos, e não seria de estranhar se no final das contas tivéssemos realizado algo de bom.

— Uma formação tão sólida — eu disse — como parece ter sido a do grão-duque deve ser uma coisa rara entre os príncipes.

— Muito rara! — replicou Goethe. — Há de fato muitos que são capazes de discutir com desenvoltura sobre qualquer coisa, mas não têm um conhecimento profundo e apenas engatinham na superfície. E isso não é de admirar, se levarmos em conta as terríveis distrações e dispersões que a vida na corte traz consigo e às quais um jovem príncipe está exposto. De tudo ele tem de tomar notícia. Tem de saber um pouco disso e um pouco daquilo, de mais isso e de mais aquilo. Mas assim nada se pode fixar, nada pode criar raízes e é necessário o fundamento de uma poderosa natureza para não se dissipar como fumo diante de tantas exigências. O grão-duque, porém, era um grande homem nato, e com isso tudo já está dito e tudo já está feito.

— A par de todas as suas elevadas tendências científicas e espirituais — eu disse —, ele parece também ter compreendido bem a arte de governar.

Conversações com Goethe nos últimos anos de sua vida

— Era um homem por inteiro — replicou Goethe —, e nele tudo brotava de uma única grande fonte. E como o todo era bom, também as partes eram boas, não importa o que ele fizesse ou empreendesse. De resto, três qualidades lhe eram especialmente propícias ao exercício do governo: tinha o dom de diferenciar as mentes e os caracteres e de colocar cada um em seu lugar. Isso era muito. Mas ele ainda tinha outro dom que era igualmente grande, se não ainda maior: era animado da mais nobre boa vontade, do mais puro amor pela humanidade, e com toda a sua alma sempre almejou o melhor. Sempre pensava no bem do país em primeiro lugar, e só por último um pouco em si próprio. Sua mão estava sempre estendida, sempre pronta para ir ao encontro de pessoas nobres, para auxiliar na realização de bons propósitos. Havia nele muito de divino. Gostaria de fazer a felicidade de toda a humanidade. Mas o amor gera amor. E quem é amado governa com facilidade.

— E em terceiro lugar: era maior que todos que lhe estavam ao redor. Juntamente com dez vozes que o aconselhavam sobre um determinado assunto, ele ouvia a décima primeira, a melhor, a sua própria. Murmurações de estranhos lhe passavam em branco e dificilmente acontecia de ele cometer algum ato indigno de um príncipe colocando de lado o mérito caluniado e tomando sob sua proteção um canalha que lhe fosse recomendado. Buscava ver tudo pessoalmente, julgar pessoalmente, e em todas as ocasiões tinha a base mais segura em si mesmo. Era, além disso, de natureza silenciosa, e às suas palavras se seguia a ação.

— Como lamento — eu disse — não haver conhecido dele muito mais que seu aspecto exterior; mas este deixou em mim uma impressão profunda. Ainda posso vê-lo em sua velha carruagem, trajando capote cinzento desbotado e barrete militar, fumando um charuto, indo caçar tendo ao lado seu cão favorito. Jamais o vi passar em outro veículo que não aquela velha e feia carruagem. E nunca com mais de dois cavalos. Fazer pompa com seis cavalos e capotes cravejados de medalhas não parecem ter sido coisas pelas quais tivesse gosto.

— Já passamos da época em que príncipes usavam essas coisas — replicou Goethe. — Tudo agora depende de quanto uma pessoa pesa na balança da humanidade; todo o resto é vão. Um casaco com medalhas e uma carruagem com seis cavalos só impressiona a massa mais rude, e quase que nem mesmo esta. A carruagem do grão-duque, aliás, ia mal das molas. Quem viajava com ele tinha de aguentar terríveis solavancos. Mas para ele estava bem assim. Amava o que é tosco e desconfortável, e era inimigo de qualquer amolecimento.

— Podemos ver traços disso — eu disse — em seu poema *Ilmenau*, no qual o senhor parece ter feito dele um retrato fiel.[10]

— Naquela época ele era ainda muito jovem — replicou Goethe —, e nós gostávamos de bancar os loucos. Ele era como um vinho nobre, mas ainda em intensa fermentação. Ainda não sabia o que fazer com suas energias, e muitas vezes estivemos perto de quebrar o pescoço. Galopar a toda brida, saltando cercas e fossos, atravessando rios, subindo e descendo montanhas dias a fio, acampar à noite sob céu aberto, em uma floresta ao lado de uma fogueira: era disso que ele gostava. Ter herdado um ducado não significava nada para ele, mas poderia tê-lo conquistado, sitiado, tomado de assalto, isso sim seria algo para ele.

— O poema de Ilmenau — prosseguiu Goethe — contém um episódio ocorrido em uma época que já ficara muito para trás quando o escrevi, no ano de 1783, de modo que eu podia pintar a mim mesmo como figura histórica e estabelecer um diálogo com meu próprio eu de anos passados. Nele, como o senhor sabe, é representada uma cena noturna, descrevendo uma daquelas perigosas caçadas nas montanhas. Havíamos construído ao pé de um rochedo pequenas cabanas cobertas com ramos de abeto, a fim de passar a noite sobre um solo seco. Diante das cabanas ardiam algumas fogueiras e nós cozinhávamos e assávamos o que a caça nos havia rendido. Knebel, cujo cachimbo já naquela época jamais esfriava, estava sentado próximo ao fogo e divertia o grupo com piadas picantes, enquanto a garrafa de vinho passava de mão em mão. Seckendorf, esbelto, com membros compridos e delgados, havia se estendido deleitosamente ao pé de uma árvore e murmurava versos de todo tipo. Mais afastado, também em uma pequena cabana, o duque dormia a sono solto. Eu mesmo estava sentado diante dela, junto a carvões incandescentes, mergulhado em graves pensa-

---

10 O poema foi escrito em 1783, por ocasião do aniversário de Karl August.

Conversações com Goethe nos últimos anos de sua vida

mentos, presa do remorso pelo mal causado por alguns de meus escritos. Knebel e Seckendorff[11] ainda hoje não me parecem nada mal desenhados, nem o príncipe, naquela impetuosidade de seus 20 anos.

> A curiosidade temerária o atrai para a distância
> Para ele não há rochedo muito íngreme nem ponte muito estreita;
> A desgraça espreita ao seu lado
> E o lança nos braços da dor.
> Um ânimo exaltado, doloroso o leva
> Com violência, ora para cá, ora para lá,
> E do movimento inquieto
> Ele repousa inquieto.
> E sombriamente feroz em dias serenos,
> Indômito sem ser alegre,
> Ferido e maltratado no corpo e na alma,
> Ele adormece sobre um duro leito.[12]

— Assim era ele, por inteiro. Não há aí o mínimo exagero. Mas o duque logo conseguiu abrir caminho através desse período de tempestade e ímpeto para alcançar uma benéfica lucidez, de modo que no ano de 1783, por ocasião de seu aniversário, pude despertar nele a lembrança dessa sua imagem de dias passados.

— Não posso negar que de início ele me causou algumas aflições e preocupações. Mas logo sua excelente natureza se purificou e se educou da melhor maneira possível, e desde então se tornou uma alegria viver e trabalhar com ele.

— Nesses primeiros tempos — observei —, o senhor fez uma viagem a sós com ele à Suíça.

---

11 Cf. n.33, p.70.

12 *"Der Vorwitz lockt ihn in die Weite,/ Kein Fels ist ihm zu schroff, kein Stieg zu schmal;/ Der Unfall lauert an der Seite/ Und stürzt ihn in den Arm der Qual./ Dann treibt die schmerzlich überspannt Regung/ Gewaltsam ihn bald da, bald dort hinaus,/ Und von unmutiger Bewegung/ Ruht er unmutig wieder aus./ Und düster wild an heitern Tagen,/ Unbändig ohne froh zu sein,/ Schläft er, an Seel' und Leib verwundert und zerschlagen,/ Auf einem harten Lager ein."*

Johann Peter Eckermann

— Ele amava profundamente as viagens — replicou Goethe —; não tanto para se divertir e se distrair, mas para manter olhos e ouvidos bem abertos e observar tudo de bom e de útil que pudesse introduzir em seu país. Assim foi que a lavoura, a criação de gado e a indústria se tornaram infinitamente devedoras dele. Suas inclinações não eram absolutamente pessoais, egoísticas, e sim de uma espécie puramente produtiva, e produtiva para o bem comum. Foi também por isso que ele granjeou um renome que vai muito além das fronteiras deste pequeno país.

— Seu exterior despreocupado e simples — eu disse — parecia indicar que ele não buscava a fama e dava pouca importância a ela. Parecia que havia se tornado famoso sem fazer nada para isso, apenas em virtude de sua silenciosa operosidade.

— É uma coisa muito singular — replicou Goethe. — Um pedaço de madeira queima porque tem em si a matéria necessária para isso, e uma pessoa se torna famosa porque existe nela a matéria necessária para isso. A fama é algo que não se pode buscar, e a caça a ela resulta inútil. Pode ser que alguém faça seu nome através de uma atitude inteligente e de outros meios artificiais. Mas se lhe faltar a joia interior, tudo será inútil e não durará até o dia seguinte.

— O mesmo se dá com o favor do público. Ele não o buscava e jamais lisonjeava as pessoas; mas o povo o amava, pois sentia que tinha um lugar em seu coração.

Goethe mencionou então os demais membros da família do grão-duque e como o traço de um grande caráter os distingue a todos. Referiu-se ao coração bondoso do atual regente, sobre as grandes esperanças que justificadamente se podem depositar no jovem príncipe e discorreu com visível amor sobre as raras qualidades da princesa regente, que com a mais nobre disposição emprega meios consideráveis para mitigar o sofrimento onde quer que seja e fazer brotar as boas sementes.

— Desde sempre ela foi um anjo bom para o ducado, e continuará a sê-lo cada vez mais, quanto mais tempo permanecer ligada a ele. Conheço a grã-duquesa desde o ano de 1805 e tive infinitas oportunidades de lhe admirar o espírito e o caráter. É uma das melhores e mais notáveis mulheres de nossa época, e o seria mesmo se não fosse uma princesa. E o que importa é justamente isso, que mesmo depois de despida a púrpura ainda reste muito de grande, o melhor de tudo, na verdade.

Falamos então da unificação alemã, em que sentido ela seria possível e desejável.

— Não me causa temor — disse Goethe — que a Alemanha não venha a se unificar; nossas boas estradas e as futuras ferrovias farão sua parte. Que ela seja, antes de mais nada, unida pelo amor de uns pelos outros! E que seja sempre unida contra o inimigo estrangeiro. Que seja unida pelo valor igual dos táleres e dos *groschen* em todo o Império; unida no sentido de que minha bagagem atravesse os 36 estados sem ser aberta. Seja unida de modo a que o passaporte de um cidadão de Weimar não seja considerado inválido pelo guarda-fronteiras de um grande estado vizinho como sendo o de um *estrangeiro*. Que no âmbito dos estados alemães não se fale mais em "interior" e "exterior". Que a Alemanha seja unida por pesos e medidas comuns, no comércio e na indústria e em centenas de outras coisas semelhantes que não posso e não quero mencionar.

— Mas pensar que a unidade alemã consiste em que o enorme império possua uma única grande capital, e que essa única grande capital serviria para o bem da grande massa do povo tanto quanto para o bom desenvolvimento de grandes talentos individuais, é um equívoco.

— Já houve quem comparasse um Estado a um corpo vivo com vários membros, e assim também se poderia comparar a capital de um Estado ao coração do qual flui a vida e o bem-estar para cada um dos membros isolados e distantes. Mas se os membros estiverem muito longe do coração, a vida que flui para eles será sentida de um modo muito fraco, e cada vez mais fraco. Um francês espirituoso, creio que foi Dupin,[13] esboçou um mapa da situação cultural da França e representou o maior ou menor esclarecimento reinante em cada um dos departamentos com cores mais claras ou mais escuras. Nesse mapa se encontram, especialmente nas províncias do Sul, distantes da capital, departamentos isolados assinalados por uma

---

13 Charles Dupin (1784-1873), engenheiro, matemático e político francês, publicou em 1827 *Forces productives et commerciales de la França* [Forças produtivas e comerciais da França].

coloração inteiramente negra, como sinal da grande treva que neles reina. Mas seria assim se a bela França, em vez de *um* grande centro, tivesse *dez* centros de onde se irradiasse a vida e a luz?

— Graças a quê a Alemanha é grande, se não a uma admirável cultura popular que impregna igualmente todas as partes do Império? E essa cultura não se irradia de cada uma daquelas sedes de governo, que a sustentam e protegem? Supondo-se que há séculos tivéssemos na Alemanha apenas as duas grandes capitais, Viena e Berlim, ou mesmo uma única, eu me pergunto: como estaria hoje a cultura alemã? E o bem-estar geral, que caminha de mãos dadas com a cultura?

— A Alemanha possui mais de vinte universidades, espalhadas por todo o Império, e mais de cem bibliotecas públicas igualmente espalhadas. Também um grande número de coleções de arte e de objetos provenientes de todos os reinos da natureza; pois cada um dos príncipes cuidou de reunir ao redor de si todas essas coisas boas e belas. Ginásios e escolas técnicas e industriais existem em abundância. Sim, quase não há uma aldeia alemã que não disponha de uma escola. E que se pode dizer da França com relação a esse último ponto?

— Deve-se ainda levar em conta a grande quantidade de teatros alemães, cujo número ultrapassa os setenta e que também não são nada desprezíveis como mantenedores e transmissores de uma educação popular mais elevada. Em nenhum outro país o gosto pela música e pelo canto, bem como sua prática, são tão disseminados quanto na Alemanha, e isso significa muito!

— Pense apenas em cidades como Dresden, Munique, Stuttgart, Kassel, Braunschweig, Hanôver e outras semelhantes; pense nos grandes elementos vitais que essas cidades possuem em si mesmas; pense na influência que se irradia delas para as províncias vizinhas, e pergunte-se se tudo isso existiria caso elas não fossem há muito tempo residências de príncipes.

— Frankfurt, Bremen, Hamburgo, Lübeck são grandes e esplêndidas, suas influências sobre o bem-estar da Alemanha são incalculáveis. Mas elas continuariam a ser o que são se perdessem a própria soberania e fossem integradas a algum grande império alemão como cidades provinciais? Tenho razões para duvidar.

Conversações com Goethe nos últimos anos de sua vida

Quarta-feira, 3 de dezembro de 1828*

Fiz hoje com Goethe uma brincadeira de um tipo muito especial. Mme. Duval, de Cartigny,[14] no cantão de Genebra, que é muito hábil na preparação de confeitos, enviou por meu intermédio cidras cristalizadas para a senhora grã-duquesa e para Goethe, com a plena convicção de que *seus* confeitos superam todos os outros na mesma medida que os poemas de Goethe superam o da maioria de seus concorrentes alemães.

A filha mais velha daquela senhora havia muito desejava possuir um autógrafo de Goethe, e isso me fez pensar que seria uma boa ideia utilizar aquelas cidras como doces iscas para obter dele um poema para minha jovem amiga.

Assim, apresentei-me em sua casa com a cara de um diplomata encarregado de importante missão e negociei com ele de potência para potência, fazendo de um poema original a condição para entregar-lhe as cidras cristalizadas. Goethe riu dessa brincadeira, que aceitou de bom grado, e pediu que lhe entregasse imediatamente as cidras, que considerou excelentes. Algumas horas depois, tive a grande surpresa de receber estes versos, como presente de Natal para minha jovem amiga:

> Feliz a terra onde as cidras
> Alcançam a perfeição!
> E onde mulheres inteligentes as adoçam
> Para uma deliciosa degustação! etc.[15]

Quando tornei a vê-lo, ele fez piada da vantagem que agora está em condições de tirar de seu mister de poeta, enquanto que em sua juventude não pôde encontrar um editor para seu *Götz*.

— Aceito seu contrato comercial — disse ele. — E quando minhas cidras tiverem acabado, não se esqueça de encomendar outras; pagarei pontualmente com minha letra de câmbio poética.

---

14 Tia de Soret, que em solteira tinha o sobrenome Alexandre. Sua filha, mencionada mais adiante, se chamava Marie.

15 *"Glücklich Land, wo Cedraten/ Zur Volkommenheit geraten!/ Und zu reizenden Geniessen/ Kluge Frauen sie durchsüssen! etc."*

Johann Peter Eckermann

Domingo, 21 de dezembro de 1828

A noite passada tive um estranho sonho e hoje o contei a Goethe, que o achou muito bonito. Foi o seguinte: eu me vi em uma cidade estrangeira, em uma rua larga voltada para o sudeste, em companhia de uma multidão de pessoas a observar o céu, que parecia encoberto por uma tênue névoa e brilhava com uma intensa luz amarela. Todos estavam na expectativa do que iria acontecer quando surgiram dois pontos incandescentes que, como meteoros, caíram com estrondo diante de nossos olhos, não muito longe do lugar em que estávamos. Corremos para ver o que era e eis que vi Fausto e Mefistófeles virem ao meu encontro. Fiquei alegremente espantado e juntei-me a eles como a velhos conhecidos, caminhando ao seu lado em alegre conversação até virarmos a próxima esquina. Sobre o que falamos não me recordo; mas a impressão de sua presença física era tão peculiar que ainda a sinto claramente e não me será fácil esquecê-la. Ambos eram mais jovens do que costumamos imaginá-los: Mefistófeles devia ter 21 anos e Fausto poderia ter 27. O primeiro tinha uma aparência muito distinta, alegre e desenvolta; caminhava com tanta ligeireza quanto a que esperaríamos de um Mercúrio. Seu rosto era belo sem ser maldoso, e não teríamos reconhecido nele o diabo se dois graciosos chifres não lhe brotassem da fronte juvenil e se curvassem para o lado, do mesmo modo que uma bela cabeleira cresce e cai para ambos os lados. Quando, enquanto caminhávamos e falávamos, Fausto virou seu rosto para mim, fiquei espantado com sua singular expressão. Seus traços transpiravam a mais alta moralidade e benevolência, como se fossem os traços dominantes e originários de sua natureza. Tínhamos a impressão de que, apesar de sua juventude, todas as alegrias, dores e ideias humanas já lhe haviam atravessado a alma – tão perfeito era seu rosto! Era um pouco pálido e tão encantador que não nos cansávamos de olhar para ele. Tentei memorizar seus traços para depois desenhá-los. Fausto caminhava à direita, Mefistófeles entre nós dois, e fiquei com a impressão de que Fausto voltava seu rosto belo e singular ora para falar com Mefistófeles, ora comigo. Seguimos adiante pelas ruas e a multidão se dispersou sem nos prestar maior atenção.

1830-1832

Segunda-feira, 18 de janeiro de 1830*

Goethe falou sobre Lavater e disse muitas coisas boas a respeito de seu caráter. Contou-me também alguns episódios de sua antiga amizade íntima, e como naquela época muitas vezes dividiam fraternamente o mesmo leito.

— É de se lamentar — acrescentou — que um fraco misticismo logo tenha colocado limites ao voo de seu gênio!

Sexta-feira, 22 de janeiro de 1830*

Falamos da *História de Napoleão* de Walter Scott.

— É fato — disse Goethe — que podemos acusar o autor de grandes inexatidões e também de uma grande parcialidade; no entanto, aos meus olhos são justamente esses dois defeitos que conferem um valor muito especial à sua obra. O sucesso do livro na Inglaterra ultrapassou todas as expectativas e por aí se pode ver que, em seu ódio contra Napoleão e contra os franceses, Walter Scott foi o verdadeiro intérprete e representante da opinião pública e do sentimento nacional dos ingleses. Seu livro não será de modo algum um documento para a história da França, mas o será para a história da Inglaterra. Em todo caso, porém, é uma voz que não poderia faltar a esse importante processo histórico.

Johann Peter Eckermann

— Agrada-me sobremodo ouvir as opiniões mais contraditórias a respeito de Napoleão. Estou lendo agora a obra de Bignon,[1] que me parece ter um valor muito especial.

Segunda-feira, 25 de janeiro de 1830*

Levei a Goethe os sumários que fiz dos escritos guardados no espólio de Dumont,[2] como preparativos para sua publicação. Goethe os leu com o maior cuidado e pareceu surpreso com a grande massa de conhecimentos, interesses e ideias que tinha motivos para supor no autor de manuscritos tão variados e ricos de conteúdo.

— Dumont — disse — deve ter sido um espírito de grande envergadura. Entre os objetos de que se ocupou não há um único que não seja em si interessante e de grande significado; e a escolha dos objetos sempre revela o caráter do homem que a fez, e o espírito que o nutriu. É verdade que não se pode exigir do espírito humano uma universalidade tal que lhe permita tratar todos os objetos com igual talento e felicidade; mas mesmo que o autor não tenha sido bem-sucedido com cada um deles na mesma medida, o simples propósito e a vontade de tratar deles já me inspiram uma altíssima opinião a seu respeito. Acho especialmente digno de nota e apreciável que nele sempre predomine uma tendência prática, útil e benevolente.

Eu lhe levara também os primeiros capítulos da viagem a Paris, pretendia lê-los, mas ele preferiu examiná-los por si mesmo.

Ele fez troça com a dificuldade da leitura e com a presunção de muitas pessoas que sem nenhum estudo prévio e conhecimentos preparatórios logo se lançam à leitura de quaisquer obras filosóficas e científicas, como se estas não passassem de um romance.

---

1 Louis-Pierre-Édouard Bignon (1771-1841), diplomata e historiador francês, publicou uma *Histoire de France sous Napoleon* [História da França sob Napoleão, catorze volumes, 1829-1850].

2 Pierre-Étienne-Louis Dumont (1759-1829), jurista e escritor suíço, tio-avô de Soret. Foi secretário de Mirabeau e discípulo de Bentham. Sua *Voyage à Paris* [Viagem a Paris] citada mais adiante foi publicada em 1802.

Conversações com Goethe nos últimos anos de sua vida

— Essas criaturinhas — disse ele — não sabem o tempo e o esforço que *aprender a ler* exige de uma pessoa. Eu precisei de oitenta anos para isso e ainda não posso dizer que alcancei o objetivo.

Quarta-feira, 27 de janeiro de 1830

Almoço muito agradável com Goethe. Ele falou com grande reconhecimento do sr. Von Martius.

— Sua descoberta da tendência espiral — disse ele — é da maior importância. Se eu ainda tivesse algo a desejar dele, seria que desenvolvesse com mais decidida ousadia o fenômeno primevo que descobriu, e tivesse a coragem de proclamar como lei um fato sem levar tão demasiadamente longe a busca por sua confirmação.

Mostrou-me em seguida as tratativas da assembleia dos naturalistas em Heidelberg, com a reprodução fac-similar dos manuscritos, que examinamos e a partir dos quais tiramos algumas conclusões sobre o caráter dos participantes.

— Eu sei muito bem — disse Goethe — que dessas assembleias não resultam tantos ganhos para a ciência quanto se costuma pensar; mas são uma excelente oportunidade para as pessoas se conhecerem pessoalmente e, talvez, aprenderem a se estimar. Como consequência, estaremos dispostos a aceitar a nova teoria de alguma pessoa notável, e esta, por sua vez, também se sentirá inclinada a nos dar seu reconhecimento e incentivo a nossos interesses em outro campo do conhecimento. Em todo caso, vemos que alguma coisa acontece e ninguém pode saber quais serão os resultados.

Goethe mostrou-me então a carta de um escritor inglês que vinha endereçada *A sua Alteza, o príncipe Goethe*.

— Este título — disse Goethe, rindo — eu o devo, provavelmente, aos jornalistas alemães, que por excesso de amor devem ter me chamado de príncipe dos poetas alemães. E assim o inocente erro alemão teve como consequência o igualmente inocente erro inglês.

Goethe voltou então a falar do sr. Von Martius e o louvou por ter imaginação.

Johann Peter Eckermann

— No fundo — prosseguiu — não se pode pensar em um naturalista verdadeiramente grande que não possua esse elevado dom. Mas não tenho em mente uma imaginação que se perde no vago e fantasia coisas inexistentes; tenho em mente uma imaginação que jamais abandona o solo da realidade terrena e, tomando como medida o que é real e conhecido, avança na direção de outras coisas que intui e conjectura. Deve então verificar se essa intuição é mesmo possível e se não está em contradição com outras leis conhecidas. É claro, porém, que tal imaginação pressupõe uma mente aberta e serena, dotada de uma vasta visão do mundo vivente e de suas leis e mandamentos.

Enquanto falávamos, chegou um pacote com a tradução boêmia da peça *Os irmãos*, que pareceu proporcionar-lhe uma grande alegria.

Domingo, 31 de janeiro de 1830*

Visita a Goethe em companhia do príncipe. Ele nos recebeu em seu gabinete de trabalho.

Falamos sobre as diferentes edições de suas obras, e fiquei surpreso de ouvi-lo dizer que ele próprio não possui a maior parte dessas edições. Mesmo a primeira edição de seu *Carnaval romano*, com as gravuras feitas a partir de seus próprios desenhos, ele não possui. Contou-nos que em um leilão ofereceu seis táleres por um exemplar, e não conseguiu adquiri-lo.

Mostrou-nos o primeiro manuscrito de seu *Götz von Berlichingen* em sua forma original, exatamente como o escreveu em poucas semanas há mais de cinquenta anos, incentivado pela irmã. Os elegantes traços da caligrafia já revelavam plenamente aquele caráter livre e límpido que sua escrita em caracteres alemães sempre conservaria posteriormente e ainda hoje conserva. O manuscrito era muito limpo, liam-se páginas inteiras sem a menor correção, de modo que poderíamos tomá-lo antes por uma cópia que por um primeiro rápido esboço.

Conforme nos disse, Goethe escreveu todas as suas primeiras obras de próprio punho, inclusive o *Werther*, mas o manuscrito deste último se perdeu. Posteriormente, ao contrário, quase tudo foi ditado, e de seu próprio punho existem apenas poemas e planos anotados às pressas. Muitas vezes não lhe ocorreu mandar fazer cópia de uma nova produção, ao contrário, frequentemente entregou ao acaso as mais valiosas criações, tendo mais de uma vez enviado à gráfica em Stuttgart o único exemplar que possuía.

Depois de termos examinado por bastante tempo o manuscrito do *Berlichingen*, Goethe nos mostrou o original de sua *Viagem à Itália*. Nessas observações e comentários escritos diariamente encontram-se, no que toca à caligrafia, as mesmas boas qualidades que há em seu *Götz*. Tudo é resoluto, firme e seguro, nada é corrigido, e vemos que os detalhes de suas notas imediatas estão sempre frescos e claros na alma daquele que escreve. Nada é mutável e transitório, a não ser o papel, que quase sempre era diferente na cor e na forma em cada uma das cidades nas quais o viajante se deteve.

Quase ao fim desse manuscrito se encontrava o esboço de um bico de pena muito espirituoso de Goethe, o retrato de um advogado italiano que discursa diante do tribunal em seu grandioso traje de ofício. Era a figura mais curiosa que se possa imaginar, e seu traje era tão vistoso que teríamos pensado que o escolhera para ir a uma mascarada. E, no entanto, tudo era uma representação fiel da vida real. Com o indicador apoiado na ponta do polegar e os demais dedos esticados, o gordo orador parecia bastante à vontade, e esse pequeno movimento se harmonizava perfeitamente com a grande peruca que lhe adornava a cabeça.

Quarta-feira, 3 de fevereiro de 1830*

Falamos sobre o *Globe* e o *Temps*, e isso nos levou à literatura e aos literatos franceses.

— Guizot — disse Goethe, entre outras coisas — é o tipo de homem que me agrada, é sólido. Possui conhecimentos profundos, combinados a um liberalismo esclarecido que, colocando-se acima dos partidos, segue seu próprio caminho. Estou curioso para ver o papel que irá desempenhar nas câmaras para as quais acabam de elegê-lo.

— Algumas pessoas que parecem conhecê-lo apenas superficialmente — ajuntei — o descreveram como um tanto pedante.

— Resta saber — respondeu Goethe — de que tipo de pedanteria o acusam. Todos os homens notáveis que demonstram alguma regularidade e princípios firmes em seu modo de viver, que refletiram bastante e não brincam com os acontecimentos da vida, podem facilmente parecer pedantes aos olhos de observadores superficiais. Guizot é um homem que enxerga longe, sereno, constante, inestimável como contraponto à volubilidade francesa e, justamente por isso, é o homem de que os franceses precisam.

— Villemain — continuou Goethe — é talvez mais brilhante como orador; possui a arte de bem desenvolver um assunto a partir de suas profundezas; jamais se perde na busca de expressões contundentes, com as quais prender a atenção e arrebatar os maiores aplausos de seus ouvintes; mas é muito mais superficial que Guizot, e muito menos prático.

— Quanto a Cousin, pouco tem a dizer a nós alemães, pois a filosofia que apresenta aos seus compatriotas como novidade já nos é conhecida há muitos anos; mas para os franceses é de grande importância. Ele lhes dará uma orientação inteiramente nova.

— Cuvier, o grande conhecedor da natureza, é admirável por sua capacidade de exposição e seu estilo. Ninguém expõe um fato melhor que ele. Mas não tem quase nenhuma filosofia. Formará discípulos muito instruídos, mas pouco profundos.

Ouvir tudo isso era tanto mais interessante para mim por estar muito próximo das opiniões de Dumont sobre os homens citados. Prometi a Goethe copiar para ele as passagens de seus manuscritos relativas a esse assunto, a fim de que as possa eventualmente comparar com suas próprias opiniões.

A menção a Dumont levou a conversa para suas relações com Bentham,[3] sobre as quais Goethe expressou-se da seguinte maneira:

— Para mim — disse ele —, trata-se de um interessante problema ver como um homem tão racional, tão moderado e tão prático quanto Dumont pode ser um discípulo e fiel admirador de um louco como esse Bentham.

— Bentham — repliquei — deve em certa medida ser considerado uma dupla pessoa. Eu distingo *Bentham, o gênio*, criador dos princípios que Dumont retirou do esquecimento, reelaborando-os, de *Bentham, o homem passional*, que por um excessivo fervor utilitarista ultrapassou as fronteiras

---

3 Jeremy Bentham (1748-1832), filósofo, jurista e reformador social inglês. É considerado o fundador da filosofia do utilitarismo.

Conversações com Goethe nos últimos anos de sua vida

de sua própria doutrina e acabou por se tornar um radical tanto na política quanto na religião.

— Mas justamente isso — replicou Goethe — é um problema novo para mim, ou seja, que um ancião possa fechar o curso de uma longa vida se tornando, em seus últimos dias, um radical.

Tentei resolver essa contradição observando que Bentham, na convicção da excelência de sua doutrina e de sua legislação, e diante da impossibilidade de introduzi-las na Inglaterra sem uma total transformação do sistema vigente, deixou-se tanto mais levar por seu fervor passional na medida em que mantinha pouco contato com o mundo exterior e não era capaz de avaliar os perigos de uma subversão violenta.

— Dumont, ao contrário — continuei —, por ter menos paixão e mais lucidez, jamais aprovou os excessos de Bentham e esteve sempre longe de cair no mesmo erro. Além disso, ele tinha a vantagem de aplicar os princípios de Bentham em um país que, em consequência de certos eventos políticos, devia naquela época ser considerado em certa medida como *novo*, ou seja, em Genebra, onde tudo funcionou à perfeição e o bom sucesso comprovou o valor do princípio.

— Dumont — replicou Goethe — é justamente um liberal moderado, como são e devem ser todas as pessoas racionais, como o sou também eu, que sempre procurei no longo curso de minha vida agir segundo esse princípio.

— O verdadeiro liberal — prosseguiu — procura produzir tanto bem quanto puder com os meios que lhe estão à disposição; mas se guarda de querer extirpar imediatamente pelo fogo e pela espada todas as falhas quase sempre inevitáveis. Esforça-se por, avançando com prudência, eliminar pouco a pouco as imperfeições da vida pública sem, com medidas violentas, destruir ao mesmo tempo outras tantas coisas boas. Neste mundo sempre imperfeito, ele se dá por satisfeito com o bom até que o tempo e as circunstâncias lhe permitam alcançar o melhor.

Sábado, 6 de fevereiro de 1830

À mesa com a sra. Von Goethe. O jovem Goethe contou algumas belas histórias sobre sua avó, a sra. conselheira Goethe de Frankfurt, que ele visitou há vinte anos, quando era estudante, e com quem foi convidado para um almoço na casa do príncipe primaz.

Mostrando-se particularmente cortês, o príncipe viera encontrar a senhora conselheira nas escadarias; mas como estivesse vestindo seu costumeiro hábito sacerdotal, ela o tomara por um *abbé* e não lhe prestara muita atenção. Também à mesa, sentada ao lado dele, de início não fizera cara de muitos amigos. Mas no decorrer da conversa se dera conta, pela atitude dos demais convidados, de que aquele era o primaz.

O príncipe então bebera à saúde dela e de seu filho, ao que a senhora conselheira se levantara e brindara à saúde de Sua Alteza.

Quarta-feira, 10 de fevereiro de 1830*

Hoje, depois do almoço, permaneci por um momento com Goethe. Ele se alegrava pela aproximação da primavera e dos dias mais longos. Falamos então sobre a *Teoria das cores*. Ele parecia duvidar da possibilidade de abrir caminho para sua singela teoria.

– Há um século – disse ele – que os erros de meus adversários vêm já se difundindo por toda parte, e por isso não posso esperar encontrar um ou outro companheiro em meu caminho solitário. Permanecerei sozinho! Muitas vezes me sinto como um homem que, tendo sofrido um naufrágio, se agarra a uma tábua capaz de carregar apenas uma pessoa. Essa pessoa se salva, enquanto os outros se afogam lamentavelmente.

Domingo, 14 de fevereiro de 1830*

O dia de hoje foi de luto para Weimar; a grã-duquesa Luise faleceu às 13h30. A senhora grã-duquesa regente encarregou-me de levar em seu nome suas condolências à srta. Von Waldner[4] e a Goethe.

Fui primeiramente à casa da srta. Von Waldner. Encontrei-a em lágrimas e tomada de profunda aflição, inteiramente entregue ao sentimento de sua perda.

---

4 Luise-Adelaide von Waldner-Freundstein (*1746).

Conversações com Goethe nos últimos anos de sua vida

— Por mais de cinquenta anos — disse ela — estive a serviço da falecida princesa. Ela própria me escolhera como sua dama de honra, e essa sua livre escolha era meu orgulho e minha felicidade. Deixei minha terra natal para viver a serviço dela. Quem dera ela me tivesse levado consigo também agora, para que eu não tivesse de suspirar tão longamente pela hora em que nos tornaremos a reunir.

Fui em seguida à casa de Goethe. Mas como era diferente a situação ali! Ele decerto não sentia menos profundamente a perda sofrida; mas parecia querer de todas as maneiras permanecer senhor de seus sentimentos. Encontrei-o ainda à mesa em companhia de um bom amigo, bebendo uma garrafa de vinho. Falava com vivacidade e parecia em um estado de ânimo dos mais serenos.

— Muito bem! — disse ele ao me ver. — Venha, sente-se! O golpe que nos ameaçava havia tanto tempo finalmente nos atingiu, e pelo menos não temos mais de lutar com a cruel incerteza. Temos agora de ver como nos reconciliar com a vida.

— Lá está o que o consolará — eu disse, apontando para seus papéis. — O trabalho é um meio excelente de nos restabelecermos da dor.

— Enquanto durar o dia — replicou Goethe — nós nos manteremos de cabeça erguida, e enquanto pudermos produzir algo não desanimaremos.

A seguir, falou de pessoas que chegaram a uma idade avançada e mencionou a famosa Ninon.

— Aos 90 anos — disse — ela ainda era jovem; mas também sabia como manter o equilíbrio, e não dava mais importância do que se deve às coisas terrenas. Mesmo a morte não era capaz de lhe infundir um respeito desmedido. Quando, aos 18 anos, convalescia de uma grave enfermidade e os circunstantes lhe descreveram o perigo por que passara, ela disse com toda a tranquilidade: "Que teria acontecido, então? Eu não teria deixado para trás senão uma penca de mortais!". Então viveu ainda mais de setenta anos, amável e amada, desfrutando de todas as alegrias da existência; mas sempre se mantendo, com aquela sua peculiar serenidade, acima de qualquer paixão devoradora. Ninon sabia das coisas! Há pouca gente capaz de imitá-la.

Mostrou-me então uma carta do rei da Baviera que recebera hoje e que provavelmente não era o menor dos motivos de seu bom humor.

— Leia — disse ele — e veja como a boa vontade que o rei sempre demonstra por mim e seu vívido interesse pelo progresso da literatura e pelo mais elevado desenvolvimento humano são tudo quanto necessito para me alegrar. E agradeço aos céus como um favor especial ter recebido essa carta justamente hoje.

Falamos a seguir do teatro e da poesia dramática.

— Gozzi — disse Goethe — afirmava que existem apenas 36 situações dramáticas. Schiller esforçou-se ao máximo por encontrar outras mais; porém não encontrou nem mesmo tantas quanto Gozzi.

Isso nos levou a um artigo do *Globe*, mais precisamente a uma análise crítica do *Gustav Wasa* de Arnault.[5] O estilo e o modo pelos quais o articulista se conduzia agradou imensamente a Goethe e mereceu de sua parte um decidido aplauso. Pois o crítico se dera por satisfeito em explicitar tudo quanto na obra eram reminiscências do autor, sem mover nenhum outro ataque aos seus princípios poéticos e a ele próprio.

— O *Temps* — prosseguiu — não demonstrou em sua crítica a mesma sabedoria. Ousou prescrever ao poeta o caminho que ele deveria ter seguido. É um grande erro; pois com isso não se alcança melhorá-lo. Não há nada mais estúpido que dizer a um poeta: "Você deveria ter feito isso assim e aquilo assado!". Falo por experiência própria. Jamais se conseguirá fazer de um poeta algo diferente daquilo a que a natureza o predestinou. Se quiserem obrigá-lo a ser outro, vocês o destruirão.

— Meus amigos, os cavalheiros do *Globe*, como eu disse, agem de maneira muito inteligente. Imprimem uma longa lista de lugares comuns que o sr. Arnault foi buscar nos quatro cantos do mundo. E, fazendo isso, indicam com muita habilidade o escolho do qual no futuro o poeta terá de se proteger. É quase impossível hoje em dia encontrar uma situação inteiramente nova. Apenas o modo de ver e a arte com que é tratada e representada podem ser novos, e é justamente nesse ponto que se deve cuidar de evitar qualquer tipo de imitação.

Goethe descreveu-nos então o modo pelo qual Gozzi organizou seu *Teatro dell'Arte* em Veneza e o quanto sua trupe de improvisadores era apreciada.

---

5 Emile-Lucien Arnault (1787-1863), escreveu *Gustav Adolphe ou la bataille de Lutzen* [Gustavo Adolfo ou a batalha de Lutzen, 1830].

Conversações com Goethe nos últimos anos de sua vida

— Em Veneza — disse — ainda pude ver duas atrizes daquela trupe, especialmente a Brighella,[6] e assisti ainda a várias dessas peças improvisadas. O efeito que essas pessoas produziam era extraordinário.

Goethe falou então do Pulcinella napolitano.

— Uma das burlas preferidas dessa personagem de vulgar comicidade — disse — consistia em fingir, no palco, ter de repente se esquecido de seu papel de ator. Fazia como se tivesse voltado para casa, dirigia-se com intimidade à sua família, contava da peça na qual atuara e de outra na qual ainda iria atuar; também não se vexava de dar livre curso a algumas pequenas necessidades naturais. "Mas meu querido esposo", gritava-lhe então sua mulher, "você parece ter se esquecido completamente; pense no respeitável público diante do qual se encontra." "È vero! È vero!", respondia-lhe Pulcinella voltando a si e, sob muitos aplausos do público, retomava a representação anterior. Aliás, o teatro de Pulcinella tem uma reputação tal que ninguém na boa sociedade se gaba de haver posto os pés ali. Mulheres, como bem se pode imaginar, jamais vão lá, apenas homens o frequentam.

— Em geral, Pulcinella é uma espécie de jornal vivo. Tudo que aconteceu de importante em Nápoles no decorrer do dia pode-se ouvir à noite de sua boca. Esse interesse local, combinado a um baixo dialeto popular, o torna, contudo, quase incompreensível para o estrangeiro.

Goethe dirigiu então a conversa para outras recordações de seus tempos de juventude. Falou de sua escassa confiança no papel-moeda e das experiências que tivera com ele. Como confirmação do que dizia, contou-nos uma anedota sobre Grimm do tempo da Revolução Francesa. Naquela época, não mais se sentindo seguro em Paris, Grimm voltara para a Alemanha e se estabelecera em Gotha.

— Certo dia — disse Goethe — estávamos à mesa com ele. Não sei mais dizer que motivos a conversa lhe deu, o fato é que ele de repente exclamou: "Aposto que nenhum monarca da Europa possui punhos de camisa tão valiosos quanto os meus, e ninguém pagou por eles um preço tão alto quanto eu". Vocês podem imaginar nossas ruidosas manifestações de incrédulo espanto, especialmente por parte das senhoras, e como nós todos

---

6 Equívoco de Soret mantido por Eckermann. Brighella é uma personagem masculina.

ficamos curiosos de ver um par de punhos tão maravilhosos. Grimm então se levantou e foi buscar em um armário um par de punhos de renda tão chiques que nós todos prorrompemos em exclamações da maior admiração. Tentamos calcular-lhes o valor, mas não pudemos estimá-lo acima de algo entre 100 e 200 *louis d'or*. Grimm riu e exclamou: "Vocês estão muito longe de acertar! Paguei por eles *duas vezes 150 mil* francos, e ainda me dei por feliz de ter empregado tão bem minhas *assignats*. No dia seguinte não valiam mais um centavo".

Segunda-feira, 15 de fevereiro de 1830*

Hoje de manhã estive algum tempo com Goethe a fim de, em nome da grã-duquesa, informar-me a respeito de sua saúde. Encontrei-o triste e meditativo, sem o menor traço da excitação meio violenta de ontem. Hoje ele parecia sentir profundamente o vazio deixado pela morte que o privara de uma amizade de cinquenta anos.

— Tenho de forçar-me a trabalhar — disse ele — a fim de me manter à tona e me acostumar a essa súbita separação. A morte é de fato algo tão estranho que, a despeito de toda a nossa experiência, quando se trata de uma pessoa querida nós não a julgamos possível, e ela sempre nos parece algo incrível e inesperado. É, em certa medida, uma impossibilidade que subitamente se torna realidade. E essa passagem de uma existência que nos é conhecida para outra da qual enfim não sabemos absolutamente nada é algo tão violento que não pode ocorrer sem causar o mais profundo abalo naqueles que ficam.

Sexta-feira, 5 de março de 1830*

A srta. Von Türckheim, uma parente próxima do amor de juventude de Goethe, esteve por algum tempo em Weimar.[7] Hoje expressei a ele minha pena por sua partida.

---

7 Friederike Elisabeth Cäcilie von Türckheim (*1808), sobrinha de Lili Schöne-mann.

— Ela é tão jovem — eu disse — e dá mostras de convicções tão elevadas, de um espírito tão maduro como raramente encontramos em pessoas dessa idade. Sua chegada causou em Weimar uma profunda impressão. Se tivesse permanecido por mais tempo, poderia ter se tornado uma presença perigosa para algumas pessoas.

— Como lamento — replicou Goethe — não havê-la visto com mais frequência e ter de início sempre adiado convidá-la à minha casa, a fim de conversar tranquilamente com ela e tentar rever nela os queridos traços de sua parenta.

— O quarto volume de *Verdade e poesia* — prosseguiu —, no qual o senhor pode encontrar a narrativa da felicidade e da dor de meu amor por Lili, está pronto há algum tempo. Eu o teria escrito e publicado com muito maior antecedência se alguns delicados escrúpulos não me tivessem impedido, escrúpulos esses que não se relacionavam comigo mesmo, e sim com a amada, que ainda vivia. Eu teria ficado orgulhoso de dizer ao mundo inteiro o quanto a amei; e creio que ela não teria corado ao confessar ter correspondido ao meu amor. Mas tinha eu o direito de declará-lo em público sem sua permissão? Eu sempre tivera a intenção de pedir sua permissão, mas hesitei em fazê-lo até um ponto em que isso afinal se tornou desnecessário.

— Ao falar com tanta simpatia da amável jovem que há pouco nos deixou — continuou Goethe —, o senhor desperta em mim todas as minhas velhas recordações. Vejo novamente diante de mim a encantadora Lili em toda a sua vivacidade, e parece-me sentir outra vez o sopro de sua presença tão feliz. Ela foi de fato a primeira a quem amei com um amor profundo e verdadeiro. Posso também dizer que foi a última; pois todas as pequenas inclinações que senti depois em minha vida foram ligeiras e superficiais em comparação com aquela primeira.

— Jamais — continuou Goethe — estive tão próximo de minha verdadeira felicidade quanto no tempo de meu amor por Lili. Os obstáculos que nos separaram não eram, no fundo, intransponíveis; e, no entanto, eu a perdi!

— Meu sentimento por ela tinha algo de tão delicado e de tão peculiar que agora influenciou meu estilo na representação naquela época dolorosa e feliz. Quando futuramente vier a ler o quarto volume de *Verdade e poesia*, o senhor se dará conta de que aquele amor é algo muito diferente do amor nos romances.

— O mesmo — repliquei — se poderia dizer de seu amor por Gretchen e por Friederike.[8] A representação de ambas é igualmente tão nova e original que os romancistas não podem inventar nem imaginar nada parecido. Isso parece provir da grande veracidade do narrador, que não procurou dissimular sua vivência para fazê-la aparecer sob uma luz mais vantajosa, e evita qualquer fórmula sentimental onde basta a simples exposição dos acontecimentos.

— Além disso — ajuntei —, o próprio amor jamais é igual a si mesmo; é sempre original e sempre se modifica segundo o caráter e a personalidade de quem amamos.

— O senhor tem inteira razão — replicou Goethe —, pois não apenas *nós* somos o amor, como também o é o caro objeto que nos encanta. E também, não se pode esquecer disso, a ele se ajunta um terceiro elemento poderoso, o demoníaco, que costuma acompanhar todas as paixões e que encontra no amor seu verdadeiro elemento. Em minhas relações com Lili ele foi especialmente atuante; deu a todo o meu amor uma nova direção, e não exagero quando afirmo que minha vinda para Weimar e minha atual presença aqui é uma consequência imediata dele.

*Sábado, 6 de março de 1830**

Há algum tempo Goethe vem se dedicando à leitura das *Memórias* de Saint-Simon.[9]

— Depois da morte de Luís XIV — disse-me ele alguns dias atrás —, fiz agora uma pausa. Até ali a dúzia de volumes me interessara em algum

---

8 O amor por Gretchen vem narrado no Livro V de *Poesia e verdade*. Sobre Friederike, cf. n.46, p.352.

9 Louis de Rouvroy Saint-Simon (1675-1755), *Mémoires complets et authentiques sur le siècle de Louis XIV et la régence* [Memórias completas e autênticas sobre o século de Luís XIV e a regência]. Escritas entre o final do século XVII e meados do XVIII, foram publicadas integralmente apenas em 1829-1830.

Conversações com Goethe nos últimos anos de sua vida

grau, principalmente pelo contraste entre a vontade do senhor e a virtude aristocrática do servidor. Mas a partir do momento que aquele monarca se despede e entra em cena uma nova personagem demasiado indigna, a tal ponto que Saint-Simon se destaca vantajosamente ao lado dela, a leitura deixou de me dar prazer; a repulsa tomou conta de mim e deixei o livro de lado no momento que o *tirano* me abandonou.

Também o *Globe* e o *Temps*, que vinha lendo com o maior afinco havia vários meses, Goethe deixou de ler há umas duas semanas. Assim que lhe são entregues os números lacrados, ele os põe de lado sem abrir. Pede, contudo, aos amigos que lhe contem o que se passa no mundo. Há algum tempo tem se mostrado muito produtivo e inteiramente mergulhado na segunda parte de seu *Fausto*. A "Noite de Valpúrgis Clássica" em especial o absorve por completo há algumas semanas e, assim, vem se desenvolvendo rápida e significativamente. Em épocas muito produtivas como agora, Goethe não aprecia de maneira nenhuma a leitura, a não ser que se trate de algo leve e divertido que lhe sirva como uma benéfica distração, ou então que esteja em harmonia com os objetos nos quais está trabalhando e possa servir-lhe de auxílio. Por outro lado, evita decididamente qualquer leitura que possa ser importante ou excitante a ponto de perturbar sua tranquila produção e dissipar e desviar seu interesse ativo. Este último parece ser o caso do *Globe* e do *Temps*.

— Eu vejo — disse ele — que em Paris se preparam eventos importantes; estamos às vésperas de uma grande explosão. Mas, uma vez que não tenho nenhuma influência sobre ela, quero esperar com calma, sem me deixar excitar inutilmente todos os dias pelo tenso desenrolar do drama. Por ora leio tão pouco o *Globe* quanto o *Temps*, e com isso minha "Noite de Valpúrgis" avança da melhor maneira possível.

Em seguida, ele falou sobre a situação da literatura francesa mais recente, pela qual tem grande interesse.

— O que os franceses consideram novo em sua orientação literária atual — disse ele — no fundo não é senão o reflexo daquilo que a literatura alemã queria ser e se tornou há cinquenta anos. O germe das peças históricas que para eles são agora uma novidade se encontrava há meio século em meu *Götz*. De resto — acrescentou —, os escritores alemães jamais pensaram e jamais escreveram com a intenção de exercer influência sobre os franceses. Eu mesmo sempre tive diante dos olhos apenas minha Alemanha, e foi apenas ontem ou anteontem que me ocorreu voltar os olhos para o Ocidente a fim de saber também o que nossos vizinhos do outro lado do Reno pensam de mim. Mas ainda agora eles não têm influência alguma sobre minhas produções. Mesmo Wieland, que imitou as formas e os modos de representação franceses, permaneceu no fundo sempre alemão e faria má figura se fosse traduzido.

Domingo, 14 de março de 1830

À noite em casa de Goethe. Ele me mostrou, já inteiramente ordenados, todos os tesouros da caixa de David, que há alguns dias eu o vira ocupado em desembalar. Ele havia disposto ordenadamente lado a lado sobre algumas mesas os medalhões de gesso com o perfil dos melhores jovens poetas da França. Enquanto os observávamos, tornou a falar do talento extraordinário de David, que considera tão grande na concepção quanto na execução. Mostrou-me ainda uma porção das obras mais recentes que por intermédio de David lhe foram enviadas como presentes pelos mais destacados talentos da escola romântica. Vi obras de Saint-Beuve, Ballanche, Victor Hugo, Balzac, Alfred de Vigny, Jules Janin e outros.[10]

— Com essa remessa — disse ele —, David preparou-me belos dias. Os jovens poetas já me ocuparam durante toda a semana e me proporcionaram uma nova vida através das frescas impressões que recebi deles. Farei um catálogo próprio dos retratos e dos livros que me são mais caros e reservarei para eles um lugar especial em minha coleção de arte e em minha biblioteca.

Podia-se ver que essa homenagem dos jovens poetas franceses lhe proporcionava uma profunda felicidade.

---

10 Charles Augustin Saint-Beuve (1804-1869), poeta e crítico francês, prefaciou a tradução francesa de Emile Delerot das *Conversações* [*Conversations de Goethe*, 1863]; Pierre-Simon Ballanche (1776-1847), escritor francês de orientação cristã; Jules Janin (1804-1874), escritor e crítico francês, parodiou os romances góticos em *L'Âne mort et la femme guillotinée* [O asno morto e a mulher guilhotinada, 1829].

Conversações com Goethe nos últimos anos de sua vida

Em seguida, ele leu alguns trechos dos *Estudos* de Camille Deschamps.[11] Elogiou a tradução da *Noiva de Corinto* como fiel e muito bem-sucedida.[12]

— Eu tenho — disse ele — o manuscrito de uma tradução italiana desse poema, que recria o original até no ritmo.

A noiva de Corinto deu a Goethe oportunidade de falar também de suas demais baladas.

— Em grande parte eu as devo a Schiller — disse ele —, que me estimulou a fazê-las por sempre necessitar de algo novo para suas *Horas*.[13] Eu as tinha todas na cabeça já havia muito tempo, elas me ocupavam o espírito como quadros graciosos, como belos sonhos que vinham e iam, e com os quais a fantasia brincava e me deleitava. Foi com desgosto que decidi dizer adeus a essas brilhantes aparições com que estava familiarizado havia anos, encarnando-as em palavras precárias e insuficientes. Quando as tinha no papel, contemplei-as com um misto de melancolia; parecia-me que me separava para sempre de um querido amigo.

— Em outros tempos — continuou Goethe —, minha relação com meus poemas era inteiramente diversa. Eu não tinha nenhuma intuição e nenhuma impressão preliminar deles; ao contrário, eles me tomavam de repente e exigiam ser escritos no mesmo instante, de modo que eu me sentia levado a escrevê-los de imediato, instintivamente, como em um sonho. Nesse estado de sonambulismo, acontecia muitas vezes de eu ter diante de mim uma folha de papel colocada de través e de só notá-lo quando tudo já estivesse escrito, ou quando já não encontrasse nenhum lugar para escrever. Eu tinha várias dessas folhas escritas em diagonal; mas pouco a pouco elas se extraviaram, e lamento não poder mais exibir nenhuma prova de tal imersão poética.

A conversa voltou à literatura francesa, mais precisamente para a recentíssima tendência ultrarromântica de alguns talentos nada desprezíveis. Goethe expressou a opinião de que essa revolução poética da literatura ainda em desenvolvimento será em algum grau benéfica para a literatura em si, mas prejudicial, individualmente, aos escritores que a levam a cabo.

---

11 Na verdade Emile Deschamps.

12 *Die Braut von Korinth* [A noiva de Corinto], balada de 1797.

13 Mais precisamente para seu *Musen-Almanach* [Almanaque das musas].

— Em nenhuma revolução — disse ele — se podem evitar os extremos. Nas revoluções políticas, o que se quer de início não é senão a eliminação de todos os abusos; mas antes de nos darmos conta, já nos encontramos mergulhados até o pescoço no derramamento de sangue e no terror. Os franceses, em sua atual revolução literária, não desejavam de início nada além de uma forma mais livre; mas agora eles não se detêm mais nisso, e juntamente com a forma rejeitam os conteúdos tradicionais. Começam por declarar tediosa a representação de sentimentos e atos nobres, e experimentam abordar todo tipo de perversidades. Em lugar do belo conteúdo da mitologia grega entram em cena diabos, bruxas e vampiros, e os sublimes heróis da Antiguidade têm de ceder seu posto para gatunos e galeotes. Isso é picante! Isso faz efeito! Mas depois que o público tiver provado uma vez essas iguarias apimentadas e se acostumado a elas, ficará ávido por outras cada vez mais fortes. Um jovem talento que quer desempenhar um papel ativo e ser reconhecido, mas não é suficientemente grande para seguir seu próprio caminho, tem de se adaptar ao gosto do dia, tem mesmo de superar seus precursores na crueldade e no horror. Nessa caça aos meios externos de causar efeito, porém, todo estudo aprofundado e todo desenvolvimento gradativo e fundamentado do talento e do ser humano a partir de sua interioridade são negligenciados. E esse é o maior dano que o talento pode sofrer, ainda que a literatura em geral saia ganhando com essa orientação momentânea.

— Mas — intervim — como pode um empenho que arruína os talentos individuais ser propício à literatura em geral?

— Os extremos e excrescências que descrevi — respondeu Goethe — pouco a pouco desaparecerão, e no final permanecerá a grande vantagem de haver conquistado, a par de uma forma mais livre, também um conteúdo mais rico, mais diferenciado, e não se poderá mais excluir nenhum objeto do mundo em toda a sua vastidão como não poético, nem da vida em toda a sua variedade. Eu comparo o atual período literário a um violento acesso de febre que não é em si nem bom nem desejável, mas que tem por feliz consequência uma saúde melhor. Tudo de verdadeiramente perverso que agora constitui frequentemente o conteúdo inteiro de uma obra poética aparecerá no futuro apenas como um *ingrediente* benéfico; e tudo quanto é

Conversações com Goethe nos últimos anos de sua vida

puro e nobre e se encontra nesse momento banido será buscado com ainda maior ansiedade.

— Chama-me a atenção — disse eu — que também Merimée, que afinal é um de seus autores favoritos, tenha trilhado a senda ultrarromântica com os abomináveis temas de sua *Guzla*.

— Merimée — replicou Goethe — tratou desses assuntos de um modo inteiramente diferente do de seus colegas. É verdade que a esses poemas não faltam os motivos horripilantes dos cemitérios, das encruzilhadas noturnas, dos fantasmas e dos vampiros; mas todas essas coisas repulsivas não tocam no íntimo do poeta, ele as trata antes com certo distanciamento objetivo e, ao mesmo tempo, com ironia. Ele põe mãos à obra como um artista a quem apraz experimentar algo diferente de vez em quando. Assim, como já foi dito, ele negou inteiramente sua própria interioridade, negou até mesmo seu espírito francês, de modo que no início tomaram esses poemas da *Guzla* por verdadeiras canções populares ilírias, e faltou muito pouco para que sua mistificação fosse bem-sucedida.

— Merimée — continuou Goethe — é de fato um sujeito como poucos! E, realmente, são necessários mais energia e gênio para o tratamento objetivo de um tema do que em geral se pensa. Também Byron, apesar do forte predomínio de sua personalidade, teve ocasionalmente a energia necessária para negar a si mesmo por completo, como se pode ver em algumas de suas obras dramáticas, sobretudo em seu *Marino Faliero*. Diante dessa peça nos esquecemos inteiramente que seu autor foi Byron, ou mesmo que foi um inglês. Nela vivemos totalmente em Veneza, e totalmente na época em que se passa a ação. As personagens falam a partir de si mesmas e de sua própria situação, sem trazer nada consigo dos sentimentos subjetivos, das ideias e opiniões do autor. Essa é a maneira correta! Já aos nossos jovens românticos franceses da espécie exagerada não se pode fazer o mesmo elogio. Tudo o que li deles: poesia, romances, obras dramáticas, tudo trazia a coloração pessoal do autor, e jamais me fazia esquecer que foi um parisiense, um francês que o escreveu; mesmo quando os temas tratados eram estrangeiros, sempre permanecíamos na França, em Paris, inteiramente presos a todos os desejos, necessidades, conflitos e fermentações do dia presente.

— Também Béranger — arrisquei dizer — deu expressão apenas a situações da grande capital e de sua própria interioridade.

— Sim, ele é um homem desse tipo — replicou Goethe —, mas sua capacidade de representação e sua interioridade têm algum valor. Nele encontramos o estofo de uma personalidade marcante. Béranger é uma natureza muito bem-dotada, firmemente baseada em si mesma, puramente desenvolvida a partir de si mesma e em completa harmonia consigo mesma. Ele jamais perguntou: "O que está de acordo com nossa época? O que produz efeito? O que agrada? E que fazem os outros?", apenas com o intuito de imitá-los. Ele sempre trabalhou a partir do cerne de sua própria natureza, sem se preocupar com o que o público, ou esse partido ou aquele esperavam. É verdade que em diferentes épocas críticas ele deu ouvidos aos humores, desejos e necessidades do povo; isso, porém, apenas o confirmou em suas próprias posições, pois lhe dizia que seu próprio interior estava em harmonia com o do povo; mas isso jamais o levou a exprimir algo diferente do que aquilo que já vivia em seu próprio coração.

— Como o senhor sabe, eu em geral não sou nenhum amigo dos poemas ditos *políticos*; mas sei apreciá-los quando são do tipo dos que Béranger produziu. Nada nele é apanhado no ar, não há nada de interesses puramente imaginados ou imaginários, ele jamais atira a esmo, ao contrário, visa sempre os objetos mais bem definidos, e são sempre objetos relevantes. Sua amorosa admiração por Napoleão e as reminiscências dos grandes feitos militares que ocorreram sob ele, e isso em um momento em que essas lembranças eram um consolo para os franceses um tanto oprimidos, e também seu ódio pelo domínio dos clérigos e contra o obscurantismo que ameaçava retornar com os jesuítas, tudo isso são coisas às quais não podemos negar nossa inteira aprovação. E que maneira magistral de tratar cada um desses temas! Como ele revira e arredonda o objeto em seu íntimo antes de expressá-lo! Quando, então, tudo está maduro, a quanta agudeza, espírito, ironia e sarcasmo, e a quanto afeto, ingenuidade e graça ele não dá vazão! Entra ano, sai ano e suas canções alegraram milhões de pessoas; elas cabem na boca de qualquer um, mesmo que seja da classe trabalhadora e, ao mesmo tempo, se elevam de tal modo acima do nível costumeiro que o povo, em contato com esses amáveis espíritos, se acostuma e sente a necessidade de pensar ele também de um modo melhor e mais nobre. Que mais o senhor quer? E que se pode dizer de melhor em louvor de um poeta?

— Ele é excelente, sem dúvida! — repliquei. — O senhor mesmo sabe o quanto eu o amo desde muitos anos já; e o senhor também pode imaginar o quanto me faz bem ouvi-lo falar dele. Mas, se tiver de dizer quais canções suas me agradam mais, diria que prefiro seus poemas de amor aos políticos, pois nesses últimos nem sempre são claras para mim certas alusões e referências específicas.

— Isso é problema seu! — replicou Goethe. — E os poemas políticos não são mesmo escritos para o senhor; mas pergunte aos *franceses* e eles lhe dirão o que há de bom neles. De modo geral, um poema político deve, no melhor dos casos, ser considerado apenas como a voz de uma única nação, e na maior parte dos casos como tão somente a voz de certo partido; mas, se for bom, será acolhido com entusiasmo por aquela nação e por aquele partido. Um poema político também deve ser visto como produto da situação de uma determinada época; mas essa situação passa e retira do poema o valor que lhe era conferido por seu objeto. Béranger, de resto, não tinha nenhuma dificuldade! Paris é a França. Todos os interesses marcantes de sua grande pátria se concentram na capital e têm lá sua verdadeira vida e seu verdadeiro eco. E, também, na maioria de suas canções políticas, ele não deve de modo algum ser considerado apenas como a voz de um único partido; ao contrário, as coisas às quais ele se opõe têm um interesse nacional coletivo tão grande que o poeta é quase sempre ouvido como a grande voz *do povo*. Aqui na Alemanha isso é impossível. Nós não temos nenhuma cidade, não temos nem mesmo uma província da qual pudéssemos dizer indiscutivelmente: *Aqui é a Alemanha!* Se perguntarmos em Viena nos responderão: Aqui é a Áustria! E se perguntarmos em Berlim dirão: Aqui é a Prússia! Há apenas dezesseis anos, quando queríamos finalmente nos livrar dos franceses, todos os lugares eram a Alemanha. Naquele momento um poeta político poderia ter uma influência geral. Mas não havia necessidade disso! A miséria geral e o sentimento coletivo de ultraje haviam tomado conta da nação como algo demoníaco; o fogo do entusiasmo que o poeta poderia ter aceso já ardia em toda parte por si mesmo. Ainda assim, não posso negar que Arndt, Körner e Rückert tiveram alguma influência.

Johann Peter Eckermann

— O senhor foi acusado — observei, com certa imprudência — de não ter também naquela época gloriosa empunhado as armas, ou pelo menos dado sua contribuição como poeta.

— Vamos deixar isso de lado, meu caro! — replicou Goethe. — É um mundo absurdo que não sabe o que quer e ao qual devemos deixar falar e fazer o que bem entender. Como poderia eu ter empunhado as armas sem ódio? E como poderia odiar sem juventude? Se aqueles acontecimentos me tivessem colhido em meus 20 anos de idade eu certamente não teria sido o último a fazê-lo; mas eles ocorreram quando eu já era um sexagenário.

— Além disso, não podemos servir à pátria todos de um mesmo modo, cada um faz o melhor que pode de acordo com o que Deus lhe deu. Ao longo de meio século, eu labutei bastante. Posso dizer que naquilo que a natureza me destinou como trabalho diário eu não me permiti folga nem sossego dia ou noite; ao contrário, sempre me esforcei, estudei e fiz o mais e melhor que podia. Se todos pudessem dizer o mesmo de si, todos estariam bem.

— No fundo — intervim, apaziguadoramente — tais acusações não deveriam aborrecê-lo, e sim lisonjeá-lo. Pois que significam elas senão que o mundo o tem em tão alta conta que espera de quem mais fez pela cultura de sua nação que, por fim, faça *tudo*.

— Não quero dizer o que penso — replicou Goethe. — Por trás de todo falatório se esconde muito mais má vontade contra mim do que o senhor imagina. Sinto nisso uma nova forma do antigo ódio com o qual me perseguem há muitos anos e tentam ferir-me em silêncio. Sei muito bem que para muitos sou um espinho no olho e todos gostariam de se ver livres de mim; e, uma vez que não podem atacar meu talento, procuram atacar meu caráter. Ora eu sou orgulhoso, ora egoísta, ora invejoso dos jovens talentos, ora imerso na sensualidade, ora sem cristianismo e, por fim, sem nenhum amor por minha pátria e por meus queridos alemães. O senhor já me conhece bastante, há anos, e pode sentir tudo o que há nesse falatório. Mas se quiser saber o que sofri, leia minhas *Xênias*, e por meus contra-ataques poderá ver com clareza os variados modos pelos quais as pessoas têm tentado amargurar-me a vida.

— Um escritor alemão, um mártir alemão! Sim, meu caro! Nada menos que isso! E eu mesmo quase não me posso queixar; para nenhum dos outros as coisas foram melhores, para a maioria foram ainda piores, e na Inglaterra e na França não foi diferente. O que Molière não teve de sofrer! E Rousseau e Voltaire! Byron foi expulso da Inglaterra pelas más línguas e teria ido buscar refúgio no fim do mundo se uma morte prematura não o tivesse livrado dos filisteus e de seu ódio.

— Ainda se fosse a massa ignara a perseguir os homens superiores! Não, é *um* homem bem-dotado e *um* talento a perseguir o outro; Platen irrita Heine, Heine irrita Platen e cada um deles procura difamar o outro e torná--lo odioso, quando o mundo é grande e espaçoso o bastante para permitir que todos possam conviver e trabalhar em paz, e cada um já tem em seu próprio talento um inimigo que lhe causa problemas de sobra.

— Escrever canções de guerra e ficar sentado em seu gabinete! Era tudo o que me convinha! Escrever do bivaque, onde à noite se ouve o relinchar dos cavalos nos postos avançados do inimigo: isso eu poderia apreciar! Mas essa não era *minha* vida nem *minha* causa, e sim as de Theodor Körner. Suas canções guerreiras lhe caem muito bem. Mas para mim, que não sou uma natureza guerreira e não tenho nenhuma inclinação guerreira, as canções de guerra teriam sido uma máscara que cairiam muito mal em meu rosto.

— Em minha poesia sempre evitei a afetação. Jamais compus versos ou expressei em palavras aquilo que não vivi, que não me era urgente, que não me atormentava. Só fiz poemas de amor quando amei. Como poderia escrever poemas de ódio sem odiar! E, aqui entre nós, eu não odiava os franceses, embora agradeça a Deus por nos termos libertado deles. Como poderia alguém como eu, para quem apenas a cultura e a barbárie têm significado, odiar uma nação que está entre as mais cultivadas da terra e à qual eu devo uma parte tão grande de minha própria formação?

— De resto — prosseguiu Goethe —, o ódio entre nações é algo bem estranho. O senhor o encontrará sempre mais forte e violento nos estágios mais baixos da cultura. Mas existe um estágio no qual ele desaparece inteiramente, no qual nos colocamos em certa medida *acima* das nações e sentimos a felicidade e a dor de um povo vizinho como se fossem as nossas próprias. Minha natureza está de acordo com esse estágio cultural e eu já me havia enraizado nele muito antes de chegar ao meu sexagésimo ano de vida.

Johann Peter Eckermann

Segunda-feira, 15 de março de 1830

À noite, uma horinha em casa de Goethe. Ele falou muito de Iena e das instalações e melhorias que realizou nos diversos departamentos da universidade. Para a Química, a Botânica e a Mineralogia, que só eram tratadas no âmbito de suas relações com a Farmacologia, ele criou cátedras específicas. Sobretudo, realizou benfeitorias no Museu de Ciências Naturais e na biblioteca.

Nessa ocasião ele me contou novamente, muito satisfeito consigo mesmo e com muito bom humor, a história de como ocupara à força uma sala contígua à biblioteca, da qual a faculdade de Medicina detinha a posse e não queria se desfazer.

— A biblioteca — disse ele — estava em péssimas condições. O local era úmido e estreito, inteiramente inadequado para abrigar seus tesouros, sobretudo depois que, com a compra da biblioteca de Büttner pelo grão-duque, ela havia recebido um acréscimo de 13 mil volumes que estavam espalhados em grandes pilhas pelo chão porque, como eu disse, não havia espaço suficiente para acomodá-los de forma conveniente.[14] Eu estava em uma situação verdadeiramente desesperadora. Teria sido necessário providenciar a construção de um novo prédio, mas para isso faltavam os recursos; além disso, a construção de um novo prédio era perfeitamente dispensável, pois havia uma grande sala contígua aos espaços da biblioteca que estava vazia e era perfeitamente adequada para atender magnificamente a todas as nossas necessidades. Só que essa sala não pertencia à biblioteca, e sim à faculdade de Medicina, que a utilizava vez por outra para suas conferências. Assim, com toda a cortesia, eu encaminhei a esses senhores o pedido para que cedessem essa sala para a biblioteca. Mas os senhores não conseguiam se entender. Eles, em todo caso, se inclinavam a atender ao meu pedido se eu mandasse construir imediatamente uma nova sala para suas conferências. Respondi-lhes que estava pronto a mandar preparar um novo local para eles, mas que não podia lhes prometer a construção imediata de uma nova sala. Essa minha resposta, porém, não pareceu satisfazê-los. Pois

---

14 Trata-se da biblioteca do naturalista e linguista Christian Wilhelm Büttner (1716-1801), de Iena, adquirida pelo grão-duque em 1784.

Conversações com Goethe nos últimos anos de sua vida

quando no dia seguinte mandei buscar as chaves, eles disseram que não sabiam onde ela se encontrava.

— Não me restava alternativa a não ser uma operação de conquista. Mandei chamar um pedreiro e levei-o pela biblioteca até a parede que esta compartilhava com a sala contígua. "Esta parede, meu amigo", eu disse, "deve ser muito espessa, pois divide dois cômodos. Experimente para ver o quando ela é resistente." O pedreiro pôs mãos à obra e, depois de ter dado cinco ou seis pancadas com vontade, o reboco e os tijolos vieram abaixo, e já podíamos ver através da abertura que ele fizera alguns veneráveis retratos de uns senhores de peruca com os quais haviam decorado a sala. "Vá em frente, meu amigo", eu disse, "ainda não vejo claro o bastante. Não tenha medo e faça como se estivesse em sua própria casa." Esse amigável encorajamento teve um efeito tão vivo sobre o pedreiro que em breve a abertura já era grande o suficiente para servir como porta, através da qual meus homens entraram na sala, cada um trazendo uma braçada de livros que lançaram ao chão como sinal da tomada de posse. Bancos, cadeiras e escrivaninhas desapareceram em um piscar de olhos e meus fiéis auxiliares foram tão rápidos e ativos que em poucos dias todos os livros já estavam dispostos em perfeita ordem em suas estantes ao longo das paredes. Os senhores médicos, que logo depois entraram *in corpore* na sala pela porta costumeira, ficaram perplexos de encontrar ali uma transformação tão grande e inesperada. Não sabiam o que dizer e se retiraram em silêncio; mas todos eles me guardaram um secreto rancor. Agora, contudo, sempre que os encontro individualmente, e sobretudo quando convido um ou outro deles à minha mesa, eles são encantadores e grandes e queridos amigos meus. Quando contei essa aventura ao grão-duque, que, aliás, fora levada a cabo com sua anuência e sua inteira aprovação, ele se divertiu majestosamente, e muitas vezes mais tarde rimos muito ao recordá-la.

Goethe estava de excelente humor e feliz com essas recordações.

— Sim, meu amigo — prosseguiu —, tivemos de enfrentar algumas dificuldades para poder realizar boas coisas. Mais tarde, quando, por causa da grande umidade que havia na biblioteca, eu quis demolir e remover uma parte da inútil antiga muralha da cidade, as coisas não foram mais fáceis. Meus pedidos, bons motivos e explicações razoáveis encontraram ouvidos moucos, e também nesse caso tive de agir como um conquistador. Quando então os senhores da administração municipal viram meus homens trabalhando em sua velha muralha, enviaram uma delegação ao grão-duque, que naquela ocasião se encontrava em Dornburg, com o muito obsequioso pedido de que Sua Alteza tivesse a bondade de fazer parar, com uma palavra de comando, a violenta demolição de sua velha e venerável muralha. Mas o grão-duque, que também me havia em segredo autorizado a tomar aquela medida, respondeu muito sabiamente: "Eu não me meto nos negócios de Goethe. Ele sabe o que tem de fazer e precisa ver como se desincumbe disso. Vão procurá-lo e lhe digam tudo pessoalmente, se é que têm coragem para isso".

— Mas ninguém apareceu na minha frente — acrescentou Goethe, rindo. — Eu prossegui com a demolição da velha muralha que estava em meu caminho, e tive a felicidade de finalmente ver minha biblioteca seca.

Quarta-feira, 17 de março de 1830*

À noite, algumas horinhas em casa de Goethe. Por incumbência da senhora grã-duquesa, levei-lhe de volta *Gemma von Art* e fiz à peça todos os elogios que tinha em mente.[15]

— Eu sempre me alegro — redarguiu ele — quando se produz algo que é novo do ponto de vista da invenção e traz em todas as suas partes a marca do talento.

Então, tomando o volume entre as mãos e olhando-o um pouco de lado, acrescentou:

— Mas não me agrada muito ver que autores dramáticos produzem peças longas demais para poderem ser representadas da forma como foram escritas. Essa imperfeição corta pela metade o prazer que, não fosse isso, elas me proporcionariam. Veja só que grosso volume é essa *Gemma von Art*.

— Schiller — rebati — não fez muito melhor e, no entanto, é um grande dramaturgo.

---

15 *Gemma von Art* (1829): tragédia do escritor suíço Thomas Bornhauser (1799-1856).

Conversações com Goethe nos últimos anos de sua vida

— De fato, ele também cometeu o mesmo erro — redarguiu Goethe. — Especialmente suas primeiras peças, escritas em plena juventude, não acabam nunca. Ele tinha demasiadas coisas no coração e coisas demais a dizer para poder se controlar. Mais tarde, quando se conscientizou dessa deficiência, esforçou-se infinitamente e procurou superá-la pelo estudo e pelo trabalho; mas nunca teve pleno êxito. Dominar seu objeto devidamente, manter distância dele e se concentrar apenas no estritamente necessário exige, de fato, as forças de um gigante poético, e é mais difícil do que se pensa.

O conselheiro Riemer se fez anunciar e entrou. Eu me preparei para sair, pois sabia que aquela era a noite em que Goethe costuma trabalhar com Riemer. Mas Goethe me pediu para ficar, ao que aquiesci de bom grado, e assim fui testemunha de uma conversa cheia de petulância, ironia e humor mefistofélico por parte de Goethe.

— Eis que Sömmering morreu — começou Goethe — com menos de míseros 75 anos de idade.[16] Que poltrões são esses homens que não têm a coragem de suportar mais que isso! Nesse sentido, tenho de elogiar meu amigo Bentham, aquele louco extremamente radical; ele se mantém firme e, no entanto, é algumas semanas mais velho que eu.

— Poderíamos acrescentar — redargui — que ele se assemelha ao senhor também em outros pontos, pois continua a trabalhar com a mesma operosidade da juventude.

— Pode ser — replicou Goethe —; mas nós dois nos encontramos em extremidades opostas da corrente: ele quer demolir, enquanto eu gostaria de preservar e construir. Ser tão radical na idade dele é o cúmulo da demência.

— Penso — rebati — que devemos diferenciar entre dois tipos de radicalismo. Um, para futuramente construir, quer antes limpar o caminho e demolir tudo; já o outro se contenta em indicar as partes fracas e os erros de um governo com a esperança de alcançar o bem sem o emprego de meios violentos. Se tivesse nascido na Inglaterra, o senhor não escaparia deste último.

— Mas por quem me toma? — replicou Goethe, assumindo a expressão e o tom de seu Mefistófeles. Eu teria de investigar os abusos e ainda por cima

---

16 Samuel Thomas von Sömmering (1755-1830), médico e fisiólogo de Frankfurt.

denunciá-los e chamá-los pelo nome, eu, que na Inglaterra teria vivido de abusos? Se tivesse nascido na Inglaterra eu seria um rico duque ou, melhor ainda, um bispo com 30 mil libras esterlinas de renda anual.

— Muito bonito! — redargui —; mas e se por acaso o senhor não tirasse a sorte grande, e sim um bilhete branco? Existem tantos bilhetes brancos.

— Nem todo mundo, caríssimo — replicou Goethe —, foi feito para tirar a sorte grande. O senhor acredita mesmo que eu cometeria a tolice de comprar um bilhete branco? Eu teria, em primeiro lugar, tomado o partido dos 39 artigos; eu os teria defendido contra tudo e contra todos, especialmente o artigo nono, que seria para mim objeto de especial atenção e de terna afeição.[17] Eu teria fingido e mentido tanto em verso e prosa que não poderiam deixar de me dar minhas 30 mil libras esterlinas anuais. E então, quando tivesse conquistado essa posição, faria todo o possível para permanecer nela. Especialmente, faria tudo para tornar, se possível, ainda mais escura a noite da ignorância. Oh, como teria adulado a boa e simplória massa, e como mandaria educar a querida juventude escolar de modo que ninguém pudesse perceber e nem sequer ter a coragem de notar que minha brilhante situação estava baseada nos mais abomináveis abusos.

— No seu caso — intervim —, ter-se-ia pelo menos o consolo de pensar que o senhor alcançara posição tão elevada graças a um talento excepcional. Mas na Inglaterra são normalmente os mais estúpidos e incapazes a gozarem dos mais sublimes bens terrenos, os quais não conquistaram de maneira nenhuma graças aos seus próprios méritos, e sim à proteção, ao acaso e, principalmente, ao nascimento.

— No fundo — replicou Goethe —, dá no mesmo se os mais esplêndidos bens da terra couberam a alguém por sua própria conquista ou por herança. Os primeiros conquistadores foram, em todo caso, pessoas de gênio, que se aproveitaram da ignorância e da fraqueza dos outros. O mundo está tão cheio de gente estúpida e louca que não precisamos ir procurá-la no manicômio. Isso me faz lembrar que o falecido grão-duque, sabendo de minha

---

17 A profissão de fé da Igreja Anglicana tem 39 artigos. O nono trata do pecado original. Na versão em francês, Soret menciona o artigo 13, que trata das boas obras, e parece mais adequado ao contexto.

Conversações com Goethe nos últimos anos de sua vida

aversão pelos manicômios, tentou certa vez me fazer visitar um deles usando da astúcia e da surpresa. Mas eu farejei a coisa a tempo e lhe disse que não sentia a menor necessidade de ver os loucos reclusos, já me bastavam os que andavam por aí em liberdade. "Estou pronto", eu disse, "a acompanhar Sua Alteza até o inferno, se for preciso, mas não aos hospícios."

— Oh, como seria divertido tratar a meu modo os 39 artigos e deixar estupefata a massa simplória!

— O senhor poderia ter esse prazer — eu disse — mesmo sem ser bispo.

— Não — replicou Goethe —, eu me comportaria com toda a tranquilidade; é preciso ser muito bem pago para mentir. Sem a perspectiva da mitra episcopal e de minhas 30 mil libras anuais eu não saberia fazê-lo. De resto, eu já fiz uma pequena tentativa desse gênero. Quando tinha 16 anos, escrevi um ditirambo sobre a descida de Cristo ao inferno que chegou a ser publicado, mas não conhecido, e só há poucos dias retornou às minhas mãos. O poema está cheio de parvoíces ortodoxas e me serviria como um excelente passaporte para o céu. Não é verdade, Riemer? O senhor o conhece.

— Não, Excelência — respondeu Riemer —, não o conheço. Mas me recordo de que nos primeiros anos depois de minha chegada aqui o senhor esteve gravemente doente, e em seus delírios se pôs de repente a recitar os mais belos versos sobre esse mesmo assunto. Eram sem dúvida reminiscências daquele poema de sua primeira juventude.

— É muito provável — disse Goethe. — Eu conheço o caso de um velho de baixa condição que em seus estertores se pôs inesperadamente a recitar as mais belas sentenças gregas. Todos estavam convencidos de que aquele homem não sabia uma palavra de grego e saíram a proclamar milagres em cima de milagres; os mais espertos até já começavam a tirar vantagem da credulidade dos mais tolos quando, infelizmente, se descobriu que em sua primeira infância aquele velho fora obrigado a decorar todo tipo de provérbios gregos, mais precisamente diante do filho de uma família importante que pretendiam estimular através de seu exemplo. Ele, de fato, aprendera todo aquele grego clássico maquinalmente, sem entendê-lo, e durante cinquenta anos jamais voltara a pensar nele, até que, por fim, em sua derradeira enfermidade aquele palavrório de repente havia despertado e revivido nele.

Goethe voltou então a falar com a mesma malícia e ironia sobre os elevadíssimos salários do alto clero inglês e contou sua aventura com lorde Bristol, bispo de Derby.

— Lorde Bristol — disse Goethe — chegou aqui vindo de Iena; queria conhecer-me e pediu-me que fosse visitá-lo uma noite. Ele se comprazia em ser eventualmente grosseiro; mas quando o confrontávamos com a mesma grosseria tornava-se uma pessoa muito tratável. No decorrer de nossa conversa, ele quis me pregar um sermão sobre o *Werther* e fazer-me sentir culpado por ter com ele induzido as pessoas ao suicídio. "O *Werther*", disse ele, "é um livro imoral, condenável!" "Alto lá", exclamei. "Se o senhor quer falar desse modo sobre o pobre *Werther*, que tom usará contra os grandes deste mundo, que com uma simples penada enviam centenas de milhares de criaturas para o campo de batalha onde 80 mil pessoas se matam e se induzem mutuamente ao assassínio, ao incêndio e às pilhagens? E o senhor ainda agradece a Deus por tais horrores e entoa um *Te Deum* em louvor deles! Além disso, com seus sermões o senhor amedronta as almas fracas de sua paróquia com os horrores e penas infernais a ponto de fazê-las perder o senso e terminar suas miseráveis existências em um manicômio! E com suas doutrinas ortodoxas, insustentáveis diante da razão, planta no espírito de seu auditório cristão as sementes da dúvida, levando essas almas meio fortes e meio fracas a se perderem em um labirinto do qual não encontram saída senão a morte! O que diz o senhor a si mesmo, e que admoestações faz a si mesmo nesse caso? E o senhor agora pretende interpelar um escritor e condenar uma obra que, equivocadamente compreendida por alguns espíritos limitados, o mais que fez foi livrar o mundo de uma dúzia de néscios e imprestáveis que não podiam fazer nada melhor que apagar com um sopro todo o último débil resto de sua parca luz. Eu pensava ter prestado um verdadeiro serviço à humanidade e ser merecedor de sua gratidão, e agora me vem o senhor e quer transformar em crime esse pequeno ato de bravura, ao passo que a vocês outros, sacerdotes e príncipes, se permitem feitos tão graves e violentos!"

— Esse ataque teve um efeito excelente sobre meu bispo. Ele se tornou manso como um carneiro e dali em diante portou-se em nossa conversa com a maior cortesia e o mais fino tato. Passei então uma noite muito agradável em sua companhia. Pois por mais grosseiro que pudesse ser, lorde Bristol era um homem de espírito, um homem do mundo, perfeitamente capaz de discutir os mais variados assuntos. Quando me despedi, acompanhou-me até a porta e encarregou seu abade de escoltar-me. Quando saímos à rua, este me disse: "Oh, sr. Von Goethe, como o senhor falou bem, como agradou ao lorde e soube decifrar o segredo do caminho que conduz ao seu coração! Com um pouco menos de rudeza e de resolução, o senhor não voltaria para casa tão satisfeito de sua visita como agora".

— O senhor teve de aturar todo tipo de acusações por causa de seu *Werther* — observei. — Sua aventura com lorde Bristol me faz lembrar sua conversa com Napoleão sobre o mesmo assunto. Talleyrand também estava presente, ou não?

— Ele estava presente — respondeu Goethe. — Mas não tive motivos para me queixar de Napoleão. Ele foi extremamente amável comigo e tratou do assunto como se poderia esperar de um espírito tão grandioso.

Do *Werther*, a conversa se voltou para os romances e os dramas em geral e sua influência moral ou imoral sobre o público.

— Seria muito ruim — disse Goethe — se um livro tivesse uma influência mais imoral que a própria vida, que diariamente produz uma infinidade de cenas escandalosas, se não diante de nossos olhos, pelo menos aos nossos ouvidos. Mesmo em se tratando de uma criança, não precisamos temer tanto as influências de um livro ou de uma peça teatral. A vida cotidiana é, como eu disse, mais instrutiva que o mais influente dos livros.

— Contudo — observei —, em presença das crianças sempre tomamos o cuidado de não dizer coisas que pensamos ser melhor elas não ouvirem.

— Isso é muito louvável — redarguiu Goethe — e eu mesmo não ajo de modo diferente; no entanto, considero esse cuidado totalmente inútil. As crianças, como os cães, têm um olfato tão apurado e aguçado que descobrem e farejam tudo, as coisas ruins antes de quaisquer outras. Elas sempre sabem exatamente a opinião deste ou daquele amigo da família sobre seus pais, e como em geral ainda não sabem fingir, são para nós os melhores barômetros pelos quais medir o favor ou desfavor de que gozamos junto a esses amigos.

Johann Peter Eckermann

— Certa ocasião falaram muito mal de mim na sociedade, e o caso me parecia tão grave que eu considerava extremamente importante saber de qual lado viera o golpe. Em geral, as pessoas aqui tinham uma opinião muito favorável de mim; por mais que pensasse, não conseguia descobrir de quem teria partido aquele odioso falatório. De repente a coisa ficou clara para mim. Foi assim: certo dia encontrei na rua alguns meninos pequenos que conhecia e não me cumprimentaram como sempre costumavam fazer. Bastou-me essa pista para descobrir em pouco tempo terem sido seus queridos pais quem com tanta perfídia haviam posto suas línguas em ação contra mim.

Segunda-feira, 29 de março de 1830*

À noite com Goethe por alguns momentos. Ele me pareceu estar muito tranquilo e alegre, e em um estado de espírito dos mais amenos. Encontrei-o em companhia de seu neto Wolf e da condessa Caroline Egloffstein, sua amiga íntima. Wolf não dava sossego ao seu querido avô. Trepava nele e estava ora sobre um de seus ombros, ora sobre o outro. Goethe tolerava tudo com o maior carinho, por mais incômodo que o peso de um menino de 10 anos pudesse ser para alguém de sua idade.

— Mas querido Wolf — disse a condessa —, não atormente tanto seu bom avô! Ele deve já estar muito cansado de carregar seu peso.

— Isso não tem importância — replicou Wolf —, logo iremos para a cama e o vovô terá tempo de descansar desse esforço todo.

— Como o senhor pode ver — interveio Goethe —, o amor tem uma natureza sempre um pouco impertinente.

A conversa se voltou então para Campe e seus livros infantis.[18]

— Só encontrei Campe duas vezes em minha vida — disse Goethe. — A última vez que o vi, depois de um intervalo de quarenta anos, foi em Carlsbad. Naquela ocasião ele me pareceu muito velho, seco, rígido e formal. A vida toda ele escreveu para crianças; eu, ao contrário, jamais escrevi para crianças, nem mesmo para crianças grandes de 20 anos. Ele também não podia

---

18 Johann Joachim Campe (1746-1818), pedagogo e escritor de livros infantis.

me suportar. Eu era para ele um espinho no olho, uma pedra no caminho, e ele fazia todo o possível para me evitar. Mas um dia quis o destino que eu me encontrasse inesperadamente ao seu lado e ele não pudesse evitar me dirigir algumas palavras. "Eu tenho", disse ele, "o maior respeito pelos dons de seu espírito! O senhor alcançou uma surpreendente proeminência em diferentes matérias. Mas, veja, tudo isso são coisas que não me dizem respeito e às quais não posso de maneira nenhuma dar o mesmo valor que as outras pessoas dão." Essa franqueza nada galante não me aborreceu de maneira nenhuma, e respondi-lhe com muita amabilidade. E, de fato, eu tenho uma grande consideração por Campe. Ele prestou serviços incríveis às crianças; é o encanto delas e, por assim dizer, seu Evangelho. Só por duas ou três histórias terríveis, que ele não apenas teve a imprudência de escrever, mas também de incluir em sua coleção de livros infantis, é que gostaria que lhe aplicassem um pequeno corretivo. Por que sobrecarregar desnecessariamente a imaginação serena, fresca e inocente das crianças com as impressões causadas por tais horrores?

Segunda-feira, 5 de abril de 1830

Todos sabem que Goethe não é nenhum amigo dos óculos.

— Pode ser uma esquisitice minha — disse-me ele repetidas vezes —, mas é algo invencível para mim. Sempre que me entra em casa um estranho trazendo um par de óculos sobre o nariz, sou acometido de um mau humor que não consigo dominar. Incomoda-me tanto que parte de minha boa vontade desaparece ainda antes que essa pessoa cruze a soleira da porta, e estraga de tal forma meus pensamentos que torna impossível uma manifestação espontânea e natural de minha própria intimidade. Dá-me sempre a impressão de algo ofensivo, mais ou menos como se logo ao primeiro cumprimento um estranho me dissesse palavras grosseiras. Eu o sinto mais intensamente desde que, há alguns anos, revelei em letras impressas o quanto acho óculos insuportáveis. Desde então, se um estranho chega de óculos, eu imediatamente penso: "Ele não leu seus últimos poemas!, e isso já o prejudica um pouco; ou, ao contrário, ele os leu, conhece essa sua peculiaridade e não a leva em conta, o que é ainda pior". A única pessoa cujos óculos não me incomodam é Zelter; em todos os outros eles me são insuportáveis. Tenho sempre a impressão de que os estranhos me tomam por objeto de um exame minucioso, como se quisesse penetrar com seus olhos armados em minha mais secreta intimidade e inspecionar a mais ínfima rugazinha de meu velho rosto. Mas, ao querer *me* conhecer desse modo, essas pessoas destroem toda a justa igualdade entre nós, pois me impedem de, em compensação, conhecê-las de modo similar. Pois que devo pensar de uma pessoa a quem não posso olhar nos olhos enquanto ela me dirige a palavra, e que tem os espelhos da alma encobertos por um par de lentes que me impedem de vê-los?

— Já houve quem pretendesse ter observado — acrescentei — que o uso de óculos torna as pessoas presunçosas, pois os óculos as colocam em um grau de perfeição sensorial muito acima da capacidade de sua própria natureza, com o que por fim se insinua neles a ilusão de que essa intensificação artificial corresponde à força de sua própria natureza.

— É uma bela observação — redarguiu Goethe —, parece até que foi feita por um naturalista. Mas, considerando-a mais de perto, é insustentável. Pois se fosse realmente assim, todas as pessoas cegas deveriam ser modestas, e todas as que possuem excelente visão, presunçosas. Mas isso não acontece de modo algum; antes constatamos que em regra todas as pessoas naturalmente dotadas de grandes energias físicas e mentais são as mais modestas, ao passo que todas as mentalmente deficientes são em geral vaidosas. Parece que a bondosa natureza concedeu a vaidade e a presunção como forma de compensação e complemento a todos aqueles com os quais não foi especialmente generosa no que respeita aos dons mais elevados.

— De resto, modéstia e presunção são qualidades morais de natureza tão espiritual que pouco têm a ver com o corpo. Encontramos a presunção em pessoas limitadas e obtusas; nas bem-dotadas e de inteligência aguda não a encontramos jamais. Nestas últimas, encontramos no máximo uma alegre consciência de suas próprias forças, mas como essas forças são verdadeiras, essa consciência é tudo, menos presunção.

Conversamos ainda sobre vários outros temas e por fim falamos do *Chaos*, a revista de Weimar dirigida pela sra. Von Goethe, na qual colaboram não apenas as damas e os cavalheiros alemães daqui como especialmente os

Conversações com Goethe nos últimos anos de sua vida

jovens ingleses, franceses e outros estrangeiros que aqui residem, de modo que cada número oferece uma miscelânea de quase todas as mais conhecidas línguas europeias.

— É uma bela iniciativa de minha filha — disse Goethe — e ela merece nosso louvor e nossa gratidão por ter fundado um periódico tão original e saber incentivar a atividade de alguns dos membros de nossa sociedade de tal modo que em breve a revista completará um ano de existência. Claro que se trata tão somente de um divertimento de diletantes, e eu sei muito bem que dele não sairá nada de grande e duradouro; mas é de todo modo algo muito bonito e, em certa medida, um espelho do elevado nível intelectual da atual sociedade de Weimar. E, principalmente, proporciona uma ocupação aos nossos jovens cavalheiros e damas, que muitas vezes não sabem como preencher seu tempo; com isso eles dispõem também de um centro intelectual que lhes oferece temas de discussão e entretenimento, e assim os protege de mexericos insignificantes e vazios. Leio cada folha assim que sai do prelo, e posso dizer que ainda não encontrei nelas nada de canhestro; ao contrário, algumas vezes encontrei até certas coisas verdadeiramente belas. Que objeções se poderiam fazer, por exemplo, à elegia que a sra. Von Bechtolsheim escreveu por ocasião da morte da senhora grã-duquesa?[19] Não é um poema muito bonito? A última ressalva que se poderia fazer a ele, como, de resto, à maioria das produções de nossas jovens damas e cavalheiros é que, como as árvores muito ricas em seiva, que produzem uma grande quantidade de brotos parasitas, essas produções têm uma superabundância de ideias e sentimentos que não conseguem dominar e, por isso, raramente sabem se limitar e se deter onde seria conveniente. O mesmo se passou com a sra. Von Bechtolsheim. Para manter uma rima, ela acrescentou um verso inteiramente prejudicial, até mesmo ruinoso, ao poema. Vi esse defeito ainda no manuscrito e pude eliminá-lo a tempo. É preciso ser um velho praticante — acrescentou ele rindo — para saber suprimir. Nisso Schiller era grande. Vi-o certa vez, na época de seu *Almanaque das musas*, reduzir um

---

19 Julie von Bechtolsheim (1751-1847). A referida *Elegia* foi publicada em *Chaos* I, n.24.

pomposo poema de 22 estrofes a 7, e com essa terrível operação a obra não perdeu nada, ao contrário, as sete estrofes ainda preservavam todas as ideias boas e eficazes das 22 iniciais.

Segunda-feira, 19 de abril de 1830*

Goethe contou-me da visita de dois russos que estiveram hoje em sua casa.

— Eram no fundo duas belas pessoas — disse ele —; mas um deles não foi muito amável, pois não disse uma palavra durante todo o tempo que durou a visita. Entrou fazendo uma mesura muda, não abriu a boca durante todo o tempo que esteve aqui e, depois de meia horinha, despediu-se com outra mesura muda. Parecia ter vindo apenas para me ver e observar. Enquanto estive sentado à sua frente, não tirou os olhos de mim. Isso me aborreceu; portanto, pus-me a tagarelar sobre as coisas mais absurdas que me vinham à cabeça. Acho que escolhi os Estados Unidos da América como tema, e tratei deles da maneira mais leviana, falando do que sabia e do que não sabia, inteiramente ao acaso. Mas isso pareceu estar em ordem para meus dois estrangeiros, pois ao se despedirem de mim davam a impressão de terem ficado plenamente satisfeitos.

Quinta-feira, 22 de abril de 1830*

Com Goethe à mesa. A sra. Von Goethe estava presente, e a conversação foi viva e agradável; mas pouco ou nada guardei dela.

Durante a refeição, um estrangeiro de passagem se fez anunciar, com a observação de que não tinha tempo para se demorar aqui e partiria amanhã cedo. Goethe mandou dizer-lhe lamentar não poder receber ninguém hoje; mas talvez amanhã pelo meio-dia.

— Creio — acrescentou com um sorriso — que isso será suficiente. — Mas no mesmo instante prometeu à sua filha esperar para depois do almoço a visita do jovem Henning, que lhe foi recomendado, e isso em consideração por seus olhos castanhos, dos quais diziam ser semelhantes aos de sua mãe.

Conversações com Goethe nos últimos anos de sua vida

Quarta-feira, 12 de maio de 1830*

Diante da janela de Goethe havia um pequeno Moisés de bronze, uma cópia do famoso original de Michelangelo. Os braços me pareceram muito compridos e fortes em proporção com o restante do corpo, e expressei abertamente minha opinião.

— Mas e as duas pesadas tábuas com os dez mandamentos! — exclamou ele com vivacidade. — O senhor pensa que era pouca coisa carregá-las? Acredita também que Moisés, tendo de comandar e disciplinar um exército de judeus, poderia se contentar com braços comuns?

Ao dizer isso Goethe riu, de modo que não pude saber se eu estava de fato errado ou se ele apenas se divertia com a defesa de seu artista.

Segunda-feira, 2 de agosto de 1830*

As notícias da revolução iniciada em julho chegaram hoje a Weimar e provocaram uma agitação generalizada. No decorrer da tarde, fui à casa de Goethe.

— E então — exclamou ao receber-me —, que pensa desse grande acontecimento? O vulcão entrou em erupção; tudo está em chamas e não haverá mais negociações a portas fechadas.

— Uma história terrível! — respondi. — Mas diante da situação conhecida e de um ministério como aquele, o que mais se podia esperar senão que tudo terminasse com a expulsão da atual família real?

— Parece-me que não estamos nos entendendo, caríssimo — redarguiu Goethe. — Não estou falando dessa gente; refiro-me a algo muito diferente! Estou falando da controvérsia entre Cuvier e Geoffroy de Saint-Hilaire que eclodiu publicamente na Academia, e é de extrema importância para a ciência.

Essa manifestação de Goethe foi tão inesperada para mim que eu não sabia o que dizer, e durante alguns minutos me mantive em completo silêncio, a perscrutar meus próprios pensamentos.

— O assunto é da maior importância — prosseguiu Goethe —, e o senhor não faz ideia de como me sinto diante das notícias sobre a sessão de 19 de julho. Temos agora em Geoffroy de Saint-Hilaire um poderoso e permanente aliado. Vejo também que é grande o interesse do mundo científico francês por esse evento, pois, apesar da terrível agitação política, a sessão do dia 19 de julho ocorreu com a casa lotada. O melhor de tudo, porém, é que o método sintético de tratar a natureza, introduzido na França por Geoffroy, não poderá mais ser revogado. Depois das discussões livres na Academia diante de uma grande plateia, a questão agora se tornou pública, não pode mais ser entregue a comissões secretas para ser liquidada a portas fechadas e sufocada. De agora em diante, também na França o espírito regerá o estudo da natureza e dominará a matéria. Ganharemos um olhar para as grandes máximas da criação, para a misteriosa oficina de Deus! Pois o que seria no fundo todo o trato com a natureza se só nos ocupássemos pela via analítica com as partes materiais, e não sentíssemos o hálito do espírito que prescreve a direção de cada uma das partes e impede ou sanciona todos os desvios por meio de uma lei imanente?

— Há cinquenta anos já eu me dedico a essa grande questão; de início sozinho, mais tarde apoiado e, depois, para minha grande alegria, superado por espíritos congeniais. Quando enviei minha primeira descoberta dos ossos intermaxilares a Peter Camper, fui, para minha grande tristeza, inteiramente ignorado.[20] Com Blumenbach não obtive nenhum resultado melhor, embora ele, depois de estabelecermos relações pessoais, se colocasse ao meu lado. Depois, porém, em Sömmering Oken, d'Alton, Carus e outros homens igualmente admiráveis encontrei pessoas que compartilhavam de minhas ideias. Agora, também Geoffroy de Saint-Hilaire passou decididamente para nosso lado e, com ele, todos os seus importantes discípulos e seguidores na França. Esse acontecimento tem para mim um valor incrível, e com razão me regozijo agora por ver finalmente o completo triunfo de uma causa à qual dediquei minha vida e que é também acima de tudo a minha.

Sábado, 21 de agosto de 1830*

Recomendei a Goethe um jovem promissor. Ele me prometeu fazer alguma coisa por ele, mas não parece ter muita confiança no resultado.[21]

---

20 Peter Camper (1722-1789), anatomista holandês.
21 Jovem promissor: Ernst Moritz Ludwig Ettmüller (1802-1877), germanista de Iena.

Conversações com Goethe nos últimos anos de sua vida

— Para alguém como eu — disse ele —, que a vida inteira perdeu dinheiro e um tempo precioso com a proteção de jovens talentos, e talentos que de início despertaram as maiores esperanças, mas no fim não deram em nada, é inevitável que pouco a pouco vá perdendo o entusiasmo e a vontade de continuar a agir desse modo. Agora é a vez de vocês jovens fazerem o papel de mecenas e assumir meu papel.

Ao ouvir essas palavras de Goethe, comparei as promessas ilusórias da juventude a árvores que produzem brotos duplos, mas nenhum fruto.

Quarta-feira, 13 de outubro de 1830*

Goethe mostrou-me tabelas nas quais escreveu vários nomes de plantas em latim e alemão, a fim de decorá-los. Contou-me que já teve um cômodo cujas paredes eram inteiramente recobertas de semelhantes tabelas, no qual estudava e aprendia enquanto andava ao longo das paredes.

— Eu lamento — acrescentou — que mais tarde esse cômodo tenha sido pintado de branco. Havia também um em que tinham sido feitas anotações cronológicas sobre minhas obras ao longo de muitos anos, às quais eu sempre acrescentava as notícias mais recentes. Também este, infelizmente, foi pintado, coisa que lamento muito, pois agora poderia me prestar um grande serviço.

Quarta-feira, 20 de outubro de 1830*

Uma horinha em casa de Goethe por incumbência da senhora grã-duquesa, a fim de consultá-lo sobre um escudo de prata que o príncipe quer oferecer à sociedade de besteiros local, da qual se tornou membro.

Nossa conversa logo passou para outros assuntos, e Goethe pediu-me que lhe dissesse minha opinião sobre os saint-simonistas.

— A principal orientação de sua doutrina — respondi — parecer ser a de que cada um deve trabalhar pela felicidade do todo, como condição indispensável para alcançar sua própria felicidade.

— Eu pensava — rebateu Goethe — que cada um devesse começar por si mesmo, e fazer em primeiro lugar sua própria felicidade, da qual por fim surgiria infalivelmente a felicidade do todo. De resto, essa doutrina me parece não ser nada prática e inteiramente irrealizável. Contradiz completamente toda a natureza, toda experiência e todo o curso milenar das coisas. Se cada um cumprir seu dever como indivíduo e cada um for bom e operoso no âmbito mais estreito de sua própria vocação, isso será proveitoso para o bem do todo. Em meu ofício de escritor, jamais perguntei: o que deseja a grande massa, e como posso ser útil ao todo? Ao contrário, sempre cuidei tão somente em me tornar melhor e mais inteligente, em ampliar o conteúdo de minha própria personalidade e só exprimir o que considerava bom e verdadeiro. É verdade, e não quero negá-lo, que isso foi útil e influenciou um grande número de pessoas; mas esse não era o objetivo, e sim a *consequência* necessária que advém de todas as ações de forças naturais. Se, como escritor, eu tivesse por objetivo os desejos da grande massa e buscasse satisfazê-los, eu deveria lhe contar historinhas e troçar dela como fez o falecido Kotzebue.

— Quanto a isso não há nada a opor — redargui. — Mas não existe apenas uma felicidade da qual eu desfruto como indivíduo isolado, há também outra da qual eu desfruto como cidadão e membro de uma grande comunidade. Se não tivermos como princípio alcançar a maior felicidade possível para todo o povo, o que poderá servir de base para a legislação?

— Se é aí que quer chegar — respondeu Goethe —, é claro que eu não tenho nada a objetar. Mas nesse caso apenas alguns poucos eleitos poderiam fazer uso de seu princípio. Seria apenas uma receita para príncipes e legisladores; a mim, contudo, parece-me que as leis deveriam antes diminuir a quantidade de males que pretender produzir uma quantidade de bens.

— Tudo no fim dá no mesmo — rebati. — Estradas ruins, por exemplo, parecem-me um grande mal. Mas quando o príncipe leva boas estradas até a última aldeia de seu estado, ele com isso não apenas elimina um grande mal, como também proporciona um grande bem ao seu povo. Outro grande mal é a justiça lenta. Quando, porém, pelo estabelecimento de audiências públicas, o príncipe garante ao seu povo uma justiça rápida, outro grande mal é extirpado e outro grande bem é introduzido.

— Nessa clave — interveio Goethe —, eu poderia cantar-lhe canções totalmente diferentes. Contudo, vamos silenciar sobre alguns outros males, a

Conversações com Goethe nos últimos anos de sua vida

fim de que reste à humanidade algo com que ela possa continuar a desenvolver suas forças. Mas por ora minha principal doutrina é a seguinte: que o pai cuide de sua casa, o artesão de seus fregueses, o sacerdote do amor mútuo e que a polícia não acabe com a alegria.

Terça-feira, 4 de janeiro de 1831*

Estive com Goethe folheando alguns cadernos de desenhos de meu amigo Töpffer, de Genebra, cujo talento como escritor é tão grande quanto o de artista plástico, mas que até agora parece ter preferido formas visíveis a palavras fugazes para exprimir as vívidas visões de seu espírito.[22] O caderno no qual as aventuras do Doutor Festus estão representadas em delicados bicos de penas produzia a mais perfeita impressão de um romance cômico e agradou especialmente a Goethe.

— É mesmo muito louco — exclamava de quando em quando, virando uma folha atrás da outra —; tudo irradia talento e espírito! Algumas folhas são insuperáveis! Se no futuro ele escolhesse um tema menos frívolo e se concentrasse um pouco mais, faria coisas além de toda nossa imaginação.

— Já o compararam a Rabelais — observei — e o acusaram de imitá-lo e tomar de empréstimo suas ideias.

— As pessoas não sabem o que querem — redarguiu Goethe. — Não vejo nada disso. Tenho a impressão de que Töpffer caminha por suas próprias pernas e é tão original como todas as pessoas talentosas com as quais já me deparei.

Quarta-feira, 17 de janeiro de 1831*

Encontrei Coudray com Goethe examinando alguns desenhos arquitetônicos. Eu levava comigo uma moeda de 5 francos de 1830, com a efígie de Carlos X, que lhes mostrei. Goethe fez troça de sua cabeça pontuda.[23]

---

22 Rodolphe Töpffer (1799-1846), desenhista, pintor e contista de Genebra.

23 Carlos X foi rei da França de 1824 a 1830, e foi deposto em sequência à revolução de julho.

Johann Peter Eckermann

— O órgão da religiosidade[24] parece muito desenvolvido nele — observou. — Sem dúvida, por conta de sua exagerada piedade, ele não considerou necessário pagar sua dívida; nós, por outro lado, estamos profundamente mergulhados em nossa dívida com ele, pois, graças ao seu golpe de gênio, tão cedo não voltaremos a ter paz na Europa.

Depois falamos de *O vermelho e o negro*, que é para Goethe a melhor obra de Stendhal.

— Não posso negar, porém — acrescentou —, que algumas de suas personagens femininas são um pouco românticas demais. Todas, contudo, dão testemunho de uma grande capacidade de observação e de uma profunda visão psicológica, que nos fazem de bom grado perdoar ao autor algumas inverossimilhanças nos detalhes.

Terça-feira, 23 de janeiro de 1831*

Com o príncipe em casa de Goethe. Seus netos se divertiam com alguns truques de prestidigitação para os quais Walther tem uma habilidade especial.

— Não tenho nada contra — disse Goethe — as crianças preencherem suas horas vagas com essas tolices. Sobretudo diante de um pequeno público, oferecem uma excelente oportunidade de se exercitar no discurso improvisado e adquirir um pouco da destreza física e mental de que nós, alemães, não somos exageradamente dotados. Isso compensa inteiramente as desvantagens da pequena vaidade que podem produzir.

— Os próprios espectadores já cuidam de abafar essas veleidades — observei —, pois normalmente observam com atenção os dedos dos pequenos artistas e são bastante maliciosos para escarnecer de seus gestos falhos e revelar publicamente seus pequenos segredos, a fim de aborrecê-los.

— Passa-se com eles o mesmo que com os atores — disse Goethe —, que hoje são aplaudidos e amanhã vaiados, e assim tudo se mantém em perfeito equilíbrio.

---

24 Alusão às teorias do médico e anatomista Franz Joseph Gall (1758-1828), criador da organologia (mais tarde chamada de frenologia), segundo a qual seria possível determinar o caráter de uma pessoa pela forma de seu crânio.

Conversações com Goethe nos últimos anos de sua vida

Quarta-feira, 10 de março de 1831*

Hoje, ao final da manhã, meia horinha com Goethe. Tinha de lhe levar a notícia de que a senhora grã-duquesa decidiu fazer uma doação de mil táleres à direção do teatro local para serem empregados na formação de jovens talentos promissores. Goethe, para quem o florescimento contínuo do teatro é algo vital, ficou visivelmente feliz com a notícia.

Em seguida, tinha de discutir com ele uma outra incumbência. Tratava--se da intenção da grã-duquesa de chamar a Weimar o melhor escritor alemão de hoje que não possua nenhum cargo ou posses e tenha de se manter exclusivamente com os frutos de seu talento, a fim de lhe proporcionar uma situação livre de preocupações que lhe permita amadurecer suas obras até atingir a maior perfeição possível, para que não se veja na triste condição de, por necessidade, trabalhar com pressa e superficialidade em prejuízo de seu próprio talento e da literatura.

— A intenção da senhora grã-duquesa é verdadeiramente principesca, e eu me curvo diante de suas nobres ideias. Mas será muito difícil encontrar uma escolha adequada. Os mais destacados de nossos talentos atuais já se encontram em uma situação confortável, seja por um emprego a serviço do Estado, por pensões ou por fortuna própria. Além do mais, não é qualquer um que se sentiria em casa aqui, e não seria vantajoso para qualquer um. De todo modo, não vou perder de vista essa nobre intenção, e verei o que os próximos anos nos trarão de bom.

Quarta-feira, 31 de março de 1831*

Nos últimos tempos Goethe esteve várias vezes doente, de modo que só podia receber seus amigos mais íntimos. Há algumas semanas foi-lhe prescrita uma sangria; pouco depois foi acometido de incômodos e dores na perna direita, até que, por fim, seu mal-estar interno se aliviou através de uma ferida no pé, à qual se seguiu uma rápida melhora. Agora também essa ferida já cicatrizou há alguns dias, e ele se mostra novamente alegre e gracejador como antes.

Hoje a senhora grã-duquesa fez-lhe uma visita da qual retornou muito satisfeita. Ela perguntou como ele se sentia, e ele lhe respondeu muito ga-

Johann Peter Eckermann

lante que até o dia de hoje ainda não sentira sua cura, mas a presença dela o fizera sentir novamente a saúde recuperada.

Quarta-feira, 14 de abril de 1831*

Soirée em casa do príncipe. Um dos mais velhos entre os convidados,[25] que ainda se recordava de algumas coisas dos primeiros anos de Goethe aqui, contou-nos a seguinte história, muito característica:

— Eu estava presente — disse ele — quando, no ano de 1784, Goethe fez seu conhecido discurso na abertura da mina de Ilmenau, para a qual convidara todos os funcionários e interessados da cidade e das vizinhanças. Ele parecia ter o discurso inteiro na cabeça, pois falou por um bom tempo sem nenhum tropeço e com perfeita fluência. Mas houve um momento durante o qual ele pareceu ter sido abandonado por seu bom espírito, foi como se o fio de seus pensamentos tivesse sido cortado, e ele parecia ter perdido completamente de vista o que ainda tinha a dizer. Isso teria deixado qualquer outro bastante embaraçado, mas não a ele. Firme e tranquilo, esteve por pelo menos dez minutos a olhar firme e calmamente para o círculo de seus numerosos ouvintes, que pareciam enfeitiçados pelo poder de sua personalidade, de modo que durante a longuíssima, quase ridícula pausa, todos permaneceram em completo silêncio. Por fim, ele pareceu retomar o domínio de seu tema, continuou seu discurso e levou-o até o final com muita habilidade e sem tropeços, tão alegre e desenvolto como se nada tivesse acontecido.

Domingo, 20 de junho de 1831

Esta tarde, meia horinha com Goethe, que ainda encontrei à mesa.

Tratamos de alguns temas de ciências naturais, especialmente a imperfeição e insuficiência da linguagem, por conta da qual são disseminados alguns erros e falsas ideias muito difíceis de superar depois.

---

25 Ernst Christian Wilhelm Ackermann (1761-1835), bailio de Ilmenau.

— A coisa é muito simples — disse Goethe. — Todas as línguas surgiram das necessidade humanas mais imediatas, das mais urgentes ocupações humanas e das opiniões e sentimentos humanos mais comuns. Quando então um homem superior tem uma intuição ou uma visão do trabalho e das disposições da natureza, a linguagem que lhe foi dada não basta para expressar algo tão distante das coisas humanas. Seria preciso que ele dispusesse da língua dos espíritos para dar conta de suas percepções. Como não dispõe, ele frequentemente precisa recorrer a expressões humanas para falar de suas intuições de circunstâncias naturais incomuns, o que, na maior parte das vezes, não consegue fazer de maneira satisfatória, rebaixando seu objeto ou mesmo o mutilando ou aniquilando.

— Se o *senhor* diz isso — redargui —, justamente o senhor, que sempre vai diretamente na carne de seu objeto e, como inimigo de todas as fórmulas, sempre sabe encontrar a expressão mais marcante para suas percepções mais elevadas, isso quer dizer alguma coisa. Mas eu penso que nós alemães ainda podemos nos dar por satisfeitos. Nossa língua é tão extraordinariamente rica, cultivada e passível de aperfeiçoamento que, mesmo que de vez em quando tenhamos de recorrer ao subterfúgio de uma metáfora, ainda assim chegamos muito perto do que deve ser efetivamente expressado. Os franceses, porém, estão em grande desvantagem em relação a nós. Entre eles a expressão de uma relação natural de ordem superior observada por meio de uma metáfora comum recolhida do campo da técnica se torna imediatamente material e vulgar, inteiramente insuficiente para uma visão elevada.

— O quanto o senhor tem razão — interveio Goethe — eu o pude perceber recentemente quando do debate entre Cuvier e Geoffroy de Saint-Hilaire. Este último é de fato um homem que tem uma visão elevada do trabalho e da criação espiritual da natureza; mas sua língua francesa o deixa na mão toda vez que ele tem de recorrer a expressões tradicionais. E isso não apenas no caso de objetos e relações espirituais e misteriosas, mas também no caso de objetos e relações inteiramente visíveis, puramente corpóreas. Se ele quer exprimir partes isoladas de uma existência orgânica, não dispõe de nenhuma outra palavra senão *materiais*, e com isso os ossos, por exemplo, que como parte homogênea formam o todo orgânico de um braço, são colocados em um *mesmo* nível expressivo que as pedras, vigas e tábuas com que se constrói uma casa.

— Do mesmo modo inadequado — prosseguiu Goethe — os franceses empregam a expressão *composição* quando falam das produções da natureza. Mas se, depois de juntar as partes isoladas de uma máquina feita peça por peça eu posso, diante de tal objeto, falar em composição, não posso fazê-lo quando tenho em mente cada uma das partes vivas de um todo orgânico em formação, amalgamadas por uma alma comum.

— Parece-me, mesmo — interpus —, que a expressão *composição* também é inadequada e aviltante para as verdadeiras criações da arte e da poesia.

— É uma palavra infame — redarguiu Goethe — que devemos aos franceses, e da qual deveríamos tentar nos livrar o mais rápido possível. Como se pode dizer que Mozart *compôs* seu *Don Giovanni*? *Composição!* Como se fosse um pedaço de bolo ou um biscoito que se prepara com ovos, farinha e açúcar! É uma criação do espírito, isso sim, tanto as partes quanto o todo são provenientes de *um* espírito e de *uma* modelagem, impregnados pelo hálito de *uma* só vida, e aquele que os produziu não fez experimentos nem alinhavos, não procedeu arbitrariamente, mas estava em poder do espírito demoníaco de seu gênio e teve de fazer aquilo que este lhe ordenava.

Domingo, 27 de junho de 1831*

Falamos de Victor Hugo.

— É um belo talento — disse Goethe —, mas totalmente prisioneiro da malfadada orientação romântica de sua época, pela qual foi levado a representar, ao lado do belo, tudo o que há de insuportável e feio. Li recentemente sua *Notre Dame de Paris* e não foi necessária pouca paciência para suportar o tormento de tal leitura. É o livro mais repulsivo jamais escrito! E não somos sequer compensados pela tortura que temos de suportar por algo como a alegria proporcionada por uma representação verdadeira da natureza humana e de caracteres humanos. Ao contrário, em seu livro não há nenhuma natureza e nenhuma verdade! As personagens pretensamente em ação que ele nos apresenta não são seres humanos de carne e sangue vivos, e sim miseráveis bonecos de madeira que ele maneja ao seu bel-prazer,

Conversações com Goethe nos últimos anos de sua vida

obrigando-os a fazer toda a sorte de contorções e caretas de que precisa para obter os efeitos pretendidos. Mas que tempos são esses que não apenas tornam possível a existência de um livro como esse, como também o acham até mesmo suportável e agradável?

Quarta-feira, 14 de julho de 1831*

Juntamente com o príncipe, acompanhei Sua Majestade, o rei de Würtemberg, à casa de Goethe. No caminho de volta, o rei parecia muito satisfeito e me incumbiu de agradecer a Goethe o prazer que lhe proporcionou essa visita.

Quinta-feira, 15 de julho de 1831*

Um momento em casa de Goethe, a quem transmiti a mensagem da qual o rei me incumbiu ontem. Encontrei-o ocupado com estudos relacionados à tendência espiral das plantas, cuja descoberta, segundo sua opinião, levará muito longe e terá uma grande influência sobre a ciência.

— Nada supera a alegria — acrescentou — que nos proporciona o estudo da natureza. Seus segredos são de uma profundidade insondável; mas a nós seres humanos foi permitido e concedido lançar um olhar cada vez mais penetrante sobre eles. E é justamente por ela ser, no final das contas, insondável que encontramos um eterno encanto em sempre voltar à natureza, tentar nos aproximar dela e buscar sempre novas perspectivas e novas descobertas.

Terça-feira, 20 de julho de 1831*

Depois do almoço, meia horinha com Goethe, que encontrei em um estado de ânimo muito alegre e sereno. Falamos sobre os mais variados assuntos e, por fim também sobre Carlsbad, e ele fez troça de algumas aventuras amorosas que lá tivera.

— Um pequeno namoro — disse ele — é a única coisa capaz de nos tornar suportável uma estação de águas; sem isso morreríamos de tédio. Eu quase sempre tive a sorte de encontrar lá uma pequena afinidade eletiva com a qual me divertir um pouco durante as poucas semanas de minha estada. Recordo-me especialmente de um caso que ainda hoje me deleita.

— Trata-se do seguinte: certo dia fiz uma visita à sra. Von Reck.[26] Depois de termos conversado brevemente sobre assuntos sem maior importância e de eu ter me despedido, encontrei na saída uma senhora acompanhada por duas mocinhas muito bonitas. "Quem era o cavalheiro que acabou de sair?", perguntou a senhora. "Era Goethe", respondeu a sra. Von Reck. "Oh, que pena ele não ter ficado", disse a senhora, "e eu não ter tido a sorte de lhe ser apresentada!" "Oh, a senhora não perdeu nada, minha cara. Quando está entre senhoras ele é muito chato, a não ser que elas sejam bonitas o bastante para lhe despertar algum interesse. Mulheres de nossa idade não devem esperar torná-lo falante e amável."

— Quando as duas mocinhas voltavam para casa em companhia da mãe, elas se lembraram das palavras da sra. Von Reck. "Somos jovens, somos belas", disseram, "vamos ver se conseguimos capturar e domar aquele famoso animal selvagem." Na manhã seguinte, ao nos cruzarmos no passeio junto à nascente, elas repetidamente me saudaram com as mais graciosas e amáveis mesuras, e não pude deixar de me aproximar casualmente delas e lhes dirigir a palavra. Eram encantadoras! Falei com elas diversas vezes, elas me levaram até a presença de sua mãe, e assim fui capturado. Desde então nos víamos diariamente, passamos mesmo dias inteiros juntos. Para tornar nossa relação ainda mais íntima, aconteceu de o noivo de uma delas chegar, e pude então me ligar mais exclusivamente à outra. Como bem se pode imaginar, eu também era muito amável com a mãe. Enfim, estávamos muito contentes por estarmos juntos, e passei dias tão felizes com aquela família que ainda hoje guardo dela uma recordação agradabilíssima. As mocinhas logo me contaram a conversa entre a mãe e a sra. Von Reck, relatando-me também a conjuração que haviam feito para me conquistar e como a levaram a cabo com sucesso.

Isso me faz lembrar uma outra anedota que Goethe me contara algum tempo antes e que cabe perfeitamente aqui.

---

26 Elise von der Reck (1756-1833), escritora.

Conversações com Goethe nos últimos anos de sua vida

— Certa vez — disse-me ele —, eu passeava pela tarde nos jardins de um castelo com um conhecido meu quando inesperadamente encontramos, no fim da alameda, duas outras pessoas de nosso círculo que passeavam absortas em uma tranquila conversação. Não posso lhe dizer nem o nome do cavalheiro nem o da senhora; mas isso não vem ao caso. Conversavam, pois, e pareciam não pensar em mais nada, quando de repente suas cabeças se inclinaram uma para a outra e eles se beijaram apaixonadamente. Em seguida, retomaram seu caminho e continuaram a conversa muito seriamente, como se nada tivesse acontecido.

— O senhor viu aquilo? — perguntou meu amigo, muito espantado —; posso acreditar em meus olhos?

— Eu vi — respondi com toda tranquilidade —, mas não acredito!

Segunda-feira, 2 de agosto de 1831 *

Falamos da metamorfose das plantas, especialmente sobre a teoria da simetria de De Candolle, que Goethe considera pura ilusão.[27]

— A natureza — acrescentou — não se entrega a qualquer um. Com muitos ela se comporta como uma mocinha coquete, que nos atrai com mil encantos, mas, no momento que acreditamos agarrá-la e possuí-la, escapa de nossos braços.

Quarta-feira, 19 de outubro de 1831 *

Hoje no Belvedere aconteceu a reunião da Sociedade para a promoção da agricultura; houve também a primeira exposição de produtos e objetos da indústria, que foi mais rica que o esperado. A seguir houve um grande jantar para os numerosos membros presentes. Goethe apareceu, para a feliz surpresa de todos os presentes. Passou algum tempo conosco, e em seguida examinou os objetos ali expostos com visível interesse. Sua presença deixou a melhor das impressões, especialmente naqueles que jamais o tinham visto antes.

---

27 Augustin Pyrame de Candolle (1778-1841), botânico de Genebra.

Johann Peter Eckermann

Quinta-feira, 1º de dezembro de 1831

Uma horinha em casa de Goethe, conversando sobre os mais variados assuntos. Por último falamos de Soret.

— Um dia desses — disse Goethe — li um poema muito bonito dele, mais precisamente uma trilogia, cujas duas primeiras partes têm um caráter alegre e rural, mas cuja última, intitulada *Meia-noite*, é sombria e horripilante.[28] Essa *Meia-noite* lhe saiu muito bem. Respiramos nela verdadeiramente o hálito da noite, quase como nos quadros de Rembrandt, nos quais também acreditamos sentir o ar da noite. Victor Hugo tratou de temas semelhantes, mas não com a mesma felicidade. Nas representações noturnas desse talento indiscutivelmente muito grande nunca há uma noite verdadeira, antes os objetos permanecem tão nítidos e visíveis como se na verdade ainda fosse dia e a noite representada, apenas uma mentira. Com sua *Meia-noite*, Soret inquestionavelmente superou o famoso Victor Hugo.

Fiquei feliz com esse elogio e tomei a resolução de ler a mencionada trilogia o mais breve possível.

— Em nossa literatura — observei —, possuímos pouquíssimas trilogias.

— Essa forma — redarguiu Goethe — é muito rara entre os modernos. Depende de se encontrar um tema que naturalmente se permita tratar em três partes, sendo que na primeira se encontre uma espécie de exposição, na segunda uma espécie de catástrofe e na terceira uma conciliação pacificadora. Em meus poemas sobre o jovem e a moleira essas exigências são atendidas, embora quando os tenha escrito eu não pensasse de modo algum em fazer uma trilogia.[29] Também meu *Pária* é uma perfeita trilogia, e esse ciclo eu o concebi e tratei desde o início como trilogia.[30] Minha

---

28 Trilogia: *L'Invocation du Berger* [A invocação do pastor], *Le Volcan* [O vulcão], *L'Etoile filante* [A estrela cadente], que Soret enviou a Goethe em novembro. A esses poemas veio se acrescentar posteriormente o mencionado *Minuit* [Meia-noite], que foi publicado no n.13 de *Chaos*.

29 *Der Junggeselle und der Mühlbach* [O jovem e o riacho do moinho], *Der Müllerin Verrat* [A traição da moleira] e *Der Müllerin Reue* [O arrependimento da moleira], poemas aos quais mais tarde foi acrescentado *Der Edelknabe und die Müllerin* [O garoto nobre e a moleira], poemas escritos entre 1797 e 1798 e publicados em 1799 no *Almanaque das musas* de Schiller.

30 Cf. n.37, p.75.

Conversações com Goethe nos últimos anos de sua vida

assim chamada *Trilogia da paixão*, ao contrário, não foi concebida desde o início como tal, mas foi pouco a pouco, quase casualmente, se tornando uma trilogia.[31] Em um primeiro momento, como o senhor sabe, eu tinha escrito apenas a *Elegia* como poema independente. Então recebi uma visita da Szimanowska, com quem estivera naquele mesmo verão em Marienbad, e com suas encantadoras melodias ela despertou em mim um eco daqueles felizes dias juvenis. As estrofes que dediquei a essa minha amiga são, por isso, escritas na mesma medida e no mesmo tom daquela elegia, à qual se unem como que por si mesmas à maneira de uma conclusão reconciliadora. Depois disso, Weygand quis fazer uma nova edição de meu *Werther* e pediu-me um prólogo, oferecendo-me com isso a oportunidade muito bem-vinda de escrever meu poema *A Werther*.[32] Mas como eu ainda trazia no coração um resto daquela paixão, o poema tomou como que por si só a forma de uma introdução àquela elegia. E assim aqueles poemas agora reunidos foram impregnados pelo mesmo sentimento de dor amorosa, e assim se constituiu aquela trilogia da paixão, sem que eu soubesse como.

. — Aconselhei a Soret escrever novas trilogias, e a proceder da maneira como acabei de descrever. Ele não deve se dar ao trabalho de buscar um tema próprio para uma trilogia, deve antes escolher do abundante conjunto de seus poemas inéditos um que seja especialmente expressivo e lhe acrescentar uma espécie de introdução e de conclusão conciliadora, mas de modo a deixar entre os três uma perceptível lacuna. Desse modo alcançamos mais facilmente o objetivo e nos poupamos de pensar demasiado, o que, como diz Meyer, é sabidamente uma coisa muito difícil.

Falamos em seguida de Victor Hugo e de como sua grande fecundidade prejudica enormemente seu talento.

— Como não haveria de se tornar ruim e arruinar seu belíssimo talento — disse Goethe — alguém que comete a temeridade de escrever em um único ano duas tragédias e um romance, sobretudo quando parece trabalhar tão somente para juntar enormes somas de dinheiro? Eu não o censuro de modo algum por querer enriquecer e colher os louros do dia, mas se

---

31 Cf. n.28, p.67.

32 O editor Christian Friedrich Weygand (1742-1807) publicou em 1774 a primeira edição do *Werther*.

Johann Peter Eckermann

pretende ter ainda uma longa vida na posteridade, ele precisa começar a escrever menos e trabalhar mais.

Goethe então repassou *Marie de Lorme*, procurando demonstrar-me como o tema fornecia material para um único ato de boa qualidade e verdadeiramente trágico, e como o autor, por considerações de natureza inteiramente secundárias, se deixou levar a expandir desmesuradamente seu tema ao longo de cinco atos.[33]

— A única vantagem disso — ajuntou — é podermos constatar que o poeta também é notável na representação dos detalhes, o que afinal das contas não é pouco e não deixa de ter importância.

Quinta-feira, 5 de janeiro de 1832*

Chegaram de Genebra novos cadernos com bicos de pena e aquarelas de meu amigo Töpffer, na maior parte paisagens da Itália e da Suíça que ele foi juntando pouco a pouco em suas viagens a pé. Goethe ficou tão tocado com a beleza desses desenhos, especialmente das aquarelas, que disse ter a sensação de contemplar as obras do famoso Lory.[34] Eu lhe disse que aquilo não era nem de longe o melhor de Töpffer e que ele ainda iria nos enviar coisas muito diferentes.

— Não sei o que mais o senhor quer! — redarguiu Goethe. — Que poderia ainda haver de melhor? E que importância teria se ainda houvesse algo melhor? Assim que o artista atinge certo grau de excelência, torna-se de todo indiferente se uma de suas obras lhe sairá mais perfeita que uma outra. O conhecedor sempre verá em cada uma delas a mão do mestre, e toda a extensão de seu talento e de seus recursos.

Sexta-feira, 17 de fevereiro de 1832*

Eu enviara a Goethe um retrato de Dumont gravado na Inglaterra que pareceu interessá-lo sobremaneira.

---

33 *Marie de Lorme* (na verdade *Marion de Lorme*), tragédia em cinco atos de Victor Hugo publicada em 1829.

34 Gabriel Lory filho (1784-1846), aquarelista suíço.

Conversações com Goethe nos últimos anos de sua vida

— Eu muitas e repetidas vezes contemplei o retrato daquele homem notável — disse ele quando o visitei hoje à noite. — De início, tinha para mim algo de repulsivo, que eu pensava dever atribuir ao procedimento do artista que lhe gravara os traços com excessiva dureza e profundidade. Mas quanto mais eu observava aquela cabeça verdadeiramente extraordinária, mais desapareciam todas as durezas e do fundo escuro surgia uma bela expressão de tranquilidade, bondade e de fina e espirituosa suavidade, tão características do homem inteligente, benevolente e dedicado ao bem comum, e tão benéficas para a alma do observador.

Continuamos a falar de Dumont, especialmente de suas *Memórias* de Mirabeau, em que revela os variados recursos dos quais este soubera lançar mão, chamando pelo nome as muitas pessoas talentosas que ele mobilizara a fim de atingir seus objetivos e de cujas forças se servira.[35]

— Não conheço livro mais instrutivo que essas memórias — disse Goethe —, que nos permitem lançar um profundo olhar nos mais secretos recessos daquela época, e graças às quais o prodígio de Mirabeau se torna natural para nós, sem que com isso esse herói perca nada de sua grandeza. Mas então vêm os mais recentes resenhadores dos jornais franceses, que pensam um pouco diferente quanto a esse ponto. Essa boa gente pensa que, revelando o segredo de sua atividade sobre-humana, o autor daquelas memórias queria lhes estragar seu Mirabeau e reivindicar a participação de outras pessoas nos grandes méritos que até agora cabiam exclusivamente ao nome de Mirabeau.

— Os franceses veem em Mirabeau seu Hércules, e têm toda razão. Mas se esquecem de que também o colosso é feito de partes e que também o Hércules da Antiguidade é um ser coletivo, um grande portador de suas próprias proezas e das proezas de outros.

— Mas no fundo todos nós somos seres coletivos, não importa como nos coloquemos quanto a isso. Pois quão pouco daquilo que temos e somos podemos chamar de nossa propriedade no sentido mais puro da palavra! Todos temos de receber e aprender tanto daqueles que nos antecederam quanto daqueles que estão conosco. Mesmo o maior dos gênios não iria

---

35 *Souvenirs sur Mirabeau e sur les deux premières assemblées législatives* [Recordações de Mirabeau e das duas primeiras assembleias legislativas, 1832].

muito longe se devesse tudo à sua própria interioridade. Mas muitas boas pessoas não compreendem isso e passam metade de suas vidas a tatear no escuro com seus sonhos de originalidade. Conheci artistas que se gabavam de não haver seguido nenhum mestre e de deverem tudo ao seu próprio gênio. Que tolos! Como se isso fosse mesmo possível! E como se o mundo não se impusesse a eles a cada passo e não fizesse deles alguma coisa apesar de sua própria estupidez! Sou mesmo capaz de afirmar que se um desses artistas apenas caminhasse ao longo das paredes desta sala e lançasse apenas um rápido olhar aos desenhos de alguns grandes mestres com os quais as decorei, ele forçosamente, caso tivesse mesmo algum gênio, teria de sair daqui como uma pessoa diferente e melhor do que quando entrou.

— E, além do mais, o que há de bom em nós senão a força e a inclinação para atrair a nós os recursos do mundo exterior e torná-los úteis a nossos objetivos mais elevados? Posso falar por mim mesmo e dizer com toda modéstia aquilo que sinto. É verdade que em minha longa vida eu fiz e alcancei algumas coisas das quais em todo caso poderia me gabar. Mas, para ser honesto, que tinha eu de verdadeiramente meu senão a capacidade e a inclinação para ver e ouvir, para discernir e escolher, e para vivificar o visto e ouvido com algum espírito e reproduzi-lo com alguma habilidade? Eu não devo minhas obras de maneira nenhuma somente à minha própria sabedoria, e sim a milhares de coisas e pessoas fora de mim que me ofereceram o material para elas. Vieram tolos e sábios, cabeças lúcidas e obtusas, a infância e a juventude tanto quanto a idade madura; todos me disseram o que sentiam e o que pensavam, como viviam e agiam e que experiências haviam feito, e eu não tinha mais nada a fazer senão estender as mãos e colher o que os outros semearam para mim.

— No fundo é rematada tolice perguntar se alguém tem alguma coisa por si mesmo ou se a recebe de outros; se alguém age por si mesmo ou por meio de outros; o principal é *ter uma grande vontade e possuir habilidade e persistência para realizá-la*; todo o resto é indiferente. Mirabeau, portanto, tinha toda razão ao servir-se do mundo exterior e de suas forças o mais que pudesse. Ele possuía o dom de discernir o talento, e o talento se sentia atraído pelo demônio de sua poderosa natureza, e por isso se entregava de boa vontade a ele e à sua orientação. Em consequência disso, estava rodeado por uma massa de forças extraordinárias que impregnava com seu fogo e

Conversações com Goethe nos últimos anos de sua vida

punha em atividade a serviço de seus elevados objetivos. E seu gênio, sua originalidade, sua grandeza estavam justamente em saber agir *com* outros e *por meio* de outros.

Domingo, 11 de março de 1832

À noite, uma horinha de boa e variada conversa com Goethe. Eu comprara uma Bíblia inglesa na qual, para meu grande pesar, não encontrara os livros apócrifos; e o motivo de não terem sido incluídos foi não terem sido considerados autênticos e de origem divina. Senti a falta do nobre Tobias, esse modelo de conduta piedosa; também dos Provérbios de Salomão e do Eclesiástico, todos escritos de uma grande elevação espiritual e moral com a qual poucos outros podem se comparar. Expressei a Goethe meu pesar sobre a opinião extremamente limitada segundo a qual alguns escritos do Antigo Testamento são considerados como tendo sido diretamente inspirados por Deus enquanto outros igualmente excelentes não o são; e como se fosse possível surgir algo nobre e grande que não viesse de Deus e não fosse fruto de sua influência.

— Estou inteiramente de acordo com sua opinião – disse Goethe. – Mas existem dois pontos de vista dos quais podemos considerar os assuntos bíblicos. Há o ponto de vista de uma espécie de religião primeva, o da pura natureza e da pura razão, que é de origem divina. Esse permanecerá sempre o mesmo e durará e terá vigência enquanto existirem seres dotados de divindade. Mas esse é apenas para os eleitos e demasiadamente elevado e nobre para se tornar universal. Depois, há o ponto de vista da Igreja, de caráter mais humano. Este é frágil, mutável e em permanente mutação; mas também ele durará em eterna transformação enquanto existirem os fracos seres humanos. A luz da límpida revelação divina é demasiado pura e esplendorosa para ser adequada e suportável aos pobres e fracos seres humanos. Mas a Igreja intervém como benéfica mediadora para atenuar e moderar, a fim de socorrer a todos e fazer o bem de muitos. Graças à crença da qual a Igreja cristã é investida, segundo a qual ela, como sucessora de Cristo, pode libertar do fardo dos pecados humanos, ela é um poder muito grande. E se manter nesse poder e nesse prestígio, e assim assegurar o edifício eclesiástico, é o principal desígnio do clero cristão.

— Por isso, ele precisa se preocupar menos em saber se esse ou aquele livro da Bíblia proporciona um grande esclarecimento do espírito e se contém uma doutrina de elevada moral e de nobre natureza humana que em atribuir, no Pentateuco, a maior importância à história do pecado original e do surgimento da necessidade de um Redentor, bem como, nos profetas, ter em vista as repetidas referências a Ele, ao Esperado e, nos Evangelhos, sua verdadeira manifestação terrena e sua morte na cruz como expiação de nossos pecados humanos. Como o senhor pode ver, para esses objetivos e orientações, e posto nessa balança, tanto o nobre Tobias quanto a sabedoria de Salomão e os provérbios do Eclesiástico não têm um peso considerável.

— De resto, *autênticos* ou *inautênticos* são questões muito estranhas quando se trata de assuntos da Bíblia. O que é autêntico senão o que é de fato excelente, o que está em harmonia com a mais pura natureza e a mais pura razão e ainda hoje serve ao nosso mais elevado desenvolvimento? E o que é inautêntico senão o absurdo, vazio e estúpido, o que não dá nenhum fruto, pelo menos nenhum bom? Se a autenticidade de um escrito bíblico devesse ser decidida pela questão de saber se ele nos transmite algo inteiramente verdadeiro, então poderíamos pôr em dúvida em certos pontos até mesmo a autenticidade dos Evangelhos, dos quais o de Marcos e o de Lucas não foram escritos segundo testemunhos e experiências imediatas e sim só mais tarde, segundo a tradição oral, e o último, do jovem João, só quando este alcançou a mais avançada idade. Não obstante, eu considero todos os quatro Evangelhos inteiramente autênticos, pois neles atua o reflexo de uma elevação que emanava da pessoa de Cristo e de um caráter tão divino como jamais antes o divino se manifestou na terra. Caso me perguntassem se está em minha natureza demonstrar-lhe uma reverente adoração, eu responderia: completamente! Inclino-me diante dele como diante da revelação divina do mais elevado princípio da moral. Se me perguntarem se está em minha natureza venerar o sol, eu também responderia: completamente! Pois ele também é uma revelação do Altíssimo, e a mais poderosa que é dado a nós, filhos da terra, contemplar. Eu adoro nele a luz e a força criadora de Deus, graças unicamente às quais nós vivemos, agimos e somos, e conosco todas as plantas e animais. Mas se me perguntarem se sou capaz de me

Conversações com Goethe nos últimos anos de sua vida

inclinar diante de um osso do polegar do apóstolo Pedro ou de Paulo, eu direi: poupem-me e fiquem longe de mim com seus absurdos!

— "Não extingais o espírito", diz o apóstolo.[36]

— Há muita estupidez nos dogmas da Igreja. Mas ela quer governar, e para isso precisa de uma massa obtusa que abaixe a cabeça e se deixe dominar. O alto e ricamente dotado clero não teme nada tanto quanto o esclarecimento da massa inferior. Ele também por muito tempo lhe sonegou a Bíblia, tanto quanto foi possível. Que diria um pobre membro da comunidade cristã da pompa principesca de um bispo ricamente dotado ao ver nos Evangelhos a pobreza e a frugalidade de Cristo, que caminhava humildemente a pé com seus discípulos, enquanto o principesco bispo passeia fazendo o maior estrépito com uma carruagem puxada por seis cavalos?

— Não temos ideia — prosseguiu Goethe — do quanto devemos a Lutero e à Reforma em geral. Tornamo-nos livres das correntes da obtusidade espiritual, tornamo-nos capazes, em consequência de nossa cultura em expansão, de retornar às fontes e de compreender o cristianismo em sua pureza. Temos de novo a coragem de estar com os pés firmemente plantados sobre o solo de Deus e de nos sentirmos a nós mesmos em nossa natureza humana divinamente dotada. A cultura espiritual pode continuar a progredir, as ciências naturais podem crescer cada vez mais em extensão e profundidade, e o espírito humano pode se ampliar o quanto quiser: jamais ele ultrapassará a elevação e a cultura moral do cristianismo como ela cintila e brilha nos Evangelhos!

— Quanto mais decididamente nós protestantes avançarmos em nosso nobre desenvolvimento, tanto mais rápido nos seguirão os católicos. Assim que se sentirem tomados pelo grande esclarecimento da época, que se propaga cada vez mais, eles *terão* de seguir-nos, queiram ou não, até chegar o dia em que finalmente tudo seja apenas um.

— Também o malfadado sectarismo protestante terá um fim, e com ele o ódio e a atitude hostil entre pai e filho, entre irmão e irmã. Pois assim que compreendermos e incorporarmos a pura doutrina e o amor de Cristo tais como são, nós nos sentiremos grandes e livres como seres humanos, e não daremos maior valor a esse ou àquele detalhe exterior do culto.

---

36 I Tessalonicenses 5:19.

— E também todos nós, pouco a pouco, passaremos de um cristianismo da palavra e da fé para um cristianismo da convicção e da ação.

A conversa se voltou para grandes pessoas que viveram antes de Cristo, entre os chineses, indianos, persas e gregos, e sobre como a força de Deus era tão ativa neles quanto em alguns grandes judeus do Antigo Testamento. Também discutimos a questão de como se manifesta a ação de Deus em grandes naturezas do mundo atual, neste em que vivemos.

— Quando ouvimos falar as pessoas — disse Goethe —, quase cremos que elas são da opinião de que Deus se recolheu ao silêncio desde aqueles tempos antigos, e que o ser humano deve agora caminhar por seus próprios pés e tem de ver como se arranja sem Deus e sem seu sopro diário invisível. Nas questões religiosas e morais ainda se admite, em todo caso, uma intervenção divina, mas em questões de ciência e arte acredita-se que tudo seja inteiramente terreno e nada além de um produto de forças puramente humanas.

— Mas que alguém tente e produza com a vontade humana e as forças humanas algo que se possa colocar ao lado das criações que trazem o nome de Mozart, Rafael ou Shakespeare! Sei muito bem que esses três homens nobres não são de modo algum os únicos, e que em todas as esferas da arte atuou um sem-número de espíritos extraordinários que produziram perfeitamente obras tão boas quanto esses que mencionei. Mas se tiverem sido tão grandes quanto eles, então esses espíritos se colocaram acima da natureza humana comum na mesma proporção que eles e foram tão divinamente dotados quanto eles.

— E, seja lá onde for, o que é e o que significa? Depois dos conhecidos seis dias da criação imaginários, Deus não se entregou de modo algum ao repouso; pelo contrário, manteve-se constantemente ativo como no primeiro dia. Construir esse mundo tosco misturando elementos simples e fazê-lo girar entra ano, sai ano sob os raios do sol certamente não teria sido nenhum prazer para Deus se ele não tivesse o plano de fundar sobre essa base material um berçário para um mundo de espíritos. E, assim, ele continua atuante nas naturezas mais elevadas, a fim de atrair a si as mais baixas.

Goethe calou-se. Eu, porém, guardei em meu coração suas grandes e boas palavras.

SOBRE O LIVRO

Formato: 16 x 23 cm
Mancha: 27,8 x 48 paicas
Tipologia: Venetian 301 12,5/16
Papel: Off-white 80 g/m² (miolo)
Couché fosco encartonado 120 g/m² (capa)

1ª edição: 2016

EQUIPE DE REALIZAÇÃO

Edição de texto
Silvia Massimini Felix (Copidesque)
Mauricio Santana (Revisão)

Capa
Andrea Yanaguita

Editoração eletrônica
Eduardo Seiji Seki

Assistência editorial
Alberto Bononi
Jennifer Rangel de França

www.mundialgrafica.com.br